Gesetze und Verträge
Politik

Zusammengestellt von
Hans-Martin Gruber

Ernst Klett Verlag für Wissen und Bildung
Stuttgart · Dresden

Zu diesem Buch

Diese Sammlung von Gesetzen, Verträgen und Parteiprogrammen bietet Ihnen die wesentlichen Textstellen, die im Rahmen der **politischen Bildung** gebraucht werden. Dadurch wird es Ihnen erspart, einzelne Texte zusammenzutragen.

Zusätzlich zur bisherigen 2. Auflage wurden umfangreiche nationale und internationale Gesetze und Verträge zur **Umweltpolitik** aufgenommen. Einen weiteren Schwerpunkt der Neubearbeitung bilden die Texte, die im Zusammenhang mit der **Deutschen Vereinigung** stehen.

Die besondere Gliederung des **Inhaltsverzeichnisses** und das ausführliche **Register** gestatten Ihnen, die jeweils gewünschten Textstellen rasch aufzufinden. So verweist das Register sowohl auf einzelne Paragraphen eines Gesetzes als auch auf die entsprechende Seitenzahl des Werkes.

Das Werk ist in zwölf Themenbereiche gegliedert und hat zudem einen **Kartenanhang**, der die Texte ergänzt und veranschaulicht. Die Themenbereiche I bis V sind alphabetisch geordnet (nach den Kurztiteln), die Texte der Bereiche VI bis XII in zeitlicher Reihenfolge.

Stand der Gesetzgebung: 1. Januar 1991

Das Werk entstand unter Mitwirkung der Redaktion Berufliche Bildung.
Mitarbeit an diesem Buch: Hans-Werner Thunig.

3. Auflage. 3^5 4 3 2 1 | 1995 94 93 92 91

Alle Drucke dieser Auflage können im Unterricht nebeneinander benutzt werden, sie sind untereinander unverändert. Die letzte Zahl bezeichnet das Jahr dieses Druckes.
© Ernst Klett Verlag für Wissen und Bildung GmbH, Stuttgart 1984.
Alle Rechte vorbehalten.
Satz und Druck: Zechnersche Buchdruckerei, Speyer
Printed in Germany
ISBN 3-12-800820-5

Inhaltsverzeichnis

Themenbereich
Kurztitel　　　　　　　　　　Inhalt　　　　　　　　　　　　　　　　　　　Seite

I Grundgesetz

Grundgesetz (GG) 14
> *Das Gesetz 14.*
> Präambel 14; 1 Grundrechte 14; 2 Bund und Länder 18;
> 3 Bundestag 21; 4 Bundesrat 23, 4.1 Gemeinsamer Ausschuß 24; 5 Bundespräsident 25; 6 Bundesregierung 25;
> 7 Gesetzgebung des Bundes 26; 8 Ausführung der Bundesgesetze und Bundesverwaltung 31, 8.1 Gemeinschaftsaufgabe 33; 9 Rechtsprechung 34; 10 Finanzwesen 36, 10.1 Verteidigungsfall 41; 11 Übergangs- und Schlußbestimmungen 43.
> *Das Genehmigungsschreiben 48.*

II Bürgerliches Recht

Bürgerliches Gesetzbuch (BGB) 49
> *Erstes Buch:* Allgemeiner Teil 49, 1.1 Personen 49, 1.2 Sachen, Tiere 49, 1.3 Rechtsgeschäfte 49; *Viertes Buch:* Familienrecht 51, 4.1 Bürgerliche Ehe 51, 4.2 Verwandtschaft 56, 4.3 Vormundschaft 58; *Fünftes Buch:* Erbrecht 58, 5.1 Erbfolge 58, 5.2 Rechtliche Stellung des Erben 59, 5.3 Testament 59.

Ehegesetz 60
> 1 Ehefähigkeit 60, 2 Eheverbote 60, 3 Eheschließung 60, 4 Nichtigkeit der Ehe 61, 5 Aufhebung der Ehe 62, 6 Wiederverheiratung im Falle der Todeserklärung 63.

III Demokratischer Staat

Bannmeilengesetz 64

Bundesversammlung – Volksvertreter 64

Bundeswahlgesetz 65
> 1 Wahlsystem 65, 2 Wahlorgan 65, 3 Wahlrecht und Wählbarkeit 65, 4 Vorbereitung der Wahl 66, 5 Wahlhandlung 66, 6 Feststellung des Wahlergebnisses 67, 8 Erwerb und Verlust der Mitgliedschaft im Deutschen Bundestag 67, 9 Schlußbestimmungen 67.

Embryonenschutzgesetz (ESchG) 68

Folter – Europa 70

Folter – VN 72

Gentechnikgesetz 74

Kriegswaffenkontrollgesetz 77

Menschenrechtskonvention 80

Themenbereich Kurztitel	Inhalt	Seite

Menschenrechte UN 90

Parteiengesetz 94
1 Allgemeine Bestimmungen 94, Innere Ordnung 94, 3 Aufstellung von Wahlbewerbern 95, 4 Erstattung von Wahlkampfkosten 96, 5 Rechenschaftslegung 96.

Parteiprogramm CDU 97
1 Präambel 98, 2 Das Verständnis vom Menschen 98, 3 Grundwerte 98, 4 Entfaltung der Person 99, 5 Soziale Marktwirtschaft 102, 6 Der Staat 107, 7 Deutschland in der Welt 109.

Parteiprogramm CSU 112
1 Selbstverständnis und Auftrag 112, 2 Chance der Freiheit 112, 3 Auftrag und Ordnung des demokratischen Rechtsstaates 113, 4 Weniger Staat - Mehr Freiheit 114, 5 Bildung, Wissenschaft, Kultur - Grundlagen persönlicher Entfaltung und der Zukunft unseres Volkes 115, 6 Soziale Marktwirtschaft - Ordnung ohne Alternative 116, 7 Personale Entfaltung und soziale Sicherheit in einer freien Gesellschaft 117, 8 Sozialpolitik für alle Bevölkerungsgruppen 118, 9 Entwicklung des Lebensraumes - Menschliche Umwelt 119, 10 Freiheit für Deutschland und Europa 120.

Parteiprogramm F.D.P. 122
I. Freiheit ist unser Auftrag 122; II. Chancen und Gefahren unserer Zukunft 122; III. Mehr Freiheit und Selbstbestimmung in allen Lebenskreisen 123, 1 Der Einzelne und seine Persönlichkeit 123, 2 Der Einzelne und seine Umwelt 124, 3 Der Einzelne und seine Tätigkeiten 124, 4 Der Einzelne und sein soziales Umfeld 125, 5 Der Einzelne, der Staat und die Organisation 125.

Parteiprogramm GRÜNE/Bündnis 90 126
Programm 126, Wahlplattform 129.

Parteiprogramm PDS 130
Unsere Werte 131, Unsere Ziele 132.

Parteiprogramm SPD 132
1 Was wir wollen 132; 2 Die Grundlagen unserer Politik 133, 2.1 Grunderfahrungen und Grundwerte 133, 2.2 Die Welt, in der wir leben 135; 3 Frieden in gemeinsamer Sicherheit 136; 4 Die freie, gerechte und solidarische Gesellschaft: Eine neue Kultur des Zusammenlebens und Zusammenwirkens 137, 4.1 Die Gleichstellung aller Menschen in einer solidarischen Gesellschaft 138, 4.2 Die Zukunft der Arbeit und der freien Zeit 139, 4.3 Durch soziale Gerechtigkeit zur solidarischen Gesellschaft. 4.4 Ökologisch und sozial verantwortliches Wirtschaften 143, 4.5 Demokratie in Staat und Gesellschaft 147; 5 Unser Weg in die Zukunft 149.

Stabilitätsgesetz 150

Inhaltsverzeichnis

Themenbereich
| Kurztitel | Inhalt | Seite |

Strafgesetzbuch (StGB) 153
  1 Allgemeiner Teil 153, 1.1 Geltungsbereich 153; 2 Besonderer Teil 153, 2.1 Friedensverrat 153, 2.2 Hochverrat 153, 2.4 Straftaten gegen Verfassungsorgane 153, 2.7 Straftaten gegen die öffentliche Ordnung 154, 2.11 Straftaten, welche sich auf Religion und Weltanschauung beziehen 155, 2.18 Straftaten gegen die persönliche Freiheit 156, 2.26 Sachbeschädigung 156, 2.28 Straftaten gegen die Umwelt 157.

Versammlungsgesetz 159

Soldatengesetz 163

Wehrpflichtgesetz 164
  1 Wehrpflicht 164, 1.1 Umfang der Wehrpflicht 164; 2 Wehrersatzwesen 165, 2.1 Wehrersatzbehörden 165, 2.2 Erfassung 165, 2.3 Heranziehung von ungedienten Wehrpflichtigen 166, 2.5 Wehrüberwachung 166.

Zivildienstgesetz (ZDG) 167

IV Mensch und Arbeit

Arbeitsförderungsgesetz (AFG) 168

Arbeitsgerichtsgesetz (ArbgG) 169
  1 Allgemeine Vorschriften 169, 2 Schiedsvertrag in Arbeitsstreitigkeiten 170.

Arbeitszeitordnung (AZO) 171

Berufbildungsgesetz (BBiG) 174
  1 Allgemeine Vorschriften 174; 2 Berufsausbildungsverhältnis 174, 2.1 Begründung 174, 2.2 Inhalt 175, 2.3 Beginn und Beendigung 176, 2.4 Sonstige Vorschriften 177; 3 Ordnung der Berufsbildung 177, 3.1 Berechtigung zur Einstellung und Ausbildung 177, 3.2 Anerkennung von Ausbildungsberufen und Änderung der Ausbildungszeit 178, 3.3 Verzeichnis der Berufsausbildungsverhältnisse 179, 3.4 Prüfungswesen 179, 3.6 Berufliche Fortbildung, Umschulung 180; 6 Besondere Vorschriften für einzelne Wirtschafts- und Berufszweige 180; 7 Bußgeldvorschriften 181.

Betriebsverfassungsgesetz (BetrVfG) 181
  Das Gesetz 181.
  1 Allgemeine Vorschriften 181; 2 Betriebsrat, Betriebsversammlung, Gesamt- und Konzernbetriebsrat 182, 2.1 Zusammensetzung und Wahl des Betriebsrats 182, 2.2 Amtszeit des Betriebsrats 183, 2.3 Geschäftsführung des Betriebsrats 184, 2.4 Betriebsversammlung 185; 3 Jugend- und Auszubildendenvertretung 186; 4 Mitwirkung und Mitbestimmung der Arbeitnehmer 187, 4.1 Allgemeines 187, 4.2 Mitwirkungs- und Beschwerderecht des Arbeitnehmers 188, 4.3 Soziale Angelegenheiten 189, 4.4 Gestaltung von Arbeitsplatz, Arbeitsablauf

Themenbereich		
Kurztitel	Inhalt	Seite

und Arbeitsumgebung 190, 4.5 Personelle Angelegenheiten 191, 4.6 Wirtschaftliche Angelegenheiten 193; 6 Straf- und Bußgeldvorschriften 195.
Die Durchführungsverordnung 195.

Bundesdatenschutzgesetz (BDSG) 197
1 Allgemeine Bestimmungen 197, 2 Datenverarbeitung der öffentlichen Stellen 199, 3 Datenverarbeitung nichtöffentlicher Stellen und öffentlich-rechtlicher Wettbewerbsunternehmen 204, 4 Sondervorschriften 209, 5 Schlußvorschriften 210, Anlage 210.

Bundeserziehungsgeldgesetz (BErzGG) 212
1 Erziehungsgeld 212, 2 Erziehungsurlaub für Arbeitnehmer 214.

Fünftes Vermögensbildungsgesetz (5. VermBG) 216

Bundesurlaubsgesetz (BUrlG) 218

Jugendarbeitsschutzgesetz (JArbSchG) 219
1 Allgemeine Vorschriften 219; 2 Beschäftigung von Kindern 220; 3 Beschäftigung von Jugendlichen 220, 3.1 Mindestalter für die Beschäftigung 220, 3.2 Arbeitszeit und Freizeit 220, 3.3 Beschäftigungsverbote und -beschränkungen 223, 3.4 Sonstige Pflichten des Arbeitgebers 224, 3.5 Gesundheitliche Betreuung 224; 4 Durchführung des Gesetzes 225, 4.1 Aushänge und Verzeichnisse 225, 4.2 Aufsicht 225; 6 Schlußvorschriften 225.

Kündigungsschutzgesetz/Kündigungsfristengesetz (KSchG; KFriG) 226
Das Kündigungsschutzgesetz 226.
1 Allgemeiner Kündigungsschutz 226, 2 Kündigungsschutz im Rahmen der Betriebsverfassung und Personalvertretung 226, 3 Anzeigepflichtige Entlassungen 227.
Das Kündigungsfristengesetz 227.

Lohnfortzahlungsgesetz (LohnFzG) 228

Mitbestimmungsgesetz (MitbestG) 228
1 Geltungsbereich 228; 2 Aufsichtsrat 229, 2.1 Bildung und Zusammensetzung 229, 2.2 Bestellung der Mitglieder 230, 2.3 Rechte und Pflichten 231.

Montan-Mitbestimmungsgesetz (MontmG) 232
1 Allgemeiner Teil 232, 2 Aufsichtsrat 232, 3 Vorstand 233.

Mutterschutzgesetz (MuSchG) 233
1 Allgemeine Vorschriften 233, 2 Beschäftigungsverbote 233, 3 Kündigung 234, 4 Leistungen 234.

Reichsversicherungsordnung (RVO) 235
Die Reichsversicherungsordnung. Drittes Buch: Unfallversicherung 235, 3.1 Allgemeine Vorschriften 235, 3.2 Leistungen der Versicherung 236, 3.5 Aufbringung und Verwendung der Mittel 237; Viertes Buch: Rentenversi-

Themenbereich
Kurztitel Inhalt Seite

cherung der Arbeiter 237, 4.1 Aufgaben der Versicherung und Kreis der versicherten Personen 237, 4.5 Aufbringung der Mittel, Verteilung der Rentenausgaben 238.

Schwarzarbeitgesetz (SchwaG) 239

Sozialgesetzbuch (SGB) – Allgemeiner Teil 239
1 Allgemeiner Teil 239, 1.1 Aufgaben des Sozialgesetzbuchs und soziale Rechte 239, 1.2 Einweisungsvorschriften 241; 2 Übergangs- und Schlußvorschriften 244, 2.1 Besondere Teile des Sozialgesetzbuchs 244.

Sozialgesetzbuch – Gemeinsame Vorschriften für die Sozialversicherung 245
Artikel I. Viertes Buch (IV): Sozialversicherung 245; Fünftes Buch (V): Gesetzliche Krankenversicherung 246; Sechstes Buch (VI): Gesetzliche Rentenversicherung 248.

Tarifvertragsgesetz (TVG) 252

V Umwelt national

Abfallgesetz 254

Atomgesetz 255

Abwasserabgabengesetz (AbwAG) 257

Benzinbleigesetz 258

Bundes-Immissionsschutzgesetz 259

Bundesnaturschutzgesetz 261

Bundesstiftung Umwelt 263

Bundeswaldgesetz 263

Energieeinsparungsgesetz 265

Energiesicherungsgesetz 1975 265

Fluglärmschutzgesetz 266

Lebensmittel- und Bedarfsgegenständegesetz 267

Organisationserlaß 268

Strahlenschutzvorsorgegesetz (StrVG) 269

Tierschutzgesetz 270

Umweltbundesamtsgesetz 271

Umwelthaftungsgesetz (UmweltHG) 272

Umweltsachverständigen-Erlaß 274

Umweltstatistikgesetz 275

Waschmittelgesetz 275

Wasserhaushaltsgesetz 276

Themenbereich
Kurztitel Inhalt Seite

VI Umwelt international

Nordseeverschmutzung 278

Ozonschichtübereinkommen 280

UdSSR-Kernanlagen-Informationsaustausch 283

UdSSR-Umwelt-Abkommen 284

Polen-Umwelt-Abkommen 286

VII Deutschland 1918–1945

Versailler Vertrag 287

    1 Politische Bestimmungen über Europa 287, 1.1 Belgien 287, 1.2 Linkes Rheinufer 287, 1.3 Saarbeckengebiet 287, 1.4 Elsaß-Lothringen 287, 1.5 Tschecho-Slowakei 287, 1.6 Polen 288, Ostpreußen 288, 1.8 Memel 288, 1.9 Danzig 288, 1.10 Schleswig 288, 1.11 Helgoland 289; 2 Wiedergutmachungen 289.

Weimarer Verfassung 289

    Präambel 289; 1 Grundsätzliches 289, 2 Reichspräsident 290, 3 Reichsregierung 290, 4 Reichsrat 291, 5 Reichsgesetzgebung 291, 6 Haushaltsgrundsätze 292, 7 Grundrechte und Grundpflichten der Deutschen 292, 8 Wirtschaftsleben 293.

Parteiprogramm NSDAP 294

    Das Programm 294. Die Erklärung Adolf Hitlers 296.

Schutzverordnung Volk und Staat 296

Ermächtigungsgesetz 297

Reichsstatthaltergesetz 297

Parteienneubildungsgesetz 298

Volksabstimmungsgesetz 298

Partei- und Staatsgesetz 298

Reichsneubaugesetz 299

Reichsrataufhebungsgesetz 299

Staatsoberhauptgesetz 299

Reichsbürgergesetz 300

Blut- und Ehregesetz 300

Antikominternabkommen 301

    Das Deutsch-Japanische Abkommen 301. Das Zusatzprotokoll 301. Das geheime Zusatzabkommen 302. Das Protokoll des Beitritts Italiens 302.

Münchner Abkommen 303

    Das Abkommen 303. Der Zusatz zu dem Abkommen 304. Die zusätzliche Erklärung 304. Die Zusatzerklärung 304.

Inhaltsverzeichnis

Themenbereich
Kurztitel Inhalt Seite

Stahl-Pakt 304

Nichtangriffsvertrag UdSSR 305
  Der Vertrag 305. Das geheime Zusatzprotokoll 306.

Krimkonferenz 306
  Niederwerfung Deutschlands 306, Besetzung Deutschlands und Kontrolle über Deutschland 306, Reparationen von Deutschland 307, Konferenz der Vereinten Nationen 307, Deklaration über das befreite Europa 307, Über Polen 308, Über Jugoslawien 308, Beratungen der Außenminister 308, Einigkeit im Frieden wie im Kriege 308.

Potsdamer Konferenz 309
  1 Deutschland 309, 1.1 Politische Grundsätze 309, 1.2 Wirtschaftliche Grundsätze 311, 1.3 Reparationen 311; 3 Polen und Polens Westgrenze 313; 4 Umsiedlung 313.

VIII Innerdeutsche Politik

Verfassung Berlin 315

Verfassung DDR 316
  Präambel (Gegenüberstellung der alten und neuen Fassung) 316; 1 Grundlagen der sozialistischen Gesellschafts- und Staatsordnung 316, 1.1 Politische Grundlagen 316, 1.2 Ökonomische Grundlagen 318; 2 Bürger und Gemeinschaften in der sozialistischen Gesellschaft 319, 2.1 Grundrechte und Grundpflichten der Bürger 319, 2.2 Gewerkschaften 321; 3 Aufbau und System der politischen Leitung 321, 3.1 Volkskammer 321, 3.2 Staatsrat 321, 3.3 Ministerrat 321; 4 Sozialistische Gesetzlichkeit und Rechtspflege 321.

Transitabkommen 322

Reise- und Besuchsvereinbarung 326

Verkehrsvertrag 326

Grundlagenvertrag 328
  Der Vertrag 328. Der Brief 329.

Wissenschaft-Technik-Abkommen 330

Strahlenschutz-Abkommen 331

Straßenbenutzungsgebühren 332

IX Deutsche Vereinigung

Währungs-Wirtschafts-Sozialunion 333
  Vertrag 333, 1 Grundlagen 333, 2 Bestimmungen über die Währungsunion 335, 3 Bestimmungen über die Wirtschaftsunion 336, 4 Bestimmungen über die Sozialunion 337, 5 Bestimmungen über den Staatshaushalt und die Finanzen 339, 6 Schlußbestimmungen 341; Ge-

Themenbereich		
Kurztitel	Inhalt	Seite

meinsames Protokoll über Leitsätze 342, 1 Generelle Leitsätze 342, 1.1 Allgemeines 342, 1.2 Wirtschaftsunion 342, 1.3 Sozialunion 343, 2 Leitsätze für einzelne Rechtsgebiete 343, 2.1 Rechtspflege 343, 2.2 Wirtschaftsrecht 344, 2.3 Baurecht 344, 2.4 Arbeits- und Sozialrecht 344.

Drei Mächte Vorbehalte – Aufhebung 345

DDR-Investitionsgesetz (DDR-IG) 346

Personenkontrollen – Aufhebung 348

Gesamtdeutsche Wahl – Vorbereitung 349

DDR-Beitritt 350

Einigungsvertrag 350

Der Vertrag 350, 1 Wirkung des Beitritts 351, 2 Grundgesetz 351, 3 Rechtsangleichung 353, 4 Völkerrechtliche Verträge und Vereinbarungen 354, 5 Öffentliche Verwaltung und Rechtspflege 354, 6 Öffentliches Vermögen und Schulden 356, 7 Arbeit, Soziales, Familie, Frauen, Gesundheitswesen und Umweltschutz 360, 8 Kultur, Bildung und Wissenschaft, Sport 362, 9 Übergangs- und Schlußbestimmungen 365. Die Gemeinsame Erklärung (Anlage III) 366. Die Vereinbarung 368.

Abschließende Deutschlandregelung 370

Der Vertrag 370. Die Protokollnotiz 373. Die Erklärung 373.

Streitkräfteaufenthalt 375

Berlinregelung 376

Sowjettruppenabzug 379

X Europäische Gemeinschaft

EGKS-Vertrag 382

1 Europäische Gemeinschaft für Kohle und Stahl 382, 2 Organe der Gemeinschaft 383, 2.1 Hohe Behörde 383, 2.2 Versammlung 383, 2.3 Rat 383, 2.4 Gerichtshof 383, 3 Wirtschafts- und Sozialbestimmungen 383, 3.1 Allgemeine Bestimmungen 383, 3.2 Investitionen und finanzielle Hilfe 384, 3.3 Erzeugung 384, 3.4 Preise 384, 3.5 Kartelle und Zusammenschlüsse 384, 3.6 Beeinträchtigungen der Wettbewerbsbedingungen 384, 3.7 Löhne und Freizügigkeit der Arbeitnehmer 384, 3.8 Frachten und Transporte 384, 3.9 Handelspolitik 385, 4 Allgemeine Bestimmungen 385.

EURATOM-Vertrag 386

1. Aufgaben der Gemeinschaft 386, 2 Förderung des Fortschritts auf dem Gebiet der Kernenergie 386, 3 Vorschriften über die Organe 387.

EWG-Vertrag 389

Themenbereich
Kurztitel   Inhalt   Seite

1 Grundsätze 389; 2 Grundlagen der Gemeinschaft 390, 2.1 Freier Warenverkehr 390, 2.2 Landwirtschaft 390, 2.3 Freizügigkeit, freier Dienstleistungs- und Kapitalverkehr 391, 2.4 Verkehr 391; 3 Politik der Gemeinschaft 392, 3.1 Gemeinsame Regeln 392, 3.2 Wirtschaftspolitik 393, 3.3 Sozialpolitik 393, 3.4 Europäische Investitionsbank 394, 3.5 Wirtschaftlicher und sozialer Zusammenhalt 394, 3.6 Forschung und technologische Entwicklung 394, 3.7 Umwelt 395; 4 Assoziierung der überseeischen Länder und Hoheitsgebiete 396; 5 Organe der Gemeinschaft 396, 5.1 Versammlung 396, 5.2 Rat 396, 5.3 Kommission 397, 5.4 Gerichtshof 397, 5.5 Gemeinsame Vorschriften für mehrere Organe 397, 5.6 Wirtschafts- und Sozialausschuß 397; 6 Finanzvorschriften 397, 7 Allgemeine und Schlußbestimmungen 398.

EG-Organe 399

EG-Rat und Kommission 399

1 Rat der Europäischen Gemeinschaften 399, 2 Kommission der Europäischen Gemeinschaften 400.

EG-Abgeordnetenwahl 401

Der Beschluß 401. Die Erklärung 402.

XI Internationale Politik

NATO-Vertrag 403

Deutschlandvertrag 404

Aufhebung Besatzungsstatut 406

Deutsch-französischer Vertrag 406

1 Organisation 406; 2 Programm 406, 2.1 Auswärtige Angelegenheiten 406, 2.2 Verteidigung 407, 2.3 Erziehungs- und Jugendfragen 407; 3 Schlußbestimmungen 408.

UdSSR-Vertrag 409

Der Vertrag 409. Der Brief 409.

Polen-Vertrag 410

Viermächte-Abkommen Berlin 410

CSSR-Normalisierungsvertrag 411

KSZE-Schlußakte 413

1 Sicherheitsfragen 413, 1.1 Prinzipien 413, 1.2 Verwirklichung 414; 2 Wirtschaft, Wissenschaft, Technik, Umwelt 415, 2.1 Wirtschaft 415, 2.2 Wissenschaft und Technik 416, 2.3 Umwelt 417; 3 Humanitäre und andere Bereiche 417, 3.1 Menschliche Kontakte 417, 3.2 Information 418, 3.3 Kultur 418, 3.4 Bildung 419.

KVAE 419

Bonn-Kreml-Nachrichtenverbindung 425

Themenbereich
Kurztitel   Inhalt   Seite

UdSSR-Wirtschaftskräfte-Ausbildung 426

XII Europäische Bank

Europäische Bank für Wiederaufbau 427

Kartenanhang
1 Der Friedensvertrag von Versailles — 429
2 Die Aufteilung Deutschlands und Österreichs im Jahre 1945 (Stand der Grenzen: 1937) — 429
3 Gebiet und Bevölkerung: Bundesrepublik Deutschland nach Ländern, Deutsche Demokratische Republik nach Bezirken — 430
 Bundesrepublik Deutschland 1990 — 431
4 Die NATO, Mitgliedsstaaten — 432
5 Zusammenschlüsse in Europa (EG, EFTA und COMECON) bis 1990 — 433
6 Waldschäden 1990 — 434
 Schwefelwolken über Europa — 435
7 Bundestagswahlen 1949-1990 — 436
8 Bevölkerungspyramide der Bundesrepublik Deutschland — 437

Stichwortverzeichnis   438

Kurztitel in alphabetischer Reihenfolge

Abfallgesetz	254	Bundesstiftung Umwelt	263
Abschließende Deutschlandregelung	370	Bundesurlaubsgesetz	218
Abwasserabgabengesetz	257	Bundesversammlung – Volksvertreter	64
Antikominternabkommen	301		
Arbeitsförderungsgesetz	168	Bundeswahlgesetz	65
Arbeitsgerichtsgesetz	169	Bundeswaldgesetz	263
Arbeitszeitordnung	171	ČSSR-Normalisierungsvertrag	411
Atomgesetz	255		
		DDR-Beitritt	350
Bannmeilengesetz	64	DDR-Investitionsgesetz	346
Benzinbleigesetz	258	Deutsch-französischer Vertrag	406
Berlinregelung	376	Deutschlandvertrag	404
Berufsbildungsgesetz	174	Drei Mächte Vorbehalte – Aufhebung	345
Besatzungsstatut, Aufhebung	406		
Betriebsverfassungsgesetz	181		
Blut- und Ehregesetz	300	EG-Abgeordnetenwahl	401
Bonn-Kreml-Nachrichtenverbindung	425	EGKS-Vertrag	382
		EG-Organe	399
Bürgerliches Gesetzbuch	49	EG-Rat und Kommission	399
Bundesdatenschutzgesetz	197	Ehegesetz	60
Bundeserziehungsgeldgesetz	212	Einigungsvertrag	350
Bundesimmissionsschutzgesetz	259	Embryonenschutzgesetz	68
Bundesnaturschutzgesetz	261	Energieeinsparungsgesetz	265

Kurztitel in alphabetischer Reihenfolge

Energiesicherungsgesetz	265
Ermächtigungsgesetz	297
EURATOM-Vertrag	386
Europäische Bank für Wiederaufbau	427
EWG-Vertrag	389
Fluglärmschutzgesetz	266
Folter – Europa	70
Folter – VN	72
Gentechnikgesetz	74
Gesamtdeutsche Wahl – Vorbereitung	349
Grundgesetz	14
Grundlagenvertrag	328
Jugendarbeitsschutzgesetz	219
Kriegswaffenkontrollgesetz	77
Krimkonferenz	306
KSZE-Schlußakte	413
Kündigungsschutzgesetz/Kündigungsfristengesetz	226
KVAE	419
Lebensmittel- und Bedarfsgegenständegesetz	267
Lohnfortzahlungsgesetz	228
Menschenrechte UN	90
Menschenrechtskonvention	80
Mitbestimmungsgesetz	228
Montan-Mitbestimmungsgesetz	232
Münchner Abkommen	303
Mutterschutzgesetz	233
NATO-Vertrag	403
Nichtangriffsvertrag UdSSR	305
Nordseeverschmutzung	278
Organisationserlaß	268
Ozonschichtübereinkommen	280
Parteiengesetz	94
Parteienneubildungsgesetz	298
Parteiprogramm CDU	97
Parteiprogramm CSU	112
Parteiprogramm F.D.P.	122
Parteiprogramm GRÜNE	126
Parteiprogramm NSDAP	294
Parteiprogramm PDS	130
Parteiprogramm SPD	132
Partei- und Staatsgesetz	298
Personenkontrollen-Aufhebung	348
Polen-Umwelt-Abkommen	286
Polen-Vertrag	410
Potsdamer Konferenz	309
Reichsbürgergesetz	300
Reichsneubaugesetz	299
Reichsratsaufhebungsgesetz	299
Reichsstatthaltergesetz	297
Reichsversicherungsordnung	235
Reise- und Besuchsvereinbarung	326
Schutzverordnung Volk und Staat	296
Schwarzarbeitgesetz	239
Soldatengesetz	163
Sowjettruppenabzug	379
Sozialgesetzbuch	239
Staatsoberhauptgesetz	299
Stabilitätsgesetz	150
Stahl-Pakt	304
Strafgesetzbuch	153
Strahlenschutz-Abkommen	331
Strahlenschutzvorsorgegesetz	269
Straßenbenutzungsgebühren	332
Streitkräfteaufenthalt	375
Tarifvertragsgesetz	252
Tierschutzgesetz	270
Transitabkommen	322
UdSSR-Kernanlagen-Informationsaustausch	283
UdSSR-Umwelt-Abkommen	284
UdSSR-Vertrag	409
UdSSR-Wirtschaftskräfte-Ausbildung	426
Umweltbundesamtsgesetz	271
Umwelthaftungsgesetz	272
Umweltsachverständigen-Erlaß	274
Umweltstatistikgesetz	275
Verfassung Berlin	315
Verfassung DDR	316
Verkehrsvertrag	326
Vermögensbildungsgesetz, fünftes	216
Versailler Vertrag	287
Versammlungsgesetz	159
Viermächte-Abkommen Berlin	410
Volksabstimmungsgesetz	298
Währungs-, Wirtschafts-, Sozialunion	333
Waschmittelgesetz	275
Wasserhaushaltsgesetz	276
Wehrpflichtgesetz	164
Weimarer Verfassung	289
Wissenschafts-Technik-Abkommen	330
Zivildienstgesetz	167

Grundgesetz für die Bundesrepublik Deutschland (Grundgesetz -GG-)

vom 23. Mai 1949

mit Genehmigungsschreiben der Militärgouverneure zum Grundgesetz

vom 12. Mai 1949

Das Gesetz

Präambel

Im Bewußtsein seiner Verantwortung vor Gott und den Menschen, von dem Willen beseelt, als gleichberechtigtes Glied in einem vereinten Europa dem Frieden der Welt zu dienen, hat sich das Deutsche Volk kraft seiner verfassungsgebenden Gewalt dieses Grundgesetz gegeben.
Die Deutschen in den Ländern Baden-Württemberg, Bayern, Berlin, Brandenburg, Bremen, Hamburg, Hessen, Mecklenburg-Vorpommern, Niedersachsen, Nordrhein-Westfalen, Rheinland-Pfalz, Saarland, Sachsen, Sachsen-Anhalt, Schleswig-Holstein und Thüringen haben in freier Selbstbestimmung die Einheit und Freiheit Deutschlands vollendet. Damit gilt dieses Grundgesetz für das gesamte Deutsche Volk.[*]

1 Grundrechte

Art. 1. [Schutz der Menschenwürde]
(1) [1]Die Würde des Menschen ist unantastbar. [2]Sie zu achten und zu schützen, ist Verpflichtung aller staatlichen Gewalt.
(2) Das Deutsche Volk bekennt sich darum zu unverletzlichen und unveräußerlichen Menschenrechten als Grundlage jeder menschlichen Gemeinschaft, des Friedens und der Gerechtigkeit in der Welt.
(3) Die nachfolgenden Grundrechte binden Gesetzgebung, vollziehende Gewalt und Rechtsprechung als unmittelbar geltendes Recht.

Art. 2. [Persönliche Freiheitsrechte]
(1) Jeder hat das Recht auf die freie Entfaltung seiner Persönlichkeit, soweit er nicht die Rechte anderer verletzt und nicht gegen die verfassungsmäßige Ordnung oder das Sittengesetz verstößt.
(2) [1]Jeder hat das Recht auf Leben und körperliche Unversehrtheit. [2]Die Freiheit der Person ist unverletzlich. [3]In diese Rechte darf nur auf Grund eines Gesetzes eingegriffen werden.

Art. 3. [Gleichheit vor dem Gesetz]
(1) Alle Menschen sind vor dem Gesetz gleich.
(2) Männer und Frauen sind gleichberechtigt.
(3) Niemand darf wegen seines Geschlechtes, seiner Abstammung, seiner

---

[*] Fassung der Präambel vor der Deutschen Einigung: Im Bewußtsein seiner Verantwortung vor Gott und den Menschen, von dem Willen beseelt, seine nationale und staatliche Einheit zu wahren und als gleichberechtigtes Glied in einem vereinten Europa dem Frieden der Welt zu dienen, hat das Deutsche Volk in den Ländern Baden, Bayern, Bremen, Hamburg, Hessen, Niedersachsen, Nordrhein-Westfalen, Rheinland-Pfalz, Schleswig-Holstein, Württemberg-Baden und Württemberg-Hohenzollern, um dem staatlichen Leben für eine Übergangszeit eine neue Ordnung zu geben, kraft seiner verfassungsgebenden Gewalt dieses Grundgesetz der Bundesrepublik Deutschland beschlossen. Es hat auch für jene Deutschen gehandelt, denen mitzuwirken versagt war. Das gesamte Deutsche Volk bleibt aufgefordert, in freier Selbstbestimmung die Einheit und Freiheit Deutschlands zu vollenden.

Rasse, seiner Sprache, seiner Heimat und Herkunft, seines Glaubens, seiner religiösen oder politischen Anschauungen benachteiligt oder bevorzugt werden.

Art. 4. [Glaubens-, Gewissens- und Bekenntnisfreiheit] (1) Die Freiheit des Glaubens, des Gewissens und die Freiheit des religiösen und weltanschaulichen Bekenntnisses sind unverletzlich.

(2) Die ungestörte Religionsausübung wird gewährleistet.

(3) [1]Niemand darf gegen sein Gewissen zum Kriegsdienst mit der Waffe gezwungen werden. [2]Das Nähere regelt ein Bundesgesetz.

Art. 5. [Recht der freien Meinungsäußerung] (1) [1]Jeder hat das Recht, seine Meinung in Wort, Schrift und Bild frei zu äußern und zu verbreiten und sich aus allgemein zugänglichen Quellen ungehindert zu unterrichten. [2]Die Pressefreiheit und die Freiheit der Berichterstattung durch Rundfunk und Film werden gewährleistet. [3]Eine Zensur findet nicht statt.

(2) Diese Rechte finden ihre Schranken in den Vorschriften der allgemeinen Gesetze, den gesetzlichen Bestimmungen zum Schutze der Jugend und in dem Recht der persönlichen Ehre.

(3) [1]Kunst und Wissenschaft, Forschung und Lehre sind frei. [2]Die Freiheit der Lehre entbindet nicht von der Treue zur Verfassung.

Art. 6. [Ehe, Familie, nichteheliche Kinder] (1) Ehe und Familie stehen unter dem besonderen Schutze der staatlichen Ordnung.

(2) [1]Pflege und Erziehung der Kinder sind das natürliche Recht der Eltern und die zuvörderst ihnen obliegende Pflicht. [2]Über ihre Betätigung wacht die staatliche Gemeinschaft.

(3) Gegen den Willen der Erziehungsberechtigten dürfen Kinder nur auf Grund eines Gesetzes von der Familie getrennt werden, wenn die Erziehungsberechtigten versagen oder wenn die Kinder aus anderen Gründen zu verwahrlosen drohen.

(4) Jede Mutter hat Anspruch auf den Schutz und die Fürsorge der Gemeinschaft.

(5) Den unehelichen Kindern sind durch die Gesetzgebung die gleichen Bedingungen für ihre leibliche und seelische Entwicklung und ihre Stellung in der Gesellschaft zu schaffen wie den ehelichen Kindern.

Art. 7. [Schulwesen] (1) Das gesamte Schulwesen steht unter der Aufsicht des Staates.

(2) Die Erziehungsberechtigten haben das Recht, über die Teilnahme des Kindes am Religionsunterricht zu bestimmen.

(3) [1]Der Religionsunterricht ist in den öffentlichen Schulen mit Ausnahme der bekenntnisfreien Schulen ordentliches Lehrfach. [2]Unbeschadet des staatlichen Aufsichtsrechtes wird der Religionsunterricht in Übereinstimmung mit den Grundsätzen der Religionsgemeinschaften erteilt. [3]Kein Lehrer darf gegen seinen Willen verpflichtet werden, Religionsunterricht zu erteilen.

(4) [1]Das Recht zur Errichtung von privaten Schulen wird gewährleistet. [2]Private Schulen als Ersatz für öffentliche Schulen bedürfen der Genehmigung des Staates und unterstehen den Landesgesetzen. [3]Die Genehmigung ist zu erteilen, wenn die privaten Schulen in ihren Lehrzielen und Einrichtungen sowie in der wissenschaftlichen Ausbildung ihrer Lehrkräfte nicht hinter den öffentlichen Schulen zurückstehen und eine Sonderung der Schüler nach den Besitzverhältnissen der Eltern nicht gefördert wird. [4]Die Genehmigung ist zu versagen, wenn die wirtschaftliche und rechtliche Stellung der Lehrkräfte nicht genügend gesichert ist.

(5) Eine private Volksschule ist nur zuzulassen, wenn die Unterrichtsverwaltung ein besonderes pädagogisches Interesse anerkennt oder, auf Antrag von Erziehungsberechtigten, wenn sie als Gemeinschaftsschule, als Bekenntnis- oder Weltanschauungsschule errichtet werden soll und eine öffentliche Volksschule dieser Art in der Gemeinde nicht besteht.

(6) Vorschulen bleiben aufgehoben.

Art. 8. [Versammlungsfreiheit] (1) Alle Deutschen haben das Recht, sich ohne Anmeldung oder Erlaubnis friedlich und ohne Waffen zu versammeln.

(2) Für Versammlungen unter freiem Himmel kann dieses Recht durch Gesetz oder auf Grund eines Gesetzes beschränkt werden.

Art. 9. [Vereinigungsfreiheit] (1) Alle Deutschen haben das Recht, Vereine und Gesellschaften zu bilden.

(2) Vereinigungen, deren Zwecke oder deren Tätigkeit den Strafgesetzen zuwiderlaufen oder die sich gegen die verfassungsmäßige Ordnung oder gegen den Gedanken der Völkerverständigung richten, sind verboten.

(3) ¹Das Recht, zur Wahrung und Förderung der Arbeits- und Wirtschaftsbedingungen Vereinigungen zu bilden, ist für jedermann und für alle Berufe gewährleistet. ²Abreden, die dieses Recht einschränken oder zu behindern suchen, sind nichtig, hierauf gerichtete Maßnahmen sind rechtswidrig. ³Maßnahmen nach den Artikeln 12a, 35 Abs. 2 und 3, Artikel 87a Abs. 4 und Artikel 91 dürfen sich nicht gegen Arbeitskämpfe richten, die zur Wahrung und Förderung der Arbeits- und Wirtschaftsbedingungen von Vereinigungen im Sinne des Satzes 1 geführt werden.

Art. 10. [Brief-, Post- und Fernmeldegeheimnis] (1) Das Briefgeheimnis sowie das Post- und Fernmeldegeheimnis sind unverletzlich.

(2) ¹Beschränkungen dürfen nur auf Grund eines Gesetzes angeordnet werden. ²Dient die Beschränkung dem Schutze der freiheitlichen demokratischen Grundordnung oder dem Bestande oder der Sicherung des Bundes oder eines Landes, so kann das Gesetz bestimmen, daß sie dem Betroffenen nicht mitgeteilt wird und daß an die Stelle des Rechtsweges die Nachprüfung durch von der Volksvertretung bestellte Organe und Hilfsorgane tritt.

Art. 11. [Freizügigkeit] (1) Alle Deutschen genießen Freizügigkeit im ganzen Bundesgebiet.

(2) Dieses Recht darf nur durch Gesetz oder auf Grund eines Gesetzes und nur für die Fälle eingeschränkt werden, in denen eine ausreichende Lebensgrundlage nicht vorhanden ist und der Allgemeinheit daraus besondere Lasten entstehen würden oder in denen es zur Abwehr einer drohenden Gefahr für den Bestand oder die freiheitliche demokratische Grundordnung des Bundes oder eines Landes, zur Bekämpfung von Seuchengefahr, Naturkatastrophen oder besonders schweren Unglücksfällen, zum Schutze der Jugend vor Verwahrlosung oder um strafbaren Handlungen vorzubeugen, erforderlich ist.

Art. 12. [Berufsfreiheit] (1) ¹Alle Deutschen haben das Recht, Beruf, Arbeitsplatz und Ausbildungsstätte frei zu wählen. ²Die Berufsausübung kann durch Gesetz oder auf Grund eines Gesetzes geregelt werden.

(2) Niemand darf zu einer bestimmten Arbeit gezwungen werden, außer im Rahmen einer herkömmlichen allgemeinen, für alle gleichen öffentlichen Dienstleistungspflicht.

(3) Zwangsarbeit ist nur bei einer gerichtlich angeordneten Freiheitsentziehung zulässig.

Art. 12a. [Wehrdienst- und andere Dienstverpflichtungen] (1) Männer können vom vollendeten achtzehnten Lebensjahr an zum Dienst in den Streitkräften, im Bundesgrenzschutz oder in einem Zivilschutzverband verpflichtet werden.

(2) ¹Wer aus Gewissensgründen den Kriegsdienst mit der Waffe verweigert, kann zu einem Ersatzdienst verpflichtet werden. ²Die Dauer des Ersatzdienstes darf die Dauer des Wehrdienstes nicht übersteigen. ³Das Nähere regelt ein Gesetz, das die Freiheit der Gewissensentscheidung nicht beeinträchtigen darf und auch eine Möglichkeit des Ersatzdienstes vorsehen muß, die in keinem Zusammenhang mit den Verbänden der Streitkräfte und des Bundesgrenzschutzes steht.

(3) ¹Wehrpflichtige, die nicht zu einem Dienst nach Absatz 1 oder 2 herangezogen sind, können im Verteidigungsfalle durch Gesetz oder auf Grund eines Gesetzes zu zivilen Dienstleistungen für Zwecke der Verteidigung einschließlich des Schutzes der Zivilbevölkerung in Arbeitsverhältnisse verpflichtet werden; Verpflichtungen in öffentlich-rechtliche Dienstverhältnisse sind nur zur Wahrnehmung polizeilicher Aufgaben oder solcher hoheitlichen Aufgaben der öffentlichen Verwaltung, die nur in einem öffentlich-rechtlichen Dienstverhältnis erfüllt werden können, zulässig. ²Arbeitsverhältnisse nach Satz 1 können bei den Streitkräften, im Bereich ihrer Versorgung sowie bei der öffentlichen Verwal-

tung begründet werden; Verpflichtungen in Arbeitsverhältnisse im Bereiche der Versorgung der Zivilbevölkerung sind nur zulässig, um ihren lebensnotwendigen Bedarf zu decken oder ihren Schutz sicherzustellen.

(4) ¹Kann im Verteidigungsfalle der Bedarf an zivilen Dienstleistungen im zivilen Sanitäts- und Heilwesen sowie in der ortsfesten militärischen Lazarettorganisation nicht auf freiwilliger Grundlage gedeckt werden, so können Frauen vom vollendeten achtzehnten bis zum vollendeten fünfundfünfzigsten Lebensjahr durch Gesetz oder auf Grund eines Gesetzes zu derartigen Dienstleistungen herangezogen werden. ²Sie dürfen auf keinen Fall Dienst mit der Waffe leisten.

(5) ¹Für die Zeit vor dem Verteidigungsfalle können Verpflichtungen nach Absatz 3 nur nach Maßgabe des Artikels 80a Abs. 1 begründet werden. ²Zur Vorbereitung auf Dienstleistungen nach Absatz 3, für die besondere Kenntnisse oder Fertigkeiten erforderlich sind, kann durch Gesetz oder auf Grund eines Gesetzes die Teilnahme an Ausbildungsveranstaltungen zur Pflicht gemacht werden. ³Satz 1 findet insoweit keine Anwendung.

(6) ¹Kann im Verteidigungsfalle der Bedarf an Arbeitskräften für die in Absatz 3 Satz 2 genannten Bereiche auf freiwilliger Grundlage nicht gedeckt werden, so kann zur Sicherung dieses Bedarfs die Freiheit der Deutschen, die Ausübung eines Berufs oder den Arbeitsplatz aufzugeben, durch Gesetz oder auf Grund eines Gesetzes eingeschränkt werden. ²Vor Eintritt des Verteidigungsfalles gilt Absatz 5 Satz 1 entsprechend.

Art. 13. [Unverletzlichkeit der Wohnung] (1) Die Wohnung ist unverletzlich.

(2) Durchsuchungen dürfen nur durch den Richter, bei Gefahr im Verzuge auch durch die in den Gesetzen vorgesehenen anderen Organe angeordnet und nur in der dort vorgeschriebenen Form durchgeführt werden.

(3) Eingriffe und Beschränkungen dürfen im übrigen nur zur Abwehr einer gemeinen Gefahr oder einer Lebensgefahr für einzelne Personen, auf Grund eines Gesetzes auch zur Verhütung dringender Gefahren für die öffentliche Sicherheit und Ordnung, insbesondere zur Behebung der Raumnot, zur Bekämpfung von Seuchengefahr oder zum Schutze gefährdeter Jugendlicher vorgenommen werden.

Art. 14. [Eigentum, Erbrecht und Enteignung] (1) ¹Das Eigentum und das Erbrecht werden gewährleistet. ²Inhalt und Schranken werden durch die Gesetze bestimmt.

(2) ¹Eigentum verpflichtet. ²Sein Gebrauch soll zugleich dem Wohle der Allgemeinheit dienen.

(3) ¹Eine Enteignung ist nur zum Wohle der Allgemeinheit zulässig. ²Sie darf nur durch Gesetz oder auf Grund eines Gesetzes erfolgen, das Art und Ausmaß der Entschädigung regelt. ³Die Entschädigung ist unter gerechter Abwägung der Interessen der Allgemeinheit und der Beteiligten zu bestimmen. ⁴Wegen der Höhe der Entschädigung steht im Streitfalle der Rechtsweg vor den ordentlichen Gerichten offen.

Art. 15. [Sozialisierung] ¹Grund und Boden, Naturschätze und Produktionsmittel können zum Zwecke der Vergesellschaftung durch ein Gesetz, das Art und Ausmaß der Entschädigung regelt, in Gemeineigentum oder in andere Formen der Gemeinwirtschaft überführt werden. ²Für die Entschädigung gilt Artikel 14 Abs. 3 Satz 3 und 4 entsprechend.

Art. 16. [Ausbürgerung, Auslieferung, Asylrecht] (1) ¹Die deutsche Staatsangehörigkeit darf nicht entzogen werden. ²Der Verlust der Staatsangehörigkeit darf nur auf Grund eines Gesetzes und gegen den Willen des Betroffenen nur dann eintreten, wenn der Betroffene dadurch nicht staatenlos wird.

(2) ¹Kein Deutscher darf an das Ausland ausgeliefert werden. ²Politisch Verfolgte genießen Asylrecht.

Art. 17. [Petitionsrecht] Jedermann hat das Recht, sich einzeln oder in Gemeinschaft mit anderen schriftlich mit Bitten oder Beschwerden an die zuständigen Stellen und an die Volksvertretung zu wenden.

Art. 17a. [Einschränkung von Grundrechten bei Soldaten] (1) Gesetze über Wehrdienst und Ersatzdienst können bestimmen, daß für die Angehörigen der Streitkräfte und des Ersatzdienstes während der Zeit des Wehr- oder Ersatzdienstes das Grundrecht, seine Meinung in Wort, Schrift und Bild frei zu äußern und zu verbreiten (Artikel 5 Abs. 1 Satz 1 erster Halbsatz), das Grundrecht der Versammlungsfreiheit (Artikel 8) und das Petitionsrecht (Artikel 17), soweit es das Recht gewährt, Bitten oder Beschwerden in Gemeinschaft mit anderen vorzubringen, eingeschränkt werden.

(2) Gesetze, die der Verteidigung einschließlich des Schutzes der Zivilbevölkerung dienen, können bestimmen, daß die Grundrechte der Freizügigkeit (Artikel 11) und der Unverletzlichkeit der Wohnung (Artikel 13) eingeschränkt werden.

Art. 18. [Verwirkung von Grundrechten] [1]Wer die Freiheit der Meinungsäußerung, insbesondere die Pressefreiheit (Artikel 5 Abs. 1), die Lehrfreiheit (Artikel 5 Abs. 3), die Versammlungsfreiheit (Artikel 8), die Vereinigungsfreiheit (Artikel 9), das Brief-, Post- und Fernmeldegeheimnis (Artikel 10), das Eigentum (Artikel 14) oder das Asylrecht (Artikel 16 Abs. 2) zum Kampfe gegen die freiheitliche demokratische Grundordnung mißbraucht, verwirkt diese Grundrechte. [2]Die Verwirkung und ihr Ausmaß werden durch das Bundesverfassungsgericht ausgesprochen.

Art. 19. [Einschränkung von Grundrechten] (1) [1]Soweit nach diesem Grundgesetz ein Grundrecht durch Gesetz oder auf Grund eines Gesetzes eingeschränkt werden kann, muß das Gesetz allgemein und nicht nur für den Einzelfall gelten. [2]Außerdem muß das Gesetz das Grundrecht unter Angabe des Artikels nennen.

(2) In keinem Falle darf ein Grundrecht in seinem Wesensgehalt angetastet werden.

(3) Die Grundrechte gelten auch für inländische juristische Personen, soweit sie ihrem Wesen nach auf diese anwendbar sind.

(4) [1]Wird jemand durch die öffentliche Gewalt in seinen Rechten verletzt, so steht ihm der Rechtsweg offen. [2]Soweit eine andere Zuständigkeit nicht begründet ist, ist der ordentliche Rechtsweg gegeben. [3]Artikel 10 Abs. 2 Satz 2 bleibt unberührt.

2 Bund und Länder

Art. 20. [Bundesstaatliche Verfassung; Widerstandsrecht] (1) Die Bundesrepublik Deutschland ist ein demokratischer und sozialer Bundesstaat.

(2) [1]Alle Staatsgewalt geht vom Volke aus. [2]Sie wird vom Volke in Wahlen und Abstimmungen und durch besondere Organe der Gesetzgebung, der vollziehenden Gewalt und der Rechtsprechung ausgeübt.

(3) Die Gesetzgebung ist an die verfassungsmäßige Ordnung, die vollziehende Gewalt und die Rechtsprechung sind an Gesetz und Recht gebunden.

(4) Gegen jeden, der es unternimmt, diese Ordnung zu beseitigen, haben alle Deutschen das Recht zum Widerstand, wenn andere Abhilfe nicht möglich ist.

Art. 21. [Parteien] (1) [1]Die Parteien wirken bei der politischen Willensbildung des Volkes mit. [2]Ihre Gründung ist frei. [3]Ihre innere Ordnung muß demokratischen Grundsätzen entsprechen. [4]Sie müssen über die Herkunft und Verwendung ihrer Mittel sowie über ihr Vermögen öffentlich Rechenschaft geben.

(2) [1]Parteien, die nach ihren Zielen oder nach dem Verhalten ihrer Anhänger darauf ausgehen, die freiheitliche demo-

---

* Artikel 23 wurde aufgrund Art. 4 Nr. 2 iVm Art. 3 Einigungsvertrag v. 31. 08. 1990 aufgehoben. Er lautete: **Art. 23. [Geltungsbereich des Grundgesetzes]** [1]Dieses Grundgesetz gilt zunächst im Gebiete der Länder *Baden,* Bayern, Bremen, *Groß-Berlin,* Hamburg, Hessen, Niedersachsen, Nordrhein-Westfalen, Rheinland-Pfalz, Schleswig-Holstein, *Württemberg-Baden* und *Württemberg-Hohenzollern.* [2]In anderen Teilen Deutschlands ist es nach deren Beitritt in Kraft zu setzen. (Die Länder Baden, Württemberg-Baden und Württemberg-Hohenzollern wurden 1952 zum Bundesland „Baden-Württemberg" vereinigt. Für Berlin bestehen Sonderregelungen.)

kratische Grundordnung zu beeinträchtigen oder zu beseitigen oder den Bestand der Bundesrepublik Deutschland zu gefährden, sind verfassungswidrig. ²Über die Frage der Verfassungswidrigkeit entscheidet das Bundesverfassungsgericht.

(3) Das Nähere regeln Bundesgesetze.

Art. 22. [Bundesflagge] Die Bundesflagge ist schwarz-rot-gold.

Art. 23.* (siehe Fußnote S. 18 unten).

Art. 24. [Kollektives Sicherheitssystem] (1) Der Bund kann durch Gesetz Hoheitsrechte auf zwischenstaatliche Einrichtungen übertragen.

(2) Der Bund kann sich zur Wahrung des Friedens einem System gegenseitiger kollektiver Sicherheit einordnen; er wird hierbei in die Beschränkungen seiner Hoheitsrechte einwilligen, die eine friedliche und dauerhafte Ordnung in Europa und zwischen den Völkern der Welt herbeiführen und sichern.

(3) Zur Regelung zwischenstaatlicher Streitigkeiten wird der Bund Vereinbarungen über eine allgemeine, umfassende, obligatorische, internationale Schiedsgerichtsbarkeit beitreten.

Art. 25. [Völkerrecht Bestandteil des Bundesrechtes] ¹Die allgemeinen Regeln des Völkerrechtes sind Bestandteil des Bundesrechtes. ²Sie gehen den Gesetzen vor und erzeugen Rechte und Pflichten unmittelbar für die Bewohner des Bundesgebietes.

Art. 26. [Verbot des Angriffskrieges] (1) ¹Handlungen, die geeignet sind und in der Absicht vorgenommen werden, das friedliche Zusammenleben der Völker zu stören, insbesondere die Führung eines Angriffskrieges vorzubereiten, sind verfassungswidrig. ²Sie sind unter Strafe zu stellen.

(2) ¹Zur Kriegführung bestimmte Waffen dürfen nur mit Genehmigung der Bundesregierung hergestellt, befördert und in Verkehr gebracht werden. ²Das Nähere regelt ein Bundesgesetz.

Art. 27. [Handelsflotte] Alle deutschen Kauffahrteischiffe bilden eine einheitliche Handelsflotte.

Art. 28. [Verfassung der Länder] (1) ¹Die verfassungsmäßige Ordnung in den Ländern muß den Grundsätzen des republikanischen, demokratischen und sozialen Rechtsstaates im Sinne dieses Grundgesetzes entsprechen. ²In den Ländern, Kreisen und Gemeinden muß das Volk eine Vertretung haben, die aus allgemeinen, unmittelbaren, freien, gleichen und geheimen Wahlen hervorgegangen ist. ³In Gemeinden kann an die Stelle einer gewählten Körperschaft die Gemeindeversammlung treten.

(2) ¹Den Gemeinden muß das Recht gewährleistet sein, alle Angelegenheiten der örtlichen Gemeinschaft im Rahmen der Gesetze in eigener Verantwortung zu regeln. ²Auch die Gemeindeverbände haben im Rahmen ihres gesetzlichen Aufgabenbereiches nach Maßgabe der Gesetze das Recht der Selbstverwaltung.

(3) Der Bund gewährleistet, daß die verfassungsmäßige Ordnung der Länder den Grundrechten und den Bestimmungen der Absätze 1 und 2 entspricht.

Art. 29. [Neugliederung des Bundesgebietes] (1) ¹Das Bundesgebiet kann neu gegliedert werden, um zu gewährleisten, daß die Länder nach Größe und Leistungsfähigkeit die ihnen obliegenden Aufgaben wirksam erfüllen können. ²Dabei sind die landsmannschaftliche Verbundenheit, die geschichtlichen und kulturellen Zusammenhänge, die wirtschaftliche Zweckmäßigkeit sowie die Erfordernisse der Raumordnung und der Landesplanung zu berücksichtigen.

(2) ¹Maßnahmen zur Neugliederung des Bundesgebietes ergehen durch Bundesgesetz, das der Bestätigung durch Volksentscheid bedarf. ²Die betroffenen Länder sind zu hören.

(3) ¹Der Volksentscheid findet in den Ländern statt, aus deren Gebieten oder Gebietsteilen ein neues oder neu umgrenztes Land gebildet werden soll (betroffene Länder). ²Abzustimmen ist über die Frage, ob die betroffenen Länder wie bisher bestehenbleiben sollen oder ob das neue oder neu umgrenzte Land gebildet werden soll. ³Der Volksentscheid für die Bildung eines neuen oder neu umgrenzten Landes kommt zustande, wenn in dessen künftigem Gebiet und insgesamt in den Gebieten oder Gebietsteilen eines betroffenen Landes, deren Landeszugehö-

rigkeit im gleichen Sinne geändert werden soll, jeweils eine Mehrheit der Änderung zustimmt. ⁴Er kommt nicht zustande, wenn im Gebiet eines der betroffenen Länder eine Mehrheit die Änderung ablehnt; die Ablehnung ist jedoch unbeachtlich, wenn in einem Gebietsteil, dessen Zugehörigkeit zu dem betroffenen Land geändert werden soll, eine Mehrheit von zwei Dritteln der Änderung zustimmt, es sei denn, daß im Gesamtgebiet des betroffenen Landes eine Mehrheit von zwei Dritteln die Änderung ablehnt.

(4) Wird in einem zusammenhängenden, abgegrenzten Siedlungs- und Wirtschaftsraum, dessen Teile in mehreren Ländern liegen und der mindestens eine Million Einwohner hat, von einem Zehntel der in ihm zum Bundestag Wahlberechtigten durch Volksbegehren gefordert, daß für diesen Raum eine einheitliche Landeszugehörigkeit herbeigeführt werde, so ist durch Bundesgesetz innerhalb von zwei Jahren entweder zu bestimmen, ob die Landeszugehörigkeit gemäß Absatz 2 geändert wird, oder daß in den betroffenen Ländern eine Volksbefragung stattfindet.

(5) ¹Die Volksbefragung ist darauf gerichtet festzustellen, ob eine in dem Gesetz vorzuschlagende Änderung der Landeszugehörigkeit Zustimmung findet. ²Das Gesetz kann verschiedene, jedoch nicht mehr als zwei Vorschläge der Volksbefragung vorlegen. ³Stimmt eine Mehrheit einer vorgeschlagenen Änderung der Landeszugehörigkeit zu, so ist durch Bundesgesetz innerhalb von zwei Jahren zu bestimmen, ob die Landeszugehörigkeit gemäß Absatz 2 geändert wird. ⁴Findet ein der Volksbefragung vorgelegter Vorschlag eine den Maßgaben des Absatzes 3 Satz 3 und 4 entsprechende Zustimmung, so ist innerhalb von zwei Jahren nach der Durchführung der Volksbefragung ein Bundesgesetz zur Bildung des vorgeschlagenen Landes zu erlassen, das der Bestätigung durch Volksentscheid nicht mehr bedarf.

(6) ¹Mehrheit im Volksentscheid und in der Volksbefragung ist die Mehrheit der abgegebenen Stimmen, wenn sie mindestens ein Viertel der zum Bundestag Wahlberechtigten umfaßt. ²Im übrigen wird das Nähere über Volksentscheid, Volksbegehren und Volksbefragung durch ein Bundesgesetz geregelt; dieses kann auch vorsehen, daß Volksbegehren innerhalb eines Zeitraumes von fünf Jahren nicht wiederholt werden können.

(7) ¹Sonstige Änderungen des Gebietsbestandes der Länder können durch Staatsverträge der beteiligten Länder oder durch Bundesgesetz mit Zustimmung des Bundesrates erfolgen, wenn das Gebiet, dessen Landeszugehörigkeit geändert werden soll, nicht mehr als 10 000 Einwohner hat. ²Das Nähere regelt ein Bundesgesetz, das der Zustimmung des Bundesrates und der Mehrheit der Mitglieder des Bundestages bedarf. ³Es muß die Anhörung der betroffenen Gemeinden und Kreise vorsehen.

Art. 30. [Funktionen der Länder] Die Ausübung der staatlichen Befugnisse und die Erfüllung der staatlichen Aufgaben ist Sache der Länder, soweit dieses Grundgesetz keine andere Regelung trifft oder zuläßt.

Art. 31. [Vorrang des Bundesrechts] Bundesrecht bricht Landesrecht.

Art. 32. [Auswärtige Beziehungen]
(1) Die Pflege der Beziehungen zu auswärtigen Staaten ist Sache des Bundes.
(2) Vor dem Abschlusse eines Vertrages, der die besonderen Verhältnisse eines Landes berührt, ist das Land rechtzeitig zu hören.
(3) Soweit die Länder für die Gesetzgebung zuständig sind, können sie mit Zustimmung der Bundesregierung mit auswärtigen Staaten Verträge abschließen.

Art. 33. [Staatsbürgerliche Rechte]
(1) Jeder Deutsche hat in jedem Lande die gleichen staatsbürgerlichen Rechte und Pflichten.
(2) Jeder Deutsche hat nach seiner Eignung, Befähigung und fachlichen Leistung gleichen Zugang zu jedem öffentlichen Amte.
(3) ¹Der Genuß bürgerlicher und staatsbürgerlicher Rechte, die Zulassung zu öffentlichen Ämtern sowie die im öffentlichen Dienste erworbenen Rechte sind unabhängig von dem religiösen Bekenntnis. ²Niemandem darf aus seiner Zugehörigkeit oder Nichtzugehörigkeit zu einem Bekenntnisse oder einer Weltanschauung ein Nachteil erwachsen.

(4) Die Ausübung hoheitsrechtlicher Befugnisse ist als ständige Aufgabe in der Regel Angehörigen des öffentlichen Dienstes zu übertragen, die in einem öffentlich-rechtlichen Dienst- und Treueverhältnis stehen.

(5) Das Recht des öffentlichen Dienstes ist unter Berücksichtigung der hergebrachten Grundsätze des Berufsbeamtentums zu regeln.

Art. 34. [Haftung bei Amtspflichtverletzung] [1]Verletzt jemand in Ausübung eines ihm anvertrauten öffentlichen Amtes die ihm einem Dritten gegenüber obliegende Amtspflicht, so trifft die Verantwortlichkeit grundsätzlich den Staat oder die Körperschaft, in deren Dienst er steht. [2]Bei Vorsatz oder grober Fahrlässigkeit bleibt der Rückgriff vorbehalten. [3]Für den Anspruch auf Schadensersatz und für den Rückgriff darf der ordentliche Rechtsweg nicht ausgeschlossen werden.

Art. 35. [Rechts- und Amtshilfe; Katastrophenhilfe] (1) Alle Behörden des Bundes und der Länder leisten sich gegenseitig Rechts- und Amtshilfe.

(2) [1]Zur Aufrechterhaltung oder Wiederherstellung der öffentlichen Sicherheit oder Ordnung kann ein Land in Fällen von besonderer Bedeutung Kräfte und Einrichtungen des Bundesgrenzschutzes zur Unterstützung seiner Polizei anfordern, wenn die Polizei ohne diese Unterstützung eine Aufgabe nicht oder nur unter erheblichen Schwierigkeiten erfüllen könnte. [2]Zur Hilfe bei einer Naturkatastrophe oder bei einem besonders schweren Unglücksfall kann ein Land Polizeikräfte anderer Länder, Kräfte und Einrichtungen anderer Verwaltungen sowie des Bundesgrenzschutzes und der Streitkräfte anfordern.

(3) [1]Gefährdet die Naturkatastrophe oder der Unglücksfall das Gebiet mehr als eines Landes, so kann die Bundesregierung, soweit es zur wirksamen Bekämpfung erforderlich ist, den Landesregierungen die Weisung erteilen, Polizeikräfte anderen Ländern zur Verfügung zu stellen, sowie Einheiten des Bundesgrenzschutzes und der Streitkräfte zur Unterstützung der Polizeikräfte einsetzen. [2]Maßnahmen der Bundesregierung nach Satz 1 sind jederzeit auf Verlangen des Bundesrates, im übrigen unverzüglich nach Beseitigung der Gefahr aufzuheben.

Art. 36. [Beamte der Bundesbehörden] (1) [1]Bei den obersten Bundesbehörden sind Beamte aus allen Ländern in angemessenem Verhältnis zu verwenden. [2]Die bei den übrigen Bundesbehörden beschäftigten Personen sollen in der Regel aus dem Lande genommen werden, in dem sie tätig sind.

(2) Die Wehrgesetze haben auch die Gliederung des Bundes in Länder und ihre besonderen landsmannschaftlichen Verhältnisse zu berücksichtigen.

Art. 37. [Bundeszwang] (1) Wenn ein Land die ihm nach dem Grundgesetze oder einem anderen Bundesgesetze obliegenden Bundespflichten nicht erfüllt, kann die Bundesregierung mit Zustimmung des Bundesrates die notwendigen Maßnahmen treffen, um das Land im Wege des Bundeszwanges zur Erfüllung seiner Pflichten anzuhalten.

(2) Zur Durchführung des Bundeszwanges hat die Bundesregierung oder ihr Beauftragter das Weisungsrecht gegenüber allen Ländern und ihren Behörden.

3 Bundestag

Art. 38. [Wahl] (1) [1]Die Abgeordneten des Deutschen Bundestages werden in allgemeiner, unmittelbarer, freier, gleicher und geheimer Wahl gewählt. [2]Sie sind Vertreter des ganzen Volkes, an Aufträge und Weisungen nicht gebunden und nur ihrem Gewissen unterworfen.

(2) Wahlberechtigt ist, wer das achtzehnte Lebensjahr vollendet hat; wählbar ist, wer das Alter erreicht hat, mit dem die Volljährigkeit eintritt.

(3) Das Nähere bestimmt ein Bundesgesetz.

Art. 39. [Zusammentritt und Wahlperiode] (1) [1]Der Bundestag wird auf vier Jahre gewählt. [2]Seine Wahlperiode endet mit dem Zusammentritt eines neuen Bundestages. [3]Die Neuwahl findet frühestens fünfundvierzig, spätestens siebenundvierzig Monate nach Beginn der Wahlperiode statt. [4]Im Falle einer Auflösung des Bundestages findet die Neuwahl innerhalb von sechzig Tagen statt.

(2) Der Bundestag tritt spätestens am dreißigsten Tage nach der Wahl zusammen.

(3) ¹Der Bundestag bestimmt den Schluß und den Wiederbeginn seiner Sitzungen. ²Der Präsident des Bundestages kann ihn früher einberufen. ³Er ist hierzu verpflichtet, wenn ein Drittel der Mitglieder, der Bundespräsident oder der Bundeskanzler es verlangen.

Art. 40. [Präsident; Geschäftsordnung] (1) ¹Der Bundestag wählt seinen Präsidenten, dessen Stellvertreter und die Schriftführer. ²Er gibt sich eine Geschäftsordnung.

(2) ¹Der Präsident übt das Hausrecht und die Polizeigewalt im Gebäude des Bundestages aus. ²Ohne seine Genehmigung darf in den Räumen des Bundestages keine Durchsuchung oder Beschlagnahme stattfinden.

Art. 41. [Wahlprüfung] (1) ¹Die Wahlprüfung ist Sache des Bundestages. ²Er entscheidet auch, ob ein Abgeordneter des Bundestages die Mitgliedschaft verloren hat.

(2) Gegen die Entscheidung des Bundestages ist die Beschwerde an das Bundesverfassungsgericht zulässig.

(3) Das Nähere regelt ein Bundesgesetz.

Art. 42. [Öffentlichkeit der Sitzungen; Mehrheitsprinzip] (1) ¹Der Bundestag verhandelt öffentlich. ²Auf Antrag eines Zehntels seiner Mitglieder oder auf Antrag der Bundesregierung kann mit Zweidrittelmehrheit die Öffentlichkeit ausgeschlossen werden. ³Über den Antrag wird in nichtöffentlicher Sitzung entschieden.

(2) ¹Zu einem Beschlusse des Bundestages ist die Mehrheit der abgegebenen Stimmen erforderlich, soweit dieses Grundgesetz nichts anderes bestimmt. ²Für die vom Bundestage vorzunehmenden Wahlen kann die Geschäftsordnung Ausnahmen zulassen.

(3) Wahrheitsgetreue Berichte über die öffentlichen Sitzungen des Bundestages und seiner Ausschüsse bleiben von jeder Verantwortlichkeit frei.

Art. 43. [Anwesenheit der Bundesregierung] (1) Der Bundestag und seine Ausschüsse können die Anwesenheit jedes Mitgliedes der Bundesregierung verlangen.

(2) ¹Die Mitglieder des Bundesrates und der Bundesregierung sowie ihre Beauftragten haben zu allen Sitzungen des Bundestages und seiner Ausschüsse Zutritt. ²Sie müssen jederzeit gehört werden.

Art. 44. [Untersuchungsausschüsse] (1) ¹Der Bundestag hat das Recht und auf Antrag eines Viertels seiner Mitglieder die Pflicht, einen Untersuchungsausschuß einzusetzen, der in öffentlicher Verhandlung die erforderlichen Beweise erhebt. ²Die Öffentlichkeit kann ausgeschlossen werden.

(2) ¹Auf Beweiserhebungen finden die Vorschriften über den Strafprozeß sinngemäß Anwendung. ²Das Brief-, Post- und Fernmeldegeheimnis bleibt unberührt.

(3) Gerichte und Verwaltungsbehörden sind zur Rechts- und Amtshilfe verpflichtet.

(4) ¹Die Beschlüsse der Untersuchungsausschüsse sind der richterlichen Erörterung entzogen. ²In der Würdigung und Beurteilung des der Untersuchung zugrunde liegenden Sachverhaltes sind die Gerichte frei.

Art. 45a. [Ausschüsse für auswärtige Angelegenheiten und für Verteidigung] (1) Der Bundestag bestellt einen Ausschuß für auswärtige Angelegenheiten und einen Ausschuß für Verteidigung.

(2) ¹Der Ausschuß für Verteidigung hat auch die Rechte eines Untersuchungsausschusses. ²Auf Antrag eines Viertels seiner Mitglieder hat er die Pflicht, eine Angelegenheit zum Gegenstand seiner Untersuchung zu machen.

(3) Artikel 44 Abs. 1 findet auf dem Gebiet der Verteidigung keine Anwendung.

Art. 45b. [Wehrbeauftragter des Bundestages] ¹Zum Schutz der Grundrechte und als Hilfsorgan des Bundestages bei der Ausübung der parlamentarischen Kontrolle wird ein Wehrbeauftragter des Bundestages berufen. ²Das Nähere regelt ein Bundesgesetz.

Art. 45c. [Petitionsausschuß] (1) Der Bundestag bestellt einen Petitionsausschuß, dem die Behandlung der nach Artikel 17 an den Bundestag gerichteten Bitten und Beschwerden obliegt.
(2) Die Befugnisse des Ausschusses zur Überprüfung von Beschwerden regelt ein Bundesgesetz.

Art. 46. [Indemnität und Immunität der Abgeordneten] (1) ¹Ein Abgeordneter darf zu keiner Zeit wegen seiner Abstimmung oder wegen einer Äußerung, die er im Bundestage oder in einem seiner Ausschüsse getan hat, gerichtlich oder dienstlich verfolgt oder sonst außerhalb des Bundestages zur Verantwortung gezogen werden. ²Dies gilt nicht für verleumderische Beleidigungen.
(2) Wegen einer mit Strafe bedrohten Handlung darf ein Abgeordneter nur mit Genehmigung des Bundestages zur Verantwortung gezogen oder verhaftet werden, es sei denn, daß er bei Begehung der Tat oder im Laufe des folgenden Tages festgenommen wird.
(3) Die Genehmigung des Bundestages ist ferner bei jeder anderen Beschränkung der persönlichen Freiheit eines Abgeordneten oder zur Einleitung eines Verfahrens gegen einen Abgeordneten gemäß Artikel 18 erforderlich.
(4) Jedes Strafverfahren und jedes Verfahren gemäß Artikel 18 gegen einen Abgeordneten, jede Haft und jede sonstige Beschränkung seiner persönlichen Freiheit sind auf Verlangen des Bundestages auszusetzen.

Art. 47. [Zeugnisverweigerungsrecht der Abgeordneten] ¹Die Abgeordneten sind berechtigt, über Personen, die ihnen in ihrer Eigenschaft als Abgeordnete oder denen sie in dieser Eigenschaft Tatsachen anvertraut haben, sowie über diese Tatsachen selbst das Zeugnis zu verweigern. ²Soweit dieses Zeugnisverweigerungsrecht reicht, ist die Beschlagnahme von Schriftstücken unzulässig.

Art. 48. [Ansprüche der Abgeordneten] (1) Wer sich um einen Sitz im Bundestage bewirbt, hat Anspruch auf den zur Vorbereitung seiner Wahl erforderlichen Urlaub.
(2) ¹Niemand darf gehindert werden, das Amt eines Abgeordneten zu übernehmen und auszuüben. ²Eine Kündigung oder Entlassung aus diesem Grunde ist unzulässig.
(3) ¹Die Abgeordneten haben Anspruch auf eine angemessene, ihre Unabhängigkeit sichernde Entschädigung. ²Sie haben das Recht der freien Benutzung aller staatlichen Verkehrsmittel. ³Das Nähere regelt ein Bundesgesetz.

4 Bundesrat

Art. 50. [Aufgabe] Durch den Bundesrat wirken die Länder bei der Gesetzgebung und Verwaltung des Bundes mit.

Art. 51. [Zusammensetzung] (1) ¹Der Bundesrat besteht aus Mitgliedern der Regierungen der Länder, die sie bestellen und abberufen. ²Sie können durch andere Mitglieder ihrer Regierungen vertreten werden.
(2) Jedes Land hat mindestens drei Stimmen, Länder mit mehr als zwei Millionen Einwohnern haben vier, Länder mit mehr als sechs Millionen Einwohnern fünf, Länder mit mehr als sieben Millionen Einwohnern sechs Stimmen.*
(3) ¹Jedes Land kann so viele Mitglieder entsenden, wie es Stimmen hat. ²Die Stimmen eines Landes können nur einheitlich und nur durch anwesende Mitglieder oder deren Vertreter abgegeben werden.

Art. 52. [Präsident; Beschlußfassung] (1) Der Bundesrat wählt seinen Präsidenten auf ein Jahr.
(2) ¹Der Präsident beruft den Bundesrat ein. ²Er hat ihn einzuberufen, wenn die Vertreter von mindestens zwei Ländern oder die Bundesregierung es verlangen.
(3) ¹Der Bundesrat faßt seine Beschlüsse mit mindestens der Mehrheit seiner Stimmen. ²Er gibt sich eine Geschäftsordnung. ³Er verhandelt öffentlich. ⁴Die Öffentlichkeit kann ausgeschlossen werden.

---

* Fassung vor der Deutschen Einigung: (2) Jedes Land hat mindestens drei Stimmen, Länder mit mehr als zwei Millionen Einwohnern haben vier, Länder mit mehr als sechs Millionen Einwohnern fünf Stimmen.

(4) Den Ausschüssen des Bundesrates können andere Mitglieder oder Beauftragte der Regierungen der Länder angehören.

Art. 53. [Teilnahme der Bundesregierung] ¹Die Mitglieder der Bundesregierung haben das Recht und auf Verlangen die Pflicht, an den Verhandlungen des Bundesrates und seiner Ausschüsse teilzunehmen. ²Sie müssen jederzeit gehört werden. ³Der Bundesrat ist von der Bundesregierung über die Führung der Geschäfte auf dem laufenden zu halten.

4.1 Gemeinsamer Ausschuß

Art. 53a. [Gemeinsamer Ausschuß]
(1) ¹Der Gemeinsame Ausschuß besteht zu zwei Dritteln aus Abgeordneten des Bundestages, zu einem Drittel aus Mitgliedern des Bundesrates. ²Die Abgeordneten werden vom Bundestage entsprechend dem Stärkeverhältnis der Fraktionen bestimmt; sie dürfen nicht der Bundesregierung angehören. ³Jedes Land wird durch ein von ihm bestelltes Mitglied des Bundesrates vertreten; diese Mitglieder sind nicht an Weisungen gebunden. ⁴Die Bildung des Gemeinsamen Ausschusses und sein Verfahren werden durch eine Geschäftsordnung geregelt, die vom Bundestage zu beschließen ist und der Zustimmung des Bundesrates bedarf.

(2) ¹Die Bundesregierung hat den Gemeinsamen Ausschuß über ihre Planungen für den Verteidigungsfall zu unterrichten. ²Die Rechte des Bundestages und seiner Ausschüsse nach Artikel 43 Abs. 1 bleiben unberührt.

5 Bundespräsident

Art. 54. [Wahl durch die Bundesversammlung] (1) ¹Der Bundespräsident wird ohne Aussprache von der Bundesversammlung gewählt. ²Wählbar ist jeder Deutsche, der das Wahlrecht zum Bundestage besitzt und das vierzigste Lebensjahr vollendet hat.

(2) ¹Das Amt des Bundespräsidenten dauert fünf Jahre. ²Anschließende Wiederwahl ist nur einmal zulässig.

(3) Die Bundesversammlung besteht aus den Mitgliedern des Bundestages und einer gleichen Anzahl von Mitgliedern, die von den Volksvertretungen der Länder nach den Grundsätzen der Verhältniswahl gewählt werden.

(4) ¹Die Bundesversammlung tritt spätestens dreißig Tage vor Ablauf der Amtszeit des Bundespräsidenten, bei vorzeitiger Beendigung spätestens dreißig Tage nach diesem Zeitpunkt zusammen. ²Sie wird von dem Präsidenten des Bundestages einberufen.

(5) Nach Ablauf der Wahlperiode beginnt die Frist des Absatzes 4 Satz 1 mit dem ersten Zusammentritt des Bundestages.

(6) ¹Gewählt ist, wer die Stimmen der Mehrheit der Mitglieder der Bundesversammlung erhält. ²Wird diese Mehrheit in zwei Wahlgängen von keinem Bewerber erreicht, so ist gewählt, wer in einem weiteren Wahlgang die meisten Stimmen auf sich vereinigt.

(7) Das Nähere regelt ein Bundesgesetz.

Art. 55. [Berufs- und Gewerbeverbot]
(1) Der Bundespräsident darf weder der Regierung noch einer gesetzgebenden Körperschaft des Bundes oder eines Landes angehören.

(2) Der Bundespräsident darf kein anderes besoldetes Amt, kein Gewerbe und keinen Beruf ausüben und weder der Leitung noch dem Aufsichtsrate eines auf Erwerb gerichteten Unternehmens angehören.

Art. 56. [Amtseid] ¹Der Bundespräsident leistet bei seinem Amtsantritt vor den versammelten Mitgliedern des Bundestages und des Bundesrates folgenden Eid:

„Ich schwöre, daß ich meine Kraft dem Wohle des deutschen Volkes widmen, seinen Nutzen mehren, Schaden von ihm wenden, das Grundgesetz und die Gesetze des Bundes wahren und verteidigen, meine Pflichten gewissenhaft erfüllen und Gerechtigkeit gegen jedermann üben werde. So wahr mir Gott helfe."

²Der Eid kann auch ohne religiöse Beteuerung geleistet werden.

Art. 57. [Vertretung] Die Befugnisse des Bundespräsidenten werden im Falle seiner Verhinderung oder bei vorzeitiger Erledigung des Amtes durch den Präsidenten des Bundesrates wahrgenommen.

I Grundgesetz

Art. 58. [Gegenzeichnung] ¹Anordnungen und Verfügungen des Bundespräsidenten bedürfen zu ihrer Gültigkeit der Gegenzeichnung durch den Bundeskanzler oder durch den zuständigen Bundesminister. ²Dies gilt nicht für die Ernennung und Entlassung des Bundeskanzlers, die Auflösung des Bundestages gemäß Artikel 63 und das Ersuchen gemäß Artikel 69 Abs. 3.

Art. 59. [Völkerrechtliche Vertretungsmacht] (1) ¹Der Bundespräsident vertritt den Bund völkerrechtlich. ²Er schließt im Namen des Bundes die Verträge mit auswärtigen Staaten. ³Er beglaubigt und empfängt die Gesandten.

(2) ¹Verträge, welche die politischen Beziehungen des Bundes regeln oder sich auf Gegenstände der Bundesgesetzgebung beziehen, bedürfen der Zustimmung oder der Mitwirkung der jeweils für die Bundesgesetzgebung zuständigen Körperschaften in der Form eines Bundesgesetzes. ²Für Verwaltungsabkommen gelten die Vorschriften über die Bundesverwaltung entsprechend.

Art. 60. [Ernennung der Bundesbeamten und Soldaten; Begnadigungsrecht] (1) Der Bundespräsident ernennt und entläßt die Bundesrichter, die Bundesbeamten, die Offiziere und Unteroffiziere, soweit gesetzlich nichts anderes bestimmt ist.

(2) Er übt im Einzelfalle für den Bund das Begnadigungsrecht aus.

(3) Er kann diese Befugnisse auf andere Behörden übertragen.

(4) Die Absätze 2 bis 4 des Artikels 46 finden auf den Bundespräsidenten entsprechende Anwendung.

Art. 61. [Anklage vor dem Bundesverfassungsgericht] (1) ¹Der Bundestag oder der Bundesrat können den Bundespräsidenten wegen vorsätzlicher Verletzung des Grundgesetzes oder eines anderen Bundesgesetzes vor dem Bundesverfassungsgericht anklagen. ²Der Antrag auf Erhebung der Anklage muß von mindestens einem Viertel der Mitglieder des Bundestages oder einem Viertel der Stimmen des Bundesrates gestellt werden. ³Der Beschluß auf Erhebung der Anklage bedarf der Mehrheit von zwei Dritteln der Mitglieder des Bundestages oder von zwei Dritteln der Stimmen des Bundesrates. ⁴Die Anklage wird von einem Beauftragten der anklagenden Körperschaft vertreten.

(2) ¹Stellt das Bundesverfassungsgericht fest, daß der Bundespräsident einer vorsätzlichen Verletzung des Grundgesetzes oder eines anderen Bundesgesetzes schuldig ist, so kann es ihn des Amtes für verlustig erklären. ²Durch einstweilige Anordnung kann es nach der Erhebung der Anklage bestimmen, daß er an der Ausübung seines Amtes verhindert ist.

6 Bundesregierung

Art. 62. [Zusammensetzung] Die Bundesregierung besteht aus dem Bundeskanzler und aus den Bundesministern.

Art. 63. [Wahl des Bundeskanzlers] (1) Der Bundeskanzler wird auf Vorschlag des Bundespräsidenten vom Bundestage ohne Aussprache gewählt.

(2) ¹Gewählt ist, wer die Stimmen der Mehrheit der Mitglieder des Bundestages auf sich vereinigt. ²Der Gewählte ist vom Bundespräsidenten zu ernennen.

(3) Wird der Vorgeschlagene nicht gewählt, so kann der Bundestag binnen vierzehn Tagen nach dem Wahlgange mit mehr als der Hälfte seiner Mitglieder einen Bundeskanzler wählen.

(4) ¹Kommt eine Wahl innerhalb dieser Frist nicht zustande, so findet unverzüglich ein neuer Wahlgang statt, in dem gewählt ist, wer die meisten Stimmen erhält. ²Vereinigt der Gewählte die Stimmen der Mehrheit der Mitglieder des Bundestages auf sich, so muß der Bundespräsident ihn binnen sieben Tagen nach der Wahl ernennen. ³Erreicht der Gewählte diese Mehrheit nicht, so hat der Bundespräsident binnen sieben Tagen entweder ihn zu ernennen oder den Bundestag aufzulösen.

Art. 64. [Ernennung der Bundesminister] (1) Die Bundesminister werden auf Vorschlag des Bundeskanzlers vom Bundespräsidenten ernannt und entlassen.

(2) Der Bundeskanzler und die Bundesminister leisten bei der Amtsübernahme vor dem Bundestage den in Artikel 56 vorgesehenen Eid.

Art. 65. [Verteilung der Verantwortung] ¹Der Bundeskanzler bestimmt die Richtlinien der Politik und trägt dafür die Verantwortung. ²Innerhalb dieser Richtlinien leitet jeder Bundesminister seinen Geschäftsbereich selbständig und unter eigener Verantwortung. ³Über Meinungsverschiedenheiten zwischen den Bundesministern entscheidet die Bundesregierung. ⁴Der Bundeskanzler leitet ihre Geschäfte nach einer von der Bundesregierung beschlossenen und vom Bundespräsidenten genehmigten Geschäftsordnung.

Art. 65a. [Befehls- und Kommandogewalt über die Streitkräfte] (1) Der Bundesminister für Verteidigung hat die Befehls- und Kommandogewalt über die Streitkräfte.

Art. 66. [Berufs- und Gewerbeverbot] Der Bundeskanzler und die Bundesminister dürfen kein anderes besoldetes Amt, kein Gewerbe und keinen Beruf ausüben und weder der Leitung noch ohne Zustimmung des Bundestages dem Aufsichtsrate eines auf Erwerb gerichteten Unternehmens angehören.

Art. 67. [Mißtrauensvotum] (1) ¹Der Bundestag kann dem Bundeskanzler das Mißtrauen nur dadurch aussprechen, daß er mit der Mehrheit seiner Mitglieder einen Nachfolger wählt und den Bundespräsidenten ersucht, den Bundeskanzler zu entlassen. ²Der Bundespräsident muß dem Ersuchen entsprechen und den Gewählten ernennen.

(2) Zwischen dem Antrage und der Wahl müssen achtundvierzig Stunden liegen.

Art. 68. [Auflösung des Bundestages] (1) ¹Findet ein Antrag des Bundeskanzlers, ihm das Vertrauen auszusprechen, nicht die Zustimmung der Mehrheit der Mitglieder des Bundestages, so kann der Bundespräsident auf Vorschlag des Bundeskanzlers binnen einundzwanzig Tagen den Bundestag auflösen. ²Das Recht zur Auflösung erlischt, sobald der Bundestag mit der Mehrheit seiner Mitglieder einen anderen Bundeskanzler wählt.

(2) Zwischen dem Antrage und der Abstimmung müssen achtundvierzig Stunden liegen.

Art. 69. [Vizekanzler; Ende der Amtszeit] (1) Der Bundeskanzler ernennt einen Bundesminister zu seinem Stellvertreter.

(2) Das Amt des Bundeskanzlers oder eines Bundesministers endigt in jedem Falle mit dem Zusammentritt eines neuen Bundestages, das Amt eines Bundesministers auch mit jeder anderen Erledigung des Amtes des Bundeskanzlers.

(3) Auf Ersuchen des Bundespräsidenten ist der Bundeskanzler, auf Ersuchen des Bundeskanzlers oder des Bundespräsidenten ein Bundesminister verpflichtet, die Geschäfte bis zur Ernennung seines Nachfolgers weiterzuführen.

7 Gesetzgebung des Bundes

Art. 70. [Gesetzgebung des Bundes und der Länder] (1) Die Länder haben das Recht der Gesetzgebung, soweit dieses Grundgesetz nicht dem Bunde Gesetzgebungsbefugnisse verleiht.

(2) Die Abgrenzung der Zuständigkeit zwischen Bund und Ländern bemißt sich nach den Vorschriften dieses Grundgesetzes über die ausschließliche und die konkurrierende Gesetzgebung.

Art. 71. [Ausschließliche Gesetzgebung] Im Bereiche der ausschließlichen Gesetzgebung des Bundes haben die Länder die Befugnis zur Gesetzgebung nur, wenn und soweit sie hierzu in einem Bundesgesetze ausdrücklich ermächtigt werden.

Art. 72. [Konkurrierende Gesetzgebung] (1) Im Bereiche der konkurrierenden Gesetzgebung haben die Länder die Befugnis zur Gesetzgebung, solange und soweit der Bund von seinem Gesetzgebungsrechte keinen Gebrauch macht.

(2) Der Bund hat in diesem Bereiche das Gesetzgebungsrecht, soweit ein Bedürfnis nach bundesgesetzlicher Regelung besteht, weil
1. eine Angelegenheit durch die Gesetzgebung einzelner Länder nicht wirksam geregelt werden kann oder
2. die Regelung einer Angelegenheit durch ein Landesgesetz die Interessen anderer Länder oder der Gesamtheit beeinträchtigen könnte oder

3. die Wahrung der Rechts- oder Wirtschaftseinheit, insbesondere die Wahrung der Einheitlichkeit der Lebensverhältnisse über das Gebiet eines Landes hinaus sie erfordert.

Art. 73. [Gegenstände der ausschließlichen Gesetzgebung] Der Bund hat die ausschließliche Gesetzgebung über:
1. die auswärtigen Angelegenheiten sowie die Verteidigung einschließlich des Schutzes der Zivilbevölkerung;
2. die Staatsangehörigkeit im Bunde;
3. die Freizügigkeit, das Paßwesen, die Ein- und Auswanderung und die Auslieferung;
4. das Währungs-, Geld- und Münzwesen, Maße und Gewichte sowie die Zeitbestimmung;
5. die Einheit des Zoll- und Handelsgebietes, die Handels- und Schiffahrtsverträge, die Freizügigkeit des Warenverkehrs und den Waren- und Zahlungsverkehr mit dem Auslande einschließlich des Zoll- und Grenzschutzes;
6. die Bundeseisenbahnen und den Luftverkehr;
7. das Post- und Fernmeldewesen;
8. die Rechtsverhältnisse der im Dienste des Bundes und der bundesunmittelbaren Körperschaften des öffentlichen Rechtes stehenden Personen;
9. den gewerblichen Rechtsschutz, das Urheberrecht und das Verlagsrecht;
10. die Zusammenarbeit des Bundes und der Länder
    a) in der Kriminalpolizei,
    b) zum Schutze der freiheitlichen demokratischen Grundordnung, des Bestandes und der Sicherheit des Bundes oder eines Landes (Verfassungsschutz) und
    c) zum Schutze gegen Bestrebungen im Bundesgebiet, die durch Anwendung von Gewalt oder darauf gerichtete Vorbereitungshandlungen auswärtige Belange der Bundesrepublik Deutschland gefährden,
    sowie die Einrichtung eines Bundeskriminalpolizeiamtes und die internationale Verbrechensbekämpfung;
11. die Statistik für Bundeszwecke.

Art. 74. [Gegenstände der konkurrierenden Gesetzgebung] Die konkurrierende Gesetzgebung erstreckt sich auf folgende Gebiete:
1. das bürgerliche Recht, das Strafrecht und den Strafvollzug, die Gerichtsverfassung, das gerichtliche Verfahren, die Rechtsanwaltschaft, das Notariat und die Rechtsberatung;
2. das Personenstandswesen;
3. das Vereins- und Versammlungsrecht;
4. das Aufenthalts- und Niederlassungsrecht der Ausländer;
4a. das Waffen- und das Sprengstoffrecht;
5. den Schutz deutschen Kulturgutes gegen Abwanderung in das Ausland;
6. die Angelegenheiten der Flüchtlinge und Vertriebenen;
7. die öffentliche Fürsorge;
8. die Staatsangehörigkeit in den Ländern;
9. die Kriegsschäden und die Wiedergutmachung;
10. die Versorgung der Kriegsbeschädigten und Kriegshinterbliebenen und die Fürsorge für die ehemaligen Kriegsgefangenen;
10a. die Kriegsgräber und Gräber anderer Opfer des Krieges und Opfer von Gewaltherrschaft;
11. das Recht der Wirtschaft (Bergbau, Industrie, Energiewirtschaft, Handwerk, Gewerbe, Handel, Bank- und Börsenwesen, privatrechtliches Versicherungswesen);
11a. die Erzeugung und Nutzung der Kernenergie zu friedlichen Zwecken, die Errichtung und den Betrieb von Anlagen, die diesen Zwecken dienen, den Schutz gegen Gefahren, die bei Freiwerden von Kernenergie oder durch ionisierende Strahlen entstehen, und die Beseitigung radioaktiver Stoffe;
12. das Arbeitsrecht einschließlich der Betriebsverfassung, des Arbeitsschutzes und der Arbeitsvermittlung sowie die Sozialversicherung einschließlich der Arbeitslosenversicherung;
13. die Regelung der Ausbildungsbeihilfen und die Förderung der wissenschaftlichen Forschung;
14. das Recht der Enteignung, soweit sie auf den Sachgebieten der Artikel 73

und 74 in Betracht kommt;
15. die Überführung von Grund und Boden, von Naturschätzen und Produktionsmitteln in Gemeineigentum oder in andere Formen der Gemeinwirtschaft;
16. die Verhütung des Mißbrauchs wirtschaftlicher Machtstellung;
17. die Förderung der land- und forstwirtschaftlichen Erzeugung, die Sicherung der Ernährung, die Ein- und Ausfuhr land- und forstwirtschaftlicher Erzeugnisse, die Hochsee- und Küstenfischerei und den Küstenschutz;
18. den Grundstücksverkehr, das Bodenrecht und das landwirtschaftliche Pachtwesen, das Wohnungswesen, das Siedlungs- und Heimstättenwesen;
19. die Maßnahmen gegen gemeingefährliche und übertragbare Krankheiten bei Menschen und Tieren, die Zulassung zu ärztlichen und anderen Heilberufen und zum Heilgewerbe, den Verkehr mit Arzneien, Heil- und Betäubungsmitteln und Giften;
19a. die wirtschaftliche Sicherung der Krankenhäuser und die Regelung der Krankenhauspflegesätze;
20. den Schutz beim Verkehr mit Lebens- und Genußmitteln, Bedarfsgegenständen, Futtermitteln und land- und forstwirtschaftlichem Saat- und Pflanzgut, den Schutz der Pflanzen gegen Krankheiten und Schädlinge sowie den Tierschutz;
21. die Hochsee- und Küstenschiffahrt sowie die Seezeichen, die Binnenschiffahrt, den Wetterdienst, die Seewasserstraßen und die dem allgemeinen Verkehr dienenden Binnenwasserstraßen;
22. den Straßenverkehr, das Kraftfahrwesen, den Bau und die Unterhaltung von Landstraßen für den Fernverkehr sowie die Erhebung und Verteilung von Gebühren für die Benutzung öffentlicher Straßen mit Fahrzeugen;
23. die Schienenbahnen, die nicht Bundeseisenbahnen sind, mit Ausnahme der Bergbahnen;
24. die Abfallbeseitigung, die Luftreinhaltung und die Lärmbekämpfung.

Art. 74a. [Konkurrierende Gesetzgebung für Besoldung und Versorgung im öffentlichen Dienst] (1) Die konkurrierende Gesetzgebung erstreckt sich ferner auf die Besoldung und Versorgung der Angehörigen des öffentlichen Dienstes, die in einem öffentlich-rechtlichen Dienst- und Treueverhältnis stehen, soweit dem Bund nicht nach Artikel 73 Nr. 8 die ausschließliche Gesetzgebung zusteht.

(2) Bundesgesetze nach Absatz 1 bedürfen der Zustimmung des Bundesrates.

(3) Der Zustimmung des Bundesrates bedürfen auch Bundesgesetze nach Artikel 73 Nr. 8, soweit sie andere Maßstäbe für den Aufbau oder die Bemessung der Besoldung und Versorgung einschließlich der Bewertung der Ämter oder andere Mindest- oder Höchstbeträge vorsehen als Bundesgesetze nach Absatz 1.

(4) ¹Die Absätze 1 und 2 gelten entsprechend für die Besoldung und Versorgung der Landesrichter. ²Für Gesetze nach Artikel 98 Abs. 1 gilt Absatz 3 entsprechend.

Art. 75. [Rahmenvorschriften] Der Bund hat das Recht, unter den Voraussetzungen des Artikels 72 Rahmenvorschriften zu erlassen über:
1. die Rechtsverhältnisse der im öffentlichen Dienste der Länder, Gemeinden und anderen Körperschaften des öffentlichen Rechtes stehenden Personen, soweit Artikel 74a nichts anderes bestimmt;
1a. die allgemeinen Grundsätze des Hochschulwesens;
2. die allgemeinen Rechtsverhältnisse der Presse und des Films;
3. das Jagdwesen, den Naturschutz und die Landschaftspflege;
4. die Bodenverteilung, die Raumordnung und den Wasserhaushalt;
5. das Melde- und Ausweiswesen.

Art. 76. [Gesetzesvorlagen] (1) Gesetzesvorlagen werden beim Bundestage durch die Bundesregierung, aus der Mitte des Bundestages oder durch den Bundesrat eingebracht.

(2) ¹Vorlagen der Bundesregierung sind zunächst dem Bundesrate zuzuleiten. ²Der Bundesrat ist berechtigt, innerhalb von sechs Wochen zu diesen Vorlagen Stellung zu nehmen. ³Die Bundesregie-

rung kann eine Vorlage, die sie bei der Zuleitung an den Bundesrat ausnahmsweise als besonders eilbedürftig bezeichnet hat, nach drei Wochen dem Bundestage zuleiten, auch wenn die Stellungnahme des Bundesrates noch nicht bei ihr eingegangen ist; sie hat die Stellungnahme des Bundesrates unverzüglich nach Eingang dem Bundestage nachzureichen.

(3) ¹Vorlagen des Bundesrates sind dem Bundestage durch die Bundesregierung innerhalb von drei Monaten zuzuleiten. ²Sie hat hierbei ihre Auffassung darzulegen.

Art. 77. [Verfahren bei Gesetzesbeschlüssen] (1) ¹Die Bundesgesetze werden vom Bundestage beschlossen. ²Sie sind nach ihrer Annahme durch den Präsidenten des Bundestages unverzüglich dem Bundesrate zuzuleiten.

(2) ¹Der Bundesrat kann binnen drei Wochen nach Eingang des Gesetzesbeschlusses verlangen, daß ein aus Mitgliedern des Bundestages und des Bundesrates für die gemeinsame Beratung von Vorlagen gebildeter Ausschuß einberufen wird. ²Die Zusammensetzung und das Verfahren dieses Ausschusses regelt eine Geschäftsordnung, die vom Bundestag beschlossen wird und der Zustimmung des Bundesrates bedarf. ³Die in diesen Ausschuß entsandten Mitglieder des Bundesrates sind nicht an Weisungen gebunden. ⁴Ist zu einem Gesetze die Zustimmung des Bundesrates erforderlich, so können auch der Bundestag und die Bundesregierung die Einberufung verlangen. ⁵Schlägt der Ausschuß eine Änderung des Gesetzesbeschlusses vor, so hat der Bundestag erneut Beschluß zu fassen.

(3) ¹Soweit zu einem Gesetze die Zustimmung des Bundesrates nicht erforderlich ist, kann der Bundesrat, wenn das Verfahren nach Absatz 2 beendigt ist, gegen ein vom Bundestage beschlossenes Gesetz binnen zwei Wochen Einspruch einlegen. ²Die Einspruchsfrist beginnt im Falle des Absatzes 2 letzter Satz mit dem Eingange des vom Bundestage erneut gefaßten Beschlusses, in allen anderen Fällen mit dem Eingange der Mitteilung des Vorsitzenden des in Absatz 2 vorgesehenen Ausschusses, daß das Verfahren vor dem Ausschusse abgeschlossen ist.

(4) ¹Wird der Einspruch mit der Mehrheit der Stimmen des Bundesrates beschlossen, so kann er durch Beschluß der Mehrheit der Mitglieder des Bundestages zurückgewiesen werden. ²Hat der Bundesrat den Einspruch mit einer Mehrheit von mindestens zwei Dritteln seiner Stimmen beschlossen, so bedarf die Zurückweisung durch den Bundestag einer Mehrheit von zwei Dritteln, mindestens der Mehrheit der Mitglieder des Bundestages.

Art. 78. [Zustandekommen von Bundesgesetzen] Ein vom Bundestage beschlossenes Gesetz kommt zustande, wenn der Bundesrat zustimmt, den Antrag gemäß Artikel 77 Abs. 2 nicht stellt, innerhalb der Frist des Artikels 77 Abs. 3 keinen Einspruch einlegt oder ihn zurücknimmt oder wenn der Einspruch vom Bundestage überstimmt wird.

Art. 79. [Änderungen des Grundgesetzes] (1) ¹Das Grundgesetz kann nur durch ein Gesetz geändert werden, das den Wortlaut des Grundgesetzes ausdrücklich ändert oder ergänzt. ²Bei völkerrechtlichen Verträgen, die eine Friedensregelung, die Vorbereitung einer Friedensregelung oder den Abbau einer besatzungsrechtlichen Ordnung zum Gegenstand haben oder der Verteidigung der Bundesrepublik zu dienen bestimmt sind, genügt zur Klarstellung, daß die Bestimmungen des Grundgesetzes dem Abschluß und dem Inkraftsetzen der Verträge nicht entgegenstehen, eine Ergänzung des Wortlautes des Grundgesetzes, die sich auf diese Klarstellung beschränkt.

(2) Ein solches Gesetz bedarf der Zustimmung von zwei Dritteln der Mitglieder des Bundestages und zwei Dritteln der Stimmen des Bundesrates.

(3) Eine Änderung dieses Grundgesetzes, durch welche die Gliederung des Bundes in Länder, die grundsätzliche Mitwirkung der Länder bei der Gesetzgebung oder die in den Artikeln 1 und 20 niedergelegten Grundsätze berührt werden, ist unzulässig.

Art. 80. [Erlaß von Rechtsverordnungen] (1) ¹Durch Gesetz können die Bundesregierung, ein Bundesminister oder die Landesregierungen ermächtigt werden, Rechtsverordnungen zu erlassen.

²Dabei müssen Inhalt, Zweck und Ausmaß der erteilten Ermächtigung im Gesetze bestimmt werden. ³Die Rechtsgrundlage ist in der Verordnung anzugeben. ⁴Ist durch Gesetz vorgesehen, daß eine Ermächtigung weiter übertragen werden kann, so bedarf es zur Übertragung der Ermächtigung einer Rechtsverordnung.

(2) Der Zustimmung des Bundesrates bedürfen, vorbehaltlich anderweitiger bundesgesetzlicher Regelung, Rechtsverordnungen der Bundesregierung oder eines Bundesministers über Grundsätze und Gebühren für die Benutzung der Einrichtungen der Bundeseisenbahnen und des Post- und Fernmeldewesens, über den Bau und Betrieb der Eisenbahnen, sowie Rechtsverordnungen auf Grund von Bundesgesetzen, die der Zustimmung des Bundesrates bedürfen oder die von den Ländern im Auftrage des Bundes oder als eigene Angelegenheit ausgeführt werden.

Art. 80a. [Anwendung von Rechtsvorschriften im Spannungsfall] (1) ¹Ist in diesem Grundgesetz oder in einem Bundesgesetz über die Verteidigung einschließlich des Schutzes der Zivilbevölkerung bestimmt, daß Rechtsvorschriften nur nach Maßgabe dieses Artikels angewandt werden dürfen, so ist die Anwendung außer im Verteidigungsfalle nur zulässig, wenn der Bundestag den Eintritt des Spannungsfalles festgestellt oder wenn er der Anwendung besonders zugestimmt hat. ²Die Feststellung des Spannungsfalles und die besondere Zustimmung in den Fällen des Artikels 12a Abs. 5 Satz 1 und Abs. 6 Satz 2 bedürfen einer Mehrheit von zwei Dritteln der abgegebenen Stimmen.

(2) Maßnahmen auf Grund von Rechtsvorschriften nach Absatz 1 sind aufzuheben, wenn der Bundestag es verlangt.

(3) ¹Abweichend von Absatz 1 ist die Anwendung solcher Rechtsvorschriften auch auf der Grundlage und nach Maßgabe eines Beschlusses zulässig, der von einem internationalen Organ im Rahmen eines Bündnisvertrages mit Zustimmung der Bundesregierung gefaßt wird. ²Maßnahmen nach diesem Absatz sind aufzuheben, wenn der Bundestag es mit der Mehrheit seiner Mitglieder verlangt.

Art. 81. [Gesetzgebungsnotstand]
(1) ¹Wird im Falle des Artikels 68 der Bundestag nicht aufgelöst, so kann der Bundespräsident auf Antrag der Bundesregierung mit Zustimmung des Bundesrates für eine Gesetzesvorlage den Gesetzgebungsnotstand erklären, wenn der Bundestag sie ablehnt, obwohl die Bundesregierung sie als dringlich bezeichnet hat. ²Das gleiche gilt, wenn eine Gesetzesvorlage abgelehnt worden ist, obwohl der Bundeskanzler mit ihr den Antrag des Artikels 68 verbunden hatte.

(2) ¹Lehnt der Bundestag die Gesetzesvorlage nach Erklärung des Gesetzgebungsnotstandes erneut ab oder nimmt er sie in einer für die Bundesregierung als unannehmbar bezeichneten Fassung an, so gilt das Gesetz als zustande gekommen, soweit der Bundesrat ihm zustimmt. ²Das gleiche gilt, wenn die Vorlage vom Bundestage nicht innerhalb von vier Wochen nach der erneuten Einbringung verabschiedet wird.

(3) ¹Während der Amtszeit eines Bundeskanzlers kann auch jede andere vom Bundestage abgelehnte Gesetzesvorlage innerhalb einer Frist von sechs Monaten nach der ersten Erklärung des Gesetzgebungsnotstandes gemäß Absatz 1 und 2 verabschiedet werden. ²Nach Ablauf der Frist ist während der Amtszeit des gleichen Bundeskanzlers eine weitere Erklärung des Gesetzgebungsnotstandes unzulässig.

(4) Das Grundgesetz darf durch ein Gesetz, das nach Absatz 2 zustande kommt, weder geändert, noch ganz oder teilweise außer Kraft oder außer Anwendung gesetzt werden.

Art. 82. [Verkündung und Inkrafttreten der Gesetze] (1) ¹Die nach den Vorschriften dieses Grundgesetzes zustande gekommenen Gesetze werden vom Bundespräsidenten nach Gegenzeichnung ausgefertigt und im Bundesgesetzblatte verkündet. ²Rechtsverordnungen werden von der Stelle, die sie erläßt, ausgefertigt und vorbehaltlich anderweitiger gesetzlicher Regelung im Bundesgesetzblatte verkündet.

(2) ¹Jedes Gesetz und jede Rechtsverordnung soll den Tag des Inkrafttretens bestimmen. ²Fehlt eine solche Bestimmung, so treten sie mit dem vierzehnten

Tage nach Ablauf des Tages in Kraft, an dem das Bundesgesetzblatt ausgegeben worden ist.

8 Ausführung der Bundesgesetze und Bundesverwaltung

Art. 83. [Grundsatz der Landesexekutive] Die Länder führen die Bundesgesetze als eigene Angelegenheit aus, soweit dieses Grundgesetz nichts anderes bestimmt oder zuläßt.

Art. 84. [Landesverwaltung und Bundesaufsicht] (1) Führen die Länder die Bundesgesetze als eigene Angelegenheit aus, so regeln sie die Einrichtung der Behörden und das Verwaltungsverfahren, soweit nicht Bundesgesetze mit Zustimmung des Bundesrates etwas anderes bestimmen.
(2) Die Bundesregierung kann mit Zustimmung des Bundesrates allgemeine Verwaltungsvorschriften erlassen.
(3) [1]Die Bundesregierung übt die Aufsicht darüber aus, daß die Länder die Bundesgesetze dem geltenden Rechte gemäß ausführen. [2]Die Bundesregierung kann zu diesem Zwecke Beauftragte zu den obersten Landesbehörden entsenden, mit deren Zustimmung und, falls diese Zustimmung versagt wird, mit Zustimmung des Bundesrates auch zu den nachgeordneten Behörden.
(4) [1]Werden Mängel, die die Bundesregierung bei der Ausführung der Bundesgesetze in den Ländern festgestellt hat, nicht beseitigt, so beschließt auf Antrag der Bundesregierung oder des Landes der Bundesrat, ob das Land das Recht verletzt hat. [2]Gegen den Beschluß des Bundesrates kann das Bundesverfassungsgericht angerufen werden.
(5) [1]Der Bundesregierung kann durch Bundesgesetz, das der Zustimmung des Bundesrates bedarf, zur Ausführung von Bundesgesetzen die Befugnis verliehen werden, für besondere Fälle Einzelweisungen zu erteilen. [2]Sie sind, außer wenn die Bundesregierung den Fall für dringlich erachtet, an die obersten Landesbehörden zu richten.

Art. 85. [Bundesauftragsverwaltung der Länder] (1) Führen die Länder die Bundesgesetze im Auftrage des Bundes aus, so bleibt die Einrichtung der Behörden Angelegenheit der Länder, soweit nicht Bundesgesetze mit Zustimmung des Bundesrates etwas anderes bestimmen.
(2) [1]Die Bundesregierung kann mit Zustimmung des Bundesrates allgemeine Verwaltungsvorschriften erlassen. [2]Sie kann die einheitliche Ausbildung der Beamten und Angestellten regeln. [3]Die Leiter der Mittelbehörden sind mit ihrem Einvernehmen zu bestellen.
(3) [1]Die Landesbehörden unterstehen den Weisungen der zuständigen obersten Bundesbehörden. [2]Die Weisungen sind, außer wenn die Bundesregierung es für dringlich erachtet, an die obersten Landesbehörden zu richten. [3]Der Vollzug der Weisung ist durch die obersten Landesbehörden sicherzustellen.
(4) [1]Die Bundesaufsicht erstreckt sich auf Gesetzmäßigkeit und Zweckmäßigkeit der Ausführung. [2]Die Bundesregierung kann zu diesem Zwecke Bericht und Vorlage der Akten verlangen und Beauftragte zu allen Behörden entsenden.

Art. 86. [Bundeseigene Verwaltung] [1]Führt der Bund die Gesetze durch bundeseigene Verwaltung oder durch bundesunmittelbare Körperschaften oder Anstalten des öffentlichen Rechtes aus, so erläßt die Bundesregierung, soweit nicht das Gesetz Besonderes vorschreibt, die allgemeinen Verwaltungsvorschriften. [2]Sie regelt, soweit das Gesetz nichts anderes bestimmt, die Einrichtung der Behörden.

Art. 87. [Gegenstände der bundeseigenen Verwaltung] (1) [1]In bundeseigener Verwaltung mit eigenem Verwaltungsunterbau werden geführt der Auswärtige Dienst, die Bundesfinanzverwaltung, die Bundeseisenbahnen, die Bundespost und nach Maßgabe des Artikels 89 die Verwaltung der Bundeswasserstraßen und der Schiffahrt. [2]Durch Bundesgesetz können Bundesgrenzschutzbehörden, Zentralstellen für das polizeiliche Auskunfts- und Nachrichtenwesen, für die Kriminalpolizei und zur Sammlung von Unterlagen für Zwecke des Verfassungsschutzes und des Schutzes gegen Bestrebungen im Bundesgebiet, die durch Anwendung von Gewalt oder darauf gerichtete Vorbereitungshandlungen auswärtige Belange der

Bundesrepublik Deutschland gefährden, eingerichtet werden.

(2) Als bundesunmittelbare Körperschaften des öffentlichen Rechtes werden diejenigen sozialen Versicherungsträger geführt, deren Zuständigkeitsbereich sich über das Gebiet eines Landes hinaus erstreckt.

(3) ¹Außerdem können für Angelegenheiten, für die dem Bunde die Gesetzgebung zusteht, selbständige Bundesoberbehörden und neue bundesunmittelbare Körperschaften und Anstalten des öffentlichen Rechtes durch Bundesgesetz errichtet werden. ²Erwachsen dem Bunde auf Gebieten, für die ihm die Gesetzgebung zusteht, neue Aufgaben, so können bei dringendem Bedarf bundeseigene Mittel- und Unterbehörden mit Zustimmung des Bundesrates und der Mehrheit der Mitglieder des Bundestages errichtet werden.

Art. 87a. [Streitkräfte] (1) ¹Der Bund stellt Streitkräfte zur Verteidigung auf. ²Ihre zahlenmäßige Stärke und die Grundzüge ihrer Organisation müssen sich aus dem Haushaltsplan ergeben.

(2) Außer zur Verteidigung dürfen die Streitkräfte nur eingesetzt werden, soweit dieses Grundgesetz es ausdrücklich zuläßt.

(3) ¹Die Streitkräfte haben im Verteidigungsfalle und im Spannungsfalle die Befugnis, zivile Objekte zu schützen und Aufgaben der Verkehrsregelung wahrzunehmen, soweit dies zur Erfüllung ihres Verteidigungsauftrages erforderlich ist. ²Außerdem kann den Streitkräften im Verteidigungsfalle und im Spannungsfalle der Schutz ziviler Objekte auch zur Unterstützung polizeilicher Maßnahmen übertragen werden; die Streitkräfte wirken dabei mit den zuständigen Behörden zusammen.

(4) ¹Zur Abwehr einer drohenden Gefahr für den Bestand oder die freiheitliche demokratische Grundordnung des Bundes oder eines Landes kann die Bundesregierung, wenn die Voraussetzungen des Artikels 91 Abs. 2 vorliegen und die Polizeikräfte sowie der Bundesgrenzschutz nicht ausreichen, Streitkräfte zur Unterstützung der Polizei und des Bundesgrenzschutzes beim Schutze von zivilen Objekten und bei der Bekämpfung organisierter und militärisch bewaffneter Aufständischer einsetzen. ²Der Einsatz von Streitkräften ist einzustellen, wenn der Bundestag oder der Bundesrat es verlangen.

Art. 87b. [Bundeswehrverwaltung] (1) ¹Die Bundeswehrverwaltung wird in bundeseigener Verwaltung mit eigenem Verwaltungsunterbau geführt. ²Sie dient den Aufgaben des Personalwesens und der unmittelbaren Deckung des Sachbedarfs der Streitkräfte. ³Aufgaben der Beschädigtenversorgung und des Bauwesens können der Bundeswehrverwaltung nur durch Bundesgesetz, das der Zustimmung des Bundesrates bedarf, übertragen werden. ⁴Der Zustimmung des Bundesrates bedürfen ferner Gesetze, soweit sie die Bundeswehrverwaltung zu Eingriffen in Rechte Dritter ermächtigen; das gilt nicht für Gesetze auf dem Gebiete des Personalwesens.

(2) ¹Im übrigen können Bundesgesetze, die der Verteidigung einschließlich des Wehrersatzwesens und des Schutzes der Zivilbevölkerung dienen, mit Zustimmung des Bundesrates bestimmen, daß sie ganz oder teilweise in bundeseigener Verwaltung mit eigenem Verwaltungsunterbau oder von den Ländern im Auftrage des Bundes ausgeführt werden. ²Werden solche Gesetze von den Ländern im Auftrage des Bundes ausgeführt, so können sie mit Zustimmung des Bundesrates bestimmen, daß die der Bundesregierung und den zuständigen obersten Bundesbehörden auf Grund des Artikels 85 zustehenden Befugnisse ganz oder teilweise Bundesoberbehörden übertragen werden; dabei kann bestimmt werden, daß diese Behörden beim Erlaß allgemeiner Verwaltungsvorschriften gemäß Artikel 85 Abs. 2 Satz 1 nicht der Zustimmung des Bundesrates bedürfen.

Art. 87c. [Erzeugung und Nutzung von Kernenergie] Gesetze, die auf Grund des Artikels 74 Nr. 11a ergehen, können mit Zustimmung des Bundesrates bestimmen, daß sie von den Ländern im Auftrage des Bundes ausgeführt werden.

Art. 87d. [Luftverkehrsverwaltung] (1) Die Luftverkehrsverwaltung wird in bundeseigener Verwaltung geführt.

(2) Durch Bundesgesetz, das der Zustimmung des Bundesrates bedarf, können Aufgaben der Luftverkehrsverwal-

tung den Ländern als Auftragsverwaltung übertragen werden.

Art. 88. [Bundesbank] Der Bund errichtet eine Währungs- und Notenbank als Bundesbank.

Art. 89. [Bundeswasserstraßen] (1) Der Bund ist Eigentümer der bisherigen Reichswasserstraßen.
(2) ¹Der Bund verwaltet die Bundeswasserstraßen durch eigene Behörden. ²Er nimmt die über den Bereich eines Landes hinausgehenden staatlichen Aufgaben der Binnenschiffahrt und die Aufgaben der Seeschiffahrt wahr, die ihm durch Gesetz übertragen werden. ³Er kann die Verwaltung von Bundeswasserstraßen, soweit sie im Gebiete eines Landes liegen, diesem Lande auf Antrag als Auftragsverwaltung übertragen. ⁴Berührt eine Wasserstraße das Gebiet mehrerer Länder, so kann der Bund das Land beauftragen, für das die beteiligten Länder es beantragen.
(3) Bei der Verwaltung, dem Ausbau und dem Neubau von Wasserstraßen sind die Bedürfnisse der Landeskultur und der Wasserwirtschaft im Einvernehmen mit den Ländern zu wahren.

Art. 90. [Bundesstraßen] (1) Der Bund ist Eigentümer der bisherigen Reichsautobahnen und Reichsstraßen.
(2) Die Länder oder die nach Landesrecht zuständigen Selbstverwaltungskörperschaften verwalten die Bundesautobahnen und sonstigen Bundesstraßen des Fernverkehrs im Auftrage des Bundes.
(3) Auf Antrag eines Landes kann der Bund Bundesautobahnen und sonstige Bundesstraßen des Fernverkehrs, soweit sie im Gebiet dieses Landes liegen, in bundeseigene Verwaltung übernehmen.

Art. 91. [Abwehr von Gefahren für den Bestand des Bundes oder eines Landes] (1) Zur Abwehr einer drohenden Gefahr für den Bestand oder die freiheitliche demokratische Grundordnung des Bundes oder eines Landes kann ein Land Polizeikräfte anderer Länder sowie Kräfte und Einrichtungen anderer Verwaltungen und des Bundesgrenzschutzes anfordern.
(2) ¹Ist das Land, in dem die Gefahr droht, nicht selbst zur Bekämpfung der Gefahr bereit oder in der Lage, so kann die Bundesregierung die Polizei in diesem Lande und die Polizeikräfte anderer Länder ihren Weisungen unterstellen sowie Einheiten des Bundesgrenzschutzes einsetzen. ²Die Anordnung ist nach Beseitigung der Gefahr, im übrigen jederzeit auf Verlangen des Bundesrates aufzuheben. ³Erstreckt sich die Gefahr auf das Gebiet mehr als eines Landes, so kann die Bundesregierung, soweit es zur wirksamen Bekämpfung erforderlich ist, den Landesregierungen Weisungen erteilen; Satz 1 und Satz 2 bleiben unberührt.

8.1 Gemeinschaftsaufgaben

Art. 91a. [Mitwirkung des Bundes bei Gemeinschaftsaufgaben] (1) Der Bund wirkt auf folgenden Gebieten bei der Erfüllung von Aufgaben der Länder mit, wenn diese Aufgaben für die Gesamtheit bedeutsam sind und die Mitwirkung des Bundes zur Verbesserung der Lebensverhältnisse erforderlich ist (Gemeinschaftsaufgaben):
1. Ausbau und Neubau von Hochschulen einschließlich der Hochschulkliniken,
2. Verbesserung der regionalen Wirtschaftsstruktur,
3. Verbesserung der Agrarstruktur und des Küstenschutzes.

(2) ¹Durch Bundesgesetz mit Zustimmung des Bundesrates werden die Gemeinschaftsaufgaben näher bestimmt. ²Das Gesetz soll allgemeine Grundsätze für ihre Erfüllung enthalten.
(3) ¹Das Gesetz trifft Bestimmungen über das Verfahren und über Einrichtungen für eine gemeinsame Rahmenplanung. ²Die Aufnahme eines Vorhabens in die Rahmenplanung bedarf der Zustimmung des Landes, in dessen Gebiet es durchgeführt wird.
(4) ¹Der Bund trägt in den Fällen des Absatzes 1 Nr. 1 und 2 die Hälfte der Ausgaben in jedem Land. ²In den Fällen des Absatzes 1 Nr. 3 trägt der Bund mindestens die Hälfte; die Beteiligung ist für alle Länder einheitlich festzusetzen. ³Das Nähere regelt das Gesetz. ⁴Die Bereitstellung der Mittel bleibt der Feststellung in den Haushaltsplänen des Bundes und der Länder vorbehalten.
(5) Bundesregierung und Bundesrat sind auf Verlangen über die Durchfüh-

rung der Gemeinschaftsaufgaben zu unterrichten.

Art. 91b. [Bildungsplanung und wissenschaftliche Forschung] ¹Bund und Länder können auf Grund von Vereinbarungen bei der Bildungsplanung und bei der Förderung von Einrichtungen und Vorhaben der wissenschaftlichen Forschung von überregionaler Bedeutung zusammenwirken. ²Die Aufteilung der Kosten wird in der Vereinbarung geregelt.

9 Rechtsprechung

Art. 92. [Gerichtsorganisation] Die rechtsprechende Gewalt ist den Richtern anvertraut; sie wird durch das Bundesverfassungsgericht, durch die in diesem Grundgesetze vorgesehenen Bundesgerichte und durch die Gerichte der Länder ausgeübt.

Art. 93. [Bundesverfassungsgericht, Zuständigkeit] (1) Das Bundesverfassungsgericht entscheidet:
1. über die Auslegung dieses Grundgesetzes aus Anlaß von Streitigkeiten über den Umfang der Rechte und Pflichten eines obersten Bundesorgans oder anderer Beteiligter, die durch dieses Grundgesetz oder in der Geschäftsordnung eines obersten Bundesorgans mit eigenen Rechten ausgestattet sind;
2. bei Meinungsverschiedenheiten oder Zweifeln über die förmliche und sachliche Vereinbarkeit von Bundesrecht oder Landesrecht mit diesem Grundgesetze oder die Vereinbarkeit von Landesrecht mit sonstigem Bundesrechte auf Antrag der Bundesregierung, einer Landesregierung oder eines Drittels der Mitglieder des Bundestages;
3. bei Meinungsverschiedenheiten über Rechte und Pflichten des Bundes und der Länder, insbesondere bei der Ausführung von Bundesrecht durch die Länder und bei der Ausübung der Bundesaufsicht;
4. in anderen öffentlich-rechtlichen Streitigkeiten zwischen dem Bunde und den Ländern, zwischen verschiedenen Ländern oder innerhalb eines Landes, soweit nicht ein anderer Rechtsweg gegeben ist;
4a. über Verfassungsbeschwerden, die von jedermann mit der Behauptung erhoben werden können, durch die öffentliche Gewalt in einem seiner Grundrechte oder in einem seiner in Artikel 20 Abs. 4, 33, 38, 101, 103 und 104 enthaltenen Rechte verletzt zu sein;
4b. über Verfassungsbeschwerden von Gemeinden und Gemeindeverbänden wegen Verletzung des Rechts auf Selbstverwaltung nach Artikel 28 durch ein Gesetz, bei Landesgesetzen jedoch nur, soweit nicht Beschwerde beim Landesverfassungsgericht erhoben werden kann;
5. in den übrigen in diesem Grundsetze vorgesehenen Fällen.

(2) Das Bundesverfassungsgericht wird ferner in den ihm sonst durch Bundesgesetz zugewiesenen Fällen tätig.

Art. 94. [Bundesverfassungsgericht, Zusammensetzung] (1) ¹Das Bundesverfassungsgericht besteht aus Bundesrichtern und anderen Mitgliedern. ²Die Mitglieder des Bundesverfassungsgerichtes werden je zur Hälfte vom Bundestage und vom Bundesrate gewählt. ³Sie dürfen weder dem Bundestage, dem Bundesrate, der Bundesregierung noch entsprechenden Organen eines Landes angehören.

(2) ¹Ein Bundesgesetz regelt seine Verfassung und Verfahren und bestimmt, in welchen Fällen seine Entscheidungen Gesetzeskraft haben. ²Es kann für Verfassungsbeschwerden die vorherige Erschöpfung des Rechtsweges zur Voraussetzung machen und ein besonderes Annahmeverfahren vorsehen.

Art. 95. [Oberste Gerichtshöfe des Bundes; Gemeinsamer Senat] (1) Für die Gebiete der ordentlichen, der Verwaltungs-, der Finanz-, der Arbeits- und der Sozialgerichtsbarkeit errichtet der Bund als oberste Gerichtshöfe den Bundesgerichtshof, das Bundesverwaltungsgericht, den Bundesfinanzhof, das Bundesarbeitsgericht und das Bundessozialgericht.

(2) Über die Berufung der Richter dieser Gerichte entscheidet der für das jeweilige Sachgebiet zuständige Bundesminister gemeinsam mit einem Richterwahlausschuß, der aus den für das jeweilige Sachgebiet zuständigen Ministern der Länder und einer gleichen Anzahl von Mitgliedern besteht, die vom Bundestage gewählt werden.

(3) ¹Zur Wahrung der Einheitlichkeit der Rechtsprechung ist ein Gemeinsamer Senat der in Absatz 1 genannten Gerichte

I Grundgesetz GG

zu bilden. ²Das Nähere regelt ein Bundesgesetz.

Art. 96. [Bundesgerichte] (1) Der Bund kann für Angelegenheiten des gewerblichen Rechtsschutzes ein Bundesgericht errichten.

(2) ¹Der Bund kann Wehrstrafgerichte für die Streitkräfte als Bundesgerichte errichten. ²Sie können die Strafgerichtsbarkeit nur im Verteidigungsfalle sowie über Angehörige der Streitkräfte ausüben, die in das Ausland entsandt oder an Bord von Kriegsschiffen eingeschifft sind. ³Das Nähere regelt ein Bundesgesetz. ⁴Diese Gerichte gehören zum Geschäftsbereich des Bundesjustizministers. ⁵Ihre hauptamtlichen Richter müssen die Befähigung zum Richteramt haben.

(3) Oberster Gerichtshof für die in Absatz 1 und 2 genannten Gerichte ist der Bundesgerichtshof.

(4) Der Bund kann für Personen, die zu ihm in einem öffentlich-rechtlichen Dienstverhältnis stehen, Bundesgerichte zur Entscheidung in Disziplinarverfahren und Beschwerdeverfahren errichten.

(5) Für Strafverfahren auf den Gebieten des Artikels 26 Abs. 1 und des Staatsschutzes kann ein Bundesgesetz mit Zustimmung des Bundesrates vorsehen, daß Gerichte der Länder Gerichtsbarkeit des Bundes ausüben.

Art. 97. [Unabhängigkeit der Richter] (1) Die Richter sind unabhängig und nur dem Gesetze unterworfen.

(2) ¹Die hauptamtlich und planmäßig endgültig angestellten Richter können wider ihren Willen nur kraft richterlicher Entscheidung und nur aus Gründen und unter den Formen, welche die Gesetze bestimmen, vor Ablauf ihrer Amtszeit entlassen oder dauernd oder zeitweise ihres Amtes enthoben oder an eine andere Stelle oder in den Ruhestand versetzt werden. ²Die Gesetzgebung kann Altersgrenzen festsetzen, bei deren Erreichung auf Lebenszeit angestellte Richter in den Ruhestand treten. ³Bei Veränderung der Einrichtung der Gerichte oder ihrer Bezirke können Richter an ein anderes Gericht versetzt oder aus dem Amte entfernt werden, jedoch nur unter Belassung des vollen Gehaltes.

Art. 98. [Rechtsstellung der Richter] (1) Die Rechtsstellung der Bundesrichter ist durch besonderes Bundesgesetz zu regeln.

(2) ¹Wenn ein Bundesrichter im Amte oder außerhalb des Amtes gegen die Grundsätze des Grundgesetzes oder gegen die verfassungsmäßige Ordnung eines Landes verstößt, so kann das Bundesverfassungsgericht mit Zweidrittelmehrheit auf Antrag des Bundestages anordnen, daß der Richter in ein anderes Amt oder in den Ruhestand zu versetzen ist. ²Im Falle eines vorsätzlichen Verstoßes kann auf Entlassung erkannt werden.

(3) ¹Die Rechtsstellung der Richter in den Ländern ist durch besondere Landesgesetze zu regeln. ²Der Bund kann Rahmenvorschriften erlassen, soweit Artikel 74a Abs. 4 nichts anderes bestimmt.

(4) Die Länder können bestimmen, daß über die Anstellung der Richter in den Ländern der Landesjustizminister gemeinsam mit einem Richterwahlausschuß entscheidet.

(5) ¹Die Länder können für Landesrichter eine Absatz 2 entsprechende Regelung treffen. ²Geltendes Landesverfassungsrecht bleibt unberührt. ³Die Entscheidung über eine Richteranklage steht dem Bundesverfassungsgericht zu.

Art. 99. [Übertragung von Zuständigkeiten in landesrechtlichen Sachen auf Bundesverfassungsgericht und oberste Gerichtshöfe] Dem Bundesverfassungsgerichte kann durch Landesgesetz die Entscheidung von Verfassungsstreitigkeiten innerhalb eines Landes, den in Artikel 95 Abs. 1 genannten obersten Gerichtshöfen für den letzten Rechtszug die Entscheidung in solchen Sachen zugewiesen werden, bei denen es sich um die Anwendung von Landesrecht handelt.

Art. 100. [Verfassungswidrigkeit von Gesetzen] (1) ¹Hält ein Gericht ein Gesetz, auf dessen Gültigkeit es bei der Entscheidung ankommt, für verfassungswidrig, so ist das Verfahren auszusetzen und, wenn es sich um die Verletzung der Verfassung eines Landes handelt, die Entscheidung des für Verfassungsstreitigkeiten zuständigen Gerichtes des Landes, wenn es sich um die Verletzung dieses Grundgesetzes handelt, die Entscheidung des Bundesverfassungsgerichtes einzuholen. ²Dies gilt auch, wenn es sich um die Verletzung dieses Grundgesetzes durch Landesrecht oder um die Unvereinbarkeit eines Landesgesetzes mit einem Bundesgesetze handelt.

(2) Ist in einem Rechtsstreite zweifelhaft, ob eine Regel des Völkerrechtes Bestandteil des Bundesrechtes ist und ob sie unmittelbar Rechte und Pflichten für den Einzelnen erzeugt (Artikel 25), so hat das Gericht die Entscheidung des Bundesverfassungsgerichtes einzuholen.

(3) Will das Verfassungsgericht eines Landes bei der Auslegung des Grundgesetzes von einer Entscheidung des Bundesverfassungsgerichtes oder des Verfassungsgerichtes eines anderen Landes abweichen, so hat das Verfassungsgericht die Entscheidung des Bundesverfassungsgerichtes einzuholen.

Art. 101. [Ausnahmegerichte] (1) [1]Ausnahmegerichte sind unzulässig. [2]Niemand darf seinem gesetzlichen Richter entzogen werden.

(2) Gerichte für besondere Sachgebiete können nur durch Gesetz errichtet werden.

Art. 102. [Abschaffung der Todesstrafe] Die Todesstrafe ist abgeschafft.

Art. 103. [Grundrechte vor Gericht]
(1) Vor Gericht hat jedermann Anspruch auf rechtliches Gehör.

(2) Eine Tat kann nur bestraft werden, wenn die Strafbarkeit gesetzlich bestimmt war, bevor die Tat begangen wurde.

(3) Niemand darf wegen derselben Tat auf Grund der allgemeinen Strafgesetze mehrmals bestraft werden.

Art. 104. [Rechtsgarantien bei Freiheitsentziehung] (1) [1]Die Freiheit der Person kann nur auf Grund eines förmlichen Gesetzes und nur unter Beachtung der darin vorgeschriebenen Formen beschränkt werden. [2]Festgehaltene Personen dürfen weder seelisch noch körperlich mißhandelt werden.

(2) [1]Über die Zulässigkeit und Fortdauer einer Freiheitsentziehung hat nur der Richter zu entscheiden. [2]Bei jeder nicht auf richterlicher Anordnung beruhenden Freiheitsentziehung ist unverzüglich eine richterliche Entscheidung herbeizuführen. [3]Die Polizei darf aus eigener Machtvollkommenheit niemanden länger als bis zum Ende des Tages nach dem Ergreifen in eigenem Gewahrsam halten. [4]Das Nähere ist gesetzlich zu regeln.

(3) [1]Jeder wegen des Verdachtes einer strafbaren Handlung vorläufig Festgenommene ist spätestens am Tage nach der Festnahme dem Richter vorzuführen, der ihm die Gründe der Festnahme mitzuteilen, ihn zu vernehmen und ihm Gelegenheit zu Einwendungen zu geben hat. [2]Der Richter hat unverzüglich entweder einen mit Gründen versehenen schriftlichen Haftbefehl zu erlassen oder die Freilassung anzuordnen.

(4) Von jeder richterlichen Entscheidung über die Anordnung oder Fortdauer einer Freiheitsentziehung ist unverzüglich ein Angehöriger des Festgehaltenen oder eine Person seines Vertrauens zu benachrichtigen.

10 Finanzwesen

Art. 104a. [Ausgaben des Bundes und der Länder; Finanzhilfen] (1) Der Bund und die Länder tragen gesondert die Ausgaben, die sich aus der Wahrnehmung ihrer Aufgaben ergeben, soweit dieses Grundgesetz nichts anderes bestimmt.

(2) Handeln die Länder im Auftrage des Bundes, trägt der Bund die sich daraus ergebenden Ausgaben.

(3) [1]Bundesgesetze, die Geldleistungen gewähren und von den Ländern ausgeführt werden, können bestimmen, daß die Geldleistungen ganz oder zum Teil vom Bund getragen werden. [2]Bestimmt das Gesetz, daß der Bund die Hälfte der Ausgaben oder mehr trägt, wird es im Auftrage des Bundes durchgeführt. [3]Bestimmt das Gesetz, daß die Länder ein Viertel der Ausgaben oder mehr tragen, so bedarf es der Zustimmung des Bundesrates.

(4) [1]Der Bund kann den Ländern Finanzhilfen für besonders bedeutsame Investitionen der Länder und Gemeinden (Gemeindeverbände) gewähren, die zur Abwehr einer Störung des gesamtwirtschaftlichen Gleichgewichts oder zum Ausgleich unterschiedlicher Wirtschaftskraft im Bundesgebiet oder zur Förderung des wirtschaftlichen Wachstums erforderlich sind. [2]Das Nähere, insbesondere die Arten der zu fördernden Investitionen, wird durch Bundesgesetz, das der Zustimmung des Bundesrates bedarf, oder auf Grund des Bundeshaushaltsgesetzes durch Verwaltungsvereinbarung geregelt.

(5) [1]Der Bund und die Länder tragen die bei ihren Behörden entstehenden Verwaltungsausgaben und haften im Verhältnis zueinander für eine ordnungsmäßige Verwaltung. [2]Das Nähere bestimmt

I Grundgesetz **GG 37**

ein Bundesgesetz, das der Zustimmung des Bundesrates bedarf.

Art. 105. [Gesetzgebungsrecht] (1) Der Bund hat die ausschließliche Gesetzgebung über die Zölle und Finanzmonopole.

(2) Der Bund hat die konkurrierende Gesetzgebung über die übrigen Steuern, wenn ihm das Aufkommen dieser Steuern ganz oder zum Teil zusteht oder die Voraussetzungen des Artikels 72 Abs. 2 vorliegen.

(2a) Die Länder haben die Befugnis zur Gesetzgebung über die örtlichen Verbrauch- und Aufwandsteuern, solange und soweit sie nicht bundesgesetzlich geregelten Steuern gleichartig sind.

(3) Bundesgesetze über Steuern, deren Aufkommen den Ländern oder den Gemeinden (Gemeindeverbänden) ganz oder zum Teil zufließt, bedürfen der Zustimmung des Bundesrates.

Art. 106. [Verteilung des Steueraufkommens und des Ertrages der Finanzmonopole] (1) Der Ertrag der Finanzmonopole und das Aufkommen der folgenden Steuern stehen dem Bund zu:
1. die Zölle,
2. die Verbrauchsteuern, soweit sie nicht nach Absatz 2 den Ländern, nach Absatz 3 Bund und Ländern gemeinsam oder nach Absatz 6 den Gemeinden zustehen,
3. die Straßengüterverkehrsteuer,
4. die Kapitalverkehrsteuern, die Versicherungsteuer und die Wechselsteuer,
5. die einmaligen Vermögensabgaben und die zur Durchführung des Lastenausgleichs erhobenen Ausgleichsabgaben,
6. die Ergänzungsabgabe zur Einkommensteuer und zur Körperschaftsteuer,
7. Abgaben im Rahmen der Europäischen Gemeinschaften.

(2) Das Aufkommen der folgenden Steuern steht den Ländern zu:
1. die Vermögensteuer,
2. die Erbschaftsteuer,
3. die Kraftfahrzeugsteuer,
4. die Verkehrsteuern, soweit sie nicht nach Absatz 1 dem Bund oder nach Absatz 3 Bund und Ländern gemeinsam zustehen,
5. die Biersteuer,
6. die Abgabe von Spielbanken.

(3) [1]Das Aufkommen der Einkommensteuer, der Körperschaftsteuer und der Umsatzsteuer steht dem Bund und den Ländern gemeinsam zu (Gemeinschaftsteuern), soweit das Aufkommen der Einkommensteuer nicht nach Absatz 5 den Gemeinden zugewiesen wird. [2]Am Aufkommen der Einkommensteuer und der Körperschaftsteuer sind der Bund und die Länder je zur Hälfte beteiligt. [3]Die Anteile von Bund und Ländern an der Umsatzsteuer werden durch Bundesgesetz, das der Zustimmung des Bundesrates bedarf, festgesetzt. [4]Bei der Festsetzung ist von folgenden Grundsätzen auszugehen:
1. Im Rahmen der laufenden Einnahmen haben der Bund und die Länder gleichmäßig Anspruch auf Deckung ihrer notwendigen Ausgaben. Dabei ist der Umfang der Ausgaben unter Berücksichtigung einer mehrjährigen Finanzplanung zu ermitteln.
2. Die Deckungsbedürfnisse des Bundes und der Länder sind so aufeinander abzustimmen, daß ein billiger Ausgleich erzielt, eine Überbelastung der Steuerpflichtigen vermieden und die Einheitlichkeit der Lebensverhältnisse im Bundesgebiet gewahrt wird.

(4) [1]Die Anteile von Bund und Ländern an der Umsatzsteuer sind neu festzusetzen, wenn sich das Verhältnis zwischen den Einnahmen und Ausgaben des Bundes und der Länder wesentlich anders entwickelt. [2]Werden den Ländern durch Bundesgesetz zusätzliche Ausgaben auferlegt oder Einnahmen entzogen, so kann die Mehrbelastung durch Bundesgesetz, das der Zustimmung des Bundesrates bedarf, auch mit Finanzzuweisungen des Bundes ausgeglichen werden, wenn sie auf einen kurzen Zeitraum begrenzt ist. [3]In dem Gesetz sind die Grundsätze für die Bemessung dieser Finanzzuweisungen und für ihre Verteilung auf die Länder zu bestimmen.

(5) [1]Die Gemeinden erhalten einen Anteil an dem Aufkommen der Einkommensteuer, der von den Ländern an ihre Gemeinden auf der Grundlage der Einkommensteuerleistungen ihrer Einwohner weiterzuleiten ist. [2]Das Nähere bestimmt ein Bundesgesetz, das der Zustimmung des Bundesrates bedarf. [3]Es kann bestimmen, daß die Gemeinden Hebesätze für den Gemeindeanteil festsetzen.

(6) [1]Das Aufkommen der Realsteuern steht den Gemeinden, das Aufkommen

der örtlichen Verbrauch- und Aufwandsteuern steht den Gemeinden oder nach Maßgabe der Landesgesetzgebung den Gemeindeverbänden zu. ²Den Gemeinden ist das Recht einzuräumen, die Hebesätze der Realsteuern im Rahmen der Gesetze festzusetzen. ³Bestehen in einem Land keine Gemeinden, so steht das Aufkommen der Realsteuern und der örtlichen Verbrauch- und Aufwandsteuern dem Land zu. ⁴Bund und Länder können durch eine Umlage an dem Aufkommen der Gewerbesteuer beteiligt werden. ⁵Das Nähere über die Umlage bestimmt ein Bundesgesetz, das der Zustimmung des Bundesrates bedarf. ⁶Nach Maßgabe der Landesgesetzgebung können die Realsteuern und der Gemeindeanteil vom Aufkommen der Einkommensteuer als Bemessungsgrundlagen für Umlagen zugrunde gelegt werden.

(7) ¹Von dem Länderanteil am Gesamtaufkommen der Gemeinschaftsteuern fließt den Gemeinden und Gemeindeverbänden insgesamt ein von der Landesgesetzgebung zu bestimmender Hundertsatz zu. ²Im übrigen bestimmt die Landesgesetzgebung, ob und inwieweit das Aufkommen der Landessteuern den Gemeinden (Gemeindeverbänden) zufließt.

(8) ¹Veranlaßt der Bund in einzelnen Ländern oder Gemeinden (Gemeindeverbänden) besondere Einrichtungen, die diesen Ländern oder Gemeinden (Gemeindeverbänden) unmittelbar Mehrausgaben oder Mindereinnahmen (Sonderbelastungen) verursachen, gewährt der Bund den erforderlichen Ausgleich, wenn und soweit den Ländern oder Gemeinden (Gemeindeverbänden) nicht zugemutet werden kann, die Sonderbelastungen zu tragen. ²Entschädigungsleistungen Dritter und finanzielle Vorteile, die diesen Ländern oder Gemeinden (Gemeindeverbänden) als Folge der Einrichtungen erwachsen, werden bei dem Ausgleich berücksichtigt.

(9) Als Einnahmen und Ausgaben der Länder im Sinne dieses Artikels gelten auch die Einnahmen und Ausgaben der Gemeinden (Gemeindeverbände).

Art. 107. [Örtliches Steueraufkommen; Finanzausgleich; Ergänzungszuweisungen] (1) ¹Das Aufkommen der Landessteuern und der Länderanteil am Aufkommen der Einkommensteuer und der Körperschaftsteuer stehen den einzelnen Ländern insoweit zu, als die Steuern von den Finanzbehörden in ihrem Gebiet vereinnahmt werden (örtliches Aufkommen). ²Durch Bundesgesetz, das der Zustimmung des Bundesrates bedarf, sind für die Körperschaftsteuer und die Lohnsteuer nähere Bestimmungen über die Abgrenzung sowie über Art und Umfang der Zerlegung des örtlichen Aufkommens zu treffen. ³Das Gesetz kann auch Bestimmungen über die Abgrenzung und Zerlegung des örtlichen Aufkommens anderer Steuern treffen. ⁴Der Länderanteil am Aufkommen der Umsatzsteuer steht den einzelnen Ländern nach Maßgabe ihrer Einwohnerzahl zu; für einen Teil, höchstens jedoch für ein Viertel dieses Länderanteils, können durch Bundesgesetz, das der Zustimmung des Bundesrates bedarf, Ergänzungsanteile für die Länder vorgesehen werden, deren Einnahmen aus den Landessteuern und aus der Einkommensteuer und der Körperschaftsteuer je Einwohner unter dem Durchschnitt der Länder liegen.

(2) ¹Durch das Gesetz ist sicherzustellen, daß die unterschiedliche Finanzkraft der Länder angemessen ausgeglichen wird; hierbei sind die Finanzkraft und der Finanzbedarf der Gemeinden (Gemeindeverbände) zu berücksichtigen. ²Die Voraussetzungen für die Ausgleichsansprüche der ausgleichsberechtigten Länder und für die Ausgleichsverbindlichkeiten der ausgleichspflichtigen Länder sowie die Maßstäbe für die Höhe der Ausgleichsleistungen sind in dem Gesetz zu bestimmen. ³Es kann auch bestimmen, daß der Bund aus seinen Mitteln leistungsschwachen Ländern Zuweisungen zur ergänzenden Deckung ihres allgemeinen Finanzbedarfs (Ergänzungszuweisungen) gewährt.

Art. 108. [Finanzverwaltung] (1) ¹Zölle, Finanzmonopole, die bundesgesetzlich geregelten Verbrauchsteuern einschließlich der Einfuhrumsatzsteuer und die Abgaben im Rahmen der Europäischen Gemeinschaften werden durch Bundesfinanzbehörden verwaltet. ²Der Aufbau dieser Behörden wird durch Bundesgesetz geregelt. ³Die Leiter der Mittelbehörden sind im Benehmen mit den Landesregierungen zu bestellen.

(2) ¹Die übrigen Steuern werden durch Landesfinanzbehörden verwaltet. ²Der Aufbau dieser Behörden und die einheit-

liche Ausbildung der Beamten können durch Bundesgesetz mit Zustimmung des Bundesrates geregelt werden. ³Die Leiter der Mittelbehörden sind im Einvernehmen mit der Bundesregierung zu bestellen.

(3) ¹Verwalten die Landesfinanzbehörden Steuern, die ganz oder zum Teil dem Bund zufließen, so werden sie im Auftrage des Bundes tätig. ²Artikel 85 Abs. 3 und 4 gilt mit der Maßgabe, daß an die Stelle der Bundesregierung der Bundesminister der Finanzen tritt.

(4) ¹Durch Bundesgesetz, das der Zustimmung des Bundesrates bedarf, kann bei der Verwaltung von Steuern ein Zusammenwirken von Bundes- und Landesfinanzbehörden sowie für Steuern, die unter Absatz 1 fallen, die Verwaltung durch Landesfinanzbehörden und für andere Steuern die Verwaltung durch Bundesfinanzbehörden vorgesehen werden, wenn und soweit dadurch der Vollzug der Steuergesetze erheblich verbessert oder erleichtert wird. ²Für die den Gemeinden (Gemeindeverbänden) allein zufließenden Steuern kann die den Landesfinanzbehörden zustehende Verwaltung durch die Länder ganz oder zum Teil den Gemeinden (Gemeindeverbänden) übertragen werden.

(5) ¹Das von den Bundesfinanzbehörden anzuwendende Verfahren wird durch Bundesgesetz geregelt. ²Das von den Landesfinanzbehörden und in den Fällen des Absatzes 4 Satz 2 von den Gemeinden (Gemeindeverbänden) anzuwendende Verfahren kann durch Bundesgesetz mit Zustimmung des Bundesrates geregelt werden.

(6) Die Finanzgerichtsbarkeit wird durch Bundesgesetz einheitlich geregelt.

(7) Die Bundesregierung kann allgemeine Verwaltungsvorschriften erlassen, und zwar mit Zustimmung des Bundesrates, soweit die Verwaltung den Landesfinanzbehörden oder Gemeinden (Gemeindeverbänden) obliegt.

Art. 109. [Haushaltstrennung in Bund und Ländern; Grundsätze der Haushaltswirtschaft] (1) Bund und Länder sind in ihrer Haushaltswirtschaft selbständig und voneinander unabhängig.

(2) Bund und Länder haben bei ihrer Haushaltswirtschaft den Erfordernissen des gesamtwirtschaftlichen Gleichgewichts Rechnung zu tragen.

(3) Durch Bundesgesetz, das der Zustimmung des Bundesrates bedarf, können für Bund und Länder gemeinsam geltende Grundsätze für das Haushaltsrecht, für eine konjunkturgerechte Haushaltswirtschaft und für eine mehrjährige Finanzplanung aufgestellt werden.

(4) ¹Zur Abwehr einer Störung des gesamtwirtschaftlichen Gleichgewichts können durch Bundesgesetz, das der Zustimmung des Bundesrates bedarf, Vorschriften über

1. Höchstbeträge, Bedingungen und Zeitfolge der Aufnahme von Krediten durch Gebietskörperschaften und Zweckverbände und
2. eine Verpflichtung von Bund und Ländern, unverzinsliche Guthaben bei der Deutschen Bundesbank zu unterhalten (Konjunkturausgleichsrücklagen),

erlassen werden. ²Ermächtigungen zum Erlaß von Rechtsverordnungen können nur der Bundesregierung erteilt werden. ³Die Rechtsverordnungen bedürfen der Zustimmung des Bundesrates. ⁴Sie sind aufzuheben, soweit der Bundestag es verlangt; das Nähere bestimmt das Bundesgesetz.

Art. 110. [Haushaltsplan des Bundes] (1) ¹Alle Einnahmen und Ausgaben des Bundes sind in den Haushaltsplan einzustellen; bei Bundesbetrieben und bei Sondervermögen brauchen nur die Zuführungen oder die Ablieferungen eingestellt zu werden. ²Der Haushaltsplan ist in Einnahme und Ausgabe auszugleichen.

(2) ¹Der Haushaltsplan wird für ein oder mehrere Rechnungsjahre, nach Jahren getrennt, vor Beginn des ersten Rechnungsjahres durch das Haushaltsgesetz festgestellt. ²Für Teile des Haushaltsplanes kann vorgesehen werden, daß sie für unterschiedliche Zeiträume, nach Rechnungsjahren getrennt, gelten.

(3) Die Gesetzesvorlage nach Absatz 2 Satz 1 sowie Vorlagen zur Änderung des Haushaltsgesetzes und des Haushaltsplanes werden gleichzeitig mit der Zuleitung an den Bundesrat beim Bundestage eingebracht; der Bundesrat ist berechtigt, innerhalb von sechs Wochen, bei Änderungsvorlagen innerhalb von drei Wochen, zu den Vorlagen Stellung zu nehmen.

(4) ¹In das Haushaltsgesetz dürfen nur Vorschriften aufgenommen werden, die sich auf die Einnahmen und die Ausga-

ben des Bundes und auf den Zeitraum beziehen, für den das Haushaltsgesetz beschlossen wird. ²Das Haushaltsgesetz kann vorschreiben, daß die Vorschriften erst mit der Verkündung des nächsten Haushaltsgesetzes oder bei Ermächtigung nach Artikel 115 zu einem späteren Zeitpunkt außer Kraft treten.

Art. 111. [Ausgaben vor Etatgenehmigung] (1) Ist bis zum Schluß eines Rechnungsjahres der Haushaltsplan für das folgende Jahr nicht durch Gesetz festgestellt, so ist bis zu seinem Inkrafttreten die Bundesregierung ermächtigt, alle Ausgaben zu leisten, die nötig sind,
a) um gesetzlich bestehende Einrichtungen zu erhalten und gesetzlich beschlossene Maßnahmen durchzuführen,
b) um die rechtlich begründeten Verpflichtungen des Bundes zu erfüllen,
c) um Bauten, Beschaffungen und sonstige Leistungen fortzusetzen oder Beihilfen für diese Zwecke weiter zu gewähren, sofern durch den Haushaltsplan eines Vorjahres bereits Beträge bewilligt worden sind.

(2) Soweit nicht auf besonderem Gesetze beruhende Einnahmen aus Steuern, Abgaben und sonstigen Quellen oder die Betriebsmittelrücklage die Ausgaben unter Absatz 1 decken, darf die Bundesregierung die zur Aufrechterhaltung der Wirtschaftsführung erforderlichen Mittel bis zur Höhe eines Viertels der Endsumme des abgelaufenen Haushaltsplanes im Wege des Kredits flüssig machen.

Art. 112. [Überplanmäßige und außerplanmäßige Ausgaben] ¹Überplanmäßige und außerplanmäßige Ausgaben bedürfen der Zustimmung des Bundesministers der Finanzen. ²Sie darf nur im Falle eines unvorhergesehenen und unabweisbaren Bedürfnisses erteilt werden. ³Näheres kann durch Bundesgesetz bestimmt werden.

Art. 113. [Ausgabenerhöhungen; neue Ausgaben] (1) ¹Gesetze, welche die von der Bundesregierung vorgeschlagenen Ausgaben des Haushaltsplanes erhöhen oder neue Ausgaben in sich schließen oder für die Zukunft mit sich bringen, bedürfen der Zustimmung der Bundesregierung. ²Das gleiche gilt für Gesetze, die Einnahmeminderungen in sich schließen oder für die Zukunft mit sich bringen. ³Die Bundesregierung kann verlangen, daß der Bundestag die Beschlußfassung über solche Gesetze aussetzt. ⁴In diesem Fall hat die Bundesregierung innerhalb von sechs Wochen dem Bundestage eine Stellungnahme zuzuleiten.

(2) Die Bundesregierung kann innerhalb von vier Wochen, nachdem der Bundestag das Gesetz beschlossen hat, verlangen, daß der Bundestag erneut Beschluß faßt.

(3) ¹Ist das Gesetz nach Artikel 78 zustande gekommen, kann die Bundesregierung ihre Zustimmung nur innerhalb von sechs Wochen und nur dann versagen, wenn sie vorher das Verfahren nach Absatz 1 Satz 3 und 4 oder nach Absatz 2 eingeleitet hat. ²Nach Ablauf dieser Frist gilt die Zustimmung als erteilt.

Art. 114. [Rechnungslegung; Bundesrechnungshof] (1) Der Bundesminister der Finanzen hat dem Bundestage und dem Bundesrate über alle Einnahmen und Ausgaben sowie über das Vermögen und die Schulden im Laufe des nächsten Rechnungsjahres zur Entlastung der Bundesregierung Rechnung zu legen.

(2) ¹Der Bundesrechnungshof, dessen Mitglieder richterliche Unabhängigkeit besitzen, prüft die Rechnung sowie die Wirtschaftlichkeit und Ordnungsmäßigkeit der Haushalts- und Wirtschaftsführung. ²Er hat außer der Bundesregierung unmittelbar dem Bundestage und dem Bundesrate jährlich zu berichten. ³Im übrigen werden die Befugnisse des Bundesrechnungshofes durch Bundesgesetz geregelt.

Art. 115. [Kreditbeschaffung] (1) ¹Die Aufnahme von Krediten sowie die Übernahme von Bürgschaften, Garantien oder sonstigen Gewährleistungen, die zu Ausgaben in künftigen Rechnungsjahren führen können, bedürfen einer der Höhe nach bestimmten oder bestimmbaren Ermächtigung durch Bundesgesetz. ²Die Einnahmen aus Krediten dürfen die Summe der im Haushaltsplan veranschlagten Ausgaben für Investitionen nicht überschreiten; Ausnahmen sind nur zulässig zur Abwehr einer Störung des gesamtwirtschaftlichen Gleichgewichts. ³Das Nähere wird durch Bundesgesetz geregelt.

(2) Für Sondervermögen des Bundes

können durch Bundesgesetz Ausnahmen von Absatz 1 zugelassen werden.

10.1 Verteidigungsfall

Art. 115a. [Begriff und Feststellung] (1) ¹Die Feststellung, daß das Bundesgebiet mit Waffengewalt angegriffen wird oder ein solcher Angriff unmittelbar droht (Verteidigungsfall), trifft der Bundestag mit Zustimmung des Bundesrates. ²Die Feststellung erfolgt auf Antrag der Bundesregierung und bedarf einer Mehrheit von zwei Dritteln der abgegebenen Stimmen, mindestens der Mehrheit der Mitglieder des Bundestages.

(2) Erfordert die Lage unabweisbar ein sofortiges Handeln und stehen einem rechtzeitigen Zusammentritt des Bundestages unüberwindliche Hindernisse entgegen oder ist er nicht beschlußfähig, so trifft der Gemeinsame Ausschuß diese Feststellung mit einer Mehrheit von zwei Dritteln der abgegebenen Stimmen, mindestens der Mehrheit seiner Mitglieder.

(3) ¹Die Feststellung wird vom Bundespräsidenten gemäß Artikel 82 im Bundesgesetzblatte verkündet. ²Ist dies nicht rechtzeitig möglich, so erfolgt die Verkündung in anderer Weise; sie ist im Bundesgesetzblatte nachzuholen, sobald die Umstände es zulassen.

(4) ¹Wird das Bundesgebiet mit Waffengewalt angegriffen und sind die zuständigen Bundesorgane außerstande, sofort die Feststellung nach Absatz 1 Satz 1 zu treffen, so gilt diese Feststellung als getroffen und als zu dem Zeitpunkt verkündet, in dem der Angriff begonnen hat. ²Der Bundespräsident gibt diesen Zeitpunkt bekannt, sobald die Umstände es zulassen.

(5) ¹Ist die Feststellung des Verteidigungsfalles verkündet und wird das Bundesgebiet mit Waffengewalt angegriffen, so kann der Bundespräsident völkerrechtliche Erklärungen über das Bestehen des Verteidigungsfalles mit Zustimmung des Bundestages abgeben. ²Unter den Voraussetzungen des Absatzes 2 tritt an die Stelle des Bundestages der Gemeinsame Ausschuß.

Art. 115b. [Befehls- und Kommandogewalt über die Streitkräfte] Mit der Verkündung des Verteidigungsfalles geht die Befehls- und Kommandogewalt über die Streitkräfte auf den Bundeskanzler über.

Art. 115c. [Erweiterung der Gesetzgebungskompetenz des Bundes]
(1) ¹Der Bund hat für den Verteidigungsfall das Recht der konkurrierenden Gesetzgebung auch auf den Sachgebieten, die zur Gesetzgebungszuständigkeit der Länder gehören. ²Diese Gesetze bedürfen der Zustimmung des Bundesrates.

(2) Soweit es die Verhältnisse während des Verteidigungsfalles erfordern, kann durch Bundesgesetz für den Verteidigungsfall
1. bei Enteignungen abweichend von Artikel 14 Abs. 3 Satz 2 die Entschädigung vorläufig geregelt werden,
2. für Freiheitsentziehungen eine von Artikel 104 Abs. 2 Satz 3 und Abs. 3 Satz 1 abweichende Frist, höchstens jedoch eine solche von vier Tagen, für den Fall festgesetzt werden, daß ein Richter nicht innerhalb der für Normalzeiten geltenden Frist tätig werden konnte.

(3) Soweit es zur Abwehr eines gegenwärtigen oder unmittelbar drohenden Angriffs erforderlich ist, kann für den Verteidigungsfall durch Bundesgesetz mit Zustimmung des Bundesrates die Verwaltung und das Finanzwesen des Bundes und der Länder abweichend von den Abschnitten VIII, VIIIa und X [hier 8, 8.1 und 10] geregelt werden, wobei die Lebensfähigkeit der Länder, Gemeinden und Gemeindeverbände, insbesondere auch in finanzieller Hinsicht, zu wahren ist.

(4) Bundesgesetze nach den Absätzen 1 und 2 Nr. 1 dürfen zur Vorbereitung ihres Vollzuges schon vor Eintritt des Verteidigungsfalles angewandt werden.

Art. 115d. [Vereinfachtes Gesetzgebungsverfahren] (1) Für die Gesetzgebung des Bundes gilt im Verteidigungsfalle abweichend von Artikel 76 Abs. 2, Artikel 77 Abs. 1 Satz 2 und Abs. 2 bis 4, Artikel 78 und Artikel 82 Abs. 1 die Regelung der Absätze 2 und 3.

(2) ¹Gesetzesvorlagen der Bundesregierung, die sie als dringlich bezeichnet, sind gleichzeitig mit der Einbringung beim Bundestage dem Bundesrate zuzuleiten. ²Bundestag und Bundesrat beraten diese Vorlagen unverzüglich gemeinsam. ³Soweit zu einem Gesetze die Zustimmung des Bundesrates erforderlich ist, bedarf es zum Zustandekommen des Gesetzes der Zustimmung der Mehrheit seiner Stim-

men. ⁴Das Nähere regelt eine Geschäftsordnung, die vom Bundestage beschlossen wird und der Zustimmung des Bundesrates bedarf.

(3) Für die Verkündung der Gesetze gilt Artikel 115a Abs. 3 Satz 2 entsprechend.

Art. 115e. [Stellung und Rechte des Gemeinsamen Ausschusses] (1) Stellt der Gemeinsame Ausschuß im Verteidigungsfalle mit einer Mehrheit von zwei Dritteln der abgegebenen Stimmen, mindestens mit der Mehrheit seiner Mitglieder fest, daß dem rechtzeitigen Zusammentritt des Bundestages unüberwindliche Hindernisse entgegenstehen oder daß dieser nicht beschlußfähig ist, so hat der Gemeinsame Ausschuß die Stellung von Bundestag und Bundesrat und nimmt deren Rechte einheitlich wahr.

(2) ¹Durch ein Gesetz des Gemeinsamen Ausschusses darf das Grundgesetz weder geändert noch ganz oder teilweise außer Kraft oder außer Anwendung gesetzt werden. ²Zum Erlaß von Gesetzen nach Artikel 24 Abs. 1 und Artikel 29 ist der Gemeinsame Ausschuß nicht befugt.

Art. 115f. [Befugnisse der Bundesregierung] (1) Die Bundesregierung kann im Verteidigungsfalle, soweit es die Verhältnisse erfordern,
1. den Bundesgrenzschutz im gesamten Bundesgebiete einsetzen;
2. außer der Bundesverwaltung auch den Landesregierungen und, wenn sie es für dringlich erachtet, den Landesbehörden Weisungen erteilen und diese Befugnis auf von ihr zu bestimmende Mitglieder der Landesregierungen übertragen.

(2) Bundestag, Bundesrat und der Gemeinsame Ausschuß sind unverzüglich von den nach Absatz 1 getroffenen Maßnahmen zu unterrichten.

Art. 115g. [Stellung des Bundesverfassungsgerichts] ¹Die verfassungsmäßige Stellung und die Erfüllung der verfassungsmäßigen Aufgaben des Bundesverfassungsgerichtes und seiner Richter dürfen nicht beeinträchtigt werden. ²Das Gesetz über das Bundesverfassungsgericht darf durch ein Gesetz des Gemeinsamen Ausschusses nur insoweit geändert werden, als dies auch nach Auffassung des Bundesverfassungsgerichtes zur Aufrechterhaltung der Funktionsfähigkeit des Gerichtes erforderlich ist. ³Bis zum Erlaß eines solchen Gesetzes kann das Bundesverfassungsgericht die zur Erhaltung der Arbeitsfähigkeit des Gerichtes erforderlichen Maßnahmen treffen. ⁴Beschlüsse nach Satz 2 und Satz 3 faßt das Bundesverfassungsgericht mit der Mehrheit der anwesenden Richter.

Art. 115h. [Wahlperioden und Amtszeiten im Verteidigungsfall] (1) ¹Während des Verteidigungsfalles ablaufende Wahlperioden des Bundestages oder der Volksvertretungen der Länder enden sechs Monate nach Beendigung des Verteidigungsfalles. ²Die im Verteidigungsfalle ablaufende Amtszeit des Bundespräsidenten sowie bei vorzeitiger Erledigung seines Amtes die Wahrnehmung seiner Befugnisse durch den Präsidenten des Bundesrates enden neun Monate nach Beendigung des Verteidigungsfalles. ³Die im Verteidigungsfalle ablaufende Amtszeit eines Mitgliedes des Bundesverfassungsgerichtes endet sechs Monate nach Beendigung des Verteidigungsfalles.

(2) ¹Wird eine Neuwahl des Bundeskanzlers durch den Gemeinsamen Ausschuß erforderlich, so wählt dieser einen neuen Bundeskanzler mit der Mehrheit seiner Mitglieder; der Bundespräsident macht dem Gemeinsamen Ausschuß einen Vorschlag. ²Der Gemeinsame Ausschuß kann dem Bundeskanzler das Mißtrauen nur dadurch aussprechen, daß er mit der Mehrheit von zwei Dritteln seiner Mitglieder einen Nachfolger wählt.

(3) Für die Dauer des Verteidigungsfalles ist die Auflösung des Bundestages ausgeschlossen.

Art. 115i. [Außerordentliche Befugnisse der Landesregierungen] (1) Sind die zuständigen Bundesorgane außerstande, die notwendigen Maßnahmen zur Abwehr der Gefahr zu treffen, und erfordert die Lage unabweisbar ein sofortiges selbständiges Handeln in einzelnen Teilen des Bundesgebietes, so sind die Landesregierungen oder die von ihnen bestimmten Behörden oder Beauftragten befugt, für ihren Zuständigkeitsbereich Maßnahmen im Sinne des Artikels 115f Abs. 1 zu treffen.

(2) Maßnahmen nach Absatz 1 können durch die Bundesregierung, im Verhältnis zu Landesbehörden und nachgeordneten Bundesbehörden auch durch die Ministerpräsidenten der Länder, jederzeit aufgehoben werden.

Art. 115k. [Rang und Geltungsdauer von Gesetzen] (1) ¹Für die Dauer ihrer Anwendbarkeit setzen Gesetze nach den Artikeln 115c, 115e und 115g und Rechtsverordnungen, die auf Grund solcher Gesetze ergehen, entgegenstehendes Recht außer Anwendung. ²Dies gilt nicht gegenüber früherem Recht, das auf Grund der Artikel 115c, 115e und 115g erlassen worden ist.

(2) Gesetze, die der Gemeinsame Ausschuß beschlossen hat, und Rechtsverordnungen, die auf Grund solcher Gesetze ergangen sind, treten spätestens sechs Monate nach Beendigung des Verteidigungsfalles außer Kraft.

(3) ¹Gesetze, die von den Artikeln 91a, 91b, 104a, 106 und 107 abweichende Regelungen enthalten, gelten längstens bis zum Ende des zweiten Rechnungsjahres, das auf die Beendigung des Verteidigungsfalles folgt. ²Sie können nach Beendigung des Verteidigungsfalles durch Bundesgesetz mit Zustimmung des Bundesrates geändert werden, um zu der Regelung gemäß den Abschnitten VIIIa und X [hier 8.1 und 10] überzuleiten.

Art. 115l. [Aufhebung von Gesetzen des Gemeinsamen Ausschusses; Beendigung des Verteidigungsfalles; Friedensschluß] (1) ¹Der Bundestag kann jederzeit mit Zustimmung des Bundesrates Gesetze des Gemeinsamen Ausschusses aufheben. ²Der Bundesrat kann verlangen, daß der Bundestag hierüber beschließt. ³Sonstige zur Abwehr der Gefahr getroffene Maßnahmen des Gemeinsamen Ausschusses oder der Bundesregierung sind aufzuheben, wenn der Bundestag und der Bundesrat es beschließen.

(2) ¹Der Bundestag kann mit Zustimmung des Bundesrates jederzeit durch einen vom Bundespräsidenten zu verkündenden Beschluß den Verteidigungsfall für beendet erklären. ²Der Bundesrat kann verlangen, daß der Bundestag hierüber beschließt. ³Der Verteidigungsfall ist unverzüglich für beendet zu erklären, wenn die Voraussetzungen für seine Feststellung nicht mehr gegeben sind.

(3) Über den Friedensschluß wird durch Bundesgesetz entschieden.

11 Übergangs- und Schlußbestimmungen

Art. 116. [Deutsche Staatsangehörigkeit] (1) Deutscher im Sinne dieses Grundgesetzes ist vorbehaltlich anderweitiger gesetzlicher Regelung, wer die deutsche Staatsangehörigkeit besitzt oder als Flüchtling oder Vertriebener deutscher Volkszugehörigkeit oder als dessen Ehegatte oder Abkömmling in dem Gebiete des Deutschen Reiches nach dem Stande vom 31. Dezember 1937 Aufnahme gefunden hat.

(2) ¹Frühere deutsche Staatsangehörige, denen zwischen dem 30. Januar 1933 und dem 8. Mai 1945 die Staatsangehörigkeit aus politischen, rassischen oder religiösen Gründen entzogen worden ist, und ihre Abkömmlinge sind auf Antrag wieder einzubürgern. ²Sie gelten als nicht ausgebürgert, sofern sie nach dem 8. Mai 1945 ihren Wohnsitz in Deutschland genommen haben und nicht einen entgegengesetzten Willen zum Ausdruck gebracht haben.

Art. 117. [Übergangsregelung zu Art. 3 Abs. 2 und Art. 11] (1) Das dem Artikel 3 Abs. 2 entgegenstehende Recht bleibt bis zu seiner Anpassung an diese Bestimmung des Grundgesetzes in Kraft, jedoch nicht länger als bis zum 31. März 1953.

(2) Gesetze, die das Recht der Freizügigkeit mit Rücksicht auf die gegenwärtige Raumnot einschränken, bleiben bis zu ihrer Aufhebung durch Bundesgesetz in Kraft.

Art. 118. [Neugliederung der badischen und württembergischen Länder] ¹Die Neugliederung in dem die Länder Baden, Württemberg-Baden und Württemberg-Hohenzollern umfassenden Gebiete kann abweichend von den Vorschriften des Artikels 29 durch Vereinbarung der beteiligten Länder erfolgen. ²Kommt eine Vereinbarung nicht zustande, so wird die Neugliederung durch Bundesgesetz geregelt, das eine Volksbefragung vorsehen muß.

Art. 119. [Flüchtlinge und Vertriebene] ¹In Angelegenheiten der Flüchtlinge und Vertriebenen, insbesondere zu ihrer Verteilung auf die Länder, kann bis zu einer bundesgesetzlichen Regelung die Bundesregierung mit Zustimmung des Bundesrates Verordnungen mit Gesetzeskraft erlassen. ²Für besondere Fälle kann dabei die Bundesregierung ermächtigt werden, Einzelweisungen zu erteilen. ³Die Weisungen sind außer bei Gefahr im Verzuge an die obersten Landesbehörden zu richten.

Art. 120. [Kriegsfolgelasten] (1) ¹Der Bund trägt die Aufwendungen für Besatzungskosten und die sonstigen inneren und äußeren Kriegsfolgelasten nach näherer Bestimmung von Bundesgesetzen. ²Soweit diese Kriegsfolgelasten bis zum 1. Oktober 1969 durch Bundesgesetze geregelt worden sind, tragen Bund und Länder im Verhältnis zueinander die Aufwendungen nach Maßgabe dieser Bundesgesetze. ³Soweit Aufwendungen für Kriegsfolgelasten, die in Bundesgesetzen weder geregelt worden sind noch geregelt werden, bis zum 1. Oktober 1965 von den Ländern, Gemeinden (Gemeindeverbänden) oder sonstigen Aufgabenträgern, die Aufgaben von Ländern oder Gemeinden erfüllen, erbracht worden sind, ist der Bund zur Übernahme von Aufwendungen dieser Art auch nach diesem Zeitpunkt nicht verpflichtet. ⁴Der Bund trägt die Zuschüsse zu den Lasten der Sozialversicherung mit Einschluß der Arbeitslosenversicherung und der Arbeitslosenhilfe. ⁵Die durch diesen Absatz geregelte Verteilung der Kriegsfolgelasten auf Bund und Länder läßt die gesetzliche Regelung von Entschädigungsansprüchen für Kriegsfolgen unberührt.

(2) Die Einnahmen gehen auf den Bund zu demselben Zeitpunkt über, an dem der Bund die Ausgaben übernimmt.

Art. 120a. [Lastenausgleich] (1) ¹Die Gesetze, die der Durchführung des Lastenausgleichs dienen, können mit Zustimmung des Bundesrates bestimmen, daß sie auf dem Gebiete der Ausgleichsleistungen teils durch den Bund, teils im Auftrage des Bundes durch die Länder ausgeführt werden und daß die der Bundesregierung und den zuständigen obersten Bundesbehörden auf Grund des Artikels 85 insoweit zustehenden Befugnisse ganz oder teilweise dem Bundesausgleichsamt übertragen werden. ²Das Bundesausgleichsamt bedarf bei Ausübung dieser Befugnisse nicht der Zustimmung des Bundesrates; seine Weisungen sind, abgesehen von den Fällen der Dringlichkeit, an die obersten Landesbehörden (Landesausgleichsämter) zu richten.

(2) Artikel 87 Abs. 3 Satz 2 bleibt unberührt.

Art. 121. [Begriff der Mehrheit] Mehrheit der Mitglieder des Bundestages und der Bundesversammlung im Sinne dieses Grundgesetzes ist die Mehrheit ihrer gesetzlichen Mitgliederzahl.

Art. 122. [Bisherige Gesetzgebungskompetenzen] (1) Vom Zusammentritt des Bundestages an werden die Gesetze ausschließlich von den in diesem Grundgesetze anerkannten gesetzgebenden Gewalten beschlossen.

(2) Gesetzgebende und bei der Gesetzgebung beratend mitwirkende Körperschaften, deren Zuständigkeit nach Absatz 1 endet, sind mit diesem Zeitpunkt aufgelöst.

Art. 123. [Fortgeltung des alten Rechts] (1) Recht aus der Zeit vor dem Zusammentritt des Bundestages gilt fort, soweit es dem Grundgesetze nicht widerspricht.

(2) Die vom Deutschen Reich abgeschlossenen Staatsverträge, die sich auf Gegenstände beziehen, für die nach diesem Grundgesetze die Landesgesetzgebung zuständig ist, bleiben, wenn sie nach allgemeinen Rechtsgrundsätzen gültig sind und fortgelten, unter Vorbehalt aller Rechte und Einwendungen der Beteiligten in Kraft, bis neue Staatsverträge durch die nach diesem Grundgesetze zuständigen Stellen abgeschlossen werden oder ihre Beendigung auf Grund der in ihnen enthaltenen Bestimmungen anderweitig erfolgt.

Art. 124. [Altes Recht aus dem Gebiet der ausschließlichen Gesetzgebung] Recht, das Gegenstände der ausschließlichen Gesetzgebung des Bundes betrifft, wird innerhalb seines Geltungsbereiches Bundesrecht.

Art. 125. [Altes Recht aus dem Gebiet der konkurrierenden Gesetzgebung] Recht, das Gegenstände der konkurrierenden Gesetzgebung des Bundes betrifft, wird innerhalb seines Geltungsbereiches Bundesrecht,
1. soweit es innerhalb einer oder mehrerer Besatzungszonen einheitlich gilt,
2. soweit es sich um Recht handelt, durch das nach dem 8. Mai 1945 früheres Reichsrecht abgeändert worden ist.

Art. 126. [Streit über das Fortgelten des alten Rechts] Meinungsverschiedenheiten über das Fortgelten von Recht als Bundesrecht entscheidet das Bundesverfassungsgericht.

Art. 127. [**Recht des Vereinigten Wirtschaftsgebietes**] Die Bundesregierung kann mit Zustimmung der Regierungen der beteiligten Länder Recht der Verwaltung des Vereinigten Wirtschaftsgebietes, soweit es nach Artikel 124 oder 125 als Bundesrecht fortgilt, innerhalb eines Jahres nach Verkündung dieses Grundgesetzes in den Ländern Baden, Groß-Berlin, Rheinland-Pfalz und Württemberg-Hohenzollern in Kraft setzen.

Art. 128. [**Fortbestehen von Weisungsrechten**] Soweit fortgeltendes Recht Weisungsrechte im Sinne des Artikels 84 Abs. 5 vorsieht, bleiben sie bis zu einer anderweitigen gesetzlichen Regelung bestehen.

Art. 129. [**Fortgeltung von Ermächtigungen zu Rechtsverordnungen**]
(1) [1]Soweit in Rechtsvorschriften, die als Bundesrecht fortgelten, eine Ermächtigung zum Erlasse von Rechtsverordnungen oder allgemeinen Verwaltungsvorschriften sowie zur Vornahme von Verwaltungsakten enthalten ist, geht sie auf die nunmehr sachlich zuständigen Stellen über. [2]In Zweifelsfällen entscheidet die Bundesregierung im Einvernehmen mit dem Bundesrate; die Entscheidung ist zu veröffentlichen.

(2) Soweit in Rechtsvorschriften, die als Landesrecht fortgelten, eine solche Ermächtigung enthalten ist, wird sie von den nach Landesrecht zuständigen Stellen ausgeübt.

(3) Soweit Rechtsvorschriften im Sinne der Absätze 1 und 2 zu ihrer Änderung oder Ergänzung oder zum Erlaß von Rechtsvorschriften anstelle von Gesetzen ermächtigen, sind diese Ermächtigungen erloschen.

(4) Die Vorschriften der Absätze 1 und 2 gelten entsprechend, soweit in Rechtsvorschriften auf nicht mehr geltende Vorschriften oder nicht mehr bestehende Einrichtungen verwiesen ist.

Art. 130. [**Körperschaften des öffentlichen Rechtes**] (1) [1]Verwaltungsorgane und sonstige der öffentlichen Verwaltung oder Rechtspflege dienende Einrichtungen, die nicht auf Landesrecht oder Staatsverträgen zwischen Ländern beruhen, sowie die Betriebsvereinigung der südwestdeutschen Eisenbahnen und der Verwaltungsrat für das Post- und Fernmeldewesen für das französische Besatzungsgebiet unterstehen der Bundesregierung. [2]Diese regelt mit Zustimmung des Bundesrates die Überführung, Auflösung oder Abwicklung.

(2) Oberster Disziplinarvorgesetzter der Angehörigen dieser Verwaltungen und Einrichtungen ist der zuständige Bundesminister.

(3) Nicht landesunmittelbare und nicht auf Staatsverträgen zwischen den Ländern beruhende Körperschaften und Anstalten des öffentlichen Rechtes unterstehen der Aufsicht der zuständigen obersten Bundesbehörde.

Art. 131. [**Frühere Angehörige des öffentlichen Dienstes**] [1]Die Rechtsverhältnisse von Personen einschließlich der Flüchtlinge und Vertriebenen, die am 8. Mai 1945 im öffentlichen Dienste standen, aus anderen als beamten- oder tarifrechtlichen Gründen ausgeschieden sind und bisher nicht oder nicht ihrer früheren Stellung entsprechend verwendet werden, sind durch Bundesgesetz zu regeln. [2]Entsprechendes gilt für Personen einschließlich der Flüchtlinge und Vertriebenen, die am 8. Mai 1945 versorgungsberechtigt waren und aus anderen als beamten- oder tarifrechtlichen Gründen keine oder keine entsprechende Versorgung mehr erhalten. [3]Bis zum Inkrafttreten des Bundesgesetzes können vorbehaltlich anderweitiger landesrechtlicher Regelung Rechtsansprüche nicht geltend gemacht werden.

Art. 132. [**Pensionierung von Beamten**] (1) [1]Beamte und Richter, die im Zeitpunkte des Inkrafttretens dieses Grundgesetzes auf Lebenszeit angestellt sind, können binnen sechs Monaten nach dem ersten Zusammentritt des Bundestages in den Ruhestand oder Wartestand oder in ein Amt mit niedrigerem Diensteinkommen versetzt werden, wenn ihnen die persönliche oder fachliche Eignung für ihr Amt fehlt. [2]Auf Angestellte, die in einem unkündbaren Dienstverhältnis stehen, findet diese Vorschrift entsprechende Anwendung. [3]Bei Angestellten, deren Dienstverhältnis kündbar ist, können über die tarifmäßige Regelung hinausgehende Kündigungsfristen innerhalb der gleichen Frist aufgehoben werden.

(2) Diese Bestimmung findet keine An-

wendung auf Angehörige des öffentlichen Dienstes, die von den Vorschriften über die „Befreiung von Nationalsozialismus und Militarismus" nicht betroffen oder die anerkannte Verfolgte des Nationalsozialismus sind, sofern nicht ein wichtiger Grund in ihrer Person vorliegt.

(3) Den Betroffenen steht der Rechtsweg gemäß Artikel 19 Absatz 4 offen.

(4) Das Nähere bestimmt eine Verordnung der Bundesregierung, die der Zustimmung des Bundesrates bedarf.

Art. 133. [Rechtsnachfolger des Vereinigten Wirtschaftsgebietes] Der Bund tritt in die Rechte und Pflichten der Verwaltung des Vereinigten Wirtschaftsgebietes ein.

Art. 134. [Rechtsnachfolge in das Reichsvermögen] (1) Das Vermögen des Reiches wird grundsätzlich Bundesvermögen.

(2) ¹Soweit es nach seiner ursprünglichen Zweckbestimmung überwiegend für Verwaltungsaufgaben bestimmt war, die nach diesem Grundgesetze nicht Verwaltungsaufgaben des Bundes sind, ist es unentgeltlich auf die nunmehr zuständigen Aufgabenträger und, soweit es nach seiner gegenwärtigen, nicht nur vorübergehenden Benutzung Verwaltungsaufgaben dient, die nach diesem Grundgesetze nunmehr von den Ländern zu erfüllen sind, auf die Länder zu übertragen. ²Der Bund kann auch sonstiges Vermögen den Ländern übertragen.

(3) Vermögen, das dem Reich von den Ländern und Gemeinden (Gemeindeverbänden) unentgeltlich zur Verfügung gestellt wurde, wird wiederum Vermögen der Länder und Gemeinden (Gemeindeverbände), soweit es nicht der Bund für eigene Verwaltungsaufgaben benötigt.

(4) Das Nähere regelt ein Bundesgesetz, das der Zustimmung des Bundesrates bedarf.

Art. 135. [Vermögen bei Änderung des Gebietsstandes] (1) Hat sich nach dem 8. Mai 1945 bis zum Inkrafttreten dieses Grundgesetzes die Landeszugehörigkeit eines Gebietes geändert, so steht in diesem Gebiete das Vermögen des Landes, dem das Gebiet angehört hat, dem Lande zu, dem es jetzt angehört.

(2) Das Vermögen nicht mehr bestehender Länder und nicht mehr bestehender anderer Körperschaften und Anstalten des öffentlichen Rechtes geht, soweit es nach seiner ursprünglichen Zweckbestimmung überwiegend für Verwaltungsaufgaben bestimmt war, oder nach seiner gegenwärtigen, nicht nur vorübergehenden Benutzung überwiegend Verwaltungsaufgaben dient, auf das Land oder die Körperschaft oder Anstalt des öffentlichen Rechtes über, die nunmehr diese Aufgaben erfüllen.

(3) Grundvermögen nicht mehr bestehender Länder geht einschließlich des Zubehörs, soweit es nicht bereits zu Vermögen im Sinne des Absatzes 1 gehört, auf das Land über, in dessen Gebiet es gelegen ist.

(4) Sofern ein überwiegendes Interesse des Bundes oder das besondere Interesse eines Gebietes es erfordert, kann durch Bundesgesetz eine von den Absätzen 1 bis 3 abweichende Regelung getroffen werden.

(5) Im übrigen wird die Rechtsnachfolge und die Auseinandersetzung, soweit sie nicht bis zum 1. Januar 1952 durch Vereinbarung zwischen den beteiligten Ländern oder Körperschaften oder Anstalten des öffentlichen Rechtes erfolgt, durch Bundesgesetz geregelt, das der Zustimmung des Bundesrates bedarf.

(6) ¹Beteiligungen des ehemaligen Landes Preußen an Unternehmen des privaten Rechtes gehen auf den Bund über. ²Das Nähere regelt ein Bundesgesetz, das auch Abweichendes bestimmen kann.

(7) Soweit über Vermögen, das einem Lande oder einer Körperschaft oder Anstalt des öffentlichen Rechtes nach den Absätzen 1 bis 3 zufallen würde, von dem danach Berechtigten durch ein Landesgesetz, auf Grund eines Landesgesetzes oder in anderer Weise bei Inkrafttreten des Grundgesetzes verfügt worden war, gilt der Vermögensübergang als vor der Verfügung erfolgt.

Art. 135a. [Verbindlichkeiten des Reichs und anderer Körperschaften]

(1) Durch die in Artikel 134 Abs. 4 und Artikel 135 Abs. 5 vorbehaltene Gesetzgebung des Bundes kann auch bestimmt werden, daß nicht oder nicht in voller Höhe zu erfüllen sind

1. Verbindlichkeiten des Reiches sowie Verbindlichkeiten des ehemaligen Landes Preußen und sonstiger nicht mehr bestehender Körperschaften und Anstalten des öffentlichen Rechts,

2. Verbindlichkeiten des Bundes oder anderer Körperschaften und Anstalten des öffentlichen Rechts, welche mit dem Übergang von Vermögenswerten nach Artikel 89, 90, 134 und 135 im Zusammenhang stehen, und Verbindlichkeiten dieser Rechtsträger, die auf Maßnahmen der in Nummer 1 bezeichneten Rechtsträger beruhen,
3. Verbindlichkeiten der Länder und Gemeinden (Gemeindeverbände), die aus Maßnahmen entstanden sind, welche diese Rechtsträger vor dem 1. August 1945 zur Durchführung von Anordnungen der Besatzungsmächte oder zur Beseitigung eines kriegsbedingten Notstandes im Rahmen dem Reich obliegender oder vom Reich übertragener Verwaltungsaufgaben getroffen haben.

(2) Absatz 1 findet entsprechende Anwendung auf Verbindlichkeiten der Deutschen Demokratischen Republik oder ihrer Rechtsträger sowie auf Verbindlichkeiten des Bundes oder anderer Körperschaften und Anstalten des öffentlichen Rechts, die mit dem Übergang von Vermögenswerten der Deutschen Demokratischen Republik auf Bund, Länder und Gemeinden im Zusammenhang stehen, und auf Verbindlichkeiten, die auf Maßnahmen der Deutschen Demokratischen Republik oder ihrer Rechtsträger beruhen.*

Art. 136. [Erster Zusammentritt des Bundesrates] (1) Der Bundesrat tritt erstmalig am Tage des ersten Zusammentrittes des Bundestages zusammen.

(2) ¹Bis zur Wahl des ersten Bundespräsidenten werden dessen Befugnisse von dem Präsidenten des Bundesrates ausgeübt. ²Das Recht der Auflösung des Bundestages steht ihm nicht zu.

Art. 137. [Wählbarkeit von Beamten, Soldaten und Richtern] (1) Die Wählbarkeit von Beamten, Angestellten des öffentlichen Dienstes, Berufssoldaten, freiwilligen Soldaten auf Zeit und Richtern im Bund, in den Ländern und den Gemeinden kann gesetzlich beschränkt werden.

(2) Für die Wahl des ersten Bundestages, der ersten Bundesversammlung und des ersten Bundespräsidenten der Bundesrepublik gilt das vom Parlamentarischen Rat zu beschließende Wahlgesetz.

(3) Die dem Bundesverfassungsgerichte gemäß Artikel 41 Abs. 2 zustehende Befugnis wird bis zu seiner Errichtung von dem Deutschen Obergericht für das Vereinigte Wirtschaftsgebiet wahrgenommen, das nach Maßgabe seiner Verfahrensordnung entscheidet.

Art. 138. [Notariat] Änderungen der Einrichtungen des jetzt bestehenden Notariats in den Ländern *Baden,* Bayern, *Württemberg-Baden* und *Württemberg-Hohenzollern* bedürfen der Zustimmung der Regierungen dieser Länder.

Art. 139. [Befreiungsgesetz] Die zur „Befreiung des deutschen Volkes vom Nationalsozialismus und Militarismus" erlassenen Rechtsvorschriften werden von den Bestimmungen dieses Grundgesetzes nicht berührt.

Art. 140. [Geltung von Artikeln der Weimarer Verfassung] Die Bestimmungen der Artikel 136; 137, 138, 139 und 141 der deutschen Verfassung vom 11. August 1919 sind Bestandteil dieses Grundgesetzes.

Art. 141. [„Bremer Klausel"] Artikel 7 Abs. 3 Satz 1 findet keine Anwendung in einem Lande, in dem am 1. Januar 1949 eine andere landesrechtliche Regelung bestand.

Art. 142. [Grundrechte in Landesverfassungen] Ungeachtet der Vorschrift des Artikels 31 bleiben Bestimmungen der Landesverfassungen auch insoweit in Kraft, als sie in Übereinstimmung mit den Artikeln 1 bis 18 dieses Grundgesetzes Grundrechte gewährleisten.

Art. 143. [Übergangsregelungen] (1) Recht in dem in Artikel 3 des Einigungsvertrags genannten Gebiet kann längstens bis zum 31. Dezember 1992 von Bestimmungen dieses Grundgesetzes abweichen, soweit und solange infolge der unterschiedlichen Verhältnisse die völlige Anpassung an die grundgesetzliche Ordnung noch nicht erreicht werden kann. Abweichungen dürfen nicht gegen Artikel 19 Abs. 2 verstoßen und müssen mit den in Artikel 79 Abs. 3 genannten Grundsätzen vereinbar sein.

---

* Eingefügt aufgrund Art. 4 Nr. 4 iVm Art. 3 Einigungsvertrag v. 31. 08. 1990.

(2) Abweichungen von den Abschnitten II, VIII, VIIIa, IX, X und XI sind längstens bis zum 31. Dezember 1995 zulässig.

(3) Unabhängig von Absatz 1 und 2 haben Artikel 41 des Einigungsvertrags und Regelungen zu seiner Durchführung auch insoweit Bestand, als sie vorsehen, daß Eingriffe in das Eigentum auf dem in Artikel 3 dieses Vertrags genannten Gebiet nicht mehr rückgängig gemacht werden.*

Art. 144. [Ratifizierung des Grundgesetzes; „Berliner Klausel"] (1) Dieses Grundgesetz bedarf der Annahme durch die Volksvertretungen in zwei Dritteln der deutschen Länder, in denen es zunächst gelten soll.

(2) Soweit die Anwendung dieses Grundgesetzes in einem der in Artikel 23 aufgeführten Länder oder in einem Teile eines dieser Länder Beschränkungen unterliegt, hat das Land oder der Teil des Landes das Recht, gemäß Artikel 38 Vertreter in den Bundestag und gemäß Artikel 50 Vertreter in den Bundesrat zu entsenden.

Art. 145. [Verkündung des Grundgesetzes] (1) Der Parlamentarische Rat stellt in öffentlicher Sitzung unter Mitwirkung der Abgeordneten Groß-Berlins die Annahme dieses Grundgesetzes fest, fertigt es aus und verkündet es.

(2) Dieses Grundgesetz tritt mit Ablauf des Tages der Verkündung in Kraft.

(3) Es ist im Bundesgesetzblatte zu veröffentlichen.

Art. 146. [Geltungsdauer des Grundgesetzes] Dieses Grundgesetz, das nach Vollendung der Einheit und Freiheit Deutschlands für das gesamte Deutsche Volk gilt, verliert seine Gültigkeit an dem Tage, an dem eine Verfassung in Kraft tritt, die von dem deutschen Volke in freier Entscheidung beschlossen worden ist.**

---

* Eingefügt aufgrund Art. 4 Nr. 5 iVm Art. 3 Einigungsvertrag vom 31. 08. 1990.

** Fassung vor der Deutschen Einigung: Art. 146. [Geltungsdauer des Grundgesetzes] Dieses Grundgesetz verliert seine Gültigkeit an dem Tage, an dem eine Verfassung in Kraft tritt, die von dem deutschen Volke in freier Entscheidung beschlossen worden ist.

Das Genehmigungsschreiben

Herrn Dr. Konrad Adenauer
Präsident des Parlamentarischen Rates
Bonn

Frankfurt, den 12. Mai 1949

Sehr geehrter Herr Dr. Adenauer!

1. Das am 8. Mai vom Parlamentarischen Rat angenommene Grundgesetz ist hier mit beachtlichem Interesse zur Kenntnis genommen worden. Nach unserer Auffassung verbindet es sehr glücklich deutsche demokratische Überlieferung mit den Begriffen repräsentativer Regierung und einer Herrschaft des Rechts, wie sie in der Welt als Erfordernis für das Leben eines freien Volkes anerkannt worden sind.

2. Indem wir diese Verfassung zwecks Ratifizierung durch das deutsche Volk in Übereinstimmung mit den Bestimmungen des Artikels 144 (1) genehmigen, nehmen wir an, daß Sie verstehen werden, wenn wir verschiedene Vorbehalte machen müssen ...

4. Ein dritter Vorbehalt betrifft die Beteiligung Groß-Berlins am Bund. Wir interpretieren den Inhalt der Artikel 23 und 144 (2) des Grundgesetzes dahin, daß er die Annahme unseres früheren Ersuchens darstellt, demzufolge Berlin keine abstimmungsberechtigte Mitgliedschaft im Bundestag oder Bundesrat erhalten und auch nicht durch den Bund regiert werden wird, daß es jedoch eine beschränkte Anzahl Vertreter zur Teilnahme an den Sitzungen dieser gesetzgebenden Körperschaften benennen darf.

B. H. Robertson, General, Militärgouverneur, Britische Zone
Pierre Koenig, General d'Armee, Militärgouverneur, Französische Zone
Lucius D. Clay, General, US Army, Militärgouverneur, Amerikanische Zone

Vgl. auch Drei Mächte Vorbehalte-Aufhebung auf S. 345.

Bürgerliches Gesetzbuch (BGB)

vom 18. August 1896

Erstes Buch: Allgemeiner Teil

1.1 Personen

§ 1. [Beginn der Rechtsfähigkeit] Die Rechtsfähigkeit des Menschen beginnt mit der Vollendung der Geburt.

§ 2. [Eintritt der Volljährigkeit] Die Volljährigkeit tritt mit der Vollendung des achtzehnten Lebensjahres ein.

§ 7. [Wohnsitz; Begründung und Aufhebung] (1) Wer sich an einem Orte ständig niederläßt, begründet an diesem Orte seinen Wohnsitz.
(2) Der Wohnsitz kann gleichzeitig an mehreren Orten bestehen.
(3) Der Wohnsitz wird aufgehoben, wenn die Niederlassung mit dem Willen aufgehoben wird, sie aufzugeben.

§ 8. [Wohnsitz nicht voll Geschäftsfähiger] (1) Wer geschäftsunfähig oder in der Geschäftsfähigkeit beschränkt ist, kann ohne den Willen seines gesetzlichen Vertreters einen Wohnsitz weder begründen noch aufheben.
(2) Ein Minderjähriger, der verheiratet ist oder war, kann selbständig einen Wohnsitz begründen und aufheben.

§ 12. [Namensrecht] ¹Wird das Recht zum Gebrauch eines Namens dem Berechtigten von einem anderen bestritten oder wird das Interesse des Berechtigten dadurch verletzt, daß ein anderer unbefugt den gleichen Namen gebraucht, so kann der Berechtigte von dem anderen Beseitigung der Beeinträchtigung verlangen.

1.2 Sachen, Tiere

§ 90. [Begriff] Sachen im Sinne des Gesetzes sind nur körperliche Gegenstände.

§ 90a. [Tiere] Tiere sind keine Sachen. Sie werden durch besondere Gesetze geschützt. Auf sie sind die für Sachen geltenden Vorschriften entsprechend anzuwenden, soweit nicht etwas anderes bestimmt ist.

1.3 Rechtsgeschäfte

§ 104. [Geschäftsunfähigkeit] Geschäftsunfähig ist:
1. wer nicht das siebente Lebensjahr vollendet hat;
2. wer sich in einem die freie Willensbestimmung ausschließenden Zustande krankhafter Störung der Geistestätigkeit befindet, sofern nicht der Zustand seiner Natur nach ein vorübergehender ist.

§ 105. [Nichtigkeit der Willenserklärung] (1) Die Willenserklärung eines Geschäftsunfähigen ist nichtig.
(2) Nichtig ist auch eine Willenserklärung, die im Zustande der Bewußtlosigkeit oder vorübergehenden Störung der Geistestätigkeit abgegeben wird.

§ 106. [Beschränkte Geschäftsfähigkeit Minderjähriger] Ein Minderjähriger, der das siebente Lebensjahr vollendet hat, ist nach Maßgabe der §§ 107 bis 113 in der Geschäftsfähigkeit beschränkt.

§ 107. [Einwilligung des gesetzlichen Vertreters] Der Minderjährige bedarf zu einer Willenserklärung, durch die er nicht lediglich einen rechtlichen Vorteil erlangt, der Einwilligung seines gesetzlichen Vertreters.

§ 108. [Vertragsschluß ohne Einwilligung] (1) Schließt der Minderjährige einen Vertrag ohne die erforderliche Einwilligung des gesetzlichen Vertreters, so hängt die Wirksamkeit des Vertrags von der Genehmigung des Vertreters ab.

(3) Ist der Minderjährige unbeschränkt geschäftsfähig geworden, so tritt seine Genehmigung an die Stelle der Genehmigung des Vertreters.

§ 109. [Widerrufsrecht des anderen Teils] (1) [1]Bis zur Genehmigung des Vertrags ist der andere Teil zum Widerrufe berechtigt. [2]Der Widerruf kann auch dem Minderjährigen gegenüber erklärt werden.

(2) Hat der andere Teil die Minderjährigkeit gekannt, so kann er nur widerrufen, wenn der Minderjährige der Wahrheit zuwider die Einwilligung des Vertreters behauptet hat; er kann auch in diesem Falle nicht widerrufen, wenn ihm das Fehlen der Einwilligung bei dem Abschlusse des Vertrags bekannt war.

§ 110. [„Taschengeldparagraph"] Ein von dem Minderjährigen ohne Zustimmung des gesetzlichen Vertreters geschlossener Vertrag gilt als von Anfang an wirksam, wenn der Minderjährige die vertragsmäßige Leistung mit Mitteln bewirkt, die ihm zu diesem Zwecke oder zu freier Verfügung von dem Vertreter oder mit dessen Zustimmung von einem Dritten überlassen worden sind.

§ 111. [Einseitige Rechtsgeschäfte] [1]Ein einseitiges Rechtsgeschäft, das der Minderjährige ohne die erforderliche Einwilligung des gesetzlichen Vertreters vornimmt, ist unwirksam. [2]Nimmt der Minderjährige mit dieser Einwilligung ein solches Rechtsgeschäft einem anderen gegenüber vor, so ist das Rechtsgeschäft unwirksam, wenn der Minderjährige die Einwilligung nicht in schriftlicher Form vorlegt und der andere das Rechtsgeschäft aus diesem Grunde unverzüglich zurückweist. [3]Die Zurückweisung ist ausgeschlossen, wenn der Vertreter den anderen von der Einwilligung in Kenntnis gesetzt hatte.

§ 112. [Selbständiger Betrieb eines Erwerbsgeschäfts] (1) [1]Ermächtigt der gesetzliche Vertreter mit Genehmigung des Vormundschaftsgerichts den Minderjährigen zum selbständigen Betrieb eines Erwerbsgeschäfts, so ist der Minderjährige für solche Rechtsgeschäfte unbeschränkt geschäftsfähig, welche der Geschäftsbetrieb mit sich bringt. [2]Ausgenommen sind Rechtsgeschäfte, zu denen der Vertreter der Genehmigung des Vormundschaftsgerichts bedarf.

(2) Die Ermächtigung kann von dem Vertreter nur mit Genehmigung des Vormundschaftsgerichts zurückgenommen werden.

§ 113. [Dienst- oder Arbeitsverhältnis] (1) [1]Ermächtigt der gesetzliche Vertreter den Minderjährigen, in Dienst oder in Arbeit zu treten, so ist der Minderjährige für solche Rechtsgeschäfte unbeschränkt geschäftsfähig, welche die Eingehung oder Aufhebung eines Dienst- oder Arbeitsverhältnisses der gestatteten Art oder die Erfüllung der sich aus einem solchen Verhältnis ergebenden Verpflichtungen betreffen. [2]Ausgenommen sind Verträge, zu denen der Vertreter der Genehmigung des Vormundschaftsgerichts bedarf.

(2) Die Ermächtigung kann von dem Vertreter zurückgenommen oder eingeschränkt werden.

§ 125. [Nichtigkeit wegen Formmangels] [1]Ein Rechtsgeschäft, welches der durch Gesetz vorgeschriebenen Form ermangelt, ist nichtig. [2]Der Mangel der durch Rechtsgeschäft bestimmten Form hat im Zweifel gleichfalls Nichtigkeit zur Folge.

§ 126. [Gesetzliche Schriftform] (1) Ist durch Gesetz schriftliche Form vorgeschrieben, so muß die Urkunde von dem Aussteller eigenhändig durch Namensunterschrift oder mittels notariell beglaubigten Handzeichens unterzeichnet werden.

(2) [1]Bei einem Vertrage muß die Unterzeichnung der Parteien auf derselben Urkunde erfolgen. [2]Werden über den Vertrag mehrere gleichlautende Urkunden aufgenommen, so genügt es, wenn jede Partei die für die andere Partei bestimmte Urkunde unterzeichnet.

(3) Die schriftliche Form wird durch die notarielle Beurkundung ersetzt.

§ 127. [Gewillkürte Schriftform] [1]Die Vorschriften des § 126 gelten im Zweifel auch für die durch Rechtsgeschäft bestimmte schriftliche Form.

§ 128. [Notarielle Beurkundung] Ist durch Gesetz notarielle Beurkundung eines Vertrags vorgeschrieben, so genügt es, wenn zunächst der Antrag und sodann die Annahme des Antrags von einem Notar beurkundet wird.

§ 129. [Öffentliche Beglaubigung]

(1) ¹Ist durch Gesetz für eine Erklärung öffentliche Beglaubigung vorgeschrieben, so muß die Erklärung schriftlich abgefaßt und die Unterschrift des Erklärenden von einem Notar beglaubigt werden. ²Wird die Erklärung von dem Aussteller mittels Handzeichen unterzeichnet, so ist die im § 126 Abs. 1 vorgeschriebene Beglaubigung des Handzeichens erforderlich und genügend.

(2) Die öffentliche Beglaubigung wird durch die notarielle Beurkundung der Erklärung ersetzt.

§ 134. [Gesetzliches Verbot] Ein Rechtsgeschäft, das gegen ein gesetzliches Verbot verstößt, ist nichtig, wenn sich nicht aus dem Gesetz ein anderes ergibt.

§ 138. [Sittenwidriges Rechtsgeschäft; Wucher] (1) Ein Rechtsgeschäft, das gegen die guten Sitten verstößt, ist nichtig.

Viertes Buch: Familienrecht

4.1 Bürgerliche Ehe

4.1.1 Verlöbnis

§ 1297. [Unklagbarkeit] (1) Aus einem Verlöbnisse kann nicht auf Eingehung der Ehe geklagt werden.

(2) Das Versprechen einer Strafe für den Fall, daß die Eingehung der Ehe unterbleibt, ist nichtig.

§ 1298. [Ersatzpflicht bei Rücktritt] (1) ¹Tritt ein Verlobter von dem Verlöbnisse zurück, so hat er dem anderen Verlobten und dessen Eltern sowie dritten Personen, welche an Stelle der Eltern gehandelt haben, den Schaden zu ersetzen, der daraus entstanden ist, daß sie in Erwartung der Ehe Aufwendungen gemacht haben oder Verbindlichkeiten eingegangen sind.

§ 1301. [Rückgabe der Geschenke] ¹Unterbleibt die Eheschließung, so kann jeder Verlobte von dem anderen die Herausgabe desjenigen, was er ihm geschenkt oder zum Zeichen des Verlöbnisses gegeben hat, nach den Vorschriften über die Herausgabe einer ungerechtfertigten Bereicherung fordern. ²Im Zweifel ist anzunehmen, daß die Rückforderung ausgeschlossen sein soll, wenn das Verlöbnis durch den Tod eines der Verlobten aufgelöst wird.

4.1.5 Wirkungen der Ehe im allgemeinen

§ 1353. [Eheliche Lebensgemeinschaft] (1) ¹Die Ehe wird auf Lebenszeit geschlossen. ²Die Ehegatten sind einander zur ehelichen Lebensgemeinschaft verpflichtet.

§ 1355. [Gemeinsamer Ehe- und Familienname] (1) Die Ehegatten führen einen gemeinsamen Familiennamen (Ehenamen).

(2) ¹Zum Ehenamen können die Ehegatten bei der Eheschließung durch Erklärung gegenüber dem Standesbeamten den Geburtsnamen des Mannes oder den Geburtsnamen der Frau bestimmen. ²Treffen sie keine Bestimmung, so ist Ehename der Geburtsname des Mannes. ³Geburtsname ist der Name, der in die Geburtsurkunde der Verlobten zur Zeit der Eheschließung einzutragen ist.

(3) Ein Ehegatte, dessen Geburtsname nicht Ehename wird, kann durch Erklärung gegenüber dem Standesbeamten dem Ehenamen seinen Geburtsnamen oder den zur Zeit der Eheschließung geführten Namen voranstellen, die Erklärung bedarf der öffentlichen Beglaubigung.

(4) ¹Der verwitwete oder geschiedene Ehegatte behält den Ehenamen. ²Er kann durch Erklärung gegenüber dem Standesbeamten seinen Geburtsnamen oder den Namen wieder annehmen, den er zur Zeit der Eheschließung geführt hat; die Erklärung bedarf der öffentlichen Beglaubigung.

§ 1356. [Haushaltsführung und Erwerbstätigkeit] (1) ¹Die Ehegatten regeln die Haushaltsführung im gegenseitigen Einvernehmen. ²Ist die Haushaltsführung einem der Ehegatten überlassen, so leitet dieser den Haushalt in eigener Verantwortung.

(2) ¹Beide Ehegatten sind berechtigt,

erwerbstätig zu sein. ²Bei der Wahl und Ausübung einer Erwerbstätigkeit haben sie auf die Belange des anderen Ehegatten und der Familie die gebotene Rücksicht zu nehmen.

§ 1357. [Geschäfte zur Deckung des Lebensbedarfs] (1) ¹Jeder Ehegatte ist berechtigt, Geschäfte zur angemessenen Deckung des Lebensbedarfs der Familie mit Wirkung auch für den anderen Ehegatten zu besorgen. ²Durch solche Geschäfte werden beide Ehegatten berechtigt und verpflichtet, es sei denn, daß sich aus den Umständen etwas anderes ergibt.

(3) Absatz 1 gilt nicht, wenn die Ehegatten getrennt leben.

§ 1359. [Umfang der Sorgfaltspflicht] Die Ehegatten haben bei der Erfüllung der sich aus dem ehelichen Verhältnis ergebenden Verpflichtungen einander nur für diejenige Sorgfalt einzustehen, welche sie in eigenen Angelegenheiten anzuwenden pflegen.

§ 1360. [Verpflichtung zum Familienunterhalt] ¹Die Ehegatten sind einander verpflichtet, durch ihre Arbeit und mit ihrem Vermögen die Familie angemessen zu unterhalten. ²Ist einem Ehegatten die Haushaltsführung überlassen, so erfüllt er seine Verpflichtung, durch Arbeit zum Unterhalt der Familie beizutragen, in der Regel durch die Führung des Haushalts.

§ 1360a. [Umfang der Unterhaltspflicht; Prozeßkosten] (1) Der angemessene Unterhalt der Familie umfaßt alles, was nach den Verhältnissen der Ehegatten erforderlich ist, um die Kosten des Haushalts zu bestreiten und die persönlichen Bedürfnisse der Ehegatten und den Lebensbedarf der gemeinsamen unterhaltsberechtigten Kinder zu befriedigen.

(2) ¹Der Unterhalt ist in der Weise zu leisten, die durch die eheliche Lebensgemeinschaft geboten ist. ²Die Ehegatten sind einander verpflichtet, die zum gemeinsamen Unterhalt der Familie erforderlichen Mittel für einen angemessenen Zeitraum im voraus zur Verfügung zu stellen.

(4) ¹Ist ein Ehegatte nicht in der Lage, die Kosten eines Rechtsstreits zu tragen, der eine persönliche Angelegenheit betrifft, so ist der andere Ehegatte verpflichtet, ihm diese Kosten vorzuschießen, soweit dies der Billigkeit entspricht. ²Das gleiche gilt für die Kosten der Verteidigung in einem Strafverfahren, das gegen einen Ehegatten gerichtet ist.

§ 1360b. [Zuvielleistung] Leistet ein Ehegatte zum Unterhalt der Familie einen höheren Beitrag als ihm obliegt, so ist im Zweifel anzunehmen, daß er nicht beabsichtigt, von dem anderen Ehegatten Ersatz zu verlangen.

§ 1361. [Unterhalt bei Getrenntleben] (1) ¹Leben die Ehegatten getrennt, so kann ein Ehegatte von dem anderen den nach den Lebensverhältnissen und den Erwerbs- und Vermögensverhältnissen der Ehegatten angemessenen Unterhalt verlangen.

(4) ¹Der laufende Unterhalt ist durch Zahlung einer Geldrente zu gewähren. ²Die Rente ist monatlich im voraus zu zahlen.

§ 1361a. [Hausratsverteilung bei Getrenntleben] (1) ¹Leben die Ehegatten getrennt, so kann jeder von ihnen die ihm gehörenden Haushaltsgegenstände von dem anderen Ehegatten herausverlangen. ²Er ist jedoch verpflichtet, dem anderen Ehegatten zum Gebrauch zu überlassen, soweit dieser sie zur Führung eines abgesonderten Haushalts benötigt und die Überlassung nach den Umständen des Falles der Billigkeit entspricht.

§ 1362. [Eigentumsvermutungen] (1) ¹Zugunsten der Gläubiger des Mannes und der Gläubiger der Frau wird vermutet, daß die im Besitz eines Ehegatten oder beider Ehegatten befindlichen beweglichen Sachen dem Schuldner gehören. ²Diese Vermutung gilt nicht, wenn die Ehegatten getrennt leben und sich die Sachen im Besitze des Ehegatten befinden, der nicht Schuldner ist.

(2) Für die ausschließlich zum persönlichen Gebrauch eines Ehegatten bestimmten Sachen wird im Verhältnis der Ehegatten zueinander und zu den Gläubigern vermutet, daß sie dem Ehegatten gehören, für dessen Gebrauch sie bestimmt sind.

4.1.6 Eheliches Güterrecht

Gesetzliches Güterrecht

§ 1363. [Zugewinngemeinschaft]
(1) Die Ehegatten leben im Güterstand der Zugewinngemeinschaft, wenn sie

II Bürgerliches Recht BGB 53

nicht durch Ehevertrag etwas anderes vereinbaren.

(2) ¹Das Vermögen des Mannes und das Vermögen der Frau werden nicht gemeinschaftliches Vermögen der Ehegatten; dies gilt auch für Vermögen, das ein Ehegatte nach der Eheschließung erwirbt. ²Der Zugewinn, den die Ehegatten in der Ehe erzielen, wird jedoch ausgeglichen, wenn die Zugewinngemeinschaft endet.

§ 1364. [Selbständige Vermögensverwaltung] Jeder Ehegatte verwaltet sein Vermögen selbständig; er ist jedoch in der Verwaltung seines Vermögens nach Maßgabe der folgenden Vorschriften beschränkt.

§ 1365. [Einschränkung der Verfügungsmacht über Vermögen im ganzen] (1) ¹Ein Ehegatte kann sich nur mit Einwilligung des anderen Ehegatten verpflichten, über sein Vermögen im ganzen zu verfügen. ²Hat er sich ohne Zustimmung des anderen Ehegatten verpflichtet, so kann er die Verpflichtung nur erfüllen, wenn der andere Ehegatte einwilligt.

§ 1367. [Einseitige Rechtsgeschäfte] Ein einseitiges Rechtsgeschäft, das ohne die erforderliche Einwilligung vorgenommen wird, ist unwirksam.

§ 1369. [Verfügungen über Haushaltsgegenstände] (1) Ein Ehegatte kann über ihm gehörende Gegenstände des ehelichen Haushalts nur verfügen und sich zu einer solchen Verfügung auch nur verpflichten, wenn der andere Ehegatte einwilligt.

§ 1370. [Ersatz von Haushaltsgegenständen] Haushaltsgegenstände, die an Stelle von nicht mehr vorhandenen oder wertlos gewordenen Gegenständen angeschafft werden, werden Eigentum des Ehegatten, dem die nicht mehr vorhandenen oder wertlos gewordenen Gegenstände gehört haben.

§ 1371. [Zugewinnausgleich im Todesfall] (1) Wird der Güterstand durch den Tod eines Ehegatten beendet, so wird der Ausgleich des Zugewinns dadurch verwirklicht, daß sich der gesetzliche Erbteil des überlebenden Ehegatten um ein Viertel der Erbschaft erhöht; hierbei ist unerheblich, ob die Ehegatten im einzelnen Fall einen Zugewinn erzielt haben.

(4) Sind erbberechtigte Abkömmlinge des verstorbenen Ehegatten, welche nicht aus der durch den Tod dieses Ehegatten aufgelösten Ehe stammen, oder erbersatzberechtigte Abkömmlinge vorhanden, so ist der überlebende Ehegatte verpflichtet, diesen Abkömmlingen, wenn und soweit sie dessen bedürfen, die Mittel zu einer angemessenen Ausbildung aus dem nach Absatz 1 zusätzlich gewährten Viertel zu gewähren.

§ 1373. [Begriff des Zugewinns] Zugewinn ist der Betrag, um den das Endvermögen eines Ehegatten das Anfangsvermögen übersteigt.

§ 1374. [Anfangsvermögen] (1) Anfangsvermögen ist das Vermögen, das einem Ehegatten nach Abzug der Verbindlichkeiten beim Eintritt des Güterstandes gehört; die Verbindlichkeiten können nur bis zur Höhe des Vermögens abgezogen werden.

(2) Vermögen, das ein Ehegatte nach Eintritt des Güterstandes von Todes wegen oder mit Rücksicht auf ein künftiges Erbrecht, durch Schenkung oder als Ausstattung erwirbt, wird nach Abzug der Verbindlichkeiten dem Anfangsvermögen hinzugerechnet, soweit es nicht den Umständen nach zu den Einkünften zu rechnen ist.

§ 1375. [Endvermögen] (1) ¹Endvermögen ist das Vermögen, das einem Ehegatten nach Abzug der Verbindlichkeiten bei der Beendigung des Güterstandes gehört. ²Die Verbindlichkeiten können, wenn Dritte gemäß § 1390 in Anspruch genommen werden können, auch insoweit abgezogen werden, als sie die Höhe des Vermögens übersteigen.

(2) Dem Endvermögen eines Ehegatten wird der Betrag hinzugerechnet, um den dieses Vermögen dadurch vermindert ist, daß ein Ehegatte nach Eintritt des Güterstandes

1. unentgeltliche Zuwendungen gemacht hat, durch die er nicht einer sittlichen Pflicht oder einer auf den Anstand zu nehmenden Rücksicht entsprochen hat,
2. Vermögen verschwendet hat oder
3. Handlungen in der Absicht vorgenommen hat, den anderen Ehegatten zu benachteiligen.

(3) Der Betrag der Vermögensminderung wird dem Endvermögen nicht hinzugerechnet, wenn sie mindestens zehn Jahre vor Beendigung des Güterstandes

eingetreten ist oder wenn der andere Ehegatte mit der unentgeltlichen Zuwendung oder der Verschwendung einverstanden gewesen ist.

§ 1376. [Wertermittlung des Anfangs- und Endvermögens] (1) Der Berechnung des Anfangsvermögens wird der Wert zugrunde gelegt, den das beim Eintritt des Güterstandes vorhandene Vermögen in diesem Zeitpunkt, das dem Anfangsvermögen hinzuzurechnende Vermögen im Zeitpunkt des Erwerbes hatte.

(2) Der Berechnung des Endvermögens wird der Wert zugrunde gelegt, den das bei Beendigung des Güterstandes vorhandene Vermögen in diesem Zeitpunkt, eine dem Endvermögen hinzuzurechnende Vermögensminderung im Zeitpunkt hatte, in dem sie eingetreten ist.

(3) Die vorstehenden Vorschriften gelten entsprechend für die Bewertung von Verbindlichkeiten.

§ 1378. [Ausgleichsforderung] (1) Übersteigt der Zugewinn des einen Ehegatten den Zugewinn des anderen, so steht die Hälfte des Überschusses dem anderen Ehegatten als Ausgleichsforderung zu.

(2) Die Höhe der Ausgleichsforderung wird durch den Wert des Vermögens begrenzt, das nach Abzug der Verbindlichkeiten bei Beendigung des Güterstandes vorhanden ist.

(3) ¹Die Ausgleichsforderung entsteht mit der Beendigung des Güterstandes und ist von diesem Zeitpunkt an vererblich und übertragbar.

§ 1379. [Auskunftspflicht bei Beendigung des Güterstandes] (1) ¹Nach der Beendigung des Güterstandes ist jeder Ehegatte verpflichtet, dem anderen Ehegatten über den Bestand seines Endvermögens Auskunft zu erteilen.

§ 1385. [Vorzeitiger Zugewinnausgleich bei Getrenntleben] Leben die Ehegatten seit mindestens drei Jahren getrennt, so kann jeder von ihnen auf vorzeitigen Ausgleich des Zugewinns klagen.

§ 1388. [Eintritt der Gütertrennung] Mit der Rechtskraft des Urteils, durch das auf vorzeitigen Ausgleich des Zugewinns erkannt ist, tritt Gütertrennung ein.

Vertragsmäßiges Güterrecht

§ 1408. [Ehevertrag; Grundsatz der Vertragsfreiheit] (1) Die Ehegatten können ihre güterrechtlichen Verhältnisse durch Vertrag (Ehevertrag) regeln, insbesondere auch nach der Eingehung der Ehe den Güterstand aufheben oder ändern.

(2) ¹In einem Ehevertrag können die Ehegatten durch eine ausdrückliche Vereinbarung auch den Versorgungsausgleich ausschließen. ²Der Ausschluß ist unwirksam, wenn innerhalb eines Jahres nach Vertragsschluß Antrag auf Scheidung der Ehe gestellt wird.

§ 1410. [Form des Ehevertrages] Der Ehevertrag muß bei gleichzeitiger Anwesenheit beider Teile zur Niederschrift eines Notars geschlossen werden.

§ 1412. [Wirkung gegenüber Dritten] (1) Haben die Ehegatten den gesetzlichen Güterstand ausgeschlossen oder geändert, so können sie hieraus einem Dritten gegenüber Einwendungen gegen ein Rechtsgeschäft, das zwischen einem von ihnen und dem Dritten vorgenommen worden ist, nur herleiten, wenn der Ehevertrag im Güterrechtsregister des zuständigen Amtsgerichts eingetragen oder dem Dritten bekannt war, als das Rechtsgeschäft vorgenommen wurde; ...

§ 1414. [Eintritt der Gütertrennung] ¹Schließen die Ehegatten den gesetzlichen Güterstand aus oder heben sie ihn auf, so tritt Gütertrennung ein, falls sich nicht aus dem Ehevertrag etwas anderes ergibt. ²Das gleiche gilt, wenn der Ausgleich des Zugewinns oder der Versorgungsausgleich ausgeschlossen oder die Gütergemeinschaft aufgehoben wird.

§ 1415. [Vereinbarung durch Ehevertrag] Vereinbaren die Ehegatten durch Ehevertrag Gütergemeinschaft, so gelten die nachstehenden Vorschriften.

§ 1416. [Gesamtgut] (1) ¹Das Vermögen des Mannes und das Vermögen der Frau werden durch die Gütergemeinschaft gemeinschaftliches Vermögen beider Ehegatten (Gesamtgut). ²Zu dem Gesamtgut gehört auch das Vermögen, das der Mann oder die Frau während der Gütergemeinschaft erwirbt.

(2) Die einzelnen Gegenstände werden gemeinschaftlich; sie brauchen nicht

durch Rechtsgeschäft übertragen zu werden.

(3) ¹Wird ein Recht gemeinschaftlich, das im Grundbuch eingetragen ist oder in das Grundbuch eingetragen werden kann, so kann jeder Ehegatte von dem anderen verlangen, daß er zur Berichtigung des Grundbuchs mitwirke. ²Entsprechendes gilt, wenn ein Recht gemeinschaftlich wird, das im Schiffsregister oder im Schiffsbauregister eingetragen ist.

§ 1417. [Sondergut] (1) Vom Gesamtgut ist das Sondergut ausgeschlossen.

(2) Sondergut sind die Gegenstände, die nicht durch Rechtsgeschäft übertragen werden können.

(3) ¹Jeder Ehegatte verwaltet sein Sondergut selbständig. ²Er verwaltet es für Rechnung des Gesamtgutes.

§ 1418. [Vorbehaltsgut] (1) Vom Gesamtgut ist das Vorbehaltsgut ausgeschlossen.

(2) Vorbehaltsgut sind die Gegenstände,
1. die durch Ehevertrag zum Vorbehaltsgut erklärt sind;
2. die ein Ehegatte von Todes wegen erwirbt oder die ihm von einem Dritten unentgeltlich zugewendet werden, wenn der Erblasser durch letztwillige Verfügung, der Dritte bei der Zuwendung bestimmt hat, daß der Erwerb Vorbehaltsgut sein soll;
3. die ein Ehegatte auf Grund eines zu seinem Vorbehaltsgut gehörenden Rechtes oder als Ersatz für die Zerstörung, Beschädigung oder Entziehung eines zum Vorbehaltsgut gehörenden Gegenstandes oder durch ein Rechtsgeschäft erwirbt, das sich auf das Vorbehaltsgut bezieht.

(3) ¹Jeder Ehegatte verwaltet das Vorbehaltsgut selbständig. ²Er verwaltet es für eigene Rechnung.

(4) Gehören Vermögensgegenstände zum Vorbehaltsgut, so ist dies Dritten gegenüber nur nach Maßgabe des § 1412 wirksam.

§ 1419. [Gemeinschaft zur gesamten Hand] (1) Ein Ehegatte kann nicht über seinen Anteil am Gesamtgut und an den einzelnen Gegenständen verfügen, die zum Gesamtgut gehören; er ist nicht berechtigt, Teilung zu verlangen.

(2) Gegen eine Forderung, die zum Gesamtgut gehört, kann der Schuldner nur mit einer Forderung aufrechnen, deren Berichtigung er aus dem Gesamtgut verlangen kann.

§ 1421. [Verwaltung des Gesamtgutes] ¹Die Ehegatten sollen in dem Ehevertrag, durch den sie die Gütergemeinschaft vereinbaren, bestimmen, ob das Gesamtgut von dem Mann oder der Frau oder von ihnen gemeinschaftlich verwaltet wird. ²Enthält der Ehevertrag keine Bestimmung hierüber, so verwalten die Ehegatten das Gesamtgut gemeinschaftlich.

§ 1429. [Notverwaltungsrecht] ¹Ist der Ehegatte, der das Gesamtgut verwaltet, durch Krankheit oder durch Abwesenheit verhindert, ein Rechtsgeschäft vorzunehmen, das sich auf das Gesamtgut bezieht, so kann der andere Ehegatte das Rechtsgeschäft vornehmen, wenn mit dem Aufschub Gefahr verbunden ist; ...

§ 1482. [Eheauflösung durch Tod] ¹Wird die Ehe durch den Tod eines Ehegatten aufgelöst, so gehört der Anteil des verstorbenen Ehegatten am Gesamtgut zum Nachlaß. ²Der verstorbene Ehegatte wird nach den allgemeinen Vorschriften beerbt.

§ 1483. [Eintritt der fortgesetzten Gütergemeinschaft] (1) ¹Die Ehegatten können durch Ehevertrag vereinbaren, daß die Gütergemeinschaft nach dem Tode eines Ehegatten zwischen dem überlebenden Ehegatten und den gemeinschaftlichen Abkömmlingen fortgesetzt wird.

4.1.7 Scheidung der Ehe

§ 1564. [Scheidung durch Urteil] ¹Eine Ehe kann nur durch gerichtliches Urteil auf Antrag eines oder beider Ehegatten geschieden werden. ²Die Ehe ist mit der Rechtskraft des Urteils aufgelöst.

§ 1565. [Zerrüttungsprinzip; Mindesttrennungsdauer] (1) ¹Eine Ehe kann geschieden werden, wenn sie gescheitert ist. ²Die Ehe ist gescheitert, wenn die Lebensgemeinschaft der Ehegatten nicht mehr besteht und nicht erwartet werden kann, daß die Ehegatten sie wiederherstellen.

(2) Leben die Ehegatten noch nicht ein Jahr getrennt, so kann die Ehe nur ge-

schieden werden, wenn die Fortsetzung der Ehe für den Antragsteller aus Gründen, die in der Person des anderen Ehegatten liegen, eine unzumutbare Härte darstellen würde.

4.2 Verwandtschaft

4.2.1 Allgemeine Vorschriften

§ 1589. [Verwandtschaft] [1]Personen, deren eine von der anderen abstammt, sind in gerader Linie verwandt. [2]Personen, die nicht in gerader Linie verwandt sind, aber von derselben dritten Person abstammen, sind in der Seitenlinie verwandt. [3]Der Grad der Verwandtschaft bestimmt sich nach der Zahl der sie vermittelnden Geburten.

§ 1590. [Schwägerschaft] (1) [1]Die Verwandten eines Ehegatten sind mit dem anderen Ehegatten verschwägert. [2]Die Linie und der Grad der Schwägerschaft bestimmen sich nach der Linie und dem Grade der sie vermittelnden Verwandtschaft.

(2) Die Schwägerschaft dauert fort, auch wenn die Ehe, durch die sie begründet wurde, aufgelöst ist.

4.2.3 Unterhaltspflicht

§ 1601. [Verwandte in gerader Linie] Verwandte in gerader Linie sind verpflichtet, einander Unterhalt zu gewähren.

§ 1602. [Unterhaltsberechtigte] (1) Unterhaltsberechtigt ist nur, wer außerstande ist, sich selbst zu unterhalten.

(2) Ein minderjähriges unverheiratetes Kind kann von seinen Eltern, auch wenn es Vermögen hat, die Gewährung des Unterhalts insoweit verlangen, als die Einkünfte seines Vermögens und der Ertrag seiner Arbeit zum Unterhalte nicht ausreichen.

§ 1603. [Voraussetzungen der Unterhaltsverpflichtung] (1) Unterhaltspflichtig ist nicht, wer bei Berücksichtigung seiner sonstigen Verpflichtungen außerstande ist, ohne Gefährdung seines angemessenen Unterhalts den Unterhalt zu gewähren.

Besondere Vorschriften für das nichteheliche Kind und seine Mutter

§ 1615a. [Anwendung der allgemeinen Vorschriften] Für die Unterhaltpflicht gegenüber nichtehelichen Kindern gelten die allgemeinen Vorschriften, soweit sich nicht aus den folgenden Bestimmungen ein anderes ergibt.

§ 1615c. [Bemessung des Unterhalts] Bei der Bemessung des Unterhalts ist, solange das Kind noch keine selbständige Lebensstellung erlangt hat, die Lebensstellung beider Eltern zu berücksichtigen.

4.2.4 Rechtsverhältnis zwischen den Eltern und dem Kinde im allgemeinen

§ 1616. [Familienname des ehelichen Kindes] Das eheliche Kind erhält den Ehenamen seiner Eltern.

§ 1617. [Familienname des nichtehelichen Kindes] (1) [1]Das nichteheliche Kind erhält den Familiennamen, den die Mutter zur Zeit der Geburt des Kindes führt.

4.2.5 Elterliche Sorge für eheliche Kinder

§ 1626. [Elterliche Sorge; Berücksichtigung der wachsenden Selbständigkeit des Kindes] (1) [1]Der Vater und die Mutter haben das Recht und die Pflicht, für das minderjährige Kind zu sorgen (elterliche Sorge). [2]Die elterliche Sorge umfaßt die Sorge für die Person des Kindes (Personensorge) und das Vermögen des Kindes (Vermögenssorge).

(2) [1]Bei der Pflege und Erziehung berücksichtigen die Eltern die wachsende Fähigkeit und das wachsende Bedürfnis des Kindes zu selbständigem verantwortungsbewußtem Handeln. [2]Sie besprechen mit dem Kind, soweit es nach dessen Entwicklungsstand angezeigt ist, Fragen der elterlichen Sorge und streben Einvernehmen an.

§ 1627. [Ausübung der elterlichen Sorge] [1]Die Eltern haben die elterliche

II Bürgerliches Recht BGB 57

Sorge in eigener Verantwortung und in gegenseitigem Einvernehmen zum Wohle des Kindes auszuüben. ²Bei Meinungsverschiedenheiten müssen sie versuchen, sich zu einigen.

§ 1628. [Übertragung des Entscheidungsrechts auf einen Elternteil] (1) ¹Können sich die Eltern in einer einzelnen Angelegenheit oder in einer bestimmten Art von Angelegenheiten der elterlichen Sorge, deren Regelung für das Kind von erheblicher Bedeutung ist, nicht einigen, so kann das Vormundschaftsgericht auf Antrag eines Elternteils die Entscheidung einem Elternteil übertragen, sofern dies dem Wohle des Kindes entspricht.

§ 1629. [Vertretung des Kindes] (1) ¹Die elterliche Sorge umfaßt die Vertretung des Kindes. ²Die Eltern vertreten das Kind gemeinschaftlich; ist eine Willenserklärung gegenüber dem Kind abzugeben, so genügt die Abgabe gegenüber einem Elternteil.

§ 1631. [Inhalt des Personensorgerechts; Einschränkung von Erziehungsmaßnahmen] (1) Die Personensorge umfaßt insbesondere das Recht und die Pflicht, das Kind zu pflegen, zu erziehen, zu beaufsichtigen und seinen Aufenthalt zu bestimmen.

(2) Entwürdigende Erziehungsmaßnahmen sind unzulässig.

(3) Das Vormundschaftsgericht hat die Eltern auf Antrag bei der Ausübung der Personensorge in geeigneten Fällen zu unterstützen.

§ 1631a. [Ausbildung und Beruf] (1) ¹In Angelegenheiten der Ausbildung und des Berufes nehmen die Eltern insbesondere auf Eignung und Neigung des Kindes Rücksicht. ²Bestehen Zweifel, so soll der Rat eines Lehrers oder einer anderen geeigneten Person eingeholt werden.

(2) ¹Nehmen die Eltern offensichtlich keine Rücksicht auf Eignung und Neigung des Kindes und wird dadurch die Besorgnis begründet, daß die Entwicklung des Kindes nachhaltig und schwer beeinträchtigt wird, so entscheidet das Vormundschaftsgericht. ²Das Gericht kann erforderliche Erklärungen der Eltern oder eines Elternteils ersetzen.

§ 1631c. [Sterilisation] Die Eltern können nicht in eine Sterilisation des Kindes einwilligen. Auch das Kind selbst kann nicht in die Sterilisation einwilligen.

§ 1664. [Haftung der Eltern] (1) Die Eltern haben bei der Ausübung der elterlichen Sorge dem Kinde gegenüber nur für die Sorgfalt einzustehen, die sie in eigenen Angelegenheiten anzuwenden pflegen.

(2) Sind für einen Schaden beide Eltern verantwortlich, so haften sie als Gesamtschuldner.

§ 1673. [Ruhen der elterlichen Sorge bei rechtlichem Hindernis] (1) Die elterliche Sorge eines Elternteils ruht, wenn er geschäftsunfähig ist.

4.2.6 Elterliche Sorge für nichteheliche Kinder

§ 1705. [Elterliche Sorge der Mutter] ¹Das nichteheliche Kind steht, solange es minderjährig ist, unter der elterlichen Sorge der Mutter. ²Die Vorschriften über die elterliche Sorge für eheliche Kinder gelten im Verhältnis zwischen dem nichtehelichen Kinde und seiner Mutter entsprechend, soweit sich nicht aus den Vorschriften dieses Titels ein anderes ergibt.

§ 1706. [Pfleger] Das Kind erhält, sofern es nicht eines Vormunds bedarf, für die Wahrnehmung der folgenden Angelegenheiten einen Pfleger:
1. für die Feststellung der Vaterschaft und alle sonstigen Angelegenheiten, die die Feststellung oder Änderung des Eltern-Kindes-Verhältnisses oder des Familiennamens des Kindes betreffen,
2. für die Geltendmachung von Unterhaltsansprüchen einschließlich der Ansprüche auf eine an Stelle des Unterhalts zu gewährende Abfindung sowie die Verfügung über diese Ansprüche; ist das Kind bei einem Dritten entgeltlich in Pflege, so ist der Pfleger berechtigt, aus dem vom Unterhaltspflichtigen Geleisteten den Dritten zu befriedigen,
3. die Regelung von Erb- und Pflichtteilsrechten, die dem Kind im Falle

des Todes des Vaters und seiner Verwandten zustehen.

4.3 Vormundschaft

§ 1773. [Voraussetzungen] (1) Ein Minderjähriger erhält einen Vormund, wenn er nicht unter elterlicher Sorge steht oder wenn die Eltern weder in den die Person noch in den das Vermögen betreffenden Angelegenheiten zur Vertretung des Minderjährigen berechtigt sind.

(2) Ein Minderjähriger erhält einen Vormund auch dann, wenn sein Familienstand nicht zu ermitteln ist.

§ 1774. [Anordnung von Amts wegen] ¹Das Vormundschaftsgericht hat die Vormundschaft von Amts wegen anzuordnen.

§ 1793. [Aufgaben des Vormunds] ¹Der Vormund hat das Recht und die Pflicht, für die Person und das Vermögen des Mündels zu sorgen, insbesondere den Mündel zu vertreten.

Fünftes Buch: Erbrecht

5.1 Erbfolge

§ 1922. [Gesamtrechtsnachfolge]
(1) Mit dem Tode einer Person (Erbfall) geht deren Vermögen (Erbschaft) als Ganzes auf eine oder mehrere andere Personen (Erben) über.

(2) Auf den Anteil eines Miterben (Erbteil) finden die sich auf die Erbschaft beziehenden Vorschriften Anwendung.

§ 1923. [Erbfähigkeit] (1) Erbe kann nur werden, wer zur Zeit des Erbfalls lebt.

(2) Wer zur Zeit des Erbfalls noch nicht lebte, aber bereits erzeugt war, gilt als vor dem Erbfalle geboren.

§ 1924. [Gesetzliche Erben erster Ordnung] (1) Gesetzliche Erben der ersten Ordnung sind die Abkömmlinge des Erblassers.

(2) Ein zur Zeit des Erbfalls lebender Abkömmling schließt die durch ihn mit dem Erblasser verwandten Abkömmlinge von der Erbfolge aus.

(3) An die Stelle eines zur Zeit des Erbfalls nicht mehr lebenden Abkömmlinges treten die durch ihn mit dem Erblasser verwandten Abkömmlinge (Erbfolge nach Stämmen).

(4) Kinder erben zu gleichen Teilen.

§ 1925. [Gesetzliche Erben zweiter Ordnung] (1) Gesetzliche Erben der zweiten Ordnung sind die Eltern des Erblassers und deren Abkömmlinge.

(2) Leben zur Zeit des Erbfalls die Eltern, so erben sie allein und zu gleichen Teilen.

(3) ¹Lebt zur Zeit des Erbfalls der Vater oder die Mutter nicht mehr, so treten an die Stelle des Verstorbenen dessen Abkömmlinge nach den für die Beerbung in der ersten Ordnung geltenden Vorschriften. ²Sind Abkömmlinge nicht vorhanden, so erbt der überlebende Teil allein.

§ 1926. [Gesetzliche Erben dritter Ordnung] (1) Gesetzliche Erben der dritten Ordnung sind die Großeltern des Erblassers und deren Abkömmlinge.

(2) Leben zur Zeit des Erbfalls die Großeltern, so erben sie allein und zu gleichen Teilen.

(3) ¹Lebt zur Zeit des Erbfalls von einem Großelternpaar der Großvater oder die Großmutter nicht mehr, so treten an die Stelle des Verstorbenen dessen Abkömmlinge. ²Sind Abkömmlinge nicht vorhanden, so fällt der Anteil des Verstorbenen dem anderen Teile des Großelternpaars und, wenn dieser nicht mehr lebt, dessen Abkömmlingen zu.

(4) Lebt zur Zeit des Erbfalls ein Großelternpaar nicht mehr und sind Abkömmlinge der Verstorbenen nicht vorhanden, so erben die anderen Großeltern oder ihre Abkömmlinge allein.

(5) Soweit Abkömmlinge an die Stelle ihrer Eltern oder ihrer Voreltern treten, finden die für die Beerbung in der ersten Ordnung geltenden Vorschriften Anwendung.

§ 1927. [Mehrere Erbteile bei mehrfacher Verwandtschaft] ¹Wer in der ersten, der zweiten oder der dritten Ordnung verschiedenen Stämmen angehört, erhält den in jedem dieser Stämme ihm zufallenden Anteil. ²Jeder Anteil gilt als besonderer Erbteil.

§ 1930. [Rangfolge der Ordnungen] Ein Verwandter ist nicht zur Erbfolge berufen, solange ein Verwandter einer vorhergehenden Ordnung vorhanden ist, auch wenn diesem nur ein Erbersatzanspruch zusteht.

§ 1931. [Gesetzliches Erbrecht des Ehegatten] (1) ¹Der überlebende Ehegatte des Erblassers ist neben Verwandten der ersten Ordnung zu einem Viertele, neben Verwandten der zweiten Ordnung oder neben Großeltern zur Hälfte der Erbschaft als gesetzlicher Erbe berufen. ²Treffen mit Großeltern Abkömmlinge von Großeltern zusammen, so erhält der Ehegatte auch von der anderen Hälfte den Anteil, der nach § 1926 den Abkömmlingen zufallen würde.

(2) Sind weder Verwandte der ersten oder der zweiten Ordnung noch Großeltern vorhanden, so erhält der überlebende Ehegatte die ganze Erbschaft.

§ 1934. [Erbrecht des verwandten Ehegatten] ¹Gehört der überlebende Ehegatte zu den erbberechtigten Verwandten, so erbt er zugleich als Verwandter. ²Der Erbteil, der ihm auf Grund der Verwandtschaft zufällt, gilt als besonderer Erbteil.

§ 1934a. [Erbersatzanspruch bei nichtehelichen Kindern] (1) Einem nichtehelichen Kinde und seinen Abkömmlingen steht beim Tode des Vaters des Kindes sowie beim Tode von väterlichen Verwandten neben ehelichen Abkömmlingen des Erblassers und neben dem überlebenden Ehegatten des Erblassers an Stelle des gesetzlichen Erbteils ein Erbersatzanspruch gegen den Erben in Höhe des Wertes des Erbteils zu.

5.2 Rechtliche Stellung des Erben

§ 2058. [Gesamtschuldnerische Haftung] Die Erben haften für die gemeinschaftlichen Nachlaßverbindlichkeiten als Gesamtschuldner.

5.3 Testament

§ 2064. [Persönliche Errichtung] Der Erblasser kann ein Testament nur persönlich errichten.

§ 2231. [Ordentliche Testamentsformen] Ein Testament kann in ordentlicher Form errichtet werden
1. zur Niederschrift eines Notars;
2. durch eine vom Erblasser nach § 2247 abgegebene Erklärung.

§ 2232. [Öffentliches Testament] ¹Zur Niederschrift eines Notars wird ein Testament errichtet, indem der Erblasser dem Notar seinen letzten Willen mündlich erklärt oder ihm eine Schrift mit der Erklärung übergibt, daß die Schrift seinen letzten Willen enthalte. ²Der Erblasser kann die Schrift offen oder verschlossen übergeben; sie braucht nicht von ihm geschrieben zu sein.

§ 2247. [Eigenhändiges Testament]
(1) Der Erblasser kann ein Testament durch eine eigenhändig geschriebene und unterschriebene Erklärung errichten.

(2) Der Erblasser soll in der Erklärung angeben, zu welcher Zeit (Tag, Monat und Jahr) und an welchem Ort er sie niedergeschrieben hat.

(3) ¹Die Unterschrift soll den Vornamen und den Familiennamen des Erblassers enthalten.

§ 2248. [Verwahrung des eigenhändigen Testaments] ¹Ein nach den Vorschriften des § 2247 errichtetes Testament ist auf Verlangen des Erblassers in besondere amtliche Verwahrung zu nehmen.

§ 2249. [Nottestament vor dem Bürgermeister] (1) ¹Ist zu besorgen, daß der Erblasser früher sterben werde, als die Errichtung eines Testaments vor einem Notar möglich ist, so kann er das Testament zur Niederschrift des Bürgermeisters der Gemeinde, in der er sich aufhält, errichten. ²Der Bürgermeister muß zu der Beurkundung zwei Zeugen zuziehen.

Ehegesetz

vom 20. Februar 1946

1 Ehefähigkeit

§ 1. Ehemündigkeit. (1) Eine Ehe soll nicht vor Eintritt der Volljährigkeit eingegangen werden.

(2) Das Vormundschaftsgericht kann auf Antrag von dieser Vorschrift Befreiung erteilen, wenn der Antragsteller das 16. Lebensjahr vollendet hat und sein künftiger Ehegatte volljährig ist.

§ 2. Geschäftsunfähigkeit. Wer geschäftsunfähig ist, kann eine Ehe nicht eingehen.

§ 3. Einwilligung des gesetzlichen Vertreters und des Personensorgeberechtigten. (1) Wer minderjährig ist, bedarf zur Eingehung einer Ehe der Einwilligung seines gesetzlichen Vertreters.

(2) Steht dem gesetzlichen Vertreter eines Minderjährigen nicht zugleich die Personensorge für den Minderjährigen zu oder ist neben ihm noch ein anderer personensorgeberechtigt, so ist auch die Einwilligung des Personensorgeberechtigten erforderlich.

(3) Verweigert der gesetzliche Vertreter oder der Personensorgeberechtigte die Einwilligung ohne triftige Gründe, so kann der Vormundschaftsrichter sie auf Antrag des Verlobten, der der Einwilligung bedarf, ersetzen.

2 Eheverbote

§ 4. Verwandtschaft und Schwägerschaft. (1) [1]Eine Ehe darf nicht geschlossen werden zwischen Verwandten in gerader Linie, zwischen vollbürtigen und halbbürtigen Geschwistern sowie zwischen Verschwägerten in gerader Linie. [2]Das gilt auch, wenn das Verwandtschaftsverhältnis durch Annahme als Kind erloschen ist.

(3) [1]Das Vormundschaftsgericht kann von dem Eheverbot wegen Schwägerschaft Befreiung erteilen. [2]Die Befreiung soll versagt werden, wenn wichtige Gründe der Eingehung der Ehe entgegenstehen.

§ 5. Doppelehe. Niemand darf eine Ehe eingehen, bevor seine frühere Ehe für nichtig erklärt oder aufgelöst worden ist.

3 Eheschließung

§ 11. [Standesbeamter] (1) Eine Ehe kommt nur zustande, wenn die Eheschließung vor einem Standesbeamten stattgefunden hat.

(2) Als Standesbeamter im Sinne des Absatzes 1 gilt auch, wer, ohne Standesbeamter zu sein, das Amt eines Standesbeamten öffentlich ausgeübt und die Ehe in das Familienbuch eingetragen hat.

§ 12. Aufgebot. (1) [1]Der Eheschließung soll ein Aufgebot vorhergehen. [2]Das Aufgebot verliert seine Kraft, wenn die Ehe nicht binnen sechs Monaten nach Vollziehung des Aufgebots geschlossen wird.

(2) Die Ehe kann ohne Aufgebot geschlossen werden, wenn die lebensgefährliche Erkrankung eines der Verlobten den Aufschub der Eheschließung nicht gestattet.

(3) Von dem Aufgebot kann der Standesbeamte Befreiung erteilen.

§ 13. Form der Eheschließung. (1) Die Ehe wird dadurch geschlossen, daß die Verlobten vor dem Standesbeamten persönlich und bei gleichzeitiger Anwesenheit erklären, die Ehe miteinander eingehen zu wollen.

(2) Die Erklärungen können nicht unter einer Bedingung oder einer Zeitbestimmung abgegeben werden.

§ 13a. [Erklärung über den Ehenamen] (1) Der Standesbeamte soll die Verlobten vor der Eheschließung befragen, ob sie eine Erklärung darüber abgeben wollen, welchen Ehenamen sie führen werden.

(2) [1]Haben die Ehegatten die Ehe außerhalb des Geltungsbereichs dieses Gesetzes geschlossen, ohne eine Erklärung nach § 1355 Abs. 2 Satz 1 des Bürgerlichen Gesetzbuchs abgegeben zu haben, so können sie diese Erklärung nachholen. [2]Die Erklärung ist abzugeben, wenn die

Eintragung des Ehenamens in ein deutsches Personenstandsbuch erforderlich wird, spätestens jedoch vor Ablauf eines Jahres nach Rückkehr in den Geltungsbereich dieses Gesetzes.

(3) ¹Ergibt sich aus einer Erklärung nach Absatz 2 eine Änderung gegenüber dem bisher von den Ehegatten geführten Namen, so erstreckt sich die Namensänderung auf den Geburtsnamen eines Abkömmlings, welcher das vierzehnte Lebensjahr vollendet hat, nur dann, wenn er sich der Namensänderung durch Erklärung anschließt. ²Ist der frühere Geburtsname zum Ehenamen eines Abkömmlings geworden, so erstreckt sich die Namensänderung auf den Ehenamen nur dann, wenn die Ehegatten die Erklärung nach Satz 1 gemeinsam abgeben. ³Die Erklärungen sind spätestens vor Ablauf eines Jahres nach Abgabe der Erklärung nach Absatz 2 abzugeben.

(4) Auf die Erklärungen ist § 1617 Abs. 2 Satz 2 bis 4 des Bürgerlichen Gesetzbuchs entsprechend anzuwenden.

§ 14. Trauung. (1) Der Standesbeamte soll bei der Eheschließung in Gegenwart von zwei Zeugen an die Verlobten einzeln und nacheinander die Frage richten, ob sie die Ehe miteinander eingehen wollen und, nachdem die Verlobten die Frage bejaht haben, im Namen des Rechts aussprechen, daß sie nunmehr rechtmäßig verbundene Eheleute seien.

(2) Der Standesbeamte soll die Eheschließung in das Familienbuch eintragen.

§ 15. Zuständigkeit des Standesbeamten. (1) Die Ehe soll vor dem zuständigen Standesbeamten geschlossen werden.

(2) ¹Zuständig ist der Standesbeamte, in dessen Bezirk einer der Verlobten seinen Wohnsitz oder seinen gewöhnlichen Aufenthalt hat. ²Unter mehreren zuständigen Standesbeamten haben die Verlobten die Wahl.

(3) Hat keiner der Verlobten seinen Wohnsitz oder seinen gewöhnlichen Aufenthalt im Inland, so ist für die Eheschließung im Inland der Standesbeamte des Standesamts I in Berlin oder der Hauptstandesämter in München, Baden-Baden und Hamburg zuständig.

(4) Auf Grund einer schriftlichen Ermächtigung des zuständigen Standesbeamten kann die Ehe auch vor dem Standesbeamten eines anderen Bezirkes geschlossen werden.

4 Nichtigkeit der Ehe

§ 16. [Erschöpfende Aufzählung der Nichtigkeitsgründe] Eine Ehe ist nur in den Fällen nichtig, in denen dies in §§ 17 bis 22 dieses Gesetzes bestimmt ist.

§ 17. Mangel der Form. (1) Eine Ehe ist nichtig, wenn die Eheschließung nicht in der durch § 13 vorgeschriebenen Form stattgefunden hat.

(2) Die Ehe ist jedoch als von Anfang an gültig anzusehen, wenn die Ehegatten nach der Eheschließung fünf Jahre oder, falls einer von ihnen vorher verstorben ist, bis zu dessen Tode, jedoch mindestens drei Jahre, als Ehegatten miteinander gelebt haben, es sei denn, daß bei Ablauf der fünf Jahre oder zur Zeit des Todes des einen Ehegatten die Nichtigkeitsklage erhoben ist.

§ 18. Mangel der Geschäfts- oder Urteilsfähigkeit. (1) Eine Ehe ist nichtig, wenn einer der Ehegatten zur Zeit der Eheschließung geschäftsunfähig war oder sich im Zustand der Bewußtlosigkeit oder vorübergehenden Störung der Geistestätigkeit befand.

(2) Die Ehe ist jedoch als von Anfang an gültig anzusehen, wenn der Ehegatte nach dem Wegfall der Geschäftsunfähigkeit, der Bewußtlosigkeit oder der Störung der Geistestätigkeit zu erkennen gibt, daß er die Ehe fortsetzen will.

§ 20. Doppelehe. (1) Eine Ehe ist nichtig, wenn einer der Ehegatten zur Zeit der Eheschließung mit einem Dritten in gültiger Ehe lebt.

(2) Ist vor der Eheschließung die Scheidung oder Aufhebung der früheren Ehe ausgesprochen worden, so ist, wenn das Urteil über die Scheidung oder Aufhebung der früheren Ehe nach Schließung der neuen Ehe rechtskräftig wird, die neue Ehe als von Anfang an gültig anzusehen.

§ 21. Verwandtschaft und Schwägerschaft. (1) Eine Ehe ist nichtig, wenn sie zwischen Verwandten oder Verschwägerten dem Verbote des § 4 zuwider geschlossen worden ist.

(2) Die Ehe zwischen Verschwägerten ist jedoch als von Anfang an gültig anzu-

sehen, wenn die Befreiung nach Maßgabe der Vorschrift des § 4 Abs. 3 nachträglich bewilligt wird.

§ 23. [Grundsatz] Niemand kann sich auf die Nichtigkeit einer Ehe berufen, solange nicht die Ehe durch gerichtliches Urteil für nichtig erklärt worden ist.

§ 26. [Folgen der Nichtigkeit] (1) Die vermögensrechtlichen Folgen der Nichtigkeit einer Ehe bestimmen sich nach den Vorschriften über die Folgen der Scheidung.

(2) ¹Hat ein Ehegatte die Nichtigkeit der Ehe bei der Eheschließung gekannt, so kann der andere Ehegatte binnen sechs Monaten, nachdem die Ehe rechtskräftig für nichtig erklärt ist, durch Erklärung gegenüber dem Ehegatten die für den Fall der Scheidung vorgesehenen vermögensrechtlichen Folgen für die Zukunft ausschließen. ²Gibt er eine solche Erklärung ab, ist insoweit die Vorschrift des Absatzes 1 nicht anzuwenden. ³Hat auch der andere Ehegatte die Nichtigkeit der Ehe bei der Eheschließung gekannt, so steht ihm das in Satz 1 vorgesehene Recht nicht zu.

(3) Im Falle des § 20 stehen dem Ehegatten, der die Nichtigkeit der Ehe bei der Eheschließung gekannt hat, Ansprüche auf Unterhalt und Versorgungsausgleich nicht zu, soweit diese Ansprüche entsprechende Ansprüche des Ehegatten der früheren Ehe beeinträchtigen würden.

5 Aufhebung der Ehe

§ 28. [Erschöpfende Aufzählung der Aufhebungsgründe] Die Aufhebung der Ehe kann nur in den Fällen der §§ 30 bis 34 und 39 dieses Gesetzes begehrt werden.

§ 29. [Rechtsgestaltendes Urteil] ¹Die Ehe wird durch gerichtliches Urteil aufgehoben. ²Sie ist mit der Rechtskraft des Urteils aufgelöst.

§ 30. Mangel der Einwilligung des gesetzlichen Vertreters. (1) ¹Ein Ehegatte kann Aufhebung der Ehe begehren, wenn er zur Zeit der Eheschließung oder im Falle des § 18 Abs. 2 zur Zeit der Bestätigung in der Geschäftsfähigkeit beschränkt war und sein gesetzlicher Vertreter nicht die Einwilligung zur Eheschließung oder zur Bestätigung erteilt hatte. ²Solange der Ehegatte in der Geschäftsfähigkeit beschränkt ist, kann nur sein gesetzlicher Vertreter die Aufhebung der Ehe begehren.

(2) Die Aufhebung ist ausgeschlossen, wenn der gesetzliche Vertreter die Ehe genehmigt oder der Ehegatte, nachdem er unbeschränkt geschäftsfähig geworden ist, zu erkennen gegeben hat, daß er die Ehe fortsetzen will.

(3) Verweigert der gesetzliche Vertreter die Genehmigung ohne triftige Gründe, so kann der Vormundschaftsrichter sie auf Antrag eines Ehegatten ersetzen.

§ 31. Irrtum über die Eheschließung oder über die Person des anderen Ehegatten. (1) ¹Ein Ehegatte kann Aufhebung der Ehe begehren, wenn er bei der Eheschließung nicht gewußt hat, daß es sich um eine Eheschließung handelt, oder wenn er dies zwar gewußt hat, aber eine Erklärung, die Ehe eingehen zu wollen, nicht hat abgeben wollen. ²Das gleiche gilt, wenn der Ehegatte sich in der Person des anderen Ehegatten geirrt hat.

(2) Die Aufhebung ist ausgeschlossen, wenn der Ehegatte nach Entdeckung des Irrtums zu erkennen gegeben hat, daß er die Ehe fortsetzen will.

§ 32. Irrtum über die persönlichen Eigenschaften des anderen Ehegatten. (1) Ein Ehegatte kann Aufhebung der Ehe begehren, wenn er sich bei der Eheschließung über solche persönlichen Eigenschaften des anderen Ehegatten geirrt hat, die ihn bei Kenntnis der Sachlage und bei verständiger Würdigung des Wesens der Ehe von der Eingehung der Ehe abgehalten haben würden.

(2) Die Aufhebung ist ausgeschlossen, wenn der Ehegatte nach Entdeckung des Irrtums zu erkennen gegeben hat, daß er die Ehe fortsetzen will, oder wenn sein Verlangen nach Aufhebung der Ehe mit Rücksicht auf die bisherige Gestaltung des ehelichen Lebens der Ehegatten als sittlich nicht gerechtfertigt erscheint.

§ 33. Arglistige Täuschung. (1) Ein Ehegatte kann Aufhebung der Ehe begehren, wenn er zur Eingehung der Ehe durch arglistige Täuschung über solche Umstände bestimmt worden ist, die ihn bei Kenntnis der Sachlage und bei richtiger Würdigung des Wesens der Ehe von der Eingehung der Ehe abgehalten hätten.

(2) Die Aufhebung ist ausgeschlossen, wenn die Täuschung von einem Dritten ohne Wissen des anderen Ehegatten verübt worden ist, oder wenn der Ehegatte nach Entdeckung der Täuschung zu erkennen gegeben hat, daß er die Ehe fortsetzen will.

(3) Auf Grund einer Täuschung über Vermögensverhältnisse kann die Aufhebung der Ehe nicht begehrt werden.

§ 34. **Drohung.** (1) Ein Ehegatte kann Aufhebung der Ehe begehren, wenn er zur Eingehung der Ehe widerrechtlich durch Drohung bestimmt worden ist.

(2) Die Aufhebung ist ausgeschlossen, wenn der Ehegatte nach Aufhören der durch die Drohung begründeten Zwangslage zu erkennen gegeben hat, daß er die Ehe fortsetzen will.

§ 35. **Klagefrist.** (1) Die Aufhebungsklage kann nur binnen eines Jahres erhoben werden.

§ 37. **[Folgen der Aufhebung]** (1) Die Folgen der Aufhebung einer Ehe bestimmen sich nach den Vorschriften über die Folgen der Scheidung.

(2) ¹Hat ein Ehegatte in den Fällen der §§ 30 bis 32 die Aufhebbarkeit der Ehe bei der Eheschließung gekannt oder ist in den Fällen der §§ 33 und 34 die Täuschung oder Drohung von ihm oder mit seinem Wissen verübt worden, so kann der andere Ehegatte ihm binnen sechs Monaten nach der Rechtskraft des Aufhebungsurteils erklären, daß die für den Fall der Scheidung vorgesehenen vermögensrechtlichen Folgen für die Zukunft ausgeschlossen sein sollen. ²Gibt er eine solche Erklärung ab, findet insoweit die Vorschrift des Absatzes 1 keine Anwendung. ³Hat im Falle des § 30 auch der andere Ehegatte die Aufhebbarkeit der Ehe bei der Eheschließung gekannt, so steht ihm das in Satz 1 vorgesehene Recht nicht zu.

6 Wiederverheiratung im Falle der Todeserklärung

§ 38. **[Auflösung der bisherigen Ehe]**
(1) Geht ein Ehegatte, nachdem der andere Ehegatte für tot erklärt worden ist, eine neue Ehe ein, so ist die neue Ehe nicht deshalb nichtig, weil der für tot erklärte Ehegatte noch lebt, es sei denn, daß beide Ehegatten bei der Eheschließung wissen, daß er die Todeserklärung überlebt hat.

(2) Mit der Schließung der neuen Ehe wird die frühere Ehe aufgelöst. Sie bleibt auch dann aufgelöst, wenn die Todeserklärung aufgehoben wird.

§ 39. **[Aufhebung der neuen Ehe]**
(1) Lebt der für tot erklärte Ehegatte noch, so kann sein früherer Ehegatte die Aufhebung der neuen Ehe begehren, es sei denn, daß er bei der Eheschließung wußte, daß der für tot erklärte Ehegatte die Todeserklärung überlebt hat.

(2) Macht der frühere Ehegatte von dem ihm nach Absatz 1 zustehenden Recht Gebrauch und wird die neue Ehe aufgehoben, so kann er zu Lebzeiten seines Ehegatten aus der früheren Ehe eine neue Ehe nur mit diesem eingehen. Im übrigen bestimmen sich die Folgen der Aufhebung nach § 37 Abs. 1. Hat der beklagte Ehegatte bei der Eheschließung gewußt, daß der für tot erklärte Ehegatte die Todeserklärung überlebt hat, so findet § 37 Abs. 2 Satz 1, 2 entsprechende Anwendung.

Bannmeilengesetz

vom 6. August 1955

§ 1. [1]Der befriedete Bannkreis für die Gesetzgebungsorgane des Bundes umfaßt das Gebiet der Städte Bonn und Beuel, das umgrenzt wird durch

die Zweite Fährgasse in Bonn, die Weberstraße von der Adenauerallee bis zur Niebuhrstraße, die Niebuhrstraße bis zur Kaiserstraße, die Kaiserstraße von der Einmündung der Arndtstraße bis zum Bundeskanzlerplatz, die Adenauerallee vom Bundeskanzlerplatz bis zur Heussallee und die Friedrich-Ebert-Allee von der Heussallee bis zur Trajektbahn, die Trajektbahnlinie nach dem Rhein, die Verbindungslinie vom Ende der Trajektbahn über den Rhein zur Straße am Trajekt in Beuel bis zum östlichen Rheinufer, das östliche Rheinufer bis zur Verbindungslinie zwischen dem Anfang der Ernst-Moritz-Arndt-Straße in Beuel und der Zweiten Fährgasse in Bonn und diese Verbindungslinie bis zur Zweiten Fährgasse.

[2]Soweit die genannten Straßen und Plätze den Bannkreis umgrenzen, gehören sie nicht zum Bannkreis.

§ 2. [1]Der befriedete Bannkreis für das Bundesverfassungsgericht umfaßt das Gebiet der Stadt Karlsruhe, das begrenzt wird durch

den Zirkel von der Karl-Friedrich-Straße bis zur Hans-Thoma-Straße, die Hans-Thoma-Straße bis zur Moltkestraße, die West-Ost-Mittelachse des Schloßgartens und den Weg östlich des Schlosses bis zum Südostflügel des Schlosses, den Weg vom Südostflügel des Schlosses bis zum Mittelweg des Schloßplatzes, den Mittelweg des Schloßplatzes bis zur Karl-Friedrich-Straße, die Karl-Friedrich-Straße bis zum Zirkel.

[2]Die genannten Straßen und Wege gehören zum Bannkreis, soweit sie ihn umgrenzen.

§ 3. Ausnahmen von dem Verbot öffentlicher Versammlungen unter freiem Himmel und von Aufzügen kann der Bundesminister des Innern

im Einvernehmen mit den Präsidenten des Bundestages und des Bundesrates für den befriedeten Bannkreis der Gesetzgebungsorgane des Bundes

und im Einvernehmen mit dem Präsidenten des Bundesverfassungsgerichts für den befriedeten Bannkreis des Bundesverfassungsgerichts

zulassen.

Bekanntmachung über die Zahl der von den Volksvertretungen der Länder zu wählenden Mitglieder der Bundesversammlung (Bundesversammlung – Volksvertreter)

vom 17. Januar 1989

Zur neunten Bundesversammlung wählt die Volksvertretung des Landes

Baden-Württemberg	77 Mitglieder,
Bayern	94 Mitglieder,
Berlin	16 Mitglieder,
Bremen	5 Mitglieder,
Hamburg	13 Mitglieder,
Hessen	46 Mitglieder,
Niedersachsen	63 Mitglieder,
Nordrhein-Westfalen	141 Mitglieder,
Rheinland-Pfalz	32 Mitglieder,
Saarland	9 Mitglieder,
Schleswig-Holstein	23 Mitglieder.

Bundeswahlgesetz

in der Fassung vom 21. September 1990

1 Wahlsystem

§ 1. Zusammensetzung des Deutschen Bundestages und Wahlrechtsgrundsätze. (1) [1]Der Deutsche Bundestag besteht vorbehaltlich der sich aus diesem Gesetz ergebenden Abweichungen aus 656 Abgeordneten. [2]Sie werden in allgemeiner, unmittelbarer, freier, gleicher und geheimer Wahl von den wahlberechtigten Deutschen nach den Grundsätzen einer mit der Personenwahl verbundenen Verhältniswahl gewählt.
(2) Von den Abgeordneten werden 328 nach Kreiswahlvorschlägen in den Wahlkreisen und die übrigen nach Landeswahlvorschlägen (Landeslisten) gewählt.

§ 2. Gliederung des Wahlgebietes.
(1) Wahlgebiet ist der Geltungsbereich dieses Gesetzes.
(3) Jeder Wahlkreis wird für die Stimmabgabe in Wahlbezirke eingeteilt.

§ 4. Stimmen. Jeder Wähler hat zwei Stimmen, eine Erststimme für die Wahl eines Wahlkreisabgeordneten, eine Zweitstimme für die Wahl einer Landesliste.

§ 5. Wahl in den Wahlkreisen. [1]In jedem Wahlkreis wird ein Abgeordneter gewählt. [2]Gewählt ist der Bewerber, der die meisten Stimmen auf sich vereinigt. [3]Bei Stimmengleichheit entscheidet das vom Kreiswahlleiter zu ziehende Los.

§ 6. Wahl nach Landeslisten. (1) Für die Verteilung der nach Landeslisten zu besetzenden Sitze werden die für jede Landesliste abgegebenen Zweitstimmen zusammengezählt.
(6) Bei Verteilung der Sitze auf die Landeslisten werden nur Parteien berücksichtigt, die mindestens 5 vom Hundert der im Wahlgebiet abgegebenen gültigen Zweitstimmen erhalten oder in mindestens drei Wahlkreisen einen Sitz errungen haben.

2 Wahlorgane

§ 8. Gliederung der Wahlorgane.
(1) [1]Wahlorgane sind
der Bundeswahlleiter und der Bundeswahlausschuß für das Wahlgebiet,
ein Landeswahlleiter und ein Landeswahlausschuß für jedes Land,
ein Kreiswahlleiter und ein Kreiswahlausschuß für jeden Wahlkreis,
ein Wahlvorsteher und ein Wahlvorstand für jeden Wahlbezirk und
mindestens ein Wahlvorsteher und ein Wahlvorstand für jeden Wahlkreis zur Feststellung des Briefwahlergebnisses.

3 Wahlrecht und Wählbarkeit

§ 12. Wahlrecht. (1) Wahlberechtigt sind alle Deutschen im Sinne des Artikels 116 Abs. 1 des Grundgesetzes, die am Wahltage
1. das achtzehnte Lebensjahr vollendet haben,
2. seit mindestens drei Monaten im Geltungsbereich dieses Gesetzes eine Wohnung innehaben oder sich sonst gewöhnlich aufhalten,
3. nicht nach § 13 vom Wahlrecht ausgeschlossen sind.

§ 13. Ausschluß vom Wahlrecht. Ausgeschlossen vom Wahlrecht ist,
1. wer infolge Richterspruchs das Wahlrecht nicht besitzt,
2. derjenige, für den zur Besorgung aller seiner Angelegenheiten ein Betreuer nicht nur durch einseitige Anordnung bestellt ist; ...
3. wer sich auf Grund einer Anordnung nach § 63 in Verbindung mit § 20 des Strafgesetzbuches in einem psychiatrischen Krankenhaus befindet.

§ 14. Ausübung des Wahlrechts.
(1) Wählen kann nur, wer in ein Wählerverzeichnis eingetragen ist oder einen Wahlschein hat.
(2) Wer im Wählerverzeichnis eingetragen ist, kann nur in dem Wahlbezirk

wählen, in dessen Wählerverzeichnis er geführt wird.

(3) Wer einen Wahlschein hat, kann an der Wahl des Wahlkreises, in dem der Wahlschein ausgestellt ist,
a) durch Stimmabgabe in einem beliebigen Wahlbezirk dieses Wahlkreises oder
b) durch Briefwahl
teilnehmen.

(4) Jeder Wahlberechtigte kann sein Wahlrecht nur einmal und nur persönlich ausüben.

§ 15. Wählbarkeit. (1) Wählbar ist, wer am Wahltage
1. seit mindestens einem Jahr Deutscher im Sinne des Artikels 116 Abs. 1 des Grundgesetzes ist und
2. das achtzehnte Lebensjahr vollendet hat.

4 Vorbereitung der Wahl

§ 16. Wahltag. [1]Der Bundespräsident bestimmt den Tag der Hauptwahl (Wahltag). [2]Wahltag muß ein Sonntag oder gesetzlicher Feiertag sein.

§ 18. Wahlvorschlagsrecht. (1) Wahlvorschläge können von Parteien und ... von Wahlberechtigten eingereicht werden.

§ 20. Inhalt und Form der Kreiswahlvorschläge. (1) [1]Der Kreiswahlvorschlag darf nur den Namen eines Bewerbers enthalten. [2]Jeder Bewerber kann nur in einem Wahlkreis und hier nur in einem Kreiswahlvorschlag benannt werden. [3]Als Bewerber kann nur vorgeschlagen werden, wer seine Zustimmung dazu schriftlich erteilt hat; die Zustimmung ist unwiderruflich.

5 Wahlhandlung

§ 31. Öffentlichkeit der Wahlhandlung. [1]Die Wahlhandlung ist öffentlich. [2]Der Wahlvorstand kann Personen, die die Ordnung und Ruhe stören, aus dem Wahlraum verweisen.

§ 32. Unzulässige Wahlpropaganda und Unterschriftensammlung, unzulässige Veröffentlichung von Wählerbefragungen. (1) Während der Wahlzeit sind in und an dem Gebäude, in dem sich der Wahlraum befindet, sowie unmittelbar vor dem Zugang zu dem Gebäude jede Beeinflussung der Wähler durch Wort, Ton, Schrift oder Bild sowie jede Unterschriftensammlung verboten.

(2) Die Veröffentlichung von Ergebnissen von Wählerbefragungen nach der Stimmabgabe über den Inhalt der Wahlentscheidung ist vor Ablauf der Wahlzeit unzulässig.

§ 33. Wahrung des Wahlgeheimnisses. (1) [1]Es sind Vorkehrungen dafür zu treffen, daß der Wähler den Stimmzettel unbeobachtet kennzeichnen und in den Umschlag legen kann. [2]Für die Aufnahme der Umschläge sind Wahlurnen zu verwenden, die die Wahrung des Wahlgeheimnisses sicherstellen.

§ 34. Stimmabgabe mit Stimmzetteln. (1) Gewählt wird mit amtlichen Stimmzetteln in amtlichen Umschlägen.

(2) Der Wähler gibt
1. seine Erststimme in der Weise ab, daß er durch ein auf den Stimmzettel gesetztes Kreuz oder auf andere Weise eindeutig kenntlich macht, welchem Bewerber sie gelten soll,
2. seine Zweitstimme in der Weise ab, daß er durch ein auf den Stimmzettel gesetztes Kreuz oder auf andere Weise eindeutig kenntlich macht, welcher Landesliste sie gelten soll.

§ 35. Stimmabgabe mit Wahlgeräten. (1) Zur Erleichterung der Abgabe und Zählung der Stimmen können anstelle von Stimmzetteln, Wahlumschlägen und Wahlurnen Wahlgeräte mit selbständigen Zählwerken benutzt werden.

(2) Wahlgeräte im Sinne von Absatz 1 müssen die Geheimhaltung der Stimmabgabe gewährleisten.

§ 36. Briefwahl. (1) Bei der Briefwahl hat der Wähler dem Kreiswahlleiter des Wahlkreises, in dem der Wahlschein ausgestellt worden ist, im verschlossenen Wahlbriefumschlag
a) seinen Wahlschein,
b) in einem besonderen verschlossenen Umschlag seinen Stimmzettel
so rechtzeitig zu übersenden, daß der Wahlbrief spätestens am Wahltage bis 18 Uhr eingeht.

6 Feststellung des Wahlergebnisses

§ 37. Feststellung des Wahlergebnisses im Wahlbezirk. Nach Beendigung der Wahlhandlung stellt der Wahlvorstand fest, wieviel Stimmen im Wahlbezirk auf die einzelnen Kreiswahlvorschläge und Landeslisten abgegeben worden sind.

§ 40. Entscheidung des Wahlvorstandes. Der Wahlvorstand entscheidet über die Gültigkeit der abgegebenen Stimmen und über alle bei der Wahlhandlung und bei der Ermittlung des Wahlergebnisses sich ergebenden Anstände.

8 Erwerb und Verlust der Mitgliedschaft im Deutschen Bundestag

§ 45. Erwerb der Mitgliedschaft im Deutschen Bundestag. [1]Ein gewählter Bewerber erwirbt die Mitgliedschaft im Deutschen Bundestag mit dem frist- und formgerechten Eingang der auf die Benachrichtigung ... erfolgenden Annahmeerklärung beim zuständigen Wahlleiter, jedoch nicht vor Ablauf der Wahlperiode des letzten Deutschen Bundestages ... [2]Gibt der Gewählte bis zum Ablauf der gesetzlichen Frist keine oder keine formgerechte Erklärung ab, so gilt die Wahl zu diesem Zeitpunkt als angenommen.

9 Schlußbestimmungen

§ 49. Anfechtung. Entscheidungen und Maßnahmen, die sich unmittelbar auf das Wahlverfahren beziehen, können nur mit den in diesem Gesetz und in der Bundeswahlordnung vorgesehenen Rechtsbehelfen sowie im Wahlprüfungsverfahren angefochten werden.

§ 49a. Ordnungswidrigkeiten. (1) Ordnungswidrig handelt, wer
1. ... ohne wichtigen Grund ein Ehrenamt ablehnt oder sich ohne genügende Entschuldigung den Pflichten eines solchen entzieht oder
2. entgegen § 32 Abs. 2 Ergebnisse von Wählerbefragungen nach der Stimmabgabe über den Inhalt der Wahlentscheidung vor Ablauf der Wahlzeit veröffentlicht.

(2) Die Ordnungswidrigkeit nach Absatz 1 Nr. 1 kann mit einer Geldbuße bis zu tausend Deutsche Mark, die Ordnungswidrigkeit nach Absatz 1 Nr. 2 mit einer Geldbuße bis zu hunderttausend Deutsche Mark geahndet werden.

§ 53. Übergangsregelung für die Wahl zum 12. Deutschen Bundestag. (1) § 6 Abs. 6 Satz 1 erste Alternative gilt mit der Maßgabe, daß bei der Verteilung der Sitze auf die Landeslisten nur Parteien berücksichtigt werden, die mindestens 5 vom Hundert der abgegebenen gültigen Zweitstimmen entweder im Gebiet der Länder Schleswig-Holstein, Hamburg, Niedersachsen, Bremen, Nordrhein-Westfalen, Hessen, Rheinland-Pfalz, Baden-Württemberg, Bayern und Saarland sowie der Wahlkreise 249 bis 256 in Berlin oder im Gebiet der Länder Mecklenburg-Vorpommern, Brandenburg, Sachsen-Anhalt, Thüringen und Sachsen sowie der Wahlkreise 257 bis 261 in Berlin erhalten haben.

(2) Parteien und andere politische Vereinigungen oder deren Landesverbände, die am 3. Oktober 1990 ihren Sitz im Gebiet der Länder Mecklenburg-Vorpommern, Brandenburg, Sachsen-Anhalt, Thüringen oder Sachsen oder der Wahlkreise 257 bis 261 in Berlin hatten, können gemeinsame Wahlvorschläge einreichen (Listenvereinigungen). Sie dürfen sich in einem Land nur an einer Listenvereinigung beteiligen. Listenvereinigungen schließen eine eigenständige Liste oder eigenständige Kreiswahlvorschläge der beteiligten Parteien und anderen politischen Vereinigungen im betreffenden Land aus. § 6 Abs. 6 Satz 1 gilt auch für Listenvereinigungen.

Gesetz zum Schutz von Embryonen (Embryonenschutzgesetz – EschG)

vom 13. Dezember 1990

§ 1. Mißbräuchliche Anwendung von Fortpflanzungstechniken. (1) Mit Freiheitsstrafe bis zu drei Jahren oder mit Geldstrafe wird bestraft, wer
1. auf eine Frau eine fremde unbefruchtete Eizelle überträgt,
2. es unternimmt, eine Eizelle zu einem anderen Zweck künstlich zu befruchten, als eine Schwangerschaft der Frau herbeizuführen, von der die Eizelle stammt,
3. es unternimmt, innerhalb eines Zyklus mehr als drei Embryonen auf eine Frau zu übertragen,
4. es unternimmt, durch intratubaren Gametentransfer innerhalb eines Zyklus mehr als drei Eizellen zu befruchten,
5. es unternimmt, mehr Eizellen einer Frau zu befruchten, als ihr innerhalb eines Zyklus übertragen werden sollen,
6. einer Frau einen Embryo vor Abschluß seiner Einnistung in der Gebärmutter entnimmt, um diesen auf eine andere Frau zu übertragen oder ihn für einen nicht seiner Erhaltung dienenden Zweck zu verwenden, oder
7. es unternimmt, bei einer Frau, welche bereit ist, ihr Kind nach der Geburt Dritten auf Dauer zu überlassen (Ersatzmutter), eine künstliche Befruchtung durchzuführen oder auf sie einen menschlichen Embryo zu übertragen.

(2) Ebenso wird bestraft, wer
1. künstlich bewirkt, daß eine menschliche Samenzelle in eine menschliche Eizelle eindringt, oder
2. eine menschliche Samenzelle in eine menschliche Eizelle künstlich verbringt,

ohne eine Schwangerschaft der Frau herbeiführen zu wollen, von der die Eizelle stammt.

(3) Nicht bestraft werden
1. in den Fällen des Absatzes 1 Nr. 1, 2 und 6 die Frau, von der die Eizelle oder der Embryo stammt, sowie die Frau, auf die die Eizelle übertragen wird oder der Embryo übertragen werden soll, und
2. in den Fällen des Absatzes 1 Nr. 7 die Ersatzmutter sowie die Person, die das Kind auf Dauer bei sich aufnehmen will.

(4) In den Fällen des Absatzes 1 Nr. 6 und des Absatzes 2 ist der Versuch strafbar.

§ 2. Mißbräuchliche Verwendung menschlicher Embryonen. (1) Wer einen extrakorporal erzeugten oder einer Frau vor Abschluß seiner Einnistung in der Gebärmutter entnommenen menschlichen Embryo veräußert oder zu einem nicht seiner Erhaltung dienenden Zweck abgibt, erwirbt oder verwendet, wird mit Freiheitsstrafe bis zu drei Jahren oder mit Geldstrafe bestraft.

(2) Ebenso wird bestraft, wer zu einem anderen Zweck als der Herbeiführung einer Schwangerschaft bewirkt, daß sich ein menschlicher Embryo extrakorporal weiterentwickelt.

(3) Der Versuch ist strafbar.

§ 3. Verbotene Geschlechtswahl. Wer es unternimmt, eine menschliche Eizelle mit einer Samenzelle künstlich zu befruchten, der nach dem in ihr enthaltenen Geschlechtschromosom ausgewählt worden ist, wird mit Freiheitsstrafe bis zu einem Jahr oder mit Geldstrafe bestraft. Dies gilt nicht, wenn die Auswahl der Samenzelle durch einen Arzt dazu dient, das Kind vor der Erkrankung an einer Muskeldystrophie vom Typ Duchenne oder einer ähnlich schwerwiegenden geschlechtsgebundenen Erbkrankheit zu bewahren, und die dem Kind drohende Erkrankung von der nach Landesrecht zuständigen Stelle als entsprechend schwerwiegend anerkannt worden ist.

§ 4. Eigenmächtige Befruchtung, eigenmächtige Embryoübertragung und künstliche Befruchtung nach dem Tode. (1) Mit Freiheitsstrafe bis zu drei Jahren oder mit Geldstrafe wird bestraft, wer

1. es unternimmt, eine Eizelle künstlich zu befruchten, ohne daß die Frau, deren Eizelle befruchtet wird, und der Mann, dessen Samenzelle für die Befruchtung verwendet wird, eingewilligt haben,
2. es unternimmt, auf eine Frau ohne deren Einwilligung einen Embryo zu übertragen, oder
3. wissentlich eine Eizelle mit dem Samen eines Mannes nach dessen Tode künstlich befruchtet.

(2) Nicht bestraft wird im Fall des Absatzes 1 Nr. 3 die Frau, bei der die künstliche Befruchtung vorgenommen wird.

§ 5. Künstliche Veränderung menschlicher Keimbahnzellen. (1) Wer die Erbinformation einer menschlichen Keimbahnzelle künstlich verändert, wird mit Freiheitsstrafe bis zu fünf Jahren oder mit Geldstrafe bestraft.

(2) Ebenso wird bestraft, wer eine menschliche Keimzelle mit künstlich veränderter Erbinformation zur Befruchtung verwendet.

(3) Der Versuch ist strafbar.

(4) Absatz 1 findet keine Anwendung auf
1. eine künstliche Veränderung der Erbinformation einer außerhalb des Körpers befindlichen Keimzelle, wenn ausgeschlossen ist, daß diese zur Befruchtung verwendet wird,
2. eine künstliche Veränderung der Erbinformation einer sonstigen körpereigenen Keimbahnzelle, die einer toten Leibesfrucht, einem Menschen oder einem Verstorbenen entnommen worden ist, wenn ausgeschlossen ist, daß
   a) diese auf einen Embryo, Foetus oder Menschen übertragen wird oder
   b) aus ihr eine Keimzelle entsteht, sowie
3. Impfungen, strahlen-, chemotherapeutische oder andere Behandlungen, mit denen eine Veränderung der Erbinformation von Keimbahnzellen nicht beabsichtigt ist.

§ 6. Klonen. (1) Wer künstlich bewirkt, daß ein menschlicher Embryo mit der gleichen Erbinformation wie ein anderer Embryo, ein Foetus, ein Mensch oder ein Verstorbener entsteht, wird mit Freiheitsstrafe bis zu fünf Jahren oder mit Geldstrafe bestraft.

(2) Ebenso wird bestraft, wer einen in Absatz 1 bezeichneten Embryo auf eine Frau überträgt.

(3) Der Versuch ist strafbar.

§ 7. Chimären- und Hybridbildung. (1) Wer es unternimmt,
1. Embryonen mit unterschiedlichen Erbinformationen unter Verwendung mindestens eines menschlichen Embryos zu einem Zellverband zu vereinigen,
2. mit einem menschlichen Embryo eine Zelle zu verbinden, die eine andere Erbinformation als die Zellen des Embryos enthält und sich mit diesem weiter zu differenzieren vermag, oder
3. durch Befruchtung einer menschlichen Eizelle mit dem Samen eines Tieres oder durch Befruchtung einer tierischen Eizelle mit dem Samen eines Menschen einen differenzierungsfähigen Embryo zu erzeugen,

wird mit Freiheitsstrafe bis zu fünf Jahren oder mit Geldstrafe bestraft.

(2) Ebenso wird bestraft, wer es unternimmt,
1. einen durch eine Handlung nach Absatz 1 entstandenen Embryo auf
   a) eine Frau oder
   b) ein Tier
   zu übertragen oder
2. einen menschlichen Embryo auf ein Tier zu übertragen.

§ 8. Begriffsbestimmung. (1) Als Embryo im Sinne dieses Gesetzes gilt bereits die befruchtete, entwicklungsfähige menschliche Eizelle vom Zeitpunkt der Kernverschmelzung an, ferner jede einem Embryo entnommene totipotente Zelle, die sich bei Vorliegen der dafür erforderlichen weiteren Voraussetzungen zu teilen und zu einem Individuum zu entwickeln vermag.

(2) In den ersten vierundzwanzig Stunden nach der Kernverschmelzung gilt die befruchtete menschliche Eizelle als entwicklungsfähig, es sei denn, daß schon vor Ablauf dieses Zeitraums festgestellt wird, daß sich diese nicht über das Einzellstadium hinaus zu entwickeln vermag.

(3) Keimbahnzellen im Sinne dieses Gesetzes sind alle Zellen, die in einer Zell-Linie von der befruchteten Eizelle bis zu den Ei- und Samenzellen des aus ihr hervorgegangenen Menschen führen,

ferner die Eizelle vom Einbringen oder Eindringen der Samenzelle an bis zu der mit der Kernverschmelzung abgeschlossenen Befruchtung.

§ 9. Arztvorbehalt. Nur ein Arzt darf vornehmen:
1. die künstliche Befruchtung,
2. die Übertragung eines menschlichen Embryos auf eine Frau,
3. die Konservierung eines menschlichen Embryos sowie einer menschlichen Eizelle, in die bereits eine menschliche Samenzelle eingedrungen oder künstlich eingebracht worden ist.

§ 10. Freiwillige Mitwirkung. Niemand ist verpflichtet, Maßnahmen der in § 9 bezeichneten Art vorzunehmen oder an ihnen mitzuwirken.

§ 11. Verstoß gegen den Arztvorbehalt. (1) Wer, ohne Arzt zu sein,
1. entgegen § 9 Nr. 1 eine künstliche Befruchtung vornimmt oder
2. entgegen § 9 Nr. 2 einen menschlichen Embryo auf eine Frau überträgt,

wird mit Freiheitsstrafe bis zu einem Jahr oder mit Geldstrafe bestraft.

(2) Nicht bestraft werden im Fall des § 9 Nr. 1 die Frau, die eine künstliche Insemination bei sich vornimmt, und der Mann, dessen Samen zu einer künstlichen Insemination verwendet wird.

§ 12. Bußgeldvorschriften. (1) Ordnungswidrig handelt, wer, ohne Arzt zu sein, entgegen § 9 Nr. 3 einen menschlichen Embryo oder eine dort bezeichnete menschliche Eizelle konserviert.

(2) Die Ordnungswidrigkeit kann mit einer Geldbuße bis zu fünftausend Deutsche Mark geahndet werden.

Europäisches Übereinkommen zur Verhütung von Folter und unmenschlicher oder erniedrigender Behandlung oder Strafe
(Folter – Europa)

vom 26. November 1987

Die Mitgliedstaaten des Europarats, die dieses Übereinkommen unterzeichnen –

in Anbetracht der Bestimmungen der Konvention zum Schutze der Menschenrechte und Grundfreiheiten,

eingedenk dessen, daß nach Artikel 3 der genannten Konvention niemand der Folter oder unmenschlicher oder erniedrigender Behandlung oder Strafe unterworfen werden darf,

unter Hinweis darauf, daß Personen, die sich durch eine Verletzung des Artikels 3 beschwert fühlen, die in jener Konvention vorgesehenen Verfahren in Anspruch nehmen können,

überzeugt, daß der Schutz von Personen, denen die Freiheit entzogen ist, vor Folter und unmenschlicher oder erniedrigender Behandlung oder Strafe durch nichtgerichtliche Maßnahmen vorbeugender Art, die auf Besuchen beruhen, verstärkt werden könnte –

sind wie folgt übereingekommen:

Kapitel I

Art. 1. Es wird ein Europäischer Ausschuß zur Verhütung von Folter und unmenschlicher oder erniedrigender Behandlung oder Strafe (im folgenden als „Ausschuß" bezeichnet) errichtet. Der Ausschuß prüft durch Besuche die Behandlung von Personen, denen die Freiheit entzogen ist, um erforderlichenfalls den Schutz dieser Personen vor Folter und unmenschlicher oder erniedrigender Behandlung oder Strafe zu verstärken.

Art. 2. Jede Vertragspartei läßt Besuche nach diesem Übereinkommen an allen ihrer Hoheitsgewalt unterstehenden Orten zu, an denen Personen durch eine öffentliche Behörde die Freiheit entzogen ist.

Art. 3. Bei der Anwendung dieses Übereinkommens arbeiten der Ausschuß und die zuständigen innerstaatlichen Behörden der betreffenden Vertragspartei zusammen.

Kapitel II

Art. 4. (1) Die Zahl der Mitglieder des Ausschusses entspricht derjenigen der Vertragsparteien.

(2) Die Mitglieder des Ausschusses werden unter Persönlichkeiten von hohem sittlichem Ansehen ausgewählt, die für ihre Sachkenntnis auf dem Gebiet der Menschenrechte bekannt sind oder in den von diesem Übereinkommen erfaßten Bereichen über berufliche Erfahrung verfügen.

(3) Dem Ausschuß darf jeweils nur ein Angehöriger desselben Staates angehören.

(4) Die Mitglieder sind in persönlicher Eigenschaft tätig; sie müssen unabhängig und unparteiisch sein und dem Ausschuß zur wirksamen Mitarbeit zur Verfügung stehen.

Art. 5. (3) Die Mitglieder des Ausschusses werden für die Dauer von vier Jahren gewählt. Sie können nur einmal wiedergewählt werden.

Art. 6. (1) Die Sitzungen des Ausschusses finden unter Ausschluß der Öffentlichkeit statt.

Kapitel III

Art. 7. (1) Der Ausschuß organisiert Besuche der in Artikel 2 bezeichneten Orte. Neben regelmäßigen Besuchen kann der Ausschuß alle weiteren Besuche organisieren, die ihm nach den Umständen erforderlich erscheinen.

Art. 8. (1) Der Ausschuß notifiziert der Regierung der betreffenden Vertragspartei seine Absicht, einen Besuch durchzuführen. Nach einer solchen Notifikation kann der Ausschuß die in Artikel 2 bezeichneten Orte jederzeit besuchen.

(2) Eine Vertragspartei hat dem Ausschuß zur Erfüllung seiner Aufgabe folgende Erleichterungen zu gewähren:
a) Zugang zu ihrem Hoheitsgebiet und das Recht, sich dort uneingeschränkt zu bewegen;
b) alle Auskünfte über die Orte, an denen sich Personen befinden, denen die Freiheit entzogen ist;
c) unbeschränkten Zugang zu allen Orten, an denen sich Personen befinden, denen die Freiheit entzogen ist, einschließlich des Rechts, sich innerhalb dieser Orte ungehindert zu bewegen;
d) alle sonstigen der Vertragspartei zur Verfügung stehenden Auskünfte, die der Ausschuß zur Erfüllung seiner Aufgabe benötigt. Bei der Beschaffung solcher Auskünfte beachtet der Ausschuß die innerstaatlichen Rechtsvorschriften einschließlich des Standesrechts.

(3) Der Ausschuß kann sich mit Personen, denen die Freiheit entzogen ist, ohne Zeugen unterhalten.

(4) Der Ausschuß kann sich mit jeder Person, von der er annimmt, daß sie ihm sachdienliche Auskünfte geben kann, ungehindert in Verbindung setzen.

(5) Erforderlichenfalls kann der Ausschuß den zuständigen Behörden der betreffenden Vertragspartei seine Beobachtungen sogleich mitteilen.

Art. 9. (1) Unter außergewöhnlichen Umständen können die zuständigen Behörden der betreffenden Vertragspartei gegenüber dem Ausschuß Einwände gegen einen Besuch zu dem vom Ausschuß vorgeschlagenen Zeitpunkt oder an dem von ihm vorgeschlagenen Ort geltend machen. Solche Einwände können nur aus Gründen der nationalen Verteidigung oder der öffentlichen Sicherheit oder wegen schwerer Störungen der Ordnung an Orten, an denen Personen die Freiheit entzogen ist, wegen des Gesundheitszustands einer Person oder einer dringenden Vernehmung in einer laufenden Ermittlung im Zusammenhang mit einer schweren Straftat erhoben werden.

(2) Werden solche Einwände erhoben, so nehmen der Ausschuß und die Vertragspartei sofort Konsultationen auf, um die Lage zu klären und zu einer Einigung über Regelungen zu gelangen, die es dem Ausschuß ermöglichen, seine Aufgaben so schnell wie möglich zu erfüllen.

Art. 10. (1) Nach jedem Besuch verfaßt der Ausschuß einen Bericht über die bei dem Besuch festgestellten Tatsachen unter Berücksichtigung von Äußerungen der betreffenden Vertragspartei. Er übermittelt ihr seinen Bericht, der die von ihm für erforderlich gehaltenen Empfehlungen enthält.

Art. 11. (1) Die Informationen, die der Ausschuß bei einem Besuch erhält, sein Bericht und seine Konsultationen mit der betreffenden Vertragspartei sind vertraulich.

(2) Der Ausschuß veröffentlicht seinen Bericht zusammen mit einer etwaigen Stellungnahme der betreffenden Vertragspartei, wenn diese darum ersucht.

(3) Personenbezogene Daten dürfen jedoch nicht ohne ausdrückliche Zustimmung des Betroffenen veröffentlicht werden.

Art. 12. Unter Beachtung der in Artikel 11 enthaltenen Bestimmungen über die Vertraulichkeit legt der Ausschuß dem Ministerkomitee alljährlich einen allgemeinen Bericht über seine Tätigkeit vor, welcher der Beratenden Versammlung zugeleitet und veröffentlich wird.

Art. 13. Die Mitglieder des Ausschusses, die Sachverständigen und die anderen Personen, die den Ausschuß unterstützen, haben während und nach ihrer Tätigkeit die Vertraulichkeit der ihnen bei der Erfüllung ihrer Aufgaben bekannt gewordenen Tatsachen oder Angaben zu wahren.

Art. 17. (1) Dieses Übereinkommen läßt die Bestimmungen des innerstaatlichen Rechts oder internationaler Übereinkünfte unberührt, die Personen, denen die Freiheit entzogen ist, weitergehenden Schutz gewähren.

(2) Keine Bestimmung dieses Übereinkommens ist so auszulegen, daß sie die Befugnisse der Organe der Europäischen Menschenrechtskonvention oder der von den Vertragsparteien nach jener Konvention eingegangenen Verpflichtungen einschränkt oder aufhebt.

(3) Der Ausschuß besucht keine Orte, die von Vertretern oder Delegierten der Schutzmächten oder des Internationalen Komitees vom Roten Kreuz aufgrund der Genfer Abkommen vom 12. August 1949 und der Zusatzprotokolle vom 8. Juni 1977 tatsächlich und regelmäßig besucht werden.

VN-Übereinkommen gegen Folter und andere grausame, unmenschliche oder erniedrigende Behandlung oder Strafe
(Folter – VN)

vom 10. Dezember 1984

Die Vertragsstaaten dieses Übereinkommens –

in der Erwägung, daß nach den in der Charta der Vereinten Nationen verkündeten Grundsätzen die Anerkennung der Gleichheit und Unveräußerlichkeit der Rechte aller Mitglieder der menschlichen Gesellschaft die Grundlage von Freiheit, Gerechtigkeit und Frieden in der Welt bildet,

in der Erkenntnis, daß sich diese Rechte aus der dem Menschen innewohnenden Würde herleiten,

in der Erwägung, daß die Charta, insbesondere Artikel 55, die Staaten verpflichtet, die allgemeine Achtung und Verwirklichung der Menschenrechte und Grundfreiheiten zu fördern,

im Hinblick auf Artikel 5 der Allgemeinen Erklärung der Menschenrechte und Artikel 7 des Internationalen Paktes über bürgerliche und politische Rechte, die beide vorsehen, daß niemand der Folter oder grausamer, unmenschlicher oder erniedrigender Behandlung oder Strafe unterworfen werden darf,

sowie im Hinblick auf die von der Generalversammlung am 9. Dezember 1975 angenommene Erklärung über den Schutz aller Personen vor Folter und anderer grausamer, unmenschlicher oder erniedrigender Behandlung oder Strafe,

in dem Wunsch, dem Kampf gegen Folter und andere grausame, unmenschliche oder erniedrigende Behandlung oder Strafe in der ganzen Welt größere Wirksamkeit zu verleihen –

sind wie folgt übereingekommen:

Art. 1. (1) Im Sinne dieses Übereinkommens bezeichnet der Ausdruck „Folter" jede Handlung, durch die einer Person vorsätzlich große körperliche oder seelische Schmerzen oder Leiden zugefügt werden, zum Beispiel um von ihr oder einem Dritten eine Aussage oder ein Geständnis zu erlangen, um sie für eine tatsächlich oder mutmaßlich von ihr oder einem Dritten begangene Tat zu bestrafen oder um sie oder einen Dritten einzuschüchtern oder zu nötigen, oder aus einem anderen, auf irgendeiner Art von Diskriminierung beruhenden Grund, wenn diese Schmerzen oder Leiden von einem Angehörigen des öffentlichen Dienstes oder einer anderen in amtlicher Eigenschaft handelnden Person, auf deren Veranlassung oder mit deren ausdrücklichem oder stillschweigendem Einverständnis verursacht werden. Der Ausdruck umfaßt nicht Schmerzen oder Leiden, die sich lediglich aus gesetzlich zulässigen Sanktionen ergeben, dazu gehören oder damit verbunden sind.

(2) Dieser Artikel läßt alle internationalen Übereinkünfte oder innerstaatlichen Rechtsvorschriften unberührt, die weitergehende Bestimmungen enthalten.

Art. 2. (1) Jeder Vertragsstaat trifft wirksame gesetzgeberische, verwaltungsmäßige, gerichtliche oder sonstige Maßnahmen, um Folterungen in allen seiner Hoheitsgewalt unterstehenden Gebieten zu verhindern.

(2) Außergewöhnliche Umstände gleich welcher Art, sei es Krieg oder Kriegsgefahr, innenpolitische Instabilität oder ein sonstiger öffentlicher Notstand, dürfen nicht als Rechtfertigung für Folter geltend gemacht werden.

(3) Eine von einem Vorgesetzten oder einem Träger öffentlicher Gewalt erteilte Weisung darf nicht als Rechtfertigung für Folter geltend gemacht werden.

Art. 3. (1) Ein Vertragsstaat darf eine Person nicht in einen anderen Staat ausweisen, abschieben oder an diesen ausliefern, wenn stichhaltige Gründe für die Annahme bestehen, daß sie dort Gefahr liefe, gefoltert zu werden.

(2) Bei der Feststellung, ob solche Gründe vorliegen, berücksichtigen die zuständigen Behörden alle maßgeblichen Erwägungen einschließlich des Umstands, daß in dem betreffenden Staat eine ständige Praxis grober offenkundiger oder massenhafter Verletzungen der Menschenrechte herrscht.

Art. 4. (1) Jeder Vertragsstaat trägt dafür Sorge, daß nach seinem Strafrecht alle Folterhandlungen als Straftaten gelten. Das gleiche gilt für versuchte Folterung und für von irgendeiner Person begangene Handlungen, die eine Mittäterschaft oder Teilnahme an einer Folterung darstellen.

(2) Jeder Vertragsstaat bedroht diese Straftaten mit angemessenen Strafen, welche die Schwere der Tat berücksichtigen.

Art. 10. (1) Jeder Vertragsstaat trägt dafür Sorge, daß die Erteilung von Unterricht und die Aufklärung über das Verbot der Folter als vollgültiger Bestandteil in die Ausbildung des mit dem Gesetzesvollzug betrauten zivilen und militärischen Personals, des medizinischen Personals, der Angehörigen des öffentlichen Dienstes und anderer Personen aufgenommen wird, die mit dem Gewahrsam, der Vernehmung oder der Behandlung einer Person befaßt werden können, die der Festnahme, der Haft, dem Strafvollzug oder irgendeiner anderen Form der Freiheitsentziehung unterworfen ist.

(2) Jeder Vertragsstaat nimmt dieses Verbot in die Vorschriften oder Anweisungen über die Pflichten und Aufgaben aller dieser Personen auf.

Art. 12. Jeder Vertragsstaat trägt dafür Sorge, daß seine zuständigen Behörden umgehend eine unparteiische Untersuchung durchführen, sobald ein hinreichender Grund für die Annahme besteht, daß in einem seiner Hoheitsgewalt unterstehenden Gebiet eine Folterhandlung begangen wurde.

Art. 13. Jeder Vertragsstaat trägt dafür Sorge, daß jeder, der behauptet, er sei in einem der Hoheitsgewalt des betreffenden Staates unterstehenden Gebiet gefoltert worden, das Recht auf Anrufung der zuständigen Behörden und auf umgehende unparteiische Prüfung seines Falles durch diese Behörden hat. Es sind Vorkehrungen zu treffen, um sicherzustellen, daß der Beschwerdeführer und die Zeugen vor jeder Mißhandlung oder Einschüchterung wegen ihrer Beschwerde oder ihrer Aussagen geschützt sind.

Art. 14. (1) Jeder Vertragsstaat stellt in seiner Rechtsordnung sicher, daß das Opfer einer Folterhandlung Wiedergutmachung erhält und ein einklagbares Recht auf gerechte und angemessene Entschädigung einschließlich der Mittel für eine möglichst vollständige Rehabilitation hat. Stirbt das Opfer infolge der Folterhandlung, so haben seine Hinterbliebenen Anspruch auf Entschädigung.

Art. 15. Jeder Vertragsstaat trägt dafür Sorge, daß Aussagen, die nachweislich durch Folter herbeigeführt worden sind, nicht als Beweis in einem Verfahren verwendet werden, es sei denn gegen eine der Folter angeklagte Person als Beweis dafür, daß die Aussage gemacht wurde.

Art. 17. (1) Es wird ein Ausschuß gegen Folter ... errichtet ... Der Ausschuß besteht aus zehn Sachverständigen von hohem sittlichen Ansehen und anerkannter Sachkenntnis auf dem Gebiet der Menschenrechte, die in ihrer persönlichen Eigenschaft tätig sind. Die Sachverständigen werden von den Vertragsstaaten gewählt, wobei eine ausgewogene geographische Verteilung und die Zweckmäßigkeit der Beteiligung von Personen mit juristischer Erfahrung zu berücksichtigen sind.

Art. 26. Dieses Übereinkommen steht allen Staaten zum Beitritt offen.

Gesetz zur Regelung der Gentechnik (Gentechnikgesetz)

vom 20. Juni 1990

§ 1. Zweck des Gesetzes. Zweck dieses Gesetzes ist,
1. Leben und Gesundheit von Menschen, Tiere, Pflanzen sowie die sonstige Umwelt in ihrem Wirkungsgefüge und Sachgüter vor möglichen Gefahren gentechnischer Verfahren und Produkte zu schützen und dem Entstehen solcher Gefahren vorzubeugen und
2. den rechtlichen Rahmen für die Erforschung, Entwicklung, Nutzung und Förderung der wissenschaftlichen und technischen Möglichkeiten der Gentechnik zu schaffen.

§ 3. Begriffsbestimmungen. Im Sinne dieses Gesetzes sind
1. Organismus
   jede biologische Einheit, die fähig ist, sich zu vermehren oder genetisches Material zu übertragen,
2. gentechnische Arbeiten
   a) die Erzeugung gentechnisch veränderter Organismen,
   b) die Verwendung, Vermehrung, Lagerung, Zerstörung oder Entsorgung sowie der innerbetriebliche Transport gentechnisch veränderter Organismen, soweit noch keine Genehmigung für die Freisetzung oder das Inverkehrbringen zum Zweck des späteren Ausbringens in die Umwelt erteilt wurde,
3. gentechnisch veränderter Organismus
   ein Organismus, dessen genetisches Material in einer Weise verändert worden ist, wie sie unter natürlichen Bedingungen durch Kreuzen oder natürliche Rekombination nicht vorkommt. ...
4. gentechnische Anlage
   Einrichtung, in der gentechnische Arbeiten im Sinne der Nummer 2 im geschlossenen System durchgeführt werden und für die physikalische Schranken verwendet werden, gegebenenfalls in Verbindung mit biologischen oder chemischen Schranken oder einer Kombination von biologischen und chemischen Schranken, um den Kontakt der verwendeten Organismen mit Menschen und der Umwelt zu begrenzen,
5. gentechnische Arbeit zu Forschungszwecken
   eine Arbeit für Lehr-, Forschungs- oder Entwicklungszwecke oder eine Arbeit für nichtindustrielle beziehungsweise nichtkommerzielle Zwecke in kleinem Maßstab,
6. gentechnische Arbeit zu gewerblichen Zwecken
   jede andere Arbeit als die Nummer 5 beschriebene,
7. Freisetzung
   das gezielte Ausbringen von gentech-

nisch veränderten Organismen in die Umwelt, soweit noch keine Genehmigung für das Inverkehrbringen zum Zweck des späteren Ausbringens in die Umwelt erteilt wurde,
8. Inverkehrbringen
die Abgabe von Produkten, die gentechnisch veränderte Organismen enthalten oder aus solchen bestehen, an Dritte; das Verbringen in den Geltungsbereich dieses Gesetzes gilt als Inverkehrbringen, ...
14. biologische Sicherheitsmaßnahme
die Verwendung von Empfängerorganismen und Vektoren mit bestimmten gefahrenmindernden Eigenschaften,
15. Vektor
ein biologischer Träger, der Nukleinsäure-Segmente in eine neue Zelle einführt.

§ 4. Kommission. (1) Unter der Bezeichnung „Zentrale Kommission für die Biologische Sicherheit" (Kommission) wird beim Bundesgesundheitsamt eine Sachverständigenkommission eingerichtet.

§ 5. Aufgaben der Kommission. Die Kommission prüft und bewertet sicherheitsrelevante Fragen nach den Vorschriften dieses Gesetzes, gibt hierzu Empfehlungen und berät die Bundesregierung und die Länder in sicherheitsrelevanten Fragen der Gentechnik. Bei ihren Empfehlungen soll die Kommission auch den Stand der internationalen Entwicklung auf dem Gebiet der gentechnischen Sicherheit angemessen berücksichtigen. Die Kommission berichtet jährlich der Öffentlichkeit über ihre Arbeit.

§ 6. Allgemeine Sorgfalts- und Aufzeichnungspflichten, Gefahrenvorsorge. (1) Wer gentechnische Anlagen errichtet oder betreibt, gentechnische Arbeiten durchführt, gentechnisch veränderte Organismen freisetzt oder Produkte, die gentechnisch veränderte Organismen enthalten oder aus solchen bestehen, als Betreiber in Verkehr bringt, hat die damit verbundenen Risiken vorher umfassend zu bewerten. Bei dieser Risikobewertung hat er insbesondere die Eigenschaften der Spender- und Empfängerorganismen, der Vektoren sowie der gentechnisch veränderten Organismen, ferner die Auswirkungen der vorgenannten Organismen auf die menschliche Gesundheit und die Umwelt zu berücksichtigen.

(2) Der Betreiber hat die nach dem Stand von Wissenschaft und Technik notwendigen Vorkehrungen zu treffen, um die in § 1 Nr. 1 genannten Rechtsgüter vor möglichen Gefahren zu schützen und dem Entstehen solcher Gefahren vorzubeugen.

(3) Über die Durchführung gentechnischer Arbeiten hat der Betreiber Aufzeichnungen zu führen und der zuständigen Behörde auf ihr Ersuchen vorzulegen.

§ 7. Sicherheitsstufen, Sicherheitsmaßnahmen. (1) Gentechnische Arbeiten werden in vier Sicherheitsstufen eingeteilt:
1. Der Sicherheitsstufe 1 sind gentechnische Arbeiten zuzuordnen, bei denen nach dem Stand der Wissenschaft nicht von einem Risiko für die menschliche Gesundheit und die Umwelt auszugehen ist.
2. Der Sicherheitsstufe 2 sind gentechnische Arbeiten zuzuordnen, bei denen nach dem Stand der Wissenschaft von einem geringen Risiko für die menschliche Gesundheit oder die Umwelt auszugehen ist.
3. Der Sicherheitsstufe 3 sind gentechnische Arbeiten zuzuordnen, bei denen nach dem Stand der Wissenschaft von einem mäßigen Risiko für die menschliche Gesundheit oder die Umwelt auszugehen ist.
4. Der Sicherheitsstufe 4 sind gentechnische Arbeiten zuzuordnen, bei denen nach dem Stand der Wissenschaft von einem hohen Risiko oder dem begründeten Verdacht eines solchen Risikos für die menschliche Gesundheit oder die Umwelt auszugehen ist.

§ 8. Genehmigung und Anmeldung von gentechnischen Anlagen. (1) Gentechnische Arbeiten dürfen nur in gentechnischen Anlagen im Sinne des § 3 Nr. 4 durchgeführt werden. Die Errichtung und der Betrieb gentechnischer Anlagen bedürfen der Genehmigung (Anlagengenehmigung), soweit sich nicht aus den Vorschriften dieses Gesetzes etwas anderes ergibt. Die Genehmigung berechtigt zur Durchführung der im Genehmigungsbescheid genannten gentechnischen Arbeiten zu gewerblichen oder zu Forschungszwecken.

§ 14. **Freisetzung und Inverkehrbringen.** (1) Einer Genehmigung des Bundesgesundheitsamtes bedarf, wer
1. gentechnisch veränderte Organismen freisetzt,
2. Produkte in den Verkehr bringt, die gentechnisch veränderte Organismen enthalten oder aus solchen bestehen,
3. Produkte, die gentechnisch veränderte Organismen enthalten oder aus solchen bestehen, zu einem anderen Zweck als der bisherigen bestimmungsgemäßen Verwendung in den Verkehr bringt.

Die Genehmigung für eine Freisetzung oder ein Inverkehrbringen kann auch die Nachkommen und das Vermehrungsmaterial des gentechnisch veränderten Organismus umfassen.

§ 28. **Unterrichtungspflicht.** (1) Die zuständigen Behörden unterrichten das Bundesgesundheitsamt unverzüglich über die ihnen ... angezeigten oder im Rahmen der Überwachung bekanntgewordenen sicherheitsrelevanten Vorkommnisse, über Zuwiderhandlungen oder den Verdacht auf Zuwiderhandlungen gegen Vorschriften dieses Gesetzes, der auf Grund dieses Gesetzes erlassenen Rechtsverordnungen sowie gegen Auflagen ..., soweit gentechnische Arbeiten, Freisetzungen oder ein Inverkehrbringen berührt sind.

(2) Die zuständigen Behörden unterrichten das Bundesgesundheitsamt jährlich über die im Vollzug dieses Gesetzes getroffenen Entscheidungen und unverzüglich über sicherheitsrelevante Erkenntnisse. Das Bundesgesundheitsamt gibt seine Erkenntnisse, soweit sie für den Gesetzesvollzug von Bedeutung sein können, den zuständigen Behörden bekannt.

§ 29. **Auswertung von sicherheitsrelevanten Erkenntnissen.** (1) Das Bundesgesundheitsamt hat Daten gemäß § 28, die im Zusammenhang mit der Errichtung und dem Betrieb gentechnischer Anlagen, der Durchführung gentechnischer Arbeiten, mit Freisetzungen oder mit einem Inverkehrbringen von ihm erhoben oder ihm übermittelt worden sind, zum Zweck der Beobachtung, Sammlung und Auswertung sicherheitsrelevanter Sachverhalte zu verarbeiten und zu nutzen.

§ 32. **Haftung.** (1) Wird infolge von Eigenschaften eines Organismus, die auf gentechnischen Arbeiten beruhen, jemand getötet, sein Körper oder seine Gesundheit verletzt oder eine Sache beschädigt, so ist der Betreiber verpflichtet, den daraus entstehenden Schaden zu ersetzen.

§ 33. **Haftungshöchstbetrag.** Sind infolge von Eigenschaften eines Organismus, die auf gentechnischen Arbeiten beruhen, Schäden verursacht worden, so haftet der Betreiber im Falle des § 32 den Geschädigten bis zu einem Höchstbetrag von einhundertsechzig Millionen Deutsche Mark. Übersteigen die mehreren auf Grund desselben Schadensereignisses zu leistenden Entschädigungen den in Satz 1 bezeichneten Höchstbetrag, so verringern sich die einzelnen Entschädigungen in dem Verhältnis, in dem ihr Gesamtbetrag zu dem Höchstbetrag steht.

§ 34. **Ursachenvermutung.** (1) Ist der Schaden durch gentechnisch veränderte Organismen verursacht worden, so wird vermutet, daß er durch Eigenschaften dieser Organismen verursacht wurde, die auf gentechnischen Arbeiten beruhen.

(2) Die Vermutung ist entkräftet, wenn es wahrscheinlich ist, daß der Schaden auf anderen Eigenschaften dieser Organismen beruht.

§ 35. **Auskunftsansprüche des Geschädigten.** (1) Liegen Tatsachen vor, die die Annahme begründen, daß ein Personen- oder Sachschaden auf gentechnischen Arbeiten eines Betreibers beruht, so ist dieser verpflichtet, auf Verlangen des Geschädigten über die Art und den Ablauf der in der gentechnischen Anlage durchgeführten oder einer Freisetzung zugrundeliegenden gentechnischen Arbeiten Auskunft zu erteilen, soweit dies zur Feststellung, ob ein Anspruch nach § 32 besteht, erforderlich ist.

Ausführungsgesetz zu Artikel 26 Abs. 2 des Grundgesetzes (Kriegswaffenkontrollgesetz)

in der Fassung vom 11. November 1990

§ 1. **Begriffsbestimmung.** (2) Die Bundesregierung wird ermächtigt, durch Rechtsverordnung mit Zustimmung des Bundesrates die Kriegswaffenliste entsprechend dem Stand der wissenschaftlichen, technischen und militärischen Erkenntnisse derart zu ändern und zu ergänzen, daß sie alle Gegenstände, Stoffe und Organismen enthält, die geeignet sind, allein, in Verbindung miteinander oder mit anderen Gegenständen, Stoffen oder Organismen Zerstörungen oder Schäden an Personen oder Sachen zu verursachen und als Mittel der Gewaltanwendung bei bewaffneten Auseinandersetzungen zwischen Staaten zu dienen.

§ 2. **Herstellung und Inverkehrbringen.** (1) Wer Kriegswaffen herstellen will, bedarf der Genehmigung.

(2) Wer die tatsächliche Gewalt über Kriegswaffen von einem anderen erwerben oder einem anderen überlassen will, bedarf der Genehmigung.

§ 4a. **Auslandsgeschäfte.** (1) Wer einen Vertrag über den Erwerb oder das Überlassen von Kriegswaffen, die sich außerhalb des Bundesgebietes befinden, vermitteln oder die Gelegenheit zum Abschluß eines solchen Vertrags nachweisen will, bedarf der Genehmigung.

(2) Einer Genehmigung bedarf auch, wer einen Vertrag über das Überlassen von Kriegswaffen, die sich außerhalb des Bundesgebietes befinden, abschließen will.

(3) Die Absätze 1 und 2 sind nicht anzuwenden, wenn die Kriegswaffen in Ausführung des Vertrags in das Bundesgebiet eingeführt oder durchgeführt werden sollen.

§ 6. **Versagung der Genehmigung.** (1) Auf die Erteilung einer Genehmigung besteht kein Anspruch.

(2) Die Genehmigung kann insbesondere versagt werden, wenn
1. Grund zu der Annahme besteht, daß ihre Erteilung dem Interesse der Bundesrepublik an der Aufrechterhaltung guter Beziehungen zu anderen Ländern zuwiderlaufen würde,
2. a) der Antragsteller, sein gesetzlicher Vertreter, bei juristischen Personen das vertretungsberechtigte Organ oder ein Mitglied eines solchen Organs, bei Personenhandelsgesellschaften ein vertretungsberechtigter Gesellschafter, sowie der Leiter eines Betriebes oder eines Betriebsteiles des Antragstellers,
b) derjenige, der Kriegswaffen befördert,
c) derjenige, der die tatsächliche Gewalt über Kriegswaffen dem Beförderer überläßt oder von ihm erwirbt,
nicht Deutscher im Sinne des Artikels 116 des Grundgesetzes ist oder den Wohnsitz oder gewöhnlichen Aufenthalt außerhalb des Bundesgebietes hat,
3. eine im Zusammenhang mit der genehmigungsbedürftigen Handlung nach anderen Vorschriften erforderliche Genehmigung nicht nachgewiesen wird.

(3) Die Genehmigung ist zu versagen, wenn
1. die Gefahr besteht, daß die Kriegswaffen bei einer friedensstörenden Handlung, insbesondere bei einem Angriffskrieg, verwendet werden,
2. Grund zu der Annahme besteht, daß die Erteilung der Genehmigung völkerrechtliche Verpflichtungen der Bundesrepublik verletzen oder deren Erfüllung gefährden würde,
3. Grund zu der Annahme besteht, daß eine der in Absatz 2 Nr. 2 genannten Personen die für die beabsichtigte Handlung erforderliche Zuverlässigkeit nicht besitzt.

§ 10. **Inhalt und Form der Genehmigung.** (1) Die Genehmigung kann inhaltlich beschränkt, befristet und mit Auflagen verbunden werden.

(2) Nachträgliche Befristungen und Auflagen sind jederzeit zulässig. ...

(3) Die Genehmigung bedarf der Schriftform; sie muß Angaben über Art und Menge der Kriegswaffen enthalten.

§ 11. Genehmigungsbehörden. (1) Für die Erteilung und den Widerruf einer Genehmigung ist die Bundesregierung zuständig.

§ 12. Pflichten im Verkehr mit Kriegswaffen. (1) Wer eine nach diesem Gesetz genehmigungsbedürftige Handlung vornimmt, hat die erforderlichen Maßnahmen zu treffen,
1. um zu verhindern, daß die Kriegswaffen abhanden kommen oder unbefugt verwendet werden,
2. um zu gewährleisten, daß die gesetzlichen Vorschriften und behördlichen Anordnungen zum Schutze von geheimhaltungsbedürftigen Gegenständen, Tatsachen, Erkenntnissen oder Mitteilungen beachtet werden.

(2) Wer Kriegswaffen herstellt, befördern läßt oder selbst befördert oder die tatsächliche Gewalt über Kriegswaffen von einem anderen erwirbt oder einem anderen überläßt, hat ein Kriegswaffenbuch zu führen, um den Verbleib der Kriegswaffen nachzuweisen.

§ 15. Bundeswehr und andere Organe. (1) Die §§ 2 bis 4a und 12 gelten nicht für die Bundeswehr, die Polizeien des Bundes und den Zollgrenzdienst.

§ 16. Nukleare Aufgaben im Nordatlantischen Bündnis. Die Vorschriften dieses Abschnitts und die Strafvorschriften der §§ 19 und 21 gelten, um Vorbereitung und Durchführung der nuklearen Mitwirkung im Rahmen des Nordatlantikvertrages vom 4. April 1949 oder für einen Mitgliedstaat zu gewährleisten, nur für Atomwaffen, die nicht der Verfügungsgewalt von Mitgliedstaaten dieses Vertrages unterstehen oder die nicht im Auftrag solcher Staaten entwickelt oder hergestellt werden.

§ 17. Verbot von Atomwaffen. (1) Unbeschadet des § 16 ist es verboten,
1. Atomwaffen zu entwickeln, herzustellen, mit ihnen Handel zu treiben, von einem anderen zu erwerben oder einem anderen zu überlassen, einzuführen, auszuführen, durch das Bundesgebiet durchzuführen oder sonst in das Bundesgebiet oder aus dem Bundesgebiet zu verbringen oder sonst die tatsächliche Gewalt über sie auszuüben,
1a. einen anderen zu einer in Nummer 1 bezeichneten Handlung zu verleiten oder
2. eine in Nummer 1 bezeichnete Handlung zu fördern.

(2) Atomwaffen im Sinne des Absatzes 1 sind
1. Waffen aller Art, die Kernbrennstoffe oder radioaktive Isotope enthalten oder eigens dazu bestimmt sind, solche aufzunehmen oder zu verwenden, und Massenzerstörungen, Massenschäden oder Massenvergiftungen hervorrufen können
2. Teile, Vorrichtungen, Baugruppen oder Substanzen, die eigens für eine in Nummer 1 genannte Waffe bestimmt sind.

§ 18. Verbot von biologischen und chemischen Waffen. Es ist verboten,
1. biologische oder chemische Waffen zu entwickeln, herzustellen, mit ihnen Handel zu treiben, von einem anderen zu erwerben oder einem anderen zu überlassen, einzuführen, auszuführen, durch das Bundesgebiet durchzuführen oder sonst in das Bundesgebiet oder aus dem Bundesgebiet zu verbringen oder sonst die tatsächliche Gewalt über sie auszuüben oder
1a. einen anderen zu einer in Nummer 1 bezeichneten Handlung zu verleiten oder
2. eine in Nummer 1 bezeichnete Handlung zu fördern.

§ 19. Strafvorschriften gegen Atomwaffen. (1) Mit Freiheitsstrafe von einem Jahr bis zu fünf Jahren wird bestraft, wer
1. Atomwaffen im Sinne des § 17 Abs. 2 entwickelt, herstellt, mit ihnen Handel treibt, von einem anderen erwirbt oder einem anderen überläßt, einführt, ausführt, durch das Bundesgebiet oder aus dem Bundesgebiet verbringt oder sonst die tatsächliche Gewalt über sie ausübt,
1a. einen anderen zu einer in Nummer 1 bezeichneten Handlung verleitet oder
2. eine in Nummer 1 bezeichnete Handlung fördert.

(2) Mit Freiheitsstrafe nicht unter zwei Jahren wird bestraft, wer

1. eine in Absatz 1 bezeichnete Handlung gewerbsmäßig oder als Mitglied einer Bande, die sich zur fortgesetzten Begehung solcher Straftaten verbunden hat, unter Mitwirkung eines anderen Bandenmitglieds begeht oder
2. durch eine in Absatz 1 bezeichnete Handlung
   a) die Sicherheit der Bundesrepublik Deutschland,
   b) das friedliche Zusammenleben der Völker oder
   c) die auswärtigen Beziehungen der Bundesrepublik Deutschland erheblich
gefährdet.

§ 20. Strafvorschriften gegen biologische und chemische Waffen. (1) Mit Freiheitsstrafe nicht unter zwei Jahren wird bestraft, wer
1. biologische oder chemische Waffen entwickelt, herstellt, mit ihnen Handel treibt, von einem anderen erwirbt oder einem anderen überläßt, einführt, ausführt, durch das Bundesgebiet durchführt oder sonst in das Bundesgebiet oder aus dem Bundesgebiet verbringt oder sonst die tatsächliche Gewalt über sie ausübt,
1a. einen anderen zu einer in Nummer 1 bezeichneten Handlung verleitet oder
2. eine in Nummer 1 bezeichnete Handlung fördert.

(2) In minder schweren Fällen ist die Strafe Freiheitsstrafe von drei Monaten bis zu fünf Jahren.

(3) Handelt der Täter in den Fällen des Absatzes 1 Nr. 1 fahrlässig oder in den Fällen des Absatzes 1 Nr. 1a oder 2 leichtfertig, so ist die Strafe Freiheitsstrafe bis zu drei Jahren oder Geldstrafe.

(4) Die Absätze 1 bis 3 gelten nicht für eine Handlung, die
1. zur Vernichtung von chemischen Waffen durch die dafür zuständigen Stellen oder
2. zum Schutz gegen Wirkungen von biologischen oder chemischen Waffen oder zur Abwehr dieser Wirkungen
geeignet und bestimmt ist.

§ 21. Taten außerhalb des Geltungsbereichs dieses Gesetzes. § 19 Abs. 2 Nr. 2 ... sowie § 20 gelten, unabhängig vom Recht des Tatorts, auch für Taten, die außerhalb des Geltungsbereichs dieser Vorschriften begangen werden, wenn der Täter Deutscher ist und
1. Inhaber eines Personaldokuments der Bundesrepublik Deutschland ist oder
2. verpflichtet wäre, einen Personalausweis zu besitzen, falls er eine Wohnung im Geltungsbereich dieser Vorschrift hätte.

Konvention zum Schutze der Menschenrechte und Grundfreiheiten* (Menschenrechtskonvention)

vom 4. November 1950 (Übersetzung)

In Erwägung der Universellen Erklärung der Menschenrechte, die von der Allgemeinen Versammlung der Vereinten Nationen am 10. Dezember 1948 verkündet wurde;

in der Erwägung, daß diese Erklärung bezweckt, die universelle und wirksame Anerkennung und Einhaltung der darin erklärten Rechte zu gewährleisten;

in der Erwägung, daß das Ziel des Europarats die Herbeiführung einer größeren Einigkeit unter seinen Mitgliedern ist und daß eines der Mittel zur Erreichung dieses Zieles in der Wahrung und in der Entwicklung der Menschenrechte und Grundfreiheiten besteht;

unter erneuter Bekräftigung ihres tiefen Glaubens an diese Grundfreiheiten, welche die Grundlage der Gerechtigkeit und des Friedens in der Welt bilden, und deren Aufrechterhaltung wesentlich auf einem wahrhaft demokratischen politischen Regime einerseits und auf einer gemeinsamen Auffassung und Achtung der Menschenrechte andererseits beruht, von denen sie sich herleiten;

entschlossen, als Regierungen europäischer Staaten, die vom gleichen Geiste beseelt sind und ein gemeinsames Erbe an geistigen Gütern, politischen Überlieferungen, Achtung der Freiheit und Vorherrschaft des Gesetzes besitzen, die ersten Schritte auf dem Wege zu einer kollektiven Garantie gewisser in der Universellen Erklärung verkündeter Rechte zu unternehmen;

vereinbaren die unterzeichneten Regierungen und Mitglieder des Europarats folgendes:

Art. 1. Die Hohen Vertragschließenden Teile sichern allen ihrer Herrschaftsgewalt unterstehenden Personen die in Abschnitt I dieser Konvention niedergelegten Rechte und Freiheiten zu.

Abschnitt I

Art. 2. (1) Das Recht jedes Menschen auf das Leben wird gesetzlich geschützt. Abgesehen von der Vollstreckung eines Todesurteils, das von einem Gericht im Falle eines mit der Todesstrafe bedrohten Verbrechens ausgesprochen worden ist, darf eine absichtliche Tötung nicht vorgenommen werden.

(2) Die Tötung wird nicht als Verletzung dieses Artikels betrachtet, wenn sie sich aus einer unbedingt erforderlichen Gewaltanwendung ergibt:
a) um die Verteidigung eines Menschen gegenüber rechtswidriger Gewaltanwendung sicherzustellen;
b) um eine ordnungsgemäße Festnahme durchzuführen oder das Entkommen einer ordnungsgemäß festgehaltenen Person zu verhindern;
c) um im Rahmen der Gesetze einen Aufruhr oder einen Aufstand zu unterdrücken.

Art. 3. Niemand darf der Folter oder unmenschlicher oder erniedrigender Strafe oder Behandlung unterworfen werden.

Art. 4. (1) Niemand darf in Sklaverei oder Leibeigenschaft gehalten werden.

(2) Niemand darf gezwungen werden, Zwangs- oder Pflichtarbeit zu verrichten.

(3) Als „Zwangs- oder Pflichtarbeit" im Sinne dieses Artikels gilt nicht:

---

* Unterzeichnet wurde die Konvention von Belgien, Dänemark, Frankreich, der Bundesrepublik Deutschland, Island, Irland, Italien, Luxemburg, den Niederlanden, Norwegen, *der Saar*[1], der Türkei, Großbritannien und Nordirland; später auch von Österreich, Malta, der Schweiz, Schweden, Zypern, Griechenland, Portugal, Spanien und Liechtenstein.
Sie ist am 3. September 1953 für die Bundesrepublik Deutschland in Kraft getreten.
[1] Das heutige Bundesland ‚Saarland' war nach dem Zweiten Weltkrieg zunächst selbständig.

a) jede Arbeit, die normalerweise von einer Person verlangt wird, die unter den von Artikel 5 der vorliegenden Konvention vorgesehenen Bedingungen in Haft gehalten oder bedingt freigelassen worden ist;
b) jede Dienstleistung militärischen Charakters, oder im Falle der Verweigerung aus Gewissensgründen in Ländern, wo diese als berechtigt anerkannt ist, eine sonstige anstelle der militärischen Dienstpflicht tretende Dienstleistung;
c) jede Dienstleistung im Falle von Notständen und Katastrophen, die das Leben oder das Wohl der Gemeinschaft bedrohen;
d) jede Arbeit oder Dienstleistung, die zu den normalen Bürgerpflichten gehört.

Art. 5. (1) Jeder Mensch hat ein Recht auf Freiheit und Sicherheit. Die Freiheit darf einem Menschen nur in den folgenden Fällen und nur auf dem gesetzlich vorgeschriebenen Wege entzogen werden:
a) wenn er rechtmäßig nach Verurteilung durch ein zuständiges Gericht in Haft gehalten wird;
b) wenn er rechtmäßig festgenommen worden ist oder in Haft gehalten wird wegen Nichtbefolgung eines rechtmäßigen Gerichtsbeschlusses oder zur Erzwingung der Erfüllung einer durch das Gesetz vorgeschriebenen Verpflichtung;
c) wenn er rechtmäßig festgenommen worden ist oder in Haft gehalten wird zum Zwecke seiner Vorführung vor die zuständige Gerichtsbehörde, sofern hinreichender Verdacht dafür besteht, daß der Betreffende eine strafbare Handlung begangen hat, oder begründeter Anlaß zu der Annahme besteht, daß es notwendig ist, den Betreffenden an der Begehung einer strafbaren Handlung oder an der Flucht nach Begehung einer solchen zu verhindern;
d) wenn es sich um die rechtmäßige Haft eines Minderjährigen handelt, die zum Zwecke überwachter Erziehung angeordnet ist, oder um die rechtmäßige Haft eines solchen, die zwecks Vorführung vor die zuständige Behörde verhängt ist;
e) wenn er sich in rechtmäßiger Haft befindet, weil er eine Gefahrenquelle für die Ausbreitung ansteckender Krankheiten bildet, oder weil er geisteskrank, Alkoholiker, rauschgiftsüchtig oder Landstreicher ist;
f) wenn er rechtmäßig festgenommen worden ist oder in Haft gehalten wird, weil er daran gehindert werden soll, unberechtigt in das Staatsgebiet einzudringen oder weil er von einem gegen ihn schwebenden Ausweisungs- oder Auslieferungsverfahren betroffen ist.

(2) Jeder Festgenommene muß unverzüglich und in einer ihm verständlichen Sprache über die Gründe seiner Festnahme und über die gegen ihn erhobenen Beschuldigungen unterrichtet werden.

(3) Jede nach der Vorschrift des Absatzes 1 (c) dieses Artikels festgenommene oder in Haft gehaltene Person muß unverzüglich einem Richter oder einem anderen, gesetzlich zur Ausübung richterlicher Funktionen ermächtigten Beamten vorgeführt werden. Er hat Anspruch auf Aburteilung innerhalb einer angemessenen Frist oder auf Haftentlassung während des Verfahrens. Die Freilassung kann von der Leistung einer Sicherheit für das Erscheinen vor Gericht abhängig gemacht werden.

(4) Jeder, der seiner Freiheit durch Festnahme oder Haft beraubt ist, hat das Recht, ein Verfahren zu beantragen, in dem von einem Gericht unverzüglich über die Rechtmäßigkeit der Haft entschieden wird und im Falle der Widerrechtlichkeit seine Entlassung angeordnet wird.

(5) Jeder, der entgegen den Bestimmungen dieses Artikels von Festnahme oder Haft betroffen worden ist, hat Anspruch auf Schadenersatz.

Art. 6. (1) Jedermann hat Anspruch darauf, daß seine Sache in billiger Weise öffentlich und innerhalb einer angemessenen Frist gehört wird, und zwar von einem unabhängigen und unparteiischen, auf Gesetz beruhenden Gericht, das über zivilrechtliche Ansprüche und Verpflichtungen oder über die Stichhaltigkeit der gegen ihn erhobenen strafrechtlichen Anklage zu entscheiden hat. Das Urteil muß öffentlich verkündet werden, jedoch kann die Presse und die Öffentlichkeit während der gesamten Verhandlung oder eines Teiles derselben im Interesse der Sittlichkeit, der öffentlichen Ordnung oder der nationalen Sicherheit in einem demokratischen Staat ausgeschlossen werden, oder wenn die Interessen von Jugendlichen oder der Schutz des Privatlebens der Prozeßparteien es verlangen oder, und zwar unter besonderen Umständen, wenn die öffentliche Verhandlung die Interessen der Gerechtigkeit beeinträchtigen würde, in diesem Falle jedoch nur in dem nach Auffassung des Gerichts erforderlichen Umfang.

(2) Bis zum gesetzlichen Nachweis seiner Schuld wird vermutet, daß der wegen einer strafbaren Handlung Angeklagte unschuldig ist.

(3) Jeder Angeklagte hat mindestens (englischer Text) insbesondere (französischer Text) die folgenden Rechte:

a) unverzüglich in einer für ihn verständlichen Sprache in allen Einzelheiten über die Art und den Grund der gegen ihn erhobenen Beschuldigung in Kenntnis gesetzt zu werden;

b) über ausreichende Zeit und Gelegenheit zur Vorbereitung seiner Verteidigung zu verfügen;

c) sich selbst zu verteidigen oder den Beistand eines Verteidigers seiner Wahl zu erhalten und, falls er nicht über die Mittel zur Bezahlung eines Verteidigers verfügt, unentgeltlich den Beistand eines Pflichtverteidigers zu erhalten, wenn dies im Interesse der Rechtspflege erforderlich ist;

d) Fragen an die Belastungszeugen zu stellen oder stellen zu lassen und die Ladung und Vernehmung der Entlastungszeugen unter denselben Bedingungen wie die der Belastungszeugen zu erwirken;

e) die unentgeltliche Beiziehung eines Dolmetschers zu verlangen, wenn er (der Angeklagte) die Verhandlungssprache des Gerichts nicht versteht oder sich nicht darin ausdrücken kann.

Art. 7. (1) Niemand kann wegen einer Handlung oder Unterlassung verurteilt werden, die zur Zeit ihrer Begehung nach inländischem oder internationalem Recht nicht strafbar war. Ebenso darf keine höhere Strafe als die im Zeitpunkt der Begehung der strafbaren Handlung angedrohte Strafe verhängt werden.

(2) Durch diesen Artikel darf die Verurteilung oder Bestrafung einer Person nicht ausgeschlossen werden, die sich einer Handlung oder Unterlassung schuldig gemacht hat, welche im Zeitpunkt ihrer Begehung nach den allgemeinen von den zivilisierten Völkern anerkannten Rechtsgrundsätzen strafbar war.

Art. 8. (1) Jedermann hat Anspruch auf Achtung seines Privat- und Familienlebens, seiner Wohnung und seines Briefverkehrs.

(2) Der Eingriff einer öffentlichen Behörde in die Ausübung dieses Rechts ist nur statthaft, insoweit dieser Eingriff gesetzlich vorgesehen ist und eine Maßnahme darstellt, die in einer demokratischen Gesellschaft für die nationale Sicherheit, die öffentliche Ruhe und Ordnung, das wirtschaftliche Wohl des Landes, die Verteidigung der Ordnung und zur Verhinderung von strafbaren Handlungen, zum Schutz der Gesundheit und der Moral oder zum Schutz der Rechte und Freiheiten anderer notwendig ist.

Art. 9. (1) Jedermann hat Anspruch auf Gedanken-, Gewissens- und Religionsfreiheit; dieses Recht umfaßt die Freiheit des Einzelnen zum Wechsel der Religion oder der Weltanschauung sowie die Freiheit, seine Religion oder Weltanschauung einzeln oder in Gemeinschaft mit anderen öffentlich oder privat, durch Gottesdienst, Unterricht, durch die Ausübung und Beachtung religiöser Gebräuche auszuüben.

(2) Die Religions- und Bekenntnisfreiheit darf nicht Gegenstand anderer als vom Gesetz vorgesehener Beschränkungen sein, die in einer demokratischen Gesellschaft notwendige Maßnahmen im Interesse der öffentlichen Sicherheit, der öffentlichen Ordnung, Gesundheit und Moral oder für den Schutz der Rechte und Freiheiten anderer sind.

Art. 10. (1) Jeder hat Anspruch auf freie Meinungsäußerung. Dieses Recht schließt die Freiheit der Meinung und die Freiheit zum Empfang und zur Mitteilung von Nachrichten oder Ideen ohne Eingriffe öffentlicher Behörden und ohne Rücksicht auf Landesgrenzen ein. Dieser Artikel schließt nicht aus, daß die Staaten Rundfunk-, Lichtspiel- oder Fernsehunternehmen einem Genehmigungsverfahren unterwerfen.

(2) Da die Ausübung dieser Freiheiten Pflichten und Verantwortung mit sich bringt, kann sie bestimmten, vom Gesetz vorgesehenen Formvorschriften, Bedin-

gungen, Einschränkungen oder Strafdrohungen unterworfen werden, wie sie vom Gesetz vorgeschrieben und in einer demokratischen Gesellschaft im Interesse der nationalen Sicherheit, der territorialen Unversehrtheit oder der öffentlichen Sicherheit, der Aufrechterhaltung der Ordnung und der Verbrechensverhütung, des Schutzes der Gesundheit und der Moral, des Schutzes des guten Rufes oder der Rechte anderer, um die Verbreitung von vertraulichen Nachrichten zu verhindern oder das Ansehen und die Unparteilichkeit der Rechtsprechung zu gewährleisten, unentbehrlich sind.

Art. 11. (1) Alle Menschen haben das Recht, sich friedlich zu versammeln und sich frei mit anderen zusammenzuschließen, einschließlich des Rechts, zum Schutze ihrer Interessen Gewerkschaften zu bilden und diesen beizutreten.

(2) Die Ausübung dieser Rechte darf keinen anderen Einschränkungen unterworfen werden als den vom Gesetz vorgesehenen, die in einer demokratischen Gesellschaft im Interesse der äußeren und inneren Sicherheit, zur Aufrechterhaltung der Ordnung und zur Verbrechensverhütung, zum Schutze der Gesundheit und der Moral oder zum Schutze der Rechte und Freiheiten anderer notwendig sind. Dieser Artikel verbietet nicht, daß die Ausübung dieser Rechte für Mitglieder der Streitkräfte, der Polizei oder der Staatsverwaltung gesetzlichen Einschränkungen unterworfen wird.

Art. 12. Mit Erreichung des Heiratsalters haben Männer und Frauen das Recht, eine Ehe einzugehen und eine Familie nach den nationalen Gesetzen, die die Ausübung dieses Rechts regeln, zu gründen.

Art. 13. Sind die in der vorliegenden Konvention festgelegten Rechte und Freiheiten verletzt worden, so hat der Verletzte das Recht, eine wirksame Beschwerde bei einer nationalen Instanz einzulegen, selbst wenn die Verletzung von Personen begangen worden ist, die in amtlicher Eigenschaft gehandelt haben.

Art. 14. Der Genuß der in der vorliegenden Konvention festgelegten Rechte und Freiheiten muß ohne Unterschied des Geschlechts, der Rasse, Hautfarbe, Sprache, Religion, politischen oder sonstigen Anschauungen, nationaler oder sozialer Herkunft, Zugehörigkeit zu einer nationalen Minderheit, des Vermögens, der Geburt oder des sonstigen Status gewährleistet werden.

Art. 15. (1) Im Falle eines Krieges oder eines anderen öffentlichen Notstandes, der das Leben der Nation bedroht, kann jeder der Hohen Vertragschließenden Teile Maßnahmen ergreifen, welche die in dieser Konvention vorgesehenen Verpflichtungen in dem Umfang, den die Lage unbedingt erfordert, und unter der Bedingung außer Kraft setzen, daß diese Maßnahmen nicht in Widerspruch zu den sonstigen völkerrechtlichen Verpflichtungen stehen.

(2) Die vorstehende Bestimmung gestattet kein Außerkraftsetzen des Artikels 2 außer bei Todesfällen, die auf rechtmäßige Kriegshandlungen zurückzuführen sind, oder der Artikel 3, 4 (Absatz 1) und 7.

(3) Jeder Hohe Vertragschließende Teil, der dieses Recht der Außerkraftsetzung ausübt, hat den Generalsekretär des Europarats eingehend über die getroffenen Maßnahmen und deren Gründe zu unterrichten. Er muß den Generalsekretär des Europarats auch über den Zeitpunkt in Kenntnis setzen, in dem diese Maßnahmen außer Kraft getreten sind und die Vorschriften der Konvention wieder volle Anwendung finden.

Art. 16. Keine der Bestimmungen der Artikel 10, 11 und 14 darf so ausgelegt werden, daß sie den Hohen Vertragschließenden Parteien verbietet, die politische Tätigkeit von Ausländern Beschränkungen zu unterwerfen.

Art. 17. Keine Bestimmung dieser Konvention darf dahin ausgelegt werden, daß sie für einen Staat, eine Gruppe oder eine Person das Recht begründet, eine Tätigkeit auszuüben oder eine Handlung zu begehen, die auf die Abschaffung der in der vorliegenden Konvention festgelegten Rechte und Freiheiten oder auf weitergehende Beschränkungen dieser Rechte und Freiheiten, als in der Konvention vorgesehen, hinzielt.

Art. 18. Die nach der vorliegenden Konvention gestatteten Einschränkungen dieser Rechte und Freiheiten dürfen nicht für andere Zwecke als die vorgesehenen angewandt werden.

Abschnitt II

Art. 19. Um die Einhaltung der Verpflichtungen, welche die Hohen Vertragschließenden Teile in dieser Konvention übernommen haben, sicherzustellen, werden errichtet:
a) eine Europäische Kommission für Menschenrechte, im folgenden „Kommission" genannt;
b) ein Europäischer Gerichtshof für Menschenrechte, im folgenden „Gerichtshof" genannt.

Abschnitt III

Art. 20. Die Zahl der Mitglieder der Kommission entspricht derjenigen der Hohen Vertragschließenden Teile. Der Kommission darf jeweils nur ein Angehöriger jedes einzelnen Staates angehören.

Art. 21. (1) Die Mitglieder der Kommission werden vom Ministerausschuß mit absoluter Stimmenmehrheit nach einem vom Büro der Beratenden Versammlung aufgestellten Namensverzeichnis gewählt; jede Gruppe von Vertretern der Hohen Vertragschließenden Teile in der Beratenden Versammlung schlägt drei Kandidaten vor, von denen mindestens zwei die Staatsangehörigkeit des betreffenden Landes besitzen müssen.

(2) Dasselbe Verfahren ist, soweit anwendbar, einzuschlagen, um die Kommission im Falle späteren Beitritts anderer Staaten zu ergänzen und um sonst freigewordene Sitze neu zu besetzen.

(3) Die Kandidaten müssen das höchste sittliche Ansehen genießen und müssen entweder die Befähigung für die Ausübung hoher richterlicher Ämter besitzen oder Personen von anerkanntem Ruf auf dem Gebiet des innerstaatlichen oder internationalen Rechts sein.

Art. 22. (1) Die Mitglieder der Kommission werden für die Dauer von sechs Jahren gewählt. Sie können wiedergewählt werden. Jedoch läuft das Amt von sieben der bei der ersten Wahl gewählten Mitgliedern nach Ablauf von drei Jahren ab.

(2) Die Mitglieder, deren Amt nach Ablauf der ersten Amtsperiode von drei Jahren endet, werden vom Generalsekretär des Europarats unmittelbar nach der ersten Wahl durch das Los bestimmt.

(3) Um soweit wie möglich sicherzustellen, daß die Hälfte der Mitglieder der Kommission alle drei Jahre neu gewählt wird, kann das Ministerkomitee vor jeder späteren Wahl beschließen, daß die Amtsdauer eines oder mehrerer der zu wählenden Mitglieder nicht sechs Jahre betragen soll, wobei diese Amtsdauer jedoch weder länger als neun, noch kürzer als drei Jahre sein darf.

(4) Sind mehrere Ämter zu besetzen und wendet das Ministerkomitee den Absatz 3 an, so wird die Zuteilung der Amtsdauer vom Generalsekretär des Europarats unmittelbar nach der Wahl durch das Los bestimmt.

(5) Das Amt eines Mitglieds der Kommission, das an Stelle eines anderen Mitglieds, dessen Amt noch nicht abgelaufen war, gewählt worden ist, dauert bis zum Ende der Amtszeit seines Vorgängers.

(6) Die Mitglieder der Kommission bleiben bis zum Amtsantritt ihrer Nachfolger im Amt. Danach bleiben sie in den Fällen tätig, mit denen sie bereits befaßt waren.

Art. 23. Die Mitglieder der Kommission gehören der Kommission nur als Einzelpersonen an.
Während ihrer Amtszeit dürfen sie keine Stellung innehaben, die mit ihrer Unabhängigkeit und Unparteilichkeit als Mitglieder der Kommission oder mit der für dieses Amt erforderlichen Verfügbarkeit unvereinbar ist.

Art. 24. Jeder Vertragschließende Teil kann durch Vermittlung des Generalsekretärs des Europarats die Kommission mit jeder angeblichen Verletzung der Bestimmungen der vorliegenden Konvention durch einen anderen Hohen Vertragschließenden Teil befassen.

Art. 25. (1) Die Kommission kann durch ein an den Generalsekretär des Europarats gerichtetes Gesuch jeder natürlichen Person, nichtstaatlichen Organisation oder Personenvereinigung angegangen werden, die sich durch eine Verletzung der in dieser Konvention anerkannten Rechte durch einen der Hohen Vertragschließenden Teile beschwert fühlt, vorausgesetzt, daß der betreffende Hohe Vertragschließende Teil eine Erklärung abgegeben hat, wonach er die Zuständigkeit der Kommission auf diesem Gebiete anerkannt hat. Die Hohen Vertragschließenden Teile, die eine solche Erklärung abgegeben haben, verpflichten sich, die wirksame Ausübung dieses Rechts in keiner Weise zu behindern.

(2) Diese Erklärungen können auch für einen bestimmten Zeitabschnitt abgegeben werden.

(3) Sie sind dem Generalsekretär des Europarats zu übermitteln, der den Hohen Vertragschließenden Teilen Abschriften davon zuleitet und für die Veröffentlichung der Erklärungen sorgt.

(4) Die Kommission wird die ihr durch diesen Artikel übertragenen Befugnisse nur ausüben, wenn mindestens sechs Hohe Vertragschließende Teile durch die in den vorstehenden Absätzen vorgesehenen Erklärungen gebunden sind.

Art. 26. Die Kommission kann sich mit einer Angelegenheit erst nach Erschöpfung der innerstaatlichen Rechtsmittelverfahren in Übereinstimmung mit den allgemein anerkannten Grundsätzen des Völkerrechts und innerhalb einer Frist von sechs Monaten nach dem Ergehen der endgültigen innerstaatlichen Entscheidung befassen.

Art. 27. (1) Die Kommission befaßt sich nicht mit einem gemäß Artikel 25 eingereichten Gesuch, wenn es
a) anonym ist;
b) mit einem schon vorher von der Kommission geprüften Gesuch übereinstimmt oder einer anderen internationalen Untersuchungs- oder Ausgleichsinstanz unterbreitet worden ist, und wenn es keine neuen Tatsachen enthält.

(2) Die Kommission behandelt jedes gemäß Artikel 25 unterbreitete Gesuch als unzulässig, wenn sie es für unvereinbar mit den Bestimmungen dieser Konvention, für offensichtlich unbegründet oder für einen Mißbrauch des Beschwerderechts hält.

(3) Die Kommission weist jedes Gesuch zurück, das sie gemäß Artikel 26 für unzulässig hält.

Art. 28. (1) Falls die Kommission das Gesuch annimmt,
a) hat sie zum Zweck der Tatsachenfeststellung mit den Vertretern der Parteien eine kontradiktatorische Prüfung und, falls erforderlich, eine Untersuchung der Angelegenheit vorzunehmen; die betreffenden Staaten haben, nachdem ein Meinungsaustausch mit der Kommission stattgefunden hat, alle Erleichterungen, die zur wirksamen Durchführung der Untersuchung erforderlich sind, zu gewähren;
b) hat sie sich gleichzeitig zur Verfügung der beteiligten Parteien zu halten, damit eine gütliche Regelung der Angelegenheit auf der Grundlage der Achtung der Menschenrechte, wie sie in dieser Konvention niedergelegt sind, erreicht werden kann.

(2) Gelingt es der Kommission, eine gütliche Regelung zu erzielen, so hat sie einen Bericht anzufertigen, der den beteiligten Staaten, dem Ministerausschuß und dem Generalsekretär des Europarats zur Veröffentlichung zu übersenden ist. Der Bericht hat sich auf eine kurze Angabe des Sachverhalts und der erzielten Lösung zu beschränken.

Art. 29. Die Kommission kann jedoch ein ihr gemäß Artikel 25 unterbreitetes Gesuch durch einstimmigen Beschluß auch nach der Annahme zurückweisen, wenn sie bei der Prüfung des Gesuchs feststellt, daß einer der in Artikel 27 bezeichneten Gründe für eine Unzulässigkeit vorliegt.

In diesem Fall wird die Entscheidung den Parteien mitgeteilt.

Art. 30. (1) Die Kommission kann in jedem Stadium des Verfahrens entscheiden, ein Gesuch in ihrem Register zu streichen, wenn die Umstände Grund zu der Annahme geben,
a) daß der Beschwerdeführer sein Gesuch nicht weiterzuverfolgen beabsichtigt,
b) daß die Sache einer Lösung zugeführt worden ist oder
c) daß es aus anderen von der Kommission festgestellten Gründen nicht länger gerechtfertigt ist, die Prüfung des Gesuchs fortzusetzen.

Die Kommission setzt jedoch die Prüfung eines Gesuchs fort, wenn die Achtung der Menschenrechte, wie sie in dieser Konvention niedergelegt sind, dies erfordert.

(2) Beschließt die Kommission, ein Gesuch nach der Annahme in ihrem Register zu streichen, so fertigt sie einen Bericht an, in dem der Sachverhalt und die

mit Gründen versehene Entscheidung, das Gesuch zu streichen, enthalten sind. Der Bericht wird sowohl den Parteien als auch dem Ministerausschuß zur Kenntnisnahme übermittelt. Die Kommission kann ihn veröffentlichen.

(3) Die Kommission kann die Wiedereintragung eines Gesuchs in ihr Register anordnen, wenn sie dies den Umständen nach für gerechtfertigt hält.

Art. 31. (1) Wird die Prüfung eines Gesuchs nicht gemäß Artikel 28 (Absatz 2), 29 oder 30 abgeschlossen, so hat die Kommission einen Bericht über den Sachverhalt anzufertigen und zu der Frage Stellung zu nehmen, ob sich aus den festgestellten Tatsachen ergibt, daß der betreffende Staat seine Verpflichtungen aus der Konvention verletzt hat. In diesem Bericht können die Ansichten einzelner Mitglieder der Kommission über diesen Punkt aufgenommen werden.

(2) Der Bericht ist dem Ministerausschuß vorzulegen; er ist auch den beteiligten Staaten vorzulegen, die nicht das Recht haben, ihn zu veröffentlichen.

(3) Bei der Vorlage des Berichts an den Ministerausschuß hat die Kommission das Recht, von sich aus die ihr geeignet erscheinenden Vorschläge zu unterbreiten.

Art. 32. (1) Wird die Frage nicht innerhalb eines Zeitraums von drei Monaten, vom Datum der Vorlage des Berichts an den Ministerausschuß an gerechnet, gemäß Artikel 48 dieser Konvention, dem Gerichtshof vorgelegt, so entscheidet der Ministerausschuß mit Zweidrittelmehrheit der zur Teilnahme an den Sitzungen des Ausschusses berechtigten Mitglieder, ob die Konvention verletzt worden ist.

(2) Wird eine Verletzung der Konvention bejaht, so hat der Ministerausschuß einen Zeitraum festzusetzen, innerhalb dessen der betreffende Hohe Vertragschließende Teil die in der Entscheidung des Ministerausschusses vorgesehenen Maßnahmen durchzuführen hat.

(3) Trifft der betreffende Hohe Vertragschließende Teil innerhalb des vorgeschriebenen Zeitraumes keine befriedigenden Maßnahmen, so beschließt der Ministerausschuß mit der in vorstehendem Absatz 1 vorgeschriebenen Mehrheit, auf welche Weise seine ursprüngliche Entscheidung vollstreckt werden soll, und veröffentlicht den Bericht.

(4) Die Hohen Vertragschließenden Teile verpflichten sich, jede Entscheidung des Ministerausschusses, die in Anwendung der vorstehenden Absätze ergeht, für sich als bindend anzuerkennen.

Art. 33. Die Sitzungen der Kommission finden unter Ausschluß der Öffentlichkeit statt.

Art. 34. Vorbehaltlich der Artikel 20 (Absatz 3) und 29 trifft die Kommission ihre Entscheidungen mit Stimmenmehrheit der anwesenden und an der Abstimmung teilnehmenden Mitglieder.

Art. 35. Die Kommission tritt zusammen, so oft die Umstände es erfordern. Die Sitzungen werden vom Generalsekretär des Europarats einberufen.

Art. 36. Die Kommission setzt ihre Geschäftsordnung selbst fest.

Art. 37. Die Sekretariatsgeschäfte der Kommission werden vom Generalsekretär des Europarats wahrgenommen.

Abschnitt IV

Art. 38. Der Europäische Gerichtshof für Menschenrechte besteht aus ebensoviel Richtern, wie der Europarat Mitglieder zählt. Dem Gerichtshof darf jeweils nur ein Angehöriger jedes einzelnen Staates angehören.

Art. 39. (1) Die Mitglieder des Gerichtshofs werden von der Beratenden Versammlung mit Stimmenmehrheit aus einer Liste von Personen gewählt, die von den Mitgliedern des Europarats vorgeschlagen werden; jedes Mitglied hat drei Kandidaten vorzuschlagen, von denen mindestens zwei eigene Staatsangehörige sein müssen.

(2) Dasselbe Verfahren ist, soweit anwendbar, einzuschlagen, um den Gerichtshof im Falle späteren Beitritts anderer Staaten zu ergänzen und um freigewordene Sitze zu besetzen.

(3) Die Kandidaten müssen das höchste sittliche Ansehen genießen und müssen entweder die Befähigung für die Ausübung hoher richterlicher Ämter besitzen oder Rechtsgelehrte von anerkanntem Ruf sein.

Art. 40. (1) Die Mitglieder des Gerichtshofs werden für einen Zeitraum von neun Jahren gewählt. Ihre Wiederwahl ist zulässig. Jedoch läuft die Amtszeit von vier bei der ersten Wahl gewählten Mitgliedern nach drei Jahren, die Amtszeit von weiteren vier Mitgliedern nach sechs Jahren ab.

(2) Die Mitglieder, deren Amtszeit nach drei bzw. sechs Jahren ablaufen soll, werden unmittelbar nach der ersten Wahl vom Generalsekretär durch das Los bestimmt.

(3) Um soweit wie möglich sicherzustellen, daß ein Drittel der Mitglieder des Gerichtshofs alle drei Jahre neu gewählt wird, kann die Beratende Versammlung vor jeder späteren Wahl beschließen, daß die Amtsdauer eines oder mehrerer der zu wählenden Mitglieder nicht neun Jahre betragen soll, wobei diese Amtsdauer jedoch weder länger als zwölf, noch kürzer als sechs Jahre sein darf.

(4) Sind mehrere Ämter zu besetzen und wendet die Beratende Versammlung den Absatz 3 an, so wird die Zuteilung der Amtsdauer vom Generalsekretär des Europarats unmittelbar nach der Wahl durch das Los bestimmt.

(5) Ein Mitglied des Gerichtshofs, das zum Ersatz eines anderen Mitglieds gewählt wird, dessen Amtszeit noch nicht abgelaufen war, bleibt bis zum Ablauf des Amts seines Vorgängers im Amt.

(6) Die Mitglieder des Gerichtshofs bleiben im Amt bis zum Amtsantritt ihrer Nachfolger. Nach ihrer Ablösung bleiben sie in den Fällen tätig, mit denen sie bereits befaßt waren.

(7) Die Mitglieder des Gerichtshofs gehören dem Gerichtshof nur als Einzelpersonen an. Während ihrer Amtszeit dürfen sie keine Stellung innehaben, die mit ihrer Unabhängigkeit und Unparteilichkeit als Mitglieder des Gerichtshofs oder mit der für dieses Amt erforderlichen Verfügbarkeit unvereinbar ist.

Art. 41. Der Gerichtshof wählt seinen Präsidenten und einen oder zwei Vizepräsidenten für einen Zeitraum von drei Jahren. Wiederwahl ist zulässig.

Art. 42. Die Mitglieder des Gerichtshofs erhalten für jeden Arbeitstag eine Entschädigung, deren Höhe vom Ministerausschuß festgesetzt wird.

Art. 43. Die Prüfung jedes dem Gericht vorgelegten Falles erfolgt durch eine Kammer, die aus neun Richtern besteht. Der Richter, der Staatsangehöriger einer beteiligten Partei ist, – oder, falls ein solcher nicht vorhanden ist, eine von diesem Staat benannte Person, die in der Eigenschaft eines Richters an den Sitzungen teilnimmt – ist von Amts wegen Mitglied der Kammer; die Namen der anderen Richter werden vom Präsidenten vor Beginn des Verfahrens durch das Los bestimmt.

Art. 44. Das Recht, vor dem Gerichtshof als Parteien aufzutreten, haben nur die Hohen Vertragschließenden Teile und die Kommission.

Art. 45. Die Zuständigkeit des Gerichtshofs umfaßt alle die Auslegung und Anwendung dieser Konvention betreffenden Fälle, die ihm nach Artikel 48 von den Hohen Vertragschließenden Teilen oder der Kommission unterbreitet werden.

Art. 46. (1) Jeder der Hohen Vertragschließenden Teile kann jederzeit die Erklärung abgeben, daß er die Gerichtsbarkeit des Gerichtshofs ohne weiteres und ohne besonderes Abkommen für alle Angelegenheiten, die sich auf die Auslegung und die Anwendung dieser Konvention beziehen, als obligatorisch anerkennt.

(2) Die oben bezeichneten Erklärungen können bedingungslos oder unter der Bedingung der Gegenseitigkeit seitens mehrerer oder einzelner Vertragschließender Teile, oder unter Beschränkung auf einen bestimmten Zeitraum abgegeben werden.

(3) Diese Erklärungen sind beim Generalsekretär des Europarats zu hinterlegen; dieser übermittelt den Hohen Vertragschließenden Teilen Abschriften davon.

Art. 47. Der Gerichtshof darf sich mit einem Fall nur befassen, nachdem die Kommission anerkannt hat, daß die Versuche zur Erzielung eines Ausgleichs fehlgeschlagen sind, und nur vor Ablauf der in Artikel 32 vorgesehenen Dreimonatsfrist.

Art. 48. Das Recht, ein Verfahren vor dem Gerichtshof anzustrengen, haben nur die nachstehend aufgeführten Stellen, und zwar entweder unter der Voraussetzung, daß der in Frage kommende Hohe Vertragschließende Teil, wenn nur einer

beteiligt ist, oder sämtliche Hohen Vertragschließenden Teile, wenn mehrere beteiligt sind, der obligatorischen Gerichtsbarkeit des Gerichtshofs unterworfen sind, oder aber, falls dies nicht zutrifft, unter der Voraussetzung, daß der einzige in Frage kommende Hohe Vertragschließende Teil oder sämtliche Hohen Vertragschließenden Teile zustimmen:
a) die Kommission;
b) der Hohe Vertragschließende Teil, dem der Verletzte angehört;
c) der Hohe Vertragschließende Teil, der die Kommission mit dem Fall befaßt hat;
d) der Hohe Vertragschließende Teil, gegen den sich die Beschwerde richtet.

Art. 49. Wird die Zuständigkeit des Gerichtshofs bestritten, so entscheidet dieser selbst.

Art. 50. Erklärt die Entscheidung des Gerichtshofs, daß eine Entscheidung oder Maßnahme einer gerichtlichen oder sonstigen Behörde eines der Hohen Vertragschließenden Teile ganz oder teilweise mit den Verpflichtungen aus dieser Konvention in Widerspruch steht, und gestatten die innerstaatlichen Gesetze des erwähnten Hohen Vertragschließenden Teils nur eine unvollkommene Wiedergutmachung für die Folgen dieser Entscheidung oder Maßnahme, so hat die Entscheidung des Gerichtshofs der verletzten Partei gegebenenfalls eine gerechte Entschädigung zuzubilligen.

Art. 51. (1) Das Urteil des Gerichtshofs ist zu begründen.
(2) Bringt das Urteil im Ganzen oder in einzelnen Teilen nicht die übereinstimmende Ansicht der Richter zum Ausdruck, so hat jeder Richter das Recht, eine Darlegung seiner eigenen Ansicht beizufügen.

Art. 52. Die Entscheidung des Gerichtshofs ist endgültig.

Art. 53. Die Hohen Vertragschließenden Teile übernehmen die Verpflichtung, sich in allen Fällen, an denen sie beteiligt sind, nach Entscheidung des Gerichtshofs zu richten.

Art. 54. Das Urteil des Gerichtshofs ist dem Ministerausschuß zuzuleiten; dieser überwacht seine Durchführung.

Art. 55. Der Gerichtshof gibt sich seine Geschäftsordnung und bestimmt die Verfahrensvorschriften.

Art. 56. (1) Die erste Wahl der Mitglieder des Gerichtshofs findet statt, sobald insgesamt acht Erklärungen der Hohen Vertragschließenden Teile gemäß Artikel 46 abgegeben worden sind.
(2) Vor dieser Wahl kann kein Verfahren vor dem Gerichtshof anhängig gemacht werden.

Abschnitt V

Art. 57. Nach Empfang einer entsprechenden Aufforderung durch den Generalsekretär des Europarats hat jeder Hohe Vertragschließende Teil die erforderlichen Erklärungen abzugeben, in welcher Weise sein internes Recht die wirksame Anwendung aller Bestimmungen dieser Konvention gewährleistet.

Art. 58. Die Kosten der Kommission und des Gerichtshofs werden vom Europarat getragen.

Art. 59. Die Mitglieder der Kommission und des Gerichtshofs genießen bei der Ausübung ihres Amtes die in Artikel 40 der Satzung des Europarats und den hiernach abgeschlossenen Abkommen vorgesehenen Vorrechte und Immunitäten.

Art. 60. Keine Bestimmung dieser Konvention darf als Beschränkung oder Minderung eines der Menschenrechte und grundsätzlichen Freiheiten ausgelegt werden, die in den Gesetzen eines Hohen Vertragschließenden Teils oder einer anderen Vereinbarung, an der er beteiligt ist, festgelegt sind.

Art. 61. Keine Bestimmung dieser Konvention beschränkt die durch die Satzung des Europarats dem Ministerausschuß übertragenen Vollmachten.

Art. 62. Die Hohen Vertragschließenden Teile kommen überein, daß sie, es sei denn auf Grund besonderer Vereinbarungen, keinen Gebrauch von zwischen ihnen geltenden Verträgen, Übereinkommen oder Erklärungen machen werden, um von sich aus einen Streit um die Auslegung oder Anwendung dieser Konvention einem anderen Verfahren zu unterwerfen, als in der Konvention vorgesehen ist.

Art. 63. (1) Jeder Staat kann im Zeitpunkt der Ratifizierung oder in der Folge zu jedem anderen Zeitpunkt durch eine an den Generalsekretär des Europarats gerichtete Mitteilung erklären, daß diese Konvention auf alle oder einzelne Gebiete Anwendung findet, für deren internationale Beziehungen er verantwortlich ist.

(2) Auf das oder die in der Erklärung bezeichneten Gebiete findet die Konvention vom dreißigsten Tage an, vom Eingang der Erklärung beim Generalsekretär des Europarats an gerechnet, Anwendung.

(3) In den genannten Gebieten werden die Bestimmungen dieser Konvention unter Berücksichtigung der örtlichen Notwendigkeiten angewendet.

(4) Jeder Staat, der eine Erklärung gemäß Absatz 1 dieses Artikels abgegeben hat, kann zu jedem späteren Zeitpunkt für ein oder mehrere der in einer solchen Erklärung bezeichneten Gebiete erklären, daß er die Zuständigkeit der Kommission für die Behandlung der Gesuche von natürlichen Personen, nichtstaatlichen Organisationen oder Personengruppen gemäß Artikel 25 dieser Konvention annimmt.

Art. 64. (1) Jeder Staat kann bei Unterzeichnung dieser Konvention oder bei Hinterlegung seiner Ratifikationsurkunde bezüglich bestimmter Vorschriften der Konvention einen Vorbehalt machen, soweit ein zu dieser Zeit in seinem Gebiet geltendes Gesetz nicht mit der betreffenden Vorschrift übereinstimmt. Vorbehalte allgemeiner Art sind nach diesem Artikel nicht zulässig.

(2) Jeder nach diesem Artikel gemachte Vorbehalt muß mit einer kurzen Inhaltsangabe des betreffenden Gesetzes verbunden sein.

Art. 65. (1) Ein Hoher Vertragschließender Teil kann diese Konvention nicht vor Ablauf von fünf Jahren nach dem Tage, an dem die Konvention für ihn wirksam wird, und nur nach einer sechs Monate vorher an den Generalsekretär des Europarats gerichteten Mitteilung kündigen; der Generalsekretär hat den anderen Hohen Vertragschließenden Teilen von der Kündigung Kenntnis zu geben.

(2) Eine derartige Kündigung bewirkt nicht, daß der betreffende Hohe Vertragschließende Teil in bezug auf irgendeine Handlung, welche eine Verletzung dieser Verpflichtungen darstellen könnte, und von dem Hohen Vertragschließenden Teil vor dem Datum seines rechtswirksamen Ausscheidens vorgenommen wurde, von seinen Verpflichtungen nach dieser Konvention befreit wird.

(3) Unter dem gleichen Vorbehalt scheidet ein Vertragsteil aus dieser Konvention aus, der aus dem Europarat ausscheidet.

(4) Entsprechend den Bestimmungen der vorstehenden Absätze kann die Konvention auch für ein Gebiet gekündigt werden, auf das sie nach Artikel 63 ausgedehnt worden ist.

Art. 66. (1) Diese Konvention steht den Mitgliedern des Europarats zur Unterzeichnung offen; sie bedarf der Ratifikation. Die Ratifikationsurkunden sind beim Generalsekretär des Europarats zu hinterlegen.

(2) Diese Konvention tritt nach der Hinterlegung von zehn Ratifikationsurkunden in Kraft.

(3) Für einen Unterzeichnerstaat, dessen Ratifikation später erfolgt, tritt die Konvention am Tage der Hinterlegung seiner Ratifikationsurkunde in Kraft.

(4) Der Generalsekretär des Europarats hat allen Mitgliedern des Europarats das Inkrafttreten der Konvention, die Namen der Hohen Vertragschließenden Teile, die sie ratifiziert haben, sowie die Hinterlegung jeder später eingehenden Ratifikationsurkunde mitzuteilen.

Geschehen zu Rom am 4. November 1950 in englischer und französischer Sprache, wobei die beiden Texte in gleicher Weise maßgebend sind, in einer einzigen Ausfertigung, die in den Archiven des Europarats verwahrt wird. Der Generalsekretär wird allen Unterzeichnern beglaubigte Abdrucke übermitteln.

Allgemeine Erklärung der Menschenrechte (Menschenrechte UN)

in der von der Generalversammlung der Vereinten Nationen beschlossenen Fassung vom 10. Dezember 1948

Präambel

Da die Anerkennung der allen Mitgliedern der menschlichen Familie innewohnenden Würde und ihrer gleichen und unveräußerlichen Rechte die Grundlage der Freiheit, der Gerechtigkeit und des Friedens in der Welt bildet,

da Verkennung und Mißachtung der Menschenrechte zu Akten der Barbarei führten, die das Gewissen der Menschheit tief verletzt haben, und da die Schaffung einer Welt, in der den Menschen, frei von Furcht und Not, Rede- und Glaubensfreiheit zuteil wird, als das höchste Bestreben der Menschheit verkündet worden ist,

da es wesentlich ist, die Menschenrechte durch die Herrschaft des Rechtes zu schützen, damit der Mensch nicht zum Aufstand gegen Tyrannei und Unterdrückung als letztem Mittel gezwungen wird,

da es wesentlich ist, die Entwicklung freundschaftlicher Beziehungen zwischen den Nationen zu fördern,

da die Völker der Vereinten Nationen in der Satzung ihren Glauben an die grundlegenden Menschenrechte, an die Würde und den Wert der menschlichen Person und an die Gleichberechtigung von Mann und Frau erneut bekräftigt und beschlossen haben, den sozialen Fortschritt und bessere Lebensbedingungen bei größerer Freiheit zu fördern,

da die Mitgliedstaaten sich verpflichtet haben, in Zusammenarbeit mit den Vereinten Nationen die allgemeine Achtung und Verwirklichung der Menschenrechte und Grundfreiheiten durchzusetzen,

da eine gemeinsame Auffassung über diese Rechte und Freiheiten von größter Wichtigkeit für die volle Erfüllung dieser Verpflichtung ist,

verkündet die Generalversammlung

die vorliegende Allgemeine Erklärung der Menschenrechte als das von allen Völkern und Nationen zu erreichende gemeinsame Ideal, damit jeder einzelne und alle Organe der Gesellschaft sich diese Erklärung stets gegenwärtig halten und sich bemühen, durch Unterricht und Erziehung die Achtung dieser Rechte und Freiheiten zu fördern und durch fortschreitende Maßnahmen im nationalen und internationalen Bereiche ihre allgemeine und tatsächliche Anerkennung und Verwirklichung bei der Bevölkerung sowohl der Mitgliedstaaten wie der ihrer Oberhoheit unterstehenden Gebiete zu gewährleisten.

Art. 1. [Freiheit, Gleichheit, Brüderlichkeit] Alle Menschen sind frei und gleich an Würde und Rechten geboren. Sie sind mit Vernunft und Gewissen begabt und sollen einander im Geiste der Brüderlichkeit begegnen.

Art. 2. [Verbot der Diskriminierung]
1. Jeder Mensch hat Anspruch auf die in dieser Erklärung verkündeten Rechte und Freiheiten, ohne irgendeine Unterscheidung, wie etwa nach Rasse, Farbe, Geschlecht, Sprache, Religion, politischer und sonstiger Überzeugung, nationaler oder sozialer Herkunft, nach Eigentum, Geburt oder sonstigen Umständen.
2. Weiter darf keine Unterscheidung gemacht werden auf Grund der politischen, rechtlichen oder internationalen Stellung des Landes oder Gebietes, dem eine Person angehört, ohne Rücksicht darauf, ob es unabhängig ist, unter Treuhandschaft steht, keine Selbstregierung besitzt oder irgendeiner anderen Beschränkung seiner Souveränität unterworfen ist.

Art. 3. [Recht auf Leben und Freiheit] Jeder Mensch hat das Recht auf Leben, Freiheit und Sicherheit der Person.

Art. 4. [Verbot der Sklaverei und des Sklavenhandels] Niemand darf in Sklaverei oder Leibeigenschaft gehalten werden; Sklaverei und Sklavenhandel sind in allen Formen verboten.

Art. 5. [Verbot der Folter] Niemand darf der Folter oder grausamer, unmenschlicher oder erniedrigender Behandlung oder Strafe unterworfen werden.

Art. 6. [Anerkennung als Rechtsperson] Jeder Mensch hat überall Anspruch auf Anerkennung als Rechtsperson.

Art. 7. [Gleichheit vor dem Gesetz] Alle Menschen sind vor dem Gesetze gleich und haben ohne Unterschied Anspruch auf gleichen Schutz durch das Gesetz. Alle haben Anspruch auf den gleichen Schutz gegen jede unterschiedliche Behandlung, welche die vorliegende Erklärung verletzen würde, und gegen jede Aufreizung zu einer derartigen unterschiedlichen Behandlung.

Art. 8. [Anspruch auf Rechtsschutz] Jeder Mensch hat Anspruch auf wirksamen Rechtsschutz vor den zuständigen innerstaatlichen Gerichten gegen alle Handlungen, die seine ihm nach der Verfassung oder nach dem Gesetz zustehenden Grundrechte verletzen.

Art. 9. [Schutz vor Verhaftung und Ausweisung] Niemand darf willkürlich festgenommen, in Haft gehalten oder des Landes verwiesen werden.

Art. 10. [Anspruch auf rechtliches Gehör] Jeder Mensch hat in voller Gleichberechtigung Anspruch auf ein der Billigkeit entsprechendes und öffentliches Verfahren vor einem unabhängigen und unparteiischen Gericht, das über seine Rechte und Verpflichtungen oder aber über irgendeine gegen ihn erhobene strafrechtliche Beschuldigung zu entscheiden hat.

Art. 11. [Quivis censetur innocens; nulla poena sine lege]*
1. Jeder Mensch, der einer strafbaren Handlung beschuldigt wird, ist so lange als unschuldig anzusehen, bis seine Schuld in einem öffentlichen Verfahren, in dem alle für seine Verteidigung nötigen Voraussetzungen gewährleistet waren, gemäß dem Gesetz nachgewiesen ist.
2. Niemand kann wegen einer Handlung oder Unterlassung verurteilt werden, die im Zeitpunkt, da sie erfolgte, auf Grund des nationalen oder internationalen Rechts nicht strafbar war. Desgleichen kann keine schwerere Strafe verhängt werden als die, welche im Zeitpunkt der Begehung der strafbaren Handlung anwendbar war.

Art. 12. [Freiheitssphäre des einzelnen] Niemand darf willkürlichen Eingriffen in sein Privatleben, seine Familie, sein Heim oder seinen Briefwechsel noch Angriffen auf seine Ehre und seinen Beruf ausgesetzt werden. Jeder Mensch hat Anspruch auf rechtlichen Schutz gegen derartige Eingriffe oder Anschläge.

Art. 13. [Freizügigkeit und Auswanderungsfreiheit]
1. Jeder Mensch hat das Recht auf Freizügigkeit und freie Wahl seines Wohnsitzes innerhalb eines Staates.
2. Jeder Mensch hat das Recht, jedes Land, einschließlich seines eigenen, zu verlassen sowie in sein Land zurückzukehren.

Art. 14. [Asylrecht]
1. Jeder Mensch hat das Recht, in anderen Ländern vor Verfolgungen Asyl zu suchen und zu genießen.
2. Dieses Recht kann jedoch im Falle seiner Verfolgung wegen nichtpolitischer Verbrechen oder wegen Handlungen, die gegen die Ziele und Grundsätze der Vereinten Nationen verstoßen, nicht in Anspruch genommen werden.

Art. 15. [Recht auf Staatsangehörigkeit]
1. Jeder Mensch hat Anspruch auf Staatsangehörigkeit.
2. Niemand darf seine Staatsangehörigkeit willkürlich entzogen noch ihm das Recht versagt werden, seine Staatsangehörigkeit zu wechseln.

Art. 16. [Freiheit der Eheschließung, Schutz der Familie]
1. Heiratsfähige Männer und Frauen haben ohne Beschränkung durch Rasse, Staatsbürgerschaft oder Religion das Recht, eine Ehe zu schließen und eine Familie zu gründen. Sie haben bei der Eheschließung, während der Ehe und bei deren Auflösung gleiche Rechte.

---

* Für unschuldig wird [zunächst jeder] befunden; keine Strafe ohne geltendes Recht.

2. Die Ehe darf nur auf Grund der freien und vollen Willenseinigung der zukünftigen Ehegatten geschlossen werden.
3. Die Familie ist die natürliche und grundlegende Einheit der Gesellschaft und hat Anspruch auf Schutz durch Gesellschaft und Staat.

Art. 17. [Gewährleistung des Eigentums]
1. Jeder Mensch hat allein oder in der Gemeinschaft mit anderen Recht auf Eigentum.
2. Niemand darf willkürlich seines Eigentums beraubt werden.

Art. 18. [Gewissens- und Religionsfreiheit] Jeder Mensch hat Anspruch auf Gedanken-, Gewissens- und Religionsfreiheit; dieses Recht umfaßt die Freiheit, seine Religion oder seine Überzeugung zu wechseln, sowie die Freiheit, seine Religion oder seine Überzeugung allein oder in Gemeinschaft mit anderen, in der Öffentlichkeit oder privat, durch Lehre, Ausübung, Gottesdienst und Vollziehung von Riten zu bekunden.

Art. 19. [Meinungs- und Informationsfreiheit] Jeder Mensch hat das Recht auf freie Meinungsäußerung; dieses Recht umfaßt die Freiheit, Meinungen unangefochten anzuhängen und Informationen und Ideen mit allen Verständigungsmitteln ohne Rücksicht auf Grenzen zu suchen, zu empfangen und zu verbreiten.

Art. 20. [Versammlungs- und Vereinsfreiheit]
1. Jeder Mensch hat das Recht auf Versammlungs- u. Vereinigungsfreiheit zu friedlichen Zwecken.
2. Niemand darf gezwungen werden, einer Vereinigung anzugehören.

Art. 21. [Allgemeines, gleiches Wahlrecht]
1. Jeder Mensch hat das Recht, an der Leitung öffentlicher Angelegenheiten seines Landes unmittelbar oder durch frei gewählte Vertreter teilzunehmen.
2. Jeder Mensch hat unter gleichen Bedingungen das Recht auf Zulassung zu öffentlichen Ämtern in seinem Lande.
3. Der Wille des Volkes bildet die Grundlage für die Autorität der öffentlichen Gewalt; dieser Wille muß durch periodische und unverfälschte Wahlen mit allgemeinem und gleichem Wahlrecht bei geheimer Stimmabgabe oder in einem gleichwertigen freien Wahlverfahren zum Ausdruck kommen.

Art. 22. [Soziale Sicherheit] Jeder Mensch hat als Mitglied der Gesellschaft Recht auf soziale Sicherheit; er hat Anspruch darauf, durch innerstaatliche Maßnahmen und internationale Zusammenarbeit unter Berücksichtigung der Organisation und der Hilfsmittel jedes Staates in den Genuß der für seine Würde und die freie Entwicklung seiner Persönlichkeit unentbehrlichen wirtschaftlichen, sozialen und kulturellen Rechte zu gelangen.

Art. 23. [Recht auf Arbeit und gleichen Lohn, Koalitionsfreiheit]
1. Der Mensch hat das Recht auf Arbeit, auf freie Berufswahl, auf angemessene und befriedigende Arbeitsbedingungen sowie auf Schutz gegen Arbeitslosigkeit.
2. Alle Menschen haben ohne jede unterschiedliche Behandlung das Recht auf gleichen Lohn für gleiche Arbeit.
3. Jeder Mensch, der arbeitet, hat das Recht auf angemessene und befriedigende Entlohnung, die ihm und seiner Familie eine der menschlichen Würde entsprechende Existenz sichert und die, wenn nötig, durch andere soziale Schutzmaßnahmen zu ergänzen ist.
4. Jeder Mensch hat das Recht, zum Schutze seiner Interessen Berufsvereinigungen zu bilden und solchen beizutreten.

Art. 24. [Erholung und Freizeit] Jeder Mensch hat Anspruch auf Erholung und Freizeit sowie auf eine vernünftige Begrenzung der Arbeitszeit und auf periodischen, bezahlten Urlaub.

Art. 25. [Soziale Betreuung]
1. Jeder Mensch hat Anspruch auf eine Lebenshaltung, die seine und seiner Familie Gesundheit und Wohlbefinden einschließlich Nahrung, Kleidung, Wohnung, ärztlicher Betreuung und der notwendigen Leistungen der sozialen Fürsorge gewährleistet; er hat das Recht auf Sicherheit im Falle von Arbeitslosigkeit, Krankheit, Invalidität, Verwitwung, Alter oder von anderweitigem Verlust seiner Unterhaltsmittel durch unverschuldete Umstände.
2. Mutter und Kind haben Anspruch auf

besondere Hilfe und Unterstützung. Alle Kinder, eheliche und uneheliche, genießen den gleichen sozialen Schutz.

Art. 26. [Kulturelle Betreuung, Elternrecht]
1. Jeder Mensch hat Recht auf Bildung. Der Unterricht muß wenigstens in den Elementar- und Grundschulen unentgeltlich sein. Der Elementarunterricht ist obligatorisch. Fachlicher und beruflicher Unterricht soll allgemein zugänglich sein; die höheren Studien sollen allen nach Maßgabe ihrer Fähigkeiten und Leistungen in gleicher Weise offenstehen.
2. Die Ausbildung soll die volle Entfaltung der menschlichen Persönlichkeit und die Stärkung der Achtung der Menschenrechte und Grundfreiheiten zum Ziele haben. Sie soll Verständnis, Duldsamkeit und Freundschaft zwischen allen Nationen und allen rassischen oder religiösen Gruppen fördern und die Tätigkeit der Vereinten Nationen zur Aufrechterhaltung des Friedens begünstigen.
3. In erster Linie haben die Eltern das Recht, die Art der ihren Kindern zuteil werdenden Bildung zu bestimmen.

Art. 27. [Freiheit des Kulturlebens]
1. Jeder Mensch hat das Recht, am kulturellen Leben der Gemeinschaft frei teilzunehmen, sich der Künste zu erfreuen und am wissenschaftlichen Fortschritt und dessen Wohltaten teilzuhaben.
2. Jeder Mensch hat das Recht auf Schutz der moralischen und materiellen Interessen, die sich aus jeder wissenschaftlichen, literarischen oder künstlerischen Produktion ergeben, deren Urheber er ist.

Art. 28. [Angemessene Sozial- und Internationalordnung] Jeder Mensch hat Anspruch auf eine soziale und internationale Ordnung, in welcher die in der vorliegenden Erklärung angeführten Rechte und Freiheiten voll verwirklicht werden können.

Art. 29. [Grundpflichten]
1. Jeder Mensch hat Pflichten gegenüber der Gemeinschaft, in der allein die freie und volle Entwicklung seiner Persönlichkeit möglich ist.
2. Jeder Mensch ist in Ausübung seiner Rechte und Freiheiten nur den Beschränkungen unterworfen, die das Gesetz ausschließlich zu dem Zwecke vorsieht, um die Anerkennung und Achtung der Rechte und Freiheiten der anderen zu gewährleisten und den gerechten Anforderungen der Moral, der öffentlichen Ordnung und der allgemeinen Wohlfahrt in einer demokratischen Gesellschaft zu genügen.
3. Rechte und Freiheiten dürfen in keinem Fall im Widerspruch zu den Zielen und Grundsätzen der Vereinten Nationen ausgeübt werden.

Art. 30. [Auslegungsvorschrift] Keine Bestimmung der vorliegenden Erklärung darf so ausgelegt werden, daß sich daraus für einen Staat, eine Gruppe oder eine Person irgendein Recht ergibt, eine Tätigkeit auszuüben oder eine Handlung vorzunehmen, welche auf die Vernichtung der in dieser Erklärung angeführten Rechte und Freiheiten abzielen.

Gesetz über die Politischen Parteien (Parteiengesetz)

vom 15. Februar 1984

1 Allgemeine Bestimmungen

§ 1. Verfassungsrechtliche Stellung und Aufgaben der Parteien. (1) Die Parteien sind ein verfassungsrechtlich notwendiger Bestandteil der freiheitlichen demokratischen Grundordnung. Sie erfüllen mit ihrer freien, dauernden Mitwirkung an der politischen Willensbildung des Volkes eine ihnen nach dem Grundgesetz obliegende und von ihm verbürgte öffentliche Aufgabe.

(2) Die Parteien wirken an der Bildung des politischen Willens des Volkes auf allen Gebieten des öffentlichen Lebens mit, indem sie insbesondere

auf die Gestaltung der öffentlichen Meinung Einfluß nehmen,

die politische Bildung anregen und vertiefen,

die aktive Teilnahme der Bürger am politischen Leben fördern,

zur Übernahme öffentlicher Verantwortung befähigte Bürger heranbilden,

sich durch Aufstellung von Bewerbern an den Wahlen in Bund, Ländern und Gemeinden beteiligen,

auf die politische Entwicklung in Parlament und Regierung Einfluß nehmen,

die von ihnen erarbeiteten politischen Ziele in den Prozeß der staatlichen Willensbildung einführen und

für eine ständige lebendige Verbindung zwischen dem Volke und den Staatsorganen sorgen.

(3) Die Parteien legen ihre Ziele in politischen Programmen nieder.

§ 2. Begriff der Partei. (1) Parteien sind Vereinigungen von Bürgern, die dauernd oder für längere Zeit für den Bereich des Bundes oder eines Landes auf die politische Willensbildung Einfluß nehmen und an der Vertretung des Volkes im Deutschen Bundestag oder einem Landtag mitwirken wollen, wenn sie nach dem Gesamtbild der tatsächlichen Verhältnisse, insbesondere nach Umfang und Festigkeit ihrer Organisation, nach der Zahl ihrer Mitglieder und nach ihrem Hervortreten in der Öffentlichkeit eine ausreichende Gewähr für die Ernsthaftigkeit dieser Zielsetzung bieten.

§ 3. Aktiv- und Passivlegitimation. Die Partei kann unter ihrem Namen klagen und verklagt werden.

§ 4. Name. (1) Der Name einer Partei muß sich von dem Namen einer bereits bestehenden Partei deutlich unterscheiden; das gleiche gilt für Kurzbezeichnungen.

§ 5. Gleichbehandlung. (1) Wenn ein Träger öffentlicher Gewalt den Parteien Einrichtungen zur Verfügung stellt oder andere öffentliche Leistungen gewährt, sollen alle Parteien gleichbehandelt werden.

2 Innere Ordnung

§ 6. Satzung und Programm. (1) Die Partei muß eine schriftliche Satzung und ein schriftliches Programm haben.

§ 7. Gliederung. (1) Die Parteien gliedern sich in Gebietsverbände. ... Die gebietliche Gliederung muß so weit ausgebaut sein, daß den einzelnen Mitgliedern eine angemessene Mitwirkung an der Willensbildung der Partei möglich ist.

§ 8. Organe. (1) Mitgliederversammlung und Vorstand sind notwendige Organe der Partei und der Gebietsverbände. Durch die Satzung kann bestimmt werden, daß in den überörtlichen Verbänden an die Stelle der Mitgliederversammlung eine Vertreterversammlung tritt, deren Mitglieder für höchstens zwei Jahre durch Mitglieder- oder Vertreterversammlungen der nachgeordneten Verbände gewählt werden.

§ 9. Mitglieder- und Vertreterversammlung (Parteitag, Hauptversammlung). (1) Die Mitglieder- oder Vertreterversammlung (Parteitag, Hauptversammlung) ist das oberste Organ des jeweiligen Gebietsverbandes. Sie führt bei

Gebietsverbänden höherer Stufen die Bezeichnung „Parteitag", bei Gebietsverbänden der untersten Stufe die Bezeichnung „Hauptversammlung"; ... Die Parteitage treten mindestens in jedem zweiten Kalenderjahr einmal zusammen.

(3) Der Parteitag beschließt im Rahmen der Zuständigkeiten des Gebietsverbandes innerhalb der Partei über die Parteiprogramme, die Satzung, die Beitragsordnung, die Schiedsgerichtsordnung, die Auflösung sowie die Verschmelzung mit anderen Parteien.

(4) Der Parteitag wählt den Vorsitzenden des Gebietsverbandes, seine Stellvertreter und die übrigen Mitglieder des Vorstandes, die Mitglieder etwaiger anderer Organe und die Vertreter in den Organen höherer Gebietsverbände, soweit in diesem Gesetz nichts anderes zugelassen ist.

(5) Der Parteitag nimmt mindestens alle zwei Jahre einen Tätigkeitsbericht des Vorstandes entgegen und faßt über ihn Beschluß.

§ 10. Rechte der Mitglieder. (1) Die zuständigen Organe der Partei entscheiden nach näherer Bestimmung der Satzung frei über die Aufnahme von Mitgliedern. Die Ablehnung eines Aufnahmeantrages braucht nicht begründet zu werden. Allgemeine, auch befristete Aufnahmesperren sind nicht zulässig. Personen, die infolge Richterspruchs die Wählbarkeit oder das Wahlrecht nicht besitzen, können nicht Mitglieder einer Partei sein.

(2) Die Mitglieder der Partei und die Vertreter in den Parteiorganen haben gleiches Stimmrecht. ... Das Mitglied ist jederzeit zum sofortigen Austritt aus der Partei berechtigt.

(4) Ein Mitglied kann nur dann aus der Partei ausgeschlossen werden, wenn es vorsätzlich gegen die Satzung oder erheblich gegen Grundsätze oder Ordnung der Partei verstößt und ihr damit schweren Schaden zufügt.

(5) Über den Ausschluß entscheidet das nach der Schiedsgerichtsordnung zuständige Schiedsgericht.

§ 11. Vorstand. (1) Der Vorstand wird mindestens in jedem zweiten Kalenderjahr gewählt. Er muß aus mindestens drei Mitgliedern bestehen.

(2) Dem Vorstand können Abgeordnete und andere Persönlichkeiten aus der Partei kraft Satzung angehören, wenn sie ihr Amt oder ihr Mandat aus einer Wahl erhalten haben.

(3) Der Vorstand leitet den Gebietsverband und führt dessen Geschäfte nach Gesetz und Satzung sowie den Beschlüssen der ihm übergeordneten Organe.

§ 13. Zusammensetzung der Vertreterversammlungen. Die Zusammensetzung einer Vertreterversammlung oder eines sonstigen Organs, das ganz oder zum Teil aus Vertretern von Gebietsverbänden besteht, ist in der Satzung festzulegen. Die Zahl der Vertreter des Gebietsverbandes ist in erster Linie nach der Zahl der vertretenen Mitglieder zu bemessen.

§ 14. Parteischiedsgerichte. (1) Zur Schlichtung und Entscheidung von Streitigkeiten der Partei ... sind ... Schiedsgerichte zu bilden.

(2) Die Mitglieder der Schiedsgerichte werden für höchstens vier Jahre gewählt. ... Sie sind unabhängig und an Weisungen nicht gebunden.

§ 15. Willensbildung in den Organen. (1) Die Organe fassen ihre Beschlüsse mit einfacher Stimmenmehrheit, soweit nicht durch Gesetz oder Satzung erhöhte Stimmenmehrheit vorgeschrieben ist.

(2) Die Wahlen der Vorstandsmitglieder und der Vertreter zu Vertreterversammlungen und zu Organen höherer Gebietsverbände sind geheim. Bei den übrigen Wahlen kann offen abgestimmt werden, wenn sich auf Befragen kein Widerspruch erhebt.

(3) Das Antragsrecht ist so zu gestalten, daß eine demokratische Willensbildung gewährleistet bleibt, insbesondere auch Minderheiten ihre Vorschläge ausreichend zur Erörterung bringen können. ... Bei Wahlen und Abstimmungen ist eine Bindung an Beschlüsse anderer Organe unzulässig.

3 Aufstellung von Wahlbewerbern

§ 17. Aufstellung von Wahlbewerbern. Die Aufstellung von Bewerbern für Wahlen zu Volksvertretungen muß in geheimer Abstimmung erfolgen. Die Aufstellung regeln die Wahlgesetze und die Satzungen der Parteien.

4 Erstattung von Wahlkampfkosten

§ 18. Grundsätze und Umfang der Erstattung. (1) Die notwendigen Kosten eines angemessenen Wahlkampfes sind Parteien, die sich an der Bundestagswahl mit eigenen Wahlvorschlägen beteiligt haben, zu erstatten.

§ 21. Bereitstellung von Bundesmitteln. (1) Die nach den §§ 18 ... erforderlichen Mittel sind im Bundeshaushaltsplan auszubringen.

5 Rechenschaftslegung

§ 23. Pflicht zur öffentlichen Rechenschaftslegung. (1) Der Vorstand der Partei hat über die Herkunft und die Verwendung der Mittel, die seiner Partei innerhalb eines Kalenderjahres (Rechnungsjahr) zugeflossen sind, sowie über das Vermögen der Partei in einem Rechenschaftsbericht öffentlich Rechenschaft zu geben.

(2) Der Rechenschaftsbericht muß von einem Wirtschaftsprüfer oder einer Wirtschaftsprüfungsgesellschaft ... geprüft werden. Er ist bis zum 30. September des dem Rechnungsjahr folgenden Jahres beim Präsidenten des Deutschen Bundestages einzureichen und von diesem als Bundestagsdrucksache zu verteilen.

§ 23a. Rechtswidrig erlangte Spenden. (1) Hat eine Partei Spenden rechtswidrig erlangt oder Mittel nicht den Vorschriften dieses Gesetzes entsprechend verwendet oder nicht im Rechenschaftsbericht veröffentlicht (§ 25 Abs. 2), so verliert sie den Anspruch auf Erstattung der Wahlkampfkosten in Höhe des Zweifachen des rechtswidrig erlangten oder nicht den Vorschriften dieses Gesetzes entsprechend verwendeten oder veröffentlichten Betrages. Die rechtswidrig erlangten Spenden sind an das Präsidium des Deutschen Bundestages abzuführen.

(3) Das Präsidium des Deutschen Bundestages leitet die innerhalb eines Kalenderjahres eingegangenen Mittel zu Beginn des nächsten Kalenderjahres an Einrichtungen weiter, die mildtätigen, kirchlichen, religiösen oder wissenschaftlichen Zwecken dienen.

§ 24. Rechenschaftsbericht. (1) Der Rechenschaftsbericht besteht aus einer Einnahmen- und Ausgabenrechnung sowie einer Vermögensrechnung.

§ 25. Spenden. (1) Parteien sind berechtigt, Spenden anzunehmen. Ausgenommen hiervon sind:
1. Spenden von politischen Stiftungen,
2. Spenden von Körperschaften, Personenvereinigungen und Vermögensmassen, die nach der Satzung, dem Stiftungsgeschäft oder der sonstigen Verfassung und nach der tatsächlichen Geschäftsführung ausschließlich und unmittelbar gemeinnützigen, mildtätigen oder kirchlichen Zwecken dienen ...
3. Spenden von außerhalb des Geltungsbereiches dieses Gesetzes, es sei denn, daß
   a) diese Spenden aus dem Vermögen eines Deutschen im Sinne des Grundgesetzes oder eines Wirtschaftsunternehmens, dessen Anteile sich zu mehr als 50 vom Hundert im Eigentum von Deutschen im Sinne des Grundgesetzes befinden, unmittelbar einer Partei zufließen,
   b) es sich um Spenden handelt einer ausländischen Partei, die im Europäischen Parlament vertreten ist,
   deren Fraktion im Europäischen Parlament oder
   eines ausländischen Mitgliedes des Europäischen Parlaments oder
   c) es sich um eine Spende eines Ausländers von nicht mehr als 1 000 Deutsche Mark handelt,
4. Spenden von Berufsverbänden, ...
5. Spenden, soweit sie im Einzelfall mehr als 1 000 Deutsche Mark betragen und deren Spender nicht feststellbar sind oder erkennbar nur die Spende nicht genannter Dritter weiterleiten,
6. Spenden, die erkennbar in Erwartung eines bestimmten wirtschaftlichen oder politischen Vorteils gewährt werden.

(2) Spenden an eine Partei oder einen oder mehrere ihrer Gebietsverbände, deren Gesamtwert in einem Kalenderjahr (Rechnungsjahr) 40 000 Deutsche Mark übersteigt, sind unter Angabe des Namens und der Anschrift des Spenders sowie der Gesamthöhe der Spende im Re-

chenschaftsbericht zu verzeichnen.
(3) Nach Absatz 1 Satz 2 unzulässige Spenden sind von der Partei unverzüglich an das Präsidium des Deutschen Bundestages weiterzuleiten.

§ 28. Pflicht zur Buchführung. Die Parteien haben Bücher über ihre rechenschaftspflichtigen Einnahmen und Ausgaben sowie über ihr Vermögen zu führen.

Grundsatzprogramm der Christlich Demokratischen Union Deutschlands (Parteiprogramm CDU)

beschlossen vom 26. Bundesparteitag Ludwigshafen vom 23. bis 25. Oktober 1978

1 Präambel

1. Volkspartei. Die Christlich Demokratische Union Deutschlands ist eine Volkspartei. Sie wendet sich an alle Menschen in allen Schichten und Gruppen unseres Volkes. Die Politik der CDU beruht auf dem christlichen Verständnis vom Menschen und seiner Verantwortung vor Gott.

2. Sozial, liberal, konservativ. Im Jahre 1945 hat die CDU einen neuen Anfang in der deutschen Parteiengeschichte gesetzt. Als Volkspartei ist sie die Antwort auf die Zerrissenheit der Demokraten in der Weimarer Republik. Freiheit und Menschlichkeit sollen sich nicht wieder in verhängnisvoller Gegnerschaft zwischen sozialen, liberalen und konservativen politischen Strömungen verlieren. Konfessionelle Gegensätze sollen überwunden werden. Die CDU gibt dafür das Beispiel. Die Menschen in Deutschland haben verstanden, daß die Zeit der Klassenkämpfe und Gesinnungskriege vorbei ist. Sie sind dem Aufruf gefolgt, den geistigen und materiellen Wiederaufbau gemeinsam in Angriff zu nehmen.

3. Bewahren und Erneuern. Soziale, wirtschaftliche und kulturelle Entwicklungen im eigenen Land stellen uns ebenso wie die internationalen Beziehungen vor immer neue Herausforderungen. Unsere politische Aufgabe besteht darin, Bewährtes zu schützen und neue Perspektiven politischen Handelns zu entwickeln, um den Wandel in Freiheit zu bewältigen.

4. Toleranz und Führung. Die CDU will unterschiedliche Standpunkte durch gemeinsame Werte und Ziele verbinden. Politisches Handeln zum Wohle des ganzen Volkes verlangt Führung und die Bereitschaft zum Kompromiß. Von jedem wird der Wille zur Solidarität gefordert, jeder hat aber auch den Anspruch auf Toleranz für seine persönliche Überzeugung. Offenheit und Partnerschaft sind Merkmale der Volkspartei und Vorbild für das Zusammenleben aller im Staat.

5. Christlicher Glaube und Politik. Aus christlichem Glauben läßt sich kein bestimmtes politisches Programm ableiten. Aber er gibt uns mit seinem Verständnis vom Menschen eine ethische

Grundlage für verantwortliche Politik. Auf dieser Grundlage ist gemeinsames Handeln von Christen und Nichtchristen möglich.

2 Das Verständnis vom Menschen

6. Würde des Menschen. Wir bekennen uns zur Würde des Menschen. Würde und Leben des Menschen – auch des ungeborenen – sind unantastbar.

7. Verantwortung vor Gott. Der Mensch ist zur sittlichen Entscheidung befähigt. Er steht in der Verantwortung vor seinem Gewissen und damit nach christlichem Verständnis vor Gott.

8. Nächstenliebe. Der Mensch ist auf Zusammenleben mit anderen – vornehmlich in festen sozialen Lebensformen – angelegt. Sein Leben verkümmert, wenn er sich isoliert oder im Kollektiv untergeht.

10. Konfliktlösung. Unterschiede der Meinungen und Interessen können zu Konflikten führen. Sie sollen offen und in gegenseitiger Achtung ausgetragen und dadurch fruchtbar gemacht werden.

Im Streit um den besten Weg muß jeder seinen Standpunkt selbst verantworten. Kein Mensch verfügt über die absolute Wahrheit. Widerstand gilt daher denen, die ihre begrenzten Überzeugungen anderen aufzwingen wollen.

11. Irrtum und Schuld. Jeder Mensch ist Irrtum und Schuld ausgesetzt.

3 Grundwerte

12. Freiheit, Solidarität, Gerechtigkeit. Wir treten ein für die Grundwerte Freiheit, Solidarität und Gerechtigkeit.

13. Verantwortete Freiheit. Der Mensch ist frei. Als sittliches Wesen soll er vernünftig und verantwortlich entscheiden und handeln können. Wer Freiheit für sich fordert, muß die Freiheit seines Mitmenschen anerkennen.

14. Entfaltung in der Gemeinschaft. Um sich frei entfalten zu können, muß der Mensch lernen, in Gemeinschaft mit anderen zu leben.

15. Recht sichert Freiheit. Recht, das die personale Würde des Menschen schützt, sichert Freiheit.

16. Freiheit und soziale Gerechtigkeit. Verwirklichung der Freiheit bedarf der sozialen Gerechtigkeit. ...

Aufgabe der Politik ist es daher, der Not zu wehren, unzumutbare Abhängigkeiten zu beseitigen und die materiellen Bedingungen der Freiheit zu sichern. ...

Persönliches Eigentum erweitert den Freiheitsraum des einzelnen für eine persönliche und eigenverantwortliche Lebensgestaltung.

17. Subsidiarität. Die Verwirklichung der Freiheit bedarf der eigenverantwortlichen Lebensgestaltung nach dem Prinzip der Subsidiarität. ...

Was der Bürger allein, in der Familie und im freiwilligen Zusammenwirken mit anderen ebensogut leisten kann, soll ihm vorbehalten bleiben.

18. Selbstverantwortung und Mitverantwortung. Freiheit verwirklicht sich durch Selbstverantwortung und Mitverantwortung im praktischen Leben.

19. Leistung. Die eigene Leistung gehört zur freien Entfaltung der Person.

20. Wehrhafte Demokratie. Zur Freiheit gehört die Bereitschaft, sie nach außen und innen zu schützen und für sie zu kämpfen, denn der freie Bürger und sein Gemeinwesen beugen sich nicht wehrlos der Unfreiheit. Wir bekennen uns zum Prinzip der wehrhaften Demokratie.

21. Soziale Natur des Menschen. Solidarität heißt füreinander dasein ...

Sie ist Ausdruck der sozialen Natur des Menschen.

22. Der einzelne und die Gemeinschaft. Weder Individualismus noch Kollektivismus. Solidarität kennzeichnet die Wechselbeziehung zwischen der Gemeinschaft und dem einzelnen. Die Gemeinschaft steht für den einzelnen ein ...

Der einzelne steht aber auch für die Gemeinschaft aller ein. ...

Die CDU bekennt sich zu dieser wechselseitigen Verantwortlichkeit, die gleich weit entfernt ist vom ungebundenen Individualismus wie vom Kollektivismus.

23. Solidarität und soziale Sicherung. Die soziale Sicherung beruht auf dem

Grundgedanken der Solidarität. Gemeinschaftlich werden die Risiken abgesichert, die der einzelne allein nicht bewältigen kann. ...

Solidarität verbietet den Mißbrauch des Systems der sozialen Sicherung.

24. Solidarität und Subsidiarität. Solidarität und Subsidiarität gehören zusammen. Der Staat soll dem Bürger eigene Initiative und verantwortliche Selbsthilfe im Rahmen des Möglichen erleichtern und zumuten.

25. Gruppensolidarität. Solidarität auch zwischen Ungleichen. Gesellschaftliche Gruppen stützen sich auf die Solidarität ihrer Mitglieder, um gemeinsame Interessen wirkungsvoll vertreten zu können. Solidarität ... verpflichtet die Starken zum Einsatz für die Schwachen und alle im Zusammenwirken für das Wohl des Ganzen. Das Gebot der Solidarität wird erst dann erfüllt, wenn es auch zwischen Machtungleichen und Interessengegnern gilt.

26. Gleichheit. Grundlage der Gerechtigkeit ist die Gleichheit aller Menschen in ihrer Würde und Freiheit ohne Rücksicht auf Macht, Leistung oder Versagen des einzelnen.

27. Gleiches Recht für alle. Gerechtigkeit bedeutet gleiches Recht für alle.

28. Chancengerechtigkeit. Gerechtigkeit gibt jedem die gleiche Chance, sich frei zu entfalten und für sich und für andere Verantwortung zu übernehmen.

29. Gleiches gleich und Ungleiches ungleich behandeln. Gerechtigkeit verlangt, Gleiches gleich und Ungleiches ungleich zu behandeln. Gerechtigkeit schließt die Anerkennung persönlicher Anstrengung und Leistung ein.

30. Ausgleichende Gerechtigkeit. Gerechtigkeit gebietet, ausgleichende Maßnahmen zugunsten derer zu treffen, die sonst zurückbleiben würden.

31. Streben nach Gerechtigkeit. Aber auch wenn die Welt von Menschenhand nicht vollendbar ist, so ist dennoch Fortschritt möglich. Wir bekennen uns zur äußersten Anstrengung, um jedem Menschen seine Lebenschancen zu gewährleisten und darüber hinaus zu umfassenden Maßnahmen ausgleichender Gerechtigkeit.

32. Grundwerte im Spannungsverhältnis. Wertorientierte Politik. Die Grundwerte Freiheit, Solidarität und Gerechtigkeit geben unserer Politik die Orientierung und sind Maßstäbe unseres politischen Handelns. ...

Ihre Gewichtung untereinander richtig zu gestalten, ist Kern der politischen Auseinandersetzung.

Sittlichen Zielen verpflichtet und vernünftiger Überprüfung zugänglich, entfaltet wertorientierte Politik die Fähigkeit zum notwendigen Ausgleich der Interessen und die Kraft zur ständigen Erneuerung. So sichert sie dem Menschen die Voraussetzung zur freien und verantwortlichen Entfaltung seiner Person.

4 Entfaltung der Person

33. Partnerschaft in Ehe und Familie. Ehe und Familie haben sich als die beständigsten Formen menschlichen Zusammenlebens erwiesen. Sie sind das Fundament unserer Gesellschaft und unseres Staates. Sie stehen unter dem besonderen Schutz unserer Verfassungsordnung.

Unsere Familienpolitik geht von der Ehe als einer Gemeinschaft aus, die auf Lebenszeit und Partnerschaft angelegt ist.

34. Familie als Erziehungsgemeinschaft. Erziehungsgeld. Die Familie ist die erste und wichtigste Erziehungsgemeinschaft für das Kind, da gerade in den ersten Lebensjahren die entscheidenden Weichen für das ganze Leben gestellt werden. ...

Ein Erziehungsgeld und die rentensteigernde Berücksichtigung von Erziehungsjahren sind daher unabdingbar.

35. Eltern und Kinder. Verantwortung und Autorität. In dauerhafter gegenseitiger Bindung sollen Eltern verläßliche Partner der Kinder sein. Wer sich für Kinder entscheidet, übernimmt für sie Verantwortung und Pflichten, denen er sich nicht entziehen kann. Erziehung verbietet autoritäre Bevormundung, erfordert aber Autorität.

36. Recht der Eltern. Pflichten des Staates. Das Elternrecht schützt die Familie vor staatlicher Bevormundung.

Zum Elternrecht gehört die Erfüllung der elterlichen Sorgepflichten. Einschränkung oder Entzug des Erziehungsrechts sind letzte Mittel, um Gefahr und Schaden vom Kind abzuwenden. Die Mitverantwortung der staatlichen Gemeinschaft für die Erziehung der Kinder erfordert vor allem, die erzieherischen Kräfte der Familie zu fördern und zu stärken. ...

Finanzielle Familienhilfen sollen die wirtschaftlichen Grundlagen der Familie sichern und der Entwicklung des Kindes zugute kommen.

37. Besondere Hilfen. Kinderreiche Familien, aber auch Familien mit behinderten Kindern und Familien mit nur einem Elternteil haben Anspruch auf besondere Hilfe und Förderung.

38. Familienlastenausgleich. Die Erwerbseinkommen können die unterschiedlichen Größen und Lebensverhältnisse von Familien nicht ausreichend berücksichtigen, da gleiche Arbeit unabhängig vom Familienstand gleich entlohnt werden muß. ...

Aufgabe des Staates ist es, den unterschiedlichen Lebensbedingungen durch entsprechende soziale Leistungen Rechnung zu tragen, insbesondere bei Mehrkinderfamilien. Erst diese Leistungen zusammen mit dem Erwerbseinkommen ergeben ein sozial gerechtes Familieneinkommen.

39. Geburtenrückgang. Dem Bevölkerungsrückgang entgegenzuwirken, ist nicht nur eine Aufgabe des Familienlastenausgleichs, sondern vor allem die einer veränderten Einstellung zum Kind.

40. Jugendpolitik. Unser freiheitlich-demokratischer Staat verdient das Vertrauen und das Engagement der Jugend. Sie muß sich gesellschaftlich und politisch ohne Bevormundung und Reglementierung engagieren können.

41. Chancengerechtigkeit im Bildungswesen. Die Zukunft des einzelnen und die Lebensbedingungen unserer Gesellschaft werden maßgeblich von der Qualität des Erziehungs- und Bildungswesens beeinflußt.

Bildungspolitik muß von der grundlegenden Rechtsgleichheit aller Menschen ausgehen und zugleich die Unterschiede ihrer Anlagen und Fähigkeiten berücksichtigen.

42. Erziehungsziele. Die freiheitliche Demokratie braucht Bürger, die selbständig urteilen und entscheiden können. Aufgabe von Erziehung und Bildung kann weder weltanschauliche Parteilichkeit noch wertneutrale Beliebigkeit sein. Der Mensch muß lernen, seine Würde und Freiheit zu erkennen, Pflichten zu erfüllen und Rechte zu gebrauchen, Toleranz und Mitmenschlichkeit zu üben und den demokratischen und sozialen Rechtsstaat zu bejahen.

43. Ethik und Religion. Die Schule soll dem jungen Menschen helfen, einen religiösen und ethischen Standpunkt zu finden.

44. Kenntnis der Geschichte. Bildung und Erziehung sollen Geschichtsbewußtsein vermitteln. ...

Wer seine Geschichte leugnet, gefährdet seine Zukunft.

45. Begegnung mit Kunst und Kultur. In der Begegnung mit der Kunst gewinnt der Mensch ein vertieftes Verständnis vom Leben. Wir treten dafür ein, der Kunst Entfaltungsräume zu schaffen, die Künstler zu fördern und möglichst vielen Menschen eine Beziehung zur Kunst zu eröffnen.

46. Menschlichkeit, Leistung, Solidarität. Leistung ist ein unentbehrlicher Ansporn für den Menschen. Sie hilft ihm, seine sozialen, intellektuellen, praktischen und künstlerischen Begabungen zu entfalten. ...

Menschlich ist die Schule, wenn sie Freude macht und auf das Leben vorbereitet. ...

Ein leistungsorientiertes Bildungswesen muß dem Schwächeren mehr Förderung geben, dem Starken mehr Leistung abverlangen. Es muß die Einsicht vermitteln, daß der Einsatz des Stärkeren die Hilfe für den Schwächeren ermöglicht. Damit wird Leistung zugleich zum Ausdruck der Solidarität.

47. Schule und Eltern. Das Grundrecht der Eltern, die Erziehung ihrer Kinder zu bestimmen, wird besonders durch freie Entscheidung innerhalb eines angemessenen Angebots unterschiedlicher Bildungsgänge verwirklicht. Eltern und Kinder haben ein Recht darauf, daß die Bildungsinhalte an den Wertentscheidungen und Normen des Grundgesetzes orientiert sind.

III Demokratischer Staat

48. Bildung und Beruf. Bildungs- und Beschäftigungssystem. Berufliche Bildung. Fort- und Weiterbildung. Ausbildung soll jedem Jugendlichen helfen, einen Beruf zu finden, in dem er seine Fähigkeiten entfalten und sich bewähren kann. ...

Eine perfekte Harmonisierung von Bildungs- und Beschäftigungssystemen und eine administrative Lenkung der Jugendlichen im Bildungswesen ist jedoch mit den Grundsätzen einer freiheitlichen Ordnung nicht zu vereinbaren. ...

Wir treten für den Ausbau und die Weiterentwicklung des dualen Systems von betrieblicher und schulischer Berufsausbildung ein.

Der beruflichen Fort- und Weiterbildung kommt künftig für den einzelnen wie für den Arbeitsmarkt eine verstärkte Bedeutung zu.

49. Forschung und Lehre. Die Hochschulen brauchen den Wettbewerb wissenschaftlicher Ideen, sie dürfen nicht in die Hände von Ideologen fallen.

Unserer Kultur entspricht die Freiheit der Forschung, der Lehre und des Lernens. Sie ist Voraussetzung für die Leistungsfähigkeit der Hochschulen. ...

Die wissenschaftliche Ausbildung muß stärker als bisher auf den späteren Beruf vorbereiten und kürzer dauern.

50. Freiheitsrecht auf Arbeit. Das Freiheitsrecht auf Arbeit verpflichtet die Verantwortlichen, Tarifpartner und Staat, alle Möglichkeiten der Sozialen Marktwirtschaft zur Erreichung und Sicherung der Vollbeschäftigung zu nutzen. Arbeit ist zugleich eine solidarische Verpflichtung gegenüber der Gemeinschaft.

51. Menschliche Arbeitswelt. Wir werden alle Bestrebungen unterstützen, unzumutbare Belastungen und vermeidbare Arbeitserschwernisse abzubauen.

52. Freiheitliche Gestaltung der Arbeitszeit. Wir wollen einen größeren Entscheidungsspielraum des einzelnen bei der Bestimmung der Tages-, Wochen- und Lebensarbeitszeit, damit die Übergänge zwischen den Lebensbereichen und -phasen fließender werden. ...

Was die Tarifpartner in eigener Zuständigkeit, orientiert am Gemeinwohl, selbstverantwortlich regeln können, darf der Staat nicht an sich ziehen.

53. Selbständigkeit. Berufliche Selbständigkeit verwirklicht ein hohes Maß an Freiheit; deshalb müssen die Bürger zur Selbständigkeit ermutigt, die Chancen, selbständig zu werden und zu bleiben, erweitert werden.

54. Freizügigkeit. Wir bejahen die berufliche Freizügigkeit; gleichzeitig sehen wir die Bindung des einzelnen an seine Heimat als erhaltungswürdigen Wert an.

55. Umfassendes Verständnis von Arbeit. Arbeit ist nicht lediglich Erwerbsarbeit. Die Aufgaben in der Familie, wie Kindererziehung, Hausarbeit und Krankenpflege, sind wichtige und unentbehrliche Tätigkeiten.

56. Freizeit. Freizeit bietet die Möglichkeit, außerhalb des Arbeitslebens schöpferische Fähigkeiten zu entfalten.

57. Sport und Spiel. Die große Anziehungskraft des Sports zeigt das Bedürfnis der Menschen, spielerische Freude mit dem Streben nach persönlicher Leistung, Begegnung und Engagement in der Gemeinschaft zu verbinden.

58. Gegen verplante Freizeit. Es ist Sache des einzelnen, was er aus seiner Freizeit macht.

59. Verbände und Vereine. Das vielfältige Verbands- und Vereinsleben in der Bundesrepublik Deutschland bietet wertvolle Voraussetzungen für zwischenmenschliche Begegnung.

60. Dienst für die Gemeinschaft. Freizeit erhält ihren Sinn auch durch Mitverantwortung in der Gemeinschaft.

61. Wohngerechter Städtebau. Wir wollen einen Wohnungs- und Städtebau, der dem Menschen die soziale Umwelt eröffnet.

62. Ballungsgebiete. Auch die Verdichtungsräume müssen menschenwürdiger werden und funktionsfähig bleiben. Sie sind unentbehrliche Zentren des wirtschaftlichen, kulturellen und gesellschaftlichen Lebens. Wir treten dafür ein, daß Wirtschaftswachstum und technischer Fortschritt mit der Leistungsfähigkeit unserer natürlichen Lebensgrundlage, mit Boden, Wasser, Luft und Landschaft in Einklang gebracht werden.

63. Ländlicher Raum. Unsere Wohnungsbaupolitik für den ländlichen Raum sieht ihren Schwerpunkt in der Dorfsanierung und Dorferneuerung.

64. Wohneigentum. Bei dem Wunsch nach Eigentum steht das eigene Haus bzw. die eigene Wohnung weit im Vordergrund. Eine von der CDU verantwortete Wohnungsbaupolitik wird dieser Gegebenheit Rechnung tragen.

5 Soziale Marktwirtschaft

65. Geistiges Fundament. Die Soziale Marktwirtschaft hat ihr geistiges Fundament in der zum Menschenbild des Christen gehörenden Idee der verantworteten Freiheit. Der Ordnungsrahmen der Sozialen Marktwirtschaft wurde erdacht und geschaffen, um diese Freiheit auch im Zeitalter von Industrialisierung und Arbeitsteilung für jedermann zu schaffen und das Bewußtsein für Selbstverantwortung ebenso wie die Bereitschaft zur Mitverantwortung für den Mitmenschen und für das Allgemeinwohl zu wecken und wirksam zu machen.

66. Wirtschafts- und gesellschaftspolitisches Programm für alle. Die Soziale Marktwirtschaft ist ein wirtschafts- und gesellschaftspolitisches Programm für alle. Ihre Grundlagen sind:
- Leistung und soziale Gerechtigkeit,
- Wettbewerb und Solidarität,
- Eigenverantwortung und soziale Sicherung.

Wir wollen die Soziale Marktwirtschaft so fortentwickeln, daß die persönliche Initiative gestärkt und immer mehr Teilhabe am gesellschaftlichen und wirtschaftlichen Fortschritt verwirklicht wird. ...

Die Soziale Marktwirtschaft steht im Gegensatz zur sozialistischen Einengung freiheitlicher Rechte, zur Vergesellschaftung von Produktionsmitteln und zu unkontrollierten Wirtschaftsformen liberalistischer Prägung. Sie ist privilegfeindlich und richtet sich gegen jeden staatswirtschaftlichen Dirigismus. Die Soziale Marktwirtschaft ist wie keine andere Ordnung geeignet,
- persönliche Freiheit,
- Gleichheit der Chancen,
- Eigentum,
- wachsenden Wohlstand und
- sozialen Fortschritt

für alle zu verwirklichen und zu sichern.

67. Grundelemente einer wirtschaftlichen Ordnungspolitik. Das machtverteilende Prinzip gehört als entscheidendes Ordnungselement ebenso zur Sozialen Marktwirtschaft wie zum demokratischen Staat und zur pluralistischen Gesellschaft. Dem Bekenntnis zur Demokratie als Organisationsform des Staates entspricht das Bekenntnis zum Markt als Organisationsform der Wirtschaft.

Grundlegende Elemente einer marktwirtschaftlichen Ordnung sind:
- Wettbewerb und persönliches, sozialverpflichtetes Eigentum;
- dezentrale Steuerung durch Märkte und Tarifautonomie;
- Machtkontrolle durch Gewaltenteilung und staatliche Aufsicht;
- Freiheit der Verbraucher, Unternehmen und des Berufes;
- Selbständigkeit und Risikobereitschaft;
- Freiheitssicherung durch das Angebot von Alternativen und Teilnahme des einzelnen am wirtschaftlichen, sozialen und gesellschaftlichen Fortschritt.

68. Grundelemente einer sozialen Ordnungspolitik. Grundlegende Elemente einer sozialen Ordnungspolitik sind:
- sozialer Ausgleich und Bedarfsgerechtigkeit;
- Hilfe zur Selbsthilfe und private Initiative;
- Leistungsgerechtigkeit und Versicherungspflicht;
- Dezentralisierung und Selbstverwaltung;
- Pluralismus und Minderheitenschutz;
- Tarifautonomie und soziale Partnerschaft;
- vorbeugende und produktive Sozialpolitik;
- Wahlfreiheit und Gleichwertigkeit der elementaren Lebensbedingungen;
- Generationenvertrag und Gleichberechtigung von Mann und Frau.

69. Freiheit und Wohlstand. Wir würden für die Soziale Marktwirtschaft auch dann eintreten, wenn sie weniger materiellen Wohlstand hervorbrächte als andere Systeme. Es wäre unerträglich, Güter auf Kosten der Freiheit zu gewinnen. Die Wahlnotwendigkeit besteht jedoch nicht. Die Soziale Marktwirtschaft hat nicht nur mehr immateriellen, sondern auch mehr materiellen Wohlstand geschaffen als andere Ordnungsformen.

70. Neue Herausforderungen. Neue wirtschaftliche und soziale Bedingungen stellen neue Anforderungen an die Anpassungs- und Leistungsfähigkeit der Sozialen Marktwirtschaft. Die CDU wird sich nicht mit dem Hinweis auf erzielte Erfolge begnügen, sondern alles tun, um diesen Anforderungen gerecht zu werden.

71. Markt und soziale Gerechtigkeit. Soziale Gerechtigkeit kann der Markt nicht allein aus sich bewirken. Die Leistungsgerechtigkeit des Marktes ist nicht identisch mit der sozialen Gerechtigkeit. ...

Die Soziale Marktwirtschaft fügt Marktordnung und Ordnung der sozialen Leistungen zu einem ordnungspolitischen Ganzen zusammen.

72. Einheit von Wirtschafts-, Finanz- und Sozialpolitik. Wirtschafts- und Sozialpolitik sind untrennbar miteinander verbunden. Sie begrenzen und ergänzen sich gegenseitig. Eine Wirtschaftspolitik ohne soziale Gerechtigkeit verfehlt den sozialen Frieden und muß zu volkswirtschaftlichen Verlusten führen.

Eine Sozialpolitik ohne Rücksicht auf wirtschaftliche Leistungsfähigkeit und wirtschaftliches Wachstum beraubt sich selbst ihrer Einnahmequellen.

73. Staatliche Ordnungspolitik. Die Aufgabe staatlicher Ordnungspolitik ist es, Eigeninteresse und Gemeinwohl in Einklang zu bringen, damit Leistung für sich auch Leistung für andere ist. Dazu setzt der Staat den Rahmen des Wettbewerbs, er garantiert Vertragsfreiheit, Eigentum und die Grenzen dieser Rechte, er bestimmt in den Grundzügen das Recht der Arbeitsverhältnisse. Ziel ist dabei das Gemeinwohl. Wer Leistung verweigert, obwohl er leisten könnte, handelt unsozial. Wer Leistung erbringt, muß in jedem Fall besser gestellt werden als derjenige, der Leistung verweigert.

74. Geordneter Wettbewerb. Geordneter Wettbewerb gehört zu den großen kulturellen Errungenschaften.

75. Sicherung des Wettbewerbs. Um den Wettbewerb zu fördern, muß die Wettbewerbsgesetzgebung weiter entwickelt werden. Dabei sollte Konzentrationstendenzen in der Wirtschaft entgegengewirkt, der unlautere Wettbewerb unterbunden sowie neuen Produkten und Unternehmen der Zugang zum Markt offengehalten werden.

76. Mittelstand und Selbständigkeit. Grundpfeiler der Sozialen Marktwirtschaft ist eine ausgewogene Struktur von Klein-, Mittel- und Großbetrieben. ...

Wie keine andere Marktform bietet die Soziale Marktwirtschaft leistungsbewußten und risikobereiten jungen Menschen die Chance zur Selbständigkeit. Eine konsequente Mittelstandspolitik ist Voraussetzung für die Weiterentwicklung unserer marktwirtschaftlichen Ordnung.

77. Verbraucherpolitik. Ein ausreichender Wettbewerb ist auch notwendig im Interesse der Verbraucher. Ein weitgefächertes Angebot von Produkten und Dienstleistungen entspricht der Vielfalt menschlicher Bedürfnisse am besten.

78. Eigentumspolitik. Wettbewerbspolitik und Eigentumspolitik ergänzen sich. Privates Eigentum ist ein Grundpfeiler und ein wesentliches Unterscheidungsmerkmal der Sozialen Marktwirtschaft gegenüber anderen Wirtschafts- und Gesellschaftssystemen. ...

Die Bildung von Produktivvermögen in der Hand von Arbeitnehmern ist eine soziale Notwendigkeit, um wirtschaftliche Abhängigkeiten abzubauen, den Arbeitnehmern Mitverantwortung zu übertragen und eine gerechte Einkommensverteilung für die Zukunft zu sichern.

79. Mitbestimmung. Die Mitbestimmung und die Vermögensbeteiligung der Arbeitnehmer sind Ausdruck christlich-sozialen Gedankenguts und eine Grundlage der Sozialen Marktwirtschaft.

80. Tarifautonomie. Wir sind für freie Gewerkschaften und freie unternehmerische Tätigkeit. ...

Wir treten für die Tarifautonomie ein, weil sie ein wesentliches Ordnungselement der Sozialen Marktwirtschaft ist. ...

Die Idee der Partnerschaft erfordert funktionsfähige Gewerkschaften und Arbeitgeberverbände.

81. Fünf wirtschaftliche Ziele. Vollbeschäftigung, Geldwertstabilität und stetiges Wachstum bei außenwirtschaftlichem Gleichgewicht sind Ziele unserer Wirtschaftspolitik. Aber die Verwirklichung dieser Ziele reicht allein nicht aus, um die Solidarität mit den künftigen Generationen zu gewährleisten. Sie müssen daher um die Sicherung der ökologischen Zukunft unseres Gemeinwesens erweitert werden. ...

82. Vollbeschäftigung. Wachstum und Arbeitszeitverkürzung. Zur Erreichung der Vollbeschäftigung müssen alle geeigneten Mittel ausgeschöpft werden. Maßnahmen zur Arbeitszeitverkürzung müssen in Einklang stehen mit dem wirtschaftlichen Wachstum und der Vollbeschäftigung.

83. Geldwertstabilität. Stabilität des Geldwertes ist eine entscheidende Voraussetzung für dauerhafte wirtschaftliche Leistungsfähigkeit.

84. Notwendigkeit und Grenzen des Wachstums. Wirtschaftliches Wachstum ist kein Selbstzweck, sondern es ist vielmehr die Voraussetzung, um Arbeitsplätze und Ausbildungsplätze in ausreichendem Maß zur Verfügung zu stellen, unser bewährtes System der sozialen Sicherung zu erhalten, die öffentlichen Aufgaben zu finanzieren, den Verteilungskampf zu entschärfen, individuelle Freiräume zu sichern und nicht zuletzt unsere Verpflichtung gegenüber den Entwicklungsländern zu erfüllen.

Wo Wachstum zu einer unvertretbaren Beeinträchtigung der natürlichen Umwelt führt, muß notfalls auf solches Wachstum und damit verbundene Einkommensmehrung verzichtet werden.

85. Strukturpolitik. Durch Strukturpolitik soll die Fähigkeit der Wirtschaft gestärkt werden, sich neuen Entwicklungen anzupassen und sie sozial erträglich zu gestalten. ...

Die staatliche Wirtschaftspolitik muß den Strukturwandel fördern und darf keine veralteten Strukturen künstlich bewahren.

Vordringliche Aufgabe der regionalen Strukturpolitik ist es, auf gleichwertige Lebensverhältnisse in allen Gebieten unseres Staates hinzuwirken und damit einen wichtigen Beitrag zur Chancengerechtigkeit zu leisten. Dazu gehört auch die Bereitstellung einer angemessenen Infrastruktur. Staatliche Strukturpolitik als direkten Eingriff in unternehmerische Investitionsentscheidungen lehnen wir ab.

86. Staatliche Rahmendaten, Gebote und Verbote. Es gibt Bereiche, in denen die Ordnungspolitik der Sozialen Marktwirtschaft besonders herausgefordert ist. Dazu gehören Umweltschutz, Landwirtschaft, Energieversorgung, Raumordnung und Verkehr. Der Staat hat die Aufgabe, diese Bereiche durch die Aufstellung von Rahmendaten und notfalls durch Gebote und Verbote so zu ordnen, daß die im allgemeinen Interesse gebotenen Ziele auch tatsächlich erreicht werden.

87. Umweltschutz. Die Erhaltung der natürlichen Grundlagen des Lebens ist ein Stück verantworteter Freiheit. ...

Zur Erhaltung der natürlichen Grundlagen des Lebens gehören insbesondere
- Reinhaltung der Luft,
- Aufrechterhaltung des natürlichen Wasserhaushaltes und Begrenzung der Meeresverschmutzung,
- Unterlassung von Maßnahmen, die eine Klimaveränderung herbeiführen können,
- Schutz vor Verseuchung mit giftigen oder sonstigen schädlichen Stoffen,
- Schutz der Landschaft und Bewahrung der Pflanzen- und Tierwelt,
- Vorsorglicher Umgang mit Rohstoffen, die nicht ersetzbar sind,
- Eindämmung der Lärmbelästigung auf ein verträgliches Maß,
- sicherer, umweltfreundlicher Betrieb sowie sichere Entsorgung der Kernreaktoren.

Für die Reinhaltung von Luft und Wasser, die Lärmbekämpfung und die Abfallbeseitigung sowie für den Schutz weiterer Elemente soll das Verursacherprinzip gelten.

88. Landwirtschaft. Unsere freiheitliche Wirtschafts- und Gesellschaftsordnung braucht eine leistungs- und wettbewerbsfähige Land-, Forst-, Ernährungs- und Fischereiwirtschaft. ...

Deshalb ist die Land-, Forst- und Fischereiwirtschaft mit Mitteln der allgemeinen Wirtschafts-, Finanz- und Agrarpolitik in den Stand zu setzen, die für sie bestehenden naturbedingten und wirtschaftlichen Nachteile gegenüber anderen Wirtschaftsbereichen auszugleichen.

89. Rohstoff- und Energieversorgung. Um wirtschaftliches Wachstum, Wohlstand und soziale Sicherung zu gewährleisten, ist eine störungsfreie und preiswerte Rohstoff- und Energieversorgung notwendig. ...

Für die zukünftige Energieversorgung und zur Deckung des zukünftigen Energiebedarfs müssen alle konventionellen Energieträger hinzugezogen werden. ...

Zur Bewältigung und zur Sicherung eines ausreichenden Energieangebots ist der Ausbau der Kernenergie erforderlich. ...

Es müssen auch neue Technologien gefördert werden.

90. Wissenschaft, Forschung, Technologie. Die Förderung von Wissenschaft, Forschung und technologischer Entwicklung ist für die kulturelle, geistige und wirtschaftliche Entwicklung unseres Landes von grundsätzlicher Bedeutung.

91. Nord-Süd-Konflikt. Unser Ziel ist Selbstbestimmung und Selbstentfaltung der Völker, Nutzung der Ressourcen dieser Welt zum Wohle aller Völker, gerechtere Verteilung der Chancen zur Beseitigung von Not und Elend. Wir wollen eine internationale Soziale Marktwirtschaft.

92. Korrektur und Ergänzung des Marktes. Die Soziale Marktwirtschaft berücksichtigt, daß nicht alle Güter und Dienstleistungen zur Befriedigung menschlicher Bedürfnisse über den Markt hergestellt und verteilt werden können. Daher bedarf es der Korrektur und Ergänzung des Marktes durch Leistungen des Staates und gesellschaftlicher Gruppen in Bereichen, in denen der Markt nur unzureichend oder gar nicht wirksam sein kann. Für die Wahrnehmung der öffentlichen Aufgaben benötigt der Staat Steuern und Abgaben.

93. Neuordnung der Staatswirtschaft. Seit Jahren steigt der Staatsanteil schneller als je zuvor in Friedenszeiten, während die öffentlichen Investitionen zurückgehen. ...

Die Neuordnung der Staatswirtschaft wird zu einem vordringlichen Problem.

94. Wachsende Staatstätigkeit. Gegenwart, Zukunft. Durch die Übernahme eines wesentlichen Teils der Dienstleistungen durch den Staat werden dessen Finanzkraft sowie seine Leistungs- und Steuerungsfähigkeit überfordert. ...

Noch schwerer wiegt, daß dem Staat auf diese Weise wirtschaftliche und gesellschaftliche Macht zuwächst, die zu einer zunehmenden Abhängigkeit des einzelnen von staatlichen und öffentlichen Einrichtungen und damit zu einer Abnahme individueller Freiheit führt. ...

Die Stellung des Bürgers gegenüber dem Staat muß deshalb gestärkt werden.

Aufgabe staatlicher Finanz- und Haushaltspolitik muß es sein, den Zukunftsbedarf unserer Gesellschaft zu sichern und zur Wiederherstellung der richtigen Gewichtung der Gegenwart und Zukunft beizutragen.

95. Begründungszwang für staatliche Tätigkeit. Alle staatlichen Aufgaben, Ausgaben, Maßnahmen und Gesetze sind daher ständig auf ihre Notwendigkeit, Vertretbarkeit und rationelle Durchführung zu überprüfen.

96. Prinzipien der Sozialen Marktwirtschaft nicht nur in der gewerblichen Wirtschaft. Die Grundsätze der Sozialen Marktwirtschaft sind jedoch nicht auf den Bereich der gewerblichen Wirtschaft beschränkt. Sie sind auch in Bereichen wie dem Gesundheits- und Bildungswesen oder dem Umweltschutz anwendbar und verstärkt einzusetzen.

97. Steuergerechtigkeit. Wachstumsfördernde Steuerpolitik. Das Steuerrecht hat die Prinzipien der Sozialen Marktwirtschaft zu beachten. Die steuerliche Abgabenbelastung muß die Prinzipien der Steuergerechtigkeit berücksichtigen und darf die private Initiative und Leistungsfähigkeit nicht ersticken.

Die notwendige Konsolidierung der öffentlichen Haushalte erfordert eine wachstumsfördernde Steuerpolitik.

98. Aufgaben der Sozialpolitik. Zu den wichtigsten Aufgaben einer am Menschen orientierten Sozialpolitik gehört es,
- Schutz vor Armut und Not,
- sozialen Ausgleich vor allem für die Familie,
- individuelle Sicherheit durch Absicherung von Vorsorge gegen Wechselfälle des Lebens,
- Verbesserung der allgemeinen Lebensbedingungen

zu gewährleisten.

99. Alte Soziale Frage. Seit dem 19. Jahrhundert stand die Sozialpolitik im Banne des Konfliktes zwischen Kapital und Arbeit.

100. Neue Soziale Frage. Die CDU hat als erste politische Kraft erkannt: Zu dem

Konflikt zwischen Kapital und Arbeit sind Konflikte zwischen organisierten und nichtorganisierten Interessen, Erwerbstätigen und nicht im Berufsleben Stehenden, Mehrheiten und Minderheiten getreten. ...

Der Staat als Anwalt des Gemeinwohls hat aber die Aufgabe, die Machtlosen und Minderheiten in der Gesellschaft im Wettstreit um die materiellen und immateriellen Güter zu schützen. Hier stellt sich die Neue Soziale Frage.

101. Soziale Dienste. Zu den ernsten Gefahren zählen heute Entpersönlichung und Anonymität.

Soziale Dienste verlangen und verdienen deshalb unsere ganze Kraft. Der Staat muß dabei mitwirken.

102. Behinderte Menschen. Der soziale Rechtsstaat muß allen Behinderten eine ihren Möglichkeiten entsprechende Chance geben, sich in Beruf und Gesellschaft zu entfalten.

103. Ältere Menschen. Unsere Gesellschaft kann auf die Dienste und Leistungen älterer Menschen, ihre Urteilsfähigkeit, ihre Lebenserfahrung und Verständnisbereitschaft in der Familie, im Rahmen der Nachbarschaftshilfe und im sozialen Bereich nicht verzichten. Älteren Menschen müssen mehr Felder der Betätigung für die Gesellschaft erschlossen werden.

104. Vertriebene, Flüchtlinge, Aussiedler. Die Eingliederung der Vertriebenen, Flüchtlinge und Aussiedler auf allen Gebieten unseres wirtschaftlichen, sozialen und staatlichen Lebens bleibt Aufgabe des Staates, der gesellschaftlichen Gruppen und aller Mitbürger.

105. Ausländische Arbeitnehmer. Die Grundwertbindung unserer Politik verpflichtet uns zur sozialen Integration der ausländischen Arbeitnehmer und ihrer Familien in unsere Gesellschaft sowie zur Erhaltung ihrer kulturellen Eigenständigkeit und der Förderung ihrer Kontakte zum Heimatland.

106. Gesundheitspolitik. Die Gesundheit ist eines der höchsten Lebensgüter. Die Chancen, gesund zu bleiben oder zu werden, müssen für jeden Bürger gleich groß sein, ohne Rücksicht auf seine finanzielle Situation, auf seinen Platz in der Gesellschaft und unabhängig von seinem Wohnort.

Auch in der Gesundheitspolitik können wir auf Wirtschaftlichkeit nicht verzichten. Die Strukturen des Gesundheitssystems müssen mit dem Ziele größerer Wirtschaftlichkeit weiterentwickelt werden. Dabei setzen wir nicht auf staatlichen Dirigismus, sondern auf das verantwortungsbewußte Zusammenwirken der Beteiligten.

Die gesetzliche Krankenversicherung gehört zu den unverzichtbaren Institutionen der sozialen Sicherung. Ihre Ausgestaltung muß der gewachsenen Fähigkeit der Versicherten zur Selbstverantwortung und zur Übernahme von Verantwortung für die eigene Gesundheit Rechnung tragen.

107. Handlungsprinzipien der Neuen Sozialen Frage. Die Neue Soziale Frage erfordert eine neue soziale Politik. Sie ist soziale Ordnungspolitik. Ihre Handlungsprinzipien sind:
- Die sozialen Leistungen müssen auf die wirklich Hilfsbedürftigen konzentriert werden.
- Durch eigene Leistung oder Aufopferung für die Gemeinschaft erworbene Rechtsansprüche verdienen besonderen Schutz.
- Die sozialen Leistungen müssen humaner und wirtschaftlicher erbracht und so geordnet werden, daß ihre soziale Wirksamkeit erhöht wird.
- Es ist besser, die Entstehung sozialer Übel zu verhindern, als sie nachträglich zu beseitigen. Deshalb müssen bereits in den Planungen die wirtschaftlichen und sozialen Gesichtspunkte berücksichtigt werden.

108. Besitzstände überprüfen. Die Gesellschaft orientiert sich an hergebrachten Maßstäben. Nach diesen neigt sie zu beurteilen, was sozial ist. Soziale Ansprüche, die bei ihrer Entstehung geboten waren, müssen aber einer laufenden Überprüfung standhalten. Dies gilt für die Besitzstände aller sozialen Gruppen, auch im Bereich der Steuervergünstigungen und Subventionen.

109. Wirtschaftlichkeit und Humanität: kein Widerspruch. Sozialpolitik muß sich gerade in Zeiten knapper Mittel bewähren. Die quantitative Veränderung sozialpolitischer Mittel kann soziale Ordnungspolitik nicht ersetzen. Zukunftsorientierte Sozialpolitik will vorbeugen, will Wirtschaftlichkeit und Humanität verbinden.

110. Frau in der Gesellschaft. Familienleistungen im Generationenvertrag. Partnerrente. Gleicher Lohn bei gleicher Arbeit. Staat und Gesellschaft beruhen auf der gemeinsamen Arbeit von Männern und Frauen. Deshalb muß die Frau an der Gestaltung des politischen, wirtschaftlichen und gesellschaftlichen Lebens vollen Anteil haben.

Die Tätigkeit der Hausfrau und Mutter ist derjenigen der außerhäuslichen berufstätigen Frau gleichwertig. Hausfrauentätigkeit und Kindererziehung sind Berufstätigkeit und müssen als solche anerkannt und sozial abgesichert werden. Familienleistungen der Frau müssen ebenso als Beitrag zum Generationenvertrag anerkannt werden wie Beitragszahlungen aus Erwerbseinkommen. Die eigenständige soziale Sicherung aller Ehefrauen und Mütter muß durch eine leistungsbezogene und familiengerechte Partnerrente gewährleistet werden. ...

Wir fordern die Tarifpartner auf, sicherzustellen, daß Frauen gleichen Lohn bei gleicher Leistung und gleichwertiger Arbeit erhalten.

111. Soziale Sicherung. Keine Einheitsversicherung. Leben ohne jedes Wagnis verödet. Wir wollen nicht die Absicherung gegen alle Risiken des Lebens von der Wiege bis zur Bahre vorschreiben. Aber die in den personalen Gemeinschaften vergangener Zeiten getragene Absicherung der großen Lebensrisiken muß heute in einer den Bedingungen der Industriegesellschaft gemäßen Form gelöst werden. Dazu gehören die Zukunftssicherung des Einkommens im Alter, bei Erwerbsunfähigkeit und Arbeitslosigkeit und die Sicherung gegen schwere Belastungen, zum Beispiel bei Unfall und Krankheit. Sie müssen in Risikogemeinschaften gedeckt werden, die über den Tag hinaus Bestand haben und auf die die Risiken gleichmäßig verteilt sind. Die Institutionen der sozialen Sicherung sind deshalb heute unverzichtbar.

Die Tendenz zur Einheitsversicherung lehnen wir ab. In einer freiheitlichen Sozialordnung muß der einzelne auch auf dem Gebiet der sozialen Sicherung möglichst viele Wahl- und Entscheidungsmöglichkeiten haben.

112. Wir lehnen eine allgemeine Staatsbürgerversorgung ab. Sie widerspricht dem Gedanken der eigenen Vorsorge durch eigene Beiträge und macht den einzelnen unzumutbar von den Entscheidungen des Staates abhängig. ...

Darüber hinaus werden wir – wie in der Vergangenheit auch in Zukunft – die Versorgung derer sichern, die für die Gemeinschaft ihr Leben eingesetzt und Schaden an ihrer Gesundheit genommen haben.

113. Bruttolohnbezogene dynamische Rente. Generationenvertrag. Die CDU hat 1957 die bruttolohnbezogene dynamische Rente geschaffen, die auch international als Beispiel einer vorbildlichen Sozialpolitik gilt. Diese in der Nachkriegszeit bedeutendste Sozialreform darf nicht staatlicher Willkür anheimgestellt und ruiniert werden.

Die Rentenversicherung beruht auf dem Generationenvertrag. Die jeweils arbeitende Generation sorgt durch ihre Beiträge für die Sicherung des Einkommens der nicht mehr arbeitenden Generation und durch Kinder für den Bestand der Gemeinschaft.

6 Der Staat

114. Grundgesetz und Grundwerte. Das Grundgesetz der Bundesrepublik Deutschland ist Grundlage für unser Zusammenleben in Freiheit, Solidarität und Gerechtigkeit. ...

Das Grundgesetz der Bundesrepublik Deutschland beruht auf einem unantastbaren Grundbestand gemeinsamer Wertüberzeugungen. Der Staat hat die Pflicht, ihr Bewußtsein lebendig zu erhalten, Angriffe auf sie abzuwehren und alle Maßnahmen zu unterlassen, die diese Wertordnung schädigen oder zerstören könnten.

115. Aufgaben des Staates. Aufgabe des Staates ist es, das Wohl des einzelnen Bürgers und der Gemeinschaft zu fördern. Um dieser Aufgabe gerecht zu werden, hat er vor allem
- die Rechte der Bürger zu schützen und Mißbrauch von Macht zu verhindern,

- die für das menschliche Zusammenleben unerläßliche Ordnung zu erhalten und fortzuentwickeln,
- die Vielfalt der gesellschaftlichen Kräfte zu gewährleisten,
- die selbstverantwortliche Entfaltung der Person zu fördern und ihre Bereitschaft zur Mitverantwortung für das gemeinsame Wohl zu stärken,
- die Schwachen zu schützen, persönliche und solidarische Daseinsvorsorge zu gewährleisten und die Gesellschaft mitzugestalten,
- die Bürger gegenüber Bedrohungen von außen zu schützen und ihre berechtigten Interessen gegenüber anderen Staaten wahrzunehmen,
- seinen Beitrag zur Herstellung menschenwürdiger Lebensbedingungen in der Welt zu leisten.

Der Staat ist keine Einrichtung zur Erfüllung beliebiger Ansprüche. Er muß die berechtigten Wünsche aller Bürger gegeneinander abwägen und die Leistungsfähigkeit der Gesamtheit berücksichtigen.

116. Demokratie. Politische Führung. Öffentlicher Dienst. In der Demokratie leitet sich alle Staatsgewalt vom Auftrag des Volkes her. Sie ist verpflichtet, für das Wohl des Volkes zu handeln.

Die CDU versteht die Demokratie als eine dynamische, fortzuentwickelnde politische Ordnung, die die Mitwirkung der Bürger gewährleistet und ihre Freiheit durch Verteilung und Kontrolle der Macht sichert. ...

Das Volk verleiht Herrschaft auf Zeit. Der demokratische Staat kann seine Aufgaben nur meistern, wenn er politische Führung möglich macht.

Der Staat braucht einen leistungsfähigen und verfassungstreuen öffentlichen Dienst.

117. Repräsentative Demokratie. Freies Mandat. Wir bekennen uns zur repräsentativen Demokratie, die politische Führung und demokratische Verantwortlichkeit miteinander verbindet. In den Wahlen gibt sie die regelmäßige Möglichkeit zum Regierungswechsel.

Der repräsentativen Demokratie entspricht das freie Mandat, das jeden Abgeordneten von Weisungen der Parteibasis wie der Parteiführung unabhängig machen soll.

118. Pluralismus. Politische Parteien. Wir leben in einer pluralen Gesellschaft, in der verschiedene Meinungen, Weltanschauungen und Interessen miteinander um den Einfluß auf die Staatsgewalt und um die Gestaltung der Gesellschaft ringen. Das erfordert eine demokratische Willensbildung, in welcher die widerstreitenden Meinungen und Interessen zu Mehrheiten zusammengefaßt, aber auch die Anliegen und Überzeugungen von Minderheiten geachtet werden.

Politische Parteien erfüllen ihren Auftrag in einer pluralen Gesellschaft, wenn sie im Kampf um die Regierungsverantwortung klare sachliche und personelle Alternativen zur Entscheidung stellen. Sie haben dem jeweiligen Wählerauftrag in der Regierung oder in der Opposition zu dienen.

119. Bürgerinitiativen. Unser demokratischer Staat braucht auch freie Initiativen und Gruppen, die die Sachkunde, das Verantwortungsbewußtsein und die tätige Mithilfe möglichst vieler Bürger aktivieren.

120. Kirchen und Religionsgemeinschaften. Wir bekennen uns zur Eigenständigkeit und Unabhängigkeit der Kirchen und Religionsgemeinschaften.

121. Freie Träger. Freie Träger leisten unentbehrliche Dienste. Freie Träger verhindern ein staatliches Monopol. ...

Der Staat trägt die Beweislast für die Notwendigkeit, neue Aufgaben als staatliche Aufgaben zu übernehmen.

122. Verbände, Sozialpflichtigkeit. In einer freien Gesellschaft bestimmen die Verbände ihre Aufgaben im Rahmen der geltenden Rechtsordnung selbständig. ...

Alle von der Verfassung garantierte Autonomie gesellschaftlicher Organisationen und Gruppen ist den Anforderungen der Gemeinwohlverträglichkeit unterworfen. Mit der Verwirklichung des Sozialstaatsprinzips wird das Prinzip der Sozialpflichtigkeit auf alle Formen gesellschaftlicher Machtpositionen erstreckt. Die Sozialpflichtigkeit aller gesellschaftlichen Kräfte zu gewährleisten, ist eine Aufgabe des demokratischen Staates.

123. Freiheitliche Medienpolitik. Einer freien Gesellschaft entspricht die Pluralität der Medien. Unabhängigkeit und Vielfalt der freien Presse sind zu sichern.

III Demokratischer Staat

124. Rechtsstaat. Innere Sicherheit. Der Rechtsstaat sichert die Grundwerte, indem er die Herrschaft des Staates und das Zusammenleben der Bürger durch Rechtsnormen ordnet, die gerecht sind und auf die Verlaß ist. Im Rechtsstaat kann sich auch der Schwächere behaupten, weil Konflikte nicht nach dem Willen der Stärkeren, sondern nach Gesetz und Recht entschieden werden.

Freiheitlichkeit und Autorität des Staates sind keine Gegensätze, sie ergänzen einander. Der freiheitliche Staat, der sich nicht gegen seine Feinde verteidigt, verspielt die Freiheit seiner Bürger. ...

Wir verwerfen jede Form totalitärer Herrschaft, weil sie ein Leben in Würde und Selbstbestimmung unmöglich macht.

125. Eindämmung der Gesetzesflut. Datenschutz. Wir wollen die Gesetzes- und Verordnungsflut eindämmen, die das tägliche Leben des Bürgers zu ersticken drohen.

Insbesondere muß der Bürger vor einem Mißbrauch von persönlichen Daten geschützt werden.

126. Föderalismus und kommunale Selbstverwaltung. Föderalismus und kommunale Selbstverwaltung sind wesentliche Gestaltungsprinzipien unseres Staates zur Freiheitssicherung der Bürger. ...

Gleichwertigkeit der Lebensbedingungen bejahen wir. Zentralistische Gleichmacherei lehnen wir ab.

127. Sozialstaat. Rechtsstaat und Sozialstaat ergänzen sich. Der Sozialstaat sorgt für die notwendige Daseinsvorsorge und die gemeinsame Absicherung des einzelnen in den Grundrisiken des Lebens.

128. Aufgaben und Grenzen des Sozialstaates. Der Sozialstaat muß die eigenen Kräfte des Menschen entfalten helfen. Sein Sinn besteht nicht darin, den Bürgern die Verantwortung für ihr Leben abzunehmen, sondern ihnen die Voraussetzungen selbstverantwortlicher Lebensführung zu sichern.

129. Bürgernaher Sozialstaat. Wir wollen der zunehmenden Anonymität zwischen den Menschen entgegenwirken.

130. Freiheitswille der Bürger. Der demokratische und soziale Rechtsstaat steht und fällt mit der freien Mitwirkung und Mitverantwortung seiner Bürger. Diese müssen bereit sein zu Loyalität und Mitarbeit, zu Dienst und Opfer. Vom Freiheitswillen ihrer Bürger getragen, ist die Bundesrepublik Deutschland der freie, soziale, auf Recht und Gerechtigkeit verpflichtete Staat der deutschen Nation.

7 Deutschland in der Welt

131. Ziele. Menschenrechte. Der Wille zum Frieden in Freiheit und zur Verständigung der Völker ist Grundlage unserer Deutschland- und Außenpolitik. Unsere Hauptziele sind: Überwindung der Teilung Deutschlands, Einigung Europas, verantwortungsbewußte Mitarbeit im Atlantischen Bündnis und am Aufbau einer stabilen und menschenwürdigen internationalen Ordnung, die allen Menschen die Chance der Freiheit geben soll. In unserer Außen- und Deutschlandpolitik treten wir für die Verwirklichung der Menschenrechte in der ganzen Welt ein. Ein international anerkanntes Volksgruppenrecht soll das Recht auf die Heimat, eigene Sprache und Kultur gewährleisten. Menschenrechte und Grundfreiheiten müssen in aller Welt gegenüber dem Souveränitätsprinzip Vorrang haben.

Unser Bekenntnis zu den Menschenrechten verpflichtet uns, für politische und aus Glaubensgründen Gefangene und Verfolgte in der ganzen Welt einzutreten.

132. Freiheit und Einheit für das deutsche Volk. Freiheit und Einheit für das gesamte deutsche Volk zu erringen, ist Aufgabe der deutschen Politik. In Frieden wollen wir die Spaltung Europas und mit ihr die Teilung unseres Vaterlandes überwinden.

133. Selbstbestimmungsrecht. Offenhalten der deutsche Frage. Vertragspolitik. Solange das Recht auf Selbstbestimmung nicht durch alle Deutschen ausgeübt werden kann, ist die Bundesrepublik Deutschland Treuhänder für eine freiheitliche Ordnung aller Deutschen. Sie nimmt die Schutzpflicht für die Grund- und Menschenrechte der Deutschen wahr. Wir halten an der einen, ungeteilten deutschen Staatsangehörigkeit fest.

Die deutsche Frage ist offen.

Alle Verträge der Bundesrepublik Deutschland mit ausländischen Staaten und mit der DDR sind verbindlich.

134. Berlin. Berlin bleibt die Hauptstadt von ganz Deutschland, eine nationale Aufgabe und für uns Prüfstein der Entspannungsbereitschaft des Ostblocks. ...

Die Bindungen zwischen dem freien Berlin und der Bundesrepublik Deutschland werden wir aufrechterhalten und intensiv fortentwickeln.

135. Die europäische Idee. Es gilt, die europäische Kultur in der Vielfalt seiner Völker überzeugend zu verwirklichen, in der Welt zu behaupten und fruchtbar zu machen.

136. Einigung Europas. Nur in einem freien Europa werden seine Völker ihre Zukunft selbst bestimmen können. Die Einigung der freien Völker Europas hat für uns Vorrang.

137. Unser Ziel: die politische Union. Europa ist zur Bewältigung seiner Zukunftsaufgaben auf eine Wirtschafts- und Sozialordnung angewiesen, die auf den Prinzipien der Sozialen Marktwirtschaft verläßlich aufbaut. Aber die in der Europäischen Gemeinschaft begonnene wirtschaftliche Integration führt nicht von selbst zur politischen Union. Hierzu bedarf es vielmehr des Willens zur Einheit:
- Nur gemeinsam können wir Europäer in den weltweiten Aufgaben unsere Interessen geltend machen und unserer Mitverantwortung für die Dritte Welt gerecht werden.
- Nur vereint kann das freie Europa seine Pflichten im Verteidigungsbündnis wirksam wahrnehmen und sich die unentbehrliche Partnerschaft Nordamerikas sichern.
- Nur zusammengeschlossen kann das freie Europa dem zunehmenden Gewicht des Ostblocks begegnen und dazu beitragen, die Spaltung Europas und damit auch Deutschlands zu überwinden.

138. Freiheitliche, demokratische Ordnung in Europa und ihre Institutionen. Entscheidende Grundlage für die politische Einheit Europas bleibt die freiheitliche, demokratische Ordnung. ...

Unser Ziel ist die Herausbildung eines demokratischen europäischen Bundesstaates.

139. Föderalismus als Leitbild. Wir bekennen uns zum Föderalismus als Leitbild für Europa.

140. Europäische Volkspartei. Die entscheidende Rolle bei der politischen Willensbildung fällt den europäischen Parteien zu. Wir erfüllen diesen Auftrag als Mitglied der Europäischen Volkspartei. Die Zusammenarbeit mit weiteren gleichgesinnten Parteien in Europa wollen wir ausbauen.

141. Frieden, Recht und Freiheit sichern. Wir wollen mit unserer Sicherheitspolitik den Frieden wahren und das Recht und die Freiheit unseres Volkes schützen. Dazu bedarf es eines überzeugenden eigenen Verteidigungswillens, verstärkter Verteidigungsanstrengungen und einer aktiven Bündnispolitik.

142. Wehrpflicht. Gewissensfreiheit. Bundeswehr. Ziviler Bevölkerungsschutz. Die Verteidigung unseres Landes ist Sache des ganzen Volkes.

Wir achten das Grundrecht auf Kriegsdienstverweigerung, wenn die Entscheidung auf echten Gewissensgründen beruht.

Die Bundeswehr dient der Abschreckung und Verteidigung und wird von uns jede erforderliche Unterstützung erhalten.

Die Bundesrepublik Deutschland kann nur verteidigt werden, wenn zu den militärischen Vorkehrungen ein wirksamer ziviler Bevölkerungsschutz tritt.

143. Nordatlantisches Bündnis. Partnerschaft mit den USA. Zur Kriegsverhinderung und Freiheitssicherung bleibt das Nordatlantische Bündnis unentbehrlich.

Diese Zusammenarbeit ist für alle demokratischen Staaten offen. Für uns bleibt die Festigung der Partnerschaft und Freundschaft mit den Vereinigten Staaten eine vorrangige Aufgabe deutscher und europäischer Politik.

144. Friedenspolitik. Wir treten für eine Politik ein, die Spannungen vermindert und auf Beseitigung ihrer Ursachen hinwirkt. Wir sind für Gewaltverzicht und streben Abrüstungsvereinbarungen an, die ein ausgewogenes und kontrolliertes militärisches Gleichgewicht auf allen Ebenen schaffen. Wir lehnen jede einseitige Schwächung des atlantischen Verteidigungsbündnisses unter dem Vorwand der Entspannung ab. Machtungleichgewicht erzeugt Spannungen und fordert zu Gewaltpolitik heraus.

145. Entspannungspolitik. Wir wollen mit unseren östlichen Nachbarn in Frieden leben. Daher sind wir zu fairer Zusammenarbeit mit allen Regierungen des Ostblocks bereit.

Besondere Bedeutung messen wir der Begegnung der Menschen, vor allem der Jugend zu.

146. Gleichgewicht der Kräfte. Friedliche Nachbarschaft und Normalisierung der Beziehungen erfordern ein Gleichgewicht der Kräfte zwischen Ost und West. Dies wird durch eine Aufrüstung gefährdet, die der Warschauer Pakt weit über seine Verteidigungszwecke hinaus betreibt.

147. Leistung und Gegenleistung. Volksgruppenrecht. In der Ost-West-Begegnung dienen wir dem Frieden und den Interessen unseres Landes, wenn wir die eigenen Überzeugungen offen darlegen und Gegensätze nicht verschleiern.

Zusammenarbeit kann nur gelingen, wenn die Grundsätze der Gleichberechtigung, des gegenseitigen Nutzens und der Gleichwertigkeit von Leistung und Gegenleistung beachtet sowie getroffene Vereinbarungen und eingegangene Verpflichtungen eingehalten werden. Dabei treten wir für die Verwirklichung der Menschenrechte für alle Menschen ein, insbesondere auch für deutsche Volkszugehörige unter Einschluß ihres Volksgruppenrechts.

148. Dauerhafter und gerechter Frieden für ganz Europa. Unser Ziel bleibt ein dauerhafter und gerechter Frieden, der die Spaltung Europas überwindet. Nur auf diesem Weg kann auch die deutsche Frage, für welche die Sowjetunion zusammen mit den Westmächten eine besondere Verantwortung trägt, ihre gerechte Lösung finden.

149. Gegensätze und Konflikte überwinden. Europäische Entwicklungspolitik. Mehr Entwicklungshilfe. Wir sind Teil einer Welt, deren Völker immer stärker voneinander abhängig werden. Weltweiter Rückschritt würde auch vor unserer Tür nicht haltmachen. Tiefe ideologische Gegensätze und politische Konflikte in der heutigen Welt erschweren den weltweiten Ausgleich.

Die Forderung nach sozialer Gerechtigkeit, in den nationalen Gesellschaften entwickelt, erhebt sich heute weltweit. Die Erde wächst im Bewußtsein der Menschen und in der Politik der Staaten zusammen. Als Partei sind wir aufgerufen, mitzuhelfen gegen Armut und Not.

Die Harmonisierung der Entwicklungspolitik der Mitglieder der Gemeinschaft sowie eine verstärkte gemeinschaftliche Entwicklungspolitik sind dringend erforderlich.

Der Anteil der Entwicklungshilfe am Sozialprodukt muß erhöht werden.

150. Freiheitliche Weltwirtschaftsordnung. Die Bundesrepublik Deutschland muß sich als einer der führenden Welthandelspartner für eine freiheitliche sozial verpflichtete und leistungsfähige Ordnung der Weltwirtschaft einsetzen. ...

Unsere Glaubwürdigkeit in der Welt und die Chance, andere Völker für die Anwendung eines freiheitlichen Werte- und Ordnungssystems zu gewinnen, wird davon abhängen, wie wir selbst und die Europäische Gemeinschaft es verwirklichen.

151. Entwicklungspolitik und Menschenrechte. Gegenseitige Achtung und Toleranz. Entwicklungspolitik ist nicht wertneutral. In unseren auswärtigen Beziehungen haben wir nicht nur die Aufgabe, die eigene, an den Grundwerten und Menschenrechten orientierte politische Ordnung zu schützen, sondern uns auch für unsere Werte in der Welt einzusetzen.

Wir sind der Meinung, daß es allgemeine, für alle Menschen gültige Grundsätze gibt. Aber wir wissen, daß sie je nach den Traditionen und Lebensbedingungen sehr verschiedenartigen Ausdruck finden. Daher sind gegenseitige Achtung und Toleranz auch ein außenpolitisches Gebot.

152. Innen- und Außenpolitik. Freiheit, Solidarität und Gerechtigkeit in der Welt. Die Außen- und Deutschlandpolitik wird unsere Kraft zunehmend beanspruchen. Dies ist die Folge der Erwartungen, denen wir in der Welt begegnen und die wir selbst an die Zukunft haben. Neben materielle Anforderungen treten in wachsendem Maß geistige Aufgaben.

Je größer die gegenseitige Abhängigkeit wird, desto mehr werden innergesellschaftliche Werte und Maßstäbe auch zum Inhalt internationaler Beziehungen. Die Leistungsfähigkeit unserer Gesellschaft und die Glaubwürdigkeit, mit der wir unsere Grundwerte der Freiheit, Solidarität und Gerechtigkeit zu Hause verwirklichen, sind von ausschlaggebender Bedeutung dafür, daß wir unseren Interessen und unserer Mitverantwortung in der Welt gerecht werden können.

Grundsatzprogramm der Christlich Sozialen Union (Parteiprogramm CSU)

vom 19. Januar 1982

1 Selbstverständnis und Auftrag

Die Christlich Soziale Union ist eine Partei, in der Bürger aller sozialen Schichten und gesellschaftlichen Gruppen zusammenarbeiten. Die Mitglieder der Christlich Sozialen Union sind sich ihrer Verantwortung für den Mitmenschen, die Gesellschaft und den demokratischen Staat bewußt.

Die Christlich Soziale Union sieht die Grundlage ihrer politischen Arbeit in einem Menschenbild, das von christlichen Wertvorstellungen geprägt ist. Die Christlich Soziale Union weiß sich der Geschichte und dem geistigen, kulturellen Erbe unseres ganzen Volkes verpflichtet. Aus den Erfahrungen der Vergangenheit stellt sie sich den Aufgaben der Gegenwart. Sie erarbeitet Lösungen für die Fragen der Zukunft.

Die Christlich Soziale Union vertritt, aus Verantwortung gegenüber den einzelnen Menschen und gegenüber dem Staat und seinen Bürgern, die Rechte und Interessen des einzelnen und der verschiedenen sozialen Gruppen. Sie tritt für einen gerechten Ausgleich unter ihnen ein.

Die Christlich Soziale Union ist eine Volkspartei. Sie erfüllt als eigenständige politische Kraft ihren Auftrag in und für Bayern, für Deutschland, für Europa. Sie arbeitet für den Frieden in der Welt.

Die Christlich Soziale Union ist eine konservative Partei, weil sie sich einer dauerhaften Wertordnung verpflichtet weiß. Sie anerkennt Fortschritt auf der Basis des Bestehenden. Sie ist eine liberale Partei, weil sie für die Grundrechte des Bürgers und seiner Freiheit eintritt. Sie ist eine soziale Partei, weil sie sich für alle Menschen, besonders die schwächeren, einsetzt. Sie tritt für eine gerechte Gesellschaftsordnung ein.

2 Chance der Freiheit

Wandel der Gesellschaft – Herausforderung für die CSU. Die Christlich Soziale Union sieht im Wandel der Gesellschaft und in der Auseinandersetzung mit den geistigen Strömungen der Zeit die Herausforderung und Chance für ihre freiheitliche Politik.

Freiheit und Entfaltung des einzelnen. Die Christlich Soziale Union stellt durch eine an christlichen Wertvorstellungen ausgerichtete Politik sicher, daß der einzelne die neuen und großen Möglichkeiten der Freiheit und der Entfaltung ausschöpfen kann, die sich aus dem Wandel der Gesellschaft und der Veränderung sozialer Strukturen ergeben.

Chancengerechtigkeit und humanes Leistungsprinzip. Die bewußt gesellschaftsgestaltende Politik der Christlich Sozialen Union gibt den Selbst- und Mitverantwortung der Bürger Raum und ermöglicht den Wandel der Gesellschaft in freiheitlichen Bahnen. Deshalb bekennt sie sich zur Chancengerechtigkeit und zu einem humanen Leistungsprinzip als Grundvoraussetzung zur Selbstverwirklichung des einzelnen. Sie schützt die Entfaltungsmöglichkeiten des einzelnen gegenüber der Macht und dem Machtanspruch gesellschaftlicher Gruppen und Organisationen.

Gesellschaft freier Bürger. Eine auf christliche Wertvorstellungen gegründete Politik entspricht in besonderer Weise den Erfordernissen einer Gesellschaft freier Bürger. Sie ermöglicht es, Entscheidungen nach bestem Wissen in Achtung vor der Würde und dem Recht des Menschen sachgerecht zu treffen.

Politik aus christlicher Tradition. Die Christlich Soziale Union ist den Werten der christlichen Tradition verpflichtet. Sie sieht die unantastbare Würde der menschlichen Person und die soziale Verpflichtung zum Aufbau einer humanen Gesellschaftsordnung in einem letzten, jenseitigen Ziel begründet.

3 Auftrag und Ordnung des demokratischen Rechtsstaates

Staat als Rechts- und Friedensgemeinschaft. Für die Christlich Soziale Union ist der Staat die zur Lösung gemeinsamer Probleme und zur Sicherung der Rechts- und Friedensgemeinschaft geschaffene Institution freier und verantwortlicher Bürger. Grundlage dafür ist die Rechtsstaatlichkeit. Freiheit, Solidarität und Subsidiarität sind die Ordnungsprinzipien für den demokratischen Rechts- und Sozialstaat genauso wie für eine offene Gesellschaft. Die individuelle Selbstentfaltung des Bürgers und die Geltung der Grundrechte sind unantastbar. Nur ein starker Staat, rechtsstaatlichen Grundsätzen verpflichtet und mit Autorität ausgestattet, besitzt die notwendige Handlungsfähigkeit und Kraft, die Freiheit des einzelnen Bürgers zu sichern und für soziale Gerechtigkeit zu sorgen. Nur ein starker Staat kann liberal sein.

Freiheit der Persönlichkeitsentfaltung. Freiheit bedeutet Verantwortung für die eigene Person und für den Mitmenschen. Sie setzt eine freiheitliche Staats- und Gesellschaftsordnung voraus.

Staat – Hilfe zur Selbsthilfe. Ansprüche, Interessen und Verantwortungsbereiche des einzelnen in der Gemeinschaft sind nach dem Prinzip der Subsidiarität zu regeln. Der Staat soll nur dort unterstützend eingreifen, wo der einzelne und die Gemeinschaft sich selbst nicht helfen können. Die staatliche Daseinsvorsorge darf den Menschen nicht verplanen. Sie schafft den Rahmen für Selbstverantwortung und Selbstverwirklichung der Bürger. Sie ist Hilfe zur Selbsthilfe.

Förderung des einzelnen Bürgers. Die Christlich Soziale Union will eine Gesellschaftspolitik, die die Selbständigkeit des einzelnen und nicht die Macht anonymer Apparate fördert. Jeder soll das Recht auf eigene Leistung und die Chance dazu erhalten. Das freie Spiel der Interessen und Meinungen aber muß durch die politische Formulierung gesellschaftlicher Ziele ergänzt werden.

Begrenzung der organisierten Interessen. Der Staat erfüllt seine Aufgabe nur dann, wenn er die Freiheit des einzelnen sichert, den demokratischen Mehrheitswillen durchsetzt und die Rechte von Minderheiten schützt. Die Christlich Soziale Union will deshalb die Macht organisierter Interessen begrenzen, um die Freiheit des einzelnen und die Belange der Gemeinschaft zu gewährleisten.

Auftrag zur politischen Führung. Die Christlich Soziale Union hat den Auftrag, politische Führung auszuüben und gestaltenden Einfluß auf das politische Geschehen zu nehmen. Sie ist bestrebt, die Wünsche, Bedürfnisse, Interessen und Befürchtungen der Bürger aufzunehmen, am Gemeinwohl zu werten, auszugleichen und in den Prozeß der gesellschaftlichen und staatlichen Willensbildung einzubringen.

Freiheit und Vielfalt der Informationen. Die Christlich Soziale Union sieht in der Freiheit der Information und in der Vielfalt der Informationsmöglichkeiten eine wesentliche Voraussetzung freier Meinungs- und Willensbildung. Sie ist unverzichtbar für den Bestand und die Funktionsfähigkeit eines freiheitlichen und demokratischen Staates. Die Christlich Soziale Union lehnt jeden staatlichen Eingriff in die Freiheit der Presse ab. Sie ist gegen jede Reglementierung, auch dann, wenn sich diese mit dem Mantel angeblicher Demokratisierung tarnt. Wegen ihres monopolartigen Charakters haben die öffentlich-rechtlichen Rundfunk- und Fernsehanstalten die verfassungsrechtlich gebotene Verpflichtung zur

Neutralität und Ausgewogenheit des Programms zu beachten.

Pflicht des Sozialstaates. Die Christlich Soziale Union bekennt sich zum Sozialstaat. Dieser ist nach dem Prinzip der Solidargemeinschaft begründet und begrenzt. Der Sozialstaat hat die Pflicht, die eigenständige und selbstverantwortliche Lebensführung der Bürger zu unterstützen, die soziale Gerechtigkeit für alle zu verwirklichen und die besondere Fürsorge den Armen und Schwachen angedeihen zu lassen.

Wehrhafte Demokratie – Garant für Frieden und Freiheit. Die Christlich Soziale Union versteht den demokratischen Staat als Antwort auf die Grundfrage humaner Politik: wie kann die politische und rechtliche Ordnung so gestaltet werden, daß sowohl der allgemeine Friede als auch die Freiheit des einzelnen gewahrt bleiben? Da die Christlich Soziale Union die individuellen und sozialen Ansprüche des Menschen gleichermaßen achtet, lehnt sie die anarchistische Staatsverachtung ebenso ab wie jede Form totalitärer Staatsvergötzung. Weil nur der demokratische Rechtsstaat die Freiheit und den Frieden freier Bürger schützen kann, bekämpft die Christlich Soziale Union unerbittlich alle Feinde unseres Staates. Nur eine wehrhafte Demokratie garantiert Bestand und Zukunft unseres Staates. Dies setzt das Bekenntnis der Bürger zu ihrem Staat und seiner freiheitlich-demokratischen Grundordnung voraus.

4 Weniger Staat – Mehr Freiheit

Der handlungsfähige Staat. Die Christlich Soziale Union bekennt sich zu den Prinzipien der rechtsstaatlichen Verwaltung, der parlamentarischen Kontrolle und des Berufsbeamtentums. Sie verfällt nicht dem Irrtum des Sozialismus, daß ein erweitertes staatliches Angebot an Dienstleistungen und eine ausgedehnte staatliche Einflußnahme in allen Bereichen schon für sich als Fortschritt zu betrachten seien, und daß der Sozialstaat letztlich nur so verwirklicht werden könne. Die Christlich Soziale Union tritt für die Sicherung und den Ausbau des föderalistischen Systems der Bundesrepublik Deutschland ein, für eine weitere Stärkung der kommunalen Selbstverwaltung und für eine sinnvolle Dezentralisierung der Verwaltung. Die private Sphäre des Bürgers ist vor überflüssigen Eingriffen staatlicher Verwaltungstätigkeit zu schützen.

Förderung von Entstaatlichung. Die Christlich Soziale Union tritt dafür ein, den Umfang der staatlichen Aufgaben zu begrenzen. Im Bereich der Eingriffsverwaltung ist eine Beschränkung der Staatstätigkeit kaum möglich. Der Bereich der Dienstleistungen und der wirtschaftlichen Unternehmungen des Staates dagegen bietet vielfältige Möglichkeiten, öffentliche Dienstleistungen zu privatisieren.

Vereinfachung der Verwaltung. Die Verantwortung gegenüber den Bürgern verlangt die rationelle Durchführung staatlicher Aufgaben. Dies setzt die Vereinfachung und Dezentralisierung der öffentlichen Verwaltung voraus. Gesetze und Verwaltungsverfahren müssen für den Bürger durchschaubar und begreifbar sein. Die Christlich Soziale Union hält im Interesse einer politisch neutralen Verwaltung an der bewährten Einrichtung des Berufsbeamtentums fest.

Selbstverwaltung aus Selbstverantwortung. Die Christlich Soziale Union bekennt sich zum Prinzip der kommunalen Selbstverwaltung. Die kommunale Selbstverwaltung steht dem Bürger am nächsten. Sie gibt ihm vielfältige Möglichkeiten der Mitwirkung am gesellschaftlichen und politischen Geschehen. Danach ist es sachgerecht, alle Angelegenheiten der örtlichen Gemeinschaft in kommunaler Verantwortung zu erfüllen und möglichst viele Staatsaufgaben auf die Kommunen zu verlagern. Diesem Anspruch können aber die Gemeinden nur nachkommen, wenn sie eine aufgabengerechte Finanzausstattung erhalten.

Freiheit durch Föderalismus. Die Christlich Soziale Union hält am Prinzip des Föderalismus fest. Nur ein föderativer Aufbau der Bundesrepublik Deutschland gewährleistet das notwendige Gegengewicht zum Zentralismus. Der Föderalismus teilt die Macht im Lande, sichert die Vielfalt demokratischer Meinungsbildung und macht das staatliche Handeln für den Bürger überschaubar.

5 Bildung, Wissenschaft, Kultur – Grundlagen persönlicher Entfaltung und der Zukunft unseres Volkes

Bildung, Wissenschaft und Kultur – zentrale Bereiche der freiheitlichen Politik der CSU. Die Christlich Soziale Union sieht in Bildung, Wissenschaft und Kultur zentrale Bereiche ihrer freiheitlichen Politik. Bildungspolitik ist ein Fundament der öffentlichen Daseinsvorsorge. Sie soll dem einzelnen Hilfe zur Selbsthilfe geben, an der Überwindung sozialer Hindernisse im Sinne eines Chancenausgleichs mitwirken, die Weitergabe der Kultur und der Prinzipien einer freiheitlichen Gesellschaftsordnung gewährleisten. Wissenschaft und Technik sollen Existenz und Fortschritt unseres Volkes geistig und materiell sichern. Kulturpolitik soll die schöpferischen Kräfte des Menschen entfalten helfen, zu einer Weiterentwicklung des geistigen Erbes beitragen, dem Menschen eine lebenswerte Umwelt erhalten. In der Kulturhoheit der Länder sieht die Christlich Soziale Union einen freiheitssichernden Grundpfeiler unserer bundesstaatlichen Ordnung.

Bildung – Grundlage persönlicher Freiheit und sozialen Ausgleichs. Bildung wendet sich an den einzelnen; sie orientiert sich am Menschen und seiner personalen Freiheit. Maßstab der Bildungseinrichtungen ist der in seine Freiheit und Verantwortung hineinzubildende Mensch, der sein Glück und seinen Platz im sozialen Ganzen finden soll. Das Bildungswesen trägt zum sozialen Ausgleich bei, indem es Menschen jeder Herkunft und sozialen Zugehörigkeit möglichst früh die besten Entfaltungsmöglichkeiten bietet.

Öffentliche Bildungsangebote und Leistungsbereitschaft des einzelnen. Bildung ist kein Konsumgut. Sozialer Anspruch und persönliche Bildung bilden ein untrennbares Ganzes. Bildungspolitik kann und soll vielfältige öffentliche Angebote bereitstellen und soziale Sperren wegräumen oder abmildern. Sie soll auch Leistungskriterien setzen und den Leistungswillen fördern. Voraussetzung dafür ist ein humaneres Klima in allen Bildungseinrichtungen.

Vielfältigkeit des Bildungsangebots und Beschäftigungssystems. Die Christlich Soziale Union tritt für ein differenziertes Bildungsangebot ein, das auf einem angemessenen Sockel allgemeiner Grundbildung aufbaut. In seinen Formen und Verfahren braucht es Vielfalt und Beweglichkeit. Dabei ist zu berücksichtigen, daß beim Berufseintritt des jungen Menschen die Ergebnisse staatlich geplanter Bildungspolitik mit den Erfordernissen der sozialen Marktwirtschaft zusammentreffen.

Berufliche und allgemeine Bildung – eigenständig und gleichwertig. Berufliche und allgemeine Bildung sind gleichrangige Aufgaben und eigenständige Bereiche. Nach Überzeugung der Christlich Sozialen Union wächst persönliche Bildung sowohl aus praktischem Tun wie aus theoretischer Reflexion. Die Wahl des richtigen Weges soll sich an persönlicher Neigung und Begabung, nicht an überholtem Prestigedenken orientieren. Theoretische, praktische und musische Elemente sollen in beruflicher wie allgemeiner Bildung zusammenwirken. Ein Bildungswesen mit beruflicher und sozialer Ausprägung ist zugleich die Grundlage einer Humanisierung der Arbeitswelt.

Erziehung nach Verfassungswerten. Die Christlich Soziale Union geht in ihrer Bildungspolitik von den Aussagen des Grundgesetzes und der Bayerischen Verfassung über Erziehung und Bildung aus. Die dort genannten Ziele und Normen bilden die Richtschnur einer wertbegründeten und Werte vermittelnden Erziehung.

Bildungsinhalte – Ausfluß einer plural verfaßten Gesellschaft. Über die Auswahl der Bildungsinhalte entscheidet in letzter Instanz der demokratisch legitimierte Staat. Hierbei muß er sich vom Reichtum unserer Kultur und der Vielfalt der Weltdeutungen leiten lassen. Dies entspricht den Zielen und Normen unserer Verfassung.

Erwachsenenbildung und Büchereiwesen ohne staatliche Bevormundung. Die Christlich Soziale Union erstrebt Vielfalt und freiwillige Zusammenarbeit im Bereich der Erwachsenenbildung und des Büchereiwesens. Die Bevorzugung einzelner Einrichtungen durch die öffentliche Hand und einen staatlich festgelegten Kooperationszwang lehnt sie ab. Alle Bildungseinrichtungen sollen im Rahmen ihrer Möglichkeiten der Erwachsenenbildung Hilfestellung leisten. Das Subsidiaritätsprinzip ist gerade in diesem Bereich besonders zu beachten.

Der Staat als Garant freier Initiativen im Bildungswesen. Der Staat trägt die Gesamtverantwortung für das Schul- und Bildungswesen. Dies verpflichtet ihn zum Schutz der Bildungseinrichtungen vor verfassungsfeindlichen Aktivitäten wie auch dazu, private Initiativen im Bildungsbereich zu fördern und die Freiheit der Lehrenden im Rahmen ihrer Aufgaben zu gewährleisten. Eine Mitwirkung der Betroffenen ist notwendig, um zusätzlichen Sachverstand einzubringen und um gemeinsam mit der Erziehungsverantwortung der Eltern die Bildungseinrichtungen lebensnah zu gestalten.

Wissenschaft und Forschung – Voraussetzung für Selbstbehauptung und Fortentwicklung unserer Gesellschaft. Die Deutung der eigenen Existenz, die Erforschung und Gestaltung der Umwelt sind die Grundanliegen des menschlichen Geistes. Dieses Grundanliegen in Wissenschaft und Forschung zu fördern, ist Voraussetzung für die Fortentwicklung unserer Gesellschaft und für die Selbstbehauptung Deutschlands im internationalen Wettstreit. Hierfür sind die Naturwissenschaften und die Technik von gleicher Bedeutung wie die Geistes- und Sozialwissenschaften. Wissenschaft und Forschung werden nur dann fruchtbar, wenn die Umsetzung ihrer Erkenntnisse in politische, wirtschaftliche und kulturelle Entscheidungen gelingt. Daraus erwächst gegenseitige Verantwortung. Der Staat muß für Wissenschaft und Forschung die materiellen und organisatorischen Voraussetzungen schaffen. Er muß die erneuerten Hochschulen in die Lage versetzen, ihre Aufgaben zu erfüllen.

Förderung der Kunst und Bewahrung des kulturellen Erbes. In einer weitgehend von der Technik geprägten Umwelt ist Kunst als Ausdruck schöpferischer Freiheit ein besonders notwendiges Element. Die Christlich Soziale Union tritt für Bedingungen ein, die die freie Entfaltung künstlerischer Begabungen auf allen Gebieten fördern. Sie lehnt es ab, die Förderung an politisches Wohlverhalten zu binden. Die Christlich Soziale Union wird in ihrer auf Freiheit gerichteten Politik dem Pluralismus in der Förderung der Kunst besondere Beachtung schenken. Politik soll kulturelles Erbe und volkstümliches Brauchtum lebendig erhalten und in das Leben des heutigen Bürgers einbeziehen.

Der Sport – förderungswürdige Ergänzung von Erziehung und Bildung. Sport ist ein unverzichtbarer Bestandteil von Erziehung und Bildung. Er trägt in allen Altersstufen zur Bereicherung des menschlichen Lebens bei, liefert einen wertvollen Beitrag zur Erhaltung der Gesundheit und erfüllt wichtige gesellschaftspolitische Funktionen. Die in eigener Verantwortung geleistete Arbeit der Sportvereine wird ergänzt und erleichtert durch die Förderung des Staates und der Kommunen.

6 Soziale Marktwirtschaft – Ordnung ohne Alternative

Unteilbarkeit von persönlicher und wirtschaftlicher Freiheit. Aufgabe der Wirtschaft ist es, dem Menschen zu dienen. Weil Freiheit unteilbar ist, bedingen wirtschaftliche, politische und persönliche Freiheit einander. Die Freiheit, etwas zu beginnen, zu leisten und aufzubauen, Eigentum zu erwerben, zu besitzen und zu veräußern, gehört zu den unabdingbaren Prinzipien unserer Wirtschafts- und Gesellschaftsordnung. Jahrzehntelange Erfahrung hat gezeigt, daß die Soziale Marktwirtschaft allen anderen Wirtschaftsordnungen überlegen ist. Die Christlich Soziale Union tritt daher entschlossen für die Erhaltung der Sozialen Marktwirtschaft und ein freies Unternehmertum ein. Sie wird ihre freiheitlichen und sozialen Komponenten weiterentwickeln.

Sozialer Friede durch gesundes Wachstum. Für die Christlich Soziale Union sind angemessenes reales Wachstum, Vollbeschäftigung und Preisstabilität unerläßliche Voraussetzungen für den Bestand der sozialen Sicherheit und Leistungsfähigkeit. Der Überforderung der Wirtschaft durch die Verteilungskämpfe der gesellschaftlichen Gruppen und durch die Ausgabenpolitik der öffentlichen Hand ist entgegenzutreten. Die Christlich Soziale Union ist der Ansicht, daß wirtschaftliches Wachstum, Vollbeschäftigung und Preisstabilität bei außenwirtschaftlichem Gleichgewicht mit einem der Sozialen Marktwirtschaft konformen Instrumentarium erreicht werden können.

Freiheitliche Wettbewerbsordnung. Die Christlich Soziale Union tritt für eine konsequente Wettbewerbspolitik ein, die die Aufrechterhaltung und Belebung eines funktionsfähigen Wettbewerbs zwischen Klein-, Mittel- und Großunternehmen gewährleistet und den Mißbrauch von Marktmacht bekämpft.

Ausgewogene Strukturpolitik. Der Verbesserung der gesamtwirtschaftlichen Wachstumsbedingungen in allen Landesteilen dient eine abgestimmte Strukturpolitik. Steuerpolitik und konjunkturpolitisches Instrumentarium sowie raumbedeutsame Planungen und Maßnahmen müssen den regional unterschiedlichen Strukturen Rechnung tragen.

Vorausschauende Energie- und Rohstoffpolitik. Die Knappheit der Rohstoffe und die Begrenztheit der Energiereserven stellen eine ständige Bewährungsprobe für die Anpassungsfähigkeit der Marktwirtschaft und eine Herausforderung an Forschung und Technologie dar. Sparsamer Umgang und Wiederverwertung von Rohstoffen, Kampf gegen Energieverschwendung und die weltweite Suche nach neuen Energien werden diese Aufgabe bewältigen helfen.

Marktwirtschaftliche Verkehrspolitik. In der Verkehrspolitik hat für die Christlich Soziale Union die raumpolitische Komponente besondere Bedeutung. Dies gilt für alle Bereiche des Verkehrs, insbesondere für den Schienen- und Straßenverkehr. Die Erschließungsfunktion von Verkehrswegen wird als gleichrangig mit der Sicherstellung des Verkehrsablaufes angesehen.

Mittelschichtenpolitik als gesellschaftspolitische Strategie. Die Erhaltung und Stärkung des Mittelstands und der Mittelschichten ist für die Christlich Soziale Union ein wichtiger Beitrag zur gesamtwirtschaftlichen Ausgeglichenheit, zu gesellschaftlicher Stabilität, wirtschaftlicher Leistungskraft und Anpassungsfähigkeit.

Moderne Agrarpolitik für einen freien Bauernstand. Die Christlich Soziale Union sieht die Agrarpolitik als wesentlichen Bestandteil der Wirtschafts- und Gesellschaftspolitik. Ziel ihrer Politik ist die Erhaltung einer bäuerlich betriebenen Landwirtschaft und des bäuerlichen Berufsstandes als Teil eines freien und selbständigen Mittelstands.

Eine bäuerliche Landwirtschaft gewährleistet am besten die Sicherung der Ernährung unserer Bevölkerung und die Erzeugung hochwertiger Agrarprodukte. Sie ist Voraussetzung für die Pflege der Kulturlandschaft und für eine organische Entwicklung der ländlichen Gebiete als Lebens- und Erholungsraum. Der Bauer soll auf der Grundlage frei verfügbaren Eigentums freier Unternehmer und möglichst unabhängig vom Staat bleiben. Er soll Anteil haben an der allgemeinen Einkommensentwicklung.

Leistungsgerechte Steuer- und Finanzpolitik. Die Schwerpunkte der Steuerpolitik müssen nach Meinung der Christlich Sozialen Union in einer Verwirklichung des Grundsatzes der leistungsgerechten Besteuerung liegen. Dazu gehört der Abbau steuerrechtlicher Wettbewerbsverzerrungen und die Vereinfachung des Steuerrechts. Hauptsächliche Aufgabe der Finanzpolitik ist nach wie vor, die für die Erfüllung der staatlichen Aufgaben erforderlichen Mittel zu beschaffen und für ihre sparsame und zweckmäßige Verwendung zu sorgen. In der Haushaltspolitik tritt die Christlich Soziale Union ein für Haushaltswahrheit, Haushaltsklarheit und Sparsamkeit als verbindliche Grundsätze öffentlicher Ausgabenpolitik.

7 Personale Entfaltung und soziale Sicherheit in einer freien Gesellschaft

Grundprinzipien der Sozialpolitik. Die Gesellschafts- und Sozialpolitik der Christlich Sozialen Union, gegründet auf den Prinzipien der Solidarität und der Chancengerechtigkeit orientiert sich am

Leitbild des selbstverantwortlichen Bürgers, ist Hilfe zur Selbsthilfe und bejaht die Politik der sozialen Gerechtigkeit. Dabei müssen die gesellschaftlichen und sozialen Rechte und Pflichten vorrangig geordnet werden, statt nachträglich mit Einzelmaßnahmen einzugreifen.

Gegliedertes System der sozialen Sicherung. Das System der sozialen Sicherung muß nach Ansicht der Christlich Sozialen Union unter Beibehaltung des gegliederten Systems der sozialen Sicherung und der bewährten Selbstverwaltung im Rahmen des finanziell Möglichen weiter ausgebaut werden.

Gesundheitspolitik für alle Bürger. Die Christlich Soziale Union betrachtet die Gesundheitspolitik als wesentlichen Teil einer freiheitlichen Gesellschaftspolitik. Sie erstreckt sich auf das ganze Leben, vom Schutz des noch nicht Geborenen bis zu den Problemen des alten Menschen. Gesundheit ist eine wichtige Voraussetzung für die volle Entfaltung des Menschen. Dabei kommt dem Sport auf breitester Basis große Bedeutung zu.

Breite individuelle Vermögensbildung. Persönliches, individuell verfügbares Eigentum dient der Sicherung und Ausweitung persönlicher Unabhängigkeit. Die Voraussetzungen hierfür zu schaffen und zu sichern, stellt ein wichtiges Ziel der freiheitlichen Gesellschaftspolitik der Christlich Sozialen Union dar.

Partnerschaftliche, funktionsgerechte Mitbestimmung. Die Christlich Soziale Union ist für die Weiterentwicklung einer partnerschaftlichen, funktionsgerechten und in vollem Einklang mit dem Grundgesetz stehenden Mitbestimmung und Mitverantwortung. Mitbestimmung hat die Mitwirkungsmöglichkeiten der Betriebsangehörigen zu stärken. Ziel der Mitbestimmung darf es nicht sein, die Macht außerbetrieblicher Organisationen zu stärken.

Verbesserung der Arbeitsbedingungen. Die Christlich Soziale Union setzt sich für eine weitere Verbesserung der Arbeitsbedingungen ein, damit der einzelne Arbeitnehmer an einem menschengerechten Arbeitsplatz sich besser entfalten und Arbeitsvorgänge mitgestalten kann. Je größer die Möglichkeit des einzelnen zur persönlichen Entfaltung im Berufsleben ist, desto intensiver wird die Bereitschaft sein, individuelle Begabung zu nutzen und persönliche Leistungsfähigkeit eigenständig zu entwickeln.

Tarifautonomie gewerkschaftlicher Pluralität, Selbstverwaltung. Die Christlich Soziale Union verteidigt die Tarifautonomie und bekennt sich zur gewerkschaftlichen Pluralität als wesentlichem Bestandteil einer freiheitlichen Wirtschaftsordnung. Ebenso tritt sie für die Beibehaltung der bewährten Selbstverwaltung der Wirtschaft ein.

Gleiche Rechte und Pflichten für ausländische Arbeitnehmer im Arbeitsleben. Die ausländischen Arbeitnehmer haben gleiche Rechte und Pflichten im Arbeitsleben wie ihre deutschen Kollegen. Die Christlich Soziale Union tritt dafür ein, ihnen während ihres Aufenthaltes in der Bundesrepublik Deutschland gleichwertige Lebensverhältnisse zu sichern und ihre gesellschaftliche Integration zu ermöglichen.

8 Sozialpolitik für alle Bevölkerungsgruppen

Der einzelne und die Gemeinschaft. Die Christlich Soziale Union tritt für eine Gesellschaftsordnung ein, in der jeder einzelne, Mann und Frau, junge und alte, gesunde und kranke Menschen sich frei entfalten können und ihren Platz und ihre Aufgaben haben.

Der Familie, als der wichtigsten Lebensgemeinschaft in Gesellschaft und Staat, kommt eine besondere Bedeutung zu. Die Probleme, die sich für die einzelnen und für das Zusammenleben aller ergeben, müssen im Rahmen einer Solidargemeinschaft gelöst werden.

Lebensgemeinschaft Familie. Die Familie ist die erste und wichtigste Lebensgemeinschaft in Gesellschaft und Staat. Die Förderung der Familie, auch der Teilfamilie, ist die wirksamste Form aller Sozialpolitik, weil die Familie unersetzbare Leistungen für die Gesellschaft erbringt und für die besten Lebensbedingungen des einzelnen die Grundlage schafft.

Gleichberechtigung für die Frau. Der rechtlichen Gleichstellung von Mann und

Frau muß die faktische Gleichberechtigung entsprechen.

Die Interessen der jungen Generation. Jugendpolitik ist treuhänderisches und partnerschaftliches Eintreten für die Interessen der jungen Menschen. Die Jugend hat das Recht, eigene Wege ohne Bevormundung durch die Erwachsenen zu suchen.

Der Beitrag der alten Menschen für die Gesellschaft. Für die Christlich Soziale Union ist der alte Mensch ein Staatsbürger, der seinen Beitrag für die Gesellschaft geleistet hat, immer noch leistet und gebraucht wird. Den alten Menschen muß eine selbständige und eigenverantwortliche Lebensführung ermöglicht werden. Der Familie kommt in der Betreuung alter Menschen eine Aufgabe zu, die ihr nicht einfach abgenommen werden kann.

Integration der Behinderten in die Gesellschaft. Der Behinderte ist ein voll- und gleichwertiges Mitglied der Gesellschaft. Umfassendes Ziel der solidarischen Hilfe für den Behinderten ist seine Integration in die Gesellschaft. Behindertenhilfe muß sich auf alle Lebensbereiche erstrecken. Sie muß medizinische, berufsfördernde und soziale Maßnahmen umfassen und soll grundsätzlich Hilfe zur Selbsthilfe sein.

Verpflichtung gegenüber sozialen Randgruppen. Die Christlich Soziale Union versteht das „C" in ihrem Namen als besondere Verpflichtung gegenüber den Schwachen, Hilfsbedürftigen, Notleidenden und sozial Benachteiligten. Sie setzt sich daher dafür ein, auch diesen Personengruppen die individuelle Entfaltung durch die Teilnahme am Leben in der Gesellschaft zu ermöglichen.

9 Entwicklung des Lebensraumes - Menschliche Umwelt

Ordnung des Raumes. Zur Sicherung einer humanen Zukunft gehören die Erhaltung und Gestaltung einer gesunden Umwelt, eine ausgewogene Nutzung des begrenzten Raumes, eine geordnete Entwicklung von Stadt und Land. Das wissenschaftlich und technisch Mögliche ist auch aus der Verantwortung für kommende Generationen auf seine Wirkung für Mensch und Natur zu prüfen. Die Politik der Christlich Sozialen Union ist darauf gerichtet, die Förderung des materiellen Wohlstandes und die Erhaltung der natürlichen Lebensgrundlagen in Einklang zu bringen.

Ausgewogene Landesentwicklung. Ziel der Landesentwicklungs- und Raumordnungspolitik der Christlich Sozialen Union ist die Förderung von Chancengerechtigkeit, sozialer Gerechtigkeit und freier Entfaltung der Persönlichkeit in einer menschenwürdigen Umwelt. Für die Menschen in Stadt und Land sollen gleichwertige, nicht gleichförmige Lebensbedingungen gesichert werden. Damit werden die Wahlmöglichkeiten des Bürgers für die von ihm bevorzugte Lebensform erweitert und das Recht auf gleichwertige Lebensbedingungen in der angestammten Heimat gewahrt.

Städtischer und ländlicher Raum ergänzen sich in ihren eigenständigen Aufgaben. Die Christlich Soziale Union lehnt eine Verödung des ländlichen Raumes und eine übermäßige Verdichtung in wenigen großen Städten ab. Deshalb bleibt die Entwicklung des ländlichen Raumes, insbesondere der strukturschwachen Gebiete und des Grenzlandes, eine vordringliche Aufgabe. Dies erfordert Überblick und Abstimmung aller öffentlichen raumbedeutsamen Maßnahmen und Pläne in einem landesplanerischen Gesamtkonzept. Überschaubares staatliches Handeln eröffnet dem einzelnen, den Kommunen und der Wirtschaft den größtmöglichen Freiheitsraum für Selbstentfaltung und Eigeninitiative. Sie stärkt unsere Gesellschafts- und Wirtschaftsordnung.

Menschengerechte Stadt. Die menschengerechte Stadt ist für die Christlich Soziale Union Leitbild ihrer Städte- und Wohnbaupolitik. Sie muß dem Bürger über das Angebot an materiellen Gütern hinaus Teilhabe am Gemeinwesen und dauerhafte Verbundenheit mit seiner Heimat ermöglichen. Dies erfordert überschaubare Stadtstrukturen.

Die gemeindliche Bauleitplanung muß das Wohnumfeld vor Beeinträchtigungen und Schäden sichern und gewährleisten, daß die Wohn-, Arbeits-, Verkehrs-, Bildungs-, Versorgungs- und Freizeitstrukturen so gestaltet werden, daß ihre Umweltqualitäten gesichert bleiben.

Hauptziel der Wohnungspolitik muß die ausreichende Versorgung der Bevölkerung mit Wohnraum zu sozial vertretbaren Mieten und die breite Streuung von Eigentum an der eigengenutzten Familienwohnung sein. Die Wohnungspolitik bedarf der nachhaltigen Förderung durch die öffentliche Hand sowie einer ergänzenden Unterstützung durch die Steuerpolitik. Der Wohnungsbau, die Wohnungsmodernisierung, die Stadt- und Ortssanierung und die Denkmalspflege müssen sich nach den Erkenntnissen eines menschengerechten Wohnens und den Erfordernissen einer humanen Stadtgestaltung und Stadtentwicklung richten.

Die Städte müssen rechtlich, finanziell und planerisch im Rahmen ihrer Selbstverwaltung in die Lage versetzt werden, ihre vielfältigen Aufgaben zu erfüllen.

Vorausschauende Umweltpolitik. Umweltpolitik ist Politik für den einzelnen Menschen und die Gesellschaft. Nur eine vorausschauende Umweltpolitik, die sich nicht auf die spätere Beseitigung von Schäden und Störungen der Umwelt beschränkt, kann die natürlichen Lebensgrundlagen schützen, unsere Landschaft erhalten und die Umwelt des Menschen vor Zerstörung bewahren. Natur und Umwelt sind nicht nur Besitz der heutigen Generation. Es ist daher ein Gebot der Vernunft, mit den Schätzen der Natur so umzugehen, daß den kommenden Generationen nicht die Lebensgrundlage entzogen wird.

Neue Technologien. Die Christlich Soziale Union bejaht und fördert den wissenschaftlichen und technischen Fortschritt als Ergebnis des menschlichen Schöpfungs- und Gestaltungswillens. Neue Technologien können die Voraussetzungen schaffen, um sowohl den Erfordernissen einer weitsichtigen Umweltpolitik wie auch der Notwendigkeit von Arbeitsplatzsicherung und Wirtschaftswachstum zu genügen.

Der wissenschaftliche und technische Fortschritt muß sich an verbindlichen Wertvorstellungen orientieren und der Verbesserung humaner Lebensbedingungen dienen. Den ökologischen Erfordernissen ist Rechnung zu tragen.

Freizeit und Erholung. Freizeit und Erholung sind grundsätzlich Sache des einzelnen Bürgers und seiner Familie. Aufgabe des Staates ist es, insbesondere über freie und kommunale Träger, die Schaffung ausreichender Freizeiteinrichtungen zu fördern, Möglichkeiten, Anregungen und Hilfen für die Nutzung der Freizeit zu geben. Durch eine vorausschauende und koordinierende Raumordnungspolitik sind die dafür notwendigen Gebiete in der freien Natur zu sichern und auszubauen.

10 Freiheit für Deutschland und Europa

Gerechtigkeit und Frieden, Freiheit und Selbstbestimmung, internationale Verantwortung. Die Christlich Soziale Union weiß, daß alle Überlegungen zu Idee und Gestaltung von Staat und Gesellschaft und zur Verwirklichung eines menschlichen Daseins in Freiheit und Selbstverantwortung hinfällig und nichtig sind, wenn nicht die Sicherheit nach außen garantiert ist. Weil Freiheit unteilbar ist, ist Freiheit im Innern ohne Sicherheit nach außen nicht möglich.

Die Christlich Soziale Union sieht Aufgabe und Ziel deutscher Politik darin, für das ganze deutsche Volk Freiheit, Selbstbestimmung und Einheit zu erringen und dazu beizutragen, einen gerechten Frieden in Europa und der Welt zu sichern, der allen Menschen, gleich welcher Rasse, welcher Volksgruppe und welchen Glaubens, die vollen Menschen- und Gemeinschaftsrechte, die Chance der Freiheit und der wirtschaftlichen Entwicklung gibt. Für die deutsche Außenpolitik fordert die Christlich Soziale Union die Bereitschaft zu mehr internationaler Verantwortung, insbesondere gegenüber den Entwicklungsländern, und eine Erweiterung der eigenen Handlungsfähigkeit. Nur dann kann die Bundesrepublik Deutschland, partnerschaftlich eingeordnet in die Europäische Gemeinschaft und zugeordnet der freien Welt, den weltweiten Herausforderungen auf allen Gebieten begegnen. Der Aufbau eines demokratischen europäischen Bundesstaates stellt eine wesentliche und vordringliche Aufgabe für die langfristige Sicherung von Frieden und Freiheit auf unserem Kontinent dar.

Die Bundesrepublik Deutschland im Ost-West-Konflikt und im Nord-Süd-Gegensatz.
Die Welt befindet sich in einem tiefgreifendem Umbruch der Kräftefelder. Dies wirkt sich auf die internationalen Beziehungen schwerwiegend aus. Neben dem fortbestehenden Ost-West-Konflikt tritt ein sich verschärfender Nord-Süd-Gegensatz. Durch Mitwirkung bei der Bewältigung dieser Konflikte muß deutsche und europäische Außenpolitik zum Frieden in der Welt beitragen.

Das Gleichgewicht der Kräfte.
Die einseitig betriebene „Entspannungspolitik" hat die Erwartungen nicht erfüllt. Die Sowjetunion hat sie zur Festigung ihres Machtbereichs genutzt und verstärkt zunehmend ihren Einfluß in der Welt. Dadurch gefährdet sie die Sicherheit des freien Europa. Nur eine zielbewußte Aufrechterhaltung des Gleichgewichts der Kräfte auf allen Ebenen kann die Stärkung und Ausweitung des sowjetischen Machtbereichs, vor allem in Europa, verhindern.

Die politische Einigung des freien Europa.
Europa kann nach Auffassung der Christlich Sozialen Union nur in Freiheit weiterleben, wenn es die Kraft zur Einigung findet. Nur in einem vereinten Europa auf föderalistischer Grundlage können die freien Völker unseres Kontinents ihre Unabhängigkeit bewahren und weltpolitische Handlungsfähigkeit gewinnen.

Freundschaft mit den USA und Stärkung der NATO.
Unabhängigkeit und Sicherheit des freien Teils Europas hängen nach wie vor von der Stärke und Funktionsfähigkeit des Atlantischen Bündnisses ab. Die Christlich Soziale Union tritt daher für Bestand und Ausbau der NATO im Sinne echter Partnerschaft in Pflichten und Rechten ein.

Verteidigungsbereitschaft, Abrüstung und Sicherheit.
Die Bundesrepublik Deutschland muß willens, bereit und fähig zur Verteidigung des Vaterlandes bleiben. Die Christlich Soziale Union tritt für Abrüstungsmaßnahmen immer dann ein, wenn sie nicht zu Lasten unserer Sicherheit gehen.

Ostpolitik im Dienst der Menschen.
Die Christlich Soziale Union war und ist für eine Zusammenarbeit mit dem Osten. Diese muß aber dem Menschen dienen und seinen unveräußerlichen Rechten. Verträge müssen dem Grundsatz von Leistung und Gegenleistung entsprechen. Willfährigkeit gegenüber den Wünschen der kommunistischen Regierungen kann keine Aussöhnung mit den von ihnen unterdrückten Völkern bringen.

Das Recht der Deutschen auf Selbstbestimmung und die Bindungen zu Berlin.
Politisches Ziel der Christlich Sozialen Union bleibt die Herstellung der staatlichen Einheit des deutschen Volkes in freier Selbstbestimmung. Die Bindungen zu Berlin als einem Land der Bundesrepublik Deutschland müssen verstärkt und fortentwickelt werden.

Das Recht auf Heimat und das Volksgruppenrecht.
Die Christlich Soziale Union tritt für das Recht auf die angestammte Heimat als ein unabdingbares Menschenrecht ein und verurteilt jede Form der Vertreibung.

Weiterentwicklung einer freien Weltwirtschaftsordnung. Sicherung der Energie- und Rohstoffversorgung.
Die Christlich Soziale Union tritt für die Aufrechterhaltung und Fortentwicklung eines freien internationalen Wirtschaftssystems und für die Sicherung der Rohstoff- und Energieversorgung unserer Volkswirtschaft auf der Grundlage partnerschaftlicher Zusammenarbeit mit anderen Staaten ein.

Entwicklungshilfe und Entwicklungspolitik.
Die Christlich Soziale Union sieht in der Entwicklungspolitik eine Hilfe zur Selbsthilfe, einen Beitrag zum inneren Frieden in den Entwicklungsländern und zum Frieden in der Welt. Leistungen der Entwicklungshilfe sollen dabei mit unseren Interessen in Einklang stehen. Die Christlich Soziale Union tritt ein für eine mit den Mitgliedsstaaten der EG abgestimmte Entwicklungspolitik.

Freiheit und Fortschritt für das eigene Volk gibt es auf Dauer nur, wenn Hunger und Not in der Welt wirksam bekämpft werden und alle Völker an den Entwicklungen der Zukunft teilhaben können. Technische Hilfe und Kapitalhilfe soll den Interessen der Geber- und Nehmerländer gleichermaßen Rechnung tragen.

Sie soll die gesteigerte wirtschaftliche Leistungsfähigkeit der erdöl- und rohstoffproduzierenden Länder berücksichtigen. Die Entwicklungshilfe muß stärker als bisher an dem Ziel der Außen- und Wirtschaftspolitik orientiert werden. Sie darf nicht zu ideologischen Zwecken mißbraucht werden.

Liberales Manifest für eine Gesellschaft im Umbruch – Zukunftschance Freiheit (Parteiprogramm F.D.P.)

beschlossen vom Bundesparteitag der F.D.P. am 23./24. Februar 1985 in Saarbrücken

I. Freiheit ist unser Auftrag

Vertrauen in den Menschen. Gegen alle Katastrophenfurcht und Zukunftsängste setzen die Liberalen das Vertrauen in die Fähigkeit des Menschen, aus eigener Verantwortung eine freie, friedliche und sozial gerechte Welt zu gestalten.

Nicht auf den Staat hoffen. Nie zuvor waren die Möglichkeiten für eine Zukunft mit mehr persönlicher Freiheit größer als heute. Doch unsere Gesellschaft steckt in einer Krise der Institutionen und Wertorientierungen. Eine Politik, die alles Heil zuerst im Staat sucht, kann die Zukunft nicht bewältigen.

Den Einzelnen in den Mittelpunkt stellen. Wir Liberalen wollen eine Politik, die den Einzelnen in den Mittelpunkt von Staat, Wirtschaft und Gesellschaft stellt und die größtmögliche Freiheit jedes einzelnen Bürgers verwirklicht.

Individuelle Freiheit schafft Freiheit für alle. Nur eine konsequente Politik für die Freiheit des Einzelnen sorgt auch für die Freiheit der vielen.

Zur Freiheit gehört Verantwortung. Wir sagen dem Bürger: Es gibt keine Freiheit ohne Bindung. Persönliche Freiheit und soziale Verantwortung sind untrennbar.

Bürgerrechte schützen. Gewachsene Staatsaufgaben erfordern zunehmende Wächterstellung der Liberalen, sonst bleiben die Bürgerrechte auf der Strecke ...

Freiheit bleibt Auftrag. Die F.D.P. bekräftigt die Grundposition ..., den Einzelnen nicht nur als Individuum, sondern zugleich in seiner sozialen Identität zu sehen.

Zukunftschance Freiheit gemeinsam nutzen. Wir rufen alle dazu auf, mit uns gemeinsam für mehr Freiheit und mehr Lebenschancen, für den inneren Frieden in unserem Land zu kämpfen, ebenso wie für den äußeren Frieden – denn ohne Frieden ist alles nichts. Die Zukunft ist nicht unabänderlich; wir können sie gestalten.

II. Chancen und Gefahren unserer Zukunft

Die Trends erkennen. Viele Spekulationen bestimmen heute das Denken über unsere Zukunft. Alle diese Voraussagen leiden darunter, daß sie den gestaltenden menschlichen Eingriff vernachlässigen und häufig nur schematische Fortschreibungen darstellen. Wohl aber lassen sich Entwicklungen erkennen, die bei den politischen Antworten heute zu berücksichtigen sind:

Die schnelle wissenschaftlich-technische Entwicklung verändert Wirtschaft und Gesellschaft grundlegend.

Die Arbeit und ihre Bedeutung im Leben der Menschen wandelt sich.

Die sozialen Strukturen verändern sich durch die schnelle Entwicklung der Produktions- und Informationstechniken und durch den Bewußtseinswandel.

Trotz wachsender Umweltanstrengungen besteht die Gefährdung unserer natürlichen Lebensgrundlagen weiter.

Regionale und weltweite, soziale und wirtschaftliche Ungleichgewichte zwischen Industrieländern und der Dritten Welt nehmen zu.

Diese Herausforderungen werden von aktiven und veränderungsbereiten Gesellschaften besser bewältigt.

III. Mehr Freiheit und Selbstbestimmung in allen Lebenskreisen

Weg von der Massengesellschaft. Wir müssen die politischen Voraussetzungen für den Übergang von der anonymen Massengesellschaft zu einer an der Persönlichkeit orientierten und dezentralisierten Gemeinschaft schaffen.

Bei den Lebenskreisen des Einzelnen ansetzen. Freiheit ist nie endgültig sicher. Sie ist immer wieder und überall neu zu erstreiten und zu sichern. Wir wollen die größtmögliche Freiheit des Einzelnen und die daraus erwachsende Verantwortung für die Gesellschaft. Die Freiheit des Einzelnen hat dort ihre Grenzen, wo die Freiheit anderer beeinträchtigt wird.

1 Der Einzelne und seine Persönlichkeit

Jeder Mensch braucht einen unverletzbaren privaten Bereich, den er selbst gestalten kann

Mehr Datenschutz. Der Einzelne braucht Gemeinschaft, aber auch eine geschützte Privatsphäre. Deshalb sind die klassischen Persönlichkeitsrechte durch mehr Datenschutz zu ergänzen.

Keine Überwachung. Der Einzelne muß sich frei und unüberwacht bewegen können.

Recht auf Individualität. Dem Druck zur Uniformität setzen die Liberalen das Recht auf Individualität entgegen.

Leben selbst gestalten. Nicht der Staat, nicht die Gesellschaft, sondern die Bürger selbst sollen ihr Leben gestalten, ...

Einen genetisch manipulierten Menschen darf es nicht geben

Menschenschutz als neuer Politikbereich. Menschenschutz muß ein neues Feld der Politik werden und die technische Weiterentwicklung begleiten sowie rechtzeitig für die notwendigen rechtlichen Sicherungen sorgen.

Die Fortentwicklung der Medien soll mehr Kommunikation und Meinungsvielfalt bringen; wir wollen keine Medienmonopole

Weniger Staat bei den Medien. Nicht der Staat, sondern der einzelne Bürger soll entscheiden, was er sehen, hören und lesen will.

Vielfalt statt Einfalt. Notwendig sind jedoch Rahmenbedingungen, die ein Gleichgewicht zwischen freier Presse, öffentlichen Anstalten und privaten Anbietern herstellen.

Die freie Entfaltung der Persönlichkeit muß durch Vielfalt in der Bildung und die gerechte Chance zur Entwicklung individueller Neigung und Begabung unterstützt werden

Bildung ist Bürgerrecht. Bildung ist ein Wert an sich. Sie ist Bürgerrecht und Aufstiegschance zugleich.

Freie Bildungsträger fördern. Die Reform unseres Bildungswesens ist inhaltlich und organisatorisch erstarrt, sie braucht den freien Wettbewerb der Ideen.

Auch Hochbegabte unterstützen. Für die Liberalen sind Breiten- und Hochbegabtenförderung unerläßlich. Chancengleichheit heißt gleiche Chancen am Start, nicht Garantie der Erfolgsgleichheit am Ziel.

Berufliche Bildung verbessern. Die Gleichwertigkeit von akademischer und beruflicher Bildung ist noch keineswegs erreicht.

Wir wollen mehr Freiheit für die Kultur

Keine Bevormundung in der Kultur. Der liberale Staat enthält sich jeder Bevormundung und greift nicht zensierend in das Kunst- und Kulturleben ein.

2 Der Einzelne und seine Umwelt

Mehr Aufklärung und Mitgestaltung des Einzelnen, aber auch vorbildliches Handeln des Staates müssen bewirken, daß sich die Menschen als Teil der Natur verstehen

Die Verantwortung jedes Einzelnen. Nicht nur der Staat und die Wirtschaft, sondern auch der einzelne Bürger steht in einer ökologischen Verantwortung.

Verbandsklage und Grundgesetzänderung. Vor jeder die Natur betreffenden Verwaltungsentscheidung ist deren Umweltverträglichkeit zu prüfen. Wir wollen das Recht der Verbandsklage im Naturschutz. Die Forderung ... nach Aufnahme des Umweltschutzes als Staatszielbestimmung im Grundgesetz ist endlich zu verwirklichen.

Die Umweltzerstörung muß auch durch eine ökologisch und sozial verpflichtete Marktwirtschaft bekämpft werden

Knappes Gut Umwelt. Grundsatz für das Wirtschaften der Zukunft muß sein, die Umwelt nicht über die Grenze der natürlichen Regenerationsfähigkeit hinaus zu beeinträchtigen oder diese zumindest durch direkte Kompensationsmaßnahmen wiederherzustellen.

Die technische Weiterentwicklung muß in den Dienst des Umweltschutzes gestellt werden

Technik für Umweltschutz nutzen. Technische Entwicklungen haben viele Umweltprobleme geschaffen. Aber nur mit technischer Weiterentwicklung werden wir sie lösen können und zugleich neue Arbeitsplätze in der Bundesrepublik schaffen.

3 Der Einzelne und seine Tätigkeiten

Die neuen Techniken müssen das starre Arbeitsleben überwinden helfen, damit der Einzelne Erwerbstätigkeit, Eigenleistung, soziales Engagement und Zeiten der Muße stärker nach seinen eigenen Wünschen gestalten kann

Individuelles Arbeitsleben. Neue Kommunikations- und Produktionstechniken bieten Chancen zu mehr Kreativität und Selbstbestimmung im Arbeitsleben und damit für sinnvollere Tätigkeiten.

Partnerschaft und Mitbestimmung. Die damit verbundene Möglichkeit eines individuellen Zuschnitts der Arbeit soll eine partnerschaftliche Aufteilung der Aufgaben in Beruf und Familie erleichtern.

Arbeitslosigkeit bedroht die Freiheit des Einzelnen und die demokratische und soziale Stabilität; sie muß durch konsequente marktwirtschaftliche Politik bekämpft werden

Gemeinsame Verantwortung gefordert. Die Überwindung der Arbeitslosigkeit ist nicht allein ein individuelles Problem der Arbeitslosen, sondern ein Problem der gesamten Gesellschaft.

Nur mehr Markt schafft mehr Arbeitsplätze. Die Arbeitslosigkeit kann dauerhaft nur in einer marktwirtschaftlichen Ordnung überwunden werden.

Eigeninitiative stärken, Investitionsbedingungen verbessern. Eigeninitiative und Risikobereitschaft sind Voraussetzung für die Überwindung der Arbeitslosigkeit.

Handelshemmnisse beseitigen. Auch auf der Ebene der Europäischen Gemeinschaft müssen alle ... Handelshemmnisse endlich beseitigt werden,...

III Demokratischer Staat — Parteiprogramm F.D.P.

Eine innovative Mittelstandspolitik muß neue Arbeitsplätze schaffen. Der Weg in die Selbstständigkeit muß erleichtert werden

Mittelstand ist Herz der Wirtschaft. Unsere Gesellschaft gibt dem Einzelnen um so mehr Freiraum, je vielfältiger sie ist, je unabhängiger die Entscheidungszentren sind, je mehr Mittel- und Kleinbetriebe und selbständige Existenzen es gibt.

Der technische Fortschritt, eine längere Lebenserwartung und kürzere Arbeitszeit erfordern die Überwindung der strikten Trennung der Lebensabschnitte in Ausbildung, Arbeitsleben und Ruhestand

Zukunftsorientierte Weiterbildung. Der Strukturwandel kann nur mit der Bereitschaft zu lebenslanger Weiterbildung innerhalb und außerhalb des Berufs, durch Umschulung und Mobilität bei der Arbeitsplatzwahl bewältigt werden.

4 Der Einzelne und sein soziales Umfeld

Kleine soziale Netze müssen die Solidargemeinschaften ergänzen und die Sozialbürokratie eindämmen

Grundsicherung statt Versorgungsstaat. Freiheit bedarf einer sozialen Grundsicherung. Wir bekennen uns zur gemeinschaftlichen Sicherung gegen individuelle Not. Wir wollen mehr Freiraum für Eigenvorsorge und Eigenverantwortung, Selbstbeteiligung und Stärkung des Versicherungsprinzips schaffen.

Die freie Entscheidung des Einzelnen für die Ehe oder andere Formen des Zusammenlebens muß erhalten bleiben. Die Benachteiligung von Familien mit Kindern ist abzubauen, die volle Gleichberechtigung von Mann und Frau ist zu verwirklichen

Gleichberechtigung in Familie und Beruf. Zu einer echten Partnerschaft gehört, daß Männer und Frauen die Aufgaben in Familie und Beruf besser als bisher miteinander teilen.

Familien mit Kindern helfen. Die Entscheidung für Kinder darf nicht zu einer drastischen Verschlechterung der materiellen Lebensbedingungen führen.

Die Entwicklungschancen der Jugendlichen müssen durch Förderung der Eigeninitiative, Mitwirkung und Selbstverantwortung verbessert werden

Jugendliche nicht scheitern lassen. Gerade der junge Mensch braucht viel Freiheit, aber auch stabile soziale Bindungen.

Jugendarbeitslosigkeit bekämpfen. Gute Jugendpolitik ist heute vor allem auch die Bekämpfung der Jugendarbeitslosigkeit.

Ältere Menschen müssen entsprechend ihrer Erfahrung, Leistungsfähigkeit und Bereitschaft zu einem aktiven Alter voll in das gesellschaftliche Leben einbezogen werden

Chancen für aktives Alter vergrößern. Der ältere Mensch soll eigenverantwortlich und selbständig am gesellschaftlichen Leben teilnehmen.

5 Der Einzelne, der Staat und die Organisationen

Wir wollen weniger Staat und weniger Bürokratie durch Dezentralisierung, Privatisierung und Abbau von Reglementierungen

Der Staat hat zwei Gesichter. Der demokratische Rechtsstaat sichert die Freiheit des Einzelnen, staatliches Handeln gefährdet sie aber auch. Jede Einschränkung bedarf der Begründung.

Staatsaufgaben verringern. Die Grenzen der Staatstätigkeit sind immer wieder neu zu bestimmen. Aufgabe des Staates ist die Feiheitssicherung, vor allem die Sicherung demokratischer Regeln, der

Chancengleichheit für alle, des Friedens und der inneren Ordnung. Er muß die soziale Grundsicherung derjenigen ermöglichen, die sich weder allein noch gemeinschaftlich helfen können.

Die Mitwirkungsrechte des Einzelnen in seiner direkten Umgebung müssen erweitert werden

Mehr Verantwortung erfordert mehr Mitbestimmung. Unserer Forderung nach weniger Staat und mehr Verantwortung des Einzelnen muß ein Ausbau der Informations- und Mitwirkungsrechte des Einzelnen entsprechen.

Macht der Verwaltung begrenzen. Zugleich müssen die gewählten Mandatsträger der Verwaltung gegenüber gestärkt werden, deren Struktur und Arbeitsweise aufgabengerechter zu gestalten ist.

Wachsende Macht von Organisationen erfordert mehr innere Demokratie und verstärkte Berücksichtigung der Interessen von Nichtorganisierten und Drittbetroffenen

Verbände sind nötig. Viele Menschen brauchen die Zusammenarbeit mit anderen, um sich gegen Stärkere in Wirtschaft und Gesellschaft behaupten zu können.

Den Einzelnen stärken. Aber die Tendenz zu zentralistischen Großorganisationen muß umgekehrt, der Mißbrauch von Organisationsmacht verhindert werden.

Klare Regeln für Arbeitskämpfe. Angesichts des großen gesellschaftlichen Gewichts der Tarifparteien brauchen wir auch klare Regeln für Arbeitskämpfe, ...

Unser parlamentarisches System erfordert eine hohe Glaubwürdigkeit der politischen Parteien. Insbesondere stehen die Politiker in der Verantwortung, sich durch Übereinstimmung zwischen ihrem Anspruch und ihrem Handeln glaubwürdig darzustellen

Mehr Mitwirkung in den Parteien. Parteien brauchen praktizierte innere Demokratie, offene und kritische Diskussion unterschiedlicher Meinungen und mehr Angebote zur Mitwirkung.

Kein Parteibuchstaat. Die Parteien dürfen ihren grundsätzlichen Auftrag zur politischen Willensbildung nicht mit einem Alleinvertretungsanspruch verwechseln.

Unabhängigkeit der Abgeordneten sichern. Die ausschließliche Verantwortung des Abgeordneten gegenüber seinem Gewissen darf weder durch das imperative Mandat noch durch parlamentarische Rituale gefährdet werden.

Die Grünen - Bündnis 90:
Das Programm der 1. gesamtdeutschen Wahl 1990
(Parteiprogramm GRÜNE)

Programm

Spätestens 1972 wurde in der Bundesrepublik der Umweltschutz als Wahlkampfthema entdeckt und ausgeschlachtet. Die praktische Bilanz staatlicher Umweltpolitik ist bis heute skandalös und niederschmetternd geblieben: Die heimische Umweltsituation hat sich nicht gebessert, die globale Umweltkrise verschärft sich von Tag zu Tag.

Mit einem pittoresken Natur- und Umweltschutz, der die herrschende Wirtschafts- und Gesellschaftspolitik nur begleitet und die Ursachen der ökologischen Krise nicht antastet, ist der ökologische Zusammenbruch nicht aufzuhalten. Nur ein radikales Umdenken, eine unverstellte Reflexion auf unsere natürlichen Lebensgrundlagen und eine Besinnung darauf, was wir produzieren, wie wir wirtschaften und leben wollen, bietet die Chance für eine Lösung unserer gegenwärtigen und zukünftigen (Über-)Lebensfragen, für eine Lösung der drängenden menschheitlichen Gattungsfragen.

Ökologische Politik ist nicht nur Arten- und Biotopenschutz. Sie muß auch eingehen in gesellschaftspolitische Konzepte. Und: Sie ist auch eine Frage der menschlichen Kultur. Mit jeder verpesteten Küste, mit jeder zubetonierten Landschaft, mit jeder Gattung, die ausstirbt, geht auch ein Stück menschlicher Lebensqualität verloren; mit jedem toten Baum verarmt auch unsere Erfahrungswelt, unser Leben.

Doch nicht nur der drohende ökologische Kollaps beunruhigt die Menschen. Auch die sozialen Krisenerscheinungen werfen die Forderung auf nach gesellschaftlichen Veränderungen, durch ökologischen Umbau der Industriegesellschaft, durch Demokratisierung und Pazifizierung aller zwischenmenschlichen Lebensbereiche, durch Feminisierung der Gesellschaft, durch multikulturelle Toleranz.

War die bürgerliche Gesellschaft historisch mit der Idee angetreten, die Verfolgung des individuellen Eigennutzes zöge automatisch auch eine Beförderung des Gemeinwohls nach sich, so hat sich diese Idee nach den Ergebnissen unserer jüngeren Geschichte gründlich blamiert:

Eine unerhörte materielle und soziale Ungleichheit überzieht ganze Erdteile mit Armut, Not, Verelendung. In den reichen Industriegesellschaften selbst führt die ungerechte Verteilung des gesellschaftlichen Reichtums zu alter und neuer Armut.

Ein schrankenloser Raubbau an der Natur und ihren Ressourcen droht, den künftigen Generationen einen ausgeplünderten, vergifteten Planeten zu hinterlassen. Weltweit werden 80% der Energie von dem Häuflein der reichen westlichen Industriestaaten verbraucht, die ihrerseits nicht müde werden, ihr Gesellschaftsmodell der 2. und „3. Welt" anzudienen und aufzudrängen. Würde diese verschwenderische Produktions- und Lebensweise weltweit übernommen, wäre der ökologische Ruin nicht mehr aufzuhalten. Schon das zeigt: Das Privileg unserer Lebensweise müssen andere bezahlen; wir haben längst aufgehört, von den Zinsen der Natur zu leben, um uns räuberisch an ihrem nicht vermehrbaren Kapital zu vergreifen.

Die Hälfte der Menschheit, die Frauen, sieht sich patriarchalischer Bevormundung und sexistischer Diskriminierung ausgesetzt. Auch in der Bundesrepublik sind die Frauen von gleicher Teilhabe an allen Bereichen des öffentlichen Lebens noch weit entfernt.

Rüstung, Krieg und Gewalt sind immer noch nicht als historische Gespenster aus dem Zusammenleben der Menschen und Völker verschwunden – weil soziales Elend Spannungen und Nationalitätenkonflikte schürt, weil Kriege und bewaffnete Interventionen um ökonomische und machtstaatliche Einflußsphären geführt werden, und weil auch hier der Profit mehr zählt als die Unversehrtheit und Gesundheit menschlichen Lebens.

Minderheiten und politisch Andersdenkende werden überall auf der Welt verfolgt und repressiver Schikane ausgesetzt. Flüchten Menschen aus materieller Not oder politischer und anderweitiger Verfolgung in die Bundesrepublik, müssen sie mit sofortiger Abweisung, baldiger Abschiebung oder jahrelanger unsicherer Lebensperspektive rechnen. Den AusländerInnen, die sich bei uns niedergelassen haben, sogar denen, die hier geboren sind, wird unter fadenscheinigen oder offen rassistischen Begründungen ihre volle soziale und politische Gleichberechtigung verweigert. Und auch die mit allen verfassungsmäßigen Rechten ausgestatteten BRD-BürgerInnen finden sich mit der Tatsache konfrontiert, daß die wirklich relevanten Zukunftsentscheidungen und -investitionen sich weitgehend ihrer demokratischen Kontrolle entziehen.

Nur wer diese Probleme ignoriert, kann unsere bestehende Wirtschafts- und Gesellschaftsordnung als der Weisheit letzten Schluß für die ultima ratio der Geschichte preisen.

Derzeit wird aus dem Scheitern, dem tiefen Zusammenbruch des „realen Sozialismus" in Mittel- und Ostceuropa eine neue Legitimation für unsere kapitalistischen Wirtschaftsstrukturen als der besten aller möglichen Welten gezogen und jedwede Kritik daran, jedwede Umbauforderung heruntergebügelt.

Wir GRÜNEN haben das Gesellschaftsmodell des „realen Sozialismus" stets kritisiert, den fatalen Umschlag des ursprünglich humanistisch-emanzipatorischen Ideals des Sozialismus in die nackte Despotie eines absolutistischen „Vormundschaftsstaates" aufgedeckt und bekämpft, wir haben die oppositionellen Strömungen, wie Solidarnosc, Charta 77 und die unabhängige Friedens-, Menschenrechts- und Ökobewegung der DDR unterstützt.

Gerade deshalb hören wir jetzt nicht auf, auch die hiesigen Verhältnisse weiter zu kritisieren und gesellschaftliche und politische Alternativen zu entwickeln und vorzutragen – Alternativen für drüben und hüben. Demgegenüber hat die Bundesregierung nur eines anzubieten: keine gesellschaftliche Utopie, keine humane Solidarität und Hilfe, kein ernsthaftes Bemühen um die Lösung der anstehenden Probleme, sondern einzig die obszöne Überzeugungskraft der D-Mark, mit der sie schamlos und in der Pose des Zuhälters die DDR und die sonstigen Übergangsgesellschaften des einstigen „Ostblocks" zur Prostitution, d.h. zur Aufgabe, zum Verkauf ihrer selbst treibt. Diese nackte machtpolitische Realität wird dann, je leerer, desto beschwörender, beblümt von der chauvinistischen Phrase des „einig Volk und Vaterland".

Steuert die herrschende Politik in der Bundesrepublik in die ökologische und gesellschaftliche Krise, so ist sie selbst schon von einer Krise befallen: Immer weniger Menschen setzen Vertrauen in die etablierte Politik und fühlen sich von den PolitikerInnen ernst genommen. Viele wenden sich daher den Republikanern zu, in deren ebenso borniert wie militante Ordnungspolitik Hoffnungen auf Zukunftschancen gesetzt werden. Immer weniger Menschen finden sich in den Ritualen und Werbeslogans der Politik wieder, immer weniger Menschen, vor allem Jugendliche, sind bereit, sich aktiv in die Politik und ihre starren systematischen und institutionellen Zwänge einzubringen.

Viele Menschen haben resigniert und ihr Engagement verloren, weil sie die Erfahrungen machen mußten, daß die steinernen Verhältnisse hierzulande einfach nicht zu bewegen und zu verändern sind. Damit ist die „Krise der Politik" Teil jener allgemeinen „Sinnkrise" der modernen Gesellschaft, in der die Zukunftsaussichten trübe und unsicher geworden sind, und auf die Leute wie Kohl nur damit reagieren, daß sie ihre „richtige Politik" besser verkauft wissen wollen. Politik wird zur kunstvollen Public-Relations-Arbeit.

Wir GRÜNE haben nicht das Zauberpulver, das um die Ecke schießt. Wir sind nicht die besseren Menschen und haben nicht auf alle Fragen eine fertige Antwort parat. Doch wir haben Vorschläge und Gegenkonzepte anzubieten, die wir mit möglichst vielen Menschen diskutieren und gemeinsam umsetzen wollen.

Es ist keineswegs damit getan, daß „grünes Gedankengut", verkürzt auf ein technokratisches Management der ökologischen Krise, Eingang gefunden hat in die Rhetorik der etablierten Parteien. Wir brauchen eine umfassende Umgestaltung der Gesellschaft, ein neues Modell von Vergesellschaftung, in dem die Menschen im Einklang mit der Natur leben und wirtschaften, in dem sich freie Subjektivität mit solidarischem Gemeinsinn verbindet, in dem materielle Sicherheit und gleiche demokratische Rechte für jedermann und jedefrau zur Wirklichkeit werden.

Die GRÜNE Partei ist vor 10 Jahren entstanden aus den Bewegungen, die der herrschenden Entwicklungslogik und den Funktionszwängen dieser Gesellschaft nicht länger folgen wollten. Unsere Programmatik leitet sich von der Einsicht ab, daß eine Umkehr im Denken und tiefgehende Transformation dieser Gesellschaft unabweisbar geworden sind.

1. Die ökologische Selbstzerstörung muß aufgehalten werden. Eine neue Form des Produzierens muß gefunden werden, die die Vorzüge des Marktes in der Versorgung mit einer strukturellen Rahmenplanung verbindet. Eine reine Marktwirtschaft vermag es nicht, über die Vermittlung der egoistischen Einzelinteressen hinaus gesellschaftliche Bedürfnisse und Zwecke, wie Umweltschutz, zu verwirklichen. Daß ein Verzicht auf unbeschränktes Wachstum nicht zu einer klammen Verzicht-Ideologie werden muß, kann durch eine gerechte gesamtgesellschaftliche „Verteilung" des Verzichts (von unten nach oben) gewährleistet werden.

2. Die wahnsinnigen militärischen Hochrüstungen der Paktsysteme, ihre zum Krieg führende Logik der waffenstarrenden Verteidigung muß gebrochen werden.

Mit dem politischen Zerfall des Warschauer Paktes und der Abrüstungspolitik Gorbatschows stellt sich uns die dringende Aufgabe, auch die NATO zu einseitigen Abrüstungsschritten zu zwingen.

Ziel muß eine Auflösung der Militärbündnisse und die völlige Entmilitarisierung Europas sein.

3. Die ungerechte Weltwirtschaftsordnung treibt die Mehrheit der Menschheit in Not und Elend und die Nationalökonomien der 2. und „3. Welt" in eine dramatische Abhängigkeit von Weltbank und Weltmarkt. Deren Diktat wird unter der Last einer gigantischen Verschuldung jeder verantwortliche Umgang mit Mensch und Natur geopfert. Ohne eine Revolutionierung der gesamten weltwirtschaftlichen Beziehungen, ohne demokratische Land- und Wirtschaftsreform in den Ländern der „Dritten Welt" ist ein Ausweg aus der ökologischen und ökonomischen Misere nicht denkbar.

4. Feminismus ist mehr als sektorale „Frauenpolitik", die sich für die volle soziale Gleichberechtigung der Frauen einsetzt. Feminismus versteht sich auch als durchgängige Kritik unseres patriarchalisch geprägten gesellschaftlichen Selbstverständnisses und der herrschenden Kultur. Mit der Abspaltung der angeblich weiblichen Werte und Eigenschaften aus dem öffentlichen Leben und der Verdrängung der Frauen in die Privatsphäre ist nicht nur die gesellschaftliche Dominanz des Mannes, sondern auch die Herrschaft des Menschen über den Menschen und die Natur mit vorangetrieben und befestigt worden. Die Feminisierung der Gesellschaft ist daher wesentlicher Bestandteil der Demokratisierung und Pazifizierung menschlichen Zusammenlebens.

5. Dem weltweiten Kampf um soziale Gerechtigkeit, Demokratie, individuelle Freiheiten und Menschenrechte schließen wir die Forderung nach umfassender Demokratisierung aller gesellschaftlichen Lebensbereiche bei uns an. Dazu gehören eine Demokratisierung der Wirtschaft, eine Rückeroberung der Politik, der „res publica", also der allgemeinen Belange, durch die Allgemeinheit, eine Verteidigung und Ausweitung staatsfreier Spielräume, neuer kultureller Lebensformen und emanzipativer zwischenmenschlicher Beziehungen, von der Öko-Landkommune bis zur Hamburger Hafenstraße. Bei gesellschaftlichen Konflikten ergreifen wir die Partei der Schwachen. Gerade weil wir prinzipiell gegen Gewalt sind, lassen wir uns die staatliche Gewaltdefinition nicht aufzwingen: Denn Gewalt ist nicht nur der geschleuderte Stein, Gewalt ist auch Tiefflug, Wohnungsnot, Arbeitslosigkeit, Armut. Staatlicher und sozialer Gewalt setzen wir den moralischen Imperativ entgegen: Nur eine friedliche, gewaltfreie Gesellschaft ist eine menschenwürdige Gesellschaft.

Deshalb verfolgen wir eine Strategie der Pazifizierung gesellschaftlicher Konflikte – gegen Sündenbockmentalität und Hetze gegen unbequeme Andersdenkende. Damit verhalten wir uns nicht neutral oder im Sinne einer „Ruhigstellung" des Konfliktpotentials. Im Gegenteil: Unsere Aufgabe sehen wir darin, kritische Gesellschaftstheorie aufzugreifen und umzusetzen, sowie gesellschaftliche Mobilisierungen zu einer größeren Wirksamkeit zu verhelfen. Ein solidarisches Gemeinwesen ist unvereinbar mit der Ausgrenzung von Minderheiten. Alte, Kranke, Behinderte und andere sogenannte „Randgruppen" müssen einen gleichberechtigten Platz im gesellschaftlichen Leben erhalten.

Zu einem gemeinsamen Haus Europa mit gleichberechtigten BewohnerInnen gehört die Absage an jede Macht- und Hegemonialpolitik. Das erfordert auch den Bruch mit der bestehenden EG-Abschottungspolitik, den Bruch mit der Diskriminierung von „AusländerInnen" und „Fremden" durch die Konstituierung eines europäischen BürgerInnenrechts, das politische Grundrechte nicht länger an Volks- oder Staatsangehörigkeiten bindet.

Wahlplattform

Zu den gesamtdeutschen Wahlen haben sich Bürger- und Bürgerinnenbewegungen bzw. soziale Bewegungen aus der Bundesrepublik Deutschland und der Deutschen Demokratischen Republik zu einer gemeinsamen Wahlplattform zusammengefunden.

DEMOKRATIE JETZT, Grüne Partei der DDR, Initiative Frieden und Menschenrechte, NEUES FORUM, Unabhängiger Frauenverband und Vereinigte Linke schließen mit den GRÜNEN/BRD ein Bündnis. Aus den Erfahrungen unserer Opposition gegen die Einparteienherrschaft in der DDR bzw. gegen die wirtschaftlich verfilzte Parteiendemokratie in der BRD wollen wir uns zu einer starken Alternative zusammenschließen. Wir werden die Identität der beteiligten Organisationen achten und auf der Grundlage der jeweiligen Programme zusammenarbeiten.

Die Bürger- und Bürgerinnenbewegung der DDR gab den Anstoß für die friedliche Revolution, deren basisdemokratische Erfahrungen sie in der neuen deutschen Republik fruchtbar machen will. Auch DIE GRÜNEN der BRD sind aus Basisinitiativen für den Schutz der Umwelt, aus dem Anti-AKW-Widerstand, der Friedensbewegung, der Frauenbewegung und der Dritten-Welt-Arbeit entstanden.

Gemeinsam wollen wir in die parlamentarische Verantwortung einbringen, wovor die herkömmlichen Parteien in Ost und West aus Machtkalkül die Augen verschließen: Die Menschheit befindet sich in einer Fehlentwicklung, die gekennzeichnet ist durch vermeintlichen technischen Fortschritt, materiellen Lebensanspruch und selbstzerstörerischen Raubbau und Gewalt an Natur und Menschen im Zuge des herrschenden Weltmarktsystems. Es geht darum, eine neue Vorstellung von „Lebensqualität", bei der menschliche Werte über materielle dominieren, zu entwickeln.

Uns ist gemeinsam, daß wir für eine solidarische und ökologische, radikaldemokratische und gerechte, emanzipatorische und feministische, gewaltfreie und multikulturelle Gesellschaft streiten wollen. Genauso wie wir parlamentarisch versuchen werden, Mehrheiten für unsere Ziele zu erreichen, sind Demonstrationen, Sitzblockaden und phantasievolle außerparlamentarische Aktivitäten zentrale Elemente des Sich-Einmischens.

Die grün-bunte Alternative zu „Deutschland, Deutschland über alles" ist notwendig:

Entgegen dem Anspruch der Mehrheit der Bürger und Bürgerinnen in Ost und West und auch unseres Anspruchs, die Vereinigung als wechselseitigen Reformprozeß gleichberechtigter Partner zu gestalten, sind das Niederkonkurrieren von DDR-Betrieben, der Ausverkauf von Grund und Boden an Westunternehmer, eine überstürzte Währungsreform, undemokratisch durchgedrückte Staatsverträge die Zeichen des Anschlusses. DDR-Bürger und Bürgerinnen sind erstmalig mit Massenarbeitslosigkeit und zunehmendem Verlust von sozialer Absicherung, wie z.B. dem Abbau von Kinderbetreuungseinrichtungen konfrontiert.

In der Bundesrepublik wird mit Verweis auf die Kosten der Vereinigung der Abbau von Arbeitnehmerrechten propagiert. Ökologie wird seit den Tagen des Anschlusses wieder ganz klein geschrieben.

Wachstum, Wachstum über alles! heißt es nun wieder in der DDR, diesmal nicht unter kommandowirtschaftlichen Vorzeichen, sondern unter profitwirtschaftlichen: Blechlawinen, Giftmüllberge, todsichere Atomkraft, Raubbau an der Natur. Dieses Wachstumsbündnis wird einige reich machen, einige mehr profitieren und die Schere zwischen arm und reich größer werden lassen, hier bei uns und gegenüber den Ländern der sogenannten Dritten Welt.

Programm der Partei des Demokratischen Sozialismus (Parteiprogramm PDS)

Angenommen auf dem Wahlparteitag der PDS am 25. Februar 1990

In einer Zeit, die voller Hoffnungen und Befürchtungen ist, legt die Partei des Demokratischen Sozialismus dieses Programm vor. Es markiert unsere Positionen und Zielvorstellungen in den stürmischen Prozessen unserer Zeit.

Die Menschheit steht an der Schwelle zum dritten Jahrtausend.

In dieser Zeit wurde durch den administrativ-zentralistischen Sozialismus eine der größten humanistischen Ideen der Menschheitsgeschichte, die Idee des Sozialismus, in den Schmutz gezogen. Der Begriff des Sozialismus ist diskreditiert. Wer ihm anhängt, kommt in den Verdacht, stalinistische Zeiten zurückzuwünschen. So sehr wir das verstehen, es bleibt doch auch Tatsache, daß die sozialistische Ursprungsidee nichts von ihrer Aktualität eingebüßt hat.

Der Kapitalismus ist wirtschaftlich effizient, und er hat die Weltzivilisation bereichert. Aber er erweist sich als unfähig, den globalen Interessen der Menschheit zur Sicherung des Friedens, zur Abrüstung und zur Schaffung eines ausgewogenen Verhältnisses zur Natur zu entsprechen sowie soziale Gerechtigkeit zu gewährleisten.

Der Sozialismus als Ausdruck uralter Menschheitsideale – soziale Gerechtigkeit, Solidarität, Freiheit für die Unterdrückten, Hilfe für die Schwachen – ist unvergänglich, mögen ihn seine Gegner auch hundertmal totsagen.

Die PDS steht für die Bewahrung
- einer dem Frieden, dem Antifaschismus und der Solidarität bewußt verpflichteten Haltung im Volke;
- eines beachtlichen Niveaus der Kultur zwischenmenschlicher Beziehungen, die wärmer und solidarischer sind als die einer Ellenbogengesellschaft;
- sozialer Sicherung, die auch das Recht auf Arbeit und durch einen großen gesellschaftlichen Wohnungsfonds gesichertes Wohnen einschließt;
- der bisher verfassungsmäßig garantierten Rechte der Frauen;
- mit der Volksbewegung entstandener neuer Formen basisdemokratischer Einflußnahme und der verfassungsmäßigen Garantie des Volksentscheids;
- eines hohen Grades persönlicher Sicherheit durch Kriminalitätsvorbeugung und -bekämpfung;
- eines hohen Versorgungsgrades mit Plätzen in Kindergärten und Kinderkrippen, einer vom sozialen Besitzstand unabhängigen Bildung;
- der Unmöglichkeit der Spekulation mit Grund und Boden;
- der Ergebnisse der Bodenreform und entwicklungsfähiger landwirtschaftlicher Produktionsgenossenschaften.

Wir schöpfen aus der Geschichte des humanistischen Denkens, insbesondere aus den dialektischen und materialistischen Auffassungen von Karl Marx und Friedrich Engels, Wilhelm Liebknecht und August Bebel, Eduard Bernstein und Karl Kautsky, Rosa Luxemburg und Karl Liebknecht, W. I. Lenin und Antonio Gramsci und ihrer nachfolgenden vielfältigen Weiterentwicklung. Die Partei nimmt all diese Ideen kritisch in sich auf.

Unsere Werte

Werte, denen unsere Partei verpflichtet ist, sind:
1. Individualität. Sie schließt die freie Entwicklung des Denkens und Fühlens, der Fähigkeiten und Talente jedes Menschen, die Verwirklichung individueller Bestrebungen und Neigungen, die Gestaltung reicher sozialer Beziehungen zu anderen Menschen, Selbständigkeit im Urteilen und Handeln des einzelnen ein.
2. Solidarität. Wir wollen Solidarität zwischen den arbeitenden Menschen, den Generationen, den Geschlechtern, den Völkern, den Nationen und Nationalitäten entwickeln und ausprägen.
3. Gerechtigkeit. Jeder Mensch, jede soziale und nationale Gruppe, jede demokratische politische Kraft soll die gleichen Chancen und die gleichen Rechte haben, ihre Interessen in die Gesellschaft einzubringen.
4. Sinnerfüllte Arbeit und Freizeit. Das setzt die effektive Gestaltung der Arbeitsbedingungen, schrittweise Verringerung und flexible Gestaltung der Arbeitszeit im Interesse der Arbeitenden und persönlichkeitsfördernde Arbeitsinhalte voraus. Es muß die Möglichkeit erweitert werden, die freie Zeit nach eigenen Vorstellungen schöpferisch zu gestalten und dabei die für das Wohlbefinden und die Entwicklung des Menschen notwendige Muße, Entspannung und Anregung zu finden.
5. Freiheit, Demokratie und Menschenrechte. Die Respektierung der Würde und Freiheit jedes einzelnen Menschen ist unabdingbar für gesellschaftliches Zusammenleben in Demokratie. Die Menschenrechte in ihrer Einheit und Universalität sind für uns entscheidender Maßstab für gesellschaftliches Handeln.
6. Bewahrung der natürlichen Lebensgrundlagen. Davon hängt die Existenz jedes Menschen ab. Deshalb müssen Ökonomie und Ökologie sowohl im gesamtgesellschaftlichen Reproduktionsprozeß als auch international auf neue Weise miteinander verbunden werden. Wertvorstellungen, Bedürfnisse und Lebensstil müssen sich an einer gesunden und schönen Umwelt orientieren, um sie auch für nachfolgende Generationen zu erhalten.
7. Innerer und äußerer Frieden. Eine politische Kultur des Zusammenlebens der Menschen, die durch Gewaltlosigkeit, Toleranz, gegenseitigen Respekt der sozialen Gruppen, der Geschlechter, Generationen und Nationalitäten, durch Dialog und schöpferischen Mei-

nungsstreit, Friedensliebe, Humanismus, Antifaschismus, Völkerfreundschaft und Achtung anderer Kulturen geprägt ist, ist für die Sicherung des Friedens im Inneren unserer Gesellschaft und zwischen den Völkern unerläßlich.

Unsere Ziele

Wir verfolgen eine linke, sozialistische Politik und treten ein für
- Freiräume zur Entfaltung eines jeden;
- einen modernen Rechtsstaat, in dem die individuellen und politischen ebenso wie die sozialen, kulturellen und kollektiven Menschenrechte verwirklicht werden;
- eine Marktwirtschaft mit einem hohen Maß an sozialer und ökologischer Sicherheit, Chancengleichheit und persönlicher Freiheit für alle Mitglieder der Gesellschaft;
- eine tatsächliche gesellschaftliche Gleichstellung der Geschlechter und eine neue Kultur ihres Zusammenlebens;
- eine Gesellschaft, die Kindern, älteren Bürgern, Behinderten, grundsätzlich allen Schwachen gesellschaftliche Wärme, Schutz und Hilfe zuteil werden läßt;
- bürgerfreundliche Strukturen und selbstbestimmte Entwicklung der Kommunen;
- vielfältige politische, berufliche und kulturelle Entfaltungsmöglichkeiten der Jugend;
- eine Kulturgesellschaft, in der sich das Individuum entfalten kann, in der sich Wissenschaft, Bildung, Kultur und Sport frei entwickeln und dem ganzen Volk zugänglich sind;
- Frieden, allgemeine und vollständige Abrüstung, Weltoffenheit, Freundschaft und Solidarität mit allen Völkern, für eine gerechte Weltwirtschaftsordnung und für die Respektierung des Selbstbestimmungsrechts jedes Volkes.

In Verwirklichung dieser Ziele streben wir gemeinsam mit anderen linken und demokratischen Kräften einen demokratischen Sozialismus an.

Grundsatzprogramm der Sozialdemokratischen Partei Deutschlands (Parteiprogramm SPD)

Beschlossen vom Programm-Parteitag
der Sozialdemokratischen Partei Deutschlands
am 20. September 1989 in Berlin

1. Was wir wollen

Wir Sozialdemokraten, Frauen und Männer, kämpfen für eine friedliche Welt und eine lebensfähige Natur, für eine menschenwürdige, sozial gerechte Gesellschaft. Wir wollen Bewahrenswertes erhalten, lebensbedrohende Risiken abwenden und Mut machen, Fortschritt zu erstreiten.

Wir wollen Frieden.
Wir arbeiten für eine Welt,
- in der alle Völker in gemeinsamer Sicherheit leben, ihre Konflikte nicht durch Krieg oder Wettrüsten, sondern in friedlichem Wettbewerb um ein menschenwürdiges Leben austragen,
- in der eine Politik der Partnerschaft und eine Kultur des Streits den Konflikt zwischen Ost und West überwinden,
- in der alle Völker Europas zusammenarbeiten in einer demokratischen und sozialen Ordnung des Friedens, von der Hoffnung und Frieden für die Völker des Südens ausgeht,
- in der die Völker Asiens, Afrikas und Lateinamerikas durch eine gerechte Weltwirtschaftsordnung faire Chancen zu eigenständiger Entwicklung haben.

Wir wollen eine Weltgesellschaft, die durch eine neue Form des Wirtschaftens das Leben von Mensch und Natur auf unserem Planeten dauerhaft bewahrt.

Wir wollen die gesellschaftliche Gleichheit von Frau und Mann, eine Gesellschaft ohne Klassen, Privilegien, Diskriminierungen und Ausgrenzungen.

Wir wollen eine Gesellschaft, in der alle Frauen und Männer das Recht auf humane Erwerbsarbeit haben und alle Formen der Arbeit als gleichwertig behandelt werden.

Wir wollen durch solidarische Anstrengung Wohlstand für alle erreichen und gerecht verteilen.

Wir wollen, daß Kultur in ihren vielfältigen Erscheinungsformen das Leben aller Menschen bereichert.

Wir wollen Demokratie in der ganzen Gesellschaft, auch in der Wirtschaft, im Betrieb und am Arbeitsplatz verwirklichen, wirtschaftliche Macht begrenzen und demokratisch kontrollieren.

Wir wollen, daß wirtschaftliche Grundentscheidungen, vor allem darüber, was wachsen und was schrumpfen soll, demokratisch getroffen werden.

Wir wollen, daß die Bürger über die Gestaltung der Technik mitbestimmen, damit die Qualität von Arbeit und Leben verbessert wird und die Risiken der Technik gemindert werden.

Wir wollen einen modernen demokratischen Staat, getragen vom politischen Engagement der Bürgerinnen und Bürger, der zur Durchsetzung gesellschaftlicher Ziele fähig ist und sich ständig an neuen Aufgaben wandelt und bewährt.

Bloßes Fortschreiben bisheriger Entwicklungen ergibt keine Zukunft mehr.

Wir wollen Fortschritt, der nicht auf Quantität, sondern auf Qualität, auf eine höhere Qualität menschlichen Lebens zielt. Er verlangt Umdenken, Umsteuern, Auswählen und Gestalten, vor allem in Technik und Wirtschaft.

Je gefährdeter die Welt, desto nötiger der Fortschritt. Wer Bewahrenswertes erhalten will, muß verändern: Wir brauchen einen Fortschritt, der den Frieden nach innen und außen sichert, das Leben von Mensch und Natur bewahrt, Angst überwindet und Hoffnung weckt. Wir brauchen einen Fortschritt, der unsere Gesellschaft freier, gerechter und solidarischer macht. Ohne diesen Fortschritt hätte der Rückschritt freie Bahn. Darum wollen wir Sozialdemokraten gemeinsam mit den demokratischen Sozialisten aller Länder für ihn arbeiten.

2. Die Grundlagen unserer Politik

2.1 Grunderfahrungen und Grundwerte

Die bürgerlichen Revolutionen der Neuzeit haben Freiheit, Gleichheit und Brüderlichkeit mehr beschworen als verwirklicht.

Deshalb hat die Arbeiterbewegung die Ideale dieser Revolutionen eingeklagt: Eine solidarische Gesellschaft mit gleicher Freiheit für alle Menschen. Es ist ihre historische Grunderfahrung, daß Reparaturen am Kapitalismus nicht genügen. Eine neue Ordnung von Wirtschaft und Gesellschaft ist nötig.

Die Sozialdemokratie führt die Tradition der demokratischen Volksbewegungen des neunzehnten Jahrhunderts fort und will daher beides: Demokratie und Sozialismus, Selbstbestimmung der Menschen in Politik und Arbeitswelt.

Die Erfahrungen mit Diktatur und Terror lassen uns besonders wachsam sein gegenüber der Verharmlosung nationalsozialistischer Verbrechen und einem Wiederaufleben faschistischer Ideologie. Der Widerstand vertiefte die Erfahrung, daß auch Menschen unterschiedlicher Glaubenshaltungen und politischer Grundüberzeugungen gemeinsam für gleiche politische Ziele arbeiten können.

Die politischen Machtverhältnisse, die unterschätzte Dynamik des Kapitalismus, aber auch die mangelnde Fähigkeit der Sozialdemokraten, Mehrheiten zu mobilisieren, verhinderten, daß sozialdemokratische Reformpolitik undemokratische Grundstrukturen des überkommenen Wirtschafts- und Gesellschaftssystems tiefgreifend verändern konnte. Die Macht der Großwirtschaft, das Übergewicht der Kapitaleigner und Unternehmensmanager konnten eingeschränkt, aber nicht überwunden werden. Die Einkommens- und Vermögensverteilung blieb ungerecht.

Das Godesberger Programm zog aus den geschichtlichen Erfahrungen neue Konsequenzen. Es verstand Demokratischen Sozialismus als Aufgabe, Freiheit, Gerechtigkeit und Solidarität durch Demokratisierung der Gesellschaft, durch soziale und wirtschaftliche Reform zu verwirklichen. Die Sozialdemokratische

Partei stellte sich in Godesberg als das dar, was sie seit langem war: die linke Volkspartei. Sie wird es bleiben.

Wir sind stolz darauf, in der Tradition einer Bewegung zu stehen, die niemals Krieg, Unterdrückung oder Gewaltherrschaft über unser Volk gebracht, sondern aus dem rechtlosen Proletariat selbstbewußte Staatsbürgerinnen und Staatsbürger gemacht hat.

Die Sozialdemokratische Partei steht, seit es sie gibt, für Frieden und internationale Zusammenarbeit.

In unserer Geschichte wurzeln die Grundwerte des Demokratischen Sozialismus. Sie bilden auch künftig das Fundament unserer Reformpolitik.

Unsere geschichtlichen Wurzeln

Der Demokratische Sozialismus in Europa hat seine geistigen Wurzeln im Christentum und in der humanistischen Philosophie, in der Aufklärung, in Marxscher Geschichts- und Gesellschaftslehre und in den Erfahrungen der Arbeiterbewegung. Die Ideen der Frauenbefreiung sind bereits im 19. Jahrhundert von der Arbeiterbewegung aufgenommen und weiterentwickelt worden. ... Wir begrüßen und achten persönliche Grundüberzeugungen und Glaubenshaltungen. Sie können niemals Parteibeschlüssen unterworfen sein.

Unser Bild vom Menschen

Wie auch immer wir die Würde des Menschen begründen, sie ist Ausgangs- und Zielpunkt unseres Handelns. Für uns alle gilt der Satz, mit dem die Vereinten Nationen ihre Erklärung der Menschenrechte einleiten: „Menschen sind frei und gleich an Würde und Rechten geboren. Sie sind mit Vernunft und Gewissen begabt und sollen einander im Geiste der Brüderlichkeit begegnen."

Gemeinsam verstehen wir den Menschen als Vernunft- und Naturwesen, als Individual- und Gesellschaftswesen. Als Teil der Natur kann er nur in und mit der Natur leben. Seine Individualität entfaltet er nur in Gemeinschaft mit seinen Mitmenschen.

Der Mensch, weder zum Guten noch zum Bösen festgelegt, ist lernfähig und vernunftfähig. Daher ist Demokratie möglich. Er ist fehlbar, kann irren und in Unmenschlichkeit zurückfallen. Darum ist Demokratie nötig. Weil der Mensch offen ist und verschiedene Möglichkeiten in sich trägt, kommt es darauf an, in welchen Verhältnissen er lebt. Eine neue und bessere Ordnung, der Würde des Menschen verpflichtet, ist daher möglich und nötig zugleich.

Die Würde des Menschen verlangt, daß er sein Leben in Gemeinschaft mit anderen selbst bestimmen kann. Frauen und Männer sollen gleichberechtigt und solidarisch zusammenwirken. Alle sind für menschenwürdige Lebensbedingungen verantwortlich. Die Würde des Menschen ist unabhängig von seiner Leistung und Nützlichkeit.

Menschenrechte

Wir sind den Menschenrechten verpflichtet. Staat und Wirtschaft sind für die Menschen und ihre Rechte da, nicht umgekehrt.

Volle Geltung der Menschenrechte verlangt gleichrangige Sicherung der Freiheitsrechte, der politischen Teilhaberechte und der sozialen Grundrechte. Sie können einander nicht ersetzen und dürfen nicht gegeneinander ausgespielt werden. Auch kollektive Rechte dienen der Entfaltung des Individuums.

Alle Menschen haben ein Recht auf ihre Heimat, ihr Volkstum, ihre Sprache und Kultur. Ein Volksgruppenrecht, das im Einklang mit den Menschenrechten der Vereinten Nationen steht, ist unentbehrlich.

Unser Verständnis von Politik

Politik ist eine notwendige Dimension menschlichen Zusammenlebens. Sie beschränkt sich nicht auf Institutionen des Staates. Wo immer Information verbreitet oder vorenthalten, Bewußtsein oder Lebensverhältnisse verändert, Meinung gebildet, Wille geäußert, Macht ausgeübt oder Interessen vertreten werden, vollzieht sich Politik.

Politischem Handeln sind Grenzen gezogen. Sie lassen sich nicht ohne Schaden für den einzelnen und die Gesellschaft überschreiten.

Politik kann nur Bedingungen für ein sinnerfülltes Leben schaffen.

Der demokratische Staat bezieht seine Inhalte von den gesellschaftlichen Kräften.

Politik, die mehr sein will als der Vollzug wirklicher oder angeblicher Sachzwänge, muß getragen und durchgesetzt werden vom Bewußtsein und Engagement der Bürgerinnen und Bürger.

Der Bürgerdialog ist Ausdruck demokratischer Kultur. Für den Bürgerdialog sind Meinungs- und Medienfreiheit unerläßlich. Bürgerdialog bedeutet mehr Demokratie, nicht mehr Staat.

Grundwerte des Demokratischen Sozialismus

Freiheit, Gerechtigkeit und Solidarität sind die Grundwerte des Demokratischen Sozialismus. Sie sind unser Kriterium für die Beurteilung der politischen Wirklichkeit, Maßstab für eine neue und bessere Ordnung der Gesellschaft und zugleich Orientierung für das Handeln der einzelnen Sozialdemokratinnen und Sozialdemokraten.

Die Sozialdemokratie erstrebt eine Gesellschaft, in der jeder Mensch seine Persönlichkeit in Freiheit entfalten und verantwortlich am politischen, wirtschaftlichen und kulturellen Leben mitwirken kann.

Der Mensch ist als Einzelwesen zur **Freiheit** berufen und befähigt. Die Chance für eine Entfaltung seiner Freiheit ist aber stets eine Leistung der Gesellschaft. Freiheit ist für uns die Freiheit eines jeden, auch und gerade des Andersdenkenden. Freiheit für wenige wäre Privileg.

Die Freiheit des anderen ist Grenze und Bedingung der Freiheit des einzelnen.

Gerechtigkeit gründet in der gleichen Würde aller Menschen. Sie verlangt gleiche Freiheit, Gleichheit vor dem Gesetz, gleiche Chancen der politischen und sozialen Teilhabe und der sozialen Sicherung. Sie verlangt die gesellschaftliche Gleichheit von Mann und Frau.

Gerechtigkeit erfordert mehr Gleichheit in der Verteilung von Einkommen, Eigentum und Macht, aber auch im Zugang zu Bildung, Ausbildung und Kultur.

Gleiche Lebenschancen bedeuten nicht Gleichförmigkeit, sondern Entfaltungsraum für individuelle Neigungen und Fähigkeiten aller.

Gerechtigkeit, das Recht auf gleiche Lebenschancen, muß mit den Mitteln staatlicher Macht angestrebt werden.

Solidarität als die Bereitschaft, über Rechtsverpflichtungen hinaus füreinander einzustehen, läßt sich nicht erzwingen. Ohne Solidarität gibt es keine menschliche Gesellschaft.

Solidarität ist zugleich Waffe der Schwachen im Kampf um ihr Recht und Konsequenz aus der Einsicht, daß der Mensch der Mitmenschen bedarf. Wir können als Freie und Gleiche nur dann menschlich miteinander leben, wenn wir füreinander einstehen und die Freiheit des anderen wollen. Wer in Not gerät, muß sich auf die Solidarität der Gesellschaft verlassen können.

Solidarität gebietet auch, daß die Menschen in der Dritten Welt die Chance für ein menschenwürdiges Leben erhalten. Kommende Generationen, über deren Lebenschancen wir heute entscheiden, haben Anspruch auf unsere Solidarität.

Solidarität ist auch nötig, um individuelle Entfaltungschancen zu erweitern. Nur gemeinsames Handeln, nicht egoistischer Individualismus schafft und sichert die Voraussetzungen individueller Selbstbestimmung.

Freiheit, Gerechtigkeit und Solidarität bedingen einander und stützen sich gegenseitig. Gleich im Rang, einander erläuternd, ergänzend und begrenzend erfüllen sie ihren Sinn.

Diese Grundwerte zu verwirklichen und die Demokratie zu vollenden, ist die dauernde Aufgabe des Demokratischen Sozialismus.

2.2 Die Welt, in der wir leben

Industrielle Revolution und moderne Technik haben in Teilen der Welt einen geschichtlich beispiellosen Wohlstand geschaffen, der durch den Ausbau des Sozialstaats und die Politik der Gewerkschaften allen zugute gekommen ist.

Die Überwindung des Mangels bei uns wurde weltweit mit neuen Gefährdungen für Mensch und Natur bezahlt. Die Dynamik der industriellen Zivilisation läßt alte Ungerechtigkeiten bestehen und schafft darüber hinaus neue Bedrohungen für Freiheit und Gerechtigkeit, Gesundheit und Leben.

Nie zuvor verfügten Menschen über so gewaltige Macht. Mit der Gentechnik können sie die Evolution in die eigene Hand nehmen. Die Entfesselung des Atoms kann zur Ausrottung der menschlichen Gattung führen. Aber das Bewußtsein erhöhter Verantwortung wächst.

Viele Menschen leiden unter der Kluft zwischen dem, was politisch zu tun wäre und dem, was geschieht. Sie erwarten nichts mehr von Politik, ziehen sich ins Private und in kleine Gemeinschaften zurück oder fliehen vor der Wirklichkeit in neue Abhängigkeiten.

Wir Sozialdemokraten wollen beweisen, daß Politik der Mühe aller wert ist. Wir stellen uns den Gefährdungen unserer Zeit. Ohne uns von mächtigen Interessengruppen einschüchtern zu lassen, suchen wir den Dialog mit den Menschen, die sich mit uns an das Umsteuern, Planen und Gestalten heranwagen.

3. Frieden in gemeinsamer Sicherheit

Aufgabe Frieden

Die Menschheit kann nur noch gemeinsam überleben oder gemeinsam untergehen. Diese historisch beispiellosen Alternativen verlangen ein neues Herangehen an die internationalen Angelegenheiten, besonders an die Sicherung des Friedens. Der Krieg darf kein Mittel der Politik sein; dies gilt erst recht im Zeitalter atomarer, chemischer und biologischer Massenvernichtungswaffen. Frieden bedeutet nicht nur das Schweigen der Waffen, Frieden bedeutet auch das Zusammenleben der Völker ohne Gewalt, Ausbeutung und Unterdrückung. Friedenspolitik umfaßt auch Zusammenarbeit der Völker in Fragen der Ökonomie, Ökologie, Kultur und Menschenrechte. Eine Welt in Frieden erfordert das Selbstbestimmungsrecht für alle Nationen.

Gemeinsame Sicherheit

Ost und West haben den Versuch, Sicherheit gegeneinander zu errüsten, mit immer mehr Unsicherheit für alle bezahlt.

Kein Land in Europa kann heute sicherer sein als der mögliche Gegner. Jeder muß also schon im eigenen Interesse Mitverantwortung übernehmen für die Sicherheit des anderen. Darauf beruht das Prinzip gemeinsamer Sicherheit. Es verlangt, daß jede Seite der anderen Existenzberechtigung und Friedensfähigkeit zubilligt.

Gemeinsame Sicherheit bewirkt Entspannung und braucht Entspannung. Gemeinsame Sicherheit will Bedrohungsängste abbauen und die Konfrontation der Blöcke überwinden.

Unser Ziel ist es, die Militärbündnisse durch eine europäische Friedensordnung abzulösen.

Der Soldat bleibt auch in Uniform Staatsbürger. Wir bejahen die Bundeswehr und die Wehrpflicht. Wehrdienst für Frauen lehnen wir ab. Das Ziel von Friedenspolitik ist es, Streitkräfte überflüssig zu machen.

Wir achten das Engagement von Pazifisten, die für die Utopie einer gewaltfreien Völkergemeinschaft einstehen. Sie haben einen legitimen Platz in der SPD. Wir garantieren das Grundrecht auf Kriegsdienstverweigerung. Wir sind für die Abschaffung der Gewissensprüfung. Der Zivildienst darf nicht so gestaltet werden, daß er abschreckend wirkt oder für die Streitkräfte nutzbar gemacht werden kann.

Europäische Gemeinschaft und europäische Friedensordnung

Die Vereinigten Staaten von Europa, von den Sozialdemokraten im Heidelberger Programm 1925 gefordert, bleiben unser Ziel.

Die Europäische Gemeinschaft ist ein Baustein einer regional gegliederten Weltgesellschaft. Sie ist eine Chance für den Frieden und die soziale Demokratie. Ganz Europa muß eine Zone des Friedens werden.

Unser Ziel ist eine gesamteuropäische Friedensordnung auf der Grundlage gemeinsamer Sicherheit, der Unverletzlichkeit der Grenzen und der Achtung der Integrität und Souveränität aller Staaten in Europa. Alle europäischen Staaten haben sich vertraglich zu verpflichten, die

Deutschland

Von deutschem Boden muß Frieden ausgehen. Wir wollen die Verantwortungsgemeinschaft der Deutschen mit Leben erfüllen, die gemeinsamen Interessen beider deutscher Staaten an Abrüstung, Entspannung und Zusammenarbeit geltend machen.

Die Deutschen haben wie alle Völker ein Recht auf Selbstbestimmung. Die Frage der Nation bleibt den Erfordernissen des Friedens untergeordnet. Wir streben einen Zustand des Friedens in Europa an, in dem das deutsche Volk in freier Selbstbestimmung seine Einheit findet. Die Menschen in beiden deutschen Staaten werden über die Form institutioneller Gemeinschaft in einem sich einigenden Europa entscheiden. Die historischen Erfahrungen der Deutschen und ihre Entscheidung für ein gemeinsames Europa verbieten einen deutschen Sonderweg. Die Westgrenze Polens ist endgültig.

Die Bedeutung Berlins als deutsche und europäische Metropole wird in dem Maße wachsen, wie sich die Menschen über Grenzen hinweg begegnen und verständigen.

Die für Deutschland als Ganzes und für Berlin bestehenden Vorbehaltsrechte der Vier Mächte müssen durch die gesamteuropäische Friedensordnung abgelöst werden.

Nord-Süd-Politik

Ohne einen Ausgleich zwischen Industrie- und Entwicklungsländern wird die Zukunft der ganzen Menschheit gefährdet. Wo Hunger und Elend herrschen, kann Frieden nicht Bestand haben. Der Süden darf nicht Austragungsort für den Ost-West-Konflikt sein. Vielmehr muß Abrüstung in Ost und West Mittel freimachen, um den zwei Dritteln der Menschheit, die in Armut leben, Entwicklungschancen zu eröffnen.

Norden und Süden müssen erst noch zu einer Entwicklung finden, die dauerhaften Fortschritt ermöglicht, ökologische Belastungsgrenzen respektiert und Prinzipien der Schlußakte von Helsinki zu verwirklichen.

mit den Bedürfnissen der heutigen und künftigen Generationen vereinbar ist.

Internationale Gemeinschaft

Die Weltgesellschaft muß sich eine Ordnung geben, durch die der Weltfrieden gesichert, wirtschaftliche Macht politisch kontrolliert, Rohstoffe, Technologie und Wissen gerecht verteilt und unsere natürlichen Lebensgrundlagen dauerhaft geschützt werden können.

Die Vereinten Nationen können uns diesem Ziel näherbringen. Daher muß ihre Bedeutung wachsen. Sie müssen zu einem Instrument gewaltfreier Weltinnenpolitik werden. Wir wollen sie politisch und finanziell stärken.

Die Sozialistische Internationale bündelt und stärkt die Kräfte des Demokratischen Sozialismus. Sie muß weiterentwickelt werden, damit sie Wege zu einer demokratischen Weltgesellschaft weisen kann.

4. Die freie, gerechte und solidarische Gesellschaft: Eine neue Kultur des Zusammenlebens und Zusammenwirkens

Eine neue Kultur des Zusammenlebens

Kultur – und in jeder Gesellschaft leben viele Kulturen – erweist sich im Umgang von Menschen mit Menschen, mit anderen Lebewesen und mit Dingen.

Kultur wurzelt auch in geistig-weltanschaulichen und religiösen Traditionen. Wo immer dieses Erbe lebendig ist und sich im Dialog bewährt, gehen davon ethische und soziale Impulse aus.

Kultur zeigt sich in den Formen des Zusammenlebens und in der Zuwendung zu Schwächeren. Sozialstaat und Rechtsstaat, aber auch der Friede nach innen und außen sind Kulturleistungen ersten Ranges.

Kultur muß sich aber auch im Umgang mit der Natur bewähren. Sie verlangt Rücksicht auf ihre Eigengesetzlichkeiten. Die Erhaltung und Pflege einer lebensfähigen Natur wird zur lebenswichtigen Kulturleistung.

Kultur wird auch geprägt durch die Qualität der Arbeit, der Erwerbsarbeit so gut wie der Haus-, Familien- und Eigenarbeit. Wir wollen keine von ökonomischen Interessen manipulierte Kultur, nicht die Kommerzialisierung aller Lebensbereiche, sondern eine Wirtschaft, die sich in eine Kultur des Zusammenlebens einfügt.

Soziale Kultur wird für die meisten Menschen in Städten und Gemeinden erfahrbar. Kommunale Kultur erweist sich im zivilisierten Umgang und solidarischen Miteinander von Menschen am Arbeitsplatz, in der Nachbarschaft, bei der Diskussion öffentlicher Belange und im geselligen Beisammensein.

Kultur des Zusammenlebens bewährt und verdichtet sich in politischer Kultur, in der Fähigkeit, den notwendigen Grundkonsens mit notwendigem Streit zu verbinden. Dazu ist Toleranz nötig.

4.1 Die Gleichstellung aller Menschen in einer solidarischen Gesellschaft

Gesellschaftliche Gleichheit von Frau und Mann

Wir wollen eine Gesellschaft, in der Frauen und Männer gleich, frei und solidarisch miteinander leben.

Die Zukunft verlangt von uns allen, Frauen und Männern, vieles, was lange als weiblich galt: wir müssen uns in andere einfühlen, auf sie eingehen, unerwartete Schwierigkeiten mit Phantasie meistern, vor allem aber partnerschaftlich mit anderen arbeiten.

Wer die menschliche Gesellschaft will, muß die männliche überwinden.

Das Zusammenleben der Generationen

In einer Gesellschaft, in der immer mehr alte Menschen mit immer weniger jungen Menschen zusammenleben und sich die Formen und Bedingungen des Zusammenlebens spürbar verändern, sind solidarische Beziehungen wichtiger denn je. Sie müssen erhalten, erweitert, geschützt und unterstützt werden.

Nicht Unverständnis und Konkurrenz, sondern Erfahrungsaustausch und Solidarität müssen das Verhältnis zwischen Jung und Alt bestimmen.

Familien- und Lebensgemeinschaften

Der Wandel der Gesellschaft spiegelt sich im Wandel der Lebens- und Beziehungsformen. In ihren Lebensgemeinschaften suchen Menschen Liebe, Geborgenheit, Anerkennung und Wärme. Sie gehen dazu vielfältige Formen von Bindungen ein, die auf Dauer angelegt sind. Davon ist die Ehe die häufigste. Sie steht wie die Familie unter dem besonderen Schutz des Grundgesetzes. Für uns haben aber alle Formen von Lebensgemeinschaften Anspruch auf Schutz und Rechtssicherheit. Keine darf diskriminiert werden, auch die gleichgeschlechtliche nicht.

Kinder

Wir wollen eine kinderfreundliche Gesellschaft. Kinder brauchen Ermutigung, damit sie sich in einer schwer durchschaubaren Welt orientieren können.

Zukunft für junge Frauen und Männer

Individuelle Entfaltung ist nur möglich auf der Grundlage gesicherter sozialer Chancen für alle.

Die soziale Mindestsicherung schließt auch die Jugendlichen, die keine Arbeit haben, ein. Wir werden allen jungen Menschen die Chance eines eigenständigen Lebens geben. Daher müssen alle, Jungen und Mädchen, einen Ausbildungsplatz und im Anschluß auch einen Arbeitsplatz erhalten. Deshalb wollen wir mit einer Umlagefinanzierung neue qualifizierte und zukunftsorientierte Ausbildungsplätze schaffen. Um jungen Frauen gleiche Chancen einzuräumen, muß die Hälfte aller Ausbildungsplätze für Frauen freigehalten werden.

Wir wollen, daß Schülerinnen und Schüler, Auszubildende sowie Studierende selbständig und mit allen demokratischen Rechten ihre Interessen vertreten können. Das gegenseitige Kennenlernen und Verstehen zwischen deutschen und ausländischen Jugendlichen muß ausgebaut werden. Damit wollen wir einen Beitrag zu einer solidarischen Völkergemeinschaft über die Grenzen Europas hinaus leisten.

Zur Jugendarbeit gehört notwendig die politische Bildung. Sie ist nicht beschränkt auf Wissensvermittlung. Sie soll praktische Handlungsfähigkeit herausbilden und Mitmenschlichkeit, Solidarität und Verantwortungsbewußtsein entwickeln. Wir fördern die politische Bildung gerade in der Jugendarbeit, weil durch die Verbindung von Lernen und Handeln die Fähigkeit zur Zukunftsbewältigung wächst.

Die Älteren

Lebens- und Arbeitserfahrungen der älteren Generation sind für alle wertvoll. Damit sich eine sinnvolle Aufgabenteilung und Kooperation zwischen den Generationen entwickeln kann, muß die starre Trennung zwischen Ausbildungs-, Berufs- und Ruhestandszeit aufgebrochen werden.

Sichere Renten für alle, die Absicherung des Pflegerisikos, Wohnformen, Stadt- und Sozialplanungen, die eine selbständige Lebensführung und selbstgewählte Lebensformen zulassen, sollen die gleichberechtigte und verantwortliche Teilhabe Älterer am gesellschaftlichen Leben erleichtern. Die sozialen Dienste sind so auszubauen und zu vernetzen, daß Ältere so lange wie möglich in vertrauter Umgebung bleiben können. Für die häusliche Pflege alter Menschen sind familienergänzende und unterstützende Maßnahmen nötig.

Wir wollen verhindern, daß alte Menschen vereinsamen. Wir wollen dafür sorgen, daß ihre Menschenwürde gewahrt und ihre Lebensleistung von der Gesellschaft anerkannt wird.

Solidarität zwischen Kulturen

Kulturelle Vielfalt bereichert uns. Daher wollen wir alles tun, was Verständnis, Achtung und Zusammenarbeit zwischen unterschiedlichen Nationen und Kulturen fördert, Integration und Teilhabe ermöglicht.

Wir wollen das Aufenthaltsrecht für Ausländerinnen und Ausländer verbessern, ihnen das kommunale Wahlrecht geben. Das Asylrecht für politisch Verfolgte muß uneingeschränktes Grundrecht bleiben. Dies schließt politische Verfolgung aus Gründen des Geschlechts und der Rasse ein. Jeder Ehegatte hat ein eigenständiges Aufenthaltsrecht.

Überwindung der Klassengesellschaft

Unsere Gesellschaft ist durch alte und neue Privilegien gekennzeichnet. Die ungerechte Verteilung von Einkommen, Vermögen und Chancen teilt die Gesellschaft in solche, die über andere verfügen und solche, über die verfügt wird und deren Selbstbestimmung und politische Mitwirkung rasch an Grenzen stoßen. Das beeinflußt auch die Willensbildung in Politik und Staat.

Wir erstreben eine solidarische Gesellschaft der Freien und Gleichen ohne Klassenvorrechte, in der alle Menschen gleichberechtigt über ihr Leben und ihre Arbeit entscheiden. Die neue und bessere Ordnung, die der Demokratische Sozialismus erstrebt, ist eine von Klassenschranken befreite Gesellschaft. Wir wollen sie durch Abbau von Privilegien und Vollendung der Demokratie erreichen.

4.2 Die Zukunft der Arbeit und der freien Zeit

Die Bedeutung der Arbeit

Arbeit ist nicht nur Existenzbedingung, sondern entscheidende Dimension menschlichen Daseins. Durch Arbeit produzieren die Menschen nicht nur die Mittel und Dienste, die sie zum Leben brauchen, sondern bestimmen auch ihre Lebensumstände. Arbeit befriedigt menschliche Bedürfnisse und bringt neue hervor. Arbeit und Natur sind Quellen des Reichtums.

Alle Formen gesellschaftlich notwendiger Arbeit müssen gleich bewertet und zwischen Männern und Frauen gleich verteilt werden. Wer Familien- und Gemeinschaftsarbeit leistet, darf im Erwerbsleben nicht benachteiligt werden.

Der gesellschaftliche Reichtum, den wir durch die Entfaltung der Produktivkräfte erreicht haben, ermöglicht drastische Verkürzungen der Erwerbsarbeitszeit und erweitert die Möglichkeiten zur Verbesserung der Arbeits- und Lebensverhältnisse. Damit können alte sozialdemokratische Ziele Wirklichkeit werden:
- allgemeiner Wohlstand und soziale Sicherheit
- Ausbau der sozialen Infrastruktur
- gerechte Verteilung der Arbeits- und Lebenschancen
- gerechte Verteilung der verschiedenen Formen gesellschaftlich notwendiger Arbeit zwischen Männern und Frauen
- Bildung und Weiterbildung für alle
- mehr Zeit für Familien- und Privatleben, für Muße und Gemeinschaftsarbeit
- schöpferische Aktivität und Teilhabe am kulturellen Leben
- Selbstverwirklichung in der Arbeit
- Verbesserung der Qualität der Arbeit
- Ausbau von alternativen Organisationsformen der Arbeit
- Ausbau der Mitbestimmung und Demokratisierung der Wirtschaft.

Strukturwandel der Erwerbsarbeit

Heute ist die Arbeit radikalem Strukturwandel unterworfen.

Alle werden sich in Zukunft weit mehr als bisher informieren und Neues lernen müssen.

Risiken für die Arbeitenden

Angesichts des Ausmaßes und der Dauer dieser Umwälzungen ist klar: Ohne eine neue Politik der Arbeit, die sich dem Recht auf Arbeit verpflichtet weiß, wird Massenarbeitslosigkeit eines der zentralen gesellschaftlichen Probleme bleiben.

Dies kann zu einer unerträglichen Polarisierung der Lebensverhältnisse und zu einer Spaltung unseres Landes in wohlhabende und verarmte Regionen führen.

Für eine neue Politik der Arbeit

Das Recht auf Arbeit ist ein Menschenrecht. Es ist die Pflicht eines demokratischen und sozialen Rechtsstaats, für Vollbeschäftigung zu sorgen. Arbeitslosigkeit ist kein individuelles, versicherbares Risiko auf Zeit, sondern ein gesellschaftlich verursachtes und damit politisch zu lösendes Problem.

Notwendig ist eine Kombination von Maßnahmen, die
- sinnvolle, dauerhafte Beschäftigung für alle schafft und zugleich
- Umweltbelastungen, insbesondere den Energieverbrauch, wirksam und schnell vermindert,
- humanere Arbeitsbedingungen schafft,
- die Bundesrepublik als Industriestandort international wettbewerbsfähig erhält,
- Wissen, Einsatzbereitschaft und Kreativität der Menschen fördert,
- neue soziale und kulturelle Entwicklungen ermöglicht.

Arbeitszeitverkürzung – Beitrag zu Vollbeschäftigung und Zeitsouveränität

Wir wollen die Steigerung der Produktivität zur Verkürzung der Arbeitszeit nutzen, wobei kürzere Arbeitszeit nicht automatisch kürzere Maschinenlaufzeit bedeutet. Arbeitszeitverkürzung ist auch in Zukunft ein wesentlicher Beitrag für mehr Lebensqualität. Sie verringert die Belastung der Erwerbsarbeit und schafft Raum für notwendige Tätigkeiten außerhalb der Erwerbsarbeit, gibt Zeit für Muße, kulturelle und soziale Aktivität. Sie schafft Arbeitsplätze.

Bei kürzerer Regelarbeitszeit wird gerechte Einkommensverteilung noch wichtiger. Löhne und Gehälter sollten daher nach Einkommensgruppen differenziert erhöht werden.

Flexiblere Arbeitszeiten führen nur dann zu mehr Zeitsouveränität, wenn sie arbeitnehmerorientiert und kollektiv abgesichert sind.

Alle Männer und Frauen sollen die Möglichkeit erhalten, Erwerbsarbeit zu reduzieren oder zu unterbrechen,
um sich der Kindererziehung zu widmen,
um sich weiterzubilden, auch in einem Weiterbildungsjahr,
um Alte, Kranke oder Behinderte zu pflegen,

um einen gleitenden Übergang in den Ruhestand zu finden.
Wir werden dafür sorgen, daß in diesen Fällen der Platz im Erwerbsleben und die soziale Sicherung rechtlich garantiert sind. Ungeschützte Arbeitsverhältnisse darf es nicht geben.

Für eine menschengerechte Gestaltung der Arbeitswelt

Unsere Forderungen für die Gestaltung der Erwerbsarbeit sind: Humanisierung, Qualifizierung und Demokratisierung. Diese drei Aufgaben bedingen einander.

Die Qualität der Arbeit verbessert sich nur über bessere Qualifizierung aller Arbeitnehmerinnen und Arbeitnehmer. Sie müssen das Recht auf lebenslange Aus- und Weiterbildung in der Erwerbsarbeitszeit haben. Es soll, ebenso wie ein erweiterter Bildungsurlaub, gesetzlich verankert werden.

Demokratisierung zielt auf Befreiung in der Arbeit. Sie muß durch die Arbeitenden unter Ausweitung der Mitbestimmungskompetenzen selbst verwirklicht werden. Aus Wirtschaftsuntertanen werden Wirtschaftsbürger und -bürgerinnen.

Familienarbeit

Kindererziehung und Familienarbeit machen unsere Gesellschaft lebensfähig. Sie müssen gesellschaftlich anerkannt und sozial abgesichert werden. Humanisierung, Verkürzung und angemessene Verteilung der Erwerbsarbeit kommen auch der Haus- und Familienarbeit zugute. Wie die Erwerbsarbeit ist die Haus- und Familienarbeit Aufgabe beider Geschlechter.

Freie Tätigkeiten und Muße

Menschliches Leben vollzieht sich im Rhythmus von Arbeit und Muße, Anspannung und Entspannung. Mit der Verkürzung der Erwerbsarbeitszeit vergrößert sich das Angebot an Zeit für die freibestimmten Tätigkeiten. Diese gewonnene Zeit wollen wir nicht der Freizeitindustrie überlassen. Alle müssen die Chance bekommen, sich für Nachbarschaft oder Umwelt, für gewerkschaftliche oder politische Aufgaben zu engagieren. Es muß für alle möglich werden, nach eigener Wahl kreativ zu sein. Die Gesellschaft muß dafür die Voraussetzungen verbessern.

Das kulturelle Leben

Bildungsziele

Ziel von Bildung ist für uns nicht nur Qualifikation für Beruf und Fortkommen. Bildung hat Eigenwert für die Entfaltung der Person.

Reform und Ausbau des Bildungswesens

Chancengleichheit im Bildungswesen ist für uns unverzichtbar. Wir wollen allgemeine, politische und berufliche Bildung integrieren: Dies gilt für alle Bildungseinrichtungen.

Sozialdemokratische Bildungspolitik will fördern statt auslesen. Wir wollen Schulen, die eine Vielfalt von Bildungsmöglichkeiten und -abschlüssen anbieten, den unterschiedlichen Neigungen und Fähigkeiten der Schüler Rechnung tragen, sie differenziert fördern und so mehr Chancengleichheit verwirklichen. Die Gesamtschule ist am besten geeignet, unsere bildungspolitischen Ziele umzusetzen.

Berufliche Bildung und Weiterbildung

Die Berufsausbildung hat für die persönliche und berufliche Entwicklung zentrale Bedeutung. Alle jungen Menschen haben deshalb das Recht auf einen Ausbildungsplatz. Die Ausbildung muß sie befähigen, einen Beruf auszuüben, sich regelmäßig weiterzubilden und unser Gemeinwesen mitzugestalten. Die Ausbildung muß deshalb eine breite berufliche Grundbildung umfassen und sowohl berufsspezifische wie berufsübergreifende Fähigkeiten vermitteln. Dem Staat kommt auch im dualen System der Berufsausbildung eine besondere Verantwortung zu.

Mädchen und Frauen dürfen bei der Ausbildung, der Weiterbildung und beim Übergang in die Arbeitswelt nicht benachteiligt werden.

Rascher Strukturwandel macht es nötig, Weiterbildung gleichberechtigt mit Schule und Erstausbildung zu fördern. Deshalb muß die allgemeine, die berufliche, die politische und die kulturelle Weiterbildung als kommunale Pflichtaufgabe zur vierten Säule des Bildungswesens ausgebaut werden.

Als Gegengewicht zur betriebsbezogenen Weiterbildung ist ein ausreichendes Angebot an öffentlicher und öffentlich geförderter Weiterbildung notwendig. Die Unternehmen müssen sich an den Kosten der Aus- und Weiterbildung beteiligen.

Hochschule, Wissenschaft und Forschung

Die Öffnung der Hochschule bleibt unser Ziel. Studium und Weiterbildung sollen auch für diejenigen zugänglich werden, die ihre Befähigung im Beruf oder durch andere gesellschaftliche Tätigkeiten erworben haben. Forschung und Lehre müssen stärker als bisher Probleme der Arbeitswelt berücksichtigen.

Die gesellschaftliche Kontrolle ethisch fragwürdiger Experimente wollen wir erreichen, indem wir öffentliche Diskussionen über die Zulässigkeit wissenschaftlicher Verfahren anregen und Ethikkommissionen einrichten. Wenn es die Würde des Menschen, das Recht auf Leben oder der Schutz der Natur erfordern, hat der Staat das Recht und die Pflicht, mit Verboten und Auflagen in die Forschung einzugreifen.

Kulturarbeit in der Demokratie

Die Arbeiterbewegung hat sich von Anfang an auch als Kulturbewegung verstanden. In der Tradition des europäischen Humanismus und der Aufklärung trat sie für die Freiheit des künstlerischen Ausdrucks ein und wollte allen die Teilhabe am Reichtum der Kultur ermöglichen. Diesen Zielen bleiben wir verpflichtet.

Wir orientieren uns in Kulturpolitik und Kulturarbeit an unseren Grundwerten und unserer Tradition. Wir wollen kritisches Bewußtsein fördern, zu aktiver und solidarischer Lebensgestaltung anregen, persönliche und gesellschaftliche Emanzipation voranbringen.

Medien in der Verantwortung

Wir Sozialdemokraten stehen für kulturelle und publizistische Vielfalt. Wir wollen die Unabhängigkeit der Medien vom Staat, aber auch von mächtigen wirtschaftlichen und gesellschaftlichen Gruppen sichern und ausbauen. Wir wollen die Mitbestimmung aller, die in den Medien tätig sind, vor allem derer, die an Programm und redaktioneller Arbeit mitwirken.

Zeitung, Zeitschrift und Buch behalten als gründlich und umfassend informierende Angebote auch im Zeitalter der elektronischen Medien ihre besondere Bedeutung. Unsere Kultur ist auf das Lesen angewiesen. Wir werden es fördern.

Dem öffentlich-rechtlichen Hörfunk und Fernsehen obliegt die unerläßliche Grundversorgung. Sie besteht in einem umfassenden Angebot an Information, politischer Meinungsbildung, Unterhaltung, Bildung, Beratung und kulturellen Beiträgen. Bestand und Entwicklung des öffentlich-rechtlichen Rundfunks müssen daher gewährleistet bleiben. Er muß vor allem gegen parteipolitische Einflußnahme gesichert und wirtschaftlich unabhängig sein.

Sport

Sport ist ein wesentlicher Teil der Kultur. Er trägt zu Lebensqualität und Lebensfreude bei. Darum übernehmen wir von der Arbeitersportbewegung den Grundsatz des Sports für alle, und daher gilt unser Hauptinteresse dem Breitensport und dem Behindertensport.

4.3 Durch soziale Gerechtigkeit zur solidarischen Gesellschaft

Sozialpolitik als verwirklichte Solidarität

Sozialpolitik will Solidarität als Leitidee für die ganze Gesellschaft lebendig machen. Daher ist sie für uns Gesellschaftspolitik, eine Dimension des gesamten politischen Handelns.

Recht auf soziale Sicherheit

Das Sozialstaatsgebot des Grundgesetzes überträgt dem Staat soziale Verantwortung und die Pflicht zu sozialer Gerechtigkeit.

Die tragenden Säulen des Sozialstaats sind staatlich verbürgte soziale Sicherung und Teilhabe, der einklagbare Rechtsanspruch auf Sozialleistungen und die rechtlich gesicherte Stellung der Arbeitnehmer.

Soziale Sicherung muß verläßlich sein. Wirtschafts-, Finanz- und Sozialpolitik sind so aufeinander abzustimmen, daß die Gesamtpolitik am Sozialstaatsgebot orientiert ist.

Umbau statt Abbau

Auch für Sozialpolitik gilt: Qualität vor Quantität. Wer Abbau verhindern will, muß Umbau betreiben.

Gewinninteressen müssen zurückgedrängt, bürokratische Verkrustungen aufgebrochen werden. Die Empfänger von Sozialleistungen müssen ihre Interessen ausreichend geltend machen können.

Unser Ziel ist eine soziale Sicherung, die
- beim Vorliegen gleicher Tatbestände alle gleich behandelt,
- alle nach Leistungsfähigkeit zur Finanzierung heranzieht,
- Selbstverwaltung aktiviert,
- Hilfe zur Selbsthilfe leistet,
- Benachteiligung von Frauen beseitigt,
- Vereinbarkeit von Familie und Beruf erleichtert,
- die Selbständigen einbezieht und
- die Eingliederung von Behinderten gewährleistet.

Wir wollen eine einkommensabhängige soziale Grundsicherung, die das beitrags- und leistungsbezogene Sicherungssystem ergänzt, es aber nicht ersetzt.

Unternehmen, die Arbeit durch Kapital und Energie ersetzen, zahlen immer weniger, arbeitsintensive Betriebe immer mehr Sozialabgaben. Wir wollen die Arbeitgeberbeiträge zur Sozialversicherung am Leistungsvermögen der Unternehmen, an der Wertschöpfung orientieren.

Reform des Gesundheitswesens

Wir streben eine Gesundheitssicherung an, bei der die Interessen der Versicherten Vorrang vor den Interessen der Ärzte, der Zahnärzte, der Pharmaindustrie, der Heil- und Hilfsmittelanbieter und der Krankenhausträger haben.

Jedem Kranken ist, unabhängig vom Einkommen, eine Behandlung zu ermöglichen, die dem Stand medizinischer Wissenschaft entspricht. Alle haben das Recht auf freie Wahl des Arztes und der Behandlungsmethoden, auch solche der alternativen Medizin.

Vorbeugende und heilende Medizin müssen den gleichen Rang erhalten. Gesundheitsvorsorge und Gesundheitsaufklärung werden zu zentralen Aufgaben.

In der gesetzlichen Krankenversicherung lehnen wir eine Kostenbeteiligung der Versicherten über die Beiträge hinaus ab.

Hilfe zur Selbsthilfe

Wir wollen eine Gesellschaft selbständiger Menschen, die für sich und für andere Verantwortung übernehmen. Wir wollen denen Hilfe anbieten, die versuchen, ihre Probleme aus eigener Kraft oder zusammen mit anderen anzupacken.

4.4 Ökologisch und sozial verantwortliches Wirtschaften

Wirtschaften hat dem Gemeinwohl zu dienen. Es soll alle Menschen ausreichend mit Gütern und Dienstleistungen versorgen, das Recht auf Arbeit gewährleisten, natürliche Lebensgrundlagen schonen und sichern. Das Kapital hat dem Menschen, nicht der Mensch dem Kapital zu dienen.

In modernen, demokratisch verfaßten Industriegesellschaften geschieht die Versorgung mit Gütern und Dienstleistungen durch eine gemischte Wirtschaft, in der Wettbewerb und staatliches Handeln zusammenwirken. Dieses System hat sich als überaus leistungsfähig und allen Formen zentraler Verwaltungswirtschaft prinzipiell überlegen erwiesen.

Demokratische Kontrolle der wirtschaftlichen Macht des Kapitals verlangt einen handlungsfähigen Staat, starke Gewerkschaften und Mitbestimmung.

Das Wettbewerbssystem ist ungeeignet, die Menschen mit Gemeinschaftsgütern und -leistungen zu versorgen. Infrastruktur und soziale Dienste bereitzustellen, ist vor allem öffentliche Aufgabe.

Wettbewerb kann, ohne Leistungsfähigkeit einzubüßen, auf die Interessen des Gemeinwohls hin gelenkt werden, wenn es gelingt, Rahmenbedingungen gegen Kapitalinteressen verbindlich durchzusetzen. Dies kann in westlichen Industrieländern durch staatliche Steuerung, die Gegenmacht von Gewerkschaften, Dezentralisierung von Entscheidungen und gesellschaftlichen Konsens auf der Grundlage eines breiten Reformbündnisses geschehen, das auch die neuen sozialen Bewegungen einbezieht.

Der internationale Rahmen

Internationale Verflechtung

Bei den meisten Industrieprodukten und vielen Dienstleistungen ist die Konkurrenz weltweit geworden. Wir wollen die Chancen der Bundesrepublik im weltweiten Wettbewerb wahren und für die Entwicklungsländer neue Chancen eröffnen. Eine expansive Exportorientierung lehnen wir ab.

Um zu verhindern, daß Standortkonkurrenz zwischen Wirtschaftsräumen zum weltweiten Druck auf Löhne, zu schlechteren Arbeitsbedingungen, Sozialleistungen und Umweltnormen führt, werden international verbindliche Regeln für soziale und ökologische Produktionsbedingungen nötig.

Gerechte und leistungsfähige Weltwirtschaftsordnung

Noch mehr als wir sind die Entwicklungsländer auf eine Neuordnung der Weltwirtschaft angewiesen. Sie leben in demütigender Abhängigkeit von den Banken, Konzernen und Regierungen des Nordens.

Auch im Internationalen Währungsfonds und der Weltbank, deren Bedingungen sie sich fügen müssen, dominieren westliche Industrieländer.

Wir sind für internationale Konventionen zur Erhaltung der natürlichen Lebensgrundlagen. Dazu gehören Abkommen zum Schutz des Waldbestandes, der Atmosphäre und der Meeressysteme. Die Antarktis muß vor ökonomischer Ausbeutung geschützt werden.

Es liegt im Interesse aller, daß die Entwicklung des Südens weder durch Überschuldung noch durch unseren Protektionismus abgewürgt wird. Den ärmsten Ländern müssen die Schulden erlassen werden.

Ein fairer Welthandel muß durch sanktionsfähige internationale Regeln gesichert werden.

Eine demokratisch kontrollierte internationale Währungsordnung ist notwendig, um Währungsspekulation und schädliche Währungsschwankungen zu verringern.

Eine gerechte Weltwirtschaftsordnung läßt sich nicht aufbauen ohne die enge internationale Kooperation starker Gewerkschaften.

Die Europäische Gemeinschaft als regionaler Zusammenschluß

Die Europäische Gemeinschaft soll
- die Wirtschaftspolitik ihrer Mitglieder harmonisieren, europäischen Binnenmarkt verwirklichen und eine europäische Währung schaffen;
- aktive Beschäftigungspolitik betreiben und regionale Ungleichgewichte abbauen;
- einen wirksamen Finanzausgleich zwischen reichen und armen Mitgliedsländern der Gemeinschaft leisten;
- der Sozialpolitik den gleichen Rang geben wie der Wirtschaftspolitik;
- beispielhafte soziale Errungenschaften einzelner Länder für die ganze Gemeinschaft nutzbar machen;
- die Mitbestimmung der Beschäftigten und ihrer Gewerkschaften durchsetzen;
- die europäische Wirtschaftsdemokratie verwirklichen, um ökonomischer Machtzusammenballung entgegenzutreten;
- in Wissenschaft und Forschung die Kräfte aller Mitglieder zusammenfügen;

- eine wirksame Frauenförderung einleiten;
- ökologische Erneuerungen durch Steuern, Abgaben und strenge, verbindliche Normen zum Schutz der Umwelt fördern;
- durch Reform ihrer Agrarpolitik die natürlichen Lebensgrundlagen schützen, Verbraucherinteressen und die bäuerliche Landwirtschaft sichern;
- durch die Förderung regionaler und nationaler Kultur eine europäische Identität der Vielfalt sichern.

Nationale Verantwortung

Durch ihre Wirtschaftskraft verfügt die Bundesrepublik über erhebliche nationale Handlungsspielräume, ihr Einfluß auf internationale wirtschaftspolitische Entscheidungen ist groß. Je entschlossener wir unsere nationalen Handlungsspielräume für ökologische und soziale Reform nutzen, desto stärker können wir auf internationale Entscheidungen einwirken.

Ökologische Erneuerung

Die Krise der Umwelt ist weltweit. Indem wir sie national angehen, wollen wir das international Notwendige vorantreiben. Der Schutz der natürlichen Lebensgrundlagen ist als Staatsziel in das Grundgesetz aufzunehmen.

Für uns gilt die ethische Verpflichtung zum pfleglichen Umgang mit der Natur auch dort, wo kein unmittelbarer Nutzen für die Menschen daraus folgt.

Gesamtwirtschaftlich ist nichts vernünftig, was ökologisch unvernünftig ist.

Der ökologische Umbau hat klare Ziele:
- umweltschädliche Produkte, Produktionen und Systeme abschaffen und durch umweltverträgliche ersetzen;
- dazu nötige technische Innovationen beschleunigen;
- Wiederverwertung vorantreiben;
- unvermeidliche Entsorgung wirksam organisieren;
- Altlasten zügig aufarbeiten;
- sparsamen und schonenden Umgang mit Grund und Boden.

Umweltschutz beginnt vor Ort. Gemeinden und Kreise müssen Motor des ökologischen Umbaus sein.

Fortschritt, Wachstum und Struktur

Nicht jedes Wachstum ist Fortschritt. Wachsen muß, was natürliche Lebensgrundlagen sichert, Lebens- und Arbeitsqualität verbessert, Abhängigkeit mindert und Selbstbestimmung fördert, Leben und Gesundheit schützt, Frieden sichert, Lebens- und Zukunftschancen für alle erhöht, Kreativität und Eigeninitiative unterstützt.

Strukturpolitik muß Richtung und Geschwindigkeit struktureller Veränderungen so beeinflussen und steuern, daß vor allem folgende Ziele erreicht werden:
- ökologischer Umbau der Industriegesellschaft,
- Beseitigung von Massenarbeitslosigkeit,
- Verbesserung der Arbeitsverhältnisse,
- Erhaltung der wirtschaftlichen Leistungsfähigkeit,
- Herstellung gleichwertiger Lebensverhältnisse in den Regionen,
- Abrüstung und Umstellung der Produktion auf zivile Güter.

Gestalten der Technik als politische Aufgabe

Wir wollen nicht den Menschen der Technik anpassen, wir wollen eine menschengerechte, sozialgerechte und umweltverträgliche Technik.

Technische Innovation – unverzichtbar für jede dynamische Wirtschaft – soll ökologischer Erneuerung und Rationalisierung dienen, Arbeit humanisieren, Grundrechte schützen und Grundwerte verwirklichen. Sie soll die Arbeitsproduktivität steigern, Arbeitszeitverkürzung ermöglichen, Wettbewerbsfähigkeit sichern, Energie und Rohstoffe einsparen, von entfremdender Arbeit befreien und die sinnvolle Gestaltung von Arbeitsprozessen fördern.

Technik muß so gestaltet und eingesetzt werden, daß Fehler beherrschbar und korrigierbar und Fehlentwicklungen durch künftige Generationen revidierbar sind. Technische Neuerungen, deren Risiken nicht abzuschätzen oder die demokratisch nicht beherrschbar sind, wollen wir verhindern.

Wir Sozialdemokraten fordern den Ausbau und die Vernetzung sozial- und naturwissenschaftlicher Einrichtungen der Technikbewertung und ihrer Öffnung zum Bürgerdialog.

Wirtschaftsdemokratie

Die Würde des Menschen und die soziale Gerechtigkeit verlangen Demokratisierung der Wirtschaft.

In der Wirtschaftsdemokratie haben gesellschaftliche Ziele Vorrang vor den Zielen privatwirtschaftlicher Kapitalverwertung.

Wirtschaftsdemokratie dient der Durchsetzung der Gemeinwohlinteressen und der Kontrolle aller Formen wirtschaftlicher Macht und der Gestaltung der wirtschaftlichen Entwicklung.

Wir wollen die Teilhabe aller am Sagen und Haben. Dies bedeutet Mitbestimmung der Arbeitnehmer und ihrer Gewerkschaften auf allen Ebenen und Beteiligung aller am Produktivvermögen.

Demokratische gesamtgesellschaftliche Steuerung

Wir wollen eine an qualitativen Kriterien ausgerichtete Entwicklung unserer Wirtschaft. Sie soll vor allem der Vollbeschäftigung, der Erhaltung ökologischer Kreisläufe und damit der Lebensqualität dienen. Die hierfür notwendige gesamtgesellschaftliche Steuerung muß politisch bestimmt und durchgesetzt werden.

Markt und Lenkung

Innerhalb des demokratisch gesetzten Rahmens sind Markt und Wettbewerb unentbehrlich. Durch den Markt wird die unüberschaubare Vielfalt wirtschaftlicher Entscheidungen wirksam koordiniert.

Wirtschaftsdemokratie braucht unternehmerische Initiative und Leistung, wir erkennen sie an und fördern sie. Sie muß sich auch in ihrer sozialen und ökologischen Verantwortung bewähren.

Besonders verpflichtet fühlen wir uns dem Genossenschaftsgedanken, der solidarische Selbsthilfe mit demokratischer Selbstverwaltung verbindet. Um die Neugründung von Genossenschaften zu erleichtern, wollen wir die ökonomischen und rechtlichen Rahmenbedingungen verbessern.

Mitbestimmung der Arbeitnehmer und Arbeitnehmerinnen

Wirtschaftsdemokratie erfordert gleichberechtigte Beteiligung und qualifizierte Mitbestimmung der Arbeitnehmer und Arbeitnehmerinnen und ihrer Gewerkschaften bei wirtschaftlichen und sozialen Entscheidungen
- am Arbeitsplatz beim Vollzug der Arbeit, bei Konzeption, Planung und Einführung neuer Techniken oder neuer Organisationsformen,
- im Betrieb, wenn über Arbeitsbedingungen, Arbeitsorganisation, Arbeits- und Gesundheitsschutz, Qualifikation und Weiterbildung, über die Anwendung neuer Techniken, aber auch über Produkte und Produktionen zu entscheiden ist,
- in allen Großunternehmen und Konzernen durch paritätische Vertretung von Arbeit und Kapital und durch qualifizierte Mitbestimmung in den Aufsichtsräten,
- überbetrieblich in Wirtschafts- und Sozialausschüssen, in die die Interessen der Arbeitnehmerinnen und Arbeitnehmer und der Umwelt- und Verbraucherbelange einzubringen sind,
- durch europaweite Mitbestimmung und internationale Regelungen für die Mitbestimmung in multinationalen Unternehmen.

Für Wirtschaftsdemokratie ist Tarifautonomie unabdingbare Voraussetzung. Das Gleichgewicht zwischen den Tarifparteien verlangt das gesetzliche Verbot der Aussperrung.

Beteiligung der Arbeitnehmerschaft am Produktivvermögen

Element der Wirtschaftsdemokratie kann auch die Beteiligung der Arbeitnehmer und Arbeitnehmerinnen am Produktivvermögen sein. Dadurch wird die Arbeitnehmerschaft am Gewinn und dem von ihr miterarbeiteten Kapitalzuwachs beteiligt, ohne daß die Mittel für die notwendigen Investitionen geschmälert werden.

Wir wollen den gesetzlichen Rahmen bereitstellen, in dem die Tarifvertragsparteien überbetriebliche Fonds zur Beteiligung der Arbeitnehmer am Produktivvermögen vereinbaren können.

Bodenrecht

Wir wollen ein Bodenrecht, mit dem in der kommunalen und regionalen Raumplanung ökologische und soziale Ziele durchgesetzt werden können. Das gilt vor allem für den Wohnungsbau und die Gestaltung des Wohnumfeldes. Dazu brauchen wir
- ein einfacheres Enteignungs- und Entschädigungsrecht,
- ein preislimitierendes Vorkaufsrecht der Gemeinden,
- einen Planungswertausgleich,
- eine Bodenwertzuwachssteuer und
- den Vorrang des Erbbaurechtes bei der Grundstücksverfügung.

Mitwirkung der Verbraucher

Wirtschaftsdemokratie muß auch die Rechte der Verbraucher durchsetzen:
- Schutz der Gesundheit,
- Schutz vor wirtschaftlichem Schaden,
- Recht auf Wiedergutmachung,
- Recht auf Information,
- Recht auf Vertretung,
- Recht auf eine gesunde Umwelt.

Öffentliche Finanzen

Ein wichtiges Instrument zur Steuerung der Wirtschaft sind die öffentlichen Finanzen. Steuern und Abgaben, Haushaltspläne und finanzielle Anreize, öffentliche Aufträge und Investitionen, Geld- und Kreditpolitik müssen so aufeinander abgestimmt werden, daß sie politischen Zielsetzungen dienen.

4.5 Demokratie in Staat und Gesellschaft

Demokratie als Lebensform

Wir streiten für Demokratie. Sie muß allgemeine Lebensform werden, weil allein sie der Achtung vor der Würde des Menschen und seiner Eigenverantwortung Ausdruck gibt.

Der demokratische Staat

Der demokratische Staat beruht auf den gleichen Rechten und Pflichten aller seiner Bürgerinnen und Bürger. Die Grundrechte sind ihm als Freiheits- und Teilhaberechte vorgegeben und begründen ihn als eine wertgebundene Gemeinschaftsordnung. Gewährleistung und Wahrung der Grundrechte und Abwehr von Gefahren sind vornehmste Aufgaben des demokratischen Staates.

Recht und Politik

Der Rechtsstaat bindet alle Machtausübung an Recht und Gesetz.

Wir bekennen uns zum Gesetzesgehorsam auch da, wo wir ein Gesetz ablehnen. Um Rechtsänderungen durchzusetzen, kämpfen wir um Mehrheiten in den Parlamenten.

Demokratie und Öffentlichkeit

Demokratie lebt vom Prinzip Öffentlichkeit. Staat und Verwaltung, nicht die Bürger, müssen gläsern sein. Die Bürger müssen den Staat, nicht der Staat die Bürger kontrollieren.

Gegliederter Staatsaufbau

Der Föderalismus hat sich bewährt. Er begrenzt staatliche Macht, fördert Bürgernähe und regionale Vielfalt. Bund, Länder und Gemeinden müssen in ihrer verfassungsrechtlichen und finanziellen Handlungsfreiheit gesichert bleiben. Der Föderalismus muß Gestaltungsprinzip auch für die Europäische Gemeinschaft werden.

Wir wollen die Europäische Gemeinschaft zu den Vereinigten Staaten von Europa weiterentwickeln.

Unser Ziel ist eine Verfassung für die Gemeinschaft, die Demokratie mit den Grundsätzen des Rechts- und Sozialstaates verbindet.

Parlamentarische Demokratie und Mehrheitsprinzip

Wir bekennen uns zur parlamentarischen Demokratie.

In ihr verleihen freie Wahlen kontrollierte politische Macht auf Zeit.

Mehrheitsmacht bedarf der Selbstbeschränkung. Mehrheiten müssen sich dem dauernden Dialog mit ihren Kritikern stellen, auch außerhalb des Parlaments. Da auch Mehrheiten irren können, müssen Mehrheitsentscheidungen rückholbar sein, vor allem da, wo Lebensgrundlagen berührt sind und das Wohl der kommenden Generationen auf dem Spiel steht. Diese müssen über ihre Lebensverhältnisse selbst entscheiden können.

Parlamentarische Demokratie vermindert und ersetzt nicht die Verantwortung der Bürgerinnen und Bürger.

Gewerkschaften

Ohne freie Gewerkschaften gibt es keine Demokratie.

Sozialdemokratische Arbeitnehmer in Betrieb und Verwaltung sind aufgefordert, die gewerkschaftliche Arbeit aktiv mitzugestalten.

Kirchen und Religionsgemeinschaften

Die Sozialdemokratische Partei erkennt die besondere Bedeutung und rechtliche Stellung an, die das Grundgesetz den Kirchen und Religionsgemeinschaften einräumt.

Wer sich zu keiner Religion bekennt, darf nicht benachteiligt werden. Allgemein geltende Arbeitnehmerrechte müssen auch in Einrichtungen der Kirchen, Religions- und Weltanschauungsgemeinschaften gewährleistet sein.

Bürgernahe Verwaltung

Wir brauchen eine bürgernahe und leistungsfähige Verwaltung.

Recht und Justiz

Im demokratischen Rechtsstaat kann es nur Macht geben, die durch das Recht legitimiert und begrenzt ist. Rechtsprechung soll dem Bedürfnis nach Gerechtigkeit dienen. Wir wollen das Recht zur Verwirklichung unserer Grundwerte, insbesondere zum Schutz der Schwächeren und zur Erhaltung der natürlichen Lebensgrundlagen nutzen.

Reformpolitik in der Bundesrepublik Deutschland

Das Grundgesetz ist Angebot und Aufgabe. Auf seiner Grundlage haben wir, zusammen und im Wettbewerb mit anderen Parteien, die Bundesrepublik Deutschland aufgebaut. Wir fühlen uns für sie verantwortlich. Insofern ist sie unsere Republik. Sie hat viele Mängel. Daher wollen wir ihre Wirklichkeit an die Verfassungsnorm annähern. In diese Republik bringen wir den Demokratischen Sozialismus ein, damit sie werden kann, was sie nach ihrer Verfassung sein soll: ein demokratischer Sozialstaat. Dazu bedarf es dauernder Reform. Wir sind die Partei der Reform.

Politische Kultur

Politik ist undenkbar ohne Streit. In der Art, wie wir streiten, müssen die Ziele erkennbar sein, für die wir streiten.

Streit ohne Grundkonsens führt zum geistigen Bürgerkrieg. Wir bejahen den Grundkonsens mit all jenen gesellschaftlichen Kräften, die sich zu den Grundrechten und Grundregeln der Verfassung bekennen.

Nur wo Menschen verantwortlich Politik mitgestalten und erfahren können, wo sie ihre Vorstellungen unbefangen in die Politik einbringen können, werden die Kräfte freigesetzt, die politische Kultur in der solidarischen Gesellschaft braucht.

III Demokratischer Staat — Parteiprogramm SPD

Nur dann kann sich Politik aus dem Vollzug von Sachzwängen befreien, nur dann kann sie bewegen, was bewegt werden muß, nur dann lebensnotwendige Reformen durchsetzen.

5. Unser Weg in die Zukunft

Hoffnung entsteht nicht aus dem Verdrängen von Gefährdungen, sondern aus Aufklärung im öffentlichen Dialog.

Reformpolitik setzt auf Hoffnung. Wo sogar das Bewahrenswerte nur durch Reform zu retten ist, wird Reformarbeit zur einzig verantwortbaren Politik.

Unser Zukunftsentwurf ist ein Angebot für ein Reformbündnis der alten und neuen sozialen Bewegungen. Der Kern dieses Bündnisses bleibt die Zusammenarbeit mit den Gewerkschaften. Es muß aber auch alle umfassen, die durch Erfahrungen in ihrem Alltag oder ihr Engagement in neuen sozialen Bewegungen von der Notwendigkeit tiefgreifender Reformen überzeugt wurden.

Wir brauchen ein breites Reformbündnis mit möglichst vielen Gruppen und Kräften, weil wir den Widerstand derer zu überwinden haben, die alles zum Fortschritt erklären, was ihren Gewinnerwartungen, ihrer wirtschaftlichen oder politischen Macht zugute kommt. Gegen die Übermacht der wenigen hilft nur der gemeinsame Wille der vielen und die Aufklärung darüber, wie Sonderinteressen das Gemeinwohl verletzen.

Wir versprechen nicht das Paradies auf Erden. Aber gemeinsam können wir Gefahren abwehren, Risiken mindern und eine neue, bessere Ordnung erreichen:

eine demokratische Gemeinschaft der Völker, die gemeinsam Verantwortung für eine gedeihliche Zukunft der Erde übernimmt,

eine Menschheit, die sich vom Wahnsinn des Krieges und des Wettrüstens befreit, Konflikte gewaltfrei austrägt und ihre Kräfte zur Bewahrung der Natur und zur Überwindung des Hungers einsetzt,

eine Gesellschaft, in der die Einkommen gerechter verteilt sind, die Arbeitnehmer ihren Anteil am Produktivkapital vergrößern und die soziale Sicherung verläßlich bleibt,

eine ökologisch und sozial erneuerte Wirtschaft, die mit naturverträglichen Energien sparsam umgeht und die Erblast des Atomzeitalters abträgt,

eine Gesellschaft, die bei geringeren Wachstumsraten, weniger Erwerbsarbeit und mehr Eigenarbeit ihren Wohlstand mehrt, ihre Lebensqualität durch gesündere Umwelt, weniger Angst, eine menschlichere Arbeitswelt und mehr Zeit zur eigenen Verfügung verbessert,

eine Gesellschaft der menschenwürdigen Arbeit für alle, die Erwerbsarbeit und Haus- und Familienarbeit zwischen den Geschlechtern gerecht verteilt, Mitbestimmung und Selbstbestimmung in der Arbeit fördert,

eine Gesellschaft der Gleichheit und Solidarität zwischen Frauen und Männern, Jungen und Alten, Deutschen und Ausländern,

eine Gesellschaft, in der Bürgerinnen und Bürger, wo immer sie sich betroffen wissen, Entscheidungen gleichberechtigt fällen und verwirklichen können.

Unser Programm läßt sich nur im kritischen Dialog verwirklichen. Wir rufen alle, die uns dabei helfen wollen, auf, die Sozialdemokratische Partei Deutschlands durch ihre Mitarbeit, ihre Solidarität, ihre Kritik und ihre Phantasie anzuspornen und zu stärken.

Gesetz zur Förderung der Stabilität und des Wachstums der Wirtschaft (Stabilitätsgesetz)

vom 8. Juni 1967

§ 1 [Erfordernisse der Wirtschaftspolitik]. Bund und Länder haben bei ihren wirtschafts- und finanzpolitischen Maßnahmen die Erfordernisse des gesamtwirtschaftlichen Gleichgewichts zu beachten. Die Maßnahmen sind so zu treffen, daß sie im Rahmen der marktwirtschaftlichen Ordnung gleichzeitig zur Stabilität des Preisniveaus, zu einem hohen Beschäftigungsstand und außenwirtschaftlichem Gleichgewicht bei stetigem und angemessenem Wirtschaftswachstum beitragen.

§ 2 [Jahreswirtschaftsbericht]. (1) Die Bundesregierung legt im Januar eines jeden Jahres dem Bundestag und dem Bundesrat einen Jahreswirtschaftsbericht vor. Der Jahreswirtschaftsbericht enthält:
1. die Stellungnahme zu dem Jahresgutachten des Sachverständigenrates auf Grund des § 6 Abs. 1 Satz 3 des Gesetzes über die Bildung eines Sachverständigenrates zur Begutachtung der gesamtwirtschaftlichen Entwicklung vom 14. August 1963 ... in der Fassung des Gesetzes vom 8. November 1966 ...;
2. eine Darlegung der für das laufende Jahr von der Bundesregierung angestrebten wirtschafts- und finanzpolitischen Ziele (Jahresprojektion); die Jahresprojektion bedient sich der Mittel und der Form der volkswirtschaftlichen Gesamtrechnung, gegebenenfalls mit Alternativrechnungen;
3. eine Darlegung der für das laufende Jahr geplanten Wirtschafts- und Finanzpolitik.

(2) Maßnahmen nach § 6 Abs. 2 und 3 und nach den §§ 15 und 19 dieses Gesetzes sowie nach § 51 Abs. 3 des Einkommensteuergesetzes und nach § 19c des Körperschaftsteuergesetzes dürfen nur getroffen werden, wenn die Bundesregierung gleichzeitig gegenüber dem Bundestag und dem Bundesrat begründet, daß diese Maßnahmen erforderlich sind, um eine Gefährdung der Ziele des § 1 zu verhindern.

§ 3 [Orientierungsdaten für konzertierte Aktion]. (1) Im Falle der Gefährdung eines der Ziele des § 1 stellt die Bundesregierung Orientierungsdaten für ein gleichzeitiges aufeinander abgestimmtes Verhalten (konzertierte Aktion) der Gebietskörperschaften, Gewerkschaften und Unternehmensverbände zur Erreichung der Ziele des § 1 zur Verfügung. Diese Orientierungsdaten enthalten insbesondere eine Darstellung der gesamtwirtschaftlichen Zusammenhänge im Hinblick auf die gegebene Situation.

(2) Der Bundesminister für Wirtschaft hat die Orientierungsdaten auf Verlangen eines der Beteiligten zu erläutern.

§ 4 [Außenwirtschaftliche Störungen]. Bei außenwirtschaftlichen Störungen des gesamtwirtschaftlichen Gleichgewichts, deren Abwehr durch binnenwirtschaftliche Maßnahmen nicht oder nur unter Beeinträchtigung der in § 1 genannten Ziele möglich ist, hat die Bundesregierung alle Möglichkeiten der internationalen Koordination zu nutzen. Soweit dies nicht ausreicht, setzt sie die ihr zur Wahrung des außenwirtschaftlichen Gleichgewichts zur Verfügung stehenden wirtschaftspolitischen Mittel ein.

§ 5 [Bundeshaushalt, Konjunkturausgleichsrücklage]. (1) Im Bundeshaushaltsplan sind Umfang und Zusammensetzung der Ausgaben und der Ermächtigungen zum Eingehen von Verpflichtungen zu Lasten künftiger Rechnungsjahre so zu bemessen, wie es zur Erreichung der Ziele des § 1 erforderlich ist.

(2) Bei einer die volkswirtschaftliche Leistungsfähigkeit übersteigenden Nachfrageausweitung sollen Mittel zur zusätzlichen Tilgung von Schulden bei der Deutschen Bundesbank oder zur Zuführung an eine Konjunkturausgleichsrücklage veranschlagt werden.

(3) Bei einer die Ziele des § 1 gefährdenden Abschwächung der allgemeinen Wirtschaftstätigkeit sollen zusätzlich erforderliche Deckungsmittel zunächst der

Konjunkturausgleichsrücklage entnommen werden.

§ 6 [Genehmigungsverfahren bei Überhitzung; zusätzliche Ausgaben bei Abschwächung]. (1) Bei der Ausführung des Bundeshaushaltsplans kann im Falle einer die volkswirtschaftliche Leistungsfähigkeit übersteigenden Nachfrageausweitung die Bundesregierung den Bundesminister der Finanzen ermächtigen, zur Erreichung der Ziele des § 1 die Verfügung über bestimmte Ausgabemittel, den Beginn von Baumaßnahmen und das Eingehen von Verpflichtungen zu Lasten künftiger Rechnungsjahre von dessen Einwilligung abhängig zu machen. Die Bundesminister der Finanzen und für Wirtschaft schlagen die erforderlichen Maßnahmen vor. Der Bundesminister der Finanzen hat die dadurch nach Ablauf des Rechnungsjahres freigewordenen Mittel zur zusätzlichen Tilgung von Schulden bei der Deutschen Bundesbank zu verwenden oder der Konjunkturausgleichsrücklage zuzuführen.

(2) Die Bundesregierung kann bestimmen, daß bei einer die Ziele des § 1 gefährdenden Abschwächung der allgemeinen Wirtschaftstätigkeit zusätzliche Ausgaben geleistet werden; Absatz 1 Satz 2 ist anzuwenden. Die zusätzlichen Mittel dürfen nur für im Finanzplan (§ 9 in Verbindung mit § 10) vorgesehene Zwecke oder als Finanzhilfe für besonders bedeutsame Investitionen der Länder und Gemeinden (Gemeindeverbände) zur Abwehr einer Störung des gesamtwirtschaftlichen Gleichgewichts (Artikel 104a Abs. 4 Satz 1 GG) verwendet werden. Zu ihrer Deckung sollen die notwendigen Mittel zunächst der Konjunkturausgleichsrücklage entnommen werden.

(3) Der Bundesminister der Finanzen wird ermächtigt, zu dem in Absatz 2 bezeichneten Zweck Kredite über die im Haushaltsgesetz erteilten Kreditermächtigungen hinaus bis zur Höhe von fünf Milliarden Deutsche Mark, gegebenenfalls mit Hilfe von Geldmarktpapieren, aufzunehmen. Soweit solche Kredite auf eine nachträglich in einem Haushaltsgesetz ausgesprochene Kreditermächtigung angerechnet werden, kann das Recht zur Kreditaufnahme erneut in Anspruch genommen werden.

§ 7 [Ansammlung der Konjunkturausgleichsrücklage bei der Deutschen Bundesbank]. (1) Die Konjunkturausgleichsrücklage ist bei der Deutschen Bundesbank anzusammeln. Mittel der Konjunkturausgleichsrücklage dürfen nur zur Deckung zusätzlicher Ausgaben gemäß § 5 Abs. 3 und § 6 Abs. 2 verwendet werden.

(2) Ob und in welchem Ausmaß über Mittel der Konjunkturausgleichsrücklage bei der Ausführung des Bundeshaushaltsplans verfügt werden soll, entscheidet die Bundesregierung; § 6 Abs. 1 Satz 2 ist anzuwenden.

§ 9 [Fünfjähriger Finanzplan]. (1) Der Haushaltswirtschaft des Bundes ist eine fünfjährige Finanzplanung zugrunde zu legen. In ihr sind Umfang und Zusammensetzung der voraussichtlichen Ausgaben und die Deckungsmöglichkeiten in ihren Wechselbeziehungen zu der mutmaßlichen Entwicklung des gesamtwirtschaftlichen Leistungsvermögens darzustellen, gegebenenfalls durch Alternativrechnungen.

(2) Der Finanzplan ist vom Bundesminister der Finanzen aufzustellen und zu begründen. Er wird von der Bundesregierung beschlossen und Bundestag und Bundesrat vorgelegt.

(3) Der Finanzplan ist jährlich der Entwicklung anzupassen und fortzuführen.

§ 14 [Haushaltswirtschaft der Länder]. Die §§ 5, 6 Abs. 1 und 2, §§ 7, 9 bis 11 sowie § 12 Abs. 1 gelten sinngemäß für die Haushaltswirtschaft der Länder. Die Regelung der Zuständigkeiten bleibt den Ländern überlassen.

§ 15 [Mittelzuführung an Konjunkturausgleichsrücklage]. (1) Zur Abwehr einer Störung des gesamtwirtschaftlichen Gleichgewichts kann die Bundesregierung durch Rechtsverordnung mit Zustimmung des Bundesrates anordnen, daß der Bund und die Länder ihren Konjunkturausgleichsrücklagen Mittel zuzuführen haben.

(2) In der Rechtsverordnung ist der Gesamtbetrag zu bestimmen, der von Bund und Ländern aufzubringen ist. Er soll unbeschadet der nach Absatz 4 den Konjunkturausgleichsrücklagen zuzuführenden Beträge in einem Haushaltsjahr drei vom Hundert der von Bund und Ländern im vorangegangenen Haushaltsjahr erzielten Steuereinnahmen nicht überschreiten.

(3) Soweit Bund und Länder keine andere Aufbringung vereinbaren, haben sie den Gesamtbetrag im Verhältnis der von ihnen im vorangegangenen Haushaltsjahr erzielten Steuereinnahmen unter Berücksichtigung der Ausgleichszuweisungen und Ausgleichsbeiträge nach dem Länderfinanzausgleich aufzubringen. Bei der Berechnung der Steuereinnahmen der Länder bleiben die Gemeindesteuern der Länder Berlin, Bremen, Hamburg und die nach § 6 Abs. 2 des Lastenausgleichsgesetzes zu leistenden Zuschüsse außer Betracht. Haben der Bund oder einzelne Länder ihrer Konjunkturausgleichsrücklage im gleichen Haushaltsjahr bereits Mittel zugeführt, so werden diese auf ihre Verpflichtung angerechnet.

§ 16 [Haushaltswirtschaft der Gemeinden]. (1) Gemeinden und Gemeindeverbände haben bei ihrer Haushaltswirtschaft den Zielen des § 1 Rechnung zu tragen.

(2) Die Länder haben durch geeignete Maßnahmen darauf hinzuwirken, daß die Haushaltswirtschaft der Gemeinden und Gemeindeverbände den konjunkturpolitischen Erfordernissen entspricht.

§ 17 [Auskunftspflicht von Bund und Ländern]. Bund und Länder erteilen sich gegenseitig die Auskünfte, die zur Durchführung einer konjunkturgerechten Haushaltswirtschaft und zur Aufstellung ihrer Finanzpläne notwendig sind.

§ 18 [Konjunkturrat]. (1) Bei der Bundesregierung wird ein Konjunkturrat für die öffentliche Hand gebildet. Dem Rat gehören an:
1. die Bundesminister für Wirtschaft und der Finanzen,
2. je ein Vertreter eines jeden Landes,
3. vier Vertreter der Gemeinden und der Gemeindeverbände, die vom Bundesrat auf Vorschlag der kommunalen Spitzenverbände bestimmt werden.

Den Vorsitz im Konjunkturrat führt der Bundesminister für Wirtschaft.

(2) Der Konjunkturrat berät nach einer vom Bundesminister für Wirtschaft zu erlassenden Geschäftsordnung in regelmäßigen Abständen:
1. alle zur Erreichung der Ziele dieses Gesetzes erforderlichen konjunkturpolitischen Maßnahmen;
2. die Möglichkeiten der Deckung des Kreditbedarfs der öffentlichen Haushalte.

Der Konjunkturrat ist insbesondere vor allen Maßnahmen nach den §§ 15, 19 und 20 zu hören.

(3) Der Konjunkturrat bildet einen besonderen Ausschuß für Kreditfragen der öffentlichen Hand, der unter Vorsitz des Bundesministers der Finanzen nach einer von diesem zu erlassenden Geschäftsordnung berät.

(4) Die Bundesbank hat das Recht, an den Beratungen des Konjunkturrates teilzunehmen.

§ 19 [Beschränkung der Kreditbeschaffung]. Zur Abwehr einer Störung des gesamtwirtschaftlichen Gleichgewichts kann die Bundesregierung durch Rechtsverordnung mit Zustimmung des Bundesrates anordnen, daß die Beschaffung von Geldmitteln im Wege des Kredits im Rahmen der in den Haushaltsgesetzen oder Haushaltssatzungen ausgewiesenen Kreditermächtigungen durch den Bund, die Länder, die Gemeinden und Gemeindeverbände sowie die öffentlichen Sondervermögen und Zweckverbände beschränkt wird. Satz 1 gilt nicht für Kredite, die von Gemeinden, Gemeindeverbänden oder Zweckverbänden zur Finanzierung von Investitionsvorhaben ihrer wirtschaftlichen Unternehmen ohne eigene Rechtspersönlichkeit aufgenommen werden.

Strafgesetzbuch (StGB)

in der Fassung vom 2. Januar 1975

1 Allgemeiner Teil

1.1 Geltungsbereich

§ 1. **Keine Strafe ohne Gesetz.** Eine Tat kann nur bestraft werden, wenn die Strafbarkeit gesetzlich bestimmt war, bevor die Tat begangen wurde.

§ 2. **Zeitliche Geltung.** (1) Die Strafe und ihre Nebenfolgen bestimmen sich nach dem Gesetz, das zur Zeit der Tat gilt.

§ 3. **Geltung für Inlandstaten.** Das deutsche Strafrecht gilt für Taten, die im Inland begangen werden.

2 Besonderer Teil

2.1 Friedensverrat

§ 80. **Vorbereitung eines Angriffskrieges.** Wer einen Angriffskrieg (Artikel 26 Abs. 1 des Grundgesetzes), an dem die Bundesrepublik Deutschland beteiligt sein soll, vorbereitet und dadurch die Gefahr eines Krieges für die Bundesrepublik Deutschland herbeiführt, wird mit lebenslanger Freiheitsstrafe oder mit Freiheitsstrafe nicht unter zehn Jahren bestraft.

§ 80a. **Aufstacheln zum Angriffskrieg.** Wer im räumlichen Geltungsbereich dieses Gesetzes öffentlich, in einer Versammlung oder durch Verbreiten von Schriften (§ 11 Abs. 3) zum Angriffskrieg (§ 80) aufstachelt, wird mit Freiheitsstrafe von drei Monaten bis zu fünf Jahren bestraft.

2.2 Hochverrat

§ 81. **Hochverrat gegen den Bund.**
(1) Wer es unternimmt, mit Gewalt oder durch Drohung mit Gewalt
1. den Bestand der Bundesrepublik Deutschland zu beeinträchtigen oder
2. die auf dem Grundgesetz der Bundesrepublik Deutschland beruhende verfassungsmäßige Ordnung zu ändern,

wird mit lebenslanger Freiheitsstrafe oder mit Freiheitsstrafe nicht unter zehn Jahren bestraft.

(2) In minder schweren Fällen ist die Strafe Freiheitsstrafe von einem Jahr bis zu zehn Jahren.

§ 82. **Hochverrat gegen ein Land.**
(1) Wer es unternimmt, mit Gewalt oder durch Drohung mit Gewalt
1. das Gebiet eines Landes ganz oder zum Teil einem anderen Land der Bundesrepublik Deutschland einzuverleiben oder einen Teil eines Landes von diesem abzutrennen oder
2. die auf der Verfassung eines Landes beruhende verfassungsmäßige Ordnung zu ändern,

wird mit Freiheitsstrafe von einem Jahr bis zu zehn Jahren bestraft.

(2) In minder schweren Fällen ist die Strafe Freiheitsstrafe von sechs Monaten bis zu fünf Jahren.

2.4 Straftaten gegen Verfassungsorgane

§ 105. **Nötigung von Verfassungsorganen.** (1) Wer
1. ein Gesetzgebungsorgan des Bundes oder eines Landes oder einen seiner Ausschüsse,
2. die Bundesversammlung oder einen ihrer Ausschüsse oder
3. die Regierung oder das Verfassungsgericht des Bundes oder eines Landes

rechtswidrig mit Gewalt oder durch Drohung mit Gewalt nötigt, ihre Befugnisse nicht oder in einem bestimmten Sinne auszuüben, wird mit Freiheitsstrafe von einem Jahr bis zu zehn Jahren bestraft.

(2) In minder schweren Fällen ist die Strafe Freiheitsstrafe von sechs Monaten bis zu fünf Jahren.

§ 106. Nötigung des Bundespräsidenten und von Mitgliedern eines Verfassungsorgans.

(1) Wer
1. den Bundespräsidenten oder
2. ein Mitglied
   a) eines Gesetzgebungsorgans des Bundes oder eines Landes,
   b) der Bundesversammlung oder
   c) der Regierung oder des Verfassungsgerichts des Bundes oder eines Landes

rechtswidrig mit Gewalt oder durch Drohung mit einem empfindlichen Übel nötigt, seine Befugnisse nicht oder in einem bestimmten Sinne auszuüben, wird mit Freiheitsstrafe von drei Monaten bis zu fünf Jahren bestraft.

(2) Der Versuch ist strafbar.

(3) In besonders schweren Fällen ist die Strafe Freiheitsstrafe von einem Jahr bis zu zehn Jahren.

§ 106a. Bannkreisverletzung.

(1) Wer innerhalb des befriedeten Bannkreises um das Gebäude eines Gesetzgebungsorgans des Bundes oder eines Landes sowie des Bundesverfassungsgerichts an öffentlichen Versammlungen unter freiem Himmel oder Aufzügen teilnimmt und dadurch Vorschriften verletzt, die über den Bannkreis erlassen worden sind, wird mit Freiheitsstrafe bis zu sechs Monaten oder mit Geldstrafe bis zu einhundertachtzig Tagessätzen bestraft.

(2) Wer zu Versammlungen oder Aufzügen auffordert, die unter Verletzung der in Absatz 1 genannten Vorschriften innerhalb eines befriedeten Bannkreises stattfinden sollen, wird mit Freiheitsstrafe bis zu zwei Jahren oder mit Geldstrafe bestraft.

§ 111. Öffentliche Aufforderung zu Straftaten.

(1) Wer öffentlich, in einer Versammlung oder durch Verbreiten von Schriften (§ 11 Abs. 3) zu einer rechtswidrigen Tat auffordert, wird wie ein Anstifter (§ 26) bestraft.

(2) ¹Bleibt die Aufforderung ohne Erfolg, so ist die Strafe Freiheitsstrafe bis zu fünf Jahren oder Geldstrafe.

2.7 Straftaten gegen die öffentliche Ordnung

§ 125. Landfriedensbruch.

(1) Wer sich an

1. Gewalttätigkeiten gegen Menschen oder Sachen oder
2. Bedrohungen von Menschen mit einer Gewalttätigkeit,

die aus einer Menschenmenge in einer die öffentliche Sicherheit gefährdenden Weise mit vereinten Kräften begangen werden, als Täter oder Teilnehmer beteiligt oder wer auf die Menschenmenge einwirkt, um ihre Bereitschaft zu solchen Handlungen zu fördern, wird mit Freiheitsstrafe bis zu drei Jahren oder mit Geldstrafe bestraft, wenn die Tat nicht in anderen Vorschriften mit schwererer Strafe bedroht ist.

§ 127. Bildung bewaffneter Haufen.

(1) Wer unbefugterweise einen bewaffneten Haufen bildet oder befehligt oder eine Mannschaft, von der er weiß, daß sie ohne gesetzliche Befugnis gesammelt ist, mit Waffen oder Kriegsbedürfnissen versieht, wird mit Freiheitsstrafe bis zu zwei Jahren oder mit Geldstrafe bestraft.

(2) Wer sich einem solchen bewaffneten Haufen anschließt, wird mit Freiheitsstrafe bis zu einem Jahr oder mit Geldstrafe bestraft.

§ 129. Bildung krimineller Vereinigungen.

(1) Wer eine Vereinigung gründet, deren Zwecke oder deren Tätigkeit darauf gerichtet sind, Straftaten zu begehen, oder wer sich an einer solchen Vereinigung als Mitglied beteiligt, für sie wirbt oder sie unterstützt, wird mit Freiheitsstrafe bis zu fünf Jahren oder mit Geldstrafe bestraft.

(2) Absatz 1 ist nicht anzuwenden,
1. wenn die Vereinigung eine politische Partei ist, die das Bundesverfassungsgericht nicht für verfassungswidrig erklärt hat,
2. wenn die Begehung von Straftaten nur ein Zweck oder eine Tätigkeit von untergeordneter Bedeutung ist oder
3. soweit die Zwecke oder die Tätigkeit der Vereinigung Straftaten nach den §§ 84 bis 87 betreffen.

(3) Der Versuch, eine in Absatz 1 bezeichnete Vereinigung zu gründen, ist strafbar.

(4) Gehört der Täter zu den Rädelsführern oder Hintermännern oder liegt sonst ein besonders schwerer Fall vor, so ist auf Freiheitsstrafe von sechs Monaten bis zu fünf Jahren zu erkennen.

(5) Das Gericht kann bei Beteiligten, deren Schuld gering und deren Mitwirkung von untergeordneter Bedeutung ist, von einer Bestrafung nach den Absätzen 1 und 3 absehen.
(6) Das Gericht kann die Strafe nach seinem Ermessen mildern (§ 49 Abs. 2) oder von einer Bestrafung nach diesen Vorschriften absehen, wenn der Täter
1. sich freiwillig und ernsthaft bemüht, das Fortbestehen der Vereinigung oder die Begehung einer ihren Zielen entsprechenden Straftat zu verhindern, oder
2. freiwillig sein Wissen so rechtzeitig einer Dienststelle offenbart, daß Straftaten, deren Planung er kennt, noch verhindert werden können;

erreicht der Täter sein Ziel, das Fortbestehen der Vereinigung zu verhindern, oder wird es ohne sein Bemühen erreicht, so wird er nicht bestraft.

§ 129a. Bildung terroristischer Vereinigungen. (1) Wer eine Vereinigung gründet, deren Zwecke oder deren Tätigkeit darauf gerichtet sind,
1. Mord, Totschlag oder Völkermord ...
2. Straftaten gegen die persönliche Freiheit ... oder
3. gemeingefährliche Straftaten ...

zu begehen, oder wer sich an einer solchen Vereinigung als Mitglied beteiligt, wird mit Freiheitsstrafe von sechs Monaten bis zu fünf Jahren bestraft.

§ 130. Volksverhetzung. Wer in einer Weise, die geeignet ist, den öffentlichen Frieden zu stören, die Menschenwürde anderer dadurch angreift, daß er
1. zum Haß gegen Teile der Bevölkerung aufstachelt,
2. zu Gewalt- oder Willkürmaßnahmen gegen sie auffordert oder
3. sie beschimpft, böswillig verächtlich macht oder verleumdet,

wird mit Freiheitsstrafe von drei Monaten bis zu fünf Jahren bestraft.

§ 131. Gewaltdarstellung; Aufstachelung zum Rassenhaß. (1) Wer Schriften ..., die zum Rassenhaß aufstacheln oder die grausame oder sonst unmenschliche Gewalttätigkeiten gegen Menschen in einer Art schildern, die eine Verherrlichung oder Verharmlosung solcher Gewalttätigkeiten ausdrückt oder die das Grausame oder Unmenschliche des Vorganges in eine die Menschenwürde verletzenden Weise darstellt,
1. verbreitet,
2. öffentlich ausstellt, anschlägt, vorführt oder sonst zugänglich macht,
3. einer Person unter achtzehn Jahren anbietet, überläßt oder zugänglich macht oder
4. herstellt, bezieht, liefert, vorrätig hält, anbietet, ankündigt, anpreist, in den räumlichen Geltungsbereich dieses Gesetzes einzuführen oder daraus auszuführen unternimmt, um sie oder aus ihnen gewonnene Stücke im Sinne der Nummern 1 bis 3 zu verwenden oder einem anderen eine solche Verwendung zu ermöglichen,

wird mit Freiheitsstrafe bis zu einem Jahr oder mit Geldstrafe bestraft.
(2) Ebenso wird bestraft, wer eine Darbietung des in Absatz 1 bezeichneten Inhalts durch Rundfunk verbreitet.
(3) Die Absätze 1 und 2 gelten nicht, wenn die Handlung der Berichterstattung über Vorgänge des Zeitgeschehens oder der Geschichte dient.
(4) Absatz 1 Nr. 3 ist nicht anzuwenden, wenn der zur Sorge für die Person Berechtigte handelt.

2.11 Straftaten, welche sich auf Religion und Weltanschauung beziehen

§ 166. Beschimpfung von Bekenntnissen, Religionsgesellschaften und Weltanschauungsvereinigungen.
(1) Wer öffentlich oder durch Verbreiten von Schriften (§ 11 Abs. 3) den Inhalt des religiösen oder weltanschaulichen Bekenntnisses anderer in einer Weise beschimpft, die geeignet ist, den öffentlichen Frieden zu stören, wird mit Freiheitsstrafe bis zu drei Jahren oder mit Geldstrafe bestraft.

§ 167. Störung der Religionsausübung. (1) Wer
1. den Gottesdienst oder eine gottesdienstliche Handlung einer im Inland bestehenden Kirche oder anderen Religionsgesellschaft absichtlich und in grober Weise stört oder
2. an einem Ort, der dem Gottesdienst einer solchen Religionsgesellschaft gewidmet ist, beschimpfenden Unfug verübt,

wird mit Freiheitsstrafe bis zu drei Jahren oder mit Geldstrafe bestraft.

(2) Dem Gottesdienst stehen entsprechende Feiern einer im Inland bestehenden Weltanschauungsvereinigung gleich.

§ 168. Störung der Totenruhe. (1) Wer unbefugt aus dem Gewahrsam des Berechtigten eine Leiche, Leichenteile, eine tote Leibesfrucht, Teile einer solchen oder die Asche eines Verstorbenen wegnimmt, wer daran oder an einer Beisetzungsstätte beschimpfenden Unfug verübt oder wer eine Beisetzungsstätte zerstört oder beschädigt, wird mit Freiheitsstrafe bis zu drei Jahren oder mit Geldstrafe bestraft.

(2) Der Versuch ist strafbar.

2.18 Straftaten gegen die persönliche Freiheit

§ 234. Menschenraub. Wer sich eines Menschen durch List, Drohung oder Gewalt bemächtigt, um ihn in hilfloser Lage auszusetzen oder in Sklaverei, Leibeigenschaft oder in auswärtige Kriegs- oder Schiffsdienste zu bringen, wird mit Freiheitsstrafe nicht unter einem Jahr bestraft.

§ 234a. Verschleppung. (1) Wer einen anderen durch List, Drohung oder Gewalt in ein Gebiet außerhalb des räumlichen Geltungsbereichs dieses Gesetzes verbringt oder veranlaßt, sich dorthin zu begeben, oder davon abhält, von dort zurückzukehren, und dadurch der Gefahr aussetzt, aus politischen Gründen verfolgt zu werden und hierbei im Widerspruch zu rechtsstaatlichen Grundsätzen durch Gewalt- oder Willkürmaßnahmen Schaden an Leib oder Leben zu erleiden, der Freiheit beraubt oder in seiner beruflichen oder wirtschaftlichen Stellung empfindlich beeinträchtigt zu werden, wird mit einer Freiheitsstrafe nicht unter einem Jahr bestraft.

§ 240. Nötigung. (1) Wer einen anderen rechtswidrig mit Gewalt oder durch Drohung mit einem empfindlichen Übel zu einer Handlung, Duldung oder Unterlassung nötigt, wird mit Freiheitsstrafe bis zu drei Jahren oder mit Geldstrafe, in besonders schweren Fällen mit Freiheitsstrafe von sechs Monaten bis zu fünf Jahren bestraft.

(2) Rechtswidrig ist die Tat, wenn die Anwendung der Gewalt oder die Androhung des Übels zu dem angestrebten Zweck als verwerflich anzusehen ist.

(3) Der Versuch ist strafbar.

§ 241. Bedrohung. (1) Wer einen anderen mit der Begehung eines gegen ihn oder eine ihm nahestehende Person gerichteten Verbrechens bedroht, wird mit Freiheitsstrafe bis zu einem Jahr oder mit Geldstrafe bestraft.

(2) Ebenso wird bestraft, wer wider besseres Wissen einem anderen vortäuscht, daß die Verwirklichung eines gegen ihn oder eine ihm nahestehende Person gerichteten Verbrechens bevorstehe.

2.26 Sachbeschädigung

§ 303. Sachbeschädigung. (1) Wer rechtswidrig eine fremde Sache beschädigt oder zerstört, wird mit Freiheitsstrafe bis zu zwei Jahren oder mit Geldstrafe bestraft.

(2) Der Versuch ist strafbar.

§ 303a. Datenveränderung. (1) Wer rechtswidrig Daten (§ 202a Abs. 2) löscht, unterdrückt, unbrauchbar macht oder verändert, wird mit Freiheitsstrafe bis zu zwei Jahren oder mit Geldstrafe bestraft.

(2) Der Versuch ist strafbar.

§ 303b. Computersabotage. (1) Wer eine Datenverarbeitung, die für einen fremden Betrieb, ein fremdes Unternehmen oder eine Behörde von wesentlicher Bedeutung ist, dadurch stört, daß er
1. eine Tat nach § 303a Abs. 1 begeht oder
2. eine Datenverarbeitungsanlage oder einen Datenträger zerstört, beschädigt, unbrauchbar macht, beseitigt oder verändert,

wird mit Freiheitsstrafe bis zu fünf Jahren oder mit Geldstrafe bestraft.

(2) Der Versuch ist strafbar.

§ 304. Gemeinschädliche Sachbeschädigung. (1) Wer rechtswidrig Gegenstände der Verehrung einer im Staate bestehenden Religionsgesellschaft oder Sachen, die dem Gottesdienste gewidmet sind, oder Grabmäler, öffentliche Denkmäler, Naturdenkmäler, Gegenstände der Kunst, der Wissenschaft oder des Gewerbes, welche in öffentlichen Sammlungen aufbewahrt werden oder öffentlich aufgestellt sind, oder Gegenstände, welche zum öffentlichen Nutzen oder zur Verschönerung öffentlicher Wege, Plätze oder Anlagen dienen, beschädigt oder zerstört, wird mit Freiheitsstrafe bis zu drei Jahren oder mit Geldstrafe bestraft.

(2) Der Versuch ist strafbar.

§ 305. Zerstörung von Bauwerken.

(1) Wer rechtswidrig ein Gebäude, ein Schiff, eine Brücke, einen Damm, eine gebaute Straße, eine Eisenbahn oder ein anderes Bauwerk, welche fremdes Eigentum sind, ganz oder teilweise zerstört, wird mit Freiheitsstrafe bis zu fünf Jahren oder mit Geldstrafe bestraft.

(?) Der Versuch ist strafbar.

§ 305a. Zerstörung wichtiger Arbeitsmittel.

(1) Wer rechtswidrig
1. ein fremdes technisches Arbeitsmittel von bedeutendem Wert, das für die Errichtung einer Anlage oder eines Unternehmens im Sinne des § 316b Abs. 1 Nr. 1 oder 2 oder einer Anlage, die dem Betrieb oder der Entsorgung einer solchen Anlage oder eines solchen Unternehmens dient, von wesentlicher Bedeutung ist, oder
2. ein Kraftfahrzeug der Polizei oder der Bundeswehr

ganz oder teilweise zerstört, wird mit Freiheitsstrafe bis zu fünf Jahren oder mit Geldstrafe bestraft.

(2) Der Versuch ist strafbar.

§ 310b. Herbeiführen einer Explosion durch Kernenergie.

(1) Wer es unternimmt, durch Freisetzen von Kernenergie eine Explosion herbeizuführen und dadurch Leib oder Leben eines anderen oder fremde Sachen von bedeutendem Wert zu gefährden, wird mit Freiheitsstrafe nicht unter fünf Jahren bestraft.

(3) In besonders schweren Fällen ist die Strafe bei Taten nach Absatz 1 lebenslange Freiheitsstrafe oder Freiheitsstrafe nicht unter zehn Jahren, ...

§ 311d. Freisetzen ionisierender Strahlen.

(1) Wer unter Verletzung verwaltungsrechtlicher Pflichten
1. ionisierende Strahlen freisetzt oder
2. Kernspaltungsvorgänge bewirkt,

die geeignet sind, Leib oder Leben eines anderen oder fremde Sachen von bedeutendem Wert zu schädigen, wird mit Freiheitsstrafe bis zu fünf Jahren oder mit Geldstrafe bestraft.

(2) Der Versuch ist strafbar.

(4) Verwaltungsrechtliche Pflichten im Sinne des Absatzes 1 verletzt, wer grob pflichtwidrig gegen eine Rechtsvorschrift, vollziehbare Untersagung, Anordnung oder Auflage verstößt, die dem Schutz vor den von ionisierenden Strahlen oder von einem Kernspaltungsvorgang ausgehenden Gefahren dient.

§ 311e. Fehlerhafte Herstellung einer kerntechnischen Anlage.

(1) Wer wissentlich eine kerntechnische Anlage (§ 330d Nr. 2) oder Gegenstände, die zur Errichtung oder zum Betrieb einer solchen Anlage bestimmt sind, fehlerhaft herstellt oder liefert und dadurch wissentlich eine Gefahr für Leib oder Leben eines anderen oder für fremde Sachen von bedeutendem Wert herbeiführt, die mit der Wirkung eines Kernspaltungsvorgangs oder der Strahlung eines radioaktiven Stoffes zusammenhängt, wird mit Freiheitsstrafe von sechs Monaten bis zu fünf Jahren bestraft.

(2) Der Versuch ist strafbar.

(3) In besonders schweren Fällen ist die Strafe Freiheitsstrafe von einem Jahr bis zu zehn Jahren. Ein besonders schwerer Fall liegt in der Regel vor, wenn der Täter durch die Tat leichtfertig den Tod eines Menschen verursacht.

(4) Wer die Gefahr in den Fällen des Absatzes 1 nicht wissentlich, aber vorsätzlich oder fahrlässig herbeiführt, wird mit Freiheitsstrafe bis zu fünf Jahren oder mit Geldstrafe bestraft.

2.28 Straftaten gegen die Umwelt

§ 324. Verunreinigung eines Gewässers.

(1) Wer unbefugt ein Gewässer ver-

unreinigt oder sonst dessen Eigenschaften nachteilig verändert, wird mit Freiheitsstrafe bis zu fünf Jahren oder mit Geldstrafe bestraft.

(2) Der Versuch ist strafbar.

(3) Handelt der Täter fahrlässig, so ist die Strafe Freiheitsstrafe bis zu zwei Jahren oder Geldstrafe.

§ 325. Luftverunreinigung und Lärm.
(1) Wer beim Betrieb einer Anlage, insbesondere einer Betriebsstätte oder einer Maschine, unter Verletzung verwaltungsrechtlicher Pflichten

1. Veränderungen der natürlichen Zusammensetzung der Luft, insbesondere durch Freisetzen von Staub, Gasen, Dämpfen oder Geruchsstoffen, verursacht, die geeignet sind, außerhalb des zur Anlage gehörenden Bereichs die Gesundheit eines anderen, Tiere, Pflanzen oder andere Sachen von bedeutendem Wert zu schädigen, oder
2. Lärm verursacht, der geeignet ist, außerhalb des zur Anlage gehörenden Bereichs die Gesundheit eines anderen zu schädigen,

wird mit Freiheitsstrafe bis zu fünf Jahren oder mit Geldstrafe bestraft. Satz 1 gilt nicht für Kraftfahrzeuge, Schienen-, Luft- oder Wasserfahrzeuge.

(2) Der Versuch ist strafbar.

(3) Handelt der Täter fahrlässig, so ist die Strafe Freiheitsstrafe bis zu zwei Jahren oder mit Geldstrafe.

(4) Verwaltungsrechtliche Pflichten im Sinne des Absatzes 1 verletzt, wer grob pflichtwidrig gegen eine vollziehbare Anordnung oder Auflage verstößt, die dem Schutz vor schädlichen Umwelteinwirkungen dient, oder wer eine Anlage ohne die zum Schutz vor schädlichen Umwelteinwirkungen erforderliche Genehmigung oder entgegen einer zu diesem Zweck erlassenen vollziehbaren Untersagung betreibt.

§ 326. Umweltgefährdende Abfallbeseitigung. (1) Wer unbefugt Abfälle, die
1. Gifte oder Erreger gemeingefährlicher und übertragbarer Krankheiten bei Menschen oder Tieren enthalten oder hervorbringen können,
2. explosionsgefährlich, selbstentzündlich oder nicht nur geringfügig radioaktiv sind oder
3. nach Art, Beschaffenheit oder Menge geeignet sind, nachhaltig ein Gewässer, die Luft oder den Boden zu verunreinigen oder sonst nachteilig zu verändern,

außerhalb einer dafür zugelassenen Anlage oder unter wesentlicher Abweichung von einem vorgeschriebenen oder zugelassenen Verfahren behandelt, lagert, ablagert, abläßt oder sonst beseitigt, wird mit Freiheitsstrafe bis zu drei Jahren oder mit Geldstrafe bestraft.

(2) Ebenso wird bestraft, wer radioaktive Abfälle, zu deren Ablieferung er nach dem Atomgesetz oder einer auf Grund des Atomgesetzes erlassenen Rechtsverordnung verpflichtet ist, nicht abliefert.

(3) In den Fällen des Absatzes 1 ist der Versuch strafbar.

(4) Handelt der Täter fahrlässig, so ist die Strafe Freiheitsstrafe bis zu einem Jahr oder Geldstrafe.

(5) Die Tat ist dann nicht strafbar, wenn schädliche Einwirkungen auf die Umwelt, insbesondere auf Menschen, Gewässer, die Luft, den Boden, Nutztiere oder Nutzpflanzen, wegen der geringen Menge der Abfälle offensichtlich ausgeschlossen sind.

§ 327. Unerlaubtes Betreiben von Anlagen. (1) Wer ohne die erforderliche Genehmigung oder entgegen einer vollziehbaren Untersagung eine kerntechnische Anlage betreibt, eine betriebsbereite oder stillgelegte kerntechnische Anlage innehat oder ganz oder teilweise abbaut oder eine solche Anlage oder ihren Betrieb wesentlich ändert, wird mit Freiheitsstrafe bis zu fünf Jahren oder mit Geldstrafe bestraft.

(2) Mit Freiheitsstrafe bis zu zwei Jahren oder mit Geldstrafe wird bestraft, wer
1. eine genehmigungsbedürftige Anlage im Sinne des Bundes-Immissionsschutzgesetzes oder
2. eine Abfallbeseitigungsanlage im Sinne des Abfallbeseitigungsgesetzes

ohne die nach dem jeweiligen Gesetz erforderliche Genehmigung oder Planfeststellung oder entgegen einer auf dem jeweiligen Gesetz beruhenden vollziehbaren Untersagung betreibt.

(3) Handelt der Täter fahrlässig, so ist die Strafe
1. in den Fällen des Absatzes 1 Freiheitsstrafe bis zu zwei Jahren oder Geldstrafe,
2. in den Fällen des Absatzes 2 Freiheits-

strafe bis zu einem Jahr oder Geldstrafe.

§ 328. Unerlaubter Umgang mit Kernbrennstoffen. (1) Wer ohne die erforderliche Genehmigung oder entgegen einer vollziehbaren Untersagung
1. Kernbrennstoffe außerhalb einer kerntechnischen Anlage bearbeitet, verarbeitet oder sonst verwendet oder von dem in einer Genehmigung festgelegten Verfahren für die Bearbeitung, Verarbeitung oder sonstige Verwendung wesentlich abweicht oder die in der Genehmigung bezeichnete Betriebsstätte oder deren Lage wesentlich ändert,
2. Kernbrennstoffe
   a) außerhalb der staatlichen Verwahrung aufbewahrt,
   b) befördert oder
   c) einführt, ausführt oder sonst in den Geltungsbereich oder aus dem Geltungsbereich dieses Gesetzes verbringt,

wird mit Freiheitsstrafe bis zu fünf Jahren oder mit Geldstrafe bestraft.

(2) Ebenso wird bestraft, wer
1. Kernbrennstoffe, zu deren Ablieferung er auf Grund des Atomgesetzes verpflichtet ist, nicht unverzüglich abliefert,
2. Kernbrennstoffe an Unberechtigte herausgibt.

(3) Handelt der Täter fahrlässig, so ist die Strafe Freiheitsstrafe bis zu zwei Jahren oder Geldstrafe.

§ 330. Schwere Umweltgefährdung. (1) Mit Freiheitsstrafe von drei Monaten bis zu fünf Jahren wird bestraft, wer
1. eine Tat nach § 324 Abs. 1, § 326 Abs. 1 oder 2, § 327 Abs. 1 oder 2, § 328 Abs. 1 oder 2 oder nach § 329 Abs. 1 bis 3 begeht, ...

§ 330a. Schwere Gefährdung durch Freisetzen von Giften. (1) Wer Gifte in der Luft, in einem Gewässer, im Boden oder sonst verbreitet oder freisetzt und dadurch einen anderen in die Gefahr des Todes oder einer schweren Körperverletzung (§ 224) bringt, wird mit Freiheitsstrafe von sechs Monaten bis zu zehn Jahren bestraft.

(2) Wer die Gefahr fahrlässig verursacht, wird mit Freiheitsstrafe bis zu fünf Jahren oder mit Geldstrafe bestraft.

Gesetz über Versammlungen und Aufzüge (Versammlungsgesetz)

in der Fassung vom 15. November 1978

§ 1 [Versammlungsrecht]. (1) Jedermann hat das Recht, öffentliche Versammlungen und Aufzüge zu veranstalten und an solchen Veranstaltungen teilzunehmen.

(2) Dieses Recht hat nicht,
1. wer das Grundrecht der Versammlungsfreiheit gemäß Artikel 18 des Grundgesetzes verwirkt hat,
2. wer mit der Durchführung oder Teilnahme an einer solchen Veranstaltung die Ziele einer nach Artikel 21 Abs. 2 des Grundgesetzes durch das Bundesverfassungsgericht für verfassungswidrig erklärten Partei oder Teil- oder Ersatzorganisation einer Partei fördern will,
3. eine Partei, die nach Artikel 21 Abs. 2 des Grundgesetzes durch das Bundesverfassungsgericht für verfassungswidrig erklärt worden ist, oder
4. eine Vereinigung, die nach Artikel 9 Abs. 2 des Grundgesetzes verboten ist.

§ 2 [Namensangabe des Veranstalters, Störungs- u. Waffentragungsverbot].
(1) Wer zu einer öffentlichen Versammlung oder zu einem Aufzug öffentlich einlädt, muß als Veranstalter in der Einladung seinen Namen angeben.

(2) Bei öffentlichen Versammlungen und Aufzügen hat jedermann Störungen zu unterlassen, die bezwecken, die ordnungsmäßige Durchführung zu verhindern.

(3) Niemand darf bei öffentlichen Versammlungen oder Aufzügen Waffen

oder sonstige Gegenstände, die ihrer Art nach zur Verletzung von Personen oder zur Beschädigung von Sachen geeignet und bestimmt sind, mit sich führen, ohne dazu behördlich ermächtigt zu sein. Ebenso ist es verboten, ohne behördliche Ermächtigung Waffen oder die in Satz 1 genannten Gegenstände auf dem Weg zu öffentlichen Versammlungen oder Aufzügen mit sich zu führen, zu derartigen Veranstaltungen hinzuschaffen oder sie zur Verwendung bei derartigen Veranstaltungen bereitzuhalten oder zu verteilen.

§ 3 [Uniformverbot]. (1) Es ist verboten, öffentlich oder in einer Versammlung Uniformen, Uniformteile oder gleichartige Kleidungsstücke als Ausdruck einer gemeinsamen politischen Gesinnung zu tragen.

§ 6 [Ausschlußrecht bestimmter Personen]. (1) Bestimmte Personen oder Personenkreise können in der Einladung von der Teilnahme an einer Versammlung ausgeschlossen werden.

(2) Pressevertreter können nicht ausgeschlossen werden; sie haben sich dem Leiter der Versammlung gegenüber durch ihren Presseausweis ordnungsgemäß auszuweisen.

§ 7 [Versammlungsleiter]. (1) Jede öffentliche Versammlung muß einen Leiter haben.

(2) Leiter der Versammlung ist der Veranstalter. Wird die Versammlung von einer Vereinigung veranstaltet, so ist ihr Vorsitzender der Leiter.

(3) Der Veranstalter kann die Leitung einer anderen Person übertragen.

(4) Der Leiter übt das Hausrecht aus.

§ 8 [Aufgaben des Versammlungsleiters]. Der Leiter bestimmt den Ablauf der Versammlung. Er hat während der Versammlung für Ordnung zu sorgen. Er kann die Versammlung jederzeit unterbrechen oder schließen. Er bestimmt, wann eine unterbrochene Versammlung fortgesetzt wird.

§ 9 [Ordner]. (1) Der Leiter kann sich bei der Durchführung seiner Rechte aus § 8 der Hilfe einer angemessenen Zahl ehrenamtlicher Ordner bedienen. Diese dürfen keine Waffen oder sonstigen Gegenstände im Sinne von § 2 Abs. 3 mit sich führen, müssen volljährig und ausschließlich durch weiße Armbinden, die nur die Bezeichnung „Ordner" tragen dürfen, kenntlich sein.

(2) Der Leiter ist verpflichtet, die Zahl der von ihm bestellten Ordner der Polizei auf Anfordern mitzuteilen. Die Polizei kann die Zahl der Ordner angemessen beschränken.

§ 10 [Folgepflicht der Versammlungsteilnehmer]. Alle Versammlungsteilnehmer sind verpflichtet, die zur Aufrechterhaltung der Ordnung getroffenen Anweisungen des Leiters oder der von ihm bestellten Ordner zu befolgen.

§ 11 [Ausschluß von Störern]. (1) Der Leiter kann Teilnehmer, welche die Ordnung gröblich stören, von der Versammlung ausschließen.

(2) Wer aus der Versammlung ausgeschlossen wird, hat sie sofort zu verlassen.

§ 12 [Polizeibeamte]. Werden Polizeibeamte in eine öffentliche Versammlung entsandt, so haben sie sich dem Leiter zu erkennen zu geben. Es muß ihnen ein angemessener Platz eingeräumt werden.

§ 12a [Bild- und Tonaufnahmen durch die Polizei]. (1) Die Polizei darf Bild- und Tonaufnahmen von Teilnehmern bei oder im Zusammenhang mit öffentlichen Versammlungen nur anfertigen, wenn tatsächliche Anhaltspunkte die Annahme rechtfertigen, daß von ihnen erhebliche Gefahren für die öffentliche Sicherheit oder Ordnung ausgehen. Die Maßnahmen dürfen auch durchgeführt werden, wenn Dritte unvermeidbar betroffen werden.

(2) Die Unterlagen sind nach Beendigung der öffentlichen Versammlung oder zeitlich und sachlich damit unmittelbar im Zusammenhang stehender Ereignisse unverzüglich zu vernichten, soweit sie nicht benötigt werden

1. für die Verfolgung von Straftaten von Teilnehmern oder
2. im Einzelfall zur Gefahrenabwehr, weil die betroffene Person verdächtig ist, Straftaten bei oder im Zusammenhang mit der öffentlichen Versammlung vorbereitet oder begangen zu haben, und deshalb zu besorgen ist, daß von ihr erhebliche Gefahren für künftige öffentliche Versammlungen oder Aufzüge ausgehen.

Unterlagen, die aus den in Satz 1 Nr. 2

aufgeführten Gründen nicht vernichtet wurden, sind in jedem Fall spätestens nach Ablauf von drei Jahren seit ihrer Entstehung zu vernichten, es sei denn, sie würden inzwischen zu dem in Satz 1 Nr. 1 aufgeführten Zweck benötigt.

§ 13 [Polizeiliche Auflösung von Versammlungen]. (1) Die Polizei (§ 12) kann die Versammlung nur dann und unter Angabe des Grundes auflösen, wenn
1. der Veranstalter unter die Vorschriften des § 1 Abs. 2 Nr. 1 bis 4 fällt, und im Falle der Nummer 4 das Verbot durch die zuständige Verwaltungsbehörde festgestellt worden ist,
2. die Versammlung einen gewalttätigen oder aufrührerischen Verlauf nimmt oder unmittelbare Gefahr für Leben und Gesundheit der Teilnehmer besteht,
3. der Leiter Personen, die Waffen oder sonstige Gegenstände im Sinne von § 2 Abs. 3 mit sich führen, nicht sofort ausschließt und für die Durchführung des Ausschlusses sorgt,
4. durch den Verlauf der Versammlung gegen Strafgesetze verstoßen wird, die ein Verbrechen oder von Amts wegen zu verfolgendes Vergehen zum Gegenstand haben, oder wenn in der Versammlung zu solchen Straftaten aufgefordert oder angereizt wird und der Leiter dies nicht unverzüglich unterbindet.

In den Fällen der Nummern 2 bis 4 ist die Auflösung nur zulässig, wenn andere polizeiliche Maßnahmen, insbesondere eine Unterbrechung, nicht ausreichen.

(2) Sobald eine Versammlung für aufgelöst erklärt wird, haben alle Teilnehmer sich sofort zu entfernen.

§ 14 [Anmeldungspflicht]. (1) Wer die Absicht hat, eine öffentliche Versammlung unter freiem Himmel oder einen Aufzug zu veranstalten, hat dies spätestens 48 Stunden vor der Bekanntgabe der zuständigen Behörde unter Angabe des Gegenstandes der Versammlung oder des Aufzuges anzumelden.

(2) In der Anmeldung ist anzugeben, welche Person für die Leitung der Versammlung oder des Aufzuges verantwortlich sein soll.

§ 15 [Verbot von Versammlungen im Freien, Auflagen, Auflösung]. (1) Die zuständige Behörde kann die Versammlung oder den Aufzug verbieten oder von bestimmten Auflagen abhängig machen, wenn nach den zur Zeit des Erlasses der Verfügung erkennbaren Umständen die öffentliche Sicherheit oder Ordnung bei Durchführung der Versammlung oder des Aufzuges unmittelbar gefährdet ist.

(2) Sie kann eine Versammlung oder einen Aufzug auflösen, wenn sie nicht angemeldet ist, wenn von den Angaben der Anmeldung abgewichen oder den Auflagen zuwidergehandelt wird oder wenn die Voraussetzungen zu einem Verbot nach Absatz 1 gegeben sind.

(3) Eine verbotene Veranstaltung ist aufzulösen.

§ 16 [Bannkreise]. (1) Öffentliche Versammlungen unter freiem Himmel und Aufzüge sind innerhalb des befriedeten Bannkreises der Gesetzgebungsorgane des Bundes oder der Länder sowie des Bundesverfassungsgerichts verboten.

(2) Die befriedeten Bannkreise für die Gesetzgebungsorgane des Bundes und für das Bundesverfassungsgericht werden durch Bundesgesetz, die befriedeten Bannkreise für die Gesetzgebungsorgane der Länder durch Landesgesetze bestimmt.

(3) Das Weitere regeln die Bannmeilengesetze des Bundes und der Länder.

§ 17 [Ausnahme für religiöse Feiern usw., Volksfeste]. Die §§ 14 bis 16 gelten nicht für Gottesdienste unter freiem Himmel, kirchliche Prozessionen, Bittgänge und Wallfahrten, gewöhnliche Leichenbegängnisse, Züge von Hochzeitsgesellschaften und hergebrachte Volksfeste.

§ 17a [Schutzwaffenverbot, Vermummungsverbot]. [1] Es ist verboten, bei öffentlichen Versammlungen unter freiem Himmel, Aufzügen oder sonstigen öffentlichen Veranstaltungen unter freiem Himmel oder auf dem Weg dorthin Schutzwaffen oder Gegenstände, die als Schutzwaffen geeignet und den Umständen nach dazu bestimmt sind, Vollstreckungsmaßnahmen eines Trägers von Hoheitsbefugnissen abzuwehren, mit sich zu führen.

(2) Es ist auch verboten,
1. an derartigen Veranstaltungen in einer Aufmachung, die geeignet und den Umständen nach darauf gerichtet ist, die Feststellung der Identität zu verhindern, teilzunehmen oder den Weg

zu derartigen Veranstaltungen in einer solchen Aufmachung zurückzulegen,
2. bei derartigen Veranstaltungen oder auf dem Weg dorthin Gegenstände mit sich zu führen, die geeignet und den Umständen nach dazu bestimmt sind, die Feststellung der Identität zu verhindern.

(3) Die Absätze 1 und 2 gelten nicht, wenn es sich um Veranstaltungen im Sinne des § 17 handelt. Die zuständige Behörde kann weitere Ausnahmen von den Verboten der Absätze 1 und 2 zulassen, wenn eine Gefährdung der öffentlichen Sicherheit oder Ordnung nicht zu besorgen ist.

(4) Die zuständige Behörde kann zur Durchsetzung der Verbote der Absätze 1 und 2 Anordnungen treffen. Sie kann insbesondere Personen, die diesen Verboten zuwiderhandeln, von der Veranstaltung ausschließen.

§ 19a [Bild- und Tonaufnahmen durch die Polizei]. Für Bild- und Tonaufnahmen durch die Polizei bei Versammlungen unter freiem Himmel und Aufzügen gilt § 12a.

§ 20 [Einschränkung des Grundrechts der Versammlungsfreiheit]. Das Grundrecht des Artikels 8 des Grundgesetzes wird durch die Bestimmungen dieses Abschnitts eingeschränkt.

§ 21 [Störung von Versammlungen und Aufzügen]. Wer in der Absicht, nichtverbotene Versammlungen oder Aufzüge zu verhindern oder zu sprengen oder sonst ihre Durchführung zu vereiteln, Gewalttätigkeiten vornimmt oder androht oder grobe Störungen verursacht, wird mit Freiheitsstrafe bis zu drei Jahren oder mit Geldstrafe bestraft.

§ 22 [Beeinträchtigung und Bedrohung der Versammlungsleitung und Ordner]. Wer bei einer öffentlichen Versammlung oder einem Aufzug dem Leiter oder einem Ordner in der rechtmäßigen Ausübung seiner Ordnungsbefugnisse mit Gewalt oder Drohung mit Gewalt Widerstand leistet oder ihn während der rechtmäßigen Ausübung seiner Ordnungsbefugnisse tätlich angreift, wird mit Freiheitsstrafe bis zu einem Jahr oder mit Geldstrafe bestraft.

§ 23 [Öffentl. Aufforderung zur Teilnahme an verbotener Versammlung]. Wer öffentlich, in einer Versammlung oder durch Verbreiten von Schriften, Ton- oder Bildträgern, Abbildungen oder anderen Darstellungen zur Teilnahme an einer öffentlichen Versammlung oder einem Aufzug auffordert, nachdem die Durchführung durch ein vollziehbares Verbot untersagt oder die Auflösung angeordnet worden ist, wird mit Freiheitsstrafe bis zu einem Jahr oder mit Geldstrafe bestraft.

§ 26 [Abhaltung verbotener oder nicht angemeldeter Versammlungen und Aufzüge]. Wer als Veranstalter oder Leiter
1. eine öffentliche Versammlung oder einen Aufzug trotz vollziehbaren Verbots durchführt oder trotz Auflösung oder Unterbrechung durch die Polizei fortsetzt oder
2. eine öffentliche Versammlung unter freiem Himmel oder einen Aufzug ohne Anmeldung (§ 14) durchführt, wird mit Freiheitsstrafe bis zu einem Jahr oder mit Geldstrafe bestraft.

§ 27 [Führung von Waffen]. Wer bei öffentlichen Versammlungen oder Aufzügen Waffen oder sonstige Gegenstände, die ... zur Verletzung von Personen oder Beschädigung von Sachen geeignet ... sind, mit sich führt, ohne dazu ... ermächtigt zu sein, wird mit Freiheitsstrafe bis zu einem Jahr oder mit Geldstrafe bestraft.

Gesetz über die Rechtsstellung der Soldaten (Soldatengesetz)

in der Fassung vom 19. Aug. 1975

§ 1 Begriffsbestimmungen. (1) Soldat ist, wer auf Grund der Wehrpflicht oder freiwilliger Verpflichtung in einem Wehrdienstverhältnis steht. Staat und Soldaten sind durch gegenseitige Treue miteinander verbunden.

§ 3 Ernennungs- und Verwendungsgrundsätze. Der Soldat ist nach Eignung, Befähigung und Leistung ohne Rücksicht auf Geschlecht, Abstammung, Rasse, Glauben, religiöse oder politische Anschauung, Heimat oder Herkunft zu ernennen und zu verwenden.

§ 6 Staatsbürgerliche Rechte des Soldaten. Der Soldat hat die gleichen staatsbürgerlichen Rechte wie jeder andere Staatsbürger. Seine Rechte werden im Rahmen der Erfordernisse des militärischen Dienstes durch seine gesetzlich begründeten Pflichten beschränkt.

§ 7 Grundpflicht des Soldaten. Der Soldat hat die Pflicht, der Bundesrepublik Deutschland treu zu dienen und das Recht und die Freiheit des deutschen Volkes tapfer zu verteidigen.

§ 8 Eintreten für die demokratische Grundordnung. Der Soldat muß die freiheitliche demokratische Grundordnung im Sinne des Grundgesetzes anerkennen und durch sein gesamtes Verhalten für ihre Erhaltung eintreten.

§ 9 Eid und feierliches Gelöbnis.
(1) Berufssoldaten und Soldaten auf Zeit haben folgenden Diensteid zu leisten:
„Ich schwöre, der Bundesrepublik Deutschland treu zu dienen und das Recht und die Freiheit des deutschen Volkes tapfer zu verteidigen, so wahr mir Gott helfe."
Der Eid kann auch ohne die Worte „so wahr mir Gott helfe" geleistet werden. Gestattet ein Bundesgesetz den Mitgliedern einer Religionsgesellschaft, an Stelle der Worte „ich schwöre" andere Beteuerungsformeln zu gebrauchen, so kann das Mitglied einer solchen Religionsgesellschaft diese Beteuerungsformel sprechen.

(2) Soldaten, die auf Grund der Wehrpflicht Wehrdienst leisten, bekennen sich zu ihren Pflichten durch das folgende feierliche Gelöbnis:
„Ich gelobe, der Bundesrepublik Deutschland treu zu dienen und das Recht und die Freiheit des deutschen Volkes tapfer zu verteidigen."

§ 11 Gehorsam. (1) Der Soldat muß seinen Vorgesetzten gehorchen. ... Ungehorsam liegt nicht vor, wenn ein Befehl nicht befolgt wird, der die Menschenwürde verletzt oder der nicht zu dienstlichen Zwecken erteilt worden ist; ...

(2) Ein Befehl darf nicht befolgt werden, wenn dadurch eine Straftat begangen würde. ...

§ 12 Kameradschaft. Der Zusammenhalt der Bundeswehr beruht wesentlich auf Kameradschaft. Sie verpflichtet alle Soldaten, die Würde, die Ehre und die Rechte des Kameraden zu achten und ihm in Not und Gefahr beizustehen. Das schließt gegenseitige Anerkennung, Rücksicht und Achtung fremder Anschauungen ein.

§ 14 Verschwiegenheit. (1) Der Soldat hat, auch nach seinem Ausscheiden aus dem Wehrdienst, über die ihm bei seiner dienstlichen Tätigkeit bekanntgewordenen Angelegenheiten Verschwiegenheit zu bewahren. ...

§ 15 Politische Betätigung. (1) Im Dienst darf sich der Soldat nicht zugunsten oder zuungunsten einer bestimmten politischen Richtung betätigen. Das Recht des Soldaten, im Gespräch mit Kameraden seine eigene Meinung zu äußern, bleibt unberührt.

§ 16 Verhalten in anderen Staaten. Außerhalb des Geltungsbereichs des Grundgesetzes ist dem Soldaten jede Einmischung in die Angelegenheiten des Aufenthaltsstaates versagt.

§ 17 Verhalten im und außer Dienst.
(1) Der Soldat hat Disziplin zu wahren und die dienstliche Stellung des Vorgesetzten in seiner Person auch außerhalb des Dienstes zu achten.

(2) Sein Verhalten muß dem Ansehen der Bundeswehr sowie der Achtung und dem Vertrauen gerecht werden, die sein Dienst als Soldat erfordert. ...

§ 18 Gemeinsames Wohnen. Der Soldat ist auf dienstliche Anordnung verpflichtet, in einer Gemeinschaftsunterkunft zu wohnen und an einer Gemeinschaftsverpflegung teilzunehmen. ...

§ 24 Haftung. (1) Verletzt ein Soldat vorsätzlich oder grob fahrlässig seine Dienstpflichten, so hat er dem Bund den daraus entstehenden Schaden zu ersetzen. ...

§ 34 Beschwerde. Der Soldat hat das Recht, sich zu beschweren. Das Nähere regelt ein Gesetz.

§ 36 Seelsorge. Der Soldat hat einen Anspruch auf Seelsorge und ungestörte Religionsausübung. Die Teilnahme am Gottesdienst ist freiwillig.

Wehrpflichtgesetz

in der Fassung der Bekanntmachung vom 13. Juni 1986

1 Wehrpflicht

1.1 Umfang der Wehrpflicht

§ 1 Allgemeine Wehrpflicht. (1) Wehrpflichtig sind alle Männer vom vollendeten achtzehnten Lebensjahr an, die Deutsche im Sinne des Grundgesetzes sind und
1. ihren ständigen Aufenthalt im Geltungsbereich dieses Gesetzes haben oder
2. ihren ständigen Aufenthalt außerhalb des Gebietes des Deutschen Reichs nach dem Stand vom 31. Dezember 1937 (Deutschland) haben und entweder
   a) ihren letzten innerdeutschen ständigen Aufenthalt im Geltungsbereich dieses Gesetzes hatten oder
   b) einen Paß oder eine Staatsangehörigkeitsurkunde der Bundesrepublik Deutschland besitzen oder sich auf andere Weise ihrem Schutz unterstellt haben.

§ 3 Inhalt und Dauer der Wehrpflicht.
(1) Die Wehrpflicht wird durch den Wehrdienst oder im Falle des § 1 des Kriegsdienstverweigerungsgesetzes vom 28. Februar 1983 durch den Zivildienst erfüllt. Sie umfaßt die Pflicht, sich zu melden, vorzustellen, nach Maßgabe dieses Gesetzes Auskünfte zu erteilen, sich auf die geistige und körperliche Tauglichkeit untersuchen und auf die Eignung für bestimmte Verwendungen prüfen zu lassen, den Wehrpaß und das Personalstammblatt in Empfang zu nehmen und zum Gebrauch im Wehrdienst bestimmte Bekleidungs- und Ausrüstungsstücke zu übernehmen und entsprechend dem Einberufungsbescheid zum Dienstantritt mitzubringen.

1.2 Wehrdienst

§ 4 Arten des Wehrdienstes. (1) Der auf Grund der Wehrpflicht zu leistende Wehrdienst umfaßt
1. den Grundwehrdienst (§ 5),
2. den Wehrdienst in der Verfügungsbereitschaft (§ 5a),
3. Wehrübungen (§ 6),
4. im Verteidigungsfall den unbefristeten Wehrdienst.

§ 5 Grundwehrdienst. (1) Grundwehrdienst leisten Wehrpflichtige, die zu dem für den Dienstbeginn festgesetzten Zeitpunkt das achtundzwanzigste Lebensjahr noch nicht vollendet haben. Abweichend hiervon leisten Grundwehrdienst Wehrpflichtige, die zu dem für den Dienstbeginn festgesetzten Zeitpunkt das zweiunddreißigste Lebensjahr noch nicht vollendet haben, wenn sie
1. wegen ihrer beruflichen Ausbildung

während des Grundwehrdienstes vorwiegend militärfachlich (§ 40) verwendet werden,
2. wegen einer Verpflichtung zur Leistung eines Dienstes als Helfer im Zivilschutz oder Katastrophenschutz (§ 13a) oder wegen einer Verpflichtung zur Leistung eines Entwicklungsdienstes (§ 13b) vor Vollendung des achtundzwanzigsten Lebensjahres nicht zum Grundwehrdienst herangezogen worden sind,
3. sich vor Vollendung des achtundzwanzigsten Lebensjahres mindestens zeitweise ohne die nach § 3 Abs. 2 erforderliche Genehmigung außerhalb des Geltungsbereichs dieses Gesetzes aufgehalten haben,
4. nach § 29 Abs. 6 Satz 1 als aus dem Grundwehrdienst entlassen gelten und Tage schuldhafter Abwesenheit nachzudienen haben (§ 5 Abs. 3),
5. nach Vollendung des siebenundzwanzigsten Lebensjahres auf ihre Anerkennung als Kriegsdienstverweigerer verzichten, es sei denn, daß sie im Zeitpunkt des Verzichts das achtundzwanzigste Lebensjahr vollendet haben und sich nicht im Zivildienstverhältnis befinden oder
6. wegen einer Zurückstellung ... nicht vor Vollendung des achtundzwanzigsten Lebensjahres zum Grundwehrdienst herangezogen werden konnten und der Zurückstellungsgrund entfallen ist.

§ 5a Verfügungsbereitschaft. (1) Wehrpflichtige leisten während einer Zeit von zwölf Monaten im Anschluß an den Grundwehrdienst oder an die Beendigung eines Dienstverhältnisses als Soldat auf Zeit auf Grund ... des Soldatengesetzes Wehrdienst in der Verfügungsbereitschaft, wenn und solange der Bundesminister der Verteidigung es anordnet.

§ 8a Tauglichkeitsgrade. (1) Folgende Tauglichkeitsgrade werden festgesetzt:
wehrdienstfähig,
vorübergehend nicht wehrdienstfähig,
nicht wehrdienstfähig.
Die Richtlinien für die Festsetzung der einzelnen Tauglichkeitsgrade werden vom Bundesminister der Verteidigung erlassen.

§ 9 Wehrdienstunfähigkeit. Zum Wehrdienst wird nicht herangezogen, wer nicht wehrdienstfähig ist.

1.3 Wehrdienstausnahmen

§ 13a Zivilschutz oder Katastrophenschutz. (1) Wehrpflichtige, die sich vor Vollendung des vierundzwanzigsten Lebensjahres mit Zustimmung der zuständigen Behörde auf mindestens acht Jahre zum ehrenamtlichen Dienst als Helfer im Zivilschutz oder Katastrophenschutz verpflichtet haben, werden nicht zum Wehrdienst herangezogen, solange sie als Helfer im Zivilschutz oder Katastrophenschutz mitwirken.

§ 13b Entwicklungsdienst. (1) Wehrpflichtige werden bis zur Vollendung des dreißigsten Lebensjahres nicht zum Wehrdienst herangezogen, wenn sie sich gegenüber einem nach § 2 des Entwicklungshelfer-Gesetzes ... anerkannten Träger des Entwicklungsdienstes im Rahmen des Bedarfs dieses Trägers vertraglich zur Leistung eines mindestens zweijährigen Entwicklungsdienstes verpflichtet haben, sich in angemessener Weise für die spätere Tätigkeit als Entwicklungshelfer fortbilden und der Bundesminister für wirtschaftliche Zusammenarbeit dies bestätigt.

2 Wehrersatzwesen

2.1 Wehrersatzbehörden

§ 14 (1) Die Aufgaben des Wehrersatzwesens mit Ausnahme der Erfassung werden in bundeseigener Verwaltung durchgeführt und folgenden, dem Bundesminister der Verteidigung unterstehenden Behörden der Bundeswehrverwaltung übertragen:
1. Bundeswehrverwaltungsamt
   – Bundesoberbehörde –,
2. Wehrbereichsverwaltungen
   – Bundesmittelbehörden –,
3. Kreiswehrersatzämter
   – Bundesunterbehörden –.

(2) Die örtliche Zuständigkeit der Mittel- und Unterbehörden der Bundeswehrverwaltung ist den Grenzen der Länder und ihrer Verwaltungsbezirke anzupassen.

2.2 Erfassung

§ 15 (1) Im Wege der Erfassung werden für alle Wehrpflichtigen Personennachweise angelegt und laufend geführt.

(2) Die Erfassungsbehörde fordert die Wehrpflichtigen auf, schriftlich oder mündlich die für die Erfassung erforderlichen Angaben zu machen. Die Wehrpflichtigen sind verpflichtet, die geforderten Auskünfte zu erteilen und nach Aufforderung sich persönlich bei der Erfassungsbehörde zu melden.

(3) Die Erfassung ist Aufgabe der Länder. ...

2.3 Heranziehung von ungedienten Wehrpflichtigen

§ 16 **Zweck der Musterung.** (1) Ungediente Wehrpflichtige werden vor der Heranziehung zum Wehrdienst gemustert.

(2) Durch die Musterung wird entschieden, welche ungedienten Wehrpflichtigen für den Wehrdienst zur Verfügung stehen. ...

2.5 Wehrüberwachung

§ 24 (1) Die Wehrpflichtigen unterliegen von ihrer Musterung an der Wehrüberwachung. ...

Gesetz über den Zivildienst der Kriegsdienstverweigerer (Zivildienstgesetz - ZDG -)

in der Fassung vom 29. September 1983

§ 1 Aufgaben des Zivildienstes. Im Zivildienst erfüllen anerkannte Kriegsdienstverweigerer Aufgaben, die dem Allgemeinwohl dienen, vorrangig im sozialen Bereich.

§ 2 Organisation des Zivildienstes.
(1) Dieses Gesetz wird, soweit es nichts anderes bestimmt, in bundeseigener Verwaltung ausgeführt. Hierzu wird eine selbständige Bundesoberbehörde unter der Bezeichnung „Bundesamt für den Zivildienst" (Bundesamt) errichtet, die dem Bundesminister für Jugend, Familie, Frauen und Gesundheit untersteht.

§ 7 Tauglichkeit. Die Tauglichkeit für den Zivildienst bestimmt sich nach der Tauglichkeit für den Wehrdienst.

§ 8 Zivildienstunfähigkeit. Zum Zivildienst wird nicht herangezogen, wer nicht zivildienstfähig ist.

§ 14 Zivilschutz oder Katastrophenschutz. (1) Anerkannte Kriegsdienstverweigerer, die sich vor Vollendung des vierundzwanzigsten Lebensjahres mit Zustimmung der zuständigen Behörde auf mindestens acht Jahre zum ehrenamtlichen Dienst als Helfer im Zivilschutz oder Katastrophenschutz verpflichtet haben, werden nicht zum Zivildienst herangezogen, solange sie im Zivilschutz oder Katastrophenschutz mitwirken.

§ 14a Entwicklungsdienst. (1) Anerkannte Kriegsdienstverweigerer werden bis zur Vollendung des dreißigsten Lebensjahres nicht zum Zivildienst herangezogen, wenn sie sich gegenüber einem nach § 2 des Entwicklungshelfer-Gesetzes ... anerkannten Träger des Entwicklungsdienstes im Rahmen des Bedarfs dieses Trägers vertraglich zur Leistung eines mindestens zweijährigen Entwicklungsdienstes verpflichtet haben, sich in angemessener Weise für die spätere Tätigkeit als Entwicklungshelfer fortbilden und der Bundesminister für wirtschaftliche Zusammenarbeit dies bestätigt.

§ 15 Sondervorschriften für Polizeivollzugsbeamte. (1) Anerkannte Kriegsdienstverweigerer, die dem Vollzugsdienst der Polizei oder dem hauptamtlichen Bahnpolizeidienst der Deutschen Bundesbahn (polizeilicher Vollzugsdienst) angehören oder für diesen durch schriftlichen Bescheid angenommen sind, werden bis zur Beendigung dieses Dienstes nicht zum Zivildienst herangezogen.

§ 15a Freies Arbeitsverhältnis. (1) Anerkannte Kriegsdienstverweigerer, die aus Gewissensgründen gehindert sind, Zivildienst zu leisten, werden zum Zivildienst vorläufig nicht herangezogen, wenn sie erklären, daß sie ein Arbeitsverhältnis mit üblicher Arbeitszeit in einem Krankenhaus oder einer anderen Einrichtung zur Behandlung, Pflege und Betreuung von Personen begründen wollen, oder wenn sie in einem solchen Arbeitsverhältnis tätig sind. Dies gilt nur, wenn das Arbeitsverhältnis nach der Anerkennung als Kriegsdienstverweigerer und vor Vollendung des vierundzwanzigsten Lebensjahres mit einer Dauer, die mindestens ein Jahr länger ist als der Zivildienst, den der anerkannte Kriegsdienstverweigerer sonst zu leisten hätte, begründet werden soll oder begründet worden ist.

(2) Weist der anerkannte Kriegsdienstverweigerer vor Vollendung des siebenundzwanzigsten Lebensjahres nach, daß er für die in Absatz 1 genannte Mindestdauer in einem solchen Arbeitsverhältnis tätig war, so erlischt seine Pflicht, Zivildienst zu leisten. Wird das Arbeitsverhältnis aus Gründen, die der anerkannte Kriegsdienstverweigerer nicht zu vertreten hat, vorzeitig beendet, so ist die in dem Arbeitsverhältnis zurückgelegte Zeit, soweit sie ein Jahr übersteigt, auf den Zivildienst anzurechnen.

Arbeitsförderungsgesetz (AFG)

vom 25. Juni 1969

§ 1 [Zielsetzung der gesetzlichen Arbeitsförderung]. Die Maßnahmen nach diesem Gesetz sind im Rahmen der Sozial- und Wirtschaftspolitik der Bundesregierung darauf auszurichten, daß ein hoher Beschäftigungsstand erzielt und aufrechterhalten, die Beschäftigungsstruktur ständig verbessert und damit das Wachstum der Wirtschaft gefördert wird.

§ 2 [Schwerpunkte der gesetzlichen Arbeitsförderung]. Die Maßnahmen nach diesem Gesetz haben insbesondere dazu beizutragen, daß
1. weder Arbeitslosigkeit und unterwertige Beschäftigung noch ein Mangel an Arbeitskräften eintreten oder fortdauern,
2. die berufliche Beweglichkeit der Erwerbstätigen gesichert und verbessert wird,
3. nachteilige Folgen, die sich für die Erwerbstätigen aus der technischen Entwicklung oder aus wirtschaftlichen Strukturwandlungen ergeben können, vermieden, ausgeglichen oder beseitigt werden,
4. die berufliche Eingliederung körperlich, geistig oder seelisch Behinderter gefördert wird,
5. der geschlechtsspezifische Ausbildungsstellen- und Arbeitsmarkt überwunden wird und Frauen, deren Unterbringung unter den üblichen Bedingungen des Arbeitsmarktes erschwert ist, beruflich eingegliedert und gefördert werden,
6. ältere und andere Erwerbstätige, deren Unterbringung unter den üblichen Bedingungen des Arbeitsmarktes erschwert ist, beruflich eingegliedert werden,
7. die Struktur der Beschäftigung nach Gebieten und Wirtschaftszweigen verbessert wird.

§ 3 [Aufgaben der Bundesanstalt].
(1) Die Aufgaben nach diesem Gesetz werden im Rahmen der Sozial- und Wirtschaftspolitik der Bundesregierung von der Bundesanstalt für Arbeit (Bundesanstalt) durchgeführt.
(2) Der Bundesanstalt obliegen
1. die Berufsberatung,
2. die Arbeitsvermittlung,
3. die Förderung der beruflichen Bildung, soweit sie ihr in diesem Gesetz übertragen ist,
4. die Gewährung von berufsfördernden Leistungen zur Rehabilitation, soweit sie ihr in diesem Gesetz übertragen ist,
5. die Gewährung von Leistungen zur Erhaltung und Schaffung von Arbeitsplätzen,
6. die Gewährung von Arbeitslosengeld,
7. die Gewährung von Konkursausfallgeld.

Die Bundesanstalt hat Arbeitsmarkt- und Berufsforschung zu betreiben.

(4) Die Bundesanstalt gewährt im Auftrage des Bundes die Arbeitslosenhilfe.
(5) Die Bundesregierung kann der Bundesanstalt durch Rechtsverordnung weitere Aufgaben übertragen, die im Zusammenhang mit ihren Aufgaben nach diesem Gesetz stehen; die Durchführung befristeter Arbeitsmarktprogramme kann sie der Bundesanstalt auch durch Verwaltungsvereinbarung übertragen.

§ 4 [Monopol der Bundesanstalt]. Berufsberatung, Vermittlung in berufliche Ausbildungsstellen und Arbeitsvermittlung dürfen nur von der Bundesanstalt betrieben werden, ...

§ 9 [Anmeldung offener Arbeits- und Ausbildungsplätze]. Der Bundesminister für Arbeit und Sozialordnung kann durch Rechtsverordnung bestimmen, daß Arbeitgeber die bei ihnen vorhandenen offenen Arbeits- und Ausbildungsplätze bei dem zuständigen Arbeitsamt anzumelden haben, soweit dies für die Zwecke der Arbeitsvermittlung, der Vermittlung in berufliche Ausbildungsstellen oder der Arbeitsmarkt- und Berufsforschung erforderlich ist. Die Anmeldepflicht kann befristet und auf bestimmte Wirtschafts-

Zweige, Bezirke, Berufe und Arbeitnehmergruppen beschränkt werden. Sie darf nicht auf Arbeitsplätze erstreckt werden, die durch Arbeitskämpfe frei geworden sind.

§ 10 [Meldung von Einstellungen und Entlassungen]. (1) Der Arbeitgeber meldet die Personen im Sinne des § 28a des Vierten Buches Sozialgesetzbuch.

Arbeitsgerichtsgesetz (ArbgG)

in der Fassung vom 2. Juli 1979

1 Allgemeine Vorschriften

§ 1. Gerichte für Arbeitssachen. Die Gerichtsbarkeit in Arbeitssachen - §§ 2 bis 3 - wird ausgeübt durch die Arbeitsgerichte - §§ 14 bis 31 -, die Landesarbeitsgerichte - §§ 33 bis 39 - und das Bundesarbeitsgericht - §§ 40 bis 45 - (Gerichte für Arbeitssachen).

§ 2. Zuständigkeit im Urteilsverfahren. (1) Die Gerichte für Arbeitssachen sind ausschließlich zuständig für
1. bürgerliche Rechtsstreitigkeiten zwischen Tarifvertragsparteien oder zwischen diesen und Dritten aus Tarifverträgen oder über das Bestehen oder Nichtbestehen von Tarifverträgen;
2. bürgerliche Rechtsstreitigkeiten zwischen tariffähigen Parteien oder zwischen diesen und Dritten aus unerlaubten Handlungen, soweit es sich um Maßnahmen zum Zwecke des Arbeitskampfes oder um Fragen der Vereinigungsfreiheit einschließlich des hiermit im Zusammenhang stehenden Betätigungsrechts der Vereinigungen handelt;
3. bürgerliche Rechtsstreitigkeiten zwischen Arbeitnehmern und Arbeitgebern
    a) aus dem Arbeitsverhältnis;
    b) über das Bestehen oder Nichtbestehen eines Arbeitsverhältnisses;
    c) aus Verhandlungen über die Eingehung eines Arbeitsverhältnisses und aus dessen Nachwirkungen;
    d) aus unerlaubten Handlungen, soweit diese mit dem Arbeitsverhältnis im Zusammenhang stehen;
    e) über Arbeitspapiere;
4. bürgerliche Rechtsstreitigkeiten zwischen Arbeitnehmern oder ihren Hinterbliebenen und
    a) Arbeitgebern über Ansprüche, die mit dem Arbeitsverhältnis in rechtlichem oder unmittelbar wirtschaftlichem Zusammenhang stehen; ...

§ 2a. Zuständigkeit im Beschlußverfahren. (1) Die Gerichte für Arbeitssachen sind ferner ausschließlich zuständig für
1. Angelegenheiten aus dem Betriebsverfassungsgesetz, soweit nicht für Maßnahmen nach seinen §§ 119 bis 121 die Zuständigkeit eines anderen Gerichts gegeben ist;
2. Angelegenheiten aus dem Sprecherausschußgesetz ...
3. Angelegenheiten aus dem Mitbestimmungsgesetz, dem Mitbestimmungsergänzungsgesetz und dem Betriebsverfassungsgesetz 1952, soweit über die Wahl von Vertretern der Arbeitnehmer in den Aufsichtsrat und über ihre Abberufung mit Ausnahme der Abberufung nach § 103 Abs. 3 des Aktiengesetzes zu entscheiden ist;
4. die Entscheidung über die Tariffähigkeit und die Tarifzuständigkeit einer Vereinigung.

(2) In Streitigkeiten nach diesen Vorschriften findet das Beschlußverfahren statt.

§ 5. Begriff des Arbeitnehmers.
(1) ¹Arbeitnehmer im Sinne dieses Gesetzes sind Arbeiter und Angestellte sowie die zu ihrer Berufsausbildung Beschäftigten.

§ 8. Gang des Verfahrens. (1) Im ersten Rechtszug sind die Arbeitsgerichte zuständig.

(2) Gegen die Urteile der Arbeitsgerichte findet die Berufung an die Landesarbeitsgerichte nach Maßgabe des § 64 Abs. 1 statt.

(3) Gegen die Urteile der Landesarbeitsgerichte findet die Revision an das

Bundesarbeitsgericht nach Maßgabe des § 72 Abs. 1 statt.

(4) Gegen die Beschlüsse der Arbeitsgerichte und ihrer Vorsitzenden im Beschlußverfahren findet die Beschwerde an das Landesarbeitsgericht nach Maßgabe des § 87 statt.

(5) Gegen die Beschlüsse der Landesarbeitsgerichte im Beschlußverfahren findet die Rechtsbeschwerde an das Bundesarbeitsgericht nach Maßgabe des § 92 statt.

§ 10. Parteifähigkeit. Parteifähig im arbeitsgerichtlichen Verfahren sind auch Gewerkschaften und Vereinigungen von Arbeitgebern sowie Zusammenschlüsse solcher Verbände; in den Fällen des § 2a Abs. 1 Nr. 1 bis 3 sind auch die nach dem Betriebsverfassungsgesetz, dem Sprecherausschußgesetz, dem Mitbestimmungsgesetz, dem Mitbestimmungsergänzungsgesetz, dem Betriebsverfassungsgesetz 1952 und den zu diesen Gesetzen ergangenen Rechtsverordnungen beteiligten Personen und Stellen Beteiligte, in den Fällen des § 2a Abs. 1 Nr. 4 auch die beteiligten Vereinigungen von Arbeitnehmern oder von Arbeitgebern sowie die oberste Arbeitsbehörde des Bundes oder derjenigen Länder, auf deren Bereich sich die Tätigkeit der Vereinigung erstreckt.

§ 11. Prozeßvertretung. (1) ¹Die Parteien können vor den Arbeitsgerichten den Rechtsstreit selbst führen oder sich vertreten lassen.

2 Schiedsvertrag in Arbeitsstreitigkeiten

§ 101. Grundsatz. (1) Für bürgerliche Rechtsstreitigkeiten zwischen Tarifvertragsparteien aus Tarifverträgen oder über das Bestehen oder Nichtbestehen von Tarifverträgen können die Parteien des Tarifvertrags die Arbeitsgerichtsbarkeit allgemein oder für den Einzelfall durch die ausdrückliche Vereinbarung ausschließen, daß die Entscheidung durch ein Schiedsgericht erfolgen soll.

(3) Die Vorschriften der Zivilprozeßordnung über das schiedsrichterliche Verfahren finden in Arbeitssachen keine Anwendung.

§ 102. Prozeßhindernde Einrede.
(1) Wird das Arbeitsgericht wegen einer Rechtsstreitigkeit angerufen, für die die Parteien des Tarifvertrages einen Schiedsvertrag geschlossen haben, so hat das Gericht die Klage als unzulässig abzuweisen, wenn sich der Beklagte auf den Schiedsvertrag beruft.

§ 103. Zusammensetzung des Schiedsgerichts. (1) ¹Das Schiedsgericht muß aus einer gleichen Zahl von Arbeitnehmern und von Arbeitgebern bestehen; außerdem können ihm Unparteiische angehören. ²Personen, die infolge Richterspruchs die Fähigkeit zur Bekleidung öffentlicher Ämter nicht besitzen, dürfen ihm nicht angehören.

(2) Mitglieder des Schiedsgerichts können unter denselben Voraussetzungen abgelehnt werden, die zur Ablehnung eines Richters berechtigen.

(3) ¹Über die Ablehnung beschließt die Kammer des Arbeitsgerichts, das für die Geltendmachung des Anspruchs zuständig wäre.

§ 105. Anhörung der Parteien. (1) Vor der Fällung des Schiedsspruchs sind die Streitparteien zu hören.

(2) ¹Die Anhörung erfolgt mündlich.

§ 106. Beweisaufnahme. (1) ¹Das Schiedsgericht kann Beweise erheben, soweit die Beweismittel ihm zur Verfügung gestellt werden.

§ 107. Vergleich. Ein vor dem Schiedsgericht geschlossener Vergleich ist unter Angabe des Tages seines Zustandekommens von den Streitparteien und den Mitgliedern des Schiedsgerichts zu unterschreiben.

§ 108. Schiedsspruch. (1) Der Schiedsspruch ergeht mit einfacher Mehrheit der Stimmen der Mitglieder des Schiedsgerichts, falls der Schiedsvertrag nichts anderes bestimmt.

(2) ¹Der Schiedsspruch ist unter Angabe des Tages seiner Fällung von den Mitgliedern des Schiedsgerichts zu unterschreiben und muß schriftlich begründet werden, soweit die Parteien nicht auf schriftliche Begründung ausdrücklich verzichten. ²Eine vom Verhandlungsleiter unterschriebene Ausfertigung des Schiedsspruchs ist jeder Streitpartei zuzustellen.

(4) Der Schiedsspruch hat unter den Parteien dieselben Wirkungen wie ein rechtskräftiges Urteil des Arbeitsgerichts.

§ 109. Zwangsvollstreckung. (1) ¹Die Zwangsvollstreckung findet aus dem Schiedsspruch oder aus einem vor dem Schiedsgericht geschlossenen Vergleich nur statt, wenn der Schiedsspruch oder der Vergleich von dem Vorsitzenden des Arbeitsgerichts, das für die Geltendmachung des Anspruchs zuständig wäre, für vollstreckbar erklärt worden ist.
(2) ¹Die Entscheidung des Vorsitzenden ist endgültig.

Arbeitszeitordnung (AZO)
vom 30. April 1938

§ 1. Geltungsbereich. (1) Die Arbeitszeitordnung gilt für Gefolgschaftsmitglieder über 18 Jahre in Betrieben und Verwaltungen aller Art, auch wenn sie nicht mit der Absicht der Gewinnerzielung betrieben werden. Ausgenommen sind
1. die Landwirtschaft einschließlich des Gartenbaues, des Weinbaues und der Imkerei, die Forstwirtschaft, die Jagd, die Tierzucht und die land- und forstwirtschaftlichen Nebenbetriebe gewerblicher Art, letztere jedoch nur, wenn sie nur für eigenen Bedarf arbeiten,
2. die Fischerei, die Seeschiffahrt und die Luftfahrt, ausschließlich der zugehörigen Land- und Bodenbetriebe.

(2) Die Arbeitszeitordnung gilt nicht für
1. Generalbevollmächtigte und die im Handelsregister oder Genossenschaftsregister eingetragenen Vertreter eines Unternehmens,
2. sonstige Angestellte in leitender Stellung, die Vorgesetzte von mindestens zwanzig Gefolgschaftsmitgliedern sind oder deren Jahresarbeitsverdienst die im Versicherungsgesetz für Angestellte für die Versicherungspflicht jeweils bestimmte Höchstgrenze übersteigt; ...

§ 2. Begriff der Arbeitszeit. (1) Arbeitszeit ist die Zeit vom Beginn bis zum Ende der Arbeit ohne die Ruhepausen.
(2) Im Steinkohlenbergbau gilt als Arbeitszeit die Schichtzeit: ...
(3) Arbeitszeit ist auch die Zeit, während der ein im übrigen im Betriebe Beschäftigter in seiner eigenen Wohnung oder Werkstätte oder sonst außerhalb des Betriebes beschäftigt wird. Werden Gefolgschaftsmitglieder von mehreren Stellen beschäftigt, so dürfen die einzelnen Beschäftigungen zusammen die gesetzliche Höchstgrenze der Arbeitszeit nicht überschreiten.

§ 3. Regelmäßige Arbeitszeit. Die regelmäßige werktägliche Arbeitszeit darf die Dauer von acht Stunden nicht überschreiten.

§ 4. Andere Verteilung der Arbeitszeit. (1) Wird die Arbeitszeit an einzelnen Werktagen regelmäßig verkürzt, so kann die ausfallende Arbeitszeit auf die übrigen Werktage derselben sowie der vorhergehenden oder der folgenden Woche verteilt werden. Dieser Ausgleich ist ferner zulässig, soweit die Art des Betriebes eine ungleichmäßige Verteilung der Arbeitszeit erfordert; das Gewerbeaufsichtsamt kann bestimmen, ob diese Voraussetzung vorliegt.
(2) Die durch Betriebsfeiern, Volksfeste, öffentliche Veranstaltungen oder aus ähnlichem Anlaß an Werktagen ausfallende Arbeitszeit kann auf die Werktage von fünf zusammenhängenden, die Ausfalltage einschließenden Wochen verteilt werden. Dasselbe gilt, wenn in Verbindung mit Feiertagen die Arbeitszeit an Werktagen ausfällt, um den Gefolgschaftsmitgliedern eine längere zusammenhängende Freizeit zu gewähren.
(3) Die tägliche Arbeitszeit darf bei Anwendung der Vorschriften der Abs. 1 und 2 zehn Stunden täglich nicht überschreiten. Das Gewerbeaufsichtsamt kann eine Überschreitung dieser Grenze zulassen.

§ 5. Vor- und Abschlußarbeiten.
(1) Die für den Betrieb oder eine Betriebsabteilung zulässige Dauer der Arbeitszeit

darf um zwei Stunden täglich, jedoch höchstens bis zu zehn Stunden täglich in folgenden Fällen ausgedehnt werden
1. bei Arbeiten zur Reinigung und Instandhaltung, soweit sich diese Arbeiten während des regelmäßigen Betriebes nicht ohne Unterbrechung oder erhebliche Störung ausführen lassen,
2. bei Arbeiten, von denen die Wiederaufnahme oder Aufrechterhaltung des vollen Betriebes arbeitstechnisch abhängt.

(2) Beim Zuendebedienen der Kundschaft einschließlich der damit zusammenhängenden notwendigen Aufräumungsarbeiten darf die Arbeitszeit um eine halbe Stunde, jedoch höchstens bis zu zehn Stunden täglich verlängert werden.

(3) Die Arbeitszeit darf in den Fällen des Abs. 1 über zehn Stunden täglich verlängert werden, wenn eine Vertretung des Gefolgschaftsmitgliedes durch andere Gefolgschaftsmitglieder nicht möglich ist und die Heranziehung betriebsfremder Personen dem Betriebsführer nicht zugemutet werden kann. Als Vor- und Abschlußarbeiten gelten hierbei nur solche Arbeiten, die die Dauer von zwei Stunden täglich nicht überschreiten.

(4) Das Gewerbeaufsichtsamt kann bestimmen, welche Arbeiten als Vor- und Abschlußarbeiten gelten.

§ 6. **Arbeitszeitverlängerung an dreißig Tagen.** Die Gefolgschaftsmitglieder eines Betriebes oder einer Betriebsabteilung dürfen an dreißig Tagen im Jahr über die regelmäßige Arbeitszeit hinaus mit Mehrarbeit bis zu zwei Stunden täglich, jedoch nicht länger als zehn Stunden täglich beschäftigt werden.

§ 7. **Arbeitszeitverlängerung durch Tarifordnung.** (1) Die regelmäßige Arbeitszeit kann durch Tarifordnung bis zu zehn Stunden täglich verlängert werden.

(2) Wenn in die Arbeitszeit regelmäßig und in erheblichem Umfange Arbeitsbereitschaft fällt, kann die Arbeitszeit auch über zehn Stunden täglich verlängert werden.

§ 8. **Arbeitszeitverlängerung durch das Gewerbeaufsichtsamt.** (1) Das Gewerbeaufsichtsamt kann beim Nachweis eines dringenden Bedürfnisses eine von den §§ 3, 4 und 7 abweichende befristete Regelung der Arbeitszeit zulassen.

§ 12. **Arbeitsfreie Zeiten und Ruhepausen.** (1) Den Gefolgschaftsmitgliedern ist nach Beendigung der täglichen Arbeitszeit eine ununterbrochene Ruhezeit von mindestens elf Stunden zu gewähren. In Gast- und Schankwirtschaften, im übrigen Beherbergungswesen und im Verkehrswesen darf die ununterbrochene Ruhezeit auf zehn Stunden verkürzt werden. Das Gewerbeaufsichtsamt kann beim Nachweis eines dringenden Bedürfnisses weitergehende Ausnahmen zulassen.

(2) Den männlichen Gefolgschaftsmitgliedern sind bei einer Arbeitszeit von mehr als sechs Stunden mindestens eine halbstündige Ruhepause oder zwei viertelstündige Ruhepausen zu gewähren, in denen eine Beschäftigung im Betriebe nicht gestattet ist. Für den Aufenthalt während der Pausen sind nach Möglichkeit besondere Aufenthaltsräume oder freie Plätze bereitzustellen. Bei Arbeiten, die einen ununterbrochenen Fortgang erfordern, sind die in Wechselschichten beschäftigten Gefolgschaftsmitglieder ausgenommen; jedoch müssen ihnen Kurzpausen von angemessener Dauer gewährt werden.

§ 14. **Außergewöhnliche Fälle.** (1) Die Vorschriften der §§ 3 bis 13 über Dauer der Arbeitszeit, arbeitsfreie Zeiten und Ruhepausen finden keine Anwendung auf vorübergehende Arbeiten in Notfällen und in außergewöhnlichen Fällen, die unabhängig vom Willen der Betroffenen eintreten und deren Folgen nicht auf andere Weise zu beseitigen sind, besonders wenn Rohstoffe oder Lebensmittel zu verderben oder Arbeitszeugnisse zu mißlingen drohen.

(2) Dasselbe gilt, wenn eine verhältnismäßig geringe Zahl von Gefolgschaftsmitgliedern an einzelnen Tagen mit Arbeiten beschäftigt wird, deren Nichterledigung das Ergebnis der Arbeit gefährdet oder einen unverhältnismäßigen wirtschaftlichen Schaden zur Folge haben würde und wenn dem Betriebsführer andere Vorkehrungen nicht zugemutet werden können.

§ 15. **Mehrarbeitsvergütung.** (1) Wird auf Grund des § 6 über Arbeitszeitverlängerung an dreißig Tagen, des § 7 über Arbeitszeitverlängerung durch Tarifordnung, des § 8 über Arbeitszeitverlängerung durch das Gewerbeaufsichtsamt und des § 14 über außergewöhnliche Fälle Mehrarbeit geleistet, so haben die Gefolgschaftsmitglieder mit Ausnahme der Lehrlinge für die über die Grenzen der §§ 3 und 4 hinausgehende Arbeitszeit Anspruch auf eine angemessene Vergütung über den Lohn für die regelmäßige Arbeitszeit hinaus.

(2) Als angemessene Vergütung gilt, wenn nicht die Beteiligten eine andere Regelung vereinbaren ..., ein Zuschlag von 25 v. H.

§ 16. **Beschäftigungsverbote.** (1) Weibliche Gefolgschaftsmitglieder dürfen in Bergwerken, Salinen, Aufbereitungsanstalten und unterirdisch betriebenen Brüchen und Gruben nicht unter Tage, ferner bei der Förderung, mit Ausnahme der Aufbereitung (Separation, Wäsche), bei dem Transport und der Verladung auch nicht über Tage beschäftigt werden.

(2) Weibliche Gefolgschaftsmitglieder dürfen ferner nicht in Kokereien und nicht mit der Beförderung von Roh- und Werkstoffen bei Bauten aller Art beschäftigt werden.

(3) Der *Reichs*arbeitsminister kann die Beschäftigung von weiblichen Gefolgschaftsmitgliedern für einzelne Arten von Betrieben oder Arbeiten, die mit besonderen Gefahren für Gesundheit und Sittlichkeit verbunden sind, gänzlich untersagen oder von Bedingungen abhängig machen.

§ 17. **Höchstarbeitszeit.** (1) Mit den im § 5 Abs. 1 genannten Vor- und Abschlußarbeiten dürfen weibliche Gefolgschaftsmitglieder höchstens eine Stunde über die für den Betrieb oder die Betriebsabteilung zulässige Dauer der Arbeitszeit hinaus beschäftigt werden.

(2) Bei Anwendung der Ausnahmen des Zweiten Abschnitts dürfen weibliche Gefolgschaftsmitglieder nicht länger als zehn Stunden täglich beschäftigt werden. An den Tagen vor Sonn- und Feiertagen darf die Arbeitszeit 8 Stunden nicht überschreiten.

(3) Die Vorschrift des Abs. 2 Satz 2 gilt nicht für das Verkehrswesen, für Gast- und Schankwirtschaften, für das übrige Beherbergungswesen, für das Friseurhandwerk, für Badeanstalten, für Krankenpflegeanstalten, für Musikaufführungen, Theatervorstellungen, andere Schaustellungen, Darbietungen oder Lustbarkeiten, für Filmaufnahmen, für Gärtnereien, für Apotheken, für offene Verkaufsstellen und für die mit ihnen verbundenen Änderungswerkstätten sowie für den Marktverkehr.

§ 18. **Ruhepausen.** (1) Den weiblichen Gefolgschaftsmitgliedern müssen bei einer Arbeitszeit von mehr als viereinhalb Stunden eine oder mehrere im voraus feststehende Ruhepausen von angemessener Dauer innerhalb der Arbeitszeit gewährt werden. Die Ruhepausen müssen mindestens betragen bei mehr als viereinhalb bis zu sechs Stunden Arbeitszeit zwanzig Minuten, bei mehr als sechs bis zu acht Stunden eine halbe Stunde, bei mehr als acht bis zu neun Stunden dreiviertel Stunden und bei mehr als neun Stunden eine Stunde.

(2) Als Ruhepausen gelten nur Arbeitsunterbrechungen von mindestens einer Viertelstunde.

(3) Während der Ruhepausen darf den weiblichen Gefolgschaftsmitgliedern eine Beschäftigung im Betriebe nicht gestattet werden. Für den Aufenthalt während der Pausen sind nach Möglichkeit besondere Aufenthaltsräume oder freie Plätze bereitzustellen.

§ 19. **Nachtruhe und Frühschluß vor Sonn- und Feiertagen.** (1) Arbeiterinnen dürfen nicht in der Nachtzeit von zwanzig bis sechs Uhr und an den Tagen vor Sonn- und Feiertagen nicht nach siebzehn Uhr beschäftigt werden.

(2) In mehrschichtigen Betrieben dürfen Arbeiterinnen bis dreiundzwanzig Uhr beschäftigt werden. Nach vorheriger Anzeige an das Gewerbeaufsichtsamt kann die Frühschicht regelmäßig frühestens um fünf Uhr beginnen, wenn die Spätschicht entsprechend früher endet. Das Gewerbeaufsichtsamt kann zulassen, daß die Spätschicht regelmäßig spätestens um vierundzwanzig Uhr endet, wenn die Frühschicht entsprechend später beginnt.

(3) Die Vorschriften der Abs. 1 und 2 gelten nicht für die im § 17 Abs. 3 genannten Betriebe.

§ 21. **Ausnahmen in Notfällen.** Die Vorschriften der §§ 17 bis 19 über Höchstarbeitszeit, Ruhepausen, Nachtruhe und Frühschluß vor Sonn- und Feiertagen finden keine Anwendung auf vorübergehende Arbeiten, die in Notfällen sofort vorgenommen werden müssen.

§ 27. Arbeitsaufsicht und Behördenzuständigkeit. (1) Die Aufsicht über die Ausführung der Vorschriften der Arbeitszeitordnung und der auf Grund der Arbeitszeitordnung erlassenen Bestimmungen obliegt den Gewerbeaufsichtsämtern.

Berufsbildungsgesetz (BBiG)

vom 14. August 1969

1 Allgemeine Vorschriften

§ 1 Berufsbildung. (1) Berufsbildung im Sinne dieses Gesetzes sind die Berufsausbildung, die berufliche Fortbildung und die berufliche Umschulung.

(2) Die Berufsausbildung hat eine breit angelegte berufliche Grundbildung und die für die Ausübung einer qualifizierten beruflichen Tätigkeit notwendigen fachlichen Fertigkeiten und Kenntnisse in einem geordneten Ausbildungsgang zu vermitteln. Sie hat ferner den Erwerb der erforderlichen Berufserfahrungen zu ermöglichen.

(3) Die berufliche Fortbildung soll es ermöglichen, die beruflichen Kenntnisse und Fertigkeiten zu erhalten, zu erweitern, der technischen Entwicklung anzupassen oder beruflich aufzusteigen.

(4) Die berufliche Umschulung soll zu einer anderen beruflichen Tätigkeit befähigen.

(5) Berufsbildung wird durchgeführt in Betrieben der Wirtschaft, in vergleichbaren Einrichtungen außerhalb der Wirtschaft, insbesondere des öffentlichen Dienstes, der Angehörigen freier Berufe und in Haushalten (betriebliche Berufsbildung) sowie in berufsbildenden Schulen und sonstigen Berufsbildungseinrichtungen außerhalb der schulischen und betrieblichen Berufsbildung.

§ 2 Geltungsbereich. (1) Dieses Gesetz gilt für die Berufsbildung, soweit sie nicht in berufsbildenden Schulen durchgeführt wird, die den Schulgesetzen der Länder unterstehen.

(2) Dieses Gesetz gilt nicht für
1. die Berufsbildung in einem öffentlich-rechtlichen Dienstverhältnis, ...

2 Berufsausbildungsverhältnis

2.1 Begründung

§ 3 Vertrag. (1) Wer einen anderen zur Berufsausbildung einstellt (Ausbildender), hat mit dem Auszubildenden einen Berufsausbildungsvertrag zu schließen.

(2) Auf den Berufsausbildungsvertrag sind, soweit sich aus seinem Wesen und Zweck und aus diesem Gesetz nichts anderes ergibt, die für den Arbeitsvertrag geltenden Rechtsvorschriften und Rechtsgrundsätze anzuwenden.

(3) Schließen Eltern mit ihrem Kind einen Berufsausbildungsvertrag, so sind sie von dem Verbot des § 181 des Bürgerlichen Gesetzbuches befreit.

(4) Ein Mangel in der Berechtigung, Auszubildende einzustellen oder auszubilden, berührt die Wirksamkeit des Berufsausbildungsvertrages nicht.

§ 4 Vertragsniederschrift. (1) Der Ausbildende hat unverzüglich nach Abschluß des Berufsausbildungsvertrages, spätestens vor Beginn der Berufsausbildung, den wesentlichen Inhalt des Vertrages schriftlich niederzulegen. Die Niederschrift muß mindestens Angaben enthalten über
1. Art, sachliche und zeitliche Gliederung sowie Ziel der Berufsausbildung, insbesondere die Berufstätigkeit, für die ausgebildet werden soll,
2. Beginn und Dauer der Berufsausbildung,
3. Ausbildungsmaßnahmen außerhalb der Ausbildungsstätte,
4. Dauer der regelmäßigen täglichen Ausbildungszeit,

5. Dauer der Probezeit,
6. Zahlung und Höhe der Vergütung,
7. Dauer des Urlaubs,
8. Voraussetzungen, unter denen der Berufsausbildungsvertrag gekündigt werden kann.

(2) Die Niederschrift ist von dem Ausbildenden, dem Auszubildenden und dessen gesetzlichem Vertreter zu unterzeichnen.

(3) Der Ausbildende hat dem Auszubildenden und dessen gesetzlichem Vertreter eine Ausfertigung der unterzeichneten Niederschrift unverzüglich auszuhändigen.

(4) Bei Änderungen des Berufsausbildungsvertrages gelten die Absätze 1 bis 3 entsprechend.

§ 5 Nichtige Vereinbarungen. (1) Eine Vereinbarung, die den Auszubildenden für die Zeit nach Beendigung des Berufsausbildungsverhältnisses in der Ausübung seiner beruflichen Tätigkeit beschränkt, ist nichtig. Dies gilt nicht, wenn sich der Auszubildende innerhalb der letzten drei Monate des Berufsausbildungsverhältnisses dazu verpflichtet, nach dessen Beendigung mit dem Ausbildenden
1. ein Arbeitsverhältnis auf unbestimmte Zeit einzugehen,
2. ein Arbeitsverhältnis auf Zeit für die Dauer von höchstens fünf Jahren einzugehen, sofern der Ausbildende Kosten für eine weitere Berufsbildung des Auszubildenden außerhalb des Berufsausbildungsverhältnisses übernimmt und diese Kosten in einem angemessenen Verhältnis zur Dauer der Verpflichtung stehen.

(2) Nichtig ist eine Vereinbarung über
1. die Verpflichtung des Auszubildenden, für die Berufsausbildung eine Entschädigung zu zahlen,
2. Vertragsstrafen,
3. den Ausschluß oder die Beschränkung von Schadensersatzansprüchen,
4. die Festsetzung der Höhe eines Schadensersatzes in Pauschbeträgen.

2.2 Inhalt

Pflichten des Ausbildenden

§ 6 Berufsausbildung. (1) Der Ausbildende hat
1. dafür zu sorgen, daß dem Auszubildenden die Fertigkeiten und Kenntnisse vermittelt werden, die zum Erreichen des Ausbildungszieles erforderlich sind, und die Berufsausbildung in einer durch ihren Zweck gebotenen Form planmäßig, zeitlich und sachlich gegliedert so durchzuführen, daß das Ausbildungsziel in der vorgesehenen Ausbildungszeit erreicht werden kann,
2. selbst auszubilden oder einen Ausbilder ausdrücklich damit zu beauftragen,
3. dem Auszubildenden kostenlos die Ausbildungsmittel, insbesondere Werkzeuge und Werkstoffe zur Verfügung zu stellen, die zur Berufsausbildung und zum Ablegen von Zwischen- und Abschlußprüfungen, auch soweit solche nach Beendigung des Berufsausbildungsverhältnisses stattfinden, erforderlich sind,
4. den Auszubildenden zum Besuch der Berufsschule sowie zum Führen von Berichtsheften anzuhalten, soweit solche im Rahmen der Berufsausbildung verlangt werden, und diese durchzusehen,
5. dafür zu sorgen, daß der Auszubildende charakterlich gefördert sowie sittlich und körperlich nicht gefährdet wird.

(2) Dem Auszubildenden dürfen nur Verrichtungen übertragen werden, die dem Ausbildungszweck dienen und seinen körperlichen Kräften angemessen sind.

§ 7 Freistellung. Der Ausbildende hat den Auszubildenden für die Teilnahme am Berufsschulunterricht und an Prüfungen freizustellen. Das gleiche gilt, wenn Ausbildungsmaßnahmen außerhalb der Ausbildungsstätte durchzuführen sind.

§ 8 Zeugnis. (1) Der Ausbildende hat dem Auszubildenden bei Beendigung des Berufsausbildungsverhältnisses ein Zeugnis auszustellen. Hat der Ausbildende die Berufsausbildung nicht selbst durchgeführt, so soll auch der Ausbilder das Zeugnis unterschreiben.

(2) Das Zeugnis muß Angaben enthalten über Art, Dauer und Ziel der Berufsausbildung sowie über die erworbenen Fertigkeiten und Kenntnisse des Auszubildenden. Auf Verlangen des Auszubildenden sind auch Angaben über Führung, Leistung und besondere fachliche Fähigkeiten aufzunehmen.

Pflichten des Auszubildenden

§ 9 Verhalten während der Berufsausbildung. Der Auszubildende hat sich zu bemühen, die Fertigkeiten und Kenntnisse zu erwerben, die erforderlich sind, um das Ausbildungsziel zu erreichen. Er ist insbesondere verpflichtet,
1. die ihm im Rahmen seiner Berufsausbildung aufgetragenen Verrichtungen sorgfältig auszuführen,
2. an Ausbildungsmaßnahmen teilzunehmen, für die er nach § 7 freigestellt wird,
3. den Weisungen zu folgen, die ihm im Rahmen der Berufsausbildung vom Ausbildenden, vom Ausbilder oder von anderen weisungsberechtigten Personen erteilt werden,
4. die für die Ausbildungsstätte geltende Ordnung zu beachten,
5. Werkzeug, Maschinen und sonstige Einrichtungen pfleglich zu behandeln,
6. über Betriebs- und Geschäftsgeheimnisse Stillschweigen zu wahren.

Vergütung

§ 10 Vergütungsanspruch. (1) Der Ausbildende hat dem Auszubildenden eine angemessene Vergütung zu gewähren. Sie ist nach dem Lebensalter des Auszubildenden so zu bemessen, daß sie mit fortschreitender Berufsausbildung, mindestens jährlich, ansteigt.

(3) Eine über die vereinbarte regelmäßige tägliche Ausbildungszeit hinausgehende Beschäftigung ist besonders zu vergüten.

§ 11 Bemessung und Fälligkeit der Vergütung. (1) Die Vergütung bemißt sich nach Monaten. Bei Berechnung der Vergütung für einzelne Tage wird der Monat zu dreißig Tagen gerechnet.

(2) Die Vergütung für den laufenden Kalendermonat ist spätestens am letzten Arbeitstag des Monats zu zahlen.

§ 12 Fortzahlung der Vergütung. (1) Dem Auszubildenden ist die Vergütung auch zu zahlen
1. für die Zeit der Freistellung (§ 7),
2. bis zur Dauer von sechs Wochen, wenn er
   a) sich für die Berufsausbildung bereit hält, diese aber ausfällt,
   b) infolge unverschuldeter Krankheit nicht an der Berufsausbildung teilnehmen kann oder
   c) aus einem sonstigen, in seiner Person liegenden Grund unverschuldet verhindert ist, seine Pflichten aus dem Berufsausbildungsverhältnis zu erfüllen.

2.3 Beginn und Beendigung

§ 13 Probezeit. Das Berufsausbildungsverhältnis beginnt mit der Probezeit. Sie muß mindestens einen Monat und darf höchstens drei Monate betragen.

§ 14 Beendigung. (1) Das Berufsausbildungsverhältnis endet mit dem Ablauf der Ausbildungszeit.

(2) Besteht der Auszubildende vor Ablauf der Ausbildungszeit die Abschlußprüfung, so endet das Berufsausbildungsverhältnis mit Bestehen der Abschlußprüfung.

(3) Besteht der Auszubildende die Abschlußprüfung nicht, so verlängert sich das Berufsausbildungsverhältnis auf sein Verlangen bis zur nächstmöglichen Wiederholungsprüfung, höchstens um ein Jahr.

§ 15 Kündigung. (1) Während der Probezeit kann das Berufsausbildungsverhältnis jederzeit ohne Einhaltung einer Kündigungsfrist gekündigt werden.

(2) Nach der Probezeit kann das Berufsausbildungsverhältnis nur gekündigt werden
1. aus einem wichtigen Grund ohne Einhalten einer Kündigungsfrist,
2. vom Auszubildenden mit einer Kündigungsfrist von vier Wochen, wenn er die Berufsausbildung aufgeben oder sich für eine andere Berufstätigkeit ausbilden lassen will.

(3) Die Kündigung muß schriftlich und in den Fällen des Absatzes 2 unter Angabe der Kündigungsgründe erfolgen.

(4) Eine Kündigung aus einem wichtigen Grund ist unwirksam, wenn die ihr zugrunde liegenden Tatsachen dem zur Kündigung Berechtigten länger als zwei Wochen bekannt sind. Ist ein vorgesehenes Güteverfahren vor einer außergerichtlichen Stelle eingeleitet, so wird bis zu dessen Beendigung der Lauf dieser Frist gehemmt.

§ 16 Schadensersatz bei vorzeitiger Beendigung. (1) Wird das Berufsausbildungsverhältnis nach der Probezeit vorzeitig gelöst, so kann der Ausbildende oder der Auszubildende Ersatz des Schadens verlangen, wenn der andere den Grund für die Auflösung zu vertreten hat. Dies gilt nicht im Falle des § 15 Abs. 2 Nr. 2.

(2) Der Anspruch erlischt, wenn er nicht innerhalb von drei Monaten nach Beendigung des Berufsausbildungsverhältnisses geltend gemacht wird.

2.4 Sonstige Vorschriften

§ 17 Weiterarbeit. Wird der Auszubildende im Anschluß an das Berufsausbildungsverhältnis beschäftigt, ohne daß hierüber ausdrücklich etwas vereinbart worden ist, so gilt ein Arbeitsverhältnis auf unbestimmte Zeit als begründet.

§ 18 Unabdingbarkeit. Eine Vereinbarung, die zuungunsten des Auszubildenden von den Vorschriften dieses Teils des Gesetzes abweicht, ist nichtig.

§ 19 Andere Vertragsverhältnisse. Soweit nicht ein Arbeitsverhältnis vereinbart ist, gelten für Personen, die eingestellt werden, um berufliche Kenntnisse, Fertigkeiten oder Erfahrungen zu erwerben, ohne daß es sich um eine Berufsausbildung im Sinne dieses Gesetzes handelt, die §§ 3 bis 18 mit der Maßgabe, daß die gesetzliche Probezeit abgekürzt, auf die Vertragsniederschrift verzichtet und bei vorzeitiger Lösung des Vertragsverhältnisses nach Ablauf der Probezeit abweichend von § 16 Abs. 1 Satz 1 Schadensersatz nicht verlangt werden kann.

3 Ordnung der Berufsbildung

3.1 Berechtigung zur Einstellung und Ausbildung

§ 20 Persönliche und fachliche Eignung. (1) Auszubildende darf nur einstellen, wer persönlich geeignet ist. Auszubildende darf nur ausbilden, wer persönlich und fachlich geeignet ist.

(2) Persönlich nicht geeignet ist insbesondere, wer
1. Kinder und Jugendliche nicht beschäftigen darf oder
2. wiederholt oder schwer gegen dieses Gesetz oder die auf Grund dieses Gesetzes erlassenen Vorschriften und Bestimmungen verstoßen hat.

(3) Fachlich nicht geeignet ist, wer
1. die erforderlichen beruflichen Fertigkeiten und Kenntnisse oder
2. die erforderlichen berufs- und arbeitspädagogischen Kenntnisse

nicht besitzt.

(4) Wer fachlich nicht geeignet ist oder wer nicht selbst ausbildet, darf Auszubildende nur dann einstellen, wenn er einen Ausbilder bestellt, der persönlich und fachlich für die Berufsausbildung geeignet ist.

§ 22 Eignung der Ausbildungsstätte. (1) Auszubildende dürfen nur eingestellt werden, wenn
1. die Ausbildungsstätte nach Art und Einrichtung für die Berufsausbildung geeignet ist,
2. die Zahl der Auszubildenden in einem angemessenen Verhältnis zur Zahl der Ausbildungsplätze oder zur Zahl der beschäftigten Fachkräfte steht, es sei denn, daß andernfalls die Berufsausbildung nicht gefährdet wird.

(2) Eine Ausbildungsstätte, in der die erforderlichen Kenntnisse und Fertigkeiten nicht in vollem Umfang vermittelt werden können, gilt als geeignet, wenn dieser Mangel durch Ausbildungsmaßnahmen außerhalb der Ausbildungsstätte behoben wird.

§ 23 Eignungsfeststellung. (1) Die zuständige Stelle hat darüber zu wachen, daß die persönliche und fachliche Eignung sowie die Eignung der Ausbildungsstätte vorliegen.

(2) Werden Mängel der Eignung festgestellt, so hat die zuständige Stelle, falls der Mangel zu beheben und eine Gefährdung des Auszubildenden nicht zu erwarten ist, den Ausbildenden aufzufordern, innerhalb einer von ihr gesetzten Frist den Mangel zu beseitigen. Ist der Mangel der Eignung nicht zu beheben oder ist eine Gefährdung des Auszubildenden zu erwarten oder wird der Mangel nicht innerhalb der gesetzten Frist beseitigt, so hat die zuständige Stelle dies der nach Landesrecht zuständigen Behörde mitzuteilen.

§ 24 Untersagung des Einstellens und Ausbildens. (1) Die nach Landesrecht zuständige Behörde hat das Einstellen und Ausbilden zu untersagen, wenn die persönliche oder fachliche Eignung nicht oder nicht mehr vorliegt.

(2) Die nach Landesrecht zuständige Behörde kann ferner für eine bestimmte Ausbildungsstätte das Einstellen und Ausbilden untersagen, wenn die Voraussetzungen nach § 22 nicht oder nicht mehr vorliegen.

(3) Vor der Untersagung sind die Beteiligten und die zuständige Stelle zu hören. Dies gilt nicht im Falle des § 20 Abs. 2 Nr. 1.

3.2 Anerkennung von Ausbildungsberufen und Änderung der Ausbildungszeit

§ 25 Ausbildungsordnung. (1) Als Grundlage für eine geordnete und einheitliche Berufsausbildung sowie zu ihrer Anpassung an die technischen, wirtschaftlichen und gesellschaftlichen Erfordernisse und deren Entwicklung kann der Bundesminister für Wirtschaft oder der sonst zuständige Fachminister im Einvernehmen mit dem Bundesminister für Arbeit und Sozialordnung durch Rechtsverordnung, die nicht der Zustimmung des Bundesrates bedarf, Ausbildungsberufe staatlich anerkennen, die Anerkennung aufheben und für die Ausbildungsberufe Ausbildungsordnungen erlassen.

(2) Die Ausbildungsordnung hat mindestens festzulegen
1. die Bezeichnung des Ausbildungsberufes,
2. die Ausbildungsdauer; sie soll nicht mehr als drei und nicht weniger als zwei Jahre betragen,
3. die Fertigkeiten und Kenntnisse, die Gegenstand der Berufsausbildung sind (Ausbildungsberufsbild),
4. eine Anleitung zur sachlichen und zeitlichen Gliederung der Fertigkeiten und Kenntnisse (Ausbildungsrahmenplan),
5. die Prüfungsanforderungen.

(3) Wird die Anerkennung eines Ausbildungsberufes aufgehoben und das Berufsausbildungsverhältnis nicht gekündigt (§ 15 Abs. 2 Nr. 2), so gelten für die weitere Berufsausbildung die bisherigen Vorschriften.

§ 26 Stufenausbildung. (1) Die Ausbildungsordnung kann sachlich und zeitlich besonders geordnete, aufeinander aufbauende Stufen der Berufsausbildung festlegen. Nach den einzelnen Stufen soll sowohl ein Ausbildungsabschluß, der zu einer Berufstätigkeit befähigt, der dem erreichten Ausbildungsstand entspricht, als auch die Fortsetzung der Berufsausbildung in weiteren Stufen möglich sein.

(2) In einer ersten Stufe beruflicher Grundbildung sollen als breite Grundlage für die weiterführende berufliche Fachbildung und als Vorbereitung auf eine vielseitige berufliche Tätigkeit Grundfertigkeiten und Grundkenntnisse vermittelt sowie Verhaltensweisen geweckt werden, die einem möglichst großen Bereich von Tätigkeiten gemeinsam sind.

(3) In einer darauf aufbauenden Stufe allgemeiner beruflicher Fachbildung soll die Berufsausbildung für möglichst mehrere Fachrichtungen gemeinsam fortgeführt werden. Dabei ist besonders das fachliche Verständnis zu vertiefen und die Fähigkeit des Auszubildenden zu fördern, sich schnell in neue Aufgaben und Tätigkeiten einzuarbeiten.

(4) In weiteren Stufen der besonderen beruflichen Fachbildung sollen die zur Ausübung einer qualifizierten Berufstätigkeit erforderlichen praktischen und theoretischen Kenntnisse und Fertigkeiten vermittelt werden.

(5) Die Ausbildungsordnung kann bestimmen, daß bei Prüfungen, die vor Abschluß einzelner Stufen abgenommen werden, die Vorschriften über die Abschlußprüfung entsprechend gelten.

(6) In den Fällen des Absatzes 1 kann die Ausbildungsdauer (§ 25 Abs. 2 Nr. 2) unterschritten werden.

§ 27 Berufsausbildung außerhalb der Ausbildungsstätte. Die Ausbildungsordnung kann festlegen, daß die Berufsausbildung in geeigneten Einrichtungen außerhalb der Ausbildungsstätte durchgeführt wird, wenn und soweit es die Berufsausbildung erfordert.

§ 28 Ausschließlichkeitsgrundsatz.
(1) Für einen anerkannten Ausbildungsberuf darf nur nach der Ausbildungsordnung ausgebildet werden.

(2) In anderen als anerkannten Ausbildungsberufen dürfen Jugendliche unter achtzehn Jahren nicht ausgebildet werden, soweit die Berufsausbildung nicht auf den Besuch weiterführender Bildungsgänge vorbereitet.

(3) Zur Entwicklung und Erprobung neuer Ausbildungsformen und Ausbildungsberufe kann der Bundesminister für Wirtschaft oder der sonst zuständige Fachminister im Einvernehmen mit dem Bundesminister für Bildung und Wissenschaft nach Anhören des Hauptausschusses durch Rechtsverordnung, die nicht der Zustimmung des Bundesrates bedarf, Ausnahmen zulassen, die auch auf eine bestimmte Art und Zahl von Ausbildungsstätten beschränkt werden können.

§ 29 **Abkürzung und Verlängerung der Ausbildungszeit.** (1) Der Bundesminister für Wirtschaft oder der sonst zuständige Fachminister kann im Einvernehmen mit dem Bundesminister für Bildung und Wissenschaft nach Anhören des Hauptausschusses durch Rechtsverordnung bestimmen, daß der Besuch einer berufsbildenden Schule oder die Berufsausbildung in einer sonstigen Einrichtung ganz oder teilweise auf die Ausbildungszeit anzurechnen ist.

(2) Die zuständige Stelle hat auf Antrag die Ausbildungszeit zu kürzen, wenn zu erwarten ist, daß der Auszubildende das Ausbildungsziel in der gekürzten Zeit erreicht.

(3) In Ausnahmefällen kann die zuständige Stelle auf Antrag des Auszubildenden die Ausbildungszeit verlängern, wenn die Verlängerung erforderlich ist, um das Ausbildungsziel zu erreichen.

(4) Vor der Entscheidung nach den Absätzen 2 und 3 sind die Beteiligten zu hören.

3.3 Verzeichnis der Berufsausbildungsverhältnisse

§ 31 **Einrichten, Führen.** Die zuständige Stelle hat für anerkannte Ausbildungsberufe ein Verzeichnis der Berufsausbildungsverhältnisse einzurichten und zu führen, in das der wesentliche Inhalt des Berufsausbildungsvertrages einzutragen ist. Die Eintragung ist für den Auszubildenden gebührenfrei.

§ 32 **Eintragen, Ändern, Löschen.**
(1) Ein Berufsausbildungsvertrag und Änderungen seines wesentlichen Inhalts sind in das Verzeichnis einzutragen, wenn
1. der Berufsausbildungsvertrag diesem Gesetz und der Ausbildungsordnung entspricht,
2. die persönliche und fachliche Eignung sowie die Eignung der Ausbildungsstätte für das Einstellen und Ausbilden vorliegen und
3. für Auszubildende unter 18 Jahren die ärztliche Bescheinigung über die Erstuntersuchung nach § 32 Abs. 1 des Jugendarbeitsschutzgesetzes zur Einsicht vorgelegt wird.

3.4 Prüfungswesen

§ 34 **Abschlußprüfung.** (1) In den anerkannten Ausbildungsberufen sind Abschlußprüfungen durchzuführen. Die Abschlußprüfung kann zweimal wiederholt werden.

(2) Dem Prüfling ist ein Zeugnis auszustellen.

(3) Die Abschlußprüfung ist für den Auszubildenden gebührenfrei.

§ 35 **Prüfungsgegenstand.** Durch die Abschlußprüfung ist festzustellen, ob der Prüfling die erforderlichen Fertigkeiten beherrscht, die notwendigen praktischen und theoretischen Kenntnisse besitzt und mit dem ihm im Berufsschulunterricht vermittelten, für die Berufsausbildung wesentlichen Lehrstoff vertraut ist. Die Ausbildungsordnung ist zugrunde zu legen.

§ 36 **Prüfungsausschüsse.** Für die Abnahme der Abschlußprüfung errichtet die zuständige Stelle Prüfungsausschüsse. Mehrere zuständige Stellen können bei einer von ihnen gemeinsame Prüfungsausschüsse errichten.

§ 37 **Zusammensetzung, Berufung.**
(1) Der Prüfungsausschuß besteht aus mindestens drei Mitgliedern. Die Mitglieder müssen für die Prüfungsgebiete sachkundig und für die Mitwirkung im Prüfungswesen geeignet sein.

(2) Dem Prüfungsausschuß müssen als Mitglieder Beauftragte der Arbeitgeber und der Arbeitnehmer in gleicher Zahl sowie mindestens ein Lehrer einer berufsbildenden Schule angehören. Mindestens zwei Drittel der Gesamtzahl der Mitglieder müssen Beauftragte der Arbeitgeber und der Arbeitnehmer sein. Die Mitglieder haben Stellvertreter.

(3) Die Mitglieder werden von der zuständigen Stelle für drei Jahre berufen. Die Arbeitnehmermitglieder werden auf Vorschlag der im Bezirk der zuständigen Stelle bestehenden Gewerkschaften und

selbständigen Vereinigungen von Arbeitnehmern mit sozial- oder berufspolitischer Zwecksetzung berufen. Der Lehrer einer berufsbildenden Schule wird im Einvernehmen mit der Schulaufsichtsbehörde oder der von ihr bestimmten Stelle berufen.

(4) Die Tätigkeit im Prüfungsausschuß ist ehrenamtlich. ...

§ 38 Vorsitz, Beschlußfähigkeit, Abstimmung.
(1) Der Prüfungsausschuß wählt aus seiner Mitte einen Vorsitzenden und dessen Stellvertreter.

(2) Der Prüfungsausschuß ist beschlußfähig, wenn zwei Drittel der Mitglieder, mindestens drei, mitwirken. Er beschließt mit der Mehrheit der abgegebenen Stimmen. Bei Stimmengleichheit gibt die Stimme des Vorsitzenden den Ausschlag.

§ 39 Zulassung zur Abschlußprüfung.
(1) Zur Abschlußprüfung ist zuzulassen,
1. wer die Ausbildungszeit zurückgelegt hat oder wessen Ausbildungszeit nicht später als zwei Monate nach dem Prüfungstermin endet,
2. wer an vorgeschriebenen Zwischenprüfungen teilgenommen sowie vorgeschriebene Berichtshefte geführt hat und
3. wessen Berufsausbildungsverhältnis in das Verzeichnis der Berufsausbildungsverhältnisse eingetragen oder aus einem Grund nicht eingetragen ist, den weder der Auszubildende noch dessen gesetzlicher Vertreter zu vertreten hat.

(2) Über die Zulassung zur Abschlußprüfung entscheidet die zuständige Stelle. Hält sie die Zulassungsvoraussetzungen nicht für gegeben, so entscheidet der Prüfungsausschuß.

§ 40 Zulassung in besonderen Fällen.
(1) Der Auszubildende kann nach Anhören des Ausbildenden und der Berufsschule vor Ablauf seiner Ausbildungszeit zur Abschlußprüfung zugelassen werden, wenn seine Leistungen dies rechtfertigen.

(2) Zur Abschlußprüfung ist auch zuzulassen, wer nachweist, daß er mindestens das Zweifache der Zeit, die als Ausbildungszeit vorgeschrieben ist, in dem Beruf tätig gewesen ist, in dem er die Prüfung ablegen will. Hiervon kann abgesehen werden, wenn durch Vorlage von Zeugnissen oder auf andere Weise glaubhaft dargetan wird, daß der Bewerber Kenntnisse und Fertigkeiten erworben hat, die die Zulassung zur Prüfung rechtfertigen.

(3) Zur Abschlußprüfung ist ferner zuzulassen, wer in einer berufsbildenden Schule oder einer sonstigen Einrichtung ausgebildet worden ist, wenn diese Ausbildung der Berufsausbildung in einem anerkannten Ausbildungsberuf entspricht.

§ 41 Prüfungsordnung.
Die zuständige Stelle hat eine Prüfungsordnung für die Abschlußprüfung zu erlassen. Die Prüfungsordnung muß die Zulassung, die Gliederung der Prüfung, die Bewertungsmaßstäbe, die Erteilung der Prüfungszeugnisse, die Folgen von Verstößen gegen die Prüfungsordnung und die Wiederholungsprüfung regeln.

§ 42 Zwischenprüfungen.
Während der Berufsausbildung ist zur Ermittlung des Ausbildungsstandes mindestens eine Zwischenprüfung entsprechend der Ausbildungsordnung durchzuführen.

3.6 Berufliche Fortbildung, Umschulung

§ 46 Berufliche Fortbildung.
(1) Zum Nachweis von Kenntnissen, Fertigkeiten und Erfahrungen, die durch berufliche Fortbildung erworben worden sind, kann die zuständige Stelle Prüfungen durchführen; sie müssen den besonderen Erfordernissen beruflicher Erwachsenenbildung entsprechen.

§ 47 Berufliche Umschulung.
(1) Maßnahmen der beruflichen Umschulung müssen nach Inhalt, Art, Ziel und Dauer den besonderen Erfordernissen der beruflichen Erwachsenenbildung entsprechen.

6 Besondere Vorschriften für einzelne Wirtschafts- und Berufszweige

§ 73 Anwendung der Handwerksordnung.
Für die Berufsbildung in Gewerben der Anlage A der Handwerksordnung, die als Handwerk betrieben werden, gelten die §§ 20 bis 49, 56 bis 59, 98

und 99 nicht; insoweit gilt die Handwerksordnung.

§ 74 Zuständige Stelle. Für die Berufsbildung in Handwerksbetrieben oder handwerksähnlichen Betrieben ist die Handwerkskammer zuständige Stelle im Sinne dieses Gesetzes.

7 Bußgeldvorschriften

§ 99 Ordnungswidrigkeiten. (1) Ordnungswidrig handelt, wer
1. entgegen § 4 Abs. 1 oder 4 den wesentlichen Inhalt des Vertrages oder seine wesentlichen Änderungen nicht schriftlich niederlegt,
2. entgegen § 4 Abs. 3 oder 4 dem Auszubildenden oder dessen gesetzlichem Vertreter die unterzeichnete Niederschrift nicht aushändigt,
3. dem Auszubildenden Aufgaben überträgt, die dem Ausbildungszweck nicht dienen,
4. entgegen § 7 dem Auszubildenden die für die Teilnahme am Berufsschulunterricht, an Prüfungen oder an Ausbildungsmaßnahmen außerhalb der Ausbildungsstätte erforderliche Zeit nicht gewährt,
5. Auszubildende einstellt oder ausbildet, obwohl er nach § 20 Abs. 2 Nr. 1 persönlich oder nach § 20 Abs. 3 fachlich nicht geeignet ist,
6. entgegen § 20 Abs. 4 einen Ausbilder bestellt, obwohl dieser nach § 20 Abs. 2 Nr. 1 persönlich oder nach § 20 Abs. 3 fachlich nicht geeignet ist oder diesem die Ausbildung nach § 24 untersagt worden ist,
7. Auszubildende einstellt oder ausbildet, obwohl ihm das Einstellen oder Ausbilden nach § 24 untersagt worden ist,
8. entgegen § 33 die Eintragung in das Verzeichnis nicht oder nicht rechtzeitig beantragt oder eine Ausfertigung der Vertragsniederschrift nicht beifügt,
9. entgegen § 45 Abs. 1 Satz 3 der zuständigen Stelle oder ihrem Beauftragten eine Auskunft nicht, nicht rechtzeitig, unrichtig oder unvollständig erteilt, Unterlagen nicht vorlegt oder eine Besichtigung nicht gestattet.

(2) Die Ordnungswidrigkeiten nach Absatz 1 Nr. 1, 2, 8 bis 10 können mit einer Geldbuße bis zu zweitausend Deutsche Mark, die Ordnungswidrigkeiten nach Absatz 1 Nr. 3 bis 7 mit einer Geldbuße bis zu zehntausend Deutsche Mark geahndet werden.

Betriebsverfassungsgesetz (BetrVfG)

vom 15. Januar 1972

mit der ersten Verordnung zur Durchführung des Betriebsverfassungsgesetzes

Das Gesetz

1 Allgemeine Vorschriften

§ 1 Errichtung von Betriebsräten. In Betrieben mit in der Regel mindestens fünf ständigen wahlberechtigten Arbeitnehmern, von denen drei wählbar sind, werden Betriebsräte gewählt.

§ 2 Stellung der Gewerkschaften und Vereinigungen der Arbeitgeber.
(1) Arbeitgeber und Betriebsrat arbeiten unter Beachtung der geltenden Tarifverträge vertrauensvoll und im Zusammenwirken mit den im Betrieb vertretenen Gewerkschaften und Arbeitgebervereinigungen zum Wohl der Arbeitnehmer und des Betriebs zusammen.

(2) Zur Wahrnehmung der in diesem Gesetz genannten Aufgaben und Befugnisse der im Betrieb vertretenen Gewerkschaften ist deren Beauftragten nach Unterrichtung des Arbeitgebers oder seines Vertreters Zugang zum Betrieb zu gewähren, soweit dem nicht unumgängliche Notwendigkeiten des Betriebsablaufs, zwingende Sicherheitsvorschriften oder der Schutz von Betriebsgeheimnissen entgegenstehen.

(3) Die Aufgaben der Gewerkschaften und der Vereinigungen der Arbeitgeber,

insbesondere die Wahrnehmung der Interessen ihrer Mitglieder, werden durch dieses Gesetz nicht berührt.

§ 3 Zustimmungsbedürftige Tarifverträge. (1) Durch Tarifvertrag können bestimmt werden:
1. zusätzliche betriebsverfassungsrechtliche Vertretungen der Arbeitnehmer bestimmter Beschäftigungsarten oder Arbeitsbereiche (Arbeitsgruppen), wenn dies nach den Verhältnissen der vom Tarifvertrag erfaßten Betriebe der zweckmäßigeren Gestaltung der Zusammenarbeit des Betriebsrats mit den Arbeitnehmern dient; ...

§ 4 Nebenbetriebe und Betriebsteile. Betriebsteile gelten als selbständige Betriebe, wenn sie die Voraussetzungen des § 1 erfüllen und
1. räumlich weit vom Hauptbetrieb entfernt
oder
2. durch Aufgabenbereich und Organisation eigenständig sind.

§ 5 Arbeitnehmer. (1) Arbeitnehmer im Sinne dieses Gesetzes sind Arbeiter und Angestellte einschließlich der zu ihrer Berufsausbildung Beschäftigten.
(2) Als Arbeitnehmer im Sinne dieses Gesetzes gelten nicht
1. in Betrieben einer juristischen Person die Mitglieder des Organs, das zur gesetzlichen Vertretung der juristischen Person berufen ist;
2. die Gesellschafter einer offenen Handelsgesellschaft oder die Mitglieder einer anderen Personengesamtheit, soweit sie durch Gesetz, Satzung oder Gesellschaftsvertrag zur Vertretung der Personengesamtheit oder zur Geschäftsführung berufen sind, in deren Betrieben;
3. Personen, deren Beschäftigung nicht in erster Linie ihrem Erwerb dient, ...

(3) Dieses Gesetz findet, soweit in ihm nicht ausdrücklich etwas anderes bestimmt ist, keine Anwendung auf leitende Angestellte. Leitender Angestellter ist, wer nach Arbeitsvertrag und Stellung im Unternehmen oder im Betrieb
1. zur selbständigen Einstellung und Entlassung von im Betrieb oder in der Betriebsabteilung beschäftigten Arbeitnehmern berechtigt ist oder
2. Generalvollmacht oder Prokura hat ...

3. regelmäßig sonstige Aufgaben wahrnimmt, die für den Bestand und die Entwicklung des Unternehmens oder eines Betriebs von Bedeutung sind und deren Erfüllung besondere Erfahrungen und Kenntnisse voraussetzt, ...

§ 6 Arbeiter und Angestellte. (1) Arbeiter im Sinne dieses Gesetzes sind Arbeitnehmer einschließlich der zu ihrer Berufsausbildung Beschäftigten, die eine arbeiterrentenversicherungspflichtige Beschäftigung ausüben, auch wenn sie nicht versicherungspflichtig sind.
(2) Angestellte im Sinne dieses Gesetzes sind Arbeitnehmer, die eine durch das Sechste Buch Sozialgesetzbuch als Angestelltentätigkeit bezeichnete Beschäftigung ausüben, auch wenn sie nicht versicherungspflichtig sind. Als Angestellte gelten auch Beschäftigte, die sich in Ausbildung zu einem Angestelltenberuf befinden, ...

2 Betriebsrat, Betriebsversammlung, Gesamt- und Konzernbetriebsrat

2.1 Zusammensetzung und Wahl des Betriebsrats

§ 7 Wahlberechtigung. Wahlberechtigt sind alle Arbeitnehmer, die das 18. Lebensjahr vollendet haben.

§ 8 Wählbarkeit. (1) Wählbar sind alle Wahlberechtigten, die sechs Monate dem Betrieb angehören oder als in Heimarbeit Beschäftigte in der Hauptsache für den Betrieb gearbeitet haben. Auf diese sechsmonatige Betriebszugehörigkeit werden Zeiten angerechnet, in denen der Arbeitnehmer unmittelbar vorher einem anderen Betrieb desselben Unternehmens oder Konzerns (§ 18 Abs. 1 des Aktiengesetzes) angehört hat.

§ 9 Zahl der Betriebsratsmitglieder. Der Betriebsrat besteht in Betrieben mit in der Regel
5 bis 20 wahlberechtigten Arbeitnehmern aus einer Person,
21 bis 50 wahlberechtigten Arbeitnehmern aus 3 Mitgliedern,
51 wahlberechtigten Arbeitnehmern bis 150 Arbeitnehmern aus 5 Mitgliedern,

151 bis 300 Arbeitnehmern aus 7 Mitgliedern,
301 bis 600 Arbeitnehmern aus 9 Mitgliedern,
601 bis 1000 Arbeitnehmern aus 11 Mitgliedern,
1001 bis 2000 Arbeitnehmern aus 15 Mitgliedern,
2001 bis 3000 Arbeitnehmern aus 19 Mitgliedern,
3001 bis 4000 Arbeitnehmern aus 23 Mitgliedern,
4001 bis 5000 Arbeitnehmern aus 27 Mitgliedern,
5001 bis 7000 Arbeitnehmern aus 29 Mitgliedern,
7001 bis 9000 Arbeitnehmern aus 31 Mitgliedern.

In Betrieben mit mehr als 9000 Arbeitnehmern erhöht sich die Zahl der Mitglieder des Betriebsrats für je angefangene weitere 3000 Arbeitnehmer um 2 Mitglieder.

§ 10 Vertretung der Minderheitsgruppen. (1) Arbeiter und Angestellte müssen entsprechend ihrem zahlenmäßigen Verhältnis im Betriebsrat vertreten sein, wenn dieser aus mindestens drei Mitgliedern besteht.

(3) Eine Minderheitsgruppe erhält keine Vertretung, wenn ihr nicht mehr als fünf Arbeitnehmer angehören und diese nicht mehr als ein Zwanzigstel der Arbeitnehmer des Betriebs darstellen.

§ 11 Ermäßigte Zahl der Betriebsratsmitglieder. Hat ein Betrieb nicht die ausreichende Zahl von wählbaren Arbeitnehmern, so ist die Zahl der Betriebsratsmitglieder der nächstniedrigeren Betriebsgröße zugrunde zu legen.

§ 13 Zeitpunkt der Betriebsratswahlen. (1) Die regelmäßigen Betriebsratswahlen finden alle vier Jahre in der Zeit vom 1. März bis 31. Mai statt.

§ 14 Wahlvorschriften. (1) Der Betriebsrat wird in geheimer und unmittelbarer Wahl gewählt.

(3) Die Wahl erfolgt nach den Grundsätzen der Verhältniswahl; wird nur ein Wahlvorschlag eingereicht, so erfolgt die Wahl nach den Grundsätzen der Mehrheitswahl.

(5) Zur Wahl des Betriebsrats können die wahlberechtigten Arbeitnehmer und die im Betrieb vertretenen Gewerkschaften Wahlvorschläge machen.

(6) Jeder Wahlvorschlag der Arbeitnehmer muß von mindestens einem Zwanzigstel der wahlberechtigten Gruppenangehörigen, jedoch von mindestens drei wahlberechtigten Gruppenangehörigen unterzeichnet sein; in Betrieben mit in der Regel bis zu zwanzig wahlberechtigten Arbeitnehmern genügt die Unterzeichnung durch zwei Wahlberechtigte, bei bis zu zwanzig wahlberechtigten Gruppenangehörigen genügt die Unterzeichnung durch zwei wahlberechtigte Gruppenangehörige. In jedem Fall genügt die Unterzeichnung durch fünfzig wahlberechtigte Gruppenangehörige.

§ 15 Zusammensetzung nach Beschäftigungsarten und Geschlechtern. (1) Der Betriebsrat soll sich möglichst aus Arbeitnehmern der einzelnen Betriebsabteilungen und der unselbständigen Nebenbetriebe zusammensetzen.

§ 19 Wahlanfechtung. (1) Die Wahl kann beim Arbeitsgericht angefochten werden, wenn gegen wesentliche Vorschriften über das Wahlrecht, die Wählbarkeit oder das Wahlverfahren verstoßen worden ist und eine Berichtigung nicht erfolgt ist, es sei denn, daß durch den Verstoß das Wahlergebnis nicht geändert oder beeinflußt werden konnte.

(2) Zur Anfechtung berechtigt sind mindestens drei Wahlberechtigte, eine im Betrieb vertretene Gewerkschaft oder der Arbeitgeber. Die Wahlanfechtung ist nur binnen einer Frist von zwei Wochen, vom Tage der Bekanntgabe des Wahlergebnisses an gerechnet, zulässig.

§ 20 Wahlschutz und Wahlkosten.
(1) Niemand darf die Wahl des Betriebsrats behindern. Insbesondere darf kein Arbeitnehmer in der Ausübung des aktiven und passiven Wahlrechts beschränkt werden.

(2) Niemand darf die Wahl des Betriebsrats durch Zufügung oder Androhung von Nachteilen oder durch Gewährung oder Versprechen von Vorteilen beeinflussen.

(3) Die Kosten der Wahl trägt der Arbeitgeber.

2.2 Amtszeit des Betriebsrats

§ 21 Amtszeit. Die regelmäßige Amtszeit des Betriebsrats beträgt vier Jahre.

§ 24 Erlöschen der Mitgliedschaft.

(1) Die Mitgliedschaft im Betriebsrat erlischt durch
1. Ablauf der Amtszeit,
2. Niederlegung des Betriebsratsamtes,
3. Beendigung des Arbeitsverhältnisses,
4. Verlust der Wählbarkeit,
5. Ausschluß aus dem Betriebsrat oder Auflösung des Betriebsrats auf Grund einer gerichtlichen Entscheidung,
6. gerichtliche Entscheidung über die Feststellung der Nichtwählbarkeit nach Ablauf der in § 19 Abs. 2 bezeichneten Frist, es sei denn, der Mangel liegt nicht mehr vor.

(2) Bei einem Wechsel der Gruppenzugehörigkeit bleibt das Betriebsratsmitglied Vertreter der Gruppe, für die es gewählt ist.

2.3 Geschäftsführung des Betriebsrats

§ 26 Vorsitzender.
(1) Der Betriebsrat wählt aus seiner Mitte den Vorsitzenden und dessen Stellvertreter. Besteht der Betriebsrat aus Vertretern beider Gruppen, so sollen der Vorsitzende und sein Stellvertreter nicht derselben Gruppe angehören.

§ 27 Betriebsausschuß.
(1) Hat ein Betriebsrat neun oder mehr Mitglieder, so bildet er einen Betriebsausschuß. Der Betriebsausschuß besteht aus dem Vorsitzenden des Betriebsrats, dessen Stellvertreter und ... Ausschußmitgliedern.

§ 30 Betriebsratssitzungen.
Die Sitzungen des Betriebsrats finden in der Regel während der Arbeitszeit statt. Der Betriebsrat hat bei der Ansetzung von Betriebsratssitzungen auf die betrieblichen Notwendigkeiten Rücksicht zu nehmen. Der Arbeitgeber ist vom Zeitpunkt der Sitzung vorher zu verständigen. Die Sitzungen des Betriebsrats sind nicht öffentlich.

§ 31 Teilnahme der Gewerkschaften.
Auf Antrag von einem Viertel der Mitglieder oder der Mehrheit einer Gruppe des Betriebsrats kann ein Beauftragter einer im Betriebsrat vertretenen Gewerkschaft an den Sitzungen beratend teilnehmen; in diesem Fall sind der Zeitpunkt der Sitzung und die Tagesordnung der Gewerkschaft rechtzeitig mitzuteilen.

§ 33 Beschlüsse des Betriebsrats.
(1) Die Beschlüsse des Betriebsrats werden, soweit in diesem Gesetz nichts anderes bestimmt ist, mit der Mehrheit der Stimmen der anwesenden Mitglieder gefaßt. Bei Stimmengleichheit ist ein Antrag abgelehnt.

(2) Der Betriebsrat ist nur beschlußfähig, wenn mindestens die Hälfte der Betriebsratsmitglieder an der Beschlußfassung teilnimmt; Stellvertretung durch Ersatzmitglieder ist zulässig.

(3) Nimmt die Jugend- und Auszubildendenvertretung an der Beschlußfassung teil, so werden die Stimmen der Jugend- und Auszubildendenvertreter bei der Feststellung der Stimmenmehrheit mitgezählt.

§ 34 Sitzungsniederschrift.
(1) Über jede Verhandlung des Betriebsrats ist eine Niederschrift aufzunehmen, die mindestens den Wortlaut der Beschlüsse und die Stimmenmehrheit, mit der sie gefaßt sind, enthält. Die Niederschrift ist von dem Vorsitzenden und einem weiteren Mitglied zu unterzeichnen ...

§ 35 Aussetzung von Beschlüssen.
(1) Erachtet die Mehrheit der Vertreter einer Gruppe oder der Jugend- und Auszubildendenvertretung einen Beschluß des Betriebsrats als eine erhebliche Beeinträchtigung wichtiger Interessen der durch sie vertretenen Arbeitnehmer, so ist auf ihren Antrag der Beschluß auf die Dauer von einer Woche vom Zeitpunkt der Beschlußfassung an auszusetzen, damit in dieser Frist eine Verständigung, gegebenenfalls mit Hilfe der im Betrieb vertretenen Gewerkschaften, versucht werden kann.

(2) Nach Ablauf der Frist ist über die Angelegenheit neu zu beschließen. Wird der erste Beschluß bestätigt, so kann der Antrag auf Aussetzung nicht wiederholt werden; dies gilt auch, wenn der erste Beschluß nur unerheblich geändert wird.

(3) Die Absätze 1 und 2 gelten entsprechend, wenn die Schwerbehindertenvertretung einen Beschluß des Betriebsrats als eine erhebliche Beeinträchtigung wichtiger Interessen der Schwerbehinderten erachtet.

§ 37 Ehrenamtliche Tätigkeit, Arbeitsversäumnis.
(1) Die Mitglieder des Betriebsrats führen ihr Amt unentgeltlich als Ehrenamt.

(2) Mitglieder des Betriebsrats sind von ihrer beruflichen Tätigkeit ohne Minderung des Arbeitsentgelts zu befreien, wenn und soweit es nach Umfang und Art des Betriebs zur ordnungsgemäßen Durchführung ihrer Aufgaben erforderlich ist.

(3) Zum Ausgleich für Betriebsratstätigkeit, die aus betriebsbedingten Gründen außerhalb der Arbeitszeit durchzuführen ist, hat das Betriebsratsmitglied Anspruch auf entsprechende Arbeitsbefreiung unter Fortzahlung des Arbeitsentgelts.

§ 39 Sprechstunden. (1) Der Betriebsrat kann während der Arbeitszeit Sprechstunden einrichten. Zeit und Ort sind mit dem Arbeitgeber zu vereinbaren. Kommt eine Einigung nicht zustande, so entscheidet die Einigungsstelle. Der Spruch der Einigungsstelle ersetzt die Einigung zwischen Arbeitgeber und Betriebsrat.

(2) Führt die Jugend- und Auszubildendenvertretung keine eigenen Sprechstunden durch, so kann an den Sprechstunden des Betriebsrats ein Mitglied der Jugend- und Auszubildendenvertretung zur Beratung der in § 60 Abs. 1 genannten Arbeitnehmer teilnehmen.

(3) Versäumnis von Arbeitszeit, die zum Besuch der Sprechstunden oder durch sonstige Inanspruchnahme des Betriebsrats erforderlich ist, berechtigt den Arbeitgeber nicht zur Minderung des Arbeitsentgelts des Arbeitnehmers.

§ 40 Kosten und Sachaufwand des Betriebsrats. (1) Die durch die Tätigkeit des Betriebsrats entstehenden Kosten trägt der Arbeitgeber.

(2) Für die Sitzungen, die Sprechstunden und die laufende Geschäftsführung hat der Arbeitgeber in erforderlichem Umfang Räume, sachliche Mittel und Büropersonal zur Verfügung zu stellen.

§ 41 Umlageverbot. Die Erhebung und Leistung von Beiträgen der Arbeitnehmer für Zwecke des Betriebsrats ist unzulässig.

2.4 Betriebsversammlung

§ 42 Zusammensetzung, Teilversammlung, Abteilungsversammlung. (1) Die Betriebsversammlung besteht aus den Arbeitnehmern des Betriebs; sie wird von dem Vorsitzenden des Betriebsrats geleitet. Sie ist nicht öffentlich. Kann wegen der Eigenart des Betriebs eine Versammlung aller Arbeitnehmer zum gleichen Zeitpunkt nicht stattfinden, so sind Teilversammlungen durchzuführen.

(2) Arbeitnehmer organisatorisch oder räumlich abgegrenzter Betriebsteile sind vom Betriebsrat zu Abteilungsversammlungen zusammenzufassen, wenn dies für die Erörterung der besonderen Belange der Arbeitnehmer erforderlich ist.

§ 43 Regelmäßige Betriebs- und Abteilungsversammlungen. (1) Der Betriebsrat hat einmal in jedem Kalendervierteljahr eine Betriebsversammlung einzuberufen und in ihr einen Tätigkeitsbericht zu erstatten. Liegen die Voraussetzungen des § 42 Abs. 2 Satz 1 vor, so hat der Betriebsrat in jedem Kalenderjahr zwei der in Satz 1 genannten Betriebsversammlungen als Abteilungsversammlungen durchzuführen.

(2) Der Arbeitgeber ist zu den Betriebs- und Abteilungsversammlungen unter Mitteilung der Tagesordnung einzuladen. Er ist berechtigt, in den Versammlungen zu sprechen. Der Arbeitgeber oder sein Vertreter hat mindestens einmal in jedem Kalenderjahr in einer Betriebsversammlung über das Personal- und Sozialwesen des Betriebs und über die wirtschaftliche Lage und Entwicklung des Betriebs zu berichten, soweit dadurch nicht Betriebs- oder Geschäftsgeheimnisse gefährdet werden.

§ 44 Zeitpunkt und Verdienstausfall. (1) Die in den §§ 17 und 43 Abs. 1 bezeichneten und die auf Wunsch des Arbeitgebers einberufenen Versammlungen finden während der Arbeitszeit statt, soweit nicht die Eigenart des Betriebs eine andere Regelung zwingend erfordert. Die Zeit der Teilnahme an diesen Versammlungen einschließlich der zusätzlichen Wegezeiten ist den Arbeitnehmern wie Arbeitszeit zu vergüten. Dies gilt auch dann, wenn die Versammlungen wegen der Eigenart des Betriebs außerhalb der Arbeitszeit stattfinden; Fahrkosten, die den Arbeitnehmern durch die Teilnahme an diesen Versammlungen entstehen, sind vom Arbeitgeber zu erstatten.

§ 46 Beauftragte der Verbände. (1) An den Betriebs- oder Abteilungsversammlungen können Beauftragte der im Betrieb vertretenen Gewerkschaften beratend teilnehmen. Nimmt der Arbeitgeber an Betriebs- oder Abteilungsversammlungen teil, so kann er einen Beauftragten der Vereinigung der Arbeitgeber, der er angehört, hinzuziehen.

3 Jugend- und Auszubildendenvertretung

§ 60 Errichtung und Aufgabe. (1) In Betrieben mit in der Regel mindestens fünf Arbeitnehmern, die das 18. Lebensjahr noch nicht vollendet haben (jugendliche Arbeitnehmer) oder die zu ihrer Berufsausbildung beschäftigt sind und das 25. Lebensjahr noch nicht vollendet haben, werden Jugend- und Auszubildendenvertretungen gewählt.

(2) Die Jugend- und Auszubildendenvertretung nimmt nach Maßgabe der folgenden Vorschriften die besonderen Belange der in Absatz 1 genannten Arbeitnehmer wahr.

§ 61 Wahlberechtigung und Wählbarkeit. (1) Wahlberechtigt sind alle in § 60 Abs. 1 genannten Arbeitnehmer des Betriebs.

(2) Wählbar sind alle Arbeitnehmer des Betriebs, die das 25. Lebensjahr noch nicht vollendet haben; § 8 Abs. 1 Satz 3 findet Anwendung. Mitglieder des Betriebsrats können nicht zu Jugend- und Auszubildendenvertretern gewählt werden.

§ 62 Zahl der Jugend- und Auszubildendenvertreter, Zusammensetzung der Jugend- und Auszubildendenvertretung. (1) Die Jugend- und Auszubildendenvertretung besteht in Betrieben mit in der Regel

5 bis 20 der in § 60 Abs. 1 genannten Arbeitnehmer aus 1 Jugend- und Auszubildendenvertreter,
21 bis 50 der in § 60 Abs. 1 genannten Arbeitnehmer aus 3 Jugend- und Auszubildendenvertretern,
51 bis 200 der in § 60 Abs. 1 genannten Arbeitnehmer aus 5 Jugend- und Auszubildendenvertretern,
201 bis 300 der in § 60 Abs. 1 genannten Arbeitnehmer aus 7 Jugend- und Auszubildendenvertretern,
301 bis 600 der in § 60 Abs. 1 genannten Arbeitnehmer aus 9 Jugend- und Auszubildendenvertretern,
601 bis 1000 der in § 60 Abs. 1 genannten Arbeitnehmer aus 11 Jugend- und Auszubildendenvertretern,
mehr als 1000 der in § 60 Abs. 1 genannten Arbeitnehmer aus 13 Jugend- und Auszubildendenvertretern.

(3) Die Geschlechter sollen entsprechend ihrem zahlenmäßigen Verhältnis vertreten sein.

§ 64 Zeitpunkt der Wahlen und Amtszeit. (1) Die regelmäßigen Wahlen der Jugend- und Auszubildendenvertretung finden alle zwei Jahre in der Zeit vom 1. Oktober bis 30. November statt.

(2) Die regelmäßige Amtszeit der Jugend- und Auszubildendenvertretung beträgt zwei Jahre.

§ 66 Aussetzung von Beschlüssen des Betriebsrats. (1) Erachtet die Mehrheit der Jugend- und Auszubildendenvertreter einen Beschluß des Betriebsrats als eine erhebliche Beeinträchtigung wichtiger Interessen der in § 60 Abs. 1 genannten Arbeitnehmer, so ist auf ihren Antrag der Beschluß auf die Dauer von einer Woche auszusetzen, damit in dieser Frist eine Verständigung, gegebenenfalls mit Hilfe der im Betrieb vertretenen Gewerkschaften, versucht werden kann.

§ 67 Teilnahme an Betriebsratssitzungen. (1) Die Jugend- und Auszubildendenvertretung kann zu allen Betriebsratssitzungen einen Vertreter entsenden. Werden Angelegenheiten behandelt, die besonders die in § 60 Abs. 1 genannten Arbeitnehmer betreffen, so hat zu diesen Tagesordnungspunkten die gesamte Jugend- und Auszubildendenvertretung ein Teilnahmerecht.

(2) Die Jugend- und Auszubildendenvertreter haben Stimmrecht, soweit die zu fassenden Beschlüsse des Betriebsrats überwiegend die in § 60 Abs. 1 genannten Arbeitnehmer betreffen.

(3) Die Jugend- und Auszubildendenvertretung kann beim Betriebsrat beantragen, Angelegenheiten, die besonders die in § 60 Abs. 1 genannten Arbeitnehmer betreffen und über die sie beraten hat, auf die nächste Tagesordnung zu setzen. Der Betriebsrat soll Angelegenheiten, die besonders die in § 60 Abs. 1 genannten Arbeitnehmer betreffen, der Jugend- und Auszubildendenvertretung zur Beratung zuleiten.

§ 68 Teilnahme an gemeinsamen Besprechungen. Der Betriebsrat hat die Jugend- und Auszubildendenvertretung zu Besprechungen zwischen Arbeitgeber und Betriebsrat beizuziehen, wenn Angelegenheiten behandelt werden, die besonders die in § 60 Abs. 1 genannten Arbeitnehmer betreffen.

§ 69 Sprechstunden. In Betrieben, die in der Regel mehr als fünfzig der in § 60 Abs. 1 genannten Arbeitnehmer beschäftigen, kann die Jugend- und Auszubildendenvertretung Sprechstunden während der Arbeitszeit einrichten.

§ 70 Allgemeine Aufgaben. (1) Die Jugend- und Auszubildendenvertretung hat folgende allgemeine Aufgaben:
1. Maßnahmen, die den in § 60 Abs. 1 genannten Arbeitnehmern dienen, insbesondere in Fragen der Berufsbildung, beim Betriebsrat zu beantragen;
2. darüber zu wachen, daß die zugunsten der in § 60 Abs. 1 genannten Arbeitnehmer geltenden Gesetze, Verordnungen, Unfallverhütungsvorschriften, Tarifverträge und Betriebsvereinbarungen durchgeführt werden;
3. Anregungen von in § 60 Abs. 1 genannten Arbeitnehmern, insbesondere in Fragen der Berufsbildung, entgegenzunehmen und, falls sie berechtigt erscheinen, beim Betriebsrat auf eine Erledigung hinzuwirken. Die Jugend- und Auszubildendenvertretung hat die betroffenen in § 60 Abs. 1 genannten Arbeitnehmer über den Stand und das Ergebnis der Verhandlungen zu informieren.

§ 71 Jugend- und Auszubildendenversammlung. Die Jugend- und Auszubildendenvertretung kann vor oder nach jeder Betriebsversammlung im Einvernehmen mit dem Betriebsrat eine betriebliche Jugend- und Auszubildendenversammlung einberufen.

4 Mitwirkung und Mitbestimmung der Arbeitnehmer

4.1 Allgemeines

§ 74 Grundsätze für die Zusammenarbeit. (1) Arbeitgeber und Betriebsrat sollen mindestens einmal im Monat zu einer Besprechung zusammentreten. Sie haben über strittige Fragen mit dem ernsten Willen zur Einigung zu verhandeln und Vorschläge für die Beilegung von Meinungsverschiedenheiten zu machen.

(2) Maßnahmen des Arbeitskampfes zwischen Arbeitgeber und Betriebsrat sind unzulässig; Arbeitskämpfe tariffähiger Parteien werden hierdurch nicht berührt. Arbeitgeber und Betriebsrat haben Betätigungen zu unterlassen, durch die der Arbeitsablauf oder der Frieden des Betriebs beeinträchtigt werden. Sie haben jede parteipolitische Betätigung im Betrieb zu unterlassen; die Behandlung von Angelegenheiten tarifpolitischer, sozialpolitischer und wirtschaftlicher Art, die den Betrieb oder seine Arbeitnehmer unmittelbar betreffen, wird hierdurch nicht berührt.

(3) Arbeitnehmer, die im Rahmen dieses Gesetzes Aufgaben übernehmen, werden hierdurch in der Betätigung für ihre Gewerkschaft auch im Betrieb nicht beschränkt.

§ 75 Grundsätze für die Behandlung der Betriebsangehörigen. (1) Arbeitgeber und Betriebsrat haben darüber zu wachen, daß alle im Betrieb tätigen Personen nach den Grundsätzen von Recht und Billigkeit behandelt werden, insbesondere, daß jede unterschiedliche Behandlung von Personen wegen ihrer Abstammung, Religion, Nationalität, Herkunft, politischen oder gewerkschaftlichen Betätigung oder Einstellung oder wegen ihres Geschlechts unterbleibt. Sie haben darauf zu achten, daß Arbeitnehmer nicht wegen Überschreitung bestimmter Altersstufen benachteiligt werden.

§ 76 Einigungsstelle. (1) Zur Beilegung von Meinungsverschiedenheiten zwischen Arbeitgeber und Betriebsrat, Gesamtbetriebsrat oder Konzernbetriebsrat ist bei Bedarf eine Einigungsstelle zu bilden. Durch Betriebsvereinbarung kann eine ständige Einigungsstelle errichtet werden.

§ 77 Durchführung gemeinsamer Beschlüsse, Betriebsvereinbarungen.

(1) Vereinbarungen zwischen Betriebsrat und Arbeitgeber, auch soweit sie auf einem Spruch der Einigungsstelle beruhen, führt der Arbeitgeber durch, es sei denn, daß im Einzelfall etwas anderes vereinbart ist. Der Betriebsrat darf nicht durch einseitige Handlungen in die Leitung des Betriebs eingreifen.

§ 78 Schutzbestimmungen. Die Mitglieder des Betriebsrats, des Gesamtbetriebsrats, des Konzernbetriebsrats, der Jugend- und Auszubildendenvertretung der Gesamt-Jugend- und Auszubildendenvertretung, des Wirtschaftsausschusses, der Bordvertretung, des Seebetriebsrats, der in § 3 Abs. 1 Nr. 1 und 2 genannten Vertretungen der Arbeitnehmer, der Einigungsstelle, einer tariflichen Schlichtungsstelle (§ 76 Abs. 8) und einer betrieblichen Beschwerdestelle (§ 86) dürfen in der Ausübung ihrer Tätigkeit nicht gestört oder behindert werden. Sie dürfen wegen ihrer Tätigkeit nicht benachteiligt oder begünstigt werden; dies gilt auch für ihre berufliche Entwicklung.

§ 78a Schutz Auszubildender in besonderen Fällen. (1) Beabsichtigt der Arbeitgeber, einen Auszubildenden, der Mitglied der Jugend- und Auszubildendenvertretung, des Betriebsrats, der Bordvertretung oder des Seebetriebsrats ist, nach Beendigung des Berufsausbildungsverhältnisses nicht in ein Arbeitsverhältnis auf unbestimmte Zeit zu übernehmen, so hat er dies drei Monate vor Beendigung des Berufsausbildungsverhältnisses dem Auszubildenden schriftlich mitzuteilen.

(2) Verlangt ein in Absatz 1 genannter Auszubildender innerhalb der letzten drei Monate vor Beendigung des Berufsausbildungsverhältnisses schriftlich vom Arbeitgeber die Weiterbeschäftigung, so gilt zwischen Auszubildendem und Arbeitgeber im Anschluß an das Berufsausbildungsverhältnis ein Arbeitsverhältnis auf unbestimmte Zeit als begründet.

(3) Die Absätze 1 und 2 gelten auch, wenn das Berufsausbildungsverhältnis vor Ablauf eines Jahres nach Beendigung der Amtszeit der Jugend- und Auszubildendenvertretung, des Betriebsrats, ... endet.

§ 79 Geheimhaltungspflicht. (1) Die Mitglieder und Ersatzmitglieder des Betriebsrats sind verpflichtet, Betriebs- oder Geschäftsgeheimnisse, die ihnen wegen ihrer Zugehörigkeit zum Betriebsrat bekanntgeworden und vom Arbeitgeber ausdrücklich als geheimhaltungsbedürftig bezeichnet worden sind, nicht zu offenbaren und nicht zu verwerten. Dies gilt auch nach dem Ausscheiden aus dem Betriebsrat. Die Verpflichtung gilt nicht gegenüber Mitgliedern des Betriebsrats.

§ 80 Allgemeine Aufgaben. (1) Der Betriebsrat hat folgende allgemeine Aufgaben:

1. darüber zu wachen, daß die zugunsten der Arbeitnehmer geltenden Gesetze, Verordnungen, Unfallverhütungsvorschriften, Tarifverträge und Betriebsvereinbarungen durchgeführt werden;
2. Maßnahmen, die dem Betrieb und der Belegschaft dienen, beim Arbeitgeber zu beantragen;
3. Anregungen von Arbeitnehmern und der Jugend- und Auszubildendenvertretung entgegenzunehmen und, falls sie berechtigt erscheinen, durch Verhandlungen mit dem Arbeitgeber auf eine Erledigung hinzuwirken; er hat die betreffenden Arbeitnehmer über den Stand und das Ergebnis der Verhandlungen zu unterrichten;
4. die Eingliederung Schwerbehinderter und sonstiger besonders schutzbedürftiger Personen zu fördern;
5. die Wahl einer Jugend- und Auszubildendenvertretung vorzubereiten und durchzuführen und mit dieser zur Förderung der Belange der in § 60 Abs. 1 genannten Arbeitnehmer eng zusammenzuarbeiten; er kann von der Jugend- und Auszubildendenvertretung Vorschläge und Stellungnahmen anfordern;
6. die Beschäftigung älterer Arbeitnehmer im Betrieb zu fördern;
7. die Eingliederung ausländischer Arbeitnehmer im Betrieb und das Verständnis zwischen ihnen und den deutschen Arbeitnehmern zu fördern.

(2) Zur Durchführung seiner Aufgaben nach diesem Gesetz ist der Betriebsrat rechtzeitig und umfassend vom Arbeitgeber zu unterrichten. Ihm sind auf Verlangen jederzeit die zur Durchführung seiner Aufgaben erforderlichen Unterlagen zur Verfügung zu stellen; in diesem Rahmen ist der Betriebsausschuß oder ein nach § 28 gebildeter Ausschuß berechtigt, in die Listen über die Bruttolöhne und -gehälter Einblick zu nehmen.

(3) Der Betriebsrat kann bei der Durchführung seiner Aufgaben nach näherer Vereinbarung mit dem Arbeitgeber Sachverständige hinzuziehen, ...

4.2 Mitwirkungs- und Beschwerderecht des Arbeitnehmers

§ 81 Unterrichtungs- und Erörterungspflicht des Arbeitgebers. (1) Der

Arbeitgeber hat den Arbeitnehmer über dessen Aufgabe und Verantwortung sowie über die Art seiner Tätigkeit und ihre Einordnung in den Arbeitsablauf des Betriebs zu unterrichten. Er hat den Arbeitnehmer vor Beginn der Beschäftigung über die Unfall- und Gesundheitsgefahren, denen dieser bei der Beschäftigung ausgesetzt ist, sowie über die Maßnahmen und Einrichtungen zur Abwendung dieser Gefahren zu belehren.

(2) Über Veränderungen in seinem Arbeitsbereich ist der Arbeitnehmer rechtzeitig zu unterrichten. Absatz 1 gilt entsprechend.

§ 82 Anhörungs- und Erörterungsrecht des Arbeitnehmers. (1) Der Arbeitnehmer hat das Recht, in betrieblichen Angelegenheiten, die seine Person betreffen, von den nach Maßgabe des organisatorischen Aufbaus des Betriebs hierfür zuständigen Personen gehört zu werden. Er ist berechtigt, zu Maßnahmen des Arbeitgebers, die ihn betreffen, Stellung zu nehmen sowie Vorschläge für die Gestaltung des Arbeitsplatzes und des Arbeitsablaufs zu machen.

(2) Der Arbeitnehmer kann verlangen, daß ihm die Berechnung und Zusammensetzung seines Arbeitsentgelts erläutert und daß mit ihm die Beurteilung seiner Leistungen sowie die Möglichkeiten seiner beruflichen Entwicklung im Betrieb erörtert werden. Er kann ein Mitglied des Betriebsrats hinzuziehen. Das Mitglied des Betriebsrats hat über den Inhalt dieser Verhandlungen Stillschweigen zu bewahren, soweit es vom Arbeitnehmer im Einzelfall nicht von dieser Verpflichtung entbunden wird.

§ 83 Einsicht in die Personalakten. (1) Der Arbeitnehmer hat das Recht, in die über ihn geführten Personalakten Einsicht zu nehmen. Er kann hierzu ein Mitglied des Betriebsrats hinzuziehen. Das Mitglied des Betriebsrats hat über den Inhalt der Personalakte Stillschweigen zu bewahren, soweit es vom Arbeitnehmer im Einzelfall nicht von dieser Verpflichtung entbunden wird.

(2) Erklärungen des Arbeitnehmers zum Inhalt der Personalakte sind dieser auf sein Verlangen beizufügen.

§ 84 Beschwerderecht. (1) Jeder Arbeitnehmer hat das Recht, sich bei den zuständigen Stellen des Betriebs zu beschweren, wenn er sich vom Arbeitgeber oder von Arbeitnehmern des Betriebs benachteiligt oder ungerecht behandelt oder in sonstiger Weise beeinträchtigt fühlt. Er kann ein Mitglied des Betriebsrats zur Unterstützung oder Vermittlung hinzuziehen.

(2) Der Arbeitgeber hat den Arbeitnehmer über die Behandlung der Beschwerde zu bescheiden und, soweit er die Beschwerde für berechtigt erachtet, ihr abzuhelfen.

(3) Wegen der Erhebung einer Beschwerde dürfen dem Arbeitnehmer keine Nachteile entstehen.

§ 85 Behandlung von Beschwerden durch den Betriebsrat. (1) Der Betriebsrat hat Beschwerden von Arbeitnehmern entgegenzunehmen und, falls er sie für berechtigt erachtet, beim Arbeitgeber auf Abhilfe hinzuwirken.

(2) Bestehen zwischen Betriebsrat und Arbeitgeber Meinungsverschiedenheiten über die Berechtigung der Beschwerde, so kann der Betriebsrat die Einigungsstelle anrufen. Der Spruch der Einigungsstelle ersetzt die Einigung zwischen Arbeitgeber und Betriebsrat. Dies gilt nicht, soweit Gegenstand der Beschwerde ein Rechtsanspruch ist.

(3) Der Arbeitgeber hat den Betriebsrat über die Behandlung der Beschwerde zu unterrichten. § 84 Abs. 2 bleibt unberührt.

4.3 Soziale Angelegenheiten

§ 87 Mitbestimmungsrechte. (1) Der Betriebsrat hat, soweit eine gesetzliche oder tarifliche Regelung nicht besteht, in folgenden Angelegenheiten mitzubestimmen:

1. Fragen der Ordnung des Betriebs und des Verhaltens der Arbeitnehmer im Betrieb;
2. Beginn und Ende der täglichen Arbeitszeit einschließlich der Pausen sowie Verteilung der Arbeitszeit auf die einzelnen Wochentage;
3. vorübergehende Verkürzung oder Verlängerung der betriebsüblichen Arbeitszeit;
4. Zeit, Ort und Art der Auszahlung der Arbeitsentgelte;
5. Aufstellung allgemeiner Urlaubsgrundsätze und des Urlaubsplans sowie die Festsetzung der zeitlichen

Lage des Urlaubs für einzelne Arbeitnehmer, wenn zwischen dem Arbeitgeber und den beteiligten Arbeitnehmern kein Einverständnis erzielt wird;
6. Einführung und Anwendung von technischen Einrichtungen, die dazu bestimmt sind, das Verhalten oder die Leistung der Arbeitnehmer zu überwachen;
7. Regelungen über die Verhütung von Arbeitsunfällen und Berufskrankheiten sowie über den Gesundheitsschutz im Rahmen der gesetzlichen Vorschriften oder der Unfallverhütungsvorschriften;
8. Form, Ausgestaltung und Verwaltung von Sozialeinrichtungen, deren Wirkungsbereich auf den Betrieb, das Unternehmen oder den Konzern beschränkt ist;
9. Zuweisung und Kündigung von Wohnräumen, die den Arbeitnehmern mit Rücksicht auf das Bestehen eines Arbeitsverhältnisses vermietet werden, sowie die allgemeine Festlegung der Nutzungsbedingungen;
10. Fragen der betrieblichen Lohngestaltung, insbesondere die Aufstellung von Entlohnungsgrundsätzen und die Einführung und Anwendung von neuen Entlohnungsmethoden sowie deren Änderung;
11. Festsetzung der Akkord- und Prämiensätze und vergleichbarer leistungsbezogener Entgelte, einschließlich der Geldfaktoren;
12. Grundsätze über das betriebliche Vorschlagswesen.

(2) Kommt eine Einigung über eine Angelegenheit nach Absatz 1 nicht zustande, so entscheidet die Einigungsstelle. Der Spruch der Einigungsstelle ersetzt die Einigung zwischen Arbeitgeber und Betriebsrat.

§ 88 Freiwillige Betriebsvereinbarungen. Durch Betriebsvereinbarung können insbesondere geregelt werden
1. zusätzliche Maßnahmen zur Verhütung von Arbeitsunfällen und Gesundheitsschädigungen;
2. die Errichtung von Sozialeinrichtungen, deren Wirkungsbereich auf den Betrieb, das Unternehmen oder den Konzern beschränkt ist;
3. Maßnahmen zur Förderung der Vermögensbildung.

§ 89 Arbeitsschutz. (1) Der Betriebsrat hat bei der Bekämpfung von Unfall- und Gesundheitsgefahren die für den Arbeitsschutz zuständigen Behörden, die Träger der gesetzlichen Unfallversicherung und die sonstigen in Betracht kommenden Stellen durch Anregung, Beratung und Auskunft zu unterstützen sowie sich für die Durchführung der Vorschriften über den Arbeitsschutz und die Unfallverhütung im Betrieb einzusetzen.

4.4 Gestaltung von Arbeitsplatz, Arbeitsablauf und Arbeitsumgebung

§ 90 Unterrichtungs- und Beratungsrechte. (1) Der Arbeitgeber hat den Betriebsrat über die Planung
1. von Neu-, Um- und Erweiterungsbauten von Fabrikations-, Verwaltungs- und sonstigen betrieblichen Räumen,
2. von technischen Anlagen,
3. von Arbeitsverfahren und Arbeitsabläufen oder
4. der Arbeitsplätze

rechtzeitig unter Vorlage der erforderlichen Unterlagen zu unterrichten.

(2) Der Arbeitgeber hat mit dem Betriebsrat die vorgesehenen Maßnahmen und ihre Auswirkungen auf die Arbeitnehmer, insbesondere auf die Art ihrer Arbeit sowie die sich daraus ergebenden Anforderungen an die Arbeitnehmer so rechtzeitig zu beraten, daß Vorschläge und Bedenken des Betriebsrats bei der Planung berücksichtigt werden können. Arbeitgeber und Betriebsrat sollen dabei auch die gesicherten arbeitswissenschaftlichen Erkenntnisse über die menschengerechte Gestaltung der Arbeit berücksichtigen.

§ 91 Mitbestimmungsrecht. Werden die Arbeitnehmer durch Änderungen der Arbeitsplätze, des Arbeitsablaufs oder der Arbeitsumgebung, den gesicherten arbeitswissenschaftlichen Erkenntnissen über die menschengerechte Gestaltung der Arbeit offensichtlich widersprechen, in besonderer Weise belastet, so kann der Betriebsrat angemessene Maßnahmen zur Abwendung, Milderung oder zum Ausgleich der Belastung verlangen. Kommt eine Einigung nicht zustande, so entscheidet die Einigungsstelle. Der Spruch der Einigungsstelle ersetzt die Einigung zwischen Arbeitgeber und Betriebsrat.

4.5 Personelle Angelegenheiten

§ 92 Personalplanung. (1) Der Arbeitgeber hat den Betriebsrat über die Personalplanung, insbesondere über den gegenwärtigen und künftigen Personalbedarf sowie über die sich daraus ergebenden personellen Maßnahmen und Maßnahmen der Berufsbildung an Hand von Unterlagen rechtzeitig und umfassend zu unterrichten. Er hat mit dem Betriebsrat über Art und Umfang der erforderlichen Maßnahmen und über die Vermeidung von Härten zu beraten.

(2) Der Betriebsrat kann dem Arbeitgeber Vorschläge für die Einführung einer Personalplanung und ihre Durchführung machen.

§ 93 Ausschreibung von Arbeitsplätzen. Der Betriebsrat kann verlangen, daß Arbeitsplätze, die besetzt werden sollen, allgemein oder für bestimmte Arten von Tätigkeiten vor ihrer Besetzung innerhalb des Betriebs ausgeschrieben werden.

§ 94 Personalfragebogen, Beurteilungsgrundsätze. (1) Personalfragebogen bedürfen der Zustimmung des Betriebsrats. Kommt eine Einigung über ihren Inhalt nicht zustande, so entscheidet die Einigungsstelle. Der Spruch der Einigungsstelle ersetzt die Einigung zwischen Arbeitgeber und Betriebsrat.

§ 95 Auswahlrichtlinien. (1) Richtlinien über die personelle Auswahl bei Einstellungen, Versetzungen, Umgruppierungen und Kündigungen bedürfen der Zustimmung des Betriebsrats. Kommt eine Einigung über die Richtlinien oder ihren Inhalt nicht zustande, so entscheidet auf Antrag des Arbeitgebers die Einigungsstelle. Der Spruch der Einigungsstelle ersetzt die Einigung zwischen Arbeitgeber und Betriebsrat.

§ 96 Förderung der Berufsbildung.
(1) Arbeitgeber und Betriebsrat haben im Rahmen der betrieblichen Personalplanung und in Zusammenarbeit mit den für die Berufsbildung und den für die Förderung der Berufsbildung zuständigen Stellen die Berufsbildung der Arbeitnehmer zu fördern. Der Arbeitgeber hat auf Verlangen des Betriebsrats mit diesem Fragen der Berufsbildung der Arbeitnehmer des Betriebs zu beraten. Hierzu kann der Betriebsrat Vorschläge machen.

(2) Arbeitgeber und Betriebsrat haben darauf zu achten, daß unter Berücksichtigung der betrieblichen Notwendigkeiten den Arbeitnehmern die Teilnahme an betrieblichen oder außerbetrieblichen Maßnahmen der Berufsbildung ermöglicht wird. Sie haben dabei auch die Belange älterer Arbeitnehmer zu berücksichtigen.

§ 97 Einrichtungen und Maßnahmen der Berufsbildung. Der Arbeitgeber hat mit dem Betriebsrat über die Errichtung und Ausstattung betrieblicher Einrichtungen zur Berufsbildung, die Einführung betrieblicher Berufsbildungsmaßnahmen und die Teilnahme an außerbetrieblichen Berufsbildungsmaßnahmen zu beraten.

§ 98 Durchführung betrieblicher Bildungsmaßnahmen. (1) Der Betriebsrat hat bei der Durchführung von Maßnahmen der betrieblichen Berufsbildung mitzubestimmen.

(2) Der Betriebsrat kann der Bestellung einer mit der Durchführung der betrieblichen Berufsbildung beauftragten Person widersprechen oder ihre Abberufung verlangen, wenn diese die persönliche oder fachliche, insbesondere die berufs- und arbeitspädagogische Eignung im Sinne des Berufsbildungsgesetzes nicht besitzt oder ihre Aufgaben vernachlässigt.

(3) Führt der Arbeitgeber betriebliche Maßnahmen der Berufsbildung durch oder stellt er für außerbetriebliche Maßnahmen der Berufsbildung Arbeitnehmer frei oder trägt er die durch die Teilnahme von Arbeitnehmern an solchen Maßnahmen entstehenden Kosten ganz oder teilweise, so kann der Betriebsrat Vorschläge für die Teilnahme von Arbeitnehmern oder Gruppen von Arbeitnehmern des Betriebs an diesen Maßnahmen der beruflichen Bildung machen.

(4) Kommt im Fall des Absatzes 1 oder über die nach Absatz 3 vom Betriebsrat vorgeschlagenen Teilnehmer eine Einigung nicht zustande, so entscheidet die Einigungsstelle. Der Spruch der Einigungsstelle ersetzt die Einigung zwischen Arbeitgeber und Betriebsrat.

§ 99 Mitbestimmung bei personellen Einzelmaßnahmen. (1) In Betrieben mit in der Regel mehr als zwanzig wahlberechtigten Arbeitnehmern hat der Arbeitgeber den Betriebsrat vor jeder Einstellung, Eingruppierung, Umgruppierung und Versetzung zu unterrichten, ihm die erforderlichen Bewerbungsunterlagen vorzulegen und Auskunft über die Person der Beteiligten zu geben; er hat dem Betriebsrat unter Vorlage der erforderlichen Unterlagen Auskunft über die Auswirkungen der geplanten Maßnahme zu geben und die Zustimmung des Betriebsrats zu der geplanten Maßnahme einzuholen. Bei Einstellungen und Versetzungen hat der Arbeitgeber insbesondere den in Aussicht genommenen Arbeitsplatz und die vorgesehene Eingruppierung mitzuteilen.

(2) Der Betriebsrat kann die Zustimmung verweigern, wenn
1. die personelle Maßnahme gegen ein Gesetz, eine Verordnung, eine Unfallverhütungsvorschrift oder gegen eine Bestimmung in einem Tarifvertrag oder in einer Betriebsvereinbarung oder gegen eine gerichtliche Entscheidung oder eine behördliche Anordnung verstoßen würde,
2. die personelle Maßnahme gegen eine Richtlinie nach § 95 verstoßen würde,
3. die durch Tatsachen begründete Besorgnis besteht, daß infolge der personellen Maßnahme im Betrieb beschäftigte Arbeitnehmer gekündigt werden oder sonstige Nachteile erleiden, ohne daß dies aus betrieblichen oder persönlichen Gründen gerechtfertigt ist,
4. der betroffene Arbeitnehmer durch die personelle Maßnahme benachteiligt wird, ohne daß dies aus betrieblichen oder in der Person des Arbeitnehmers liegenden Gründen gerechtfertigt ist,
5. eine nach § 93 erforderliche Ausschreibung im Betrieb unterblieben ist oder
6. die durch Tatsachen begründete Besorgnis besteht, daß der für die personelle Maßnahme in Aussicht genommene Bewerber oder Arbeitnehmer den Betriebsfrieden durch gesetzwidriges Verhalten oder durch grobe Verletzung der in § 75 Abs. 1 enthaltenen Grundsätze stören werde.

(3) Verweigert der Betriebsrat seine Zustimmung, so hat er dies unter Angabe von Gründen innerhalb einer Woche nach Unterrichtung durch den Arbeitgeber diesem schriftlich mitzuteilen. Teilt der Betriebsrat dem Arbeitgeber die Verweigerung seiner Zustimmung nicht innerhalb der Frist schriftlich mit, so gilt die Zustimmung als erteilt.

(4) Verweigert der Betriebsrat seine Zustimmung, so kann der Arbeitgeber beim Arbeitsgericht beantragen, die Zustimmung zu ersetzen.

§ 100 Vorläufige personelle Maßnahmen. (1) Der Arbeitgeber kann, wenn dies aus sachlichen Gründen dringend erforderlich ist, die personelle Maßnahme im Sinne des § 99 Abs. 1 Satz 1 vorläufig durchführen, bevor der Betriebsrat sich geäußert oder wenn er die Zustimmung verweigert hat. Der Arbeitgeber hat den Arbeitnehmer über die Sach- und Rechtslage aufzuklären.

(2) Der Arbeitgeber hat den Betriebsrat unverzüglich von der vorläufigen personellen Maßnahme zu unterrichten.

§ 102 Mitbestimmung bei Kündigungen. (1) Der Betriebsrat ist vor jeder Kündigung zu hören. Der Arbeitgeber hat ihm die Gründe für die Kündigung mitzuteilen. Eine ohne Anhörung des Betriebsrats ausgesprochene Kündigung ist unwirksam.

(2) Hat der Betriebsrat gegen eine ordentliche Kündigung Bedenken, so hat er diese unter Angabe der Gründe dem Arbeitgeber spätestens innerhalb einer Woche schriftlich mitzuteilen. Äußert er sich innerhalb dieser Frist nicht, gilt seine Zustimmung zur Kündigung als erteilt. Hat der Betriebsrat gegen eine außerordentliche Kündigung Bedenken, so hat er diese unter Angabe der Gründe dem Arbeitgeber unverzüglich, spätestens jedoch innerhalb von drei Tagen, schriftlich mitzuteilen. Der Betriebsrat soll, soweit dies erforderlich erscheint, vor seiner Stellungnahme den betroffenen Arbeitnehmer hören.

(3) Der Betriebsrat kann innerhalb der Frist des Absatzes 2 Satz 1 der ordentlichen Kündigung widersprechen, wenn
1. der Arbeitgeber bei der Auswahl des zu kündigenden Arbeitnehmers soziale Gesichtspunkte nicht oder nicht ausreichend berücksichtigt hat,
2. die Kündigung gegen eine Richtlinie nach § 95 verstößt,
3. der zu kündigende Arbeitnehmer an einem anderen Arbeitsplatz im selben Betrieb oder in einem anderen Betrieb des Unternehmens weiterbeschäftigt werden kann,

4. die Weiterbeschäftigung des Arbeitnehmers nach zumutbaren Umschulungs- oder Fortbildungsmaßnahmen möglich ist oder
5. eine Weiterbeschäftigung des Arbeitnehmers unter geänderten Vertragsbedingungen möglich ist und der Arbeitnehmer sein Einverständnis hiermit erklärt hat.

§ 103 Außerordentliche Kündigung in besonderen Fällen.
(1) Die außerordentliche Kündigung von Mitgliedern des Betriebsrats, der Jugend- und Auszubildendenvertretung, der Bordvertretung und des Seebetriebsrats, des Wahlvorstands sowie von Wahlbewerbern bedarf der Zustimmung des Betriebsrats.

(2) Verweigert der Betriebsrat seine Zustimmung, so kann das Arbeitsgericht sie auf Antrag des Arbeitgebers ersetzen, wenn die außerordentliche Kündigung unter Berücksichtigung aller Umstände gerechtfertigt ist. In dem Verfahren vor dem Arbeitsgericht ist der betroffene Arbeitnehmer Beteiligter.

§ 104 Entfernung betriebsstörender Arbeitnehmer.
Hat ein Arbeitnehmer durch gesetzwidriges Verhalten oder durch grobe Verletzung der in § 75 Abs. 1 enthaltenen Grundsätze den Betriebsfrieden wiederholt ernstlich gestört, so kann der Betriebsrat vom Arbeitgeber die Entlassung oder Versetzung verlangen.

§ 105 Leitende Angestellte.
Eine beabsichtigte Einstellung oder personelle Veränderung eines in § 5 Abs. 3 genannten leitenden Angestellten ist dem Betriebsrat rechtzeitig mitzuteilen.

4.6 Wirtschaftliche Angelegenheiten

§ 106 Wirtschaftsausschuß.
(1) In allen Unternehmen mit in der Regel mehr als einhundert ständig beschäftigten Arbeitnehmern ist ein Wirtschaftsausschuß zu bilden. Der Wirtschaftsausschuß hat die Aufgabe, wirtschaftliche Angelegenheiten mit dem Unternehmer zu beraten und den Betriebsrat zu unterrichten.

(2) Der Unternehmer hat den Wirtschaftsausschuß rechtzeitig und umfassend über die wirtschaftlichen Angelegenheiten des Unternehmens unter Vorlage der erforderlichen Unterlagen zu unterrichten, soweit dadurch nicht die Betriebs- und Geschäftsgeheimnisse des Unternehmens gefährdet werden, sowie die sich daraus ergebenden Auswirkungen auf die Personalplanung darzustellen.

(3) Zu den wirtschaftlichen Angelegenheiten im Sinne dieser Vorschrift gehören insbesondere
1. die wirtschaftliche und finanzielle Lage des Unternehmens;
2. die Produktions- und Absatzlage;
3. das Produktions- und Investitionsprogramm;
4. Rationalisierungsvorhaben;
5. Fabrikations- und Arbeitsmethoden, insbesondere die Einführung neuer Arbeitsmethoden;
6. die Einschränkung oder Stillegung von Betrieben oder von Betriebsteilen;
7. die Verlegung von Betrieben oder Betriebsteilen;
8. der Zusammenschluß von Betrieben;
9. die Änderung der Betriebsorganisation oder des Betriebszwecks sowie
10. sonstige Vorgänge und Vorhaben, welche die Interessen der Arbeitnehmer des Unternehmens wesentlich berühren können.

§ 107 Bestellung und Zusammensetzung des Wirtschaftsausschusses.
(1) Der Wirtschaftsausschuß besteht aus mindestens drei und höchstens sieben Mitgliedern, die dem Unternehmen angehören müssen, darunter mindestens einem Betriebsratsmitglied. Zu Mitgliedern des Wirtschaftsausschusses können auch die in § 5 Abs. 3 genannten Angestellten bestimmt werden. Die Mitglieder sollen die zur Erfüllung ihrer Aufgaben erforderliche fachliche und persönliche Eignung besitzen.

(2) Die Mitglieder des Wirtschaftsausschusses werden vom Betriebsrat für die Dauer seiner Amtszeit bestimmt.

§ 108 Sitzungen.
(1) Der Wirtschaftsausschuß soll monatlich einmal zusammentreten.

(2) An den Sitzungen des Wirtschaftsausschusses hat der Unternehmer oder sein Vertreter teilzunehmen.

(5) Der Jahresabschluß ist dem Wirtschaftsausschuß unter Beteiligung des Betriebsrats zu erläutern.

§ 111 Betriebsänderungen.
Der Unternehmer hat in Betrieben mit in der Regel

mehr als zwanzig wahlberechtigten Arbeitnehmern den Betriebsrat über geplante Betriebsänderungen, die wesentliche Nachteile für die Belegschaft oder erhebliche Teile der Belegschaft zur Folge haben können, rechtzeitig und umfassend zu unterrichten und die geplanten Betriebsänderungen mit dem Betriebsrat zu beraten. Als Betriebsänderungen im Sinne des Satzes 1 gelten
1. Einschränkung und Stillegung des ganzen Betriebs oder von wesentlichen Betriebsteilen,
2. Verlegung des ganzen Betriebs oder von wesentlichen Betriebsteilen,
3. Zusammenschluß mit anderen Betrieben,
4. grundlegende Änderungen der Betriebsorganisation, des Betriebszwecks oder der Betriebsanlagen,
5. Einführung grundlegend neuer Arbeitsmethoden und Fertigungsverfahren.

§ 112 Interessenausgleich über die Betriebsänderung, Sozialplan.

(1) Kommt zwischen Unternehmer und Betriebsrat ein Interessenausgleich über die geplante Betriebsänderung zustande, so ist dieser schriftlich niederzulegen und vom Unternehmer und Betriebsrat zu unterschreiben. Das gleiche gilt für eine Einigung über den Ausgleich oder die Milderung der wirtschaftlichen Nachteile, die den Arbeitnehmern infolge der geplanten Betriebsänderung entstehen (Sozialplan). Der Sozialplan hat die Wirkung einer Betriebsvereinbarung.

(2) Kommt ein Interessenausgleich über die geplante Betriebsänderung oder eine Einigung über den Sozialplan nicht zustande, so können der Unternehmer oder der Betriebsrat den Präsidenten des Landesarbeitsamtes um Vermittlung ersuchen. Geschieht dies nicht oder bleibt der Vermittlungsversuch ergebnislos, so können der Unternehmer oder der Betriebsrat die Einigungsstelle anrufen. Auf Ersuchen des Vorsitzenden der Einigungsstelle nimmt der Präsident des Landesarbeitsamtes an der Verhandlung teil.

(3) Unternehmer und Betriebsrat sollen der Einigungsstelle Vorschläge zur Beilegung der Meinungsverschiedenheiten über den Interessenausgleich und den Sozialplan machen. Die Einigungsstelle hat eine Einigung der Parteien zu versuchen. Kommt eine Einigung zustande, so ist sie schriftlich niederzulegen und von den Parteien und vom Vorsitzenden zu unterschreiben.

(4) Kommt eine Einigung über den Sozialplan nicht zustande, so entscheidet die Einigungsstelle über die Aufstellung eines Sozialplans. Der Spruch der Einigungsstelle ersetzt die Einigung zwischen Arbeitgeber und Betriebsrat.

(5) Die Einigungsstelle hat bei ihrer Entscheidung nach Absatz 4 sowohl die sozialen Belange der betroffenen Arbeitnehmer zu berücksichtigen als auch auf die wirtschaftliche Vertretbarkeit ihrer Entscheidung für das Unternehmen zu achten. Dabei hat die Einigungsstelle sich im Rahmen billigen Ermessens insbesondere von folgenden Grundsätzen leiten zu lassen:
1. Sie soll beim Ausgleich oder bei der Milderung wirtschaftlicher Nachteile, insbesondere durch Einkommensminderung, Wegfall von Sonderleistungen oder Verlust von Anwartschaften auf betriebliche Altersversorgung, Umzugskosten oder erhöhte Fahrtkosten, Leistungen vorsehen, die in der Regel den Gegebenheiten des Einzelfalles Rechnung tragen.
2. Sie hat die Aussichten der betroffenen Arbeitnehmer auf dem Arbeitsmarkt zu berücksichtigen. Sie soll Arbeitnehmer von Leistungen ausschließen, die in einem zumutbaren Arbeitsverhältnis im selben Betrieb oder in einem anderen Betrieb des Unternehmens oder eines zum Konzern gehörenden Unternehmens weiterbeschäftigt werden können und die Weiterbeschäftigung ablehnen; die mögliche Weiterbeschäftigung an einem anderen Ort begründet für sich allein nicht die Unzumutbarkeit.
3. Sie hat bei der Bemessung des Gesamtbetrages der Sozialplanleistungen darauf zu achten, daß der Fortbestand des Unternehmens oder die nach Durchführung der Betriebsänderung verbleibenden Arbeitsplätze nicht gefährdet werden.

§ 113 Nachteilsausgleich.
(1) Weicht der Unternehmer von einem Interessenausgleich über die geplante Betriebsänderung ohne zwingenden Grund ab, so können Arbeitnehmer, die infolge dieser Ab-

weichung entlassen werden, beim Arbeitsgericht Klage erheben mit dem Antrag, den Arbeitgeber zur Zahlung von Abfindungen zu verurteilen.

6 Straf- und Bußgeldvorschriften

§ 119 Straftaten gegen Betriebsverfassungsorgane und ihre Mitglieder.
(1) Mit Freiheitsstrafe bis zu einem Jahr oder mit Geldstrafe wird bestraft, wer
1. eine Wahl des Betriebsrats, der Jugend- und Auszubildendenvertretung, der Bordvertretung, des Seebetriebsrats ... behindert oder durch Zufügung oder Androhung von Nachteilen oder durch Gewährung oder Versprechen von Vorteilen beeinflußt,
2. die Tätigkeit des Betriebsrats, der Jugend- und Auszubildendenvertretung ... oder des Wirtschaftsausschusses behindert oder stört oder
3. ein Mitglied oder ein Ersatzmitglied des Betriebsrats ..., der Jugend- und Auszubildendenvertretung ... oder des Wirtschaftsausschusses um seiner Tätigkeit willen benachteiligt oder begünstigt.

(2) Die Tat wird nur auf Antrag des Betriebsrats ... verfolgt.

§ 120 Verletzung von Geheimnissen.
(1) Wer unbefugt ein fremdes Betriebs- oder Geschäftsgeheimnis offenbart, das ihm in seiner Eigenschaft als
1. Mitglied oder Ersatzmitglied des Betriebsrats ...
bekanntgeworden und das vom Arbeitgeber ausdrücklich als geheimhaltungsbedürftig bezeichnet worden ist, wird mit Freiheitsstrafe bis zu einem Jahr oder mit Geldstrafe bestraft.

Die Durchführungsverordnung

1 Wahl des Betriebsrats

1.1 Allgemeine Vorschriften

§ 1 Wahlvorstand. (1) Die Leitung der Wahl obliegt dem Wahlvorstand.
(3) Die Beschlüsse des Wahlvorstands werden mit einfacher Stimmenmehrheit seiner stimmberechtigten Mitglieder gefaßt.

§ 2 Wählerliste. (1) Der Wahlvorstand hat für jede Betriebsratswahl eine Liste der Wahlberechtigten (Wählerliste), getrennt nach den Gruppen der Arbeiter ... und der Angestellten, aufzustellen. ...
(2) Der Arbeitgeber hat dem Wahlvorstand alle für die Anfertigung der Wählerliste erforderlichen Auskünfte zu erteilen und die erforderlichen Unterlagen zur Verfügung zu stellen.
(3) Das aktive und passive Wahlrecht steht nur Arbeitnehmern zu, die in die Wählerliste eingetragen sind.

§ 3 Wahlausschreiben. (1) Spätestens sechs Wochen vor dem ersten Tag der Stimmabgabe erläßt der Wahlvorstand ein Wahlausschreiben, ...

1.2 Wahl mehrerer Betriebsratsmitglieder oder Gruppenvertreter

§ 6 Vorschlagslisten. (1) Sind bei Gruppenwahl für eine Gruppe mehrere Vertreter oder bei gemeinsamer Wahl mehrere Betriebsratsmitglieder zu wählen, so erfolgt die Wahl auf Grund von Vorschlagslisten.

§ 11 Stimmabgabe. (1) Der Wähler kann seine Stimme nur für eine der als gültig anerkannten Vorschlagslisten abgeben. Die Stimmabgabe erfolgt durch Abgabe von Stimmzetteln in den hierfür bestimmten Umschlägen (Wahlumschlägen).

§ 12 Wahlvorgang. (1) Der Wahlvorstand hat geeignete Vorkehrungen für die unbeobachtete Bezeichnung der Stimmzettel im Wahlraum zu treffen und für die Bereitstellung einer Wahlurne oder mehrerer Wahlurnen zu sorgen.
(2) Während der Wahl müssen immer mindestens zwei stimmberechtigte Mitglieder des Wahlvorstands im Wahlraum anwesend sein; ...

§ 13 Öffentliche Stimmauszählung. Unverzüglich nach Abschluß der Wahl nimmt der Wahlvorstand öffentlich die Auszählung der Stimmen vor und gibt das auf Grund der Auszählung sich ergebende Wahlergebnis bekannt.

§ 15 Verteilung der Sitze bei Gruppenwahl. (1) Hat Gruppenwahl stattgefunden, so werden die den einzelnen Vorschlagslisten der Gruppe zugefallenen Stimmenzahlen in einer Reihe nebeneinander gestellt und sämtlich durch 1, 2, 3, 4 usw. geteilt. Die ermittelten Teilzahlen sind nacheinander reihenweise unter den Zahlen der ersten Reihe aufzuführen, bis höhere Teilzahlen, als aus früheren Reihen für die Zuweisung von Sitzen in Betracht kommen, nicht mehr entstehen.

(2) Unter den so gefundenen Teilzahlen werden so viele Höchstzahlen ausgesondert und der Größe nach geordnet, wie Betriebsratsmitglieder für die Gruppe zu wählen sind. Jede Vorschlagsliste erhält so viele Mitgliedersitze zugeteilt, wie Höchstzahlen auf sie entfallen. Wenn die niedrigste in Betracht kommende Höchstzahl auf mehrere Vorschlagslisten zugleich entfällt, so entscheidet das Los darüber, welcher Vorschlagsliste dieser Sitz zufällt.

(3) Wenn eine Vorschlagsliste weniger Bewerber enthält, als Höchstzahlen auf sie entfallen, so gehen die überschüssigen Mitgliedersitze auf die folgenden Höchstzahlen der anderen Vorschlagslisten über.

(4) Die Reihenfolge der Bewerber innerhalb der einzelnen Vorschlagslisten bestimmt sich nach der Reihenfolge ihrer Benennung.

§ 16 Verteilung der Sitze bei gemeinsamer Wahl. (1) Hat gemeinsame Wahl stattgefunden, so werden zunächst die Arbeitersitze, sodann in gesonderter Rechnung die Angestelltensitze verteilt. Jede Vorschlagsliste erhält so viele Mitgliedersitze von jeder Arbeitnehmergruppe zugeteilt, wie bei der gesonderten Berechnung Höchstzahlen auf sie entfallen.

§ 23 Ermittlung der Gewählten.
(1) Gewählt sind die Bewerber, die die meisten Stimmen erhalten haben. Bei Stimmengleichheit entscheidet das Los.

1.3 Schriftliche Stimmabgabe

§ 26 Voraussetzungen. (1) Einem wahlberechtigten Arbeitnehmer, der im Zeitpunkt der Wahl wegen Abwesenheit vom Betrieb verhindert ist, seine Stimme persönlich abzugeben, hat der Wahlvorstand auf sein Verlangen
1. das Wahlausschreiben,
2. die Vorschlagslisten,
3. den Stimmzettel und den Wahlumschlag,
4. eine vorgedruckte vom Wähler abzugebende Erklärung, in der dieser gegenüber dem Wahlvorstand versichert, daß er den Stimmzettel persönlich gekennzeichnet hat, sowie
5. einen größeren Freiumschlag, der die Anschrift des Wahlvorstands und als Absender den Namen und die Anschrift des Wahlberechtigten sowie den Vermerk „Schriftliche Stimmabgabe" trägt,

auszuhändigen oder zu übersenden. Der Wahlvorstand soll dem Wähler ferner ein Merkblatt über die Art und Weise der schriftlichen Stimmabgabe ... aushändigen oder übersenden. Der Wahlvorstand hat die Aushändigung oder die Übersendung der Unterlagen in der Wählerliste zu vermerken.

2 Wahl der Jugend- und Auszubildendenvertretung

§ 30 Wahlvorstand, Wahlvorbereitung. Für die Wahl der Jugendvertretung gelten die Vorschriften der §§ 1 bis 4 über den Wahlvorstand, die Wählerliste und das Wahlausschreiben entsprechend mit der Maßgabe, daß die Wahl als gemeinsame Wahl stattfindet. Dem Wahlvorstand muß mindestens ein nach § 8 des Gesetzes wählbarer Arbeitnehmer angehören.

Gesetz zum Schutz vor Mißbrauch personenbezogener Daten bei der Datenverarbeitung (Bundesdatenschutzgesetz - BDSG -)

vom 27. Januar 1977

1 Allgemeine Bestimmungen

§ 1 Zweck und Anwendungsbereich des Gesetzes. (1) Zweck dieses Gesetzes ist es, den einzelnen davor zu schützen, daß er durch den Umgang mit seinen personenbezogenen Daten in seinem Persönlichkeitsrecht beeinträchtigt wird.

(2) Dieses Gesetz gilt für die Erhebung, Verarbeitung und Nutzung personenbezogener Daten durch
1. öffentliche Stellen des Bundes,
2. öffentliche Stellen der Länder, soweit der Datenschutz nicht durch Landesgesetz geregelt ist und soweit sie
   a) Bundesrecht ausführen oder
   b) als Organe der Rechtspflege tätig werden und es sich nicht um Verwaltungsangelegenheiten handelt,
3. nicht-öffentliche Stellen, soweit sie die Daten in oder aus Dateien geschäftsmäßig oder für berufliche oder gewerbliche Zwecke verarbeiten oder nutzen.

(3) Bei der Anwendung dieses Gesetzes gelten folgende Einschränkungen:
1. Für automatisierte Dateien, die ausschließlich aus verarbeitungstechnischen Gründen vorübergehend erstellt und nach ihrer verarbeitungstechnischen Nutzung automatisch gelöscht werden, gelten nur die §§ 5 und 9.
2. Für nicht-automatisierte Dateien, deren personenbezogene Daten nicht zur Übermittlung an Dritte bestimmt sind, gelten nur die §§ 5, 9, 39 und 40. Außerdem gelten für Dateien öffentlicher Stellen die Regelungen über die Verarbeitung und Nutzung personenbezogener Daten in Akten. Werden im Einzelfall personenbezogene Daten übermittelt, gelten für diesen Einzelfall die Vorschriften dieses Gesetzes uneingeschränkt.

(4) Soweit andere Rechtsvorschriften des Bundes auf personenbezogene Daten einschließlich deren Veröffentlichung anzuwenden sind, gehen sie den Vorschriften dieses Gesetzes vor.

§ 3 Weitere Begriffsbestimmungen.

(1) Personenbezogene Daten sind Einzelangaben über persönliche oder sachliche Verhältnisse einer bestimmten oder bestimmbaren natürlichen Person (Betroffener).

(2) Eine Datei ist
1. eine Sammlung personenbezogener Daten, die durch automatisierte Verfahren nach bestimmten Merkmalen ausgewertet werden kann (automatisierte Datei), oder
2. jede sonstige Sammlung personenbezogener Daten, die gleichartig aufgebaut ist und nach bestimmten Merkmalen geordnet, umgeordnet und ausgewertet werden kann (nicht-automatisierte Datei).

Nicht hierzu gehören Akten und Aktensammlungen, es sei denn, daß sie durch automatisierte Verfahren umgeordnet und ausgewertet werden können.

(3) Eine Akte ist jede sonstige amtlichen oder dienstlichen Zwecken dienende Unterlage; dazu zählen auch Bild- und Tonträger. Nicht hierunter fallen Vorentwürfe und Notizen, die nicht Bestandteil eines Vorgangs werden sollen.

(4) Erheben ist das Beschaffen von Daten über den Betroffenen.

(5) Verarbeiten ist das Speichern, Verändern, Übermitteln, Sperren und Löschen personenbezogener Daten. Im einzelnen ist, ungeachtet der dabei angewendeten Verfahren:
1. Speichern das Erfassen, Aufnehmen oder Aufbewahren personenbezogener Daten auf einem Datenträger zum Zwecke ihrer weiteren Verarbeitung oder Nutzung,
2. Verändern das inhaltliche Umgestalten gespeicherter personenbezogener Daten,
3. Übermitteln das Bekanntgeben gespeicherter oder durch Datenverarbeitung gewonnener personenbezogener Daten an einen Dritten (Empfänger) in der Weise, daß

a) die Daten durch die speichernde Stelle an den Empfänger weitergegeben werden oder
b) der Empfänger von der speichernden Stelle zur Einsicht oder zum Abruf bereitgehaltene Daten einsieht oder abruft,
4. Sperren das Kennzeichnen gespeicherter personenbezogener Daten, um ihre weitere Verarbeitung oder Nutzung einzuschränken,
5. Löschen das Unkenntlichmachen gespeicherter personenbezogener Daten.

(6) Nutzen ist jede Verwendung personenbezogener Daten, soweit es sich nicht um Verarbeitung handelt.

(7) Anonymisieren ist das Verändern personenbezogener Daten derart, daß die Einzelangaben über persönliche oder sachliche Verhältnisse nicht mehr oder nur mit einem unverhältnismäßig großen Aufwand an Zeit, Kosten und Arbeitskraft einer bestimmten oder bestimmbaren natürlichen Person zugeordnet werden können.

(8) Speichernde Stelle ist jede Person oder Stelle, die personenbezogene Daten für sich selbst speichert oder durch andere im Auftrag speichern läßt.

(9) Dritter ist jede Person oder Stelle außerhalb der speichernden Stelle. Dritte sind nicht der Betroffene sowie diejenigen Personen und Stellen, die im Geltungsbereich dieses Gesetzes personenbezogene Daten im Auftrag verarbeiten oder nutzen.

§ 4 Zulässigkeit der Datenverarbeitung und -nutzung.

(1) Die Verarbeitung personenbezogener Daten und deren Nutzung sind nur zulässig, wenn dieses Gesetz oder eine andere Rechtsvorschrift sie erlaubt oder anordnet oder soweit der Betroffene eingewilligt hat.

(2) Wird die Einwilligung bei dem Betroffenen eingeholt, ist er auf den Zweck der Speicherung und einer vorgesehenen Übermittlung sowie auf Verlangen auf die Folgen der Verweigerung der Einwilligung hinzuweisen. Die Einwilligung bedarf der Schriftform, soweit nicht wegen besonderer Umstände eine andere Form angemessen ist. Soll die Einwilligung zusammen mit anderen Erklärungen schriftlich erteilt werden, ist die Einwilligungserklärung im äußeren Erscheinungsbild der Erklärung hervorzuheben.

§ 5 Datengeheimnis.

Den bei der Datenverarbeitung beschäftigten Personen ist untersagt, personenbezogene Daten unbefugt zu verarbeiten oder zu nutzen (Datengeheimnis). Diese Personen sind, soweit sie bei nicht-öffentlichen Stellen beschäftigt werden, bei der Aufnahme ihrer Tätigkeit auf das Datengeheimnis zu verpflichten. Das Datengeheimnis besteht auch nach Beendigung ihrer Tätigkeit fort.

§ 6 Unabdingbare Rechte des Betroffenen.

(1) Die Rechte des Betroffenen auf Auskunft (§§ 19, 34) und auf Berichtigung, Löschung oder Sperrung (§§ 20, 35) können nicht durch Rechtsgeschäft ausgeschlossen oder beschränkt werden.

(2) Sind die Daten des Betroffenen in einer Datei gespeichert, bei der mehrere Stellen speicherungsberechtigt sind, und ist der Betroffene nicht in der Lage, die speichernde Stelle festzustellen, so kann er sich an jede dieser Stellen wenden. Diese ist verpflichtet, das Vorbringen des Betroffenen an die speichernde Stelle weiterzuleiten. Der Betroffene ist über die Weiterleitung und die speichernde Stelle zu unterrichten. Die in § 19 Abs. 3 genannten Stellen, die Behörden der Staatsanwaltschaft und der Polizei sowie öffentliche Stellen der Finanzverwaltung, soweit sie personenbezogene Daten in Erfüllung ihrer gesetzlichen Aufgaben im Anwendungsbereich der Abgabenordnung zur Überwachung und Prüfung speichern, können statt des Betroffenen den Bundesbeauftragten für den Datenschutz unterrichten. In diesem Fall richtet sich das weitere Verfahren nach § 19 Abs. 6.

§ 7 Schadensersatz durch öffentliche Stellen.

(1) Fügt eine öffentliche Stelle dem Betroffenen durch eine nach den Vorschriften dieses Gesetzes oder nach anderen Vorschriften über den Datenschutz unzulässige oder unrichtige automatisierte Verarbeitung seiner personenbezogenen Daten einen Schaden zu, ist sie dem Betroffenen unabhängig von einem Verschulden zum Ersatz des daraus entstehenden Schadens verpflichtet.

(2) Bei einer schweren Verletzung des Persönlichkeitsrechts ist dem Betroffenen der Schaden, der nicht Vermögensschaden ist, angemessen in Geld zu ersetzen.

(3) Die Ansprüche nach den Absätzen 1 und 2 sind insgesamt bis zu einem Be-

trag in Höhe von zweihundertfünfzigtausend Deutsche Mark begrenzt. Ist aufgrund desselben Ereignisses an mehrere Personen Schadensersatz zu leisten, der insgesamt den Höchstbetrag von zweihundertfünfzigtausend Deutsche Mark übersteigt, so verringern sich die einzelnen Schadensersatzleistungen in dem Verhältnis, in dem ihr Gesamtbetrag zu dem Höchstbetrag steht.

(4) Sind bei einer Datei mehrere Stellen speicherungsberechtigt und ist der Geschädigte nicht in der Lage, die speichernde Stelle festzustellen, so haftet jede dieser Stellen.

(5) Mehrere Ersatzpflichtige haften als Gesamtschuldner.

§ 8 Schadensersatz durch nicht-öffentliche Stellen. Macht ein Betroffener gegenüber einer nicht-öffentlichen Stelle einen Anspruch auf Schadensersatz wegen einer nach diesem Gesetz oder anderen Vorschriften über den Datenschutz unzulässigen oder unrichtigen automatisierten Datenverarbeitung geltend und ist streitig, ob der Schaden die Folge eines von der speichernden Stelle zu vertretenden Umstandes ist, so trifft die Beweislast die speichernde Stelle.

§ 9 Technische und organisatorische Maßnahmen*. Öffentliche und nicht-öffentliche Stellen, die selbst oder im Auftrag personenbezogene Daten verarbeiten, haben die technischen und organisatorischen Maßnahmen zu treffen, die erforderlich sind, um die Ausführung der Vorschriften dieses Gesetzes, insbesondere die in der Anlage zu diesem Gesetz genannten Anforderungen, zu gewährleisten. Erforderlich sind Maßnahmen nur, wenn ihr Aufwand in einem angemessenen Verhältnis zu dem angestrebten Schutzzweck steht.

§ 10 Einrichtung automatisierter Abrufverfahren. (1) Die Einrichtung eines automatisierten Verfahrens, das die Übermittlung personenbezogener Daten durch Abruf ermöglicht, ist zulässig, soweit dieses Verfahren unter Berücksichtigung der schutzwürdigen Interessen der Betroffenen und der Aufgaben oder Geschäftszwecke der beteiligten Stellen angemessen ist. Die Vorschriften über die Zulässigkeit des einzelnen Abrufs bleiben unberührt.

(2) Die beteiligten Stellen haben zu gewährleisten, daß die Zulässigkeit des Abrufverfahrens kontrolliert werden kann.

(4) Die Verantwortung für die Zulässigkeit des einzelnen Abrufs trägt der Empfänger. Die speichernde Stelle prüft die Zulässigkeit der Abrufe nur, wenn dazu Anlaß besteht. Die speichernde Stelle hat zu gewährleisten, daß die Übermittlung personenbezogener Daten zumindest durch geeignete Stichprobenverfahren festgestellt und überprüft werden kann. Wird ein Gesamtbestand personenbezogener Daten abgerufen oder übermittelt (Stapelverarbeitung), so bezieht sich die Gewährleistung der Feststellung und Überprüfung nur auf die Zulässigkeit des Abrufes oder der Übermittlung des Gesamtbestandes.

(5) Die Absätze 1 bis 4 gelten nicht für den Abruf aus Datenbeständen, die jedermann, sei es ohne oder nach besonderer Zulassung, zur Benutzung offenstehen.

§ 11 Verarbeitung oder Nutzung personenbezogener Daten im Auftrag.

(1) Werden personenbezogene Daten im Auftrag durch andere Stellen verarbeitet oder genutzt, ist der Auftraggeber für die Einhaltung der Vorschriften dieses Gesetzes und anderer Vorschriften über den Datenschutz verantwortlich. Die in den §§ 6 bis 8 genannten Rechte sind ihm gegenüber geltend zu machen.

(2) Der Auftragnehmer ist unter besonderer Berücksichtigung der Eignung der von ihm getroffenen technischen und organisatorischen Maßnahmen sorgfältig auszuwählen.

2 Datenverarbeitung der öffentlichen Stellen

§ 12 Anwendungsbereich. (1) Die Vorschriften dieses Abschnittes gelten für öffentliche Stellen des Bundes, soweit sie nicht als öffentlich-rechtliche Unternehmen am Wettbewerb teilnehmen.

(3) Für Landesbeauftragte für den Datenschutz gilt § 23 Abs. 4 entsprechend.

(4) Werden personenbezogene Daten für frühere, bestehende oder zukünftige dienst- oder arbeitsrechtliche Rechtsverhältnisse verarbeitet oder genutzt, gelten anstelle der §§ 14 bis 17, 19 und 20 der

---
* s. Anlage (zu § 9 Satz 1), S. 210 f.

§ 28 Abs. 1 und 2 Nr. 1 sowie die §§ 33 bis 35.

§ 13 Datenerhebung. (1) Das Erheben personenbezogener Daten ist zulässig, wenn ihre Kenntnis zur Erfüllung der Aufgaben der erhebenden Stellen erforderlich ist.

(2) Personenbezogene Daten sind beim Betroffenen zu erheben. Ohne seine Mitwirkung dürfen sie nur erhoben werden, wenn
1. eine Rechtsvorschrift dies vorsieht oder zwingend voraussetzt oder
2. a) die zu erfüllende Verwaltungsaufgabe ihrer Art nach eine Erhebung bei anderen Personen oder Stellen erforderlich macht oder
   b) die Erhebung beim Betroffenen einen unverhältnismäßigen Aufwand erfordern würde

und keine Anhaltspunkte dafür bestehen, daß überwiegende schutzwürdige Interessen des Betroffenen beeinträchtigt werden.

(3) Werden personenbezogene Daten beim Betroffenen mit seiner Kenntnis erhoben, so ist der Erhebungszweck ihm gegenüber anzugeben. Werden sie beim Betroffenen aufgrund einer Rechtsvorschrift erhoben, die zur Auskunft verpflichtet, oder ist die Erteilung der Auskunft Voraussetzung für die Gewährung von Rechtsvorteilen, so ist der Betroffene hierauf, sonst auf die Freiwilligkeit seiner Angaben hinzuweisen. Auf Verlangen ist er über die Rechtsvorschrift und über die Folgen der Verweigerung von Angaben aufzuklären.

(4) Werden personenbezogene Daten statt beim Betroffenen bei einer nicht-öffentlichen Stelle erhoben, so ist die Stelle auf die Rechtsvorschrift, die zur Auskunft verpflichtet, sonst auf die Freiwilligkeit ihrer Angaben hinzuweisen.

§ 14 Datenspeicherung, -veränderung und -nutzung. (1) Das Speichern, Verändern oder Nutzen personenbezogener Daten ist zulässig, wenn es zur Erfüllung der in der Zuständigkeit der speichernden Stelle liegenden Aufgaben erforderlich ist und es für die Zwecke erfolgt, für die die Daten erhoben worden sind. Ist keine Erhebung vorausgegangen, dürfen die Daten nur für die Zwecke geändert oder genutzt werden, für die sie gespeichert worden sind.

(2) Das Speichern, Verändern oder Nutzen für andere Zwecke ist nur zulässig, wenn
1. eine Rechtsvorschrift dies vorsieht oder zwingend voraussetzt,
2. der Betroffene eingewilligt hat,
3. offensichtlich ist, daß es im Interesse des Betroffenen liegt, und kein Grund zu der Annahme besteht, daß er in Kenntnis des anderen Zwecks seine Einwilligung verweigern würde,
4. Angaben des Betroffenen überprüft werden müssen, weil tatsächliche Anhaltspunkte für deren Unrichtigkeit bestehen,
5. die Daten aus allgemein zugänglichen Quellen entnommen werden können oder die speichernde Stelle sie veröffentlichen dürfte, es sei denn, daß das schutzwürdige Interesse des Betroffenen an dem Ausschluß der Zweckänderung offensichtlich überwiegt,
6. es zur Abwehr erheblicher Nachteile für das Gemeinwohl oder einer sonst unmittelbar drohenden Gefahr für die öffentliche Sicherheit erforderlich ist,
7. es zur Verfolgung von Straftaten oder Ordnungswidrigkeiten, zur Vollstreckung oder zum Vollzug von Strafen oder Maßnahmen im Sinne des § 11 Abs. 1 Nr. 8 des Strafgesetzbuches oder von Erziehungsmaßregeln oder Zuchtmitteln im Sinne des Jugendgerichtsgesetzes oder zur Vollstreckung von Bußgeldentscheidungen erforderlich ist,
8. es zur Abwehr einer schwerwiegenden Beeinträchtigung der Rechte einer anderen Person erforderlich ist oder
9. es zur Durchführung wissenschaftlicher Forschung erforderlich ist, das wissenschaftliche Interesse an der Durchführung des Forschungsvorhabens das Interesse des Betroffenen an dem Ausschluß der Zweckänderung erheblich überwiegt und der Zweck der Forschung auf andere Weise nicht oder nur mit unverhältnismäßigem Aufwand erreicht werden kann.

(3) Eine Verarbeitung oder Nutzung für andere Zwecke liegt nicht vor, wenn sie der Wahrnehmung von Aufsichts- und Kontrollbefugnissen, der Rechnungsprüfung oder der Durchführung von Organisationsuntersuchungen für die speichernde Stelle dient. Das gilt auch für die Verarbeitung oder Nutzung zu Ausbildungs- und Prüfungszwecken durch die

speichernde Stelle, soweit nicht überwiegende schutzwürdige Interessen des Betroffenen entgegenstehen.

(4) Personenbezogene Daten, die ausschließlich zu Zwecken der Datenschutzkontrolle, der Datensicherung oder zur Sicherstellung eines ordnungsgemäßen Betriebes einer Datenverarbeitungsanlage gespeichert werden, dürfen nur für diese Zwecke verwendet werden.

§ 15 Datenübermittlung an öffentliche Stellen. (1) Die Übermittlung personenbezogener Daten an öffentliche Stellen ist zulässig, wenn
1. sie zur Erfüllung der in der Zuständigkeit der übermittelnden Stelle oder des Empfängers liegenden Aufgaben erforderlich ist und
2. die Voraussetzungen vorliegen, die eine Nutzung nach § 14 zulassen würden.

(2) Die Verantwortung für die Zulässigkeit der Übermittlung trägt die übermittelnde Stelle. Erfolgt die Übermittlung auf Ersuchen des Empfängers, trägt dieser die Verantwortung. ...

(3) Der Empfänger darf die übermittelten Daten für den Zweck verarbeiten oder nutzen, zu dessen Erfüllung sie ihm übermittelt werden. Eine Verarbeitung oder Nutzung für andere Zwecke ist nur unter den Voraussetzungen des § 14 Abs. 2 zulässig.

(4) Für die Übermittlung personenbezogener Daten an Stellen der öffentlich-rechtlichen Religionsgesellschaften gelten die Absätze 1 bis 3 entsprechend, sofern sichergestellt ist, daß bei dem Empfänger ausreichende Datenschutzmaßnahmen getroffen werden.

(5) Sind mit personenbezogenen Daten, die nach Absatz 1 übermittelt werden dürfen, weitere personenbezogene Daten des Betroffenen oder eines Dritten in Akten so verbunden, daß eine Trennung nicht oder nur mit unvertretbarem Aufwand möglich ist, so ist die Übermittlung auch dieser Daten zulässig, soweit nicht berechtigte Interessen des Betroffenen oder eines Dritten an deren Geheimhaltung offensichtlich überwiegen; eine Nutzung dieser Daten ist unzulässig.

(6) Absatz 5 gilt entsprechend, wenn personenbezogene Daten innerhalb einer öffentlichen Stelle weitergegeben werden.

§ 16 Datenübermittlung an nicht-öffentliche Stellen. (1) Die Übermittlung personenbezogener Daten an nicht-öffentliche Stellen ist zulässig, wenn
1. sie zur Erfüllung der in der Zuständigkeit der übermittelnden Stelle liegenden Aufgaben erforderlich ist und die Voraussetzungen vorliegen, die eine Nutzung nach § 14 zulassen würden, oder
2. der Empfänger ein berechtigtes Interesse an der Kenntnis der zu übermittelnden Daten glaubhaft darlegt und der Betroffene kein schutzwürdiges Interesse an dem Ausschluß der Übermittlung hat.

(2) Die Verantwortung für die Zulässigkeit der Übermittlung trägt die übermittelnde Stelle.

(3) In den Fällen der Übermittlung nach Absatz 1 Nr. 2 unterrichtet die übermittelnde Stelle den Betroffenen von der Übermittlung seiner Daten. Dies gilt nicht, wenn damit zu rechnen ist, daß er davon auf andere Weise Kenntnis erlangt, oder wenn die Unterrichtung die öffentliche Sicherheit gefährden oder sonst dem Wohle des Bundes oder eines Landes Nachteile bereiten würde.

(4) Der Empfänger darf die übermittelten Daten nur für den Zweck verarbeiten oder nutzen, zu dessen Erfüllung sie ihm übermittelt werden. Die übermittelnde Stelle hat den Empfänger darauf hinzuweisen. Eine Verarbeitung oder Nutzung für andere Zwecke ist zulässig, wenn eine Übermittlung nach Absatz 1 zulässig wäre und die übermittelnde Stelle zugestimmt hat.

§ 17 Datenübermittlung an Stellen außerhalb des Geltungsbereiches dieses Gesetzes. (1) Für die Übermittlung personenbezogener Daten an Stellen außerhalb des Geltungsbereichs dieses Gesetzes sowie an über- und zwischenstaatliche Stellen gilt § 16 Abs. 1 nach Maßgabe der für diese Übermittlung geltenden Gesetze und Vereinbarungen, sowie § 16 Abs. 3.

(2) Eine Übermittlung unterbleibt, soweit Grund zu der Annahme besteht, daß durch sie gegen den Zweck eines deutschen Gesetzes verstoßen würde.

(3) Die Verantwortung für die Zulässigkeit der Übermittlung trägt die übermittelnde Stelle.

(4) Der Empfänger ist darauf hinzuweisen, daß die übermittelten Daten nur zu dem Zweck verarbeitet oder genutzt werden dürfen, zu dessen Erfüllung sie ihm übermittelt werden.

§ 18 Durchführung des Datenschutzes in der Bundesverwaltung.

(2) Die öffentlichen Stellen führen ein Verzeichnis der eingesetzten Datenverarbeitungsanlagen. Für ihre Dateien haben sie schriftlich festzulegen:
1. Bezeichnung und Art der Dateien,
2. Zweckbestimmung,
3. Art der gespeicherten Daten,
4. betroffenen Personenkreis,
5. Art der regelmäßig zu übermittelnden Daten und deren Empfänger,
6. Regelfristen für die Löschung der Daten,
7. zugriffsberechtigte Personengruppen oder Personen, die allein zugriffsberechtigt sind.

Sie haben ferner dafür zu sorgen, daß die ordnungsgemäße Anwendung der Datenverarbeitungsprogramme, mit deren Hilfe personenbezogene Daten verarbeitet werden sollen, überwacht wird.

(3) Absatz 2 Satz 2 gilt nicht für Dateien, die nur vorübergehend vorgehalten und innerhalb von drei Monaten nach ihrer Erstellung gelöscht werden.

§ 19 Auskunft an den Betroffenen.

(1) Dem Betroffenen ist auf Antrag Auskunft zu erteilen über
1. die zu seiner Person gespeicherten Daten, auch soweit sie sich auf Herkunft oder Empfänger dieser Daten beziehen, und
2. den Zweck der Speicherung.

In dem Antrag soll die Art der personenbezogenen Daten, über die Auskunft erteilt werden soll, näher bezeichnet werden. Sind die personenbezogenen Daten in Akten gespeichert, wird die Auskunft nur erteilt, soweit der Betroffene Angaben macht, die das Auffinden der Daten ermöglichen, und der für die Erteilung der Auskunft erforderliche Aufwand nicht außer Verhältnis zu dem vom Betroffenen geltend gemachten Informationsinteresse steht. Die speichernde Stelle bestimmt das Verfahren, insbesondere die Form der Auskunftserteilung, nach pflichtgemäßem Ermessen.

(2) Absatz 1 gilt nicht für personenbezogene Daten, die nur deshalb gespeichert sind, weil sie aufgrund gesetzlicher, satzungsmäßiger oder vertraglicher Aufbewahrungsvorschriften nicht gelöscht werden dürfen, oder ausschließlich Zwecken der Datensicherung oder der Datenschutzkontrolle dienen.

(3) Bezieht sich die Auskunftserteilung auf die Übermittlung personenbezogener Daten an Verfassungsschutzbehörden, den Bundesnachrichtendienst, den Militärischen Abschirmdienst und, soweit die Sicherheit des Bundes berührt wird, andere Behörden des Bundesministers der Verteidigung, ist sie nur mit Zustimmung dieser Stellen zulässig.

(4) Die Auskunftserteilung unterbleibt, soweit
1. die Auskunft die ordnungsgemäße Erfüllung der in der Zuständigkeit der speichernden Stelle liegenden Aufgaben gefährden würde,
2. die Auskunft die öffentliche Sicherheit oder Ordnung gefährden oder sonst dem Wohle des Bundes oder eines Landes Nachteile bereiten würde oder
3. die Daten oder die Tatsache ihrer Speicherung nach einer Rechtsvorschrift oder ihrem Wesen nach, insbesondere wegen der überwiegenden berechtigten Interessen eines Dritten, geheimgehalten werden müssen

und deswegen das Interesse des Betroffenen an der Auskunftserteilung zurücktreten muß.

(5) Die Ablehnung der Auskunftserteilung bedarf einer Begründung nicht, soweit durch die Mitteilung der tatsächlichen und rechtlichen Gründe, auf die die Entscheidung gestützt wird, der mit der Auskunftsverweigerung verfolgte Zweck gefährdet würde. In diesem Falle ist der Betroffene darauf hinzuweisen, daß er sich an den Bundesbeauftragten für den Datenschutz wenden kann.

(6) Wird dem Betroffenen keine Auskunft erteilt, so ist sie auf sein Verlangen dem Bundesbeauftragten für den Datenschutz zu erteilen, soweit nicht die jeweils zuständige oberste Bundesbehörde im Einzelfall feststellt, daß dadurch die Sicherheit des Bundes oder eines Landes gefährdet würde. Die Mitteilung des Bundesbeauftragten an den Betroffenen darf keine Rückschlüsse auf den Erkenntnisstand der speichernden Stelle zulassen, sofern diese nicht einer weitergehenden Auskunft zustimmt.

(7) Die Auskunft ist unentgeltlich.

§ 20 Berichtigung, Löschung und Sperrung von Daten.

(1) Personenbezogene Daten sind zu berichtigen, wenn sie unrichtig sind. Wird festgestellt, daß personenbezogene Daten in Akten unrichtig sind, oder wird ihre Richtigkeit von dem Betroffenen bestritten, so ist dies in der Akte zu vermerken oder auf sonstige Weise festzuhalten.

(2) Personenbezogene Daten in Dateien sind zu löschen, wenn
1. ihre Speicherung unzulässig ist oder
2. ihre Kenntnis für die speichernde Stelle zur Erfüllung der in ihrer Zuständigkeit liegenden Aufgaben nicht mehr erforderlich ist.

(3) An die Stelle einer Löschung tritt eine Sperrung, soweit
1. einer Löschung gesetzliche, satzungsmäßige oder vertragliche Aufbewahrungsfristen entgegenstehen,
2. Grund zu der Annahme besteht, daß durch eine Löschung schutzwürdige Interessen des Betroffenen beeinträchtigt würden, oder
3. eine Löschung wegen der besonderen Art der Speicherung nicht oder nur mit unverhältnismäßig hohem Aufwand möglich ist.

(4) Personenbezogene Daten in Dateien sind ferner zu sperren, soweit ihre Richtigkeit vom Betroffenen bestritten wird und sich weder die Richtigkeit noch die Unrichtigkeit feststellen läßt.

(5) Personenbezogene Daten in Akten sind zu sperren, wenn die Behörde im Einzelfall feststellt, daß ohne die Sperrung schutzwürdige Interessen des Betroffenen beeinträchtigt würden und die Daten für die Aufgabenerfüllung der Behörde nicht mehr erforderlich sind.

(6) Gesperrte Daten dürfen ohne Einwilligung des Betroffenen nur übermittelt oder genutzt werden, wenn
1. es zu wissenschaftlichen Zwecken, zur Behebung einer bestehenden Beweisnot oder aus sonstigen im überwiegenden Interesse der speichernden Stelle oder eines Dritten liegenden Gründen unerläßlich ist und
2. die Daten hierfür übermittelt oder genutzt werden dürften, wenn sie nicht gesperrt wären.

(7) Von der Berichtigung unrichtiger Daten, der Sperrung bestrittener Daten sowie der Löschung oder Sperrung wegen Unzulässigkeit der Speicherung sind die Stellen zu verständigen, denen im Rahmen einer regelmäßigen Datenübermittlung diese Daten zur Speicherung weitergegeben werden, wenn dies zur Wahrung schutzwürdiger Interessen des Betroffenen erforderlich ist.

§ 21 Anrufung des Bundesbeauftragten für den Datenschutz.

Jedermann kann sich an den Bundesbeauftragten für den Datenschutz wenden, wenn er der Ansicht ist, bei der Erhebung, Verarbeitung oder Nutzung seiner personenbezogenen Daten durch öffentliche Stellen des Bundes in seinen Rechten verletzt worden zu sein. Für die Erhebung, Verarbeitung oder Nutzung von personenbezogenen Daten durch Gerichte des Bundes gilt dies nur, soweit diese in Verwaltungsangelegenheiten tätig werden.

§ 22 Wahl des Bundesbeauftragten für den Datenschutz.

(1) Der Deutsche Bundestag wählt auf Vorschlag der Bundesregierung den Bundesbeauftragten für den Datenschutz mit mehr als der Hälfte der gesetzlichen Zahl seiner Mitglieder. Der Bundesbeauftragte muß bei seiner Wahl das 35. Lebensjahr vollendet haben. Der Gewählte ist vom Bundespräsidenten zu ernennen.

(3) Die Amtszeit des Bundesbeauftragten beträgt fünf Jahre. Einmalige Wiederwahl ist zulässig.

(4) Der Bundesbeauftragte steht nach Maßgabe dieses Gesetzes zum Bund in einem öffentlich-rechtlichen Amtsverhältnis. Er ist in Ausübung seines Amtes unabhängig und nur dem Gesetz unterworfen. Er untersteht der Rechtsaufsicht der Bundesregierung.

§ 23 Rechtsstellung des Bundesbeauftragten für den Datenschutz.

(2) Der Bundesbeauftragte darf neben seinem Amt kein anderes besoldetes Amt, kein Gewerbe und keinen Beruf ausüben und weder der Leitung oder dem Aufsichtsrat oder Verwaltungsrat eines auf Erwerb gerichteten Unternehmens noch einer Regierung oder einer gesetzgebenden Körperschaft des Bundes oder eines Landes angehören. Er darf nicht gegen Entgelt außergerichtliche Gutachten abgeben.

§ 24 Kontrolle durch den Bundesbeauftragten für den Datenschutz.

(1) Der Bundesbeauftragte für den Datenschutz kontrolliert bei den öffentlichen Stellen des Bundes die Einhaltung der Vorschriften dieses Gesetzes und an-

derer Vorschriften über den Datenschutz. ...

(4) Die öffentlichen Stellen des Bundes sind verpflichtet, den Bundesbeauftragten und seine Beauftragten bei der Erfüllung ihrer Aufgaben zu unterstützen. Ihnen ist dabei insbesondere
1. Auskunft zu ihren Fragen sowie Einsicht in alle Unterlagen und Akten, insbesondere in die gespeicherten Daten und in die Datenverarbeitungsprogramme, zu gewähren, die im Zusammenhang mit der Kontrolle nach Absatz 1 stehen,
2. jederzeit Zutritt in alle Diensträume zu gewähren.

Die in § 6 Abs. 2 und § 19 Abs. 3 genannten Behörden gewähren die Unterstützung nur dem Bundesbeauftragten selbst und den von ihm schriftlich besonders Beauftragten. Satz 2 gilt für diese Behörden nicht, soweit die oberste Bundesbehörde im Einzelfall feststellt, daß die Auskunft oder Einsicht die Sicherheit des Bundes oder eines Landes gefährden würde.

(5) Der Bundesbeauftragte teilt das Ergebnis seiner Kontrolle der öffentlichen Stelle mit. Damit kann er Vorschläge zur Verbesserung des Datenschutzes, insbesondere zur Beseitigung von festgestellten Mängeln bei der Verarbeitung oder Nutzung personenbezogener Daten, verbinden.

§ 25 Beanstandungen durch den Bundesbeauftragten für den Datenschutz. (1) Stellt der Bundesbeauftragte für den Datenschutz Verstöße gegen die Vorschriften dieses Gesetzes oder gegen andere Vorschriften über den Datenschutz oder sonstige Mängel bei der Verarbeitung oder Nutzung personenbezogener Daten fest, so beanstandet er dies ... und fordert zur Stellungnahme innerhalb einer von ihm zu bestimmenden Frist auf. ...

(2) Der Bundesbeauftragte kann von einer Beanstandung absehen oder auf eine Stellungnahme der betroffenen Stelle verzichten, insbesondere wenn es sich um unerhebliche oder inzwischen beseitigte Mängel handelt.

(3) Die Stellungnahme soll auch eine Darstellung der Maßnahmen enthalten, die auf Grund der Beanstandung des Bundesbeauftragten getroffen worden sind.

§ 26 Weitere Aufgaben des Bundesbeauftragten für den Datenschutz; Dateienregister. (1) Der Bundesbeauftragte für den Datenschutz erstattet dem Deutschen Bundestag alle zwei Jahre einen Tätigkeitsbericht. Der Tätigkeitsbericht soll auch eine Darstellung der wesentlichen Entwicklung des Datenschutzes im nicht-öffentlichen Bereich enthalten.

(2) Auf Anforderung des Deutschen Bundestages oder der Bundesregierung hat der Bundesbeauftragte Gutachten zu erstellen und Berichte zu erstatten. Auf Ersuchen des Deutschen Bundestages, des Petitionsausschusses, des Innenausschusses oder der Bundesregierung geht der Bundesbeauftragte ferner Hinweisen auf Angelegenheiten und Vorgänge des Datenschutzes bei den öffentlichen Stellen des Bundes nach. Der Bundesbeauftragte kann sich jederzeit an den Deutschen Bundestag wenden.

3 Datenverarbeitung nicht-öffentlicher Stellen und öffentlich-rechtlicher Wettbewerbsunternehmen

§ 27 Anwendungsbereich. (1) Die Vorschriften dieses Abschnittes finden Anwendung, soweit personenbezogene Daten in oder aus Dateien geschäftsmäßig oder für berufliche oder gewerbliche Zwecke verarbeitet oder genutzt werden durch
1. nicht-öffentliche Stellen,
2. a) öffentliche Stellen des Bundes, soweit sie als öffentlich-rechtliche Unternehmen am Wettbewerb teilnehmen,
   b) öffentliche Stellen der Länder, soweit sie als öffentlich-rechtliche Unternehmen am Wettbewerb teilnehmen, Bundesrecht ausführen und der Datenschutz nicht durch Landesgesetz geregelt ist.

In den Fällen der Nummer 2 Buchstabe a gelten anstelle des § 38 die §§ 18, 21 und 24 bis 26.

(2) Die Vorschriften dieses Abschnittes gelten nicht für die Verarbeitung und Nutzung personenbezogener Daten in Akten, soweit es sich nicht um personenbezogene Daten handelt, die offensichtlich aus einer Datei entnommen worden sind.

§ 28 Datenspeicherung, -übermittlung und -nutzung für eigene Zwecke.

(1) Das Speichern, Verändern oder Übermitteln personenbezogener Daten oder ihre Nutzung als Mittel für die Erfüllung eigener Geschäftszwecke ist zulässig

1. im Rahmen der Zweckbestimmung eines Vertragsverhältnisses oder vertragsähnlichen Vertrauensverhältnisses mit dem Betroffenen,
2. soweit es zur Wahrung berechtigter Interessen der speichernden Stelle erforderlich ist und kein Grund zu der Annahme besteht, daß das schutzwürdige Interesse des Betroffenen an dem Ausschluß der Verarbeitung oder Nutzung überwiegt,
3. wenn die Daten aus allgemein zugänglichen Quellen entnommen werden können oder die speichernde Stelle sie veröffentlichen dürfte, es sei denn, daß das schutzwürdige Interesse des Betroffenen an dem Ausschluß der Verarbeitung oder Nutzung offensichtlich überwiegt,
4. wenn es im Interesse der speichernden Stelle zur Durchführung wissenschaftlicher Forschung erforderlich ist, das wissenschaftliche Interesse an der Durchführung des Forschungsvorhabens das Interesse des Betroffenen an dem Ausschluß der Zweckänderung erheblich überwiegt und der Zweck der Forschung auf andere Weise nicht oder nur mit unverhältnismäßigem Aufwand erreicht werden kann.

Die Daten müssen nach Treu und Glauben und auf rechtmäßige Weise erhoben werden.

(2) Die Übermittlung oder Nutzung ist auch zulässig

1. a) soweit es zur Wahrung berechtigter Interessen eines Dritten oder öffentlicher Interessen erforderlich ist oder
   b) wenn es sich um listenmäßig oder sonst zusammengefaßte Daten über Angehörige einer Personengruppe handelt, die sich auf
   - eine Angabe über die Zugehörigkeit des Betroffenen zu dieser Personengruppe,
   - Berufs-, Branchen- oder Geschäftsbezeichnung,
   - Namen,
   - Titel,
   - akademische Grade,
   - Anschrift,
   - Geburtsjahr

   beschränken und

   kein Grund zu der Annahme besteht, daß der Betroffene ein schutzwürdiges Interesse an dem Ausschluß der Übermittlung hat. In den Fällen des Buchstabens b kann im allgemeinen davon ausgegangen werden, daß dieses Interesse besteht, wenn im Rahmen der Zweckbestimmung eines Vertragsverhältnisses oder vertragsähnlichen Vertrauensverhältnisses gespeicherte Daten übermittelt werden sollen, die sich
   - auf gesundheitliche Verhältnisse,
   - auf strafbare Handlungen,
   - auf Ordnungswidrigkeiten,
   - auf religiöse oder politische Anschauungen sowie
   - bei Übermittlung durch den Arbeitgeber auf arbeitsrechtliche Rechtsverhältnisse

   beziehen, oder
2. wenn es im Interesse einer Forschungseinrichtung zur Durchführung wissenschaftlicher Forschung erforderlich ist, das wissenschaftliche Interesse an der Durchführung des Forschungsvorhabens das Interesse des Betroffenen an dem Ausschluß der Zweckänderung erheblich überwiegt und der Zweck der Forschung auf andere Weise nicht oder nur mit unverhältnismäßigem Aufwand erreicht werden kann.

(3) Widerspricht der Betroffene bei der speichernden Stelle der Nutzung oder Übermittlung seiner Daten für Zwecke der Werbung oder der Markt- oder Meinungsforschung, ist eine Nutzung oder Übermittlung für diese Zwecke unzulässig. Widerspricht der Betroffene beim Empfänger der nach Absatz 2 übermittelten Daten der Verarbeitung oder Nutzung für Zwecke der Werbung oder der Markt- oder Meinungsforschung, hat dieser die Daten für diese Zwecke zu sperren.

(4) Der Empfänger darf die übermittelten Daten für den Zweck verarbeiten oder nutzen, zu dessen Erfüllung sie ihm übermittelt werden. Eine Verarbeitung oder Nutzung für andere Zwecke ist nur unter den Voraussetzungen der Absätze 1 und 2 zulässig. Die übermittelnde Stelle hat den Empfänger darauf hinzuweisen.

§ 29 Geschäftsmäßige Datenspeicherung zum Zwecke der Übermittlung.

(1) Das geschäftsmäßige Speichern oder Verändern personenbezogener Daten zum Zwecke der Übermittlung ist zulässig, wenn
1. kein Grund zu der Annahme besteht, daß der Betroffene ein schutzwürdiges Interesse an dem Ausschluß der Speicherung oder Veränderung hat, oder
2. die Daten aus allgemein zugänglichen Quellen entnommen werden können oder die speichernde Stelle sie veröffentlichen dürfte, es sei denn, daß das schutzwürdige Interesse des Betroffenen an dem Ausschluß der Speicherung oder Veränderung offensichtlich überwiegt.

§ 28 Abs. 1 Satz 2 ist anzuwenden.

(2) Die Übermittlung ist zulässig, wenn
1. a) der Empfänger ein berechtigtes Interesse an ihrer Kenntnis glaubhaft dargelegt hat oder
   b) es sich um listenmäßig oder sonst zusammengefaßte Daten nach § 28 Abs. 2 Nr. 1 Buchstabe b handelt, die für Zwecke der Werbung oder der Markt- oder Meinungsforschung übermittelt werden sollen, und
2. kein Grund zu der Annahme besteht, daß der Betroffene ein schutzwürdiges Interesse an dem Ausschluß der Übermittlung hat.

§ 28 Abs. 2 Nr. 1 Satz 2 gilt entsprechend. Bei der Übermittlung nach Nummer 1 Buchstabe a sind die Gründe für das Vorliegen eines berechtigten Interesses und die Art und Weise ihrer glaubhaften Darlegung von der übermittelnden Stelle aufzuzeichnen. Bei der Übermittlung im automatisierten Abrufverfahren obliegt die Aufzeichnungspflicht dem Empfänger.

(3) Für die Verarbeitung oder Nutzung der übermittelten Daten gilt § 28 Abs. 3 und 4.

§ 30 Geschäftsmäßige Datenspeicherung zum Zwecke der Übermittlung in anonymisierter Form.

(1) Werden personenbezogene Daten geschäftsmäßig gespeichert, um sie in anonymisierter Form zu übermitteln, sind die Merkmale gesondert zu speichern, mit denen Einzelangaben über persönliche oder sachliche Verhältnisse einer bestimmten oder bestimmbaren natürlichen Person zugeordnet werden können. Diese Merkmale dürfen mit den Einzelangaben nur zusammengeführt werden, soweit dies für die Erfüllung des Zweckes der Speicherung oder zu wissenschaftlichen Zwecken erforderlich ist.

(2) Die Veränderung personenbezogener Daten ist zulässig, wenn
1. kein Grund zu der Annahme besteht, daß der Betroffene ein schutzwürdiges Interesse an dem Ausschluß der Veränderung hat, oder
2. die Daten aus allgemein zugänglichen Quellen entnommen werden können oder die speichernde Stelle sie veröffentlichen dürfte, es sei denn, daß das schutzwürdige Interesse des Betroffenen an dem Ausschluß der Veränderung offensichtlich überwiegt.

(3) Die personenbezogenen Daten sind zu löschen, wenn ihre Speicherung unzulässig ist.

(4) Die §§ 29, 33 bis 35 gelten nicht.

§ 31 Besondere Zweckbindung.

Personenbezogene Daten, die ausschließlich zu Zwecken der Datenschutzkontrolle, der Datensicherung oder zur Sicherstellung eines ordnungsgemäßen Betriebes einer Datenverarbeitungsanlage gespeichert werden, dürfen nur für diese Zwecke verwendet werden.

§ 32 Meldepflichten.

(1) Die Stellen, die personenbezogene Daten geschäftsmäßig
1. zum Zwecke der Übermittlung speichern,
2. zum Zwecke der anonymisierten Übermittlung speichern oder
3. im Auftrag als Dienstleistungsunternehmen verarbeiten oder nutzen,

sowie ihre Zweigniederlassungen und unselbständigen Zweigstellen haben die Aufnahme und Beendigung ihrer Tätigkeit der zuständigen Aufsichtsbehörde innerhalb eines Monats mitzuteilen.

§ 33 Benachrichtigung des Betroffenen.

(1) Werden erstmals personenbezogene Daten für eigene Zwecke gespeichert, ist der Betroffene von der Speicherung und der Art der Daten zu benachrichtigen. Werden personenbezogene Daten geschäftsmäßig zum Zwecke der Übermittlung gespeichert, ist der Betroffene von der erstmaligen Übermittlung und der Art der übermittelten Daten zu benachrichtigen.

(2) Eine Pflicht zur Benachrichtigung besteht nicht, wenn
1. der Betroffene auf andere Weise Kenntnis von der Speicherung oder der Übermittlung erlangt hat,
2. die Daten nur deshalb gespeichert sind, weil sie aufgrund gesetzlicher, satzungsmäßiger oder vertraglicher Aufbewahrungsvorschriften nicht gelöscht werden dürfen oder ausschließlich der Datensicherung oder der Datenschutzkontrolle dienen,
3. die Daten nach einer Rechtsvorschrift oder ihrem Wesen nach, namentlich wegen des überwiegenden rechtlichen Interesses eines Dritten, geheimgehalten werden müssen,
4. die zuständige öffentliche Stelle gegenüber der speichernden Stelle festgestellt hat, daß das Bekanntwerden der Daten die öffentliche Sicherheit oder Ordnung gefährden oder sonst dem Wohle des Bundes oder eines Landes Nachteile bereiten würde,
5. die Daten in einer Datei gespeichert werden, die nur vorübergehend vorgehalten und innerhalb von drei Monaten nach ihrer Erstellung gelöscht wird,
6. die Daten für eigene Zwecke gespeichert sind und
   a) aus allgemein zugänglichen Quellen entnommen sind oder
   b) die Benachrichtigung die Geschäftszwecke der speichernden Stelle erheblich gefährden würde, es sei denn, daß das Interesse an der Benachrichtigung die Gefährdung überwiegt, oder
7. die Daten geschäftsmäßig zum Zwecke der Übermittlung gespeichert sind und
   a) aus allgemein zugänglichen Quellen entnommen sind, soweit sie sich auf diejenigen Personen beziehen, die diese Daten veröffentlicht haben, oder
   b) es sich um listenmäßig oder sonst zusammengefaßte Daten handelt (§ 29 Abs. 2 Nr. 1 Buchstabe b).

§ 34 Auskunft an den Betroffenen.

(1) Der Betroffene kann Auskunft verlangen über
1. die zu seiner Person gespeicherten Daten, auch soweit sie sich auf Herkunft und Empfänger beziehen,
2. den Zweck der Speicherung und
3. Personen und Stellen, an die seine Daten regelmäßig übermittelt werden, wenn seine Daten automatisiert verarbeitet werden.

Er soll die Art der personenbezogenen Daten, über die Auskunft erteilt werden soll, näher bezeichnen. Werden die personenbezogenen Daten geschäftsmäßig zum Zwecke der Übermittlung gespeichert, kann der Betroffene über Herkunft und Empfänger nur Auskunft verlangen, wenn er begründete Zweifel an der Richtigkeit der Daten geltend macht. In diesem Falle ist Auskunft über Herkunft und Empfänger auch dann zu erteilen, wenn diese Angaben nicht gespeichert sind.

(2) Der Betroffene kann von Stellen, die geschäftsmäßig personenbezogene Daten zum Zwecke der Auskunftserteilung speichern, Auskunft über seine personenbezogenen Daten verlangen, auch wenn sie nicht in einer Datei gespeichert sind. Auskunft über Herkunft und Empfänger kann der Betroffene nur verlangen, wenn er begründete Zweifel an der Richtigkeit der Daten geltend macht. § 38 Abs. 1 ist mit der Maßgabe anzuwenden, daß die Aufsichtsbehörde im Einzelfall die Einhaltung von Satz 1 überprüft, wenn der Betroffene begründet darlegt, daß die Auskunft nicht oder nicht richtig erteilt worden ist.

(3) Die Auskunft wird schriftlich erteilt, soweit nicht wegen der besonderen Umstände eine andere Form der Auskunftserteilung angemessen ist.

(4) Eine Pflicht zur Auskunftserteilung besteht nicht, wenn der Betroffene nach § 33 Abs. 2 Nr. 2 bis 6 nicht zu benachrichtigen ist.

(5) Die Auskunft ist unentgeltlich. Werden die personenbezogenen Daten geschäftsmäßig zum Zwecke der Übermittlung gespeichert, kann jedoch ein Entgelt verlangt werden, wenn der Betroffene die Auskunft gegenüber Dritten zu wirtschaftlichen Zwecken nutzen kann. Das Entgelt darf über die durch die Auskunftserteilung entstandenen direkt zurechenbaren Kosten nicht hinausgehen. Ein Entgelt kann in den Fällen nicht verlangt werden, in denen besondere Umstände die Annahme rechtfertigen, daß Daten unrichtig oder unzulässig gespeichert werden, oder in denen die Auskunft ergibt, daß die Daten zu berichtigen oder unter der Voraussetzung des § 35

Abs. 2 Satz 2 Nr. 1 zu löschen sind.

(6) Ist die Auskunftserteilung nicht unentgeltlich, ist dem Betroffenen die Möglichkeit zu geben, sich im Rahmen seines Auskunftsanspruchs persönlich Kenntnis über die ihn betreffenden Daten und Angaben zu verschaffen. Er ist hierauf in geeigneter Weise hinzuweisen.

§ 35 Berichtigung, Löschung und Sperrung von Daten. (1) Personenbezogene Daten sind zu berichtigen, wenn sie unrichtig sind.

(2) Personenbezogene Daten können außer in den Fällen des Absatzes 3 Nr. 1 und 2 jederzeit gelöscht werden. Personenbezogene Daten sind zu löschen, wenn
1. ihre Speicherung unzulässig ist,
2. es sich um Daten über gesundheitliche Verhältnisse, strafbare Handlungen, Ordnungswidrigkeiten sowie religiöse oder politische Anschauungen handelt und ihre Richtigkeit von der speichernden Stelle nicht bewiesen werden kann,
3. sie für eigene Zwecke verarbeitet werden, sobald ihre Kenntnis für die Erfüllung des Zweckes der Speicherung nicht mehr erforderlich ist, oder
4. sie geschäftsmäßig zum Zwecke der Übermittlung verarbeitet werden und eine Prüfung am Ende des fünften Kalenderjahres nach ihrer erstmaligen Speicherung ergibt, daß eine längerwährende Speicherung nicht erforderlich ist.

(3) An die Stelle einer Löschung tritt eine Sperrung, soweit
1. im Falle des Absatzes 2 Nr. 3 oder 4 einer Löschung gesetzliche, satzungsmäßige oder vertragliche Aufbewahrungsfristen entgegenstehen,
2. Grund zu der Annahme besteht, daß durch eine Löschung schutzwürdige Interessen des Betroffenen beeinträchtigt würden, oder
3. eine Löschung wegen der besonderen Art der Speicherung nicht oder nur mit unverhältnismäßig hohem Aufwand möglich ist.

(4) Personenbezogene Daten sind ferner zu sperren, soweit ihre Richtigkeit vom Betroffenen bestritten wird und sich weder die Richtigkeit noch die Unrichtigkeit feststellen läßt.

(5) Personenbezogene Daten, die unrichtig sind oder deren Richtigkeit bestritten wird, müssen bei der geschäftsmäßigen Datenspeicherung zum Zwecke der Übermittlung außer in den Fällen des Absatzes 2 Nr. 2 nicht berichtigt, gesperrt oder gelöscht werden, wenn sie aus allgemein zugänglichen Quellen entnommen und zu Dokumentationszwecken gespeichert sind. Auf Verlangen des Betroffenen ist diesen Daten für die Dauer der Speicherung seine Gegendarstellung beizufügen. Die Daten dürfen nicht ohne diese Gegendarstellung übermittelt werden.

(6) Von der Berichtigung unrichtiger Daten, der Sperrung bestrittener Daten sowie der Löschung oder Sperrung wegen Unzulässigkeit der Speicherung sind die Stellen zu verständigen, denen im Rahmen einer regelmäßigen Datenübermittlung diese Daten zur Speicherung weitergegeben werden, wenn dies zur Wahrung der schutzwürdigen Interessen des Betroffenen erforderlich ist.

(7) Gesperrte Daten dürfen ohne Einwilligung des Betroffenen nur übermittelt oder genutzt werden, wenn
1. es zu wissenschaftlichen Zwecken, zur Behebung einer bestehenden Beweisnot oder aus sonstigen im überwiegenden Interesse der speichernden Stelle oder eines Dritten liegenden Gründen unerläßlich ist und
2. die Daten hierfür übermittelt oder genutzt werden dürften, wenn sie nicht gesperrt wären.

§ 36 Bestellung eines Beauftragten für den Datenschutz. (1) Die nicht-öffentlichen Stellen, die personenbezogene Daten automatisiert verarbeiten und damit in der Regel mindestens fünf Arbeitnehmer ständig beschäftigen, haben spätestens innerhalb eines Monats nach Aufnahme ihrer Tätigkeit einen Beauftragten für den Datenschutz schriftlich zu bestellen. Das gleiche gilt, wenn personenbezogene Daten auf andere Weise verarbeitet werden und damit in der Regel mindestens zwanzig Arbeitnehmer ständig beschäftigt sind.

(2) Zum Beauftragten für den Datenschutz darf nur bestellt werden, wer die zur Erfüllung seiner Aufgaben erforderliche Fachkunde und Zuverlässigkeit besitzt.

(3) Der Beauftragte für den Datenschutz ist dem Inhaber, dem Vorstand, dem Geschäftsführer oder dem sonstigen

gesetzlich oder nach der Verfassung des Unternehmens berufenen Leiter unmittelbar zu unterstellen. Er ist bei Anwendung seiner Fachkunde auf dem Gebiet des Datenschutzes weisungsfrei. Er darf wegen der Erfüllung seiner Aufgaben nicht benachteiligt werden. Die Bestellung zum Beauftragten für den Datenschutz kann nur auf Verlangen der Aufsichtsbehörde oder in entsprechender Anwendung von § 626 des Bürgerlichen Gesetzbuchs widerrufen werden.

(4) Der Beauftragte für den Datenschutz ist zur Verschwiegenheit über die Identität des Betroffenen sowie über Umstände, die Rückschlüsse auf den Betroffenen zulassen, verpflichtet, soweit er nicht davon durch den Betroffenen befreit wird.

(5) Die nicht-öffentliche Stelle hat den Beauftragten für den Datenschutz bei der Erfüllung seiner Aufgaben zu unterstützen und ihm insbesondere, soweit dies zur Erfüllung seiner Aufgaben erforderlich ist, Hilfspersonal sowie Räume, Einrichtungen, Geräte und Mittel zur Verfügung zu stellen.

§ 37 **Aufgaben des Beauftragten für den Datenschutz.** (1) Der Beauftragte für den Datenschutz hat die Ausführung dieses Gesetzes sowie anderer Vorschriften über den Datenschutz sicherzustellen.

§ 38 **Aufsichtsbehörde.** (1) Die Aufsichtsbehörde überprüft im Einzelfall die Ausführung dieses Gesetzes sowie anderer Vorschriften über den Datenschutz. ...

(4) Die von der Aufsichtsbehörde mit der Überprüfung oder Überwachung beauftragten Personen sind befugt, soweit es zur Erfüllung der der Aufsichtsbehörde übertragenen Aufgaben erforderlich ist, während der Betriebs- und Geschäftszeiten Grundstücke und Geschäftsräume der Stelle zu betreten und dort Prüfungen und Besichtigungen vorzunehmen.

4 Sondervorschriften

§ 39 **Zweckbindung bei personenbezogenen Daten, die einem Berufs- oder besonderen Amtsgeheimnis unterliegen.** (1) Personenbezogene Daten, die einem Berufs- oder besonderen Amtsgeheimnis unterliegen und die von der zur Verschwiegenheit verpflichteten Stelle in Ausübung ihrer Berufs- oder Amtspflicht zur Verfügung gestellt worden sind, dürfen von der speichernden Stelle nur für den Zweck verarbeitet oder genutzt werden, für den sie sie erhalten hat. In die Übermittlung an eine nicht-öffentliche Stelle muß die zur Verschwiegenheit verpflichtete Stelle einwilligen.

(2) Für einen anderen Zweck dürfen die Daten nur verarbeitet oder genutzt werden, wenn die Änderung des Zwecks durch besonderes Gesetz zugelassen ist.

§ 40 **Verarbeitung und Nutzung personenbezogener Daten durch Forschungseinrichtungen.** (1) Für Zwecke der wissenschaftlichen Forschung erhobene oder gespeicherte personenbezogene Daten dürfen nur für Zwecke der wissenschaftlichen Forschung verarbeitet oder genutzt werden.

(3) Die personenbezogenen Daten sind zu anonymisieren, sobald dies nach dem Forschungszweck möglich ist. Bis dahin sind die Merkmale gesondert zu speichern, mit denen Einzelangaben über persönliche oder sachliche Verhältnisse einer bestimmten oder bestimmbaren Person zugeordnet werden können. Sie dürfen mit den Einzelangaben nur zusammengeführt werden, soweit der Forschungszweck dies erfordert.

(4) Die wissenschaftliche Forschung betreibenden Stellen dürfen personenbezogene Daten nur veröffentlichen, wenn
1. der Betroffene eingewilligt hat oder
2. dies für die Darstellung von Forschungsergebnissen über Ereignisse der Zeitgeschichte unerläßlich ist.

§ 41 **Verarbeitung und Nutzung personenbezogener Daten durch die Medien.** (1) Soweit personenbezogene Daten von Unternehmen oder Hilfsunternehmen der Presse oder des Films oder von Hilfsunternehmen des Rundfunks ausschließlich zu eigenen journalistisch-redaktionellen Zwecken verarbeitet oder genutzt werden, gelten von den Vorschriften dieses Gesetzes nur die §§ 5 und 9. Soweit Verlage personenbezogene Daten zur Herausgabe von Adressen-, Telefon-, Branchen- oder vergleichbaren Verzeichnissen verarbeiten oder nutzen, gilt Satz 1 nur, wenn mit der Herausgabe zugleich eine journalistisch-redaktionelle Tätigkeit verbunden ist.

(2) Führt die journalistisch-redaktionelle Verarbeitung oder Nutzung personenbezogener Daten durch die Rundfunkanstalten des Bundesrechts zur Veröffentlichung von Gegendarstellungen des Betroffenen, so sind diese Gegendarstellungen zu den gespeicherten Daten zu nehmen und für dieselbe Zeitdauer aufzubewahren wie die Daten selbst.

(3) Wird jemand durch eine Berichterstattung der Rundfunkanstalten des Bundesrechts in seinem Persönlichkeitsrecht beeinträchtigt, so kann er Auskunft über die der Berichterstattung zugrundeliegenden, zu seiner Person gespeicherten Daten verlangen. Die Auskunft kann verweigert werden, soweit aus den Daten auf die Person des Verfassers, Einsenders oder Gewährsmannes von Beiträgen, Unterlagen und Mitteilungen für den redaktionellen Teil geschlossen werden kann. Der Betroffene kann die Berichtigung unrichtiger Daten verlangen.

§ 42 Datenschutzbeauftragte der Rundfunkanstalten des Bundesrechts. (1) Die Rundfunkanstalten des Bundesrechts bestellen jeweils einen Beauftragten für den Datenschutz, der an die Stelle des Bundesbeauftragten für den Datenschutz tritt.

(2) Der Beauftragte für den Datenschutz kontrolliert die Einhaltung der Vorschriften dieses Gesetzes sowie anderer Vorschriften über den Datenschutz. Er ist in Ausübung dieses Amtes unabhängig und nur dem Gesetz unterworfen. ...

(3) Jedermann kann sich entsprechend § 21 Satz 1 an den Beauftragten für den Datenschutz wenden.

5 Schlußvorschriften

§ 43 Strafvorschriften. (1) Wer unbefugt von diesem Gesetz geschützte personenbezogene Daten, die nicht offenkundig sind,
1. speichert, verändert oder übermittelt,
2. zum Abruf mittels automatisierten Verfahrens bereithält oder
3. abruft oder sich oder einem anderen aus Dateien verschafft,

wird mit Freiheitsstrafe bis zu einem Jahr oder mit Geldstrafe bestraft.

(2) Ebenso wird bestraft, wer
1. die Übermittlung von durch dieses Gesetz geschützten personenbezogenen Daten, die nicht offenkundig sind, durch unrichtige Angaben erschleicht, ...

(3) Handelt der Täter gegen Entgelt oder in der Absicht, sich oder einen anderen zu bereichern oder einen anderen zu schädigen, so ist die Strafe Freiheitsstrafe bis zu zwei Jahren oder Geldstrafe.

(4) Die Tat wird nur auf Antrag verfolgt.

Anlage

(zu § 9 Satz 1)

Werden personenbezogene Daten automatisiert verarbeitet, sind Maßnahmen zu treffen, die je nach der Art der zu schützenden personenbezogenen Daten geeignet sind,
1. Unbefugten den Zugang zu Datenverarbeitungsanlagen, mit denen personenbezogene Daten verarbeitet werden, zu verwehren (Zugangskontrolle),
2. zu verhindern, daß Datenträger unbefugt gelesen, kopiert, verändert oder entfernt werden können (Datenträgerkontrolle),
3. die unbefugte Eingabe in den Speicher sowie die unbefugte Kenntnisnahme, Veränderung oder Löschung gespeicherter personenbezogener Daten zu verhindern (Speicherkontrolle),
4. zu verhindern, daß Datenverarbeitungssysteme mit Hilfe von Einrichtungen zur Datenübertragung von Unbefugten genutzt werden können (Benutzerkontrolle),
5. zu gewährleisten, daß die zur Benutzung eines Datenverarbeitungssystems Berechtigten ausschließlich auf die ihrer Zugriffsberechtigung unterliegenden Daten zugreifen können (Zugriffskontrolle),
6. zu gewährleisten, daß überprüft und festgestellt werden kann, an welche Stellen personenbezogene Daten durch Einrichtungen zur Datenübertragung übermittelt werden können (Übermittlungskontrolle),
7. zu gewährleisten, daß nachträglich überprüft und festgestellt werden

kann, welche personenbezogenen Daten zu welcher Zeit von wem in Datenverarbeitungssysteme eingegeben worden sind (Eingabekontrolle),
8. zu gewährleisten, daß personenbezogene Daten, die im Auftrag verarbeitet werden, nur entsprechend den Weisungen des Auftraggebers verarbeitet werden können (Auftragskontrolle),
9. zu verhindern, daß bei der Übertragung personenbezogener Daten sowie beim Transport von Datenträgern die Daten unbefugt gelesen, kopiert, verändert oder gelöscht werden können (Transportkontrolle),
10. die innerbehördliche oder innerbetriebliche Organisation so zu gestalten, daß sie den besonderen Anforderungen des Datenschutzes gerecht wird (Organisationskontrolle).

Gesetz über die Gewährung von Erziehungsgeld und Erziehungsurlaub (Bundeserziehungsgeldgesetz - BErzGG -)

vom 6. Dezember 1985

1 Erziehungsgeld

§ 1 Berechtigte. (1) Anspruch auf Erziehungsgeld hat, wer
1. einen Wohnsitz oder seinen gewöhnlichen Aufenthalt im Geltungsbereich dieses Gesetzes hat,
2. mit einem Kind, für das ihm die Personensorge zusteht, in einem Haushalt lebt,
3. dieses Kind selbst betreut und erzieht und
4. keine oder keine volle Erwerbstätigkeit ausübt.

Für den Anspruch eines Ausländers ist Voraussetzung, daß er im Besitz einer Aufenthaltsberechtigung, Aufenthaltserlaubnis oder Aufenthaltsbefugnis ist.

(4) Anspruch auf Erziehungsgeld hat auch, wer als
1. Angehöriger eines Mitgliedstaates der Europäischen Gemeinschaften oder
2. Grenzgängerin aus Österreich oder der Schweiz

ein Arbeitsverhältnis im Geltungsbereich dieses Gesetzes hat und die Voraussetzungen des Absatzes 1 Nr. 2 bis 4 erfüllt.

(5) Der Anspruch auf Erziehungsgeld bleibt unberührt, wenn der Antragsteller aus einem wichtigen Grund die Betreuung und Erziehung des Kindes nicht sofort aufnehmen kann oder sie unterbrechen muß.

§ 2 Nicht volle Erwerbstätigkeit.
(1) Der Antragsteller übt keine volle Erwerbstätigkeit aus, wenn
1. die wöchentliche Arbeitszeit 19 Stunden nicht übersteigt,
2. bei einer Beschäftigung, die nicht die Beitragspflicht nach dem Arbeitsförderungsgesetz begründet, die durch Gesetz oder auf Grund eines Gesetzes festgelegte Mindestdauer einer Teilzeitbeschäftigung nicht überschritten wird, oder
3. eine Beschäftigung zur Berufsausbildung ausgeübt wird.

(2) Einer vollen Erwerbstätigkeit stehen gleich:
1. der Bezug von Arbeitslosengeld, Arbeitslosenbeihilfe und Eingliederungsgeld,
2. der Bezug von Krankengeld, Verletztengeld, Versorgungskrankengeld, Übergangsgeld und Unterhaltsgeld, wenn der Bemessung dieser Leistung ein Arbeitsentgelt für eine Beschäftigung mit einer wöchentlichen Arbeitszeit von mehr als 19 Stunden oder ein entsprechendes Arbeitseinkommen zugrunde liegt; diese Regelung gilt nicht für die zu ihrer Berufsbildung Beschäftigten.

(3) Während des Bezugs von Arbeitslosengeld wird Erziehungsgeld gewährt, wenn dem Arbeitnehmer nach der Geburt eines Kindes aus einem Grund gekündigt worden ist, den er nicht zu vertreten hat, die Kündigung nach § 9 des Mutterschutzgesetzes oder § 18 zulässig war und der Wegfall des Erziehungsgeldes für ihn eine unbillige Härte bedeuten würde.

§ 3 Zusammentreffen von Ansprüchen; Änderung in der Person des Berechtigten. (1) Für die Betreuung und Erziehung eines Kindes wird nur einer Person Erziehungsgeld gewährt. Werden in einem Haushalt mehrere Kinder betreut und erzogen, wird für jedes nach dem 30. Juni 1989 geborene Kind Erziehungsgeld gewährt.

(2) Erfüllen beide Ehegatten die Anspruchsvoraussetzungen, so wird das Erziehungsgeld demjenigen gewährt, den sie zum Berechtigten bestimmen. Dabei kann jeder Ehegatte für einen zusammenhängenden Teil des Zeitraums, für den Erziehungsgeld gewährt wird, zum Berechtigten bestimmt werden. Die Bestimmung ist schriftlich gegenüber der zuständigen Stelle zu erklären. Wird diese Bestimmung nicht bis zum Ablauf des dritten Lebensmonats des Kindes getroffen oder wird keine Einigung erzielt, ist die Ehefrau die Berechtigte.

§ 4 Beginn und Ende des Anspruchs.

(1) Erziehungsgeld wird vom Tag der Geburt bis zur Vollendung des zwölften Lebensmonats gewährt. Für Kinder, die nach dem 30. Juni 1989 geboren werden, wird Erziehungsgeld bis zur Vollendung des fünfzehnten Lebensmonats, für Kinder, die nach dem 30. Juni 1990 geboren werden, bis zur Vollendung des achtzehnten Lebensmonats gewährt.

(2) Das Erziehungsgeld wird auf schriftlichen Antrag gewährt, rückwirkend höchstens für sechs Monate vor Antragstellung.

(3) Vor Erreichen der Altersgrenze (Absatz 1) endet der Anspruch mit dem Ablauf des Lebensmonats, in dem eine der Anspruchsvoraussetzungen entfallen ist. In den Fällen des § 16 Abs. 4 wird das Erziehungsgeld bis zur Beendigung des Erziehungsurlaubs weitergewährt.

§ 5 Höhe des Erziehungsgeldes; Einkommensgrenze.

(1) Das Erziehungsgeld beträgt 600 Deutsche Mark monatlich.

(2) Vom Beginn des siebten Lebensmonats an wird das Erziehungsgeld gemindert, wenn das Einkommen nach § 6 bei Verheirateten, die von ihrem Ehegatten nicht dauernd getrennt leben, 29 400 Deutsche Mark und bei anderen Berechtigten 23 700 Deutsche Mark übersteigt. Diese Beträge erhöhen sich um 4200 Deutsche Mark für jedes weitere Kind des Berechtigten oder seines nicht dauernd von ihm getrennt lebenden Ehegatten, für das ihm oder seinem Ehegatten Kindergeld gewährt wird oder ohne Anwendung des § 8 Abs. 1 des Bundeskindergeldgesetzes gewährt würde. Maßgeblich sind die Verhältnisse am Beginn des siebten Lebensmonats.

(3) Übersteigt das Einkommen die Grenze nach Absatz 2, mindert sich das Erziehungsgeld um den zwölften Teil von 40 vom Hundert des die Grenze übersteigenden Einkommens (§ 6).

(4) Das Erziehungsgeld wird im Laufe des Lebensmonats gezahlt, für den es bestimmt ist. Soweit Erziehungsgeld für Teile von Monaten zu leisten ist, beträgt es für einen Kalendertag ein Dreißigstel von 600 Deutsche Mark. Ein Betrag von monatlich weniger als 40 Deutsche Mark wird ab dem siebten Lebensmonat des Kindes nicht gewährt.

§ 6 Einkommen.

(1) Als Einkommen gilt die Summe der im vorletzten Kalenderjahr vor der Geburt oder bei angenommenen Kindern vor der Inobhutnahme erzielten positiven Einkünfte im Sinne des § 2 Abs. 1 und 2 des Einkommensteuergesetzes des Berechtigten und seines nicht dauernd von ihm getrennt lebenden Ehegatten, und zwar so, wie sie der Besteuerung zugrunde gelegt worden sind. Ein Ausgleich mit Verlusten aus anderen Einkunftsarten und mit Verlusten des Ehegatten ist nicht zulässig. Steht das Einkommen des vorletzten Kalenderjahres vor der Geburt nicht fest, so kann der Berechtigte das Einkommen glaubhaft machen; Absatz 4 Satz 2 ist anzuwenden.

§ 7 Vorrang von Mutterschaftsgeld und entsprechenden Bezügen während der Schutzfrist.

Für die Zeit vor und nach der Geburt laufend zu zahlendes Mutterschaftsgeld, das der Mutter nach der Reichsversicherungsordnung, dem Gesetz über die Krankenversicherung der Landwirte oder dem Mutterschutzgesetz gewährt wird, wird auf das Erziehungsgeld angerechnet. Das gleiche gilt für die Dienstbezüge und Anwärterbezüge, die nach beamten- oder soldatenrechtlichen Vorschriften für die Zeit der Beschäftigungsverbote gezahlt werden. Soweit die Mutter, die mit dem Vater des Kindes in einem Haushalt lebt, Leistungen (Sätze 1 und 2) erhält, werden diese auch auf das Erziehungsgeld des Vaters angerechnet.

§ 8 Andere Sozialleistungen.

Das Erziehungsgeld und vergleichbare Leistungen der Länder sowie das Mutterschaftsgeld nach § 7 Satz 1 und Leistungen nach § 7 Satz 2, soweit sie auf das Erziehungsgeld angerechnet worden sind, bleiben als Einkommen bei Sozialleistungen, deren Gewährung von anderen Einkommen abhängig ist, unberücksichtigt.

§ 10 Zuständigkeit.

Die Landesregierungen oder die von ihnen bestimmten Stellen bestimmen die für die Ausführung dieses Gesetzes zuständigen Behörden.

§ 11 Kostentragung.

Der Bund trägt die Ausgaben für das Erziehungsgeld.

§ 13 Rechtsweg. Über öffentlich-rechtliche Streitigkeiten in Angelegenheiten der §§ 1 bis 12 entscheiden die Gerichte der Sozialgerichtsbarkeit.

2 Erziehungsurlaub für Arbeitnehmer

§ 15 Anspruch auf Erziehungsurlaub; Teilzeitbeschäftigung neben dem Bezug von Erziehungsgeld. (1) Arbeitnehmer haben Anspruch auf Erziehungsurlaub, wenn sie einen Anspruch auf Erziehungsgeld haben oder nur deshalb nicht haben, weil die Voraussetzungen des § 1 Abs. 1 Satz 2 nicht vorliegen oder das Einkommen (§ 6) die Einkommensgrenze (§ 5 Abs. 2) übersteigt. Der Erziehungsurlaub wird nach Maßgabe des § 16 für denselben Zeitraum wie das Erziehungsgeld gewährt.

(2) Ein Anspruch auf Erziehungsurlaub besteht nicht, solange
1. die Mutter als Wöchnerin bis zum Ablauf von acht Wochen, bei Früh- und Mehrlingsgeburten von zwölf Wochen, nicht beschäftigt werden darf oder
2. der mit dem Erziehungsgeldberechtigten in einem Haushalt lebende Ehegatte nicht erwerbstätig ist; das gilt nicht, wenn der Ehegatte arbeitslos ist oder sich in Ausbildung befindet.

Satz 1 Nr. 1 gilt nicht, wenn ein Kind in Adoptionspflege genommen ist oder wegen eines anderen Kindes Erziehungsurlaub in Anspruch genommen wird.

(3) Kann die Betreuung und Erziehung des Kindes in den Fällen des Absatzes 2 nicht sichergestellt werden, so hat auch der erwerbstätige Ehegatte einen Anspruch auf Erziehungsurlaub.

(4) Der Anspruch kann nicht durch Vertrag ausgeschlossen oder beschränkt werden.

(5) Während des Erziehungsurlaubs darf eine nach § 1 Abs. 1 Nr. 4 und § 2 Abs. 1 zulässige Teilzeitarbeit nicht bei einem anderen Arbeitgeber geleistet werden.

§ 16 Inanspruchnahme des Erziehungsurlaubs. (1) Der Arbeitnehmer muß den Erziehungsurlaub spätestens vier Wochen vor dem Zeitpunkt, von dem ab er ihn in Anspruch nehmen will, von dem Arbeitgeber verlangen und gleichzeitig erklären, bis zu welchem Lebensmonat des Kindes er den Erziehungsurlaub in Anspruch nehmen will. Eine Verlängerung kann nur verlangt werden, wenn ein vorgesehener Wechsel in der Anspruchsberechtigung aus einem wichtigen Grund nicht erfolgen kann.

(4) Stirbt das Kind während des Erziehungsurlaubs, endet dieser spätestens drei Wochen nach dem Tod des Kindes. Absatz 3 Satz 4 gilt sinngemäß.

§ 17 Erholungsurlaub. (1) Der Arbeitgeber kann den Erholungsurlaub, der dem Arbeitnehmer für das Urlaubsjahr aus dem Arbeitsverhältnis zusteht, für jeden vollen Kalendermonat, für den der Arbeitnehmer Erziehungsurlaub nimmt, um ein Zwölftel kürzen. Satz 1 gilt nicht, wenn der Arbeitnehmer während des Erziehungsurlaubs bei seinem Arbeitgeber Teilzeitarbeit leistet.

(2) Hat der Arbeitnehmer den ihm zustehenden Urlaub vor Beginn des Erziehungsurlaubs nicht oder nicht vollständig erhalten, so hat der Arbeitgeber den Resturlaub nach dem Erziehungsurlaub im laufenden oder im nächsten Urlaubsjahr zu gewähren.

(3) Endet das Arbeitsverhältnis während des Erziehungsurlaubs oder setzt der Arbeitnehmer im Anschluß an den Erziehungsurlaub das Arbeitsverhältnis nicht fort, so hat der Arbeitgeber den noch nicht gewährten Urlaub abzugelten.

(4) Hat der Arbeitnehmer vor Beginn des Erziehungsurlaubs mehr Urlaub erhalten, als ihm nach Absatz 1 zusteht, so kann der Arbeitgeber den Urlaub, der dem Arbeitnehmer nach dem Ende des Erziehungsurlaubs zusteht, um die zuviel gewährten Urlaubstage kürzen.

§ 18 Kündigungsschutz. (1) Der Arbeitgeber darf das Arbeitsverhältnis während des Erziehungsurlaubs nicht kündigen. Die für den Arbeitsschutz zuständige oberste Landesbehörde oder die von ihr bestimmte Stelle kann in besonderen Fällen ausnahmsweise die Kündigung für zulässig erklären. Der Bundesminister für Jugend, Familie, Frauen und Gesundheit wird ermächtigt, mit Zustimmung des Bundesrates allgemeine Verwaltungsvorschriften zur Durchführung des Satzes 2 zu erlassen.

§ 19 Kündigung durch den Erziehungsurlaubsberechtigten. Zum Ende des Erziehungsurlaubs kann der Erziehungsgeldberechtigte das Arbeitsverhältnis nur unter Einhaltung einer Kündigungsfrist von drei Monaten kündigen.

§ 20 Zur Berufsausbildung Beschäftigte; in Heimarbeit Beschäftigte.
(1) Die zu ihrer Berufsausbildung Beschäftigten gelten als Arbeitnehmer im Sinne dieses Gesetzes. Die Zeit des Erziehungsurlaubs wird auf Berufsbildungszeiten nicht angerechnet.

(2) Anspruch auf Erziehungsurlaub haben auch die in Heimarbeit Beschäftigten ...

§ 21 Befristete Arbeitsverträge. (1) Ein sachlicher Grund, der die Befristung eines Arbeitsvertrages rechtfertigt, liegt vor, wenn ein Arbeitgeber einen Arbeitnehmer zur Vertretung eines Arbeitnehmers für die Dauer der Beschäftigungsverbote nach dem Mutterschutzgesetz oder für die Dauer eines zu Recht verlangten Erziehungsurlaubs oder für die Dauer einer auf Tarifvertrag, Betriebsvereinbarung oder einzelvertraglichen Vereinbarung beruhenden Arbeitsfreistellung zum Zwecke der Betreuung eines eigenen oder adoptierten Kindes, das das dritte Lebensjahr noch nicht vollendet hat, oder für diese Zeiten zusammen oder für Teile davon einstellt. Die auf Vereinbarung beruhende Arbeitsfreistellung muß sich unmittelbar an den gesetzlichen Erziehungsurlaub anschließen.

(3) Die Dauer der Befristung des Arbeitsvertrages muß kalendermäßig bestimmt oder bestimmbar sein.

(4) Das befristete Arbeitsverhältnis kann unter Einhaltung einer Frist von drei Wochen gekündigt werden, wenn der Erziehungsurlaub ohne Zustimmung des Arbeitgebers nach § 16 Abs. 3 Satz 3 und 4 vorzeitig beendet werden kann und der Arbeitnehmer dem Arbeitgeber die vorzeitige Beendigung seines Erziehungsurlaubs mitgeteilt hat; die Kündigung ist frühestens zu dem Zeitpunkt zulässig, zu dem der Erziehungsurlaub endet.

(5) Das Kündigungsschutzgesetz ist im Falle des Absatzes 4 nicht anzuwenden.

(6) Absatz 4 gilt nicht, soweit seine Anwendung vertraglich ausgeschlossen ist.

(7) Hängt die Anwendung arbeitsrechtlicher Gesetze oder Verordnungen von der Zahl der beschäftigten Arbeitnehmer ab, ist bei der Ermittlung dieser Zahl der Arbeitnehmer, der Erziehungsurlaub zu Recht verlangt hat, oder zum Zwecke der Betreuung eines eigenen oder adoptierten Kindes bis zur Vollendung des dritten Lebensjahres auf Grund tarifvertraglicher, betriebsvereinbarungsrechtlicher oder einzelvertraglicher Vereinbarung im unmittelbaren Anschluß an den Erziehungsurlaub von der Arbeit freigestellt ist, für die Zeit bis zur Beendigung des Erziehungsurlaubs nicht mitzuzählen, solange für ihn auf Grund von Absatz 1 ein Vertreter eingestellt ist. Dies gilt nicht, wenn nach diesen Vorschriften der Vertreter nicht mitzuzählen ist. Die Sätze 1 und 2 gelten entsprechend, wenn die Anwendung arbeitsrechtlicher Gesetze oder Verordnungen von der Zahl der Arbeitsplätze abhängt.

Fünftes Gesetz zur Förderung der Vermögensbildung der Arbeitnehmer (Fünftes Vermögensbildungsgesetz - 5. VermBG)

vom 19. Februar 1987

§ 1 Persönlicher Geltungsbereich.
(1) Die Vermögensbildung der Arbeitnehmer durch vereinbarte vermögenswirksame Leistungen der Arbeitgeber wird nach den Vorschriften dieses Gesetzes gefördert.
(2) Arbeitnehmer im Sinne dieses Gesetzes sind Arbeiter und Angestellte einschließlich der zu ihrer Berufsausbildung Beschäftigten. Als Arbeitnehmer gelten auch die in Heimarbeit Beschäftigten.
(3) Die Vorschriften dieses Gesetzes gelten nicht
1. für vermögenswirksame Leistungen juristischer Personen an Mitglieder des Organs, das zur gesetzlichen Vertretung der juristischen Person berufen ist,
2. für vermögenswirksame Leistungen von Personengesamtheiten an die durch Gesetz, Satzung oder Gesellschaftsvertrag zur Vertretung der Personengesamtheit berufenen Personen.

(4) Für Beamte, Richter, Berufssoldaten und Soldaten auf Zeit sowie berufsmäßige Angehörige und Angehörige auf Zeit des Zivilschutzkorps gelten die nachstehenden Vorschriften dieses Gesetzes entsprechend.

§ 2 Vermögenswirksame Leistungen, Anlageformen. (1) Vermögenswirksame Leistungen sind Geldleistungen, die der Arbeitgeber für den Arbeitnehmer anlegt
1. als Sparbeiträge des Arbeitnehmers auf Grund eines Sparvertrags über Wertpapiere oder andere Vermögensbeteiligungen ...,
2. als Aufwendungen des Arbeitnehmers auf Grund eines Wertpapier-Kaufvertrags,
3. als Aufwendungen des Arbeitnehmers auf Grund eines Beteiligungs-Vertrags oder eines Beteiligungs-Kaufvertrags,
4. als Aufwendungen des Arbeitnehmers nach den Vorschriften des Wohnungsbau-Prämiengesetzes; die Voraussetzungen für die Gewährung einer Prämie nach dem Wohnungsbau-Prämiengesetz brauchen nicht vorzuliegen,
5. als Aufwendungen des Arbeitnehmers
   a) zum Bau, zum Erwerb, zum Ausbau oder zur Erweiterung eines im Inland belegenen Wohngebäudes oder einer im Inland belegenen Eigentumswohnung,
   b) zum Erwerb eines Dauerwohnrechts im Sinne des Wohnungseigentumsgesetzes an einer im Inland belegenen Wohnung,
   c) zum Erwerb eines im Inland belegenen Grundstücks zum Zwecke des Wohnungsbaus oder
   d) zur Erfüllung von Verpflichtungen, die im Zusammenhang mit den in den Buchstaben a bis c bezeichneten Vorhaben eingegangen sind;
   die Förderung der Aufwendungen nach den Buchstaben a bis c setzt voraus, daß sie unmittelbar für die dort bezeichneten Vorhaben verwendet werden,
6. als Sparbeiträge des Arbeitnehmers auf Grund eines Sparvertrags,
7. als Beiträge des Arbeitnehmers auf Grund eines Kapitalversicherungsvertrags.

§ 3 Vermögenswirksame Leistungen für Angehörige, Überweisung durch den Arbeitgeber, Kennzeichnungs-, Bestätigungs- und Mitteilungspflichten. (1) Vermögenswirksame Leistungen können auch angelegt werden
1. zugunsten des Ehegatten des Arbeitnehmers (§ 26 Abs. 1 des Einkommensteuergesetzes),
2. zugunsten der in § 32 Abs. 1 des Einkommensteuergesetzes bezeichneten Kinder, die zu Beginn des maßgebenden Kalenderjahrs das 17. Lebensjahr noch nicht vollendet hatten oder die in diesem Kalenderjahr lebend geboren wurden oder

3. zugunsten der Eltern oder eines Elternteils des Arbeitnehmers, wenn der Arbeitnehmer als Kind die Voraussetzungen der Nummer 2 erfüllt.

§ 10 Vereinbarung zusätzlicher vermögenswirksamer Leistungen.
(1) Vermögenswirksame Leistungen können in Verträgen mit Arbeitnehmern, in Betriebsvereinbarungen, in Tarifverträgen oder in bindenden Festsetzungen (§ 19 des Heimarbeitsgesetzes) vereinbart werden.

(2) Vermögenswirksame Leistungen, die in Tarifverträgen vereinbart werden, werden nur dann nach den Vorschriften dieses Gesetzes gefördert, wenn die Tarifverträge nicht die Möglichkeit vorsehen, daß statt einer vermögenswirksamen Leistung eine andere Leistung, insbesondere eine Barleistung, erbracht wird.

(3) Der Anspruch des Arbeitnehmers gegen den Arbeitgeber auf die in einem Tarifvertrag vereinbarte vermögenswirksame Leistung erlischt nicht, wenn der Arbeitnehmer statt der vermögenswirksamen Leistung eine andere Leistung, insbesondere eine Barleistung, annimmt. Der Arbeitnehmer ist nicht verpflichtet, die andere Leistung an den Arbeitgeber herauszugeben.

(4) Absatz 3 gilt entsprechend für einen nichttarifgebundenen Arbeitnehmer, wenn der Arbeitgeber ihm statt der den tarifgebundenen Arbeitnehmern auf Grund eines Tarifvertrags gezahlten vermögenswirksamen Leistungen eine andere Leistung, insbesondere eine Barleistung, erbringt.

(5) Der Arbeitgeber kann auf tarifvertraglich vereinbarte vermögenswirksame Leistungen die betrieblichen Sozialleistungen anrechnen, die dem Arbeitnehmer in dem Kalenderjahr bisher schon als vermögenswirksame Leistungen erbracht worden sind. Das gilt nicht, soweit der Arbeitnehmer bei den betrieblichen Sozialleistungen zwischen einer vermögenswirksamen Leistung und einer anderen Leistung, insbesondere einer Barleistung, wählen konnte.

§ 11 Vermögenswirksame Anlage von Teilen des Arbeitslohns. (1) Der Arbeitgeber hat auf schriftliches Verlangen des Arbeitnehmers einen Vertrag über die vermögenswirksame Anlage von Teilen des Arbeitslohns abzuschließen.

§ 12 Freie Wahl der Anlage. Vermögenswirksame Leistungen werden nur dann nach den Vorschriften dieses Gesetzes gefördert, wenn der Arbeitnehmer die Art der vermögenswirksamen Anlage und das Unternehmen oder Institut, bei dem sie erfolgen soll, frei wählen kann. Eine Anlage im Unternehmen des Arbeitgebers nach § 2 Abs. 1 ... ist nur mit Zustimmung des Arbeitgebers zulässig.

§ 13 Anspruch auf Arbeitnehmer-Sparzulage. (1) Der Arbeitnehmer, der Einkünfte aus nichtselbständiger Arbeit im Sinne des § 19 Abs. 1 des Einkommensteuergesetzes bezieht, hat für die nach § 2 Abs. 1 Nr. 1 bis 5 ... angelegten vermögenswirksamen Leistungen, soweit sie insgesamt 936 Deutsche Mark im Kalenderjahr nicht übersteigen, Anspruch auf eine Arbeitnehmer-Sparzulage nach diesem Gesetz, wenn das zu versteuernde Einkommen (§ 2 Abs. 5 des Einkommensteuergesetzes) in dem Kalenderjahr, in dem die vermögenswirksamen Leistungen angelegt worden sind, 27 000 Deutsche Mark oder bei einer Zusammenveranlagung von Ehegatten nach § 26 b des Einkommensteuergesetzes 54 000 Deutsche Mark nicht übersteigt.

(2) Die Arbeitnehmer-Sparzulage beträgt
1. 20 vom Hundert der vermögenswirksamen Leistungen, die nach § 2 Abs. 1 Nr. 1, 2 oder 3, Abs. 2 bis 4 angelegt werden, und
2. 10 vom Hundert der vermögenswirksamen Leistungen, die nach § 2 Abs. 1 Nr. 4 oder 5 angelegt werden.

(3) Die Arbeitnehmer-Sparzulage gilt weder als steuerpflichtige Einnahme im Sinne des Einkommensteuergesetzes noch als Einkommen, Verdienst oder Entgelt (Arbeitsentgelt) im Sinne der Sozialversicherung und des Arbeitsförderungsgesetzes; sie gilt arbeitsrechtlich nicht als Bestandteil des Lohns oder Gehalts.

(4) Der Anspruch auf Arbeitnehmer-Sparzulage entsteht mit Ablauf des Kalenderjahrs, in dem die vermögenswirksamen Leistungen angelegt worden sind.

§ 14 Festsetzung der Arbeitnehmer-Sparzulage, Anwendung der Abgabenordnung, Verordnungsermächtigung, Rechtsweg. (1) Die Verwaltung der Arbeitnehmer-Sparzulage obliegt den Finanzämtern. Die Arbeitnehmer-Sparzulage wird aus den Einnahmen an Lohnsteuer gezahlt.

Mindesturlaubsgesetz für Arbeitnehmer (Bundesurlaubsgesetz - BUrlG -)

vom 8. Januar 1963

§ 1 Urlaubsanspruch. Jeder Arbeitnehmer hat in jedem Kalenderjahr Anspruch auf bezahlten Erholungsurlaub.

§ 2 Geltungsbereich. Arbeitnehmer im Sinne des Gesetzes sind Arbeiter und Angestellte sowie die zu ihrer Berufsausbildung Beschäftigten.

§ 3 Dauer des Urlaubs. (1) Der Urlaub beträgt jährlich mindestens 18 Werktage.

(2) Als Werktage gelten alle Kalendertage, die nicht Sonn- oder gesetzliche Feiertage sind.

§ 4 Wartezeit. Der volle Urlaubsanspruch wird erstmalig nach sechsmonatigem Bestehen des Arbeitsverhältnisses erworben.

§ 5 Teilurlaub. (1) Anspruch auf ein Zwölftel des Jahresurlaubs für jeden vollen Monat des Bestehens des Arbeitsverhältnisses hat der Arbeitnehmer
a) für Zeiten eines Kalenderjahres, für die er wegen Nichterfüllung der Wartezeit in diesem Kalenderjahr keinen vollen Urlaubsanspruch erwirbt;
b) wenn er vor erfüllter Wartezeit aus dem Arbeitsverhältnis ausscheidet;
c) wenn er nach erfüllter Wartezeit in der ersten Hälfte eines Kalenderjahres aus dem Arbeitsverhältnis ausscheidet.

(2) Bruchteile von Urlaubstagen, die mindestens einen halben Tag ergeben, sind auf volle Urlaubstage aufzurunden.

(3) Hat der Arbeitnehmer im Falle des Absatzes 1 Buchstabe c bereits Urlaub über den ihm zustehenden Umfang hinaus erhalten, so kann das dafür gezahlte Urlaubsentgelt nicht zurückgefordert werden.

§ 6 Ausschluß von Doppelansprüchen. (1) Der Anspruch auf Urlaub besteht nicht, soweit dem Arbeitnehmer für das laufende Kalenderjahr bereits von einem früheren Arbeitgeber Urlaub gewährt worden ist.

(2) Der Arbeitgeber ist verpflichtet, bei Beendigung des Arbeitsverhältnisses dem Arbeitnehmer eine Bescheinigung über den im laufenden Kalenderjahr gewährten oder abgegoltenen Urlaub auszuhändigen.

§ 7 Zeitpunkt, Übertragbarkeit und Abgeltung des Urlaubs. (1) Bei der zeitlichen Festlegung des Urlaubs sind die Urlaubswünsche des Arbeitnehmers zu berücksichtigen, es sei denn, daß ihrer Berücksichtigung dringende betriebliche Belange oder Urlaubswünsche anderer Arbeitnehmer, die unter sozialen Gesichtspunkten den Vorrang verdienen, entgegenstehen.

(2) Der Urlaub ist zusammenhängend zu gewähren, es sei denn, daß dringende betriebliche oder in der Person des Arbeitnehmers liegende Gründe eine Teilung des Urlaubs erforderlich machen.

(3) Der Urlaub muß im laufenden Kalenderjahr gewährt und genommen werden. Eine Übertragung des Urlaubs auf das nächste Kalenderjahr ist nur statthaft, wenn dringende betriebliche oder in der Person des Arbeitnehmers liegende Gründe dies rechtfertigen. Im Fall der Übertragung muß der Urlaub in den ersten drei Monaten des folgenden Kalenderjahres gewährt und genommen werden. Auf Verlangen des Arbeitnehmers ist ein nach § 5 Abs. 1 Buchstabe a entstehender Teilurlaub jedoch auf das nächste Kalenderjahr zu übertragen.

(4) Kann der Urlaub wegen Beendigung des Arbeitsverhältnisses ganz oder teilweise nicht mehr gewährt werden, so ist er abzugelten.

§ 8 Erwerbstätigkeit während des Urlaubs. Während des Urlaubs darf der Arbeitnehmer keine dem Urlaubszweck widersprechende Erwerbstätigkeit leisten.

§ 9 Erkrankung während des Urlaubs. Erkrankt ein Arbeitnehmer während des Urlaubs, so werden die durch ärztliches Zeugnis nachgewiesenen Tage der Arbeitsunfähigkeit auf den Jahresurlaub nicht angerechnet.

§ 10 Kur- und Heilverfahren. Kuren und Schonungszeiten dürfen nicht auf den Urlaub angerechnet werden, soweit ein Anspruch auf Fortzahlung des Arbeitsentgelts nach den gesetzlichen Vorschriften über die Entgeltfortzahlung im Krankheitsfalle besteht.

§ 11 Urlaubsentgelt. (1) Das Urlaubsentgelt bemißt sich nach dem durchschnittlichen Arbeitsverdienst, das der Arbeitnehmer in den letzten dreizehn Wochen vor dem Beginn des Urlaubs erhalten hat. Bei Verdiensterhöhungen nicht nur vorübergehender Natur, die während des Berechnungszeitraums oder des Urlaubs eintreten, ist von dem erhöhten Verdienst auszugehen. Verdienstkürzungen, die im Berechnungszeitraum infolge von Kurzarbeit, Arbeitsausfällen oder unverschuldeter Arbeitsversäumnis eintreten, bleiben für die Berechnung des Urlaubsentgelts außer Betracht.

(2) Das Urlaubsentgelt ist vor Antritt des Urlaubs auszuzahlen.

§ 13 Unabdingbarkeit. (1) Von den vorstehenden Vorschriften mit Ausnahme der §§ 1, 2 und 3 Abs. 1 kann in Tarifverträgen abgewichen werden. Die abweichenden Bestimmungen haben zwischen nichttarifgebundenen Arbeitgebern und Arbeitnehmern Geltung, wenn zwischen diesen die Anwendung der einschlägigen tariflichen Urlaubsregelung vereinbart ist. Im übrigen kann von den Bestimmungen dieses Gesetzes nicht zuungunsten des Arbeitnehmers abgewichen werden.

Gesetz zum Schutze der arbeitenden Jugend (Jugendarbeitsschutzgesetz - JArbSchG -)

vom 15. Oktober 1984

1 Allgemeine Vorschriften

§ 1 Geltungsbereich. (1) Dieses Gesetz gilt für die Beschäftigung von Personen, die noch nicht 18 Jahre alt sind,
1. in der Berufsausbildung,
2. als Arbeitnehmer oder Heimarbeiter,
3. mit sonstigen Dienstleistungen, die der Arbeitsleistung von Arbeitnehmern oder Heimarbeitern ähnlich sind,
4. in einem der Berufsausbildung ähnlichen Ausbildungsverhältnis.

(2) Dieses Gesetz gilt nicht
1. für geringfügige Hilfeleistungen, soweit sie gelegentlich
   a) aus Gefälligkeit,
   b) auf Grund familienrechtlicher Vorschriften,
   c) in Einrichtungen der Jugendhilfe,
   d) in Einrichtungen zur Eingliederung Behinderter
   erbracht werden,
2. für die Beschäftigung durch die Personensorgeberechtigten im Familienhaushalt.

§ 2 Kind, Jugendlicher. (1) Kind im Sinne dieses Gesetzes ist, wer noch nicht 14 Jahre alt ist.

(2) Jugendlicher im Sinne dieses Gesetzes ist, wer 14, aber noch nicht 18 Jahre alt ist.

(3) Jugendliche, die der Vollzeitschulpflicht unterliegen, gelten als Kinder im Sinne dieses Gesetzes.

§ 3 Arbeitgeber. Arbeitgeber im Sinne dieses Gesetzes ist, wer ein Kind oder einen Jugendlichen gemäß § 1 beschäftigt.

§ 4 Arbeitszeit. (1) Tägliche Arbeitszeit ist die Zeit vom Beginn bis zum Ende der täglichen Beschäftigung ohne die Ruhepausen (§ 11).

(2) Schichtzeit ist die tägliche Arbeitszeit unter Hinzurechnung der Ruhepausen (§ 11).

(4) Für die Berechnung der wöchentlichen Arbeitszeit ist als Woche die Zeit von Montag bis einschließlich Sonntag zugrunde zu legen. Die Arbeitszeit, die an einem Werktag infolge eines gesetzlichen Feiertags ausfällt, wird auf die wöchentliche Arbeitszeit angerechnet.

2 Beschäftigung von Kindern

§ 5 Verbot der Beschäftigung von Kindern. (1) Die Beschäftigung von Kindern (§ 2 Abs. 1 und 3) ist verboten.

(2) Das Verbot des Absatzes 1 gilt nicht für die Beschäftigung von Kindern ...
2. im Rahmen des Betriebspraktikums während der Vollzeitschulpflicht, ...

(3) Das Verbot des Absatzes 1 gilt ferner nicht für die Beschäftigung von Kindern über 13 Jahre
1. durch Personensorgeberechtigte in der Landwirtschaft bis zu drei Stunden täglich,
2. mit Einwilligung der Personensorgeberechtigten,
    a) bei der Ernte bis zu drei Stunden werktäglich,
    b) mit dem Austragen von Zeitungen und Zeitschriften bis zu zwei Stunden werktäglich oder
    c) mit Handreichungen beim Sport bis zu zwei Stunden täglich,

soweit die Beschäftigung leicht und für Kinder geeignet ist. Die Kinder dürfen nicht zwischen 18 und 8 Uhr, nicht vor dem Schulunterricht und nicht während des Schulunterrichts beschäftigt werden. Das Fortkommen in der Schule darf durch die Beschäftigung nicht beeinträchtigt werden.

3 Beschäftigung von Jugendlichen

3.1 Mindestalter für die Beschäftigung

§ 7 Mindestalter für die Beschäftigung. (1) Die Beschäftigung Jugendlicher unter 15 Jahren ist verboten.

(2) Jugendliche, die der Vollzeitschulpflicht nicht mehr unterliegen, aber noch nicht 15 Jahre alt sind, dürfen
1. im Berufsausbildungsverhältnis,
2. außerhalb eines Berufsausbildungsverhältnisses nur mit leichten und für sie geeigneten Tätigkeiten bis zu sieben Stunden täglich und 35 Stunden wöchentlich

beschäftigt werden.

3.2 Arbeitszeit und Freizeit

§ 8 Dauer der Arbeitszeit. (1) Jugendliche dürfen nicht mehr als acht Stunden täglich und nicht mehr als 40 Stunden wöchentlich beschäftigt werden.

(2) Wenn in Verbindung mit Feiertagen an Werktagen nicht gearbeitet wird, damit die Beschäftigten eine längere zusammenhängende Freizeit haben, so darf die ausfallende Arbeitszeit auf die Werktage von fünf zusammenhängenden, die Ausfalltage einschließenden Wochen nur dergestalt verteilt werden, daß die Wochenarbeitszeit im Durchschnitt dieser fünf Wochen 40 Stunden nicht überschreitet. Die tägliche Arbeitszeit darf hierbei achteinhalb Stunden nicht überschreiten.

(2a) Wenn an einzelnen Werktagen die Arbeitszeit auf weniger als acht Stunden verkürzt ist, können Jugendliche an den übrigen Werktagen derselben Woche achteinhalb Stunden beschäftigt werden.

§ 9 Berufsschule. (1) Der Arbeitgeber hat den Jugendlichen für die Teilnahme am Berufsschulunterricht freizustellen. Er darf den Jugendlichen nicht beschäftigen
1. vor einem vor 9 Uhr beginnenden Unterricht,
2. an einem Berufsschultag mit mehr als fünf Unterrichtsstunden von mindestens je 45 Minuten einmal in der Woche,
3. in Berufsschulwochen mit einem planmäßigen Blockunterricht von mindestens 25 Stunden an mindestens 5 Tagen; zusätzliche betriebliche Ausbildungsveranstaltungen bis zu zwei Stunden wöchentlich sind zulässig.

(2) Auf die Arbeitszeit werden angerechnet
1. Berufsschultage nach Absatz 1 Nr. 2 mit acht Stunden,
2. Berufsschulwochen nach Absatz 1 Nr. 3 mit 40 Stunden,
3. im übrigen die Unterrichtszeit einschließlich der Pausen.

(3) Ein Entgeltausfall darf durch den Besuch der Berufsschule nicht eintreten.

(4) Die Absätze 1 bis 3 gelten auch für die Beschäftigung von Personen, die über 18 Jahre alt und noch berufsschulpflichtig sind.

§ 10 Prüfungen und außerbetriebliche Ausbildungsmaßnahmen.
(1) Der Arbeitgeber hat den Jugendlichen
1. für die Teilnahme an Prüfungen und Ausbildungsmaßnahmen, die auf Grund öffentlich-rechtlicher oder vertraglicher Bestimmungen außerhalb der Ausbildungsstätte durchzuführen sind,
2. an dem Arbeitstag, der der schriftlichen Abschlußprüfung unmittelbar vorangeht,

freizustellen.

§ 11 Ruhepausen, Aufenthaltsräume.
(1) Jugendlichen müssen im voraus feststehende Ruhepausen von angemessener Dauer gewährt werden. Die Ruhepausen müssen mindestens betragen
1. 30 Minuten bei einer Arbeitszeit von mehr als viereinhalb bis zu sechs Stunden,
2. 60 Minuten bei einer Arbeitszeit von mehr als sechs Stunden.

Als Ruhepause gilt nur eine Arbeitsunterbrechung von mindestens 15 Minuten.

(2) Die Ruhepausen müssen in angemessener zeitlicher Lage gewährt werden, frühestens eine Stunde nach Beginn und spätestens eine Stunde vor Ende der Arbeitszeit. Länger als viereinhalb Stunden hintereinander dürfen Jugendliche nicht ohne Ruhepause beschäftigt werden.

(3) Der Aufenthalt während der Ruhepausen in Arbeitsräumen darf den Jugendlichen nur gestattet werden, wenn die Arbeit in diesen Räumen während dieser Zeit eingestellt ist und auch sonst die notwendige Erholung nicht beeinträchtigt wird.

(4) Absatz 3 gilt nicht für den Bergbau unter Tage.

§ 12 Schichtzeit.
Bei der Beschäftigung Jugendlicher darf die Schichtzeit (§ 4 Abs. 2) 10 Stunden, im Bergbau unter Tage 8 Stunden, im Gaststättengewerbe, in der Landwirtschaft, in der Tierhaltung, auf Bau- und Montagestellen 11 Stunden nicht überschreiten.

§ 13 Tägliche Freizeit.
Nach Beendigung der täglichen Arbeitszeit dürfen Jugendliche nicht vor Ablauf einer ununterbrochenen Freizeit von mindestens 12 Stunden beschäftigt werden.

§ 14 Nachtruhe.
(1) Jugendliche dürfen nur in der Zeit von 7 bis 20 Uhr beschäftigt werden*.

(2) Jugendliche über 16 Jahre dürfen
1. im Gaststätten- und Schaustellergewerbe bis 22 Uhr,
2. in mehrschichtigen Betrieben bis 23 Uhr,
3. in der Landwirtschaft ab 5 Uhr oder bis 21 Uhr,
4. in Bäckereien und Konditoreien ab 5 Uhr

beschäftigt werden.

(3) Jugendliche über 17 Jahre dürfen in Bäckereien ab 4 Uhr beschäftigt werden.

(4) An dem einem Berufsschultag unmittelbar vorhergehenden Tag dürfen Jugendliche auch nach Absatz 2 Nr. 1 bis 3 nicht nach 20 Uhr beschäftigt werden, wenn der Berufsschulunterricht am Berufsschultag vor 9 Uhr beginnt.

§ 15 Fünf-Tage-Woche.
Jugendliche dürfen nur an fünf Tagen in der Woche beschäftigt werden. § 5 Abs. 3 gilt entsprechend.

§ 16 Samstagsruhe.
(1) An Samstagen dürfen Jugendliche nicht beschäftigt werden.

---

* Verordnung zur Verbesserung der Ausbildung Jugendlicher vom 1. August 1983
Artikel 1
Ausnahmen vom Beschäftigungsverbot in § 14 Abs. 1 des Jugendarbeitsschutzgesetzes
Abweichend vom Beschäftigungsverbot in § 14 Abs. 1 des Jugendarbeitsschutzgesetzes dürfen
1. jugendliche Auszubildende über 17 Jahre in Krankenanstalten ab 6.00 Uhr,
2. jugendliche Auszubildende in Fleischereien ab 6.00 Uhr,
3. jugendliche Auszubildende über 16 Jahre in mehrschichtigen Betrieben der Papierindustrie und der Textilindustrie ab 6.00 Uhr und bis 23.00 Uhr,
4. jugendliche Auszubildende auf Bau- und Montagestellen ab 6.00 Uhr,
5. jugendliche Auszubildende in der Tierhaltung ab 6.00 Uhr,
6. jugendliche Auszubildende über 16 Jahre in Brauereien ab 6.00 Uhr
ausgebildet werden, soweit es zur Erreichung ihres Ausbildungszieles erforderlich ist.
Artikel 4
Inkrafttreten
Diese Verordnung tritt am Tage nach der Verkündung in Kraft. Artikel 1 tritt vier Jahre nach der Verkündung außer Kraft.

(2) Zulässig ist die Beschäftigung Jugendlicher an Samstagen nur ...
2. in offenen Verkaufsstellen, in Betrieben mit offenen Verkaufsstellen, in Bäckereien und Konditoreien, im Friseurhandwerk und im Marktverkehr,
3. im Verkehrswesen, ...
8. bei außerbetrieblichen Ausbildungsmaßnahmen.
Mindestens zwei Samstage im Monat sollen beschäftigungsfrei bleiben.

(3) Werden Jugendliche am Samstag beschäftigt, ist ihnen die Fünf-Tage-Woche (§ 15) durch Freistellung an einem anderen berufsschulfreien Arbeitstag derselben Woche sicherzustellen. In Betrieben mit einem Betriebsruhetag in der Woche kann die Freistellung auch an diesem Tage erfolgen, wenn die Jugendlichen an diesem Tage keinen Berufsschulunterricht haben.

(4) Können Jugendliche in den Fällen des Absatzes 2 Nr. 2 am Samstag ... nicht acht Stunden beschäftigt werden, kann der Unterschied zwischen der tatsächlichen und der nach § 8 Abs. 1 höchstzulässigen Arbeitszeit an dem Tage bis 13 Uhr ausgeglichen werden, an dem die Jugendlichen nach Absatz 3 Satz 1 freizustellen sind.

§ 17 Sonntagsruhe. (1) An Sonntagen dürfen Jugendliche nicht beschäftigt werden.

(2) Zulässig ist die Beschäftigung Jugendlicher an Sonntagen nur
1. in Krankenanstalten ...
Jeder zweite Sonntag soll, mindestens zwei Sonntage im Monat müssen beschäftigungsfrei bleiben.

(3) Werden Jugendliche am Sonntag beschäftigt, ist ihnen die Fünf-Tage-Woche (§ 15) durch Freistellung an einem anderen berufsschulfreien Arbeitstag derselben Woche sicherzustellen. In Betrieben mit einem Betriebsruhetag in der Woche kann die Freistellung auch an diesem Tage erfolgen, wenn die Jugendlichen an diesem Tage keinen Berufsschulunterricht haben.

§ 18 Feiertagsruhe. (1) Am 24. und 31. Dezember nach 14 Uhr und an gesetzlichen Feiertagen dürfen Jugendliche nicht beschäftigt werden.

(2) Zulässig ist die Beschäftigung Jugendlicher an gesetzlichen Feiertagen in den Fällen des § 17 Abs. 2 ...

(3) Für die Beschäftigung an einem gesetzlichen Feiertag, der auf einen Werktag fällt, ist der Jugendliche an einem anderen berufsschulfreien Arbeitstag derselben oder der folgenden Woche freizustellen. In Betrieben mit einem Betriebsruhetag in der Woche kann die Freistellung auch an diesem Tage erfolgen, wenn die Jugendlichen an diesem Tage keinen Berufsschulunterricht haben.

§ 19 Urlaub. (1) Der Arbeitgeber hat Jugendlichen für jedes Kalenderjahr einen bezahlten Erholungsurlaub zu gewähren.

(2) Der Urlaub beträgt jährlich
1. mindestens 30 Werktage, wenn der Jugendliche zu Beginn des Kalenderjahres noch nicht 16 Jahre alt ist,
2. mindestens 27 Werktage, wenn der Jugendliche zu Beginn des Kalenderjahres noch nicht 17 Jahre alt ist,
3. mindestens 25 Werktage, wenn der Jugendliche zu Beginn des Kalenderjahres noch nicht 18 Jahre alt ist.
Jugendliche, die im Bergbau unter Tage beschäftigt werden, erhalten in jeder Altersgruppe einen zusätzlichen Urlaub von drei Werktagen.

(3) Der Urlaub soll Berufsschülern in der Zeit der Berufsschulferien gegeben werden. Soweit er nicht in den Berufsschulferien gegeben wird, ist für jeden Berufsschultag, an dem die Berufsschule während des Urlaubs besucht wird, ein weiterer Urlaubstag zu gewähren.

(4) Im übrigen gelten für den Urlaub der Jugendlichen § 3 Abs. 2, §§ 4 bis 12 und § 13 Abs. 3 des Bundesurlaubsgesetzes.

§ 21 a Abweichende Regelungen. (1) In einem Tarifvertrag oder auf Grund eines Tarifvertrages in einer Betriebsvereinbarung kann zugelassen werden
1. abweichend von den §§ 8, 15, 16 Abs. 3 und 4, § 17 Abs. 3 und § 18 Abs. 3 die Arbeitszeit bis zu neun Stunden täglich, 44 Stunden wöchentlich und bis zu fünfeinhalb Tagen in der Woche anders zu verteilen, jedoch nur unter Einhaltung einer durchschnittlichen Wochenarbeitszeit von 40 Stunden in einem Ausgleichszeitraum von zwei Monaten,
2. abweichend von § 11 Abs. 1 Satz 2 und Abs. 2 die Ruhepausen bis zu 15 Minuten zu kürzen und die Lage der Pausen anders zu bestimmen,

3. abweichend von § 12 die Schichtzeit mit Ausnahme des Bergbaus unter Tage bis zu einer Stunde täglich zu verlängern,
4. abweichend von § 16 Abs. 1 und 2 Jugendliche an 26 Samstagen im Jahr oder an jedem Samstag zu beschäftigen, wenn statt dessen der Jugendliche an einem anderen Werktag derselben Woche von der Beschäftigung freigestellt wird,
5. abweichend von den §§ 15, 16 Abs. 3 und 4, § 17 Abs. 3 und § 18 Abs. 3 Jugendliche bei einer Beschäftigung an einem Samstag oder an einem Sonn- oder Feiertag unter vier Stunden an einem anderen Arbeitstag derselben oder der folgenden Woche vor- oder nachmittags von der Beschäftigung freizustellen,
6. abweichend von § 17 Abs. 2 Satz 2 Jugendliche im Gaststätten- und Schaustellergewerbe sowie in der Landwirtschaft während der Saison oder der Erntezeit an drei Sonntagen im Monat zu beschäftigen.

(2) Im Geltungsbereich eines Tarifvertrages nach Absatz 1 kann die abweichende tarifvertragliche Regelung im Betrieb eines nicht tarifgebundenen Arbeitgebers durch Betriebsvereinbarung oder, wenn ein Betriebsrat nicht besteht, durch schriftliche Vereinbarung zwischen dem Arbeitgeber und dem Jugendlichen übernommen werden.

(3) Die Kirchen und die öffentlich-rechtlichen Religionsgesellschaften können die in Absatz 1 genannten Abweichungen in ihren Regelungen vorsehen.

§ 21 b Ermächtigung. Der Bundesminister für Arbeit und Sozialordnung kann im Interesse der Berufsausbildung oder der Zusammenarbeit von Jugendlichen und Erwachsenen durch Rechtsverordnung mit Zustimmung des Bundesrates Ausnahmen von den Vorschriften
1. des § 8, der §§ 11 und 12, der §§ 15 und 16, des § 17 Abs. 2 und 3 sowie des § 18 Abs. 3 im Rahmen des § 21 a Abs. 1,
2. des § 14, jedoch nicht vor 5 Uhr und nicht nach 23 Uhr, sowie
3. des § 17 Abs. 1 und des § 18 Abs. 1 an höchstens 26 Sonn- und Feiertagen im Jahr

zulassen, soweit eine Beeinträchtigung der Gesundheit oder der körperlichen oder seelisch-geistigen Entwicklung der Jugendlichen nicht zu befürchten ist.

3.3 Beschäftigungsverbote und -beschränkungen

§ 22 Gefährliche Arbeiten. (1) Jugendliche dürfen nicht beschäftigt werden
1. mit Arbeiten, die ihre Leistungsfähigkeit übersteigen,
2. mit Arbeiten, bei denen sie sittlichen Gefahren ausgesetzt sind,
3. mit Arbeiten, die mit Unfallgefahren verbunden sind, von denen anzunehmen ist, daß Jugendliche sie wegen mangelnden Sicherheitsbewußtseins oder mangelnder Erfahrung nicht erkennen oder nicht abwenden können,
4. mit Arbeiten, bei denen ihre Gesundheit durch außergewöhnliche Hitze oder Kälte oder starke Nässe gefährdet wird,
5. mit Arbeiten, bei denen sie schädlichen Einwirkungen von Lärm, Erschütterungen, Strahlen oder von giftigen, ätzenden oder reizenden Stoffen ausgesetzt sind.

(2) Absatz 1 Nr. 3 bis 5 gilt nicht für die Beschäftigung Jugendlicher über 16 Jahre, soweit
1. dies zur Erreichung ihres Ausbildungszieles erforderlich ist und
2. ihr Schutz durch die Aufsicht eines Fachkundigen gewährleistet ist.

Werden sie in einem Betrieb beschäftigt, für den ein Betriebsarzt oder eine Fachkraft für Arbeitssicherheit verpflichtet ist, muß ihre betriebsärztliche oder sicherheitstechnische Betreuung sichergestellt sein.

§ 23 Akkordarbeit; tempoabhängige Arbeiten. (1) Jugendliche dürfen nicht beschäftigt werden
1. mit Akkordarbeit und sonstigen Arbeiten, bei denen durch ein gesteigertes Arbeitstempo ein höheres Entgelt erzielt werden kann,
2. in einer Arbeitsgruppe mit erwachsenen Arbeitnehmern, die mit Arbeiten nach Nummer 1 beschäftigt werden,
3. mit Arbeiten, bei denen ihr Arbeitstempo nicht nur gelegentlich vorgeschrieben, vorgegeben oder auf andere Weise erzwungen wird.

(2) Absatz 1 Nr. 2 gilt nicht für die Beschäftigung Jugendlicher,
1. soweit dies zur Erreichung ihres Ausbildungszieles erforderlich ist oder
2. wenn sie eine Berufsausbildung für diese Beschäftigung abgeschlossen haben

und ihr Schutz durch die Aufsicht eines Fachkundigen gewährleistet ist.

3.4 Sonstige Pflichten des Arbeitgebers

§ 28 Menschengerechte Gestaltung der Arbeit. (1) Der Arbeitgeber hat bei der Einrichtung und der Unterhaltung der Arbeitsstätte einschließlich der Maschinen, Werkzeuge und Geräte und bei der Regelung der Beschäftigung die Vorkehrungen und Maßnahmen zu treffen, die zum Schutze der Jugendlichen gegen Gefahren für Leben und Gesundheit sowie zur Vermeidung einer Beeinträchtigung der körperlichen und seelisch-geistigen Entwicklung der Jugendlichen erforderlich sind. Hierbei sind das mangelnde Sicherheitsbewußtsein, die mangelnde Erfahrung und der Entwicklungsstand der Jugendlichen zu berücksichtigen und die allgemein anerkannten sicherheitstechnischen und arbeitsmedizinischen Regeln sowie die sonstigen gesicherten arbeitswissenschaftlichen Erkenntnisse zu beachten.

(2) Der Bundesminister für Arbeit und Sozialordnung kann durch Rechtsverordnung mit Zustimmung des Bundesrates bestimmen, welche Vorkehrungen und Maßnahmen der Arbeitgeber zur Erfüllung der sich aus Absatz 1 ergebenden Pflichten zu treffen hat.

(3) Die Aufsichtsbehörde kann in Einzelfällen anordnen, welche Vorkehrungen und Maßnahmen zur Durchführung des Absatzes 1 oder einer vom Bundesminister für Arbeit und Sozialordnung gemäß Absatz 2 erlassenen Verordnung zu treffen sind.

§ 29 Unterweisung über Gefahren.
(1) Der Arbeitgeber hat die Jugendlichen vor Beginn der Beschäftigung über die Unfall- und Gesundheitsgefahren, denen sie bei der Beschäftigung ausgesetzt sind, sowie über die Einrichtungen und Maßnahmen zur Abwendung dieser Gefahren zu unterweisen.

(2) Die Unterweisungen sind in angemessenen Zeitabständen, mindestens aber halbjährlich, zu wiederholen.

§ 31 Züchtigungsverbot; Verbot der Abgabe von Alkohol und Tabak.
(1) Wer Jugendliche beschäftigt oder im Rahmen eines Rechtsverhältnisses im Sinne des § 1 beaufsichtigt, anweist oder ausbildet, darf sie nicht körperlich züchtigen.

(2) Wer Jugendliche beschäftigt, muß sie vor körperlicher Züchtigung und Mißhandlung und vor sittlicher Gefährdung durch andere bei ihm Beschäftigte und durch Mitglieder seines Haushalts an der Arbeitsstätte und in seinem Haus schützen. Er darf Jugendlichen unter 16 Jahren keine alkoholischen Getränke und Tabakwaren, Jugendlichen über 16 Jahre keinen Branntwein geben.

3.5 Gesundheitliche Betreuung

§ 32 Erstuntersuchung. (1) Ein Jugendlicher, der in das Berufsleben eintritt, darf nur beschäftigt werden, wenn
1. er innerhalb der letzten vierzehn Monate von einem Arzt untersucht worden ist (Erstuntersuchung) und
2. dem Arbeitgeber eine von diesem Arzt ausgestellte Bescheinigung vorliegt.

(2) Absatz 1 gilt nicht für eine nur geringfügige oder eine nicht länger als zwei Monate dauernde Beschäftigung mit leichten Arbeiten, von denen keine gesundheitlichen Nachteile für den Jugendlichen zu befürchten sind.

§ 33 Erste Nachuntersuchung. (1) Ein Jahr nach Aufnahme der ersten Beschäftigung hat sich der Arbeitgeber die Bescheinigung eines Arztes darüber vorlegen zu lassen, daß der Jugendliche nachuntersucht worden ist (erste Nachuntersuchung).

(3) Der Jugendliche darf nach Ablauf von 14 Monaten nach Aufnahme der ersten Beschäftigung nicht weiterbeschäftigt werden, solange er die Bescheinigung nicht vorgelegt hat.

§ 43 Freistellung für Untersuchungen.
Der Arbeitgeber hat den Jugendlichen für die Durchführung der ärztlichen Unter-

suchungen nach diesem Abschnitt freizustellen. Ein Entgeltausfall darf hierdurch nicht eintreten.

4 Durchführung des Gesetzes

4.1 Aushänge und Verzeichnisse

§ 47 Bekanntgabe des Gesetzes und der Aufsichtsbehörde. Arbeitgeber, die regelmäßig mindestens einen Jugendlichen beschäftigen, haben einen Abdruck dieses Gesetzes und die Anschrift der zuständigen Aufsichtsbehörde an geeigneter Stelle im Betrieb zur Einsicht auszulegen oder auszuhängen.

§ 48 Aushang über Arbeitszeit und Pausen. Arbeitgeber, die regelmäßig mindestens drei Jugendliche beschäftigen, haben einen Aushang über Beginn und Ende der regelmäßigen täglichen Arbeitszeit und der Pausen der Jugendlichen an geeigneter Stelle im Betrieb anzubringen.

4.2 Aufsicht

§ 51 Aufsichtsbehörde; Besichtigungsrechte und Berichtspflicht.
(1) Die Aufsicht über die Ausführung dieses Gesetzes und der auf Grund dieses Gesetzes erlassenen Rechtsverordnungen obliegt der nach Landesrecht zuständigen Behörde (Aufsichtsbehörde). Die Landesregierung kann durch Rechtsverordnung die Aufsicht über die Ausführung dieser Vorschriften in Familienhaushalten auf gelegentliche Prüfungen beschränken.
(2) Die Beauftragten der Aufsichtsbehörde sind berechtigt, die Arbeitsstätten während der üblichen Betriebs- und Arbeitszeit zu betreten und zu besichtigen; ...

§ 53 Mitteilung über Verstöße. Die Aufsichtsbehörde teilt schwerwiegende Verstöße gegen die Vorschriften dieses Gesetzes oder gegen die auf Grund dieses Gesetzes erlassenen Rechtsverordnungen der nach dem Berufsbildungsgesetz oder der Handwerksordnung zuständigen Stelle mit. Das zuständige Arbeitsamt erhält eine Durchschrift dieser Mitteilung.

6 Schlußvorschriften

§ 62 Beschäftigung im Vollzug einer Freiheitsentziehung. (1) Die Vorschriften dieses Gesetzes gelten für die Beschäftigung Jugendlicher (§ 2 Abs. 2) im Vollzuge einer gerichtlich angeordneten Freiheitsentziehung entsprechend, ...

Kündigungsschutzgesetz (KSchG)

in der Fassung vom 25. August 1969

und

Gesetz über die Fristen für die Kündigung von Angestellten (Kündigungsfristengesetz - KFriG -)

vom 9. Juli 1926

Das Kündigungsschutzgesetz

1 Allgemeiner Kündigungsschutz

§ 1 Sozial ungerechtfertigte Kündigungen. (1) Die Kündigung des Arbeitsverhältnisses gegenüber einem Arbeitnehmer, dessen Arbeitsverhältnis in demselben Betrieb oder Unternehmen ohne Unterbrechung länger als sechs Monate bestanden hat, ist rechtsunwirksam, wenn sie sozial ungerechtfertigt ist.

(2) [1]Sozial ungerechtfertigt ist die Kündigung, wenn sie nicht durch Gründe, die in der Person oder in dem Verhalten des Arbeitnehmers liegen, oder durch dringende betriebliche Erfordernisse, die einer Weiterbeschäftigung des Arbeitnehmers in diesem Betrieb entgegenstehen, bedingt ist. [2]Die Kündigung ist auch sozial ungerechtfertigt, wenn

1. in Betrieben des privaten Rechts
    a) die Kündigung gegen eine Richtlinie nach § 95 des Betriebsverfassungsgesetzes verstößt,
    b) der Arbeitnehmer an einem anderen Arbeitsplatz in demselben Betrieb oder in einem anderen Betrieb des Unternehmens weiterbeschäftigt werden kann

und der Betriebsrat oder eine andere nach dem Betriebsverfassungsgesetz insoweit zuständige Vertretung der Arbeitnehmer aus einem dieser Gründe der Kündigung innerhalb der Frist des § 102 Abs. 2 Satz 1 des Betriebsverfassungsgesetzes schriftlich widersprochen hat,

2. in Betrieben und Verwaltungen des öffentlichen Rechts
    a) die Kündigung gegen eine Richtlinie über die personelle Auswahl bei Kündigungen verstößt,
    b) der Arbeitnehmer an einem anderen Arbeitsplatz in derselben Dienststelle oder in einer anderen Dienststelle desselben Verwaltungszweiges an demselben Dienstort einschließlich seines Einzugsgebietes weiterbeschäftigt werden kann

und die zuständige Personalvertretung aus einem dieser Gründe fristgerecht gegen die Kündigung Einwendungen erhoben hat, ... [4]Der Arbeitgeber hat die Tatsachen zu beweisen, die die Kündigung bedingen.

§ 2 Änderungskündigung. [1]Kündigt der Arbeitgeber das Arbeitsverhältnis und bietet er dem Arbeitnehmer im Zusammenhang mit der Kündigung die Fortsetzung des Arbeitsverhältnisses zu geänderten Arbeitsbedingungen an, so kann der Arbeitnehmer dieses Angebot unter dem Vorbehalt annehmen, daß die Änderung der Arbeitsbedingungen nicht sozial ungerechtfertigt ist ...

§ 3 Kündigungseinspruch. [1]Hält der Arbeitnehmer eine Kündigung für sozial ungerechtfertigt, so kann er binnen einer Woche nach der Kündigung Einspruch beim Betriebsrat einlegen. [2]Erachtet der Betriebsrat den Einspruch für begründet, so hat er zu versuchen, eine Verständigung mit dem Arbeitgeber herbeizuführen.

2 Kündigungsschutz im Rahmen der Betriebsverfassung und Personalvertretung

§ 15 Unzulässigkeit der Kündigung. (1) [1]Die Kündigung eines Mitglieds eines Betriebsrats, einer Jugend- und Auszubildendenvertretung ... ist unzulässig, es sei denn, daß Tatsachen vorliegen, die den Arbeitgeber zur Kündigung aus wichtigem Grund ohne Einhaltung einer

Kündigungsfrist berechtigen, und daß die nach § 103 des Betriebsverfassungsgesetzes erforderliche Zustimmung vorliegt oder durch gerichtliche Entscheidung ersetzt ist. ²Nach Beendigung der Amtszeit ist die Kündigung eines Mitglieds eines Betriebsrats, einer Jugend- und Auszubildendenvertretung ... innerhalb eines Jahres, ... jeweils vom Zeitpunkt der Beendigung der Amtszeit an gerechnet, unzulässig ...

(2) ¹Die Kündigung eines Mitglieds einer Personalvertretung oder einer Jugend- und Auszubildendenvertretung ist unzulässig, ...

3 Anzeigepflichtige Entlassungen

§ 17 Anzeigepflicht. (1) Der Arbeitgeber ist verpflichtet, dem Arbeitsamt Anzeige zu erstatten, bevor er
1. in Betrieben mit in der Regel mehr als 20 und weniger als 60 Arbeitnehmern mehr als 5 Arbeitnehmer,
2. in Betrieben mit in der Regel mindestens 60 und weniger als 500 Arbeitnehmern 10 vom Hundert der im Betrieb regelmäßig beschäftigten Arbeitnehmer oder aber mehr als 25 Arbeitnehmer,
3. in Betrieben mit in der Regel mindestens 500 Arbeitnehmern mindestens 30 Arbeitnehmer

innerhalb von 30 Kalendertagen entläßt.

§ 18 Entlassungssperre. (1) Entlassungen, die nach § 17 anzuzeigen sind, werden vor Ablauf eines Monats nach Eingang der Anzeige beim Arbeitsamt nur mit Zustimmung des Landesarbeitsamtes wirksam; ...

§ 19 Zulässigkeit von Kurzarbeit.
(1) Ist der Arbeitgeber nicht in der Lage, die Arbeitnehmer bis zu dem in § 18 Abs. 1 und ... bezeichneten Zeitpunkt voll zu beschäftigen, so kann das Landesarbeitsamt zulassen, daß der Arbeitgeber für die Zwischenzeit Kurzarbeit einführt.

(2) Der Arbeitgeber ist im Falle der Kurzarbeit berechtigt, Lohn oder Gehalt der mit verkürzter Arbeitszeit beschäftigten Arbeitnehmer entsprechend zu kürzen; ...

Das Kündigungsfristengesetz

§ 1. ¹Die Vorschriften dieses Gesetzes finden Anwendung auf Angestellte. ²Angestellte im Sinne dieses Gesetzes sind Arbeitnehmer, die eine Beschäftigung ausüben, die für die Zuständigkeitsaufteilung unter den Rentenversicherungsträgern nach dem Sechsten Buch Sozialgesetzbuch als Angestelltentätigkeit bezeichnet wird.

§ 2. (1) ¹Ein Arbeitgeber, der in der Regel mehr als zwei Angestellte, ausschließlich der zu ihrer Berufsbildung Beschäftigten, beschäftigt, darf einem Angestellten, den er oder, im Falle einer Rechtsnachfolge, er und seine Rechtsvorgänger mindestens fünf Jahre beschäftigt haben, nur mit mindestens drei Monaten Frist für den Schluß eines Kalendervierteljahrs kündigen. ²Die Kündigungsfrist erhöht sich nach einer Beschäftigungsdauer von acht Jahren auf vier Monate, nach einer Beschäftigungsdauer von zehn Jahren auf fünf Monate und nach einer Beschäftigungsdauer von zwölf Jahren auf sechs Monate. ³Bei der Berechnung der Beschäftigungsdauer werden Dienstjahre, die vor Vollendung des fünfundzwanzigsten Lebensjahres liegen, nicht berücksichtigt. ⁴Bei der Feststellung der Zahl der beschäftigten Angestellten nach Satz 1 sind nur Angestellte zu berücksichtigen, deren regelmäßige Arbeitszeit wöchentlich 10 Stunden oder monatlich 45 Stunden übersteigt. Satz 4 berührt nicht die Rechtsstellung der Angestellten, die am 1. Mai 1985 gegenüber ihrem Arbeitgeber Rechte aus den Sätzen 1 bis 3 herleiten könnten.

(3) Unberührt bleiben die Bestimmungen über fristlose Kündigung.

Gesetz über die Fortzahlung des Arbeitsentgelts im Krankheitsfalle und über Änderungen des Rechts der gesetzlichen Krankenversicherung (Lohnfortzahlungsgesetz - LohnFzG -)

vom 27. Juli 1969

§ 1 Grundsatz der Entgeltfortzahlung.
(1) Wird ein Arbeiter nach Beginn der Beschäftigung durch Arbeitsunfähigkeit infolge Krankheit an seiner Arbeitsleistung verhindert, ohne daß ihn ein Verschulden trifft, so verliert er dadurch nicht den Anspruch auf Arbeitsentgelt für die Zeit der Arbeitsunfähigkeit bis zur Dauer von sechs Wochen. Wird der Arbeiter innerhalb von zwölf Monaten infolge derselben Krankheit wiederholt arbeitsunfähig, so verliert er den Anspruch auf Arbeitsentgelt nur für die Dauer von insgesamt sechs Wochen nicht; war der Arbeiter vor der erneuten Arbeitsunfähigkeit jedoch mindestens sechs Monate nicht infolge derselben Krankheit arbeitsunfähig, so verliert er wegen der erneuten Arbeitsunfähigkeit den Anspruch nach Satz 1 für einen weiteren Zeitraum von höchstens sechs Wochen nicht.

(2) Absatz 1 gilt entsprechend, wenn die Arbeitsunfähigkeit infolge Sterilisation oder infolge Abbruchs der Schwangerschaft durch einen Arzt eintritt.

§ 3 Anzeige- und Nachweispflichten.
(1) Der Arbeiter ist verpflichtet, dem Arbeitgeber die Arbeitsunfähigkeit und deren voraussichtliche Dauer unverzüglich anzuzeigen und vor Ablauf des dritten Kalendertages nach Beginn der Arbeitsunfähigkeit eine ärztliche Bescheinigung über die Arbeitsunfähigkeit sowie deren voraussichtliche Dauer nachzureichen. Dauert die Arbeitsunfähigkeit länger als in der Bescheinigung angegeben, so ist der Arbeiter verpflichtet, eine neue ärztliche Bescheinigung vorzulegen. Die Bescheinigungen müssen einen Vermerk des behandelnden Arztes darüber enthalten, daß der Krankenkasse unverzüglich eine Bescheinigung über die Arbeitsunfähigkeit mit Angaben über den Befund und die voraussichtliche Dauer der Arbeitsunfähigkeit übersandt wird.

§ 5 Leistungsverweigerungsrecht des Arbeitgebers. Der Arbeitgeber ist berechtigt, die Fortzahlung des Arbeitsentgelts zu verweigern,
1. solange der Arbeiter die von ihm nach § 3 Abs. 1 vorzulegende ärztliche Bescheinigung über die Arbeitsunfähigkeit nicht vorlegt ...

§ 6 Beendigung des Arbeitsverhältnisses. (1) Der Anspruch auf Fortzahlung des Arbeitsentgelts wird nicht dadurch berührt, daß der Arbeitgeber das Arbeitsverhältnis aus Anlaß der Arbeitsunfähigkeit kündigt.

Gesetz über die Mitbestimmung der Arbeitnehmer (Mitbestimmungsgesetz - MitbestG -)

vom 4. Mai 1976

1 Geltungsbereich

§ 1 Erfaßte Unternehmen. (1) In Unternehmen, die
1. in der Rechtsform einer Aktiengesellschaft, einer Kommanditgesellschaft auf Aktien, einer Gesellschaft mit beschränkter Haftung, einer bergrechtlichen Gewerkschaft mit eigener Rechtspersönlichkeit oder einer Erwerbs- und Wirtschaftsgenossenschaft betrieben werden und
2. in der Regel mehr als 2 000 Arbeitnehmer beschäftigen,

haben die Arbeitnehmer ein Mitbestimmungsrecht nach Maßgabe dieses Gesetzes.

(2) Dieses Gesetz ist nicht anzuwenden

auf die Mitbestimmung in Organen von Unternehmen, in denen die Arbeitnehmer nach
1. dem Gesetz über die Mitbestimmung der Arbeitnehmer in den Aufsichtsräten und Vorständen der Unternehmen des Bergbaus und der Eisen und Stahl erzeugenden Industrie vom 21. Mai 1951 ... - Montan-Mitbestimmungsgesetz - ...

ein Mitbestimmungsrecht haben.

(3) Die Vertretung der Arbeitnehmer in den Aufsichtsräten von Unternehmen, in denen die Arbeitnehmer nicht nach Absatz 1 oder nach den in Absatz 2 bezeichneten Gesetzen ein Mitbestimmungsrecht haben, bestimmt sich nach den Vorschriften des Betriebsverfassungsgesetzes 1952 ...

(4) Dieses Gesetz ist nicht anzuwenden auf Unternehmen, die unmittelbar und überwiegend
1. politischen, ... konfessionellen, ... wissenschaftlichen oder künstlerischen Bestimmungen oder
2. Zwecken der Berichterstattung oder Meinungsäußerung, auf die Artikel 5 Abs. 1 Satz 2 des Grundgesetzes anzuwenden ist,

dienen.

§ 2 Anteilseigner. Anteilseigner im Sinne dieses Gesetzes sind je nach der Rechtsform der in § 1 Abs. 1 Nr. 1 bezeichneten Unternehmen Aktionäre, Gesellschafter, Gewerken oder Genossen.

§ 3 Arbeitnehmer. (1) Arbeitnehmer im Sinne dieses Gesetzes sind Arbeiter und Angestellte. Die in § 5 Abs. 2 des Betriebsverfassungsgesetzes bezeichneten Personen sind keine Arbeitnehmer im Sinne dieses Gesetzes.

(2) Arbeiter im Sinne dieses Gesetzes sind die in § 6 Abs. 1 des Betriebsverfassungsgesetzes bezeichneten Arbeitnehmer.

(3) Angestellte im Sinne dieses Gesetzes sind
1. die in § 6 Abs. 2 des Betriebsverfassungsgesetzes bezeichneten Arbeitnehmer mit Ausnahme der in § 5 Abs. 3 des Betriebsverfassungsgesetzes bezeichneten leitenden Angestellten,
2. die in § 5 Abs. 3 des Betriebsverfassungsgesetzes bezeichneten leitenden Angestellten.

2 Aufsichtsrat

2.1 Bildung und Zusammensetzung

§ 6 Grundsatz. (1) Bei den in § 1 Abs. 1 bezeichneten Unternehmen ist ein Aufsichtsrat zu bilden, soweit sich dies nicht schon aus anderen gesetzlichen Vorschriften ergibt.

§ 7 Zusammensetzung des Aufsichtsrats. (1) Der Aufsichtsrat eines Unternehmens
1. mit in der Regel nicht mehr als 10 000 Arbeitnehmern setzt sich zusammen aus je sechs Aufsichtsratsmitgliedern der Anteilseigner und der Arbeitnehmer;
2. mit in der Regel mehr als 10 000, jedoch nicht mehr als 20 000 Arbeitnehmern setzt sich zusammen aus je acht Aufsichtsratsmitgliedern der Anteilseigner und der Arbeitnehmer;
3. mit in der Regel mehr als 20 000 Arbeitnehmern setzt sich zusammen aus je zehn Aufsichtsratsmitgliedern der Anteilseigner und der Arbeitnehmer.

Bei den in Satz 1 Nr. 1 bezeichneten Unternehmen kann die Satzung (der Gesellschaftsvertrag, das Statut) bestimmen, daß Satz 1 Nr. 2 oder 3 anzuwenden ist. Bei den in Satz 1 Nr. 2 bezeichneten Unternehmen kann die Satzung (der Gesellschaftsvertrag, das Statut) bestimmen, daß Satz 1 Nr. 3 anzuwenden ist.

(2) Unter den Aufsichtsratsmitgliedern der Arbeitnehmer müssen sich befinden
1. in einem Aufsichtsrat, dem sechs Aufsichtsratsmitglieder der Arbeitnehmer angehören, vier Arbeitnehmer des Unternehmens und zwei Vertreter von Gewerkschaften;
2. in einem Aufsichtsrat, dem acht Aufsichtsratsmitglieder der Arbeitnehmer angehören, sechs Arbeitnehmer des Unternehmens und zwei Vertreter von Gewerkschaften;
3. in einem Aufsichtsrat, dem zehn Aufsichtsratsmitglieder der Arbeitnehmer angehören, sieben Arbeitnehmer des Unternehmens und drei Vertreter von Gewerkschaften.

(3) Die in Absatz 2 bezeichneten Arbeitnehmer des Unternehmens müssen das 18. Lebensjahr vollendet haben, ein Jahr dem Unternehmen angehören und

die weiteren Wählbarkeitsvoraussetzungen des § 8 des Betriebsverfassungsgesetzes erfüllen.

(4) Die in Absatz 2 bezeichneten Gewerkschaften müssen in dem Unternehmen selbst oder in einem anderen Unternehmen vertreten sein, dessen Arbeitnehmer nach diesem Gesetz an der Wahl von Aufsichtsratsmitgliedern des Unternehmens teilnehmen.

2.2 Bestellung der Mitglieder

§ 8 Aufsichtsratsmitglieder der Anteilseigner. (1) Die Aufsichtsratsmitglieder der Anteilseigner werden durch das nach Gesetz, Satzung, Gesellschaftsvertrag oder Statut zur Wahl von Mitgliedern des Aufsichtsrats befugte Organ (Wahlorgan) und, soweit gesetzliche Vorschriften dem nicht entgegenstehen, nach Maßgabe der Satzung, des Gesellschaftsvertrags oder des Statuts bestellt.

(2) § 101 Abs. 2 des Aktiengesetzes bleibt unberührt.

§ 9 Aufsichtsratsmitglieder der Arbeitnehmer, Grundsatz. (1) Die Aufsichtsratsmitglieder der Arbeitnehmer (§ 7 Abs. 2) eines Unternehmens mit in der Regel mehr als 8 000 Arbeitnehmern werden durch Delegierte gewählt, sofern nicht die wahlberechtigten Arbeitnehmer die unmittelbare Wahl beschließen.

(2) Die Aufsichtsratsmitglieder der Arbeitnehmer (§ 7 Abs. 2) eines Unternehmens mit in der Regel nicht mehr als 8 000 Arbeitnehmern werden in unmittelbarer Wahl gewählt, sofern nicht die wahlberechtigten Arbeitnehmer die Wahl durch Delegierte beschließen.

(3) Zur Abstimmung darüber, ob die Wahl durch Delegierte oder unmittelbar erfolgen soll, bedarf es eines Antrags, der von einem Zwanzigstel der wahlberechtigten Arbeitnehmer des Unternehmens unterzeichnet sein muß. Die Abstimmung ist geheim. Ein Beschluß nach Absatz 1 oder 2 kann nur unter Beteiligung von mindestens der Hälfte der wahlberechtigten Arbeitnehmer und nur mit der Mehrheit der abgegebenen Stimmen gefaßt werden.

§ 10 Wahl der Delegierten. (1) In jedem Betrieb des Unternehmens wählen die Arbeiter (§ 3 Abs. 2) und die Angestellten (§ 3 Abs. 3) in getrennter Wahl, geheim und nach den Grundsätzen der Verhältniswahl Delegierte.

(2) Abweichend von Absatz 1 werden die Delegierten in gemeinsamer Wahl gewählt, wenn die wahlberechtigten Arbeiter und Angestellten des Betriebs dies in getrennten, geheimen Abstimmungen beschließen.

(3) Wahlberechtigt für die Wahl von Delegierten sind die Arbeitnehmer des Unternehmens, die das 18. Lebensjahr vollendet haben.

(4) Zu Delegierten wählbar sind die in Absatz 3 bezeichneten Arbeitnehmer, die die weiteren Wählbarkeitsvoraussetzungen des § 8 des Betriebsverfassungsgesetzes erfüllen.

(5) Wird für einen Wahlgang nur ein Wahlvorschlag gemacht, so gelten die darin aufgeführten Arbeitnehmer in der angegebenen Reihenfolge als gewählt.

§ 11 Errechnung der Zahl der Delegierten. (1) In jedem Betrieb entfällt auf je 60 wahlberechtigte Arbeitnehmer ein Delegierter. Ergibt die Errechnung nach Satz 1 in einem Betrieb für eine Gruppe mehr als

1. 30 Delegierte, so vermindert sich die Zahl der zu wählenden Delegierten auf die Hälfte; diese Delegierten erhalten je zwei Stimmen;
2. 90 Delegierte, so vermindert sich die Zahl der zu wählenden Delegierten auf ein Drittel; diese Delegierten erhalten je drei Stimmen;
3. 150 Delegierte, so vermindert sich die Zahl der zu wählenden Delegierten auf ein Viertel; diese Delegierten erhalten je vier Stimmen.

Bei der Errechnung der Zahl der Delegierten werden Teilzahlen voll gezählt, wenn sie mindestens die Hälfte der vollen Zahl betragen.

(2) Die Arbeiter und die Angestellten müssen unter den Delegierten in jedem Betrieb entsprechend ihrem zahlenmäßigen Verhältnis vertreten sein.

(5) Die Eigenschaft eines Delegierten als Delegierter der Arbeiter oder der Angestellten bleibt bei einem Wechsel der Gruppenzugehörigkeit erhalten.

§ 12 Wahlvorschläge für Delegierte. (1) Zur Wahl der Delegierten können die wahlberechtigten Arbeitnehmer des Betriebs Wahlvorschläge machen. Jeder Wahlvorschlag für Delegierte

1. der Arbeiter muß von einem Zehntel oder 100 der wahlberechtigten Arbeiter unterzeichnet sein.*

(2) Jeder Wahlvorschlag soll mindestens doppelt so viele Bewerber enthalten, wie in dem Wahlgang Delegierte zu wählen sind.

§ 16 Wahl der Vertreter von Gewerkschaften in den Aufsichtsrat. (1) Die Delegierten wählen die Aufsichtsratsmitglieder, die nach § 7 Abs. 2 Vertreter von Gewerkschaften sind, in gemeinsamer Wahl, geheim und nach den Grundsätzen der Verhältniswahl für die in § 15 Abs. 1 bestimmte Zeit.

(2) Die Wahl erfolgt auf Grund von Wahlvorschlägen der Gewerkschaften, die in dem Unternehmen selbst oder in einem anderen Unternehmen vertreten sind, dessen Arbeitnehmer nach diesem Gesetz an der Wahl von Aufsichtsratsmitgliedern des Unternehmens teilnehmen. Wird nur ein Wahlvorschlag gemacht, so findet abweichend von Satz 1 Mehrheitswahl statt.

§ 17 Ersatzmitglieder. (1) In jedem Wahlvorschlag kann zusammen mit jedem Bewerber für diesen ein Ersatzmitglied des Aufsichtsrats vorgeschlagen werden.

(2) Wird ein Bewerber als Aufsichtsratsmitglied gewählt, so ist auch das zusammen mit ihm vorgeschlagene Ersatzmitglied gewählt.

2.3 Rechte und Pflichten

§ 25 Grundsatz. (1) Die innere Ordnung, die Beschlußfassung sowie die Rechte und Pflichten des Aufsichtsrats bestimmen sich nach den §§ 27 bis 29, den §§ 31 und 32 und, soweit diese Vorschriften dem nicht entgegenstehen,
1. für Aktiengesellschaften und Kommanditgesellschaften auf Aktien nach dem Aktiengesetz,
2. für Gesellschaften mit beschränkter Haftung und bergrechtliche Gewerkschaften mit eigener Rechtspersönlichkeit nach § 90 Abs. 3, 4 und 5 Satz 1 und 2, den §§ 107 bis 116, 118 Abs. 2, § 125 Abs. 3 und den §§ 171 und 268 Abs. 2 des Aktiengesetzes, ...

§ 26 Schutz von Aufsichtsratsmitgliedern vor Benachteiligung. Aufsichtsratsmitglieder der Arbeitnehmer dürfen in der Ausübung ihrer Tätigkeit nicht gestört oder behindert werden. Sie dürfen wegen ihrer Tätigkeit im Aufsichtsrat eines Unternehmens, dessen Arbeitnehmer sie sind ..., nicht benachteiligt werden. Dies gilt auch für ihre berufliche Entwicklung.

§ 27 Vorsitz im Aufsichtsrat. (1) Der Aufsichtsrat wählt mit einer Mehrheit von zwei Dritteln der Mitglieder, aus denen er insgesamt zu bestehen hat, aus seiner Mitte einen Aufsichtsratsvorsitzenden und einen Stellvertreter.

(2) Wird bei der Wahl des Aufsichtsratsvorsitzenden oder seines Stellvertreters die nach Absatz 1 erforderliche Mehrheit nicht erreicht, so findet für die Wahl des Aufsichtsratsvorsitzenden und seines Stellvertreters ein zweiter Wahlgang statt. In diesem Wahlgang wählen die Aufsichtsratsmitglieder der Anteilseigner den Aufsichtsratsvorsitzenden und die Aufsichtsratsmitglieder der Arbeitnehmer den Stellvertreter jeweils mit der Mehrheit der abgegebenen Stimmen.

(3) Unmittelbar nach der Wahl des Aufsichtsratsvorsitzenden und seines Stellvertreters bildet der Aufsichtsrat ... einen Ausschuß, dem der Aufsichtsratsvorsitzende, sein Stellvertreter sowie je ein von den Aufsichtsratsmitgliedern der Arbeitnehmer und von den Aufsichtsratsmitgliedern der Anteilseigner mit der Mehrheit der abgegebenen Stimmen gewähltes Mitglied angehören.

§ 28 Beschlußfähigkeit. Der Aufsichtsrat ist nur beschlußfähig, wenn mindestens die Hälfte der Mitglieder, aus denen er insgesamt zu bestehen hat, an der Beschlußfassung teilnimmt. § 108 Abs. 2 Satz 4 des Aktiengesetzes ist anzuwenden.

§ 29 Abstimmungen. (1) Beschlüsse des Aufsichtsrats bedürfen der Mehrheit der abgegebenen Stimmen, soweit nicht ... etwas anderes bestimmt ist.

(2) Ergibt eine Abstimmung im Aufsichtsrat Stimmengleichheit, so hat bei einer erneuten Abstimmung über denselben Gegenstand, wenn auch sie Stim-

---

* Gilt auch für die Gruppe der Angestellten und leitenden Angestellten.

mengleichheit ergibt, der Aufsichtsratsvorsitzende zwei Stimmen. § 108 Abs. 3 des Aktiengesetzes ist auch auf die Abgabe der zweiten Stimme anzuwenden. Dem Stellvertreter steht die zweite Stimme nicht zu.

§ 33 Arbeitsdirektor. (1) Als gleichberechtigtes Mitglied des zur gesetzlichen Vertretung des Unternehmens befugten Organs wird ein Arbeitsdirektor bestellt. Dies gilt nicht für Kommanditgesellschaften auf Aktien.

(2) Der Arbeitsdirektor hat wie die übrigen Mitglieder des zur gesetzlichen Vertretung des Unternehmens befugten Organs seine Aufgaben im engsten Einvernehmen mit dem Gesamtorgan auszuüben. Das Nähere bestimmt die Geschäftsordnung.

(3) Bei Erwerbs- und Wirtschaftsgenossenschaften ist auf den Arbeitsdirektor § 9 Abs. 2 des Gesetzes betreffend die Erwerbs- und Wirtschaftsgenossenschaften nicht anzuwenden.

Gesetz über die Mitbestimmung der Arbeitnehmer in den Aufsichtsräten und Vorständen der Unternehmen des Bergbaus und der Eisen und Stahl erzeugenden Industrie (Montan-Mitbestimmungsgesetz - MontmG -)

vom 21. Mai 1951

1 Allgemeiner Teil

§ 1. (1) Die Arbeitnehmer haben ein Mitbestimmungsrecht in den Aufsichtsräten und in den zur gesetzlichen Vertretung berufenen Organen nach Maßgabe dieses Gesetzes in
a) den Unternehmen, deren überwiegender Betriebszweck in der Förderung von Steinkohle, Braunkohle oder Eisenerz oder in der Aufbereitung, Verkokung, Verschwelung oder Brikettierung dieser Grundstoffe liegt und deren Betrieb unter der Aufsicht der Bergbehörden steht,
b) den Unternehmen der Eisen und Stahl erzeugenden Industrie in dem Umfang, wie er in Gesetz Nr. 27 der Alliierten Hohen Kommission vom 16. Mai 1950 (Amtsblatt der Alliierten Hohen Kommission für Deutschland, S. 299) bezeichnet ist, ...

§ 2. Auf die in § 1 bezeichneten Unternehmen finden die Vorschriften des Aktiengesetzes, des Gesetzes betreffend die Gesellschaften mit beschränkter Haftung, der Berggesetze und des Betriebsverfassungsrechts insoweit keine Anwendung, als sie den Vorschriften dieses Gesetzes widersprechen.

2 Aufsichtsrat

§ 3. (1) Betreibt eine Gesellschaft mit beschränkter Haftung oder eine bergrechtliche Gewerkschaft mit eigener Rechtspersönlichkeit ein Unternehmen im Sinne des § 1, so ist nach Maßgabe dieses Gesetzes ein Aufsichtsrat zu bilden.

(2) Auf den Aufsichtsrat, seine Rechte und Pflichten finden die Vorschriften des Aktienrechts sinngemäß Anwendung.

§ 4. (1) Der Aufsichtsrat besteht aus elf Mitgliedern. Er setzt sich zusammen aus
a) vier Vertretern der Anteilseigner und einem weiteren Mitglied,
b) vier Vertretern der Arbeitnehmer und einem weiteren Mitglied,
c) einem weiteren Mitglied.

(2) Die in Absatz 1 bezeichneten weiteren Mitglieder dürfen nicht
a) Repräsentant einer Gewerkschaft oder einer Vereinigung der Arbeitgeber oder einer Spitzenorganisation dieser Verbände sein oder zu diesen in einem ständigen Dienst- oder Geschäftsbesorgungsverhältnis stehen,
b) im Laufe des letzten Jahres vor der Wahl eine unter Buchstabe a bezeichnete Stellung innegehabt haben,
c) in den Unternehmen als Arbeitnehmer oder Arbeitgeber tätig sein,

d) an dem Unternehmen wirtschaftlich wesentlich interessiert sein.

(3) Alle Aufsichtsratsmitglieder haben die gleichen Rechte und Pflichten. Sie sind an Aufträge und Weisungen nicht gebunden.

§ 6. (1) Unter den in § 4 Abs. 1 Buchstabe b bezeichneten Mitgliedern des Aufsichtsrats müssen sich ein Arbeiter und ein Angestellter befinden, die in einem Betriebe des Unternehmens beschäftigt sind. Diese Mitglieder werden dem Wahlorgan durch die Betriebsräte der Betriebe des Unternehmens nach Beratung mit den in den Betrieben des Unternehmens vertretenen Gewerkschaften und deren Spitzenorganisationen vorgeschlagen.

§ 10. Der Aufsichtsrat ist beschlußfähig, wenn mindestens die Hälfte seiner Mitglieder anwesend ist.

3 Vorstand

§ 12. Die Bestellung der Mitglieder des zur gesetzlichen Vertretung berufenen Organs und der Widerruf ihrer Bestellung erfolgen nach Maßgabe des § 76 Abs. 3 und des § 84 des Aktiengesetzes durch den Aufsichtsrat.

§ 13. (1) Als gleichberechtigtes Mitglied des zur gesetzlichen Vertretung berufenen Organs wird ein Arbeitsdirektor bestellt. Der Arbeitsdirektor kann nicht gegen die Stimmen der Mehrheit der nach § 6 gewählten Aufsichtsratsmitglieder bestellt werden. Das gleiche gilt für den Widerruf der Bestellung.

(2) Der Arbeitsdirektor hat wie die übrigen Mitglieder des zur gesetzlichen Vertretung berufenen Organs seine Aufgaben im engsten Einvernehmen mit dem Gesamtorgan auszuüben. Das Nähere bestimmt die Geschäftsordnung.

Gesetz zum Schutze der erwerbstätigen Mutter (Mutterschutzgesetz - MuSchG -)

in der Fassung vom 18. April 1968

1 Allgemeine Vorschriften

§ 1 Geltungsbereich. Dieses Gesetz gilt
1. für Frauen, die in einem Arbeitsverhältnis stehen.

§ 2 Gestaltung des Arbeitsplatzes.
(1) Wer eine werdende oder stillende Mutter beschäftigt, hat bei der Einrichtung und der Unterhaltung des Arbeitsplatzes einschließlich der Maschinen, Werkzeuge und Geräte und bei der Regelung der Beschäftigung die erforderlichen Vorkehrungen und Maßnahmen zum Schutze von Leben und Gesundheit der werdenden oder stillenden Mutter zu treffen.

2 Beschäftigungsverbote

§ 3 Beschäftigungsverbote für werdende Mütter. (1) Werdende Mütter dürfen nicht beschäftigt werden, soweit nach ärztlichem Zeugnis Leben oder Gesundheit von Mutter oder Kind bei Fortdauer der Beschäftigung gefährdet ist.

(2) Werdende Mütter dürfen in den letzten sechs Wochen vor der Entbindung nicht beschäftigt werden, es sei denn, daß sie sich zur Arbeitsleistung ausdrücklich bereit erklären; die Erklärung kann jederzeit widerrufen werden.

§ 4 Weitere Beschäftigungsverbote.
(1) Werdende Mütter dürfen nicht mit schweren körperlichen Arbeiten und nicht mit Arbeiten beschäftigt werden, bei denen sie schädlichen Einwirkungen von gesundheitsgefährdenden Stoffen oder Strahlen, von Staub, Gasen oder Dämpfen, von Hitze, Kälte oder Nässe, von Erschütterungen oder Lärm ausgesetzt sind.

(3) Die Beschäftigung von werdenden Müttern mit
1. Akkordarbeit und sonstigen Arbeiten, bei denen durch ein gesteigertes Arbeitstempo ein höheres Entgelt erzielt werden kann,
2. Fließarbeit mit vorgeschriebenem Arbeitstempo
ist verboten.

§ 5 Mitteilungspflicht, ärztliches Zeugnis. (1) Werdende Mütter sollen dem

Arbeitgeber ihre Schwangerschaft und den mutmaßlichen Tag der Entbindung mitteilen, sobald ihnen ihr Zustand bekannt ist. Auf Verlangen des Arbeitgebers sollen sie das Zeugnis eines Arztes oder einer Hebamme vorlegen. Der Arbeitgeber hat die Aufsichtsbehörde unverzüglich von der Mitteilung der werdenden Mutter zu benachrichtigen. Er darf die Mitteilung der werdenden Mutter Dritten nicht unbefugt bekanntgeben.

§ 6 Beschäftigungsverbote nach der Entbindung. (1) Wöchnerinnen dürfen bis zum Ablauf von acht Wochen nach der Entbindung nicht beschäftigt werden. Für Mütter nach Früh- und Mehrlingsgeburten verlängert sich diese Frist auf zwölf Wochen.

(2) Frauen, die in den ersten Monaten nach der Entbindung nach ärztlichem Zeugnis nicht voll leistungsfähig sind, dürfen nicht zu einer ihre Leistungsfähigkeit übersteigenden Arbeit herangezogen werden.

§ 8 Mehrarbeit, Nacht- und Sonntagsarbeit. (1) Werdende und stillende Mütter dürfen nicht mit Mehrarbeit, nicht in der Nacht zwischen 20 und 6 Uhr und nicht an Sonn- und Feiertagen beschäftigt werden. Das Verbot der Sonn- und Feiertagsarbeit gilt nicht für werdende und stillende Mütter, die im Familienhaushalt mit hauswirtschaftlichen Arbeiten beschäftigt werden.

3 Kündigung

§ 9 Kündigungsverbot. (1) Die Kündigung gegenüber einer Frau während der Schwangerschaft und bis zum Ablauf von vier Monaten nach der Entbindung ist unzulässig, wenn dem Arbeitgeber zur Zeit der Kündigung die Schwangerschaft oder Entbindung bekannt war oder innerhalb zweier Wochen nach Zugang der Kündigung mitgeteilt wird.

(2) Kündigt eine schwangere Frau, gilt § 5 Abs. 1 Satz 3 entsprechend.

§ 10 Erhaltung von Rechten. (1) Eine Frau kann während der Schwangerschaft und während der Schutzfrist nach der Entbindung (§ 6 Abs. 1) das Arbeitsverhältnis ohne Einhaltung einer Frist zum Ende der Schutzfrist nach der Entbindung kündigen.

4 Leistungen

§ 13 Mutterschaftsgeld. (1) Frauen, die Mitglied einer Krankenkasse sind, erhalten für die Zeit der Schutzfristen des § 3 Abs. 2 und des § 6 Abs. 1 sowie für den Entbindungstag Mutterschaftsgeld nach den Vorschriften der Reichsversicherungsordnung oder des Gesetzes über die Krankenversicherung der Landwirte über das Mutterschaftsgeld.

(2) Frauen, die nicht Mitglied einer Krankenkasse sind, erhalten, wenn sie bei Beginn der Schutzfrist nach § 3 Abs. 2 in einem Arbeitsverhältnis stehen oder in Heimarbeit beschäftigt sind oder ihr Arbeitsverhältnis während ihrer Schwangerschaft vom Arbeitgeber zulässig aufgelöst worden ist, für die Zeit der Schutzfristen des § 3 Abs. 2 und des § 6 Abs. 1 sowie für den Entbindungstag Mutterschaftsgeld zu Lasten des Bundes in entsprechender Anwendung der Vorschriften der Reichsversicherungsordnung über das Mutterschaftsgeld. Das Mutterschaftsgeld wird diesen Frauen vom Bundesversicherungsamt gezahlt.

§ 15 Sonstige Leistungen bei Schwangerschaft und Mutterschaft. Frauen, die in der gesetzlichen Krankenversicherung versichert sind, erhalten auch die folgenden Leistungen bei Schwangerschaft und Mutterschaft nach den Vorschriften der Reichsversicherungsordnung oder des Gesetzes über die Krankenversicherung der Landwirte:
1. ärztliche Betreuung und Hebammenhilfe,
2. Versorgung mit Arznei-, Verband- und Heilmitteln,
3. stationäre Entbindung,
4. häusliche Pflege,
5. Haushaltshilfe,
6. Entbindungsgeld.

(3) Für die Ausführung des Absatzes 1 sind die Arbeitsämter und die in § 45 Abs. 1 Buchstabe a Satz 1 des Bundeskindergeldgesetzes genannten Stellen zuständig.

§ 18 Auslage des Gesetzes. (1) In Betrieben und Verwaltungen, in denen regelmäßig mehr als drei Frauen beschäftigt werden, ist ein Abdruck dieses Gesetzes an geeigneter Stelle zur Einsicht auszulegen oder auszuhängen.

Reichsversicherungsordnung (RVO)

in der Fassung vom 15. Dezember 1924

Die Reichsversicherungsordnung

Drittes Buch: Unfallversicherung

3.1 Allgemeine Vorschriften

§ 537 Aufgaben. Aufgaben der Unfallversicherung sind nach Maßgabe der folgenden Vorschriften:
1. Arbeitsunfälle zu verhüten,
2. nach Eintritt eines Arbeitsunfalls den Verletzten, seine Angehörigen und seine Hinterbliebenen zu entschädigen
   a) durch Wiederherstellung der Erwerbsfähigkeit des Verletzten, durch Arbeits- und Berufsförderung (Berufshilfe) und durch Erleichterung der Verletzungsfolgen,
   b) durch Leistungen in Geld an den Verletzten, seine Angehörigen und seine Hinterbliebenen.

§ 539 Versicherte Personen. (1) In der Unfallversicherung sind ... gegen Arbeitsunfall versichert
1. die auf Grund eines Arbeits-, Dienst- oder Lehrverhältnisses Beschäftigten,
   ...
5. Unternehmer, solange und soweit sie als solche Mitglieder einer landwirtschaftlichen Berufsgenossenschaft sind, ihre mit ihnen in häuslicher Gemeinschaft lebenden Ehegatten und die in Unternehmen zum Schutze und zur Förderung der Landwirtschaft einschließlich der landwirtschaftlichen Selbstverwaltung und ihrer Verbände Tätigen, ...
7. die im Gesundheits- oder Veterinärwesen oder in der Wohlfahrtspflege Tätigen,
8. die in einem Unternehmen zur Hilfe bei Unglücksfällen Tätigen sowie die Teilnehmer an Ausbildungsveranstaltungen dieser Unternehmen einschließlich der Lehrenden,
9. Personen, die
   a) bei Unglücksfällen oder gemeiner Gefahr oder Not Hilfe leisten oder einen anderen aus gegenwärtiger Lebensgefahr oder erheblicher gegenwärtiger Gefahr für Körper oder Gesundheit zu retten unternehmen,
   b) einem Bediensteten des Bundes, eines Landes, einer Gemeinde, eines Gemeindeverbandes oder einer anderen Körperschaft, Anstalt oder Stiftung des öffentlichen Rechts, der sie zur Unterstützung bei einer Diensthandlung heranzieht, Hilfe leisten,
   c) sich bei Verfolgung oder Festnahme einer Person, die einer rechtswidrigen, den Tatbestand eines Strafgesetzes verwirklichenden Tat verdächtig ist, oder zum Schutz eines widerrechtlich Angegriffenen persönlich einsetzen,
10. Blutspender und Spender körpereigener Gewebe,
11. Personen, die auf Grund von Arbeitsschutz- oder Unfallverhütungsvorschriften ärztlich untersucht oder behandelt werden,
14. a) Kinder während des Besuchs von Kindergärten,
    b) Schüler während des Besuchs allgemeinbildender Schulen,
    c) Lernende während der beruflichen Aus- und Fortbildung und ehrenamtlich Lehrende in Betriebsstätten, Lehrwerkstätten, berufsbildenden Schulen, Schulungskursen und ähnlichen Einrichtungen, soweit sie nicht bereits zu den nach den Nummern 1 bis 3 und 5 bis 8 Versicherten gehören,
    d) Studierende während der Aus- und Fortbildung an Hochschulen, soweit sie nicht bereits zu den nach den Nummern 1 bis 3 und 5 bis 8 Versicherten gehören,
15. Personen, die bei dem Bau eines Familienheimes (Eigenheim, Kaufeigenheim, Kleinsiedlung), einer eigengenutzten Eigentumswohnung, einer Kaufeigentumswohnung oder einer Genossenschaftswohnung im Rahmen der Selbsthilfe tätig sind, wenn durch das Bauvorhaben öffentlich ge-

förderte oder steuerbegünstigte Wohnungen geschaffen werden sollen ...
16. Entwicklungshelfer ...

3.2 Leistungen der Versicherung

§ 546 Unfallverhütung und Erste Hilfe. (1) Die Träger der Unfallversicherung haben mit allen geeigneten Mitteln für die Verhütung von Arbeitsunfällen und für eine wirksame Erste Hilfe zu sorgen.

§ 547 Leistungsarten. Nach Eintritt des Arbeitsunfalls gewährt der Träger der Unfallversicherung ... nach Maßgabe der folgenden Vorschriften an Leistungen insbesondere
Heilbehandlung,
Verletztengeld oder Übergangsgeld,
besondere Unterstützung,
Wiederherstellung oder Erneuerung von Körperersatzstücken,
Berufshilfe,
Verletztenrente,
Sterbegeld,
Rente an Hinterbliebene.

§ 548 Begriff des Arbeitsunfalls. (1) Arbeitsunfall ist ein Unfall, den ein Versicherter bei einer der in den §§ 539, 540 und 543 bis 545 genannten Tätigkeiten erleidet. Als Tätigkeit im Sinne des Satzes 1 gilt auch das Abheben eines Geldbetrages bei einem Geldinstitut, an das der Arbeitgeber den Lohn oder das Gehalt des Versicherten zu dessen Gunsten überweist oder zahlt, wenn der Versicherte erstmalig nach Ablauf eines Lohn- und Gehaltszahlungszeitraumes das Geldinstitut persönlich aufsucht.
(2) Dem Körperschaden steht die Beschädigung eines Körperersatzstückes oder eines größeren orthopädischen Hilfsmittels gleich.
(3) Verbotswidriges Handeln schließt die Annahme eines Arbeitsunfalls nicht aus.

§ 549 Unfall mit Arbeitsgerät. Als Arbeitsunfall gilt auch ein Unfall bei einer mit einer der in den §§ 539, 540 und 543 bis 545 genannten Tätigkeiten zusammenhängenden Verwahrung, Beförderung, Instandhaltung und Erneuerung des Arbeitsgerätes, auch wenn es vom Versicherten gestellt wird.

§ 550 Wegeunfall. (1) Als Arbeitsunfall gilt auch ein Unfall auf einem mit einer der in den §§ 539, 540 und 543 bis 545 genannten Tätigkeiten zusammenhängenden Weg nach und von dem Ort der Tätigkeit.
(2) Die Versicherung ist nicht ausgeschlossen, wenn der Versicherte von dem unmittelbaren Weg zwischen der Wohnung und dem Ort der Tätigkeit abweicht, weil
1. sein Kind ..., das mit ihm in einem Haushalt lebt, wegen seiner oder seines Ehegatten beruflicher Tätigkeit fremder Obhut anvertraut wird,
2. er mit anderen berufstätigen oder versicherten Personen gemeinsam ein Fahrzeug für den Weg nach und von dem Ort der Tätigkeit benutzt.
(3) Der Umstand, daß der Versicherte wegen der Entfernung seiner ständigen Familienwohnung von dem Ort der Tätigkeit an diesem oder in dessen Nähe eine Unterkunft hat, schließt die Versicherung auf dem Weg von und nach der Familienwohnung nicht aus.

§ 551 Berufskrankheit als Arbeitsunfall. (1) Als Arbeitsunfall gilt ferner eine Berufskrankheit.

Medizinische, berufsfördernde und ergänzende Leistungen

§ 556 Ziel der Heilbehandlung und Berufshilfe. (1) Die Heilbehandlung und die Berufshilfe sollen mit allen geeigneten Mitteln
1. die durch den Arbeitsunfall verursachte Körperverletzung oder Gesundheitsstörung und Minderung der Erwerbsfähigkeit beseitigen oder bessern, ihre Verschlimmerung verhüten und die Auswirkungen der Unfallfolgen erleichtern,
2. den Verletzten nach seiner Leistungsfähigkeit und unter Berücksichtigung seiner Eignung, Neigung und bisherigen Tätigkeit möglichst auf Dauer beruflich eingliedern; das Verfahren zur Auswahl der Leistungen schließt, soweit erforderlich, eine Berufsfindung oder Arbeitserprobung ein. Berufshilfe kann auch zum beruflichen Aufstieg gewährt werden.

§ 557 Umfang der Heilbehandlung.
(1) Die Heilbehandlung umfaßt insbesondere
1. ärztliche und zahnärztliche Behandlung,
2. Arznei- und Verbandmittel,
3. Heilmittel einschließlich Krankengymnastik, Bewegungstherapie, Sprachtherapie und Beschäftigungstherapie,
4. Ausstattung mit Körperersatzstücken, orthopädischen und anderen Hilfsmitteln einschließlich der notwendigen Änderung, Instandsetzung und Ersatzbeschaffung sowie der Ausbildung im Gebrauch des Hilfsmittel,
5. Belastungserprobung und Arbeitstherapie,
6. Gewährung von Pflege.

§ 581 Vollrente; Teilrente bei Minderung der Erwerbsfähigkeit. (1) Als Verletztenrente werden gewährt, solange infolge des Arbeitsunfalls
1. der Verletzte seine Erwerbsfähigkeit verloren hat, zwei Drittel des Jahresarbeitsverdienstes (Vollrente),
2. die Erwerbsfähigkeit des Verletzten um wenigstens ein Fünftel gemindert ist, der Teil der Vollrente, der dem Grade der Minderung seiner Erwerbsfähigkeit entspricht (Teilrente).

3.5 Aufbringung und Verwendung der Mittel

§ 723 Beiträge der Unternehmer.
(1) Die Mittel für die Ausgaben der Berufsgenossenschaften werden durch Beiträge der Unternehmer, die versichert sind oder Versicherte beschäftigen, aufgebracht.

§ 725 Berechnung nach Entgelt und Unfallgefahr; Zuschläge und Nachlässe. (1) Die Höhe der Beiträge richtet sich vorbehaltlich des § 723 Abs. 2 ... nach dem Entgelt der Versicherten in den Unternehmen und nach dem Grade der Unfallgefahr in den Unternehmen.

Viertes Buch: Rentenversicherung der Arbeiter (Arbeiterrentenversicherung – ArV –)

4.1 Aufgaben der Versicherung und Kreis der versicherten Personen

§ 1226 Aufgaben der Versicherung. Aufgaben der Rentenversicherung der Arbeiter sind im Rahmen der nachfolgenden Bestimmungen
die Erhaltung, Besserung und Wiederherstellung der Erwerbsfähigkeit der Versicherten,
die Gewährung von Renten an Versicherte wegen Berufsunfähigkeit oder wegen Erwerbsunfähigkeit und von Altersruhegeld,
die Gewährung von Renten an Hinterbliebene verstorbener Versicherter,
die Förderung von Maßnahmen zur Hebung der gesundheitlichen Verhältnisse in der versicherten Bevölkerung sowie die Aufklärung und Auskunft an Versicherte und Rentner.

§ 1227 Versicherungspflichtige Personen. (1) In der Rentenversicherung der Arbeiter werden versichert
1. alle Personen, die als Arbeitnehmer gegen Entgelt (§ 14 SGB) oder die als Lehrling oder sonst zu ihrer Berufsausbildung beschäftigt sind,
3. Hausgewerbetreibende,
3a. Personen, die vor Eintritt in das Erwerbsleben
   a) in Einrichtungen der Jugendhilfe durch Beschäftigung oder
   b) in Berufsbildungswerken oder in ähnlichen Einrichtungen für Behinderte
   für eine Erwerbstätigkeit befähigt werden sollen, sofern sie nicht nach Nummer 1 versichert sind, ...
6. Personen, die vor einer Wehrdienstleistung im Sinne des § 4 Abs. 1 des Wehrpflichtgesetzes zuletzt nach diesem Absatz oder nach § 1 Abs. 1 des Handwerkerversicherungsgesetzes versichert waren, bei Einberufung zu einem Wehrdienst von länger als drei Tagen für die Dauer der Wehrdienstleistung, ...

§ 1227a. (1) Mütter und Väter, die ihr Kind im Geltungsbereich dieses Gesetzes erziehen und sich mit ihm dort gewöhnlich aufhalten, sind in den ersten 12 Kalendermonaten nach Ablauf des Monats der Geburt des Kindes versichert. Erziehen sie in diesem Zeitraum mehrere Kinder, deren Erziehung Versicherungspflicht nach Satz 1 begründet, verlängert sich die Zeit der Versicherung für das zweite und jedes weitere Kind um die Anzahl an Kalendermonaten, in denen gleichzeitig mehrere Kinder erzogen worden sind.

(2) Erziehen Mutter und Vater ihr Kind gemeinsam, ist die Mutter versichert, sofern nicht Mutter und Vater bis zum Ablauf des dritten Kalendermonats nach der Geburt des Kindes gegenüber dem zuständigen Rentenversicherungsträger übereinstimmend erklären, daß der Vater für den gesamten Zeitraum versichert sein soll. § 16 des Ersten Buches Sozialgesetzbuch gilt entsprechend. Die Wiedereinsetzung in den vorigen Stand ist ausgeschlossen. Die Erklärung kann nicht widerrufen werden.

§ 1233 Freiwillige Versicherung.

(1) Wer weder nach diesem Gesetz noch nach dem Angestelltenversicherungsgesetz, dem Reichsknappschaftsgesetz, dem Handwerkerversicherungsgesetz oder dem Gesetz über die Sozialversicherung Behinderter in geschützten Einrichtungen versicherungspflichtig ist und seinen Wohnsitz oder gewöhnlichen Aufenthalt im Geltungsbereich dieses Gesetzes hat, kann für Zeiten nach Vollendung des 16. Lebensjahres freiwillig Beiträge entrichten. Satz 1 gilt auch für Deutsche im Sinne des Artikels 116 Abs. 1 des Grundgesetzes, die ihren Wohnsitz oder gewöhnlichen Aufenthalt im Ausland haben.

4.5 Aufbringung der Mittel, Verteilung der Rentenausgaben

§ 1382 Beiträge; Zuschuß des Bundes.
Die Mittel für die Ausgaben der Versicherung werden durch Beiträge der Versicherten und der Arbeitgeber sowie durch einen Zuschuß des Bundes aufgebracht.

§ 1384 Bundesgarantie.
(1) Reichen die Beiträge zusammen mit den sonstigen Einnahmen voraussichtlich nicht aus, um die Ausgaben der Versicherung für die Dauer des nächsten Jahres zu decken, so sind die erforderlichen Mittel vom Bund aufzubringen (Bundesgarantie). Das Nähere wird durch besonderes Gesetz bestimmt.

(2) Voraussetzung für die Inanspruchnahme der Bundesgarantie durch die Träger der Rentenversicherung ist, daß deren Vermögen die für die Aufrechterhaltung einer ordnungsgemäßen Verwaltung notwendigen Mittel nicht übersteigt.

§ 1385 Höhe der Beiträge.
(1) Der Beitragssatz beträgt vom 1. Januar 1973 an 18 vom Hundert und vom 1. Januar 1981 an 18,5 vom Hundert ...

Die Bundesregierung kann durch Rechtsverordnung mit Zustimmung des Bundesrates nach Maßgabe der Finanzlage der Rentenversicherung der Arbeiter und der Angestellten und unter Berücksichtigung der Wirtschaftslage sowie deren voraussichtlicher Entwicklung bestimmen, daß der Beitragssatz zeitweise bis auf 18 vom Hundert ermäßigt wird. ...

Gesetz zur Bekämpfung der Schwarzarbeit (Schwarzarbeitgesetz - SchwaG -)

in der Fassung vom 29. Januar 1982

§ 1 Schwarzarbeit. (1) Ordnungswidrig handelt, wer wirtschaftliche Vorteile in erheblichem Umfange durch die Ausführung von Dienst- oder Werkleistungen erzielt, obwohl er
1. der Mitwirkungspflicht gegenüber einer Dienststelle der Bundesanstalt für Arbeit ... nicht nachgekommen ist,
2. der Verpflichtung zur Anzeige vom Beginn des selbständigen Betriebes eines stehenden Gewerbes (§ 14 der Gewerbeordnung) nicht nachgekommen ist oder die erforderliche Reisegewerbekarte ... nicht erworben hat oder
3. ein Handwerk als stehendes Gewerbe selbständig betreibt, ohne in der Handwerksrolle eingetragen zu sein (§ 1 der Handwerksordnung).

(2) Die Ordnungswidrigkeit kann mit einer Geldbuße bis zu fünfzigtausend Deutsche Mark geahndet werden.

§ 2 Beauftragung mit Schwarzarbeit. (1) Ordnungswidrig handelt, wer wirtschaftliche Vorteile in erheblichem Umfange dadurch erzielt, daß er eine oder mehrere Personen mit der Ausführung von Dienst- oder Werkleistungen beauftragt, die diese Leistungen unter Verstoß gegen die in § 1 Abs. 1 genannten Vorschriften erbringen.

(2) Die Ordnungswidrigkeit kann mit einer Geldbuße bis zu fünfzigtausend Deutsche Mark geahndet werden.

§ 2a Zusammenarbeit der Behörden.
(1) Die nach Landesrecht für die Verfolgung und Ahndung von Ordnungswidrigkeiten nach diesem Gesetz zuständigen Behörden arbeiten insbesondere mit folgenden Behörden zusammen:
1. der Bundesanstalt für Arbeit,
2. den Trägern der Krankenversicherung als Einzugsstellen für die Sozialversicherungsbeiträge,
3. den in § 63 des Ausländergesetzes genannten Behörden,
4. den Finanzbehörden,
5. den Trägern der Unfallversicherung,
6. den für den Arbeitsschutz zuständigen Landesbehörden.

Sozialgesetzbuch (SGB) - Allgemeiner Teil -

vom 11. Dezember 1975

1 Allgemeiner Teil

1.1 Aufgaben des Sozialgesetzbuchs und soziale Rechte

§ 1 Aufgaben des Sozialgesetzbuchs.
(1) Das Recht des Sozialgesetzbuchs soll zur Verwirklichung sozialer Gerechtigkeit und sozialer Sicherheit Sozialleistungen einschließlich sozialer und erzieherischer Hilfen gestalten. Es soll dazu beitragen,
ein menschenwürdiges Dasein zu sichern,
gleiche Voraussetzungen für die freie Entfaltung der Persönlichkeit,
insbesondere auch für junge Menschen, zu schaffen,
die Familie zu schützen und zu fördern,
den Erwerb des Lebensunterhalts durch eine frei gewählte Tätigkeit zu ermöglichen und
besondere Belastungen des Lebens, auch durch Hilfe zur Selbsthilfe, abzuwenden oder auszugleichen.

(2) Das Recht des Sozialgesetzbuchs soll auch dazu beitragen, daß die zur Er-

füllung der in Absatz 1 genannten Aufgaben erforderlichen sozialen Dienste und Einrichtungen rechtzeitig und ausreichend zur Verfügung stehen.

§ 2 Soziale Rechte. (1) Der Erfüllung der in § 1 genannten Aufgaben dienen die nachfolgenden sozialen Rechte. Aus ihnen können Ansprüche nur insoweit geltend gemacht oder hergeleitet werden, als deren Voraussetzungen und Inhalt durch die Vorschriften der besonderen Teile dieses Gesetzbuchs im einzelnen bestimmt sind.

(2) Die nachfolgenden sozialen Rechte sind bei der Auslegung der Vorschriften dieses Gesetzbuchs und bei der Ausübung von Ermessen zu beachten; dabei ist sicherzustellen, daß die sozialen Rechte möglichst weitgehend verwirklicht werden.

§ 3 Bildungs- und Arbeitsförderung. (1) Wer an einer Ausbildung teilnimmt, die seiner Neigung, Eignung und Leistung entspricht, hat ein Recht auf individuelle Förderung seiner Ausbildung, wenn ihm die hierfür erforderlichen Mittel nicht anderweitig zur Verfügung stehen.

(2) Wer am Arbeitsleben teilnimmt oder teilnehmen will, hat ein Recht auf
1. Beratung bei der Wahl des Bildungswegs und des Berufs,
2. individuelle Förderung seiner beruflichen Weiterbildung (Fortbildung und Umschulung),
3. Hilfe zur Erlangung und Erhaltung eines angemessenen Arbeitsplatzes und
4. wirtschaftliche Sicherung bei Arbeitslosigkeit und bei Zahlungsunfähigkeit des Arbeitgebers.

§ 4 Sozialversicherung. (1) Jeder hat im Rahmen dieses Gesetzbuchs ein Recht auf Zugang zur Sozialversicherung.

(2) Wer in der Sozialversicherung versichert ist, hat im Rahmen der gesetzlichen Kranken-, Unfall- und Rentenversicherung einschließlich der Altershilfe für Landwirte ein Recht auf
1. die notwendigen Maßnahmen zum Schutz, zur Erhaltung, zur Besserung und zur Wiederherstellung der Gesundheit und der Leistungsfähigkeit und
2. wirtschaftliche Sicherung bei Krankheit, Mutterschaft, Minderung der Erwerbsfähigkeit und Alter.

Ein Recht auf wirtschaftliche Sicherung haben auch die Hinterbliebenen eines Versicherten.

§ 5 Soziale Entschädigung bei Gesundheitsschäden. Wer einen Gesundheitsschaden erleidet, für dessen Folgen die staatliche Gemeinschaft in Abgeltung eines besonderen Opfers oder aus anderen Gründen nach versorgungsrechtlichen Grundsätzen einsteht, hat ein Recht auf
1. die notwendigen Maßnahmen zur Erhaltung, zur Besserung und zur Wiederherstellung der Gesundheit und der Leistungsfähigkeit und
2. angemessene wirtschaftliche Versorgung.

Ein Recht auf angemessene wirtschaftliche Versorgung haben auch die Hinterbliebenen eines Beschädigten.

§ 6 Minderung des Familienaufwands. Wer Kindern Unterhalt zu leisten hat oder leistet, hat ein Recht auf Minderung der dadurch entstehenden wirtschaftlichen Belastungen.

§ 7 Zuschuß für eine angemessene Wohnung. Wer für eine angemessene Wohnung Aufwendungen erbringen muß, die ihm nicht zugemutet werden können, hat ein Recht auf Zuschuß zur Miete oder zu vergleichbaren Aufwendungen.

§ 8 Kinder- und Jugendhilfe. Junge Menschen und Personensorgeberechtigte haben im Rahmen dieses Gesetzbuchs ein Recht, Leistungen der öffentlichen Jugendhilfe in Anspruch zu nehmen. Sie sollen die Entwicklung junger Menschen fördern und die Erziehung in der Familie unterstützen und ergänzen.

§ 9 Sozialhilfe. Wer nicht in der Lage ist, aus eigenen Kräften seinen Lebensunterhalt zu bestreiten oder in besonderen Lebenslagen sich selbst zu helfen, und auch von anderer Seite keine ausreichende Hilfe erhält, hat ein Recht auf persönliche und wirtschaftliche Hilfe, die seinem besonderen Bedarf entspricht, ihn zur Selbsthilfe befähigt, die Teilnahme am Leben in der Gemeinschaft ermöglicht und die Führung eines menschenwürdigen Lebens sichert.

§ 10 Eingliederung Behinderter. Wer körperlich, geistig oder seelisch behindert ist oder wem eine solche Behinderung droht, hat unabhängig von der Ursache der Behinderung ein Recht auf die Hilfe, die notwendig ist, um
1. die Behinderung abzuwenden, zu beseitigen, zu bessern, ihre Verschlimmerung zu verhüten oder ihre Folgen zu mildern,
2. ihm einen seinen Neigungen und Fähigkeiten entsprechenden Platz in der Gemeinschaft, insbesondere im Arbeitsleben, zu sichern.

1.2 Einweisungsvorschriften

Allgemeines über Sozialleistungen und Leistungsträger

§ 11 Leistungsarten. Gegenstand der sozialen Rechte sind die in diesem Gesetzbuch vorgesehenen Dienst-, Sach- und Geldleistungen (Sozialleistungen). Die persönliche und erzieherische Hilfe gehört zu den Dienstleistungen.

§ 12 Leistungsträger. Zuständig für die Sozialleistungen sind die in den §§ 18 bis 29 genannten Körperschaften, Anstalten und Behörden (Leistungsträger). Die Abgrenzung ihrer Zuständigkeit ergibt sich aus den besonderen Teilen dieses Gesetzbuchs.

§ 13 Aufklärung. Die Leistungsträger, ihre Verbände und die sonstigen in diesem Gesetzbuch genannten öffentlich-rechtlichen Vereinigungen sind verpflichtet, im Rahmen ihrer Zuständigkeit die Bevölkerung über die Rechte und Pflichten nach diesem Gesetzbuch aufzuklären.

§ 14 Beratung. Jeder hat Anspruch auf Beratung über seine Rechte und Pflichten nach diesem Gesetzbuch. Zuständig für die Beratung sind die Leistungsträger, denen gegenüber die Rechte geltend zu machen oder die Pflichten zu erfüllen sind.

§ 15 Auskunft. (1) Die nach Landesrecht zuständigen Stellen sowie die Träger der gesetzlichen Krankenversicherung sind verpflichtet, über alle sozialen Angelegenheiten nach diesem Gesetzbuch Auskünfte zu erteilen.

(2) Die Auskunftspflicht erstreckt sich auf die Benennung der für die Sozialleistungen zuständigen Leistungsträger sowie auf alle Sach- und Rechtsfragen, die für die Auskunftsuchenden von Bedeutung sein können und zu deren Beantwortung die Auskunftsstelle imstande ist.

(3) Die Auskunftsstellen sind verpflichtet, untereinander und mit den anderen Leistungsträgern mit dem Ziel zusammenzuarbeiten, eine möglichst umfassende Auskunftserteilung durch eine Stelle sicherzustellen.

§ 16 Antragstellung. (1) Anträge auf Sozialleistungen sind beim zuständigen Leistungsträger zu stellen. Sie werden auch von allen anderen Leistungsträgern, von allen Gemeinden und bei Personen, die sich im Ausland aufhalten, auch von den amtlichen Vertretungen der Bundesrepublik Deutschland im Ausland entgegengenommen.

§ 17 Ausführung der Sozialleistungen. (1) Die Leistungsträger sind verpflichtet, darauf hinzuwirken, daß
1. jeder Berechtigte die ihm zustehenden Sozialleistungen in zeitgemäßer Weise, umfassend und schnell erhält,
2. die zur Ausführung von Sozialleistungen erforderlichen sozialen Dienste und Einrichtungen rechtzeitig und ausreichend zur Verfügung stehen und
3. der Zugang zu den Sozialleistungen möglichst einfach gestaltet wird, insbesondere durch Verwendung allgemein verständlicher Antragsvordrucke.

Einzelne Sozialleistungen und zuständige Leistungsträger

§ 18 Leistungen der Ausbildungsförderung. (1) Nach dem Recht der Ausbildungsförderung können Zuschüsse und Darlehen für den Lebensunterhalt und die Ausbildung in Anspruch genommen werden.

§ 19 Leistungen der Arbeitsförderung. (1) Nach dem Recht der Arbeitsförderung können in Anspruch genommen werden:
1. Berufsberatung einschließlich der Beratung über Ausbildungsfragen sowie Vermittlung in berufliche Ausbildungsstellen,

2. Arbeitsberatung und Arbeitsvermittlung,
3. Zuschüsse und Darlehen zur Förderung
   a) der beruflichen Ausbildung, Fortbildung und Umschulung,
   b) der Arbeitsaufnahme,
   c) der beruflichen Eingliederung Behinderter,
   d) des Winterbaus,
   e) von Maßnahmen zur Arbeitsbeschaffung,
4. Kurzarbeitergeld und Schlechtwettergeld.

§ 19a Vorruhestandsleistungen.
(1) Nach dem Recht der Förderung von Vorruhestandsleistungen können in Anspruch genommen werden:
1. Zuschüsse an Arbeitgeber zu den Aufwendungen für das Vorruhestandsgeld und für die Beiträge zur Pflichtversicherung der Bezieher von Vorruhestandsgeld in der gesetzlichen Krankenversicherung und in der gesetzlichen Rentenversicherung.
2. Vorruhestandsgeld an Arbeitnehmer bei Zahlungseinstellung durch den Arbeitgeber.

(2) Zuständig sind die Arbeitsämter und die sonstigen Dienststellen der Bundesanstalt für Arbeit.

5. Arbeitslosengeld, Arbeitslosenhilfe und Konkursausfallgeld,
6. ergänzende Leistungen, insbesondere Beiträge zur gesetzlichen Kranken- und Rentenversicherung.

(2) Zuständig sind die Arbeitsämter und die sonstigen Dienststellen der Bundesanstalt für Arbeit.

§ 20 Zusätzliche Leistungen für Schwerbehinderte.
(1) Nach dem Schwerbehindertenrecht können in Anspruch genommen werden:
1. zusätzliche Hilfen zur Beschaffung eines angemessenen Arbeitplatzes,
2. zusätzliche Hilfen zur Erhaltung des Arbeitsplatzes,
3. begleitende Hilfe im Arbeitsleben.

(2) Zuständig sind die Arbeitsämter und die Hauptfürsorgestellen.

§ 21 Leistungen der gesetzlichen Krankenversicherung.
(1) Nach dem Recht der gesetzlichen Krankenversicherung können in Anspruch genommen werden:
1. Untersuchungen zur Früherkennung von Krankheiten,
2. Vorsorgekuren und andere Leistungen zur Verhütung von Krankheiten,
3. bei Krankheiten Krankenpflege, Krankenhauspflege, Behandlung in Kur- und Spezialeinrichtungen sowie Krankengeld,
4. bei Mutterschaft ärztliche Betreuung und Hilfe, Hebammenhilfe, Arzneien, Heilmittel, Pflege in einer Entbindungs- oder Krankenanstalt und Mutterschaftsgeld,
4a. Hilfe zur Familienplanung und Leistungen bei nicht rechtswidriger Sterilisation und bei nicht rechtswidrigem Schwangerschaftsabbruch,
5. bei Freistellung von der Arbeit wegen Beaufsichtigung, Betreuung oder Pflege eines erkrankten Kindes Krankengeld,
6. Haushaltshilfe,
7. Betriebshilfe für Landwirte,
8. Sterbegeld.

(2) Zuständig sind die Orts-, Betriebs- und Innungskrankenkassen, die See-Krankenkasse, die landwirtschaftlichen Krankenkassen, die Bundesknappschaft und die Ersatzkassen.

§ 22 Leistungen der gesetzlichen Unfallversicherung.
(1) Nach dem Recht der gesetzlichen Unfallversicherung können in Anspruch genommen werden:
1. Maßnahmen zur Verhütung und zur Ersten Hilfe bei Arbeitsunfällen, bei gleichgestellten Unfällen und bei Berufskrankheiten sowie Maßnahmen zur Früherkennung von Berufskrankheiten,
2. Heilbehandlung, Berufsförderung und andere Leistungen zur Erhaltung, Besserung und Wiederherstellung der Erwerbsfähigkeit sowie zur Erleichterung der Verletzungsfolgen einschließlich wirtschaftlicher Hilfen,
3. Renten wegen Minderung der Erwerbsfähigkeit,
4. Renten an Hinterbliebene, Sterbegeld und Beihilfen,
5. Rentenabfindungen,
6. Haushaltshilfe,
7. Betriebshilfe für Landwirte.

(2) Zuständig sind
1. in der allgemeinen Unfallversicherung die gewerblichen Berufsgenossenschaf-

ten, Gemeindeunfallversicherungsverbände, Feuerwehrunfallversicherungskassen sowie die Ausführungsbehörden des Bundes, der Länder und der zu Versicherungsträgern bestimmten Gemeinden,
2. in der landwirtschaftlichen Unfallversicherung die landwirtschaftlichen Berufsgenossenschaften sowie die Ausführungsbehörden des Bundes und der Länder,
3. in der See-Unfallversicherung die See-Berufsgenossenschaft sowie die Ausführungsbehörden des Bundes und der Länder.

§ 23 **Leistungen der gesetzlichen Rentenversicherung einschließlich der Altershilfe für Landwirte.** (1) Nach dem Recht der gesetzlichen Rentenversicherung einschließlich der Altershilfe für Landwirte können in Anspruch genommen werden:
1. in der gesetzlichen Rentenversicherung:
   a) Heilbehandlung, Berufsförderung und andere Leistungen zur Erhaltung, Besserung und Wiederherstellung der Erwerbsfähigkeit einschließlich wirtschaftlicher Hilfen,
   b) Renten wegen Alters, Renten wegen verminderter Erwerbsfähigkeit und Knappschaftsausgleichsleistung,
   c) Renten wegen Todes,
   d) Witwen- und Witwerrentenabfindungen sowie Beitragserstattungen,
   e) Zuschüsse zu den Aufwendungen für die Krankenversicherung,
   f) Leistungen für Kindererziehung,
2. in der Altershilfe für Landwirte:
   a) Heilbehandlung und andere Leistungen zur Erhaltung, Besserung und Wiederherstellung der Erwerbsfähigkeit einschließlich Betriebs- oder Haushaltshilfe,
   b) Altersgeld bei Erwerbsunfähigkeit und Alter, an Witwen und Witwer sowie Waisengeld,
   c) Hinterbliebenengeld bei Kindererziehung oder Vollendung des 45. Lebensjahres,
   d) Übergangshilfe an Witwen und Witwer,
   e) Betriebs- oder Haushaltshilfe zur Aufrechterhaltung des Betriebes im Falle des Todes des landwirtschaftlichen Unternehmers,
   f) Zuschuß zum Beitrag,
   g) Zuschüsse zur Nachentrichtung von Beiträgen zur gesetzlichen Rentenversicherung,
   h) Zuschüsse und andere Leistungen zur Förderung der Gesundheit der beitragspflichtigen landwirtschaftlichen Unternehmer und mitarbeitenden Familienangehörigen.

(2) Zuständig sind
1. in der Rentenversicherung der Arbeiter die Landesversicherungsanstalten, die Seekasse und die Bundesbahn-Versicherungsanstalt,
2. in der Rentenversicherung der Angestellten die Bundesversicherungsanstalt für Angestellte,
3. in der knappschaftlichen Rentenversicherung die Bundesknappschaft,
4. in der Altershilfe für Landwirte die landwirtschaftlichen Altersklassen.

§ 24 **Versorgungsleistungen bei Gesundheitsschäden.** (1) Nach dem Recht der sozialen Entschädigung bei Gesundheitsschäden können in Anspruch genommen werden:
1. Heil- und Krankenbehandlung sowie andere Leistungen zur Erhaltung, Besserung und Wiederherstellung der Leistungsfähigkeit einschließlich wirtschaftlicher Hilfen,
2. besondere Hilfen im Einzelfall einschließlich Berufsförderung,
3. Renten wegen Minderung der Erwerbsfähigkeit,
4. Renten an Hinterbliebene, Bestattungsgeld und Sterbegeld,
5. Kapitalabfindung, insbesondere zur Wohnraumbeschaffung.

(2) Zuständig sind die Versorgungsämter, die Landesversorgungsämter und die orthopädischen Versorgungsstellen, für die besonderen Hilfen im Einzelfall die Kreise und kreisfreien Städte sowie die Hauptfürsorgestellen. Bei der Durchführung der Heil- und Krankenbehandlung wirken die Träger der gesetzlichen Krankenversicherung mit.

§ 25 **Kindergeld und Erziehungsgeld.**
(1) Nach dem Kindergeldrecht kann grundsätzlich für jedes Kind Kindergeld in Anspruch genommen werden.
(2) Nach dem Recht des Erziehungsgeldes kann grundsätzlich für jedes Kind

Erziehungsgeld in Anspruch genommen werden.

(3) Für die Ausführung des Absatzes 1 sind die Arbeitsämter und die in § 45 Abs. 1 Buchstabe a Satz 1 des Bundeskindergeldgesetzes genannten Stellen zuständig.

§ 26 Wohngeld. (1) Nach dem Wohngeldrecht kann als Zuschuß zur Miete oder als Zuschuß zu den Aufwendungen für den eigengenutzten Wohnraum Wohngeld in Anspruch genommen werden.

(2) Zuständig sind die durch Landesrecht bestimmten Behörden.

§ 27 Leistungen der Kinder- und Jugendhilfe. (1) Nach dem Recht der Kinder- und Jugendhilfe können in Anspruch genommen werden:
1. Angebote der Jugendarbeit, der Jugendsozialarbeit und des erzieherischen Jugendschutzes,
2. Angebote zur Förderung der Erziehung in der Familie,
3. Angebote zur Förderung von Kindern in Tageseinrichtungen und in Tagespflege,
4. Hilfe zur Erziehung und ergänzende Leistungen für Kinder und Jugendliche sowie Hilfe für junge Volljährige einschließlich der Nachbetreuung.

(2) Zuständig sind die Kreise und die kreisfreien Städte, nach Maßgabe des Landesrechts auch kreisangehörige Gemeinden; sie arbeiten mit den freien Jugendhilfe zusammen.

§ 28 Leistungen der Sozialhilfe

(1) Nach dem Recht der Sozialhilfe können in Anspruch genommen werden:
1. Hilfe zum Lebensunterhalt,
2. Hilfe in besonderen Lebenslagen; sie umfaßt
   a) Hilfe zum Aufbau oder zur Sicherung der Lebensgrundlage,
   b) vorbeugende Gesundheitshilfe, Krankenhilfe, Hilfe bei nicht rechtswidrigem Schwangerschaftsabbruch und bei nicht rechtswidriger Sterilisation, Hilfe zur Familienplanung und Hilfe für werdende Mütter und Wöchnerinnen,
   c) Eingliederungshilfe für Behinderte, insbesondere auch Hilfe zur Teilnahme am Leben in der Gemeinschaft,
   d) (gestrichen)
   e) Blindenhilfe, Hilfe zur Pflege und Hilfe zur Weiterführung des Haushalts,
   f) Hilfe zur Überwindung besonderer sozialer Schwierigkeiten,
   g) Altenhilfe,
   h) Hilfe in anderen besonderen Lebenslagen,
3. Beratung Behinderter oder ihrer Personensorgeberechtigten,
4. Hilfe bei der Beschaffung und Erhaltung einer Wohnung.

(2) Zuständig sind die Kreise und kreisfreien Städte, die überörtlichen Träger der Sozialhilfe und für besondere Aufgaben die Gesundheitsämter; sie arbeiten mit den Trägern der freien Wohlfahrtspflege zusammen.

2 Übergangs- und Schlußvorschriften

2.1 Besondere Teile des Sozialgesetzbuchs

§ 1. Bis zu ihrer Einordnung in das Sozialgesetzbuch gelten die nachfolgenden Gesetze mit den zu ihrer Ergänzung und Änderung erlassenen Gesetzen als besondere Teile des Sozialgesetzbuchs:
1. das Bundesausbildungsförderungsgesetz ...,
2. das Arbeitsförderungsgesetz,
3. das Schwerbehindertengesetz ...,
4. die Reichsversicherungsordnung, ...,
8. das Gesetz über eine Altershilfe für Landwirte ...,
9. das Gesetz über die Krankenversicherung der Landwirte ...,
10. das Selbstverwaltungsgesetz ...,
11. das Bundesversorgungsgesetz ...,
12. das Gesetz über das Verwaltungsverfahren der Kriegsopferversorgung ...,
13. das Bundeskindergeldgesetz ...,
14. das Zweite Wohngeldgesetz ...,
15. das Bundessozialhilfegesetz,
16. das Adoptionsvermittlungsgesetz,
17. das Gesetz über die Angleichung der Leistungen zur Rehabilitation ...,
18. das Gesetz über die unentgeltliche Beförderung von Kriegs- und Wehrdienstbeschädigten sowie von anderen Behinderten im Nahverkehr ...,
19. das Unterhaltsvorschußgesetz ...

Sozialgesetzbuch (SGB)
– Gemeinsame Vorschriften für die Sozialversicherung –

vom 23. Dezember 1976

Artikel I
Viertes Buch (IV): Sozialversicherung

§ 1. **Sachlicher Geltungsbereich.**
(1) Die Vorschriften dieses Kapitels gelten für die gesetzliche Kranken-, Unfall- und Rentenversicherung einschließlich der Altershilfe für Landwirte (Versicherungszweige).

(2) Die Arbeitslosenversicherung ist in den Vorschriften für die Arbeitsförderung (Drittes Buch) geregelt.

§ 2. **Versicherter Personenkreis.**
(1) Die Sozialversicherung umfaßt Personen, die kraft Gesetzes oder Satzung (Versicherungspflicht) oder auf Grund freiwilligen Beitritts oder freiwilliger Fortsetzung der Versicherung (Versicherungsberechtigung) versichert sind.

(1a) Deutsche im Sinne der Vorschriften über die Sozialversicherung sind Deutsche im Sinne des Artikels 116 des Grundgesetzes.

(2) In allen Zweigen der Sozialversicherung sind nach Maßgabe der besonderen Vorschriften für die einzelnen Versicherungszweige versichert
1. Personen, die gegen Arbeitsentgelt oder zu ihrer Berufsausbildung beschäftigt sind,
2. Behinderte, die in geschützten Einrichtungen beschäftigt werden,
3. Landwirte,
4. Hausgewerbetreibende,
5. in der Kranken-, Wochen-, Säuglings- und Kinderpflege selbständig tätige Personen, die in ihrem Betrieb keine Angestellten beschäftigen,
6. Hebammen mit Niederlassungserlaubnis,
7. Artisten.

(3) Besteht die Besatzung eines Seeschiffes, das nicht berechtigt ist, die Bundesflagge zu führen, ganz oder teilweise aus deutschen Seeleuten, werden diese auf Antrag des Reeders bei der See-Berufsgenossenschaft und der Seekasse nach den Vorschriften dieses Buches versichert.

(4) Die Versicherung weiterer Personengruppen in einzelnen Versicherungszweigen ergibt sich aus den für sie geltenden besonderen Vorschriften.

§ 3. **Persönlicher und räumlicher Geltungsbereich.** Die Vorschriften über die Versicherungspflicht und die Versicherungsberechtigung gelten,
1. soweit sie eine Beschäftigung oder eine selbständige Tätigkeit voraussetzen, für alle Personen, die im Geltungsbereich dieses Gesetzbuchs beschäftigt oder selbständig tätig sind,
2. soweit sie eine Beschäftigung oder eine selbständige Tätigkeit nicht voraussetzen, für alle Personen, die ihren Wohnsitz oder gewöhnlichen Aufenthalt im Geltungsbereich dieses Gesetzbuchs haben.

Fünftes Buch (V):
Gesetzliche Krankenversicherung

§ 1. Solidarität und Eigenverantwortung. Die Krankenversicherung als Solidargemeinschaft hat die Aufgabe, die Gesundheit der Versicherten zu erhalten, wiederherzustellen oder ihren Gesundheitszustand zu bessern. Die Versicherten sind für ihre Gesundheit mit verantwortlich; sie sollen durch eine gesundheitsbewußte Lebensführung, durch frühzeitige Beteiligung an gesundheitlichen Vorsorgemaßnahmen sowie durch aktive Mitwirkung an Krankenbehandlung und Rehabilitation dazu beitragen, den Eintritt von Krankheit und Behinderung zu vermeiden oder ihre Folgen zu überwinden. Die Krankenkassen haben den Versicherten dabei durch Aufklärung, Beratung und Leistungen zu helfen und auf gesunde Lebensverhältnisse hinzuwirken.

§ 2. Leistungen. (1) Die Krankenkassen stellen den Versicherten die im Dritten Kapitel genannten Leistungen unter Beachtung des Wirtschaftlichkeitsgebots (§ 12) zur Verfügung, soweit diese Leistungen nicht der Eigenverantwortung der Versicherten zugerechnet werden. Behandlungsmethoden, Arznei- und Heilmittel der besonderen Therapierichtungen sind nicht ausgeschlossen. Qualität und Wirksamkeit der Leistungen haben dem allgemein anerkannten Stand der medizinischen Erkenntnisse zu entsprechen und den medizinischen Fortschritt zu berücksichtigen.

(2) Die Versicherten erhalten die Leistungen als Sach- und Dienstleistungen, soweit dieses Buch nichts Abweichendes vorsieht.

(3) Bei der Auswahl der Leistungserbringer ist ihre Vielfalt zu beachten. Den religiösen Bedürfnissen der Versicherten ist Rechnung zu tragen.

§ 3. Solidarische Finanzierung. Die Leistungen und sonstigen Ausgaben der Krankenkassen werden durch Beiträge finanziert. Dazu entrichten die Mitglieder und die Arbeitgeber Beiträge, die sich in der Regel nach den beitragspflichtigen Einnahmen der Mitglieder richten. Für versicherte Familienangehörige werden Beiträge nicht erhoben.

§ 4. Krankenkassen. (1) Die Krankenkassen sind rechtsfähige Körperschaften des öffentlichen Rechts mit Selbstverwaltung.

(2) Die Krankenversicherung ist in folgende Kassenarten gegliedert: Allgemeine Ortskrankenkassen, Betriebskrankenkassen, Innungskrankenkassen, die See-Krankenkasse, Landwirtschaftliche Krankenkassen, die Bundesknappschaft als Träger der knappschaftlichen Krankenversicherung, Ersatzkassen.

§ 5. Versicherungspflicht. (1) Versicherungspflichtig sind
1. Arbeiter, Angestellte und zu ihrer Berufsausbildung Beschäftigte, die gegen Arbeitsentgelt beschäftigt sind,
2. Leistungsempfänger nach dem Arbeitsförderungsgesetz ...,
3. Landwirte, ihre mitarbeitenden Familienangehörigen und Altenteiler ...,
4. Künstler und Publizisten ...,
5. Personen, die in Einrichtungen der Jugendhilfe für eine Erwerbstätigkeit befähigt werden sollen,
6. Teilnehmer an berufsfördernden Maßnahmen zur Rehabilitation sowie an Berufsfindung oder Arbeitserprobung ...,
7. Behinderte ...,
9. Studenten ...,
10. Personen, die eine in Studien- oder Prüfungsordnungen vorgeschriebene berufspraktische Tätigkeit verrichten, sowie zu ihrer Berufsausbildung ohne Arbeitsentgelt Beschäftigte; Auszubildende des Zweiten Bildungswegs, die sich in einem förderungsfähigen Teil eines Ausbildungsabschnitts nach dem Bundesausbildungsförderungsgesetz befinden, sind Praktikanten gleichgestellt,
11. Personen, die die Voraussetzungen für den Anspruch auf eine Rente aus der gesetzlichen Rentenversicherung erfüllen und diese Rente beantragt haben, wenn sie seit der erstmaligen Aufnahme einer Erwerbstätigkeit bis zur Stellung des Rentenantrags mindestens neun Zehntel der zweiten Hälfte des Zeitraums Mitglied oder nach § 10 versichert waren,
12. Personen, die die Voraussetzungen für den Anspruch auf eine Rente aus der gesetzlichen Rentenversicherung erfüllen und diese Rente beantragt

haben, wenn sie zu den in § 1 oder § 17 Abs. 1 des Fremdrentengesetzes genannten Personen gehören und ihren Wohnsitz innerhalb der letzten zehn Jahre vor der Stellung des Rentenantrags in den Geltungsbereich dieses Gesetzbuchs verlegt haben.
(3) Als gegen Arbeitsentgelt beschäftigte Arbeiter und Angestellte im Sinne des Absatzes 1 Nr. 1 gelten Bezieher von Vorruhestandsgeld, ...
(9) Wer versicherungspflichtig wird und bei einem privaten Krankenversicherungsunternehmen versichert ist, kann den Versicherungsvertrag mit Wirkung vom Eintritt der Versicherungspflicht an kündigen. Dies gilt auch, wenn eine Versicherung nach § 10 eintritt.

§ 6. Versicherungsfreiheit.
(1) Versicherungsfrei sind
1. Arbeiter und Angestellte, deren regelmäßiges Jahresarbeitsentgelt 75 vom Hundert der Beitragsbemessungsgrenze in der Rentenversicherung der Arbeiter und Angestellten (Jahresarbeitsentgeltgrenze) übersteigt ...,
2. Beamte, Richter, Soldaten auf Zeit sowie Berufssoldaten der Bundeswehr und sonstige Beschäftigte des Bundes, eines Landes, eines Gemeindeverbandes, einer Gemeinde, von öffentlichrechtlichen Körperschaften, Anstalten, Stiftungen oder Verbänden öffentlichrechtlicher Körperschaften oder deren Spitzenverbänden, wenn sie nach beamtenrechtlichen Vorschriften oder Grundsätzen bei Krankheit Anspruch auf Fortzahlung der Bezüge und auf Beihilfe oder Heilfürsorge haben,
3. Personen, die während der Dauer ihres Studiums als ordentliche Studierende einer Hochschule oder einer der fachlichen Ausbildung dienenden Schule gegen Arbeitsentgelt beschäftigt sind, ...
7. satzungsmäßige Mitglieder geistlicher Genossenschaften ...,
8. Personen, die nach dem Krankheitsfürsorgesystem der Europäischen Gemeinschaften bei Krankheit geschützt sind.
(4) Wird die Jahresarbeitsentgeltgrenze überschritten, endet die Versicherungspflicht mit Ablauf des Kalenderjahres, in dem sie überschritten wird. Dies gilt nicht, wenn das Entgelt die vom Beginn des nächsten Kalenderjahres an geltende Jahresarbeitsentgeltgrenze nicht übersteigt.

§ 7. Versicherungsfreiheit bei geringfügiger Beschäftigung.
Wer eine geringfügige Beschäftigung nach § 8 des Vierten Buches ausübt, ist in dieser Beschäftigung versicherungsfrei; dies gilt nicht für eine Beschäftigung
1. im Rahmen betrieblicher Berufsbildung,
2. nach dem Gesetz zur Förderung eines freiwilligen sozialen Jahres.

§ 8. Befreiung von der Versicherungspflicht.
(1) Auf Antrag wird von der Versicherungspflicht befreit, wer versicherungspflichtig wird
1. wegen Erhöhung der Jahresarbeitsentgeltgrenze,
2. durch Aufnahme einer nicht vollen Erwerbstätigkeit nach § 2 des Bundeserziehungsgeldgesetzes während des Erziehungsurlaubs; die Befreiung erstreckt sich nur auf die Zeit des Erziehungsurlaubs,
3. weil seine Arbeitszeit auf die Hälfte oder weniger als die Hälfte der regelmäßigen Wochenarbeitszeit vergleichbarer Vollbeschäftigter des Betriebes herabgesetzt wird; dies gilt auch für Beschäftigte, die im Anschluß an ihr bisheriges Beschäftigungsverhältnis bei einem anderen Arbeitgeber ein Beschäftigungsverhältnis aufnehmen, das die Voraussetzungen des vorstehenden Halbsatzes erfüllt; Voraussetzung ist ferner, daß der Beschäftigte seit mindestens fünf Jahren wegen Überschreitens der Jahresarbeitsentgeltgrenze versicherungsfrei ist,
4. durch den Antrag auf Rente oder den Bezug von Rente oder die Teilnahme an einer berufsfördernden Maßnahme (§ 5 Abs. 1 Nr. 6, 11 oder 12),
5. durch die Einschreibung als Student oder die berufspraktische Tätigkeit (§ 5 Abs. 1 Nr. 9 oder 10),
6. durch die Beschäftigung als Arzt im Praktikum,
7. durch die Tätigkeit in einer Einrichtung für Behinderte (§ 5 Abs. 1 Nr. 7 oder 8).

§ 10. Familienversicherung.
(1) Versichert sind der Ehegatte und die Kinder von Mitgliedern ...

§ 11. Leistungsarten. (1) Versicherte haben nach den folgenden Vorschriften Anspruch auf Leistungen
1. zur Förderung der Gesundheit,
2. zur Verhütung von Krankheiten,
3. zur Früherkennung von Krankheiten,
4. zur Behandlung einer Krankheit,
5. bei Schwerpflegebedürftigkeit.

Ferner besteht Anspruch auf Sterbegeld.

(3) Bei stationärer Behandlung umfassen die Leistungen auch die aus medizinischen Gründen notwendige Mitaufnahme einer Begleitperson des Versicherten.

§ 12. Wirtschaftlichkeitsgebot. (1) Die Leistungen müssen ausreichend, zweckmäßig und wirtschaftlich sein ...
(2) Ist für eine Leistung ein Festbetrag festgesetzt, erfüllt die Krankenkasse ihre Leistungspflicht mit dem Festbetrag.

§ 13. Kostenerstattung. (1) Die Krankenkasse darf anstelle der Sach- oder Dienstleistung (§ 2 Abs. 2) Kosten nur erstatten, soweit es dieses Buch vorsieht.

§ 44. Krankengeld. (1) Versicherte haben Anspruch auf Krankengeld, wenn die Krankheit sie arbeitsunfähig macht oder sie auf Kosten der Krankenkasse stationär in einem Krankenhaus, einer Vorsorge- oder Rehabilitationseinrichtung ... behandelt werden.

§ 45. Krankengeld bei Erkrankung des Kindes. (1) Versicherte haben Anspruch auf Krankengeld, wenn es nach ärztlichem Zeugnis erforderlich ist, daß sie zur Beaufsichtigung, Betreuung oder Pflege ihres erkrankten und versicherten Kindes der Arbeit fernbleiben, eine andere in ihrem Haushalt lebende Person das Kind nicht beaufsichtigen, betreuen oder pflegen kann und das Kind das achte Lebensjahr noch nicht vollendet hat.

§ 47. Höhe und Berechnung des Krankengeldes. (1) Das Krankengeld beträgt 80 vom Hundert des erzielten regelmäßigen Arbeitsentgelts und Arbeitseinkommens, soweit es der Beitragsrechnung unterliegt (Regelentgelt).

§ 52. Leistungsbeschränkung bei Selbstverschulden. Haben sich Versicherte eine Krankheit vorsätzlich oder bei einem von ihnen begangenen Verbrechen oder vorsätzlichen Vergehen zugezogen, kann die Krankenkasse sie an den Kosten der Leistungen in angemessener Höhe beteiligen und das Krankengeld ganz oder teilweise für die Dauer dieser Krankheit versagen und zurückfordern.

Sechstes Buch (VI):
Gesetzliche Rentenversicherung

§ 1. Beschäftigte. Versicherungspflichtig sind
1. Personen, die gegen Arbeitsentgelt oder zu ihrer Berufsausbildung beschäftigt sind,
2. Behinderte ...

§ 2. Selbständig Tätige. Versicherungspflichtig sind selbständig tätige
1. Lehrer und Erzieher, die im Zusammenhang mit ihrer selbständigen Tätigkeit keinen versicherungspflichtigen Arbeitnehmer beschäftigen, ...

§ 3. Sonstige Versicherte. Versicherungspflichtig sind Personen in der Zeit,
1. für die ihnen Kindererziehungszeiten anzurechnen sind,
2. in der sie aufgrund gesetzlicher Pflicht mehr als drei Tage Wehrdienst oder Zivildienst leisten,
3. für die sie von einem Leistungsträger Krankengeld, Verletztengeld, Versorgungskrankengeld, Übergangsgeld, Arbeitslosengeld oder Arbeitslosenhilfe beziehen, wenn sie im letzten Jahr vor Beginn der Leistung zuletzt versicherungspflichtig waren,
4. für die sie Vorruhestandsgeld beziehen, wenn sie unmittelbar vor Beginn der Leistung versicherungspflichtig waren.

§ 4. Versicherungspflicht auf Antrag. (1) Auf Antrag versicherungspflichtig sind

IV Mensch und Arbeit

Sozialgesetzbuch

1. Entwicklungshelfer im Sinne des Entwicklungshelfer-Gesetzes, die Entwicklungsdienst oder Vorbereitungsdienst leisten, ...

§ 5. Versicherungsfreiheit. (1) Versicherungsfrei sind
1. Beamte und Richter auf Lebenszeit, auf Zeit oder auf Probe, Berufssoldaten und Soldaten auf Zeit sowie Beamte auf Widerruf im Vorbereitungsdienst, ...

§ 6. Befreiung von der Versicherungspflicht. (1) Von der Versicherungspflicht werden befreit
1. Angestellte und selbständig Tätige, die aufgrund einer durch Gesetz angeordneten oder auf Gesetz beruhenden Verpflichtung Mitglieder einer öffentlich-rechtlichen Versicherungseinrichtung oder Versorgungseinrichtung ihrer Berufsgruppe (berufsständische Versorgungseinrichtung) sind, wenn für sie nach näherer Maßgabe der Satzung einkommensbezogene Beiträge unter Berücksichtigung der Beitragsbemessungsgrenze zu entrichten sind und aufgrund dieser Beiträge Leistungen für den Fall verminderter Erwerbsfähigkeit und des Alters sowie für Hinterbliebene erbracht und angepaßt werden, wobei auch die finanzielle Lage der berufsständischen Versorgungseinrichtung zu berücksichtigen ist, ...

§ 7. Freiwillige Versicherung. (1) Personen, die nicht versicherungspflichtig sind, können sich für Zeiten von der Vollendung des 16. Lebensjahres an freiwillig versichern. Dies gilt auch für Deutsche, die ihren gewöhnlichen Aufenthalt außerhalb des Geltungsbereichs dieses Gesetzbuchs haben.

(2) Personen, die versicherungsfrei oder von der Versicherung befreit sind, können sich nur dann freiwillig versichern, wenn sie die allgemeine Wartezeit erfüllt haben. Dies gilt nicht für Personen, die wegen Geringfügigkeit einer Beschäftigung oder selbständigen Tätigkeit oder während der Dauer ihres Studiums versicherungsfrei sind.

(3) Nach bindender Bewilligung einer Vollrente wegen Alters oder für Zeiten des Bezugs einer solchen Rente ist eine freiwillige Versicherung nicht zulässig.

§ 8. Nachversicherung und Versorgungsausgleich. (1) Versichert sind auch Personen,
1. die nachversichert sind oder
2. für die aufgrund eines Versorgungsausgleichs Rentenanwartschaften übertragen oder begründet sind.

§ 9. Aufgabe der Rehabilitation.
(1) Die Rentenversicherung erbringt medizinische, berufsfördernde und ergänzende Leistungen zur Rehabilitation, um
1. den Auswirkungen einer Krankheit oder einer körperlichen, geistigen oder seelischen Behinderung auf die Erwerbsfähigkeit der Versicherten entgegenzuwirken oder sie zu überwinden und
2. dadurch Beeinträchtigungen der Erwerbsfähigkeit der Versicherten oder ihr vorzeitiges Ausscheiden aus dem Erwerbsleben zu verhindern oder sie möglichst dauerhaft in das Erwerbsleben wiedereinzugliedern.

Die Leistungen zur Rehabilitation haben Vorrang vor Rentenleistungen, die bei erfolgreicher Rehabilitation nicht oder voraussichtlich erst zu einem späteren Zeitpunkt zu erbringen sind.

(2) Die Leistungen nach Absatz 1 können erbracht werden, wenn die persönlichen und versicherungsrechtlichen Voraussetzungen dafür erfüllt sind. Die Versicherten sind verpflichtet, an der Rehabilitation aktiv mitzuwirken.

§ 33. Rentenarten. (1) Renten werden geleistet wegen Alters, wegen verminderter Erwerbsfähigkeit oder wegen Todes.

§ 34. Voraussetzungen für einen Rentenanspruch und Hinzuverdienstgrenze. (1) Versicherte und ihre Hinterbliebenen haben Anspruch auf Rente, wenn die für die jeweilige Rente erforderliche Mindestversicherungszeit (Wartezeit) erfüllt ist und die jeweiligen besonderen versicherungsrechtlichen und persönlichen Voraussetzungen vorliegen.

(2) Eine Rente wegen Alters wird vor Vollendung des 65. Lebensjahres nur geleistet, wenn die Hinzuverdienstgrenze nicht überschritten wird. Sie wird nicht überschritten, wenn das Arbeitsentgelt oder Arbeitseinkommen aus einer Beschäftigung oder selbständigen Tätigkeit im Monat die in Absatz 3 genannten Be-

träge nicht übersteigt, wobei ein zweimaliges Überschreiten um jeweils einen Betrag bis zur Höhe der Hinzuverdienstgrenze nach Absatz 3 im Laufe eines jeden Jahres seit Rentenbeginn außer Betracht bleibt. Dem Arbeitsentgelt aus einer Beschäftigung steht der Bezug von Vorruhestandsgeld gleich. Mehrere Beschäftigungen und selbständige Tätigkeiten werden zusammengerechnet.

(3) Die Hinzuverdienstgrenze beträgt
1. bei einer Rente wegen Alters als Vollrente ein Siebtel der monatlichen Bezugsgröße, ...

§ 35. **Regelaltersrente.** Versicherte haben Anspruch auf Altersrente, wenn sie
1. das 65. Lebensjahr vollendet und
2. die allgemeine Wartezeit erfüllt haben.

§ 36. **Altersrente für langjährig Versicherte.** Versicherte haben Anspruch auf Altersrente, wenn sie
1. das 63. Lebensjahr vollendet und
2. die Wartezeit von 35 Jahren erfüllt haben.

§ 37. **Altersrente für Schwerbehinderte, Berufsunfähige oder Erwerbsunfähige.** Versicherte haben Anspruch auf Altersrente, wenn sie
1. das 60. Lebensjahr vollendet haben,
2. bei Beginn der Altersrente als Schwerbehinderte (§ 1 Schwerbehindertengesetz) anerkannt, berufsunfähig oder erwerbsunfähig sind und
3. die Wartezeit von 35 Jahren erfüllt haben.

§ 38. **Altersrente wegen Arbeitslosigkeit.** Versicherte haben Anspruch auf Altersrente, wenn sie
1. das 60. Lebensjahr vollendet haben,
2. arbeitslos sind und innerhalb der letzten eineinhalb Jahren vor Beginn der Rente insgesamt 52 Wochen arbeitslos waren oder Anpassungsgeld für entlassene Arbeitnehmer des Bergbaus bezogen haben,
3. in den letzten zehn Jahren vor Beginn der Rente acht Jahre Pflichtbeitragszeiten haben, wobei sich der Zeitraum von zehn Jahren um Anrechnungszeiten und Zeiten des Bezugs einer Rente wegen verminderter Erwerbsfähigkeit, die nicht auch Pflichtbeitragszeiten sind, verlängert, und

4. die Wartezeit von 15 Jahren erfüllt haben.

§ 39. **Altersrente für Frauen.** Versicherte Frauen haben Anspruch auf Altersrente, wenn sie
1. das 60. Lebensjahr vollendet,
2. nach Vollendung des 40. Lebensjahres mehr als zehn Jahre Pflichtbeitragszeiten und
3. die Wartezeit von 15 Jahren erfüllt haben.

§ 43. **Rente wegen Berufsunfähigkeit.**
(1) Versicherte haben bis zur Vollendung des 65. Lebensjahres Anspruch auf Rente wegen Berufsunfähigkeit, wenn sie
1. berufsunfähig sind,
2. in den letzten fünf Jahren vor Eintritt der Berufsunfähigkeit drei Jahre Pflichtbeitragszeiten haben und
3. vor Eintritt der Berufsunfähigkeit die allgemeine Wartezeit erfüllt haben.

(2) Berufsunfähig sind Versicherte, deren Erwerbsfähigkeit wegen Krankheit oder Behinderung auf weniger als die Hälfte derjenigen von körperlich, geistig und seelisch gesunden Versicherten mit ähnlicher Ausbildung und gleichwertigen Kenntnissen und Fähigkeiten gesunken ist.

§ 44. **Rente wegen Erwerbsunfähigkeit.** (1) Versicherte haben bis zur Vollendung des 65. Lebensjahres Anspruch auf Rente wegen Erwerbsunfähigkeit, wenn sie
1. erwerbsunfähig sind,
2. in den letzten fünf Jahren vor Eintritt der Erwerbsunfähigkeit drei Jahre Pflichtbeitragszeiten haben und
3. vor Eintritt der Erwerbsunfähigkeit die allgemeine Wartezeit erfüllt haben.

(2) Erwerbsunfähig sind Versicherte, die wegen Krankheit oder Behinderung auf nicht absehbare Zeit außerstande sind, eine Erwerbstätigkeit in gewisser Regelmäßigkeit auszuüben oder Arbeitsentgelt oder Arbeitseinkommen zu erzielen, das ein Siebtel der monatlichen Bezugsgröße übersteigt. Erwerbsunfähig ist nicht, wer eine selbständige Tätigkeit ausübt.

(3) Versicherte, die bereits vor Erfüllung der allgemeinen Wartezeit erwerbsunfähig waren und seitdem ununterbrochen erwerbsunfähig sind, haben Anspruch auf Rente wegen Erwerbsunfähig-

keit, wenn sie die Wartezeit von 20 Jahren erfüllt haben.

§ 63. Grundsätze. (1) Die Höhe einer Rente richtet sich vor allem nach der Höhe der während des Versicherungslebens durch Beiträge versicherten Arbeitsentgelte und Arbeitseinkommen.

§ 65. Anpassung der Renten. Zum 1. Juli eines jeden Jahres werden die Renten angepaßt, indem der bisherige aktuelle Rentenwert durch den neuen aktuellen Rentenwert ersetzt wird.

§ 127. Versicherungsträger. Träger der Rentenversicherung der Arbeiter sind
1. die Landesversicherungsanstalten,
2. die Bundesbahn-Versicherungsanstalt und
3. die Seekasse.

§ 132. Versicherungsträger. Träger der Rentenversicherung der Angestellten ist die Bundesversicherungsanstalt für Angestellte mit Sitz in Berlin.

§ 133. Beschäftigte. (1) Für Beschäftigte ist die Bundesversicherungsanstalt für Angestellte zuständig, wenn die Versicherten als Angestellte oder zur Ausbildung für den Beruf eines Angestellten beschäftigt werden und nicht die Bundesknappschaft zuständig ist.

(2) Angestellte sind insbesondere
1. Angestellte in leitender Stellung,
2. technische Angestellte in Betrieb, Büro und Verwaltung, Werkmeister und andere Angestellte in einer ähnlich gehobenen oder höheren Stellung,
3. Büroangestellte, soweit sie nicht ausschließlich mit Botengängen, Reinigen, Aufräumen oder ähnlichen Arbeiten beschäftigt werden, einschließlich Werkstattschreibern,
4. Handlungsgehilfen und andere Angestellte für kaufmännische Dienste, auch wenn der Gegenstand des Unternehmens kein Handelsgewerbe ist, Gehilfen und Praktikanten in Apotheken, ...

§ 153. Umlageverfahren. (1) In der Rentenversicherung werden die Ausgaben eines Kalenderjahres durch die Einnahmen des gleichen Kalenderjahres und, soweit erforderlich, durch Entnahmen aus der Schwankungsreserve gedeckt.

(2) Einnahmen der Rentenversicherung der Arbeiter und der Angestellten sind insbesondere die Beiträge und der Bundeszuschuß, Einnahmen der knappschaftlichen Rentenversicherung sind insbesondere die Beiträge und die Mittel des Bundes zum Ausgleich von Einnahmen und Ausgaben.

§ 159. Beitragsbemessungsgrenzen. Die Beitragsbemessungsgrenzen in der Rentenversicherung der Arbeiter und der Angestellten sowie in der knappschaftlichen Rentenversicherung ändern sich zum 1. Januar eines jeden Jahres in dem Verhältnis, in dem die Bruttolohn- und -gehaltssumme je durchschnittlich beschäftigten Arbeitnehmer im vergangenen zur entsprechenden Bruttolohn- und -gehaltssumme im vorvergangenen Kalenderjahr steht. Die veränderten Beträge werden nur für das Kalenderjahr, für das die Beitragsbemessungsgrenze bestimmt wird, auf das nächsthöhere Vielfache von 1 200 aufgerundet.

§ 214. Liquiditätssicherung. (1) Reichen in der Rentenversicherung der Arbeiter und der Angestellten die liquiden Mittel der Schwankungsreserve nicht aus, die Zahlungsverpflichtungen zu erfüllen, leistet der Bund den Trägern der Rentenversicherung der Arbeiter und der Angestellten eine Liquiditätshilfe in Höhe der fehlenden Mittel (Bundesgarantie).

(2) Die vom Bund als Liquiditätshilfe zur Verfügung gestellten Mittel sind zurückzuzahlen, sobald und soweit sie im laufenden Kalenderjahr zur Erfüllung der Zahlungsverpflichtungen nicht mehr benötigt werden, spätestens bis zum 31. Dezember des auf die Vergabe folgenden Jahres; Zinsen sind nicht zu zahlen.

Tarifvertragsgesetz (TVG)

in der Fassung vom 25. August 1969

§ 1 Inhalt und Form des Tarifvertrages.
(1) Der Tarifvertrag regelt die Rechte und Pflichten der Tarifvertragsparteien und enthält Rechtsnormen, die den Inhalt, den Abschluß und die Beendigung von Arbeitsverhältnissen sowie betriebliche und betriebsverfassungsrechtliche Fragen ordnen können.

(2) Tarifverträge bedürfen der Schriftform.

§ 2 Tarifvertragsparteien.
(1) Tarifvertragsparteien sind Gewerkschaften, einzelne Arbeitgeber sowie Vereinigungen von Arbeitgebern.

(2) Zusammenschlüsse von Gewerkschaften und von Vereinigungen von Arbeitgebern (Spitzenorganisationen) können im Namen der ihnen angeschlossenen Verbände Tarifverträge abschließen, wenn sie eine entsprechende Vollmacht haben.

(3) Spitzenorganisationen können selbst Parteien eines Tarifvertrages sein, wenn der Abschluß von Tarifverträgen zu ihren satzungsgemäßen Aufgaben gehört.

(4) In den Fällen der Absätze 2 und 3 haften sowohl die Spitzenorganisationen wie die ihnen angeschlossenen Verbände für die Erfüllung der gegenseitigen Verpflichtungen der Tarifvertragsparteien.

§ 3 Tarifgebundenheit.
(1) Tarifgebunden sind die Mitglieder der Tarifvertragsparteien und der Arbeitgeber, der selbst Partei des Tarifvertrages ist.

(2) Rechtsnormen des Tarifvertrages über betriebliche und betriebsverfassungsrechtliche Fragen gelten für alle Betriebe, deren Arbeitgeber tarifgebunden ist.

(3) Die Tarifgebundenheit bleibt bestehen, bis der Tarifvertrag endet.

§ 4 Wirkung der Rechtsnormen.
(1) Die Rechtsnormen des Tarifvertrages, die den Inhalt, den Abschluß oder die Beendigung von Arbeitsverhältnissen ordnen, gelten unmittelbar und zwingend zwischen den beiderseits Tarifgebundenen, die unter den Geltungsbereich des Tarifvertrages fallen. Diese Vorschrift gilt entsprechend für Rechtsnormen des Tarifvertrages über betriebliche und betriebsverfassungsrechtliche Fragen.

(2) Sind im Tarifvertrag gemeinsame Einrichtungen der Tarifvertragsparteien vorgesehen und geregelt (Lohnausgleichskassen, Urlaubskassen usw.), so gelten diese Regelungen auch unmittelbar und zwingend für die Satzung dieser Einrichtung und das Verhältnis der Einrichtung zu den tarifgebundenen Arbeitgebern und Arbeitnehmern.

(3) Abweichende Abmachungen sind nur zulässig, soweit sie durch den Tarifvertrag gestattet sind oder eine Änderung der Regelungen zugunsten des Arbeitnehmers enthalten.

(4) Ein Verzicht auf entstandene tarifliche Rechte ist nur in einem von den Tarifvertragsparteien gebilligten Vergleich zulässig. Die Verwirkung von tariflichen Rechten ist ausgeschlossen. Ausschlußfristen für die Geltendmachung tariflicher Rechte können nur im Tarifvertrag vereinbart werden.

(5) Nach Ablauf des Tarifvertrages gelten seine Rechtsnormen weiter, bis sie durch eine andere Abmachung ersetzt werden.

§ 5 Allgemeinverbindlichkeit.
(1) Der Bundesminister für Arbeit und Sozialordnung kann einen Tarifvertrag im Einvernehmen mit einem aus je drei Vertretern der Spitzenorganisationen der Arbeitgeber und der Arbeitnehmer bestehenden Ausschuß auf Antrag einer Tarifvertragspartei für allgemeinverbindlich erklären, wenn

1. die tarifgebundenen Arbeitgeber nicht weniger als 50 vom Hundert der unter den Geltungsbereich des Tarifvertrages fallenden Arbeitnehmer beschäftigen und
2. die Allgemeinverbindlicherklärung im öffentlichen Interesse geboten erscheint.

(2) Vor der Entscheidung über den Antrag ist Arbeitgebern und Arbeitnehmern, die von der Allgemeinverbindlicherklä-

rung betroffen werden würden, den am Ausgang des Verfahrens interessierten Gewerkschaften und Vereinigungen der Arbeitgeber sowie den obersten Arbeitsbehörden der Länder, auf deren Bereich sich der Tarifvertrag erstreckt, Gelegenheit zur schriftlichen Stellungnahme sowie zur Äußerung in einer mündlichen und öffentlichen Verhandlung zu geben.

(3) Erhebt die oberste Arbeitsbehörde eines beteiligten Landes Einspruch gegen die beantragte Allgemeinverbindlicherklärung, so kann der Bundesminister für Arbeit und Sozialordnung dem Antrag nur mit Zustimmung der Bundesregierung stattgeben.

(4) Mit der Allgemeinverbindlicherklärung erfassen die Rechtsnormen des Tarifvertrages in seinem Geltungsbereich auch die bisher nicht tarifgebundenen Arbeitgeber und Arbeitnehmer.

(5) Der Bundesminister für Arbeit und Sozialordnung kann die Allgemeinverbindlicherklärung eines Tarifvertrages im Einvernehmen mit dem in Absatz 1 genannten Ausschuß aufheben, wenn die Aufhebung im öffentlichen Interesse geboten erscheint. Die Absätze 2 und 3 gelten entsprechend. Im übrigen endet die Allgemeinverbindlichkeit eines Tarifvertrages mit dessen Ablauf.

(6) Der Bundesminister für Arbeit und Sozialordnung kann der obersten Arbeitsbehörde eines Landes für einzelne Fälle das Recht zur Allgemeinverbindlicherklärung sowie zur Aufhebung der Allgemeinverbindlichkeit übertragen.

(7) Die Allgemeinverbindlicherklärung und die Aufhebung der Allgemeinverbindlichkeit bedürfen der öffentlichen Bekanntmachung.

§ 6 Tarifregister. Bei dem Bundesminister für Arbeit und Sozialordnung wird ein Tarifregister geführt, in das der Abschluß, die Änderung und die Aufhebung der Tarifverträge sowie der Beginn und die Beendigung der Allgemeinverbindlichkeit eingetragen werden.

§ 8 Bekanntgabe des Tarifvertrages. Die Arbeitgeber sind verpflichtet, die für ihren Betrieb maßgebenden Tarifverträge an geeigneter Stelle im Betrieb auszulegen.

§ 12 Spitzenorganisationen. Spitzenorganisationen im Sinne dieses Gesetzes sind – unbeschadet der Regelung in § 2 – diejenigen Zusammenschlüsse von Gewerkschaften oder von Arbeitgebervereinigungen, die für die Vertretung der Arbeitnehmer- oder der Arbeitgeberinteressen im Arbeitsleben des Bundesgebietes wesentliche Bedeutung haben. Ihnen stehen gleich Gewerkschaften und Arbeitgebervereinigungen, die keinem solchen Zusammenschluß angehören, wenn sie die Voraussetzungen des letzten Halbsatzes in Satz 1 erfüllen.

Gesetz über die Vermeidung und Entsorgung von Abfällen
(Abfallgesetz - AbfG)

vom 27. August 1986

§ 1 Begriffsbestimmungen und sachlicher Geltungsbereich. (1) Abfälle im Sinne dieses Gesetzes sind bewegliche Sachen, deren sich der Besitzer entledigen will oder deren geordnete Entsorgung zur Wahrung des Wohls der Allgemeinheit, insbesondere des Schutzes der Umwelt, geboten ist. Bewegliche Sachen, die der Besitzer der entsorgungspflichtigen Körperschaft oder dem von dieser beauftragten Dritten überläßt, sind auch im Falle der Verwertung Abfälle, bis sie oder die aus ihnen gewonnenen Stoffe oder erzeugte Energie dem Wirtschaftskreislauf zugeführt werden.

(2) Die Abfallentsorgung umfaßt das Gewinnen von Stoffen oder Energie aus Abfällen (Abfallverwertung) und das Ablagern von Abfällen sowie die hierzu erforderlichen Maßnahmen des Einsammelns, Beförderns, Behandelns und Lagerns.

§ 2 Grundsatz. (1) Abfälle, die im Geltungsbereich dieses Gesetzes anfallen, sind dort zu entsorgen, soweit § 13 nichts anderes zuläßt. Sie sind so zu entsorgen, daß das Wohl der Allgemeinheit nicht beeinträchtigt wird, insbesondere nicht dadurch, daß
1. die Gesundheit der Menschen gefährdet und ihr Wohlbefinden beeinträchtigt,
2. Nutztiere, Vögel, Wild und Fische gefährdet,
3. Gewässer, Boden und Nutzpflanzen schädlich beeinflußt,
4. schädliche Umwelteinwirkungen durch Luftverunreinigungen oder Lärm herbeigeführt,
5. die Belange des Naturschutzes und der Landschaftspflege sowie des Städtebaus nicht gewahrt oder
6. sonst die öffentliche Sicherheit und Ordnung gefährdet oder gestört werden.

Die Ziele und Erfordernisse der Raumordnung und Landesplanung sind zu beachten.

(2) An die Entsorgung von Abfällen aus gewerblichen oder sonstigen wirtschaftlichen Unternehmen oder öffentlichen Einrichtungen, die nach Art, Beschaffenheit oder Menge in besonderem Maße gesundheits-, luft- oder wassergefährdend, explosibel oder brennbar sind oder Erreger übertragbarer Krankheiten enthalten oder hervorbringen können, sind nach Maßgabe dieses Gesetzes zusätzliche Anforderungen zu stellen. Abfälle im Sinne von Satz 1 werden von der Bundesregierung durch Rechtsverordnung mit Zustimmung des Bundesrates bestimmt.

§ 3 Verpflichtung zur Entsorgung.
(1) Der Besitzer hat Abfälle dem Entsorgungspflichtigen zu überlassen.

(2) Die nach Landesrecht zuständigen Körperschaften des öffentlichen Rechts haben die in ihrem Gebiet angefallenen Abfälle zu entsorgen. Sie können sich zur Erfüllung dieser Pflicht Dritter bedienen. Die Abfallverwertung hat Vorrang vor der sonstigen Entsorgung, wenn sie technisch möglich ist, die hierbei entstehenden Mehrkosten im Vergleich zu anderen Verfahren der Entsorgung nicht unzumutbar sind und für die gewonnenen Stoffe oder Energie ein Markt vorhanden ist oder insbesondere durch Beauftragung Dritter geschaffen werden kann. Abfälle sind so einzusammeln, zu befördern, zu behandeln und zu lagern, daß die Möglichkeiten zur Abfallverwertung genutzt werden können.

(3) Die in Absatz 2 genannten Körperschaften können mit Zustimmung der zuständigen Behörde Abfälle von der Entsorgung nur ausschließen, soweit sie diese nach ihrer Art oder Menge nicht mit den in Haushaltungen anfallenden Abfällen entsorgen können.

(4) Im Falle des Absatzes 3 ist der Besitzer zur Entsorgung der Abfälle ver-

pflichtet. Absatz 2 Satz 2 bis 4 gilt entsprechend.

§ 4 Ordnung der Entsorgung. (1) Abfälle dürfen nur in den dafür zugelassenen Anlagen oder Einrichtungen (Abfallentsorgungsanlagen) behandelt, gelagert und abgelagert werden.

§ 5b Informations- und Rücknahmepflicht. Wer gewerbsmäßige Verbrennungsmotoren- oder Getriebeöle an Endverbraucher abgibt, ist ab 1. Juli 1987 verpflichtet, auf den von ihm abgegebenen Gebinden, am Ort des Verkaufs oder in sonstiger geeigneter Weise auf die Pflicht zur geordneten Entsorgung gebrauchter Verbrennungsmotoren- oder Getriebeöle hinzuweisen sowie am Verkaufsort oder in dessen Nähe eine Annahmestelle für solche gebrauchten Öle einzurichten oder nachzuweisen. Die Annahmestelle muß gebrauchte Verbrennungsmotoren- oder Getriebeöle bis zur Menge der im Einzelfall abgegebenen Verbrennungsmotoren- und Getriebeöle kostenlos annehmen. Sie muß über eine Einrichtung verfügen, die es ermöglicht, den Ölwechsel fachgerecht durchzuführen.

§ 6 Abfallentsorgungspläne. (1) Die Länder stellen für ihren Bereich Pläne zur Abfallentsorgung nach überörtlichen Gesichtspunkten auf. In diesen Abfallentsorgungsplänen sind geeignete Standorte für die Abfallentsorgungsanlagen festzulegen.

§ 13 Grenzüberschreitender Verkehr.
(1) Wer Abfälle in den, aus dem oder durch den Geltungsbereich dieses Gesetzes verbringen will, bedarf der Genehmigung der zuständigen Behörde. Sie darf nur erteilt werden, wenn
1. von der Beförderung, Behandlung, Lagerung oder Ablagerung der Abfälle keine Beeinträchtigung des Wohls der Allgemeinheit zu besorgen ist,
2. keine Tatsachen bekannt sind, aus denen sich Bedenken gegen die Zuverlässigkeit des Antragstellers oder der für die Beförderung der Abfälle verantwortlichen Personen ergeben.

Gesetz über die friedliche Verwendung der Kernenergie und den Schutz gegen ihre Gefahren (Atomgesetz)

vom 31. Oktober 1976

§ 1 Zweckbestimmung des Gesetzes.
Zweck dieses Gesetzes ist,
1. die Erforschung, die Entwicklung und die Nutzung der Kernenergie zu friedlichen Zwecken zu fördern,
2. Leben, Gesundheit und Sachgüter vor den Gefahren der Kernenergie und der schädlichen Wirkung ionisierender Strahlen zu schützen und durch Kernenergie oder ionisierende Strahlen verursachte Schäden auszugleichen,
3. zu verhindern, daß durch Anwendung oder Freiwerden der Kernenergie die innere oder äußere Sicherheit der Bun-

desrepublik Deutschland gefährdet wird,
4. die Erfüllung internationaler Verpflichtungen der Bundesrepublik Deutschland auf dem Gebiet der Kernenergie und des Strahlenschutzes zu gewährleisten.

§ 5 Verwahrung, Besitz und Ablieferung von Kernbrennstoffen.
(1) Kernbrennstoffe sind staatlich zu verwahren. Hierbei ist die nach dem Stand von Wissenschaft und Technik erforderliche Vorsorge gegen Schäden durch die Aufbewahrung von Kernbrennstoffen zu treffen und der erforderliche Schutz gegen Störmaßnahmen oder sonstige Einwirkungen Dritter zu gewährleisten.

(2) Außerhalb der staatlichen Verwahrung darf niemand Kernbrennstoffe in unmittelbarem Besitz haben, ...

§ 7 Genehmigung von Anlagen.
(1) [1]Wer eine ortsfeste Anlage zur Erzeugung oder zur Bearbeitung oder Verarbeitung oder zur Spaltung von Kernbrennstoffen oder zur Aufarbeitung bestrahlter Kernbrennstoffe errichtet, betreibt oder sonst innehat oder die Anlage oder ihren Betrieb wesentlich verändert, bedarf der Genehmigung.

(2) Die Genehmigung darf nur erteilt werden, wenn
1. keine Tatsachen vorliegen, aus denen sich Bedenken gegen die Zuverlässigkeit des Antragstellers und der für die Errichtung, Leitung und Beaufsichtigung des Betriebs der Anlage verantwortlichen Personen ergeben, und die für die Errichtung, Leitung und Beaufsichtigung des Betriebs der Anlage verantwortlichen Personen die hierfür erforderliche Fachkunde besitzen,
2. gewährleistet ist, daß die bei dem Betrieb der Anlage sonst tätigen Personen die notwendigen Kenntnisse über einen sicheren Betrieb der Anlage, die möglichen Gefahren und die anzuwendenden Schutzmaßnahmen besitzen,
3. die nach dem Stand von Wissenschaft und Technik erforderliche Vorsorge gegen Schäden durch die Errichtung und den Betrieb der Anlage getroffen ist,
4. die erforderliche Vorsorge für die Erfüllung gesetzlicher Schadensersatzverpflichtungen getroffen ist,
5. der erforderliche Schutz gegen Störmaßnahmen oder sonstige Einwirkungen Dritter gewährleistet ist,
6. überwiegende öffentliche Interessen, insbesondere im Hinblick auf die Umweltauswirkungen, der Wahl des Standorts der Anlage nicht entgegenstehen.

(3) Die Stillegung einer Anlage nach Absatz 1 sowie der sichere Einschluß der endgültig stillgelegten Anlage oder der Abbau der Anlage oder von Anlagenteilen bedürfen der Genehmigung. Absatz 2 gilt sinngemäß.

§ 9a Verwertung radioaktiver Reststoffe und Beseitigung radioaktiver Abfälle.
(1) Wer Anlagen, in denen mit Kernbrennstoffen umgegangen wird, errichtet, betreibt, sonst innehat, wesentlich verändert, stillegt oder beseitigt, außerhalb solcher Anlagen mit radioaktiven Stoffen umgeht oder Anlagen zur Erzeugung ionisierender Strahlen betreibt, hat dafür zu sorgen, daß anfallende radioaktive Reststoffe sowie ausgebaute oder abgebaute radioaktive Anlagenteile
1. den in § 1 Nr. 2 bis 4 bezeichneten Zwecken entsprechend schadlos verwertet werden oder,
2. soweit dies nach dem Stand von Wissenschaft und Technik nicht möglich, wirtschaftlich nicht vertretbar oder mit den in § 1 Nr. 2 bis 4 bezeichneten Zwecken unvereinbar ist, als radioaktive Abfälle geordnet beseitigt werden.

(2) Wer radioaktive Abfälle besitzt, hat diese an eine Anlage nach Absatz 3 abzuliefern. ...

(3) Die Länder haben Landessammelstellen für die Zwischenlagerung der in ihrem Gebiet angefallenen radioaktiven Abfälle, der Bund hat Anlagen zur Sicherstellung und zur Endlagerung radioaktiver Abfälle einzurichten. Sie können sich zur Erfüllung ihrer Pflichten Dritter bedienen.

§ 9b Planfeststellungsverfahren.
(1) Die Errichtung und der Betrieb der in § 9a Abs. 3 genannten Anlagen des Bundes sowie die wesentliche Änderung solcher Anlagen oder ihres Betriebes bedürfen der Planfeststellung.

(2) Bei der Planfeststellung ist die Umweltverträglichkeit der Anlage zu prüfen.

§ 13 Vorsorge für die Erfüllung gesetzlicher Schadensersatzverpflichtungen. (1) Die Verwaltungsbehörde hat im Genehmigungsverfahren Art, Umfang und Höhe der Vorsorge für die Erfüllung gesetzlicher Schadensersatzverpflichtungen (Deckungsvorsorge) festzusetzen, die der Antragsteller zu treffen hat. Die Festsetzung ist im Abstand von jeweils zwei Jahren sowie bei erheblicher Änderung der Verhältnisse erneut vorzunehmen; ...

§ 17 Inhaltliche Beschränkungen, Auflagen, Widerruf, Bezeichnung als Inhaber einer Kernanlage. (1) Genehmigungen und allgemeine Zulassungen nach diesem Gesetz oder nach einer auf Grund dieses Gesetzes erlassenen Rechtsverordnung sind schriftlich zu erteilen.

§ 18 Entschädigung. (1) Im Falle der Rücknahme oder des Widerrufs einer nach diesem Gesetz oder nach einer auf Grund dieses Gesetzes erlassenen Rechtsverordnung erteilten Genehmigung oder allgemeinen Zulassung muß dem Berechtigten eine angemessene Entschädigung in Geld geleistet werden.

Gesetz über Abgaben für das Einleiten von Abwasser in Gewässer (Abwasserabgabengesetz - AbwAG)

in der Fassung der Bekanntmachung vom 1. Januar 1991

§ 1 Grundsatz. Für das Einleiten von Abwasser in ein Gewässer im Sinne des § 1 Abs. 1 des Wasserhaushaltsgesetzes ist eine Abgabe zu entrichten (Abwasserabgabe). Sie wird durch die Länder erhoben.

§ 2 Begriffsbestimmungen. (1) Abwasser im Sinne dieses Gesetzes sind das durch häuslichen, gewerblichen, landwirtschaftlichen oder sonstigen Gebrauch in seinen Eigenschaften veränderte und das bei Trockenwetter damit zusammen abfließende Wasser (Schmutzwasser) sowie das von Niederschlägen aus dem Bereich von bebauten oder befestigten Flächen abfließende und gesammelte Wasser (Niederschlagswasser). Als Schmutzwasser gelten auch die aus Anlagen zum Behandeln, Lagern und Ablagern von Abfällen austretenden und gesammelten Flüssigkeiten.

(2) Einleiten im Sinne dieses Gesetzes ist das unmittelbare Verbringen des Abwassers in eine Gewässer; das Verbringen in den Untergrund gilt als Einleiten in ein Gewässer, ausgenommen hiervon ist das Verbringen im Rahmen landbaulicher Bodenbehandlung.

(3) Abwasserbehandlungsanlage im Sinne dieses Gesetzes ist eine Einrichtung, die dazu dient, die Schädlichkeit des Abwassers zu vermindern oder zu beseitigen; ihr steht eine Einrichtung gleich, die dazu dient, die Entstehung von Abwasser ganz oder teilweise zu verhindern.

§ 3 Bewertungsgrundlage. (1) Die Abwasserabgabe richtet sich nach der Schädlichkeit des Abwassers, die unter Zugrundelegung der oxidierbaren Stoffe, des Phosphors, des Stickstoffs, der organischen Halogenverbindungen, der Metalle Quecksilber, Cadmium, Chrom, Nickel, Blei, Kupfer und ihrer Verbindungen sowie der Giftigkeit des Abwassers gegenüber Fischen ... in Schadeinheiten bestimmt wird.

§ 9 Abgabepflicht, Abgabesatz. (1) Abgabepflichtig ist, wer Abwasser einleitet (Einleiter).

(4) Die Abgabepflicht entsteht bis zum 31. Dezember 1980 nicht. Der Abgabesatz beträgt für jede Schadeinheit

ab 1. Januar 1981	12 DM
ab 1. Januar 1982	18 DM
ab 1. Januar 1983	24 DM
ab 1. Januar 1984	30 DM
ab 1. Januar 1985	36 DM
ab 1. Januar 1986	40 DM
ab 1. Januar 1991	50 DM
ab 1. Januar 1993	60 DM
ab 1. Januar 1995	70 DM
ab 1. Januar 1997	80 DM
ab 1. Januar 1999	90 DM

im Jahr.

Gesetz zur Verminderung von Luftverunreinigungen durch Bleiverbindungen in Ottokraftstoffen für Kraftfahrzeugmotore (Benzinbleigesetz)

vom 5. August 1971

§ 1 Zweck und Anwendungsbereich des Gesetzes.

(1) Zweck dieses Gesetzes ist es, zum Schutz der Gesundheit den Gehalt an Bleiverbindungen und anderen an Stelle von Blei zugesetzten Metallverbindungen in Ottokraftstoffen zu beschränken. Soweit es mit dem Schutz der Gesundheit vereinbar ist, sollen dabei Versorgungsstörungen, Wettbewerbsverzerrungen oder Nachteile hinsichtlich der Verwendbarkeit der Ottokraftstoffe vermieden werden.

(2) Dieses Gesetz ist anzuwenden auf Ottokraftstoffe, die für Kraftfahrzeugmotore bestimmt sind.

§ 2 Begrenzung und Verbot von Zusätzen mit Metallverbindungen.

(1) Ottokraftstoffe, deren Gehalt an Bleiverbindungen, berechnet als Blei, mehr als 0,15 Gramm im Liter (gemessen bei +15°C) beträgt, dürfen gewerbsmäßig oder im Rahmen wirtschaftlicher Unternehmungen nicht hergestellt, eingeführt oder sonst in den Geltungsbereich dieses Gesetzes verbracht werden. Ottokraftstoffe, deren Motoroktanzahl den Wert 85 und deren Researchoktanzahl den Wert 95 unterschreitet, dürfen ab 1. Februar 1988 nur in den Verkehr gebracht werden, wenn ihr Gehalt an Bleiverbindungen, berechnet als Blei, nicht mehr als 0,013 Gramm im Liter (gemessen bei +15°C) beträgt. Die Oktanzahlen nach Satz 2 sind nach dem hierfür ... vorgeschriebenen Prüfverfahren zu bestimmen. Dem Herstellen im Sinne dieses Gesetzes steht das Zusetzen von Bleiverbindungen gleich.

(2) Ottokraftstoffe, die nicht zugelassene Zusätze mit anderen Metallverbindungen enthalten, dürfen gewerbsmäßig oder im Rahmen wirtschaftlicher Unternehmungen nicht hergestellt, eingeführt oder sonst in den Geltungsbereich dieses Gesetzes verbracht werden. Absatz 1 Satz 4 gilt für diese Zusätze entsprechend. Das Bundesamt für Wirtschaft kann auf Antrag im Einvernehmen mit dem Umweltbundesamt und dem Bundesgesundheitsamt Zusätze nach Satz 1 bis zu einem bestimmten zulässigen Höchstgehalt im Ottokraftstoff zulassen, soweit dies mit dem Schutz der Allgemeinheit, insbesondere dem Schutz vor schädlichen Umwelteinwirkungen vereinbar ist.

§ 2a Verbraucherschutz.

(1) Wer im geschäftlichen Verkehr Ottokraftstoffe an den Verbraucher veräußert, hat die vom Hersteller mindestens gewährleistete Qualität der angebotenen Ottokraftstoffe hinsichtlich der Auswirkungen auf das motorische Verhalten ... durch Auszeichnung an den Zapfsäulen oder sonst an der Tankstelle deutlich sichtbar kenntlich zu machen. Der Lieferer hat den Auszeichnungspflichtigen über die Qualität des angelieferten Ottokraftstoffes zu unterrichten.

Gesetz zum Schutz vor schädlichen Umwelteinwirkungen durch Luftverunreinigungen, Geräusche, Erschütterungen und ähnliche Vorgänge (Bundes-Immissionsschutzgesetz)

vom 15. März 1974

§ 1 Zweck des Gesetzes. Zweck dieses Gesetzes ist es, Menschen, Tiere und Pflanzen, den Boden, das Wasser, die Atmosphäre sowie Kultur- und sonstige Sachgüter vor schädlichen Umwelteinwirkungen und, soweit es sich um genehmigungsbedürftige Anlagen handelt, auch vor Gefahren, erheblichen Nachteilen und erheblichen Belästigungen, die auf andere Weise herbeigeführt werden, zu schützen und dem Entstehen schädlicher Umwelteinwirkungen vorzubeugen.

§ 3 Begriffsbestimmungen. (1) Schädliche Umwelteinwirkungen im Sinne dieses Gesetzes sind Immissionen, die nach Art, Ausmaß oder Dauer geeignet sind, Gefahren, erhebliche Nachteile oder erhebliche Belästigungen für die Allgemeinheit oder die Nachbarschaft herbeizuführen.

(2) Immissionen im Sinne dieses Gesetzes sind auf Menschen, Tiere und Pflanzen, den Boden, das Wasser, die Atmosphäre sowie Kultur- und sonstige Sachgüter einwirkende Luftverunreinigungen, Geräusche, Erschütterungen, Licht, Wärme, Strahlen und ähnliche Umwelteinwirkungen.

(3) Emissionen im Sinne dieses Gesetzes sind die von einer Anlage ausgehenden Luftverunreinigungen, Geräusche, Erschütterungen, Licht, Wärme, Strahlen und ähnliche Erscheinungen.

(4) Luftverunreinigungen im Sinne dieses Gesetzes sind Veränderungen der natürlichen Zusammensetzung der Luft, insbesondere durch Rauch, Ruß, Staub, Gase, Aerosole, Dämpfe oder Geruchsstoffe.

(5) Anlagen im Sinne dieses Gesetzes sind
1. Betriebsstätten und sonstige ortsfeste Einrichtungen,
2. Maschinen, Geräte und sonstige ortsveränderliche technische Einrichtungen sowie Fahrzeuge, soweit sie nicht der Vorschrift des § 38 unterliegen, und
3. Grundstücke, auf denen Stoffe gelagert oder abgelagert oder Arbeiten durchgeführt werden, die Emissionen verursachen können, ausgenommen öffentliche Verkehrswege.

(6) Stand der Technik im Sinne dieses Gesetzes ist der Entwicklungsstand fortschrittlicher Verfahren, Einrichtungen oder Betriebsweisen, der die praktische Eignung einer Maßnahme zur Begrenzung von Emissionen gesichert erscheinen läßt. Bei der Bestimmung des Standes der Technik sind insbesondere vergleichbare Verfahren, Einrichtungen oder Betriebsweisen heranzuziehen, die mit Erfolg im Betrieb erprobt worden sind.

(7) Dem Herstellen im Sinne dieses Gesetzes steht das Verarbeiten, Bearbeiten oder sonstige Behandeln, dem Einführen im Sinne dieses Gesetzes das sonstige Verbringen in den Geltungsbereich dieses Gesetzes gleich.

§ 4 Genehmigung. (1) Die Errichtung und der Betrieb von Anlagen, die auf Grund ihrer Beschaffenheit oder ihres Betriebs in besonderem Maße geeignet sind, schädliche Umwelteinwirkungen hervorzurufen oder in anderer Weise die Allgemeinheit oder die Nachbarschaft zu gefährden, erheblich zu benachteiligen oder erheblich zu belästigen, bedürfen einer Genehmigung.

§ 5 Pflichten der Betreiber genehmigungsbedürftiger Anlagen. (1) Genehmigungsbedürftige Anlagen sind so zu errichten und zu betreiben, daß
1. schädliche Umwelteinwirkungen und sonstige Gefahren, erhebliche Nachteile und erhebliche Belästigungen für die Allgemeinheit und die Nachbarschaft nicht hervorgerufen werden können,
2. Vorsorge gegen schädliche Umwelteinwirkungen getroffen wird, insbesondere durch die dem Stand der Technik entsprechenden Maßnahmen zur Emissionsbegrenzung, und

3. Reststoffe vermieden werden, es sei denn, sie werden ordnungsgemäß und schadlos verwertet oder, soweit Vermeidung und Verwertung technisch nicht möglich oder unzumutbar sind, als Abfälle ohne Beeinträchtigung des Wohls der Allgemeinheit beseitigt, und
4. entstehende Wärme für Anlagen des Betreibers genutzt oder an Dritte, die sich zur Abnahme bereit erklärt haben, abgegeben wird, soweit dies nach Art und Standort der Anlagen technisch möglich und zumutbar sowie mit den Pflichten nach den Nummern 1 bis 3 vereinbar ist.

(3) Der Betreiber hat sicherzustellen, daß auch nach einer Betriebseinstellung
1. von der Anlage oder dem Anlagengrundstück keine schädlichen Umwelteinwirkungen oder sonstige Gefahren, erhebliche Nachteile oder erhebliche Belästigungen für die Allgemeinheit und die Nachbarschaft hervorgerufen werden können und
2. vorhandene Reststoffe ordnungsgemäß und schadlos verwertet oder als Abfälle ohne Beeinträchtigung des Wohls der Allgemeinheit beseitigt werden.

§ 38 Beschaffenheit und Betrieb von Fahrzeugen.

(1) Kraftfahrzeuge und ihre Anhänger, Schienen-, Luft- und Wasserfahrzeuge sowie Schwimmkörper und schwimmende Anlagen müssen so beschaffen sein, daß ihre durch die Teilnahme am Verkehr verursachten Emissionen bei bestimmungsgemäßem Betrieb die zum Schutz vor schädlichen Umwelteinwirkungen einzuhaltenden Grenzwerte nicht überschreiten. Sie müssen so betrieben werden, daß vermeidbare Emissionen verhindert und vermeidbare Emissionen auf ein Mindestmaß beschränkt bleiben.

§ 39 Erfüllung von zwischenstaatlichen Vereinbarungen und Beschlüssen der Europäischen Gemeinschaften.

Zur Erfüllung von Verpflichtungen aus zwischenstaatlichen Vereinbarungen oder von bindenden Beschlüssen der Europäischen Gemeinschaften können zu dem in § 1 genannten Zweck der Bundesminister für Verkehr und der Bundesminister für Umwelt, Naturschutz und Reaktorsicherheit durch Rechtsverordnung mit Zustimmung des Bundesrates bestimmen, daß die in § 38 genannten Fahrzeuge bestimmten Anforderungen an Beschaffenheit, Ausrüstung, Prüfung und Betrieb genügen müssen.

§ 40 Verkehrsbeschränkungen.

(1) Die Landesregierungen werden ermächtigt, durch Rechtsverordnung Gebiete festzulegen, in denen während austauscharmer Wetterlagen der Kraftfahrzeugverkehr beschränkt oder verboten werden muß, um ein Anwachsen schädlicher Umwelteinwirkungen durch Luftverunreinigungen zu vermeiden oder zu vermindern; in der Rechtsverordnung kann auch der zeitliche Umfang der erforderlichen Verkehrsbeschränkungen bestimmt werden. Die Straßenverkehrsbehörden haben in diesen Gebieten den Verkehr der in der Rechtsverordnung genannten Kraftfahrzeuge ganz oder teilweise nach Maßgabe der verkehrsrechtlichen Vorschriften zu verbieten, sobald eine austauscharme Wetterlage im Sinne des Satzes 1 von der zuständigen Behörde bekanntgegeben worden ist.

(2) Die Straßenverkehrsbehörde kann den Kraftfahrzeugverkehr auf bestimmten Straßen oder in bestimmten Gebieten unter Berücksichtigung der Verkehrsbedürfnisse und der städtebaulichen Belange nach Maßgabe der verkehrsrechtlichen Vorschriften beschränken oder verbieten, soweit die für den Immissionsschutz zuständige Behörde dies im Hinblick auf die örtlichen Verhältnisse für geboten hält, um schädliche Umwelteinwirkungen durch Luftverunreinigungen zu vermindern oder deren Entstehen zu vermeiden.

§ 41 Straßen und Schienenwege.

(1) Bei dem Bau oder der wesentlichen Änderung öffentlicher Straßen sowie von Eisenbahnen und Straßenbahnen ist unbeschadet des § 50 sicherzustellen, daß durch diese keine schädlichen Umwelteinwirkungen durch Verkehrsgeräusche hervorgerufen werden können, die nach dem Stand der Technik vermeidbar sind.

§ 50 Planung.

Bei raumbedeutsamen Planungen und Maßnahmen sind die für eine bestimmte Nutzung vorgesehenen Flächen einander so zuzuordnen, daß schädliche Umwelteinwirkungen auf die ausschließlich oder überwiegend dem Wohnen dienenden Gebiete sowie auf sonstige schutzbedürftige Gebiete soweit wie möglich vermieden werden.

§ 51 Anhörung beteiligter Kreise. Soweit Ermächtigungen zum Erlaß von Rechtsverordnungen und allgemeinen Verwaltungsvorschriften die Anhörung der beteiligten Kreise vorschreiben, ist ein jeweils auszuwählender Kreis von Vertretern der Wissenschaft, der Betroffenen, der beteiligten Wirtschaft, des beteiligten Verkehrswesens und der für den Immissionsschutz zuständigen obersten Landesbehörden zu hören.

§ 51a Störfall-Kommission. (1) Beim Bundesminister für Umwelt, Naturschutz und Reaktorsicherheit wird zur Beratung der Bundesregierung eine Störfall-Kommission gebildet.

Gesetz über Naturschutz und Landschaftspflege (Bundesnaturschutzgesetz)

vom 20. Dezember 1976

§ 1 Ziele des Naturschutzes und der Landschaftspflege. (1) Natur und Landschaft sind im besiedelten und unbesiedelten Bereich so zu schützen, zu pflegen und zu entwickeln, daß
1. die Leistungsfähigkeit des Naturhaushalts,
2. die Nutzungsfähigkeit der Naturgüter,
3. die Pflanzen- und Tierwelt sowie
4. die Vielfalt, Eigenart und Schönheit von Natur und Landschaft

als Lebensgrundlagen des Menschen und als Voraussetzung für seine Erholung in Natur und Landschaft nachhaltig gesichert sind.

(2) Die sich aus Absatz 1 ergebenden Anforderungen sind untereinander und gegen die sonstigen Anforderungen der Allgemeinheit an Natur und Landschaft abzuwägen.

(3) Der ordnungsgemäßen Land- und Forstwirtschaft kommt für die Erhaltung der Kultur- und Erholungslandschaft eine zentrale Bedeutung zu; sie dient in der Regel den Zielen dieses Gesetzes.

§ 2 Grundsätze des Naturschutzes und der Landschaftspflege. (1) Die Ziele des Naturschutzes und der Landschaftspflege sind insbesondere nach Maßgabe folgender Grundsätze zu verwirklichen, soweit es im Einzelfall zur Verwirklichung erforderlich, möglich und unter Abwägung aller Anforderungen nach § 1 Abs. 2 angemessen ist:
1. Die Leistungsfähigkeit des Naturhaushalts ist zu erhalten und zu verbessern; Beeinträchtigungen sind zu unterlassen oder auszugleichen.
2. Unbebaute Bereiche sind als Voraussetzung für die Leistungsfähigkeit des Naturhaushalts, die Nutzung der Naturgüter und für die Erholung in Natur und Landschaft insgesamt und auch im einzelnen in für ihre Funktionsfähigkeit genügender Größe zu erhalten. In besiedelten Bereichen sind Teile von Natur und Landschaft, auch begrünte Flächen und deren Bestände, in besonderem Maße zu schützen, zu pflegen und zu entwickeln.
3. Die Naturgüter sind, soweit sie sich nicht erneuern, sparsam zu nutzen; der Verbrauch der sich erneuernden Naturgüter ist so zu steuern, daß sie nachhaltig zur Verfügung stehen.
4. Boden ist zu erhalten; ein Verlust seiner natürlichen Fruchtbarkeit ist zu vermeiden.
5. Beim Abbau von Bodenschätzen ist die Vernichtung wertvoller Landschaftsteile oder Landschaftsbestandteile zu vermeiden; dauernde Schäden des Naturhaushalts sind zu verhüten. Unvermeidbare Beeinträchtigungen von Natur und Landschaft durch die Aufsuchung und Gewinnung von Bodenschätzen und durch Aufschüttung sind durch Rekultivierung oder naturnahe Gestaltung auszugleichen.
6. Wasserflächen sind auch durch Maßnahmen des Naturschutzes und der Landschaftspflege zu erhalten und zu vermehren; Gewässer sind vor Verunreinigungen zu schützen, ihre natürliche Selbstreinigungskraft ist

zu erhalten oder wiederherzustellen; nach Möglichkeit ist ein rein technischer Ausbau von Gewässern zu vermeiden und durch biologische Wasserbaumaßnahmen zu ersetzen.

7. Luftverunreinigungen und Lärmeinwirkungen sind auch durch Maßnahmen des Naturschutzes und der Landschaftspflege gering zu halten.

8. Beeinträchtigungen des Klimas, insbesondere des örtlichen Klimas, sind zu vermeiden, unvermeidbare Beeinträchtigungen sind auch durch landschaftspflegerische Maßnahmen auszugleichen oder zu mindern.

9. Die Vegetation ist im Rahmen einer ordnungsgemäßen Nutzung zu sichern, dies gilt insbesondere für Wald, sonstige geschlossene Pflanzendecken und die Ufervegetation; unbebaute Flächen, deren Pflanzendecke beseitigt worden ist, sind wieder standortgerecht zu begrünen.

10. Die wildlebenden Tiere und Pflanzen und ihre Lebensgemeinschaften sind als Teil des Naturhaushalts in ihrer natürlichen und historisch gewachsenen Artenvielfalt zu schützen. Ihre Lebensstätten und Lebensräume (Biotope) sowie ihre sonstigen Lebensbedingungen sind zu schützen, zu pflegen, zu entwickeln und wiederherzustellen.

11. Für Naherholung, Ferienerholung und sonstige Freizeitgestaltung sind in ausreichendem Maße nach ihrer natürlichen Beschaffenheit und Lage geeignete Flächen zu erschließen, zweckentsprechend zu gestalten und zu erhalten.

12. Der Zugang zu Landschaftsteilen, die sich nach ihrer Beschaffenheit für die Erholung der Bevölkerung besonders eignen, ist zu erleichtern.

13. Historische Kulturlandschaften und -landschaftsteile von besonders charakteristischer Eigenart sind zu erhalten. Dies gilt auch für die Umgebung geschützter oder schützenswerter Kultur-, Bau- und Bodendenkmäler, sofern dies für die Erhaltung der Eigenart oder Schönheit des Denkmals erforderlich ist.

(2) Durch Landesrecht können weitere Grundsätze aufgestellt werden.

§ 5 Landschaftsprogramme und Landschaftsrahmenpläne. (1) Die überörtlichen Erfordernisse und Maßnahmen zur Verwirklichung der Ziele des Naturschutzes und der Landschaftspflege werden unter Beachtung der Grundsätze und Ziele der Raumordnung und Landesplanung für den Bereich eines Landes in Landschaftsprogrammen oder für Teile des Landes in Landschaftsrahmenplänen dargestellt.

§ 12 Allgemeine Vorschriften.
(1) Teile von Natur und Landschaft können zum
1. Naturschutzgebiet, Nationalpark, Landschaftsschutzgebiet, Naturpark oder
2. Naturdenkmal oder geschützten Landschaftsbestandteil erklärt werden.

Gesetz zur Errichtung einer Stiftung „Deutsche Bundesstiftung Umwelt" (Bundesstiftung Umwelt)

vom 18. Juli 1990

§ 1 Errichtung und Rechtsform. Der Bund wird unter dem Namen „Deutsche Bundesstiftung Umwelt" eine rechtsfähige Stiftung des bürgerlichen Rechts errichten.

§ 2 Aufgabe. (1) Aufgabe der Stiftung soll es sein, Vorhaben zum Schutz der Umwelt unter besonderer Berücksichtigung der mittelständischen Wirtschaft zu fördern. Die Stiftung soll in der Regel außerhalb der staatlichen Programme tätig werden; sie kann diese ergänzen.

(2) Zur Erfüllung ihrer Aufgabe soll die Stiftung insbesondere fördern:
- Forschung, Entwicklung und Innovation im Bereich umwelt- und gesundheitsfreundlicher Verfahren und Produkte unter besonderer Berücksichtigung kleinerer und mittlerer Unternehmen;
- Austausch von Wissen über die Umwelt zwischen Wissenschaft, Wirtschaft und anderen öffentlichen oder privaten Stellen; Vorhaben zur Vermittlung von Wissen über die Umwelt;
- innerdeutsche Kooperationsprojekte in der Anwendung von Umwelttechnik vorwiegend durch mittelständische Unternehmen einschließlich Aus- und Weiterbildungsmaßnahmen;
- Bewahrung und Sicherung national wertvoller Kulturgüter im Hinblick auf schädliche Umwelteinflüsse (Modellvorhaben).

(3) Die Stiftung soll jährlich einen Umweltpreis vergeben.

Gesetz zur Erhaltung des Waldes und zur Förderung der Forstwirtschaft (Bundeswaldgesetz)

vom 2. Mai 1975

Vgl. dazu Kartenanhang 6

§ 1 Gesetzeszweck. Zweck dieses Gesetzes ist insbesondere,
1. den Wald wegen seines wirtschaftlichen Nutzens (Nutzfunktion) und wegen seiner Bedeutung für die Umwelt, insbesondere für die dauernde Leistungsfähigkeit des Naturhaushaltes, das Klima, den Wasserhaushalt, die Reinhaltung der Luft, die Bodenfruchtbarkeit, das Landschaftsbild, die Agrar- und Infrastruktur und die Erholung der Bevölkerung (Schutz- und Erholungsfunktion) zu erhalten, erforderlichenfalls zu mehren und seine ordnungsgemäße Bewirtschaftung nachhaltig zu sichern,
2. die Forstwirtschaft zu fördern und
3. einen Ausgleich zwischen dem Interesse der Allgemeinheit und den Belangen der Waldbesitzer herbeizuführen.

§ 2 Wald. (1) Wald im Sinne dieses Gesetzes ist jede mit Forstpflanzen bestockte Grundfläche. ...

§ 6 Aufgaben und Grundsätze der forstlichen Rahmenplanung.
(3) Für die forstliche Rahmenplanung gelten insbesondere folgende Grundsätze:
1. Wald ist nach seiner Fläche und räumlichen Verteilung so zu erhalten oder zu gestalten, daß er die Leistungsfähigkeit des Naturhaushaltes möglichst

günstig beeinflußt, dem Schutz vor natürlichen oder zivilisatorischen Gefahren dient und der Bevölkerung möglichst weitgehend für die Erholung zur Verfügung steht; zugleich sollen die natürlichen Gegebenheiten, die wirtschaftlichen und sozialen Erfordernisse in den an das Bundesgebiet angrenzenden Räumen soweit wie möglich berücksichtigt werden.
2. Der Aufbau des Waldes soll so beschaffen sein, daß seine Funktionen entsprechend den tatsächlichen Erfordernissen auf die Dauer gewährleistet sind.
3. Auf geeigneten Standorten soll eine nachhaltige, möglichst hohe und hochwertige Holzerzeugung unter Erhaltung oder Verbesserung der Bodenfruchtbarkeit angestrebt werden, sofern nicht anderen Erfordernissen der Vorrang einzuräumen ist.
4. In Gebieten, in denen die Schutz- und Erholungsfunktionen des Waldes von besonderem Gewicht sind, soll Wald für Schutz- oder Erholungszwecke in entsprechender räumlicher Ausdehnung und Gliederung unter Beachtung wirtschaftlicher Belange ausgewiesen werden. Hierbei sollen geeignete Anlagen und Einrichtungen insbesondere der erholungsgerechten Freizeitgestaltung sowie sonstige Maßnahmen vorgesehen werden.
5. Landwirtschaftliche Grenzertragsböden, Brachflächen oder Ödland sollen aufgeforstet werden, wenn dies wirtschaftlich und agrarstrukturell zweckmäßig ist und die Leistungsfähigkeit des Naturhaushaltes verbessert wird. In Gebieten mit hohem Waldanteil sollen ausreichende Flächen von der Aufforstung ausgenommen werden.
6. Wenn geringe Grundstücksgrößen oder die Gemengelage von Grundstücken verschiedener Besitzer einer rationellen forstwirtschaftlichen Bodennutzung entgegenstehen, sollen forstwirtschaftliche Zusammenschlüsse gebildet und, soweit erforderlich, die Zusammenlegung von Grundstücken angestrebt werden.

§ 9 Erhaltung des Waldes. (1) Wald darf nur mit Genehmigung der nach Landesrecht zuständigen Behörde gerodet und in eine andere Nutzungsart umgewandelt werden (Umwandlung). Bei der Entscheidung über einen Umwandlungsantrag sind die Rechte, Pflichten und wirtschaftlichen Interessen des Waldbesitzers sowie die Belange der Allgemeinheit gegeneinander und untereinander abzuwägen. Die Genehmigung soll versagt werden, wenn die Erhaltung des Waldes überwiegend im öffentlichen Interesse liegt, insbesondere wenn der Wald für die Leistungsfähigkeit des Naturhaushalts, die forstwirtschaftliche Erzeugung oder die Erholung der Bevölkerung von wesentlicher Bedeutung ist.

§ 10 Erstaufforstung. (1) Die Erstaufforstung von Flächen bedarf der Genehmigung der nach Landesrecht zuständigen Behörde. Die Genehmigung darf nur versagt werden, wenn Erfordernisse der Raumordnung und Landesplanung der Aufforstung entgegenstehen und ihnen nicht durch Auflagen entsprochen werden kann. § 9 Abs. 1 Satz 2 gilt entsprechend.

§ 11 Bewirtschaftung des Waldes. Der Wald soll im Rahmen seiner Zweckbestimmung ordnungsgemäß und nachhaltig bewirtschaftet werden. Durch Landesgesetze ist mindestens die Verpflichtung für alle Waldbesitzer zu regeln, kahlgeschlagene Waldflächen oder verlichtete Waldbestände in angemessener Frist
1. wieder aufzuforsten oder
2. zu ergänzen, soweit die natürliche Wiederbestockung unvollständig bleibt, falls nicht die Umwandlung in eine andere Nutzungsart genehmigt worden oder sonst zulässig ist.

§ 14 Betreten des Waldes. (1) Das Betreten des Waldes zum Zwecke der Erholung ist gestattet. Das Radfahren, das Fahren mit Krankenfahrstühlen und das Reiten im Walde ist nur auf Straßen und Wegen gestattet. Die Benutzung geschieht auf eigene Gefahr.

Gesetz zur Einsparung von Energie in Gebäuden (Energieeinsparungsgesetz)

vom 22. Juli 1976

§ 1 Energiesparender Wärmeschutz bei zu errichtenden Gebäuden.

(1) Wer ein Gebäude errichtet, das seiner Zweckbestimmung nach beheizt oder gekühlt werden muß, hat, um Energie zu sparen, den Wärmeschutz ... so zu entwerfen und auszuführen, daß beim Heizen und Kühlen vermeidbare Energieverluste unterbleiben.

§ 2 Anforderungen an heizungs- und raumlufttechnische Anlagen sowie an Brauchwasseranlagen. (1) Wer heizungs- oder raumlufttechnische oder der Versorgung mit Brauchwasser dienende Anlagen oder Einrichtungen in Gebäude einbaut oder einbauen läßt oder in Gebäuden aufstellt oder aufstellen läßt, hat bei Entwurf, Auswahl und Ausführung dieser Anlagen und Einrichtungen ... dafür Sorge zu tragen, daß nicht mehr Energie verbraucht wird, als zur bestimmungsgemäßen Nutzung erforderlich ist.

§ 3 Anforderungen an den Betrieb heizungs- und raumlufttechnischer Anlagen sowie von Brauchwasseranlagen. (1) Wer heizungs- oder raumlufttechnische oder der Versorgung mit Brauchwasser dienende Anlagen oder Einrichtungen in Gebäuden betreibt oder betreiben läßt, hat dafür Sorge zu tragen, daß sie ... so instandgehalten und betrieben werden, daß nicht mehr Energie verbraucht wird, als zu ihrer bestimmungsgemäßen Nutzung erforderlich ist.

Gesetz zur Sicherung der Energieversorgung bei Gefährdung oder Störung der Einfuhren von Erdöl, Erdölerzeugnissen oder Erdgas (Energiesicherungsgesetz 1975)

vom 20. Dezember 1974

§ 1 Sicherung der Energieversorgung.

(1) Um die Deckung des lebenswichtigen Bedarfs an Energie für den Fall zu sichern, daß die Energieversorgung durch die Gefährdung oder Störung der Einfuhren von Erdöl, Erdölerzeugnissen oder Erdgas unmittelbar gefährdet oder gestört und die Gefährdung oder Störung der Energieversorgung durch marktgerechte Maßnahmen nicht, nicht rechtzeitig oder nur mit unverhältnismäßigen Mitteln zu beheben ist, können durch Rechtsverordnung Vorschriften über

1. die Produktion, den Transport, die Lagerung, die Verteilung, die Abgabe, den Bezug, die Verwendung sowie Höchstpreise von Erdöl und Erdölerzeugnissen, von sonstigen festen, flüssigen und gasförmigen Energieträgern, von elektrischer Energie und sonstigen Energien (Gütern) und
2. Buchführungs-, Nachweis- und Meldepflichten über die in Nummer 1 genannten wirtschaftlichen Vorgänge, über Mengen und Preise sowie über sonstige Marktverhältnisse bei diesen Gütern

erlassen werden. Als lebenswichtig gilt auch der Bedarf zur Erfüllung öffentlicher Aufgaben und internationaler Verpflichtungen.

(2) Absatz 1 ist auch anzuwenden, soweit die Güter für nichtenergetische Zwecke bestimmt sind.

(3) In Rechtsverordnungen nach Absatz 1 kann insbesondere vorgesehen werden, daß die Abgabe, der Bezug oder die Verwendung der Güter zeitlich, örtlich

oder mengenmäßig beschränkt oder nur für bestimmte vordringliche Versorgungszwecke vorgenommen werden darf; die Benutzung von Motorfahrzeugen aller Art kann nach Ort, Zeit, Strecke, Geschwindigkeit und Benutzerkreis sowie Erforderlichkeit der Benutzung eingeschränkt werden.

(4) Die Rechtsverordnungen sind auf das Maß zu beschränken, das zur Behebung der Gefährdung oder Störung der Energieversorgung unbedingt erforderlich ist. Sie sind insbesondere so zu gestalten, daß in die Freiheit des einzelnen und der wirtschaftlichen Betätigung so wenig wie möglich eingegriffen und die Leistungsfähigkeit der Gesamtwirtschaft möglichst wenig beeinträchtigt wird.

§ 3 Erlaß von Rechtsverordnungen.
(1) Rechtsverordnungen nach den §§ 1 und 2 erläßt die Bundesregierung. Sie kann diese Befugnis durch Rechtsverordnung ohne Zustimmung des Bundesrates auf den Bundesminister für Wirtschaft übertragen, wenn die Energieversorgung im Sinne des § 1 Abs. 1 gefährdet oder gestört ist.

Gesetz zum Schutz gegen Fluglärm (Fluglärmschutzgesetz)

vom 30. März 1971

§ 1 Zweck und Geltungsbereich. Zum Schutz der Allgemeinheit vor Gefahren, erheblichen Nachteilen und erheblichen Belästigungen durch Fluglärm in der Umgebung von Flugplätzen werden für
1. Verkehrsflughäfen, die dem Fluglinienverkehr angeschlossen sind, und
2. militärische Flugplätze, die dem Betrieb von Flugzeugen mit Strahltriebwerken zu dienen bestimmt sind,

Lärmschutzbereiche festgesetzt. Wenn der Schutz der Allgemeinheit es erfordert, sollen auch für andere Flugplätze, die dem Betrieb von Flugzeugen mit Strahltriebwerken zu dienen bestimmt sind, Lärmschutzbereiche festgesetzt werden. Lärmschutzbereiche werden auch für geplante Verkehrsflughäfen, die dem Linienverkehr angeschlossen werden sollen, festgesetzt, wenn die Genehmigung für die Anlegung des Verkehrsflughafens ... erteilt ist.

§ 2 Umfang des Lärmschutzbereichs.
(1) Der Lärmschutzbereich umfaßt das Gebiet außerhalb des Flugplatzgeländes, in dem der durch Fluglärm hervorgerufene äquivalente Dauerschallpegel 67 dB(A) übersteigt.

(2) Der Lärmschutzbereich wird nach dem Maße der Lärmbelastung in zwei Schutzzonen gegliedert. Die Schutzzone 1 umfaßt das Gebiet, in dem der äquivalente Dauerschallpegel 75 dB(A) übersteigt, die Schutzzone 2 das übrige Gebiet des Lärmschutzbereichs.

§ 3 Ermittlung der Lärmbelastung.
Der äquivalente Dauerschallpegel wird unter Berücksichtigung von Art und Umfang des voraussehbaren Flugbetriebes auf der Grundlage des zu erwartenden Ausbaus des Flugplatzes nach der Anlage zu diesem Gesetz ermittelt.

§ 4 Festsetzung des Lärmschutzbereichs. (1) Der Lärmschutzbereich wird vom Bundesminister für Umwelt, Naturschutz und Reaktorsicherheit, bei Verkehrsflughäfen im Einvernehmen mit dem Bundesminister für Verkehr, bei militärischen Flugplätzen im Einvernehmen mit dem Bundesminister der Verteidigung durch Rechtsverordnung mit Zustimmung des Bundesrates festgesetzt. Karten und Pläne, die Bestandteil der Rechtsverordnung sind, können dadurch verkündet werden, daß sie bei einer Amtsstelle zu jedermanns Einsicht archivmäßig gesichert niedergelegt werden. In der Rechtsverordnung ist hierauf hinzuweisen.

(2) Der Lärmschutzbereich ist neu festzusetzen, wenn eine Änderung in der Anlage oder im Betrieb des Flugplatzes zu einer wesentlichen Veränderung der Lärmbelastung in der Umgebung des

Flugplatzes führen wird. Eine Veränderung der Lärmbelastung ist insbesondere dann als wesentlich anzusehen, wenn sich der äquivalente Dauerschallpegel an der äußeren Grenze des Lärmschutzbereichs um mehr als 4 dB(A) erhöht.

(3) Spätestens nach Ablauf von zehn Jahren seit Festsetzung des Lärmschutzbereichs ist zu prüfen, ob sich die Lärmbelastung wesentlich verändert hat oder innerhalb der nächsten zehn Jahre voraussichtlich wesentlich verändern wird. Die Prüfung ist in Abständen von zehn Jahren zu wiederholen, sofern nicht besondere Umstände eine frühere Prüfung erforderlich machen.

§ 5 Bauverbote. (1) Im Lärmschutzbereich dürfen Krankenhäuser, Altenheime, Erholungsheime, Schulen und ähnliche in gleichem Maße schutzbedürftige Einrichtungen nicht errichtet werden. Die nach Landesrecht zuständige Behörde kann Ausnahmen zulassen, wenn dies zur Versorgung der Bevölkerung mit öffentlichen Einrichtungen oder sonst im öffentlichen Interesse dringend geboten ist.

(2) In der Schutzzone 1 dürfen Wohnungen nicht errichtet werden.

Gesetz über den Verkehr mit Lebensmitteln, Tabakerzeugnissen, kosmetischen Mitteln und sonstigen Bedarfsgegenständen (Lebensmittel- und Bedarfsgegenständegesetz)

vom 15. August 1974

§ 1 Lebensmittel. (1) Lebensmittel im Sinne dieses Gesetzes sind Stoffe, die dazu bestimmt sind, in unverändertem, zubereitetem oder verarbeitetem Zustand von Menschen verzehrt zu werden; ausgenommen sind Stoffe, die überwiegend dazu bestimmt sind, zu anderen Zwecken als zur Ernährung oder zum Genuß verzehrt zu werden.

(2) Den Lebensmitteln stehen gleich ihre Umhüllungen, Überzüge oder sonstigen Umschließungen, die dazu bestimmt sind, mitverzehrt zu werden, oder bei denen der Mitverzehr vorauszusehen ist.

§ 8 Verbote zum Schutz der Gesundheit. Es ist verboten,
1. Lebensmittel für andere derart herzustellen oder zu behandeln, daß ihr Verzehr geeignet ist, die Gesundheit zu schädigen;
2. Stoffe, deren Verzehr geeignet ist, die Gesundheit zu schädigen, als Lebensmittel in den Verkehr zu bringen.

§ 9 Ermächtigungen zum Schutz der Gesundheit. (1) Der Bundesminister wird ermächtigt, durch Rechtsverordnung mit Zustimmung des Bundesrates, soweit es erforderlich ist, um eine Gefährdung der Gesundheit durch Lebensmittel zu verhüten,
1. bei dem Herstellen oder dem Behandeln von Lebensmitteln
   a) die Verwendung bestimmter Stoffe, Gegenstände oder Verfahren zu verbieten oder zu beschränken,
   b) die Anwendung bestimmter Verfahren vorzuschreiben ...

§ 22 Werbeverbote. (1) Es ist verboten, für Zigaretten, zigarettenähnliche Tabakerzeugnisse und Tabakerzeugnisse, die zur Herstellung von Zigaretten durch den Verbraucher bestimmt sind, im Rundfunk oder im Fernsehen zu werben.

(2) Es ist verboten, im Verkehr mit Tabakerzeugnissen oder in der Werbung für Tabakerzeugnisse allgemein oder im Einzelfall
1. Bezeichnungen, Angaben, Aufmachungen, Darstellungen oder sonstige Aussagen zu verwenden,
   a) durch die der Eindruck erweckt wird, daß der Genuß oder die bestimmungsgemäße Verwendung von Tabakerzeugnissen gesundheit-

lich unbedenklich oder geeignet ist, die Funktion des Körpers, die Leistungsfähigkeit oder das Wohlbefinden günstig zu beeinflussen,
b) die ihrer Art nach besonders dazu geeignet sind, Jugendliche oder Heranwachsende zum Rauchen zu veranlassen,
c) die das Inhalieren des Tabakrauchs als nachahmenswert erscheinen lassen;
2. Bezeichnungen oder sonstige Angaben zu verwenden, die darauf hindeuten, daß die Tabakerzeugnisse natürlich oder naturrein seien.

§ 24 Verbote zum Schutz der Gesundheit. Es ist verboten,

1. kosmetische Mittel für andere derart herzustellen oder zu behandeln, daß sie bei bestimmungsgemäßem oder vorauszusehendem Gebrauch geeignet sind, die Gesundheit zu schädigen,
2. Stoffe, die bei bestimmungsgemäßem oder vorauszusehendem Gebrauch geeignet sind, die Gesundheit zu schädigen, als kosmetische Mittel in den Verkehr zu bringen.

§ 33 Deutsches Lebensmittelbuch. (1) Das Deutsche Lebensmittelbuch ist eine Sammlung von Leitsätzen, in denen Herstellung, Beschaffenheit oder sonstige Merkmale von Lebensmitteln, die für die Verkehrsfähigkeit der Lebensmittel von Bedeutung sind, beschrieben werden.

Organisationserlaß des Bundeskanzlers[*]

vom 5. Juni 1986

I. Es wird ein Bundesministerium für Umwelt, Naturschutz und Reaktorsicherheit gebildet.

II. Dem Bundesminister für Umwelt, Naturschutz und Reaktorsicherheit werden übertragen:
1. aus dem Geschäftsbereich des Bundesministers des Innern die Zuständigkeiten für
   a) Umweltschutz,
   b) Sicherheit kerntechnischer Anlagen, Strahlenschutz,
2. aus dem Geschäftsbereich des Bundesministers für Ernährung, Landwirtschaft und Forsten die Zuständigkeit für Umwelt, Naturschutz,
3. aus dem Geschäftsbereich des Bundesministers für Jugend, Familie und Gesundheit die Zuständigkeiten für gesundheitliche Belange des Umweltschutzes, Strahlenhygiene, Rückstände von Schadstoffen in Lebensmitteln, Chemikalien.

...

Die Einzelheiten des Übergangs werden zwischen den beteiligten Bundesministern geregelt und dem Chef des Bundeskanzleramtes mitgeteilt.

Bekanntmachung des Organisationserlasses des Bundeskanzlers

vom 25. Oktober 1989

Dem Bundesminister für Umwelt, Naturschutz und Reaktorsicherheit wird aus dem Geschäftsbereich des Bundesministers für Verkehr die Zuständigkeit für die Verhütung der Meeresverschmutzung durch das Einbringen von Abfällen und anderen Stoffen in das Meer übertragen.

---

[*] Der Organisationserlaß trat mit Wirkung vom 6. 6. 1986 in Kraft.

Gesetz zum vorsorgenden Schutz der Bevölkerung gegen Strahlenbelastung (Strahlenschutzvorsorgegesetz - StrVG)

vom 19. Dezember 1986

§ 1 Zweckbestimmung. Zum Schutz der Bevölkerung ist
1. die Radioaktivität in der Umwelt zu überwachen,
2. die Strahlenexposition der Menschen und die radioaktive Kontamination der Umwelt im Falle von Ereignissen mit möglichen nicht unerheblichen radiologischen Auswirkungen unter Beachtung des Standes der Wissenschaft und unter Berücksichtigung aller Umstände durch angemessene Maßnahmen so gering wie möglich zu halten.

2. Abschnitt. Überwachung der Umweltradioaktivität

§ 2 Aufgaben des Bundes. (1) Aufgaben des Bundes sind
1. die großräumige Ermittlung
   a) der Radioaktivität in Luft und Niederschlägen,
   b) der Radioaktivität in Bundeswasserstraßen und in Nord- und Ostsee außerhalb der Bundeswasserstraßen sowie
   c) der Gamma-Ortsdosisleistung,
2. die Entwicklung und Festlegung von Probenahme-, Analyse-, Meß- und Berechnungsverfahren, die Durchführung von Vergleichsmessungen und Vergleichsanalysen,
3. die Zusammenfassung, Aufbereitung und Dokumentation der vom Bund ermittelten sowie der von den Ländern und von Stellen außerhalb des Geltungsbereiches dieses Gesetzes übermittelten Daten,
4. die Bewertung der Daten der Umweltradioaktivität, soweit sie vom Bund oder im Auftrag des Bundes durch die Länder ermittelt worden sind,
5. die Übermittlung von Daten nach den Nummern 1 und 3 an die Länder und die Unterrichtung der Länder über die Bewertung der Daten nach Nummer 4.

(2) Die Befugnis der Länder zu weitergehenden Ermittlungen der Radioaktivität in den in Absatz 1 Nr. 1 genannten Bereichen bleibt unberührt.

(3) Die Meßstellen nach Absatz 1 Nr. 1 legt der Bund im Benehmen mit der zuständigen Landesbehörde fest.

§ 3 Aufgaben der Länder. (1) Die Länder ermitteln die Radioaktivität insbesondere
1. in Lebensmitteln, Tabakerzeugnissen und Bedarfsgegenständen sowie Arzneimitteln und deren Ausgangsstoffen,
2. in Futtermitteln,
3. im Trinkwasser, Grundwasser und in oberirdischen Gewässern außer Bundeswasserstraßen,
4. in Abwässern, im Klärschlamm, in Reststoffen und Abfällen,
5. im Boden und in Pflanzen,
6. in Düngemitteln.

(2) Die Länder übermitteln die gemäß Absatz 1 gewonnenen Daten an die Zentralstelle des Bundes für die Überwachung der Umweltradioaktivität.

§ 4 Informationssystem des Bundes. (1) Die nach den §§ 2 und 3 ermittelten Daten werden vom Bundesminister für Umwelt, Naturschutz und Reaktorsicherheit in einem Informationssystem „Radioaktivität in der Umwelt" zusammengefaßt. Hierzu wird die Zentralstelle des Bundes für die Überwachung der Umweltradioaktivität eingerichtet.

(2) Die zuständigen Behörden des Bundes übermitteln der Zentralstelle des Bundes für die Überwachung der Umweltradioaktivität die von ihnen ermittelten Daten.

(3) Die im Informationssystem des Bundes erfaßten Daten stehen der zuständigen Landesbehörde direkt zur Verfügung.

§ 5 Bewertung der Daten, Unterrichtung des Deutschen Bundestages und des Bundesrates. (1) Der Bundesminister für Umwelt, Naturschutz und Reaktorsicherheit bewertet die Daten der Radioaktivität. Die Zentralstelle des Bundes für die Überwachung der Umweltradioaktivität unterstützt ihn bei der Wahrnehmung dieser Aufgabe, insbesondere durch die Zusammenfassung, Aufbereitung und Dokumentation der Daten.

(2) Der Bundesminister für Umwelt, Naturschutz und Reaktorsicherheit leitet dem Deutschen Bundestag und dem Bundesrat jeweils einmal im Jahr einen Bericht über die Entwicklung der Radioaktivität in der Umwelt zu.

§ 9 Empfehlungen des Bundesministers für Umwelt, Naturschutz und Reaktorsicherheit. (1) Zur Erreichung des in § 1 genannten Zwecks kann der Bundesminister für Umwelt, Naturschutz und Reaktorsicherheit der Bevölkerung bestimmte Verhaltensweisen empfehlen.

Tierschutzgesetz

in der Fassung der Bekanntmachung vom 18. August 1986

§ 1 [Grundsatz]. Zweck dieses Gesetzes ist es, aus der Verantwortung des Menschen für das Tier als Mitgeschöpf dessen Leben und Wohlbefinden zu schützen. Niemand darf einem Tier ohne vernünftigen Grund Schmerzen, Leiden oder Schäden zufügen.

§ 2 [Tierhaltung]. Wer ein Tier hält, betreut oder zu betreuen hat,
1. muß das Tier seiner Art und seinen Bedürfnissen entsprechend angemessen ernähren, pflegen und verhaltensgerecht unterbringen,
2. darf die Möglichkeit des Tieres zu artgemäßer Bewegung nicht so einschränken, daß ihm Schmerzen oder vermeidbare Leiden oder Schäden zugefügt werden.

§ 4 [Töten von Tieren]. (1) Ein Wirbeltier darf nur unter Betäubung oder sonst, soweit nach den gegebenen Umständen zumutbar, nur unter Vermeidung von Schmerzen getötet werden. Ist die Tötung eines Wirbeltieres ohne Betäubung im Rahmen weidgerechter Ausübung der Jagd oder auf Grund anderer Rechtsvorschriften zulässig oder erfolgt sie im Rahmen zulässiger Schädlingsbekämpfungsmaßnahmen, so darf die Tötung nur vorgenommen werden, wenn hierbei nicht mehr als unvermeidbare Schmerzen entstehen. Ein Wirbeltier töten darf nur, wer die dazu notwendigen Kenntnisse und Fähigkeiten hat.

§ 7 [Tierversuche]. (1) Tierversuche im Sinne dieses Gesetzes sind Eingriffe oder Behandlungen zu Versuchszwecken
1. an Tieren, wenn sie mit Schmerzen, Leiden oder Schäden für diese Tiere oder
2. am Erbgut von Tieren, wenn sie mit Schmerzen, Leiden oder Schäden für die erbgutveränderten Tiere oder deren Trägertiere verbunden sein können.

(2) Tierversuche dürfen nur durchgeführt werden, soweit sie zu einem der folgenden Zwecke unerläßlich sind:
1. Vorbeugen, Erkennen oder Behandeln von Krankheiten, Leiden, Körperschäden oder körperlichen Beschwerden oder Erkennen oder Beeinflussen physiologischer Zustände oder Funktionen bei Mensch oder Tier,
2. Erkennen von Umweltgefährdungen,
3. Prüfung von Stoffen oder Produkten auf ihre Unbedenklichkeit für die Gesundheit von Mensch oder Tier oder auf ihre Wirksamkeit gegen tierische Schädlinge,
4. Grundlagenforschung.

Bei der Entscheidung, ob Tierversuche unerläßlich sind, ist insbesondere der jeweilige Stand der wissenschaftlichen Erkenntnisse zugrunde zu legen und zu prüfen, ob der verfolgte Zweck nicht durch andere Methoden oder Verfahren erreicht werden kann.

(3) Versuche an Wirbeltieren dürfen

nur durchgeführt werden, wenn die zu erwartenden Schmerzen, Leiden oder Schäden der Versuchstiere im Hinblick auf den Versuchszweck ethisch vertretbar sind. Versuche an Wirbeltieren, die zu länger anhaltenden oder sich wiederholenden erheblichen Schmerzen oder Leiden führen, dürfen nur durchgeführt werden, wenn die angestrebten Ergebnisse vermuten lassen, daß sie für wesentliche Bedürfnisse von Mensch oder Tier einschließlich der Lösung wissenschaftlicher Probleme von hervorragender Bedeutung sein werden.

(4) Tierversuche zur Entwicklung oder Erprobung von Waffen, Munition und dazugehörigem Gerät sind verboten.

(5) Tierversuche zur Entwicklung von Tabakerzeugnissen, Waschmitteln und dekorativen Kosmetika sind grundsätzlich verboten.

Gesetz über die Errichtung eines Umweltbundesamtes[*] (Umweltbundesamtsgesetz)

vom 22. Juli 1974

§ 1. (1) Im Geschäftsbereich des Bundesministers für Umwelt, Naturschutz und Reaktorsicherheit ist eine selbständige Bundesoberbehörde unter der Bezeichnung „Umweltbundesamt" errichtet.

(2) Das Umweltbundesamt hat seinen Sitz in Berlin.

§ 2. (1) Das Umweltbundesamt erledigt in eigener Zuständigkeit Verwaltungsaufgaben auf dem Gebiet der Umwelt, die ihm durch dieses Gesetz oder andere Bundesgesetze zugewiesen werden. Das Umweltbundesamt hat insbesondere folgende Aufgaben:

1. Wissenschaftliche Unterstützung des Bundesministers für Umwelt, Naturschutz und Reaktorsicherheit in allen Angelegenheiten des Immissionsschutzes und der Abfallwirtschaft, insbesondere bei der Erarbeitung von Rechts- und Verwaltungsvorschriften, bei der Erforschung und Entwicklung von Grundlagen für geeignete Maßnahmen sowie bei der Prüfung und Untersuchung von Verfahren und Einrichtungen.

2. Aufbau und Führung des Informationssystems zur Umweltplanung sowie einer zentralen Umweltdokumentation, Aufklärung der Öffentlichkeit in Umweltfragen, Bereitstellung zentraler Dienste und Hilfen für die Ressortforschung und für die Koordinierung der Umweltforschung des Bundes, Unterstützung bei der Prüfung der Umweltverträglichkeit von Maßnahmen des Bundes.

---

[*] Vgl. auch Strafgesetzbuch, §§ 310b ff., §§ 324 ff., S. 157 ff.

Umwelthaftungsgesetz
(UmweltHG)

vom 10. Dezember 1990

§ 1 Anlagenhaftung bei Umwelteinwirkungen. Wird durch eine Umwelteinwirkung, die von einer ... Anlage ausgeht, jemand getötet, sein Körper oder seine Gesundheit verletzt oder eine Sache beschädigt, so ist der Inhaber der Anlage verpflichtet, dem Geschädigten den daraus entstehenden Schaden zu ersetzen.

§ 2 Haltung für nichtbetriebene Anlagen. (1) Geht die Umwelteinwirkung von einer noch nicht fertiggestellten Anlage aus und beruht sie auf Umständen, die die Gefährlichkeit der Anlage nach ihrer Fertigstellung begründen, so haftet der Inhaber der noch nicht fertiggestellten Anlage nach § 1.

(2) Geht die Umwelteinwirkung von einer nicht mehr betriebenen Anlage aus und beruht sie auf Umständen, die die Gefährlichkeit der Anlage vor der Einstellung des Betriebs begründet haben, so haftet derjenige nach § 1, der im Zeitpunkt der Einstellung des Betriebs Inhaber der Anlage war.

§ 3 Begriffsbestimmungen. (1) Ein Schaden entsteht durch eine Umwelteinwirkung, wenn er durch Stoffe, Erschütterungen, Geräusche, Druck, Strahlen, Gase, Dämpfe, Wärme oder sonstige Erscheinungen verursacht wird, die sich in Boden, Luft oder Wasser ausgebreitet haben.

(2) Anlagen sind ortsfeste Einrichtungen wie Betriebsstätten und Lager.

§ 4 Ausschluß der Haftung. Die Ersatzpflicht besteht nicht, soweit der Schaden durch höhere Gewalt verursacht wurde.

§ 5 Beschränkung der Haftung bei Sachschäden. Ist die Anlage bestimmungsgemäß betrieben worden (§ 6 Abs. 2 Satz 2), so ist die Ersatzpflicht für Sachschäden ausgeschlossen, wenn die Sache nur unwesentlich oder in einem Maße beeinträchtigt wird, das nach den örtlichen Verhältnissen zumutbar ist.

§ 6 Ursachenvermutung. (1) Ist eine Anlage nach den Gegebenheiten des Einzelfalles geeignet, den entstandenen Schaden zu verursachen, so wird vermutet, daß der Schaden durch diese Anlage verursacht ist. Die Eignung im Einzelfall beurteilt sich nach dem Betriebsablauf, den verwendeten Einrichtungen, der Art und Konzentration der eingesetzten und freigesetzten Stoffe, den meteorologischen Gegebenheiten, nach Zeit und Ort des Schadenseintritts und nach dem Schadensbild sowie allen sonstigen Gegebenheiten, die im Einzelfall für oder gegen die Schadensverursachung sprechen.

(2) Absatz 1 findet keine Anwendung, wenn die Anlage bestimmungsgemäß betrieben wurde. Ein bestimmungsgemäßer Betrieb liegt vor, wenn die besonderen Betriebspflichten eingehalten worden sind und auch keine Störung des Betriebs vorliegt.

(3) Besondere Betriebspflichten sind solche, die sich aus verwaltungsrechtlichen Zulassungen, Auflagen und vollziehbaren Anordnungen und Rechtsvorschriften ergeben, soweit sie die Verhinderung von solchen Umwelteinwirkungen bezwecken, die für die Verursachung des Schadens in Betracht kommen.

§ 7 Ausschluß der Vermutung. (1) Sind mehrere Anlagen geeignet, den Schaden zu verursachen, so gilt die Vermutung nicht, wenn ein anderer Umstand nach den Gegebenheiten des Einzelfalles geeignet ist, den Schaden zu verursachen.

(2) Ist nur eine Anlage geeignet, den Schaden zu verursachen, so gilt die Vermutung dann nicht, wenn ein anderer Umstand nach den Gegebenheiten des Einzelfalles geeignet ist, den Schaden zu verursachen.

§ 8 Auskunftsanspruch des Geschädigten gegen den Inhaber einer Anlage. (1) Liegen Tatsachen vor, die die Annahme begründen, daß eine Anlage den

Schaden verursacht hat, so kann der Geschädigte vom Inhaber der Anlage Auskunft verlangen, soweit dies zur Feststellung, daß ein Anspruch auf Schadensersatz nach diesem Gesetz besteht, erforderlich ist. Verlangt werden können nur Angaben über die verwendeten Einrichtungen, die Art und Konzentration der eingesetzten oder freigesetzten Stoffe und die sonst von der Anlage ausgehenden Wirkungen sowie die besonderen Betriebspflichten nach § 6 Abs. 3.

(2) Der Anspruch nach Absatz 1 besteht insoweit nicht, als die Vorgänge aufgrund gesetzlicher Vorschriften geheimzuhalten sind oder die Geheimhaltung einem überwiegenden Interesse des Inhabers der Anlage oder eines Dritten entspricht.

(3) Der Geschädigte kann vom Inhaber der Anlage Gewährung von Einsicht in vorhandene Unterlagen verlangen, soweit die Annahme begründet ist, daß die Auskunft unvollständig, unrichtig oder nicht ausreichend ist, oder wenn die Auskunft nicht in angemessener Frist erteilt wird. Absätze 1 und 2 gelten entsprechend.

§ 9 Auskunftsanspruch des Geschädigten gegen Behörden. Liegen Tatsachen vor, die die Annahme begründen, daß eine Anlage den Schaden verursacht hat, so kann der Geschädigte von Behörden, die die Anlage genehmigt haben oder überwachen, oder deren Aufgabe es ist, Einwirkungen auf die Umwelt zu erfassen, Auskunft verlangen, soweit dies zur Feststellung, daß ein Anspruch auf Schadensersatz nach diesem Gesetz besteht, erforderlich ist. Die Behörde ist zur Erteilung der Auskunft nicht verpflichtet, soweit durch sie die ordnungsgemäße Erfüllung der Aufgaben der Behörde beeinträchtigt würde, das Bekanntwerden des Inhalts der Auskunft dem Wohle des Bundes oder eines Landes Nachteile bereiten würde oder soweit die Vorgänge nach einem Gesetz oder ihrem Wesen nach, namentlich wegen der berechtigten Interessen der Beteiligten oder dritter Personen, geheimgehalten werden müssen.

§ 10 Auskunftsanspruch des Inhabers einer Anlage. (1) Wird gegen den Inhaber einer Anlage ein Anspruch aufgrund dieses Gesetzes geltend gemacht, so kann er von dem Geschädigten und von dem Inhaber einer anderen Anlage Auskunft und Einsichtsgewährung oder von den ... Behörden Auskunft verlangen, soweit dies zur Feststellung des Umfangs seiner Ersatzpflicht gegenüber dem Geschädigten oder seines Ausgleichsanspruchs gegen den anderen Inhaber erforderlich ist.

§ 12 Umfang der Ersatzpflicht bei Tötung. (1) Im Falle der Tötung ist Ersatz der Kosten einer versuchten Heilung sowie des Vermögensnachteils zu leisten, den der Getötete dadurch erlitten hat, daß während der Krankheit seine Erwerbsfähigkeit aufgehoben oder gemindert war oder seine Bedürfnisse vermehrt waren. Der Ersatzpflichtige hat außerdem die Kosten der Beerdigung demjenigen zu ersetzen, der diese Kosten zu tragen hat.

(2) Stand der Getötete zur Zeit der Verletzung zu einem Dritten in einem Verhältnis, aus dem er diesem gegenüber kraft Gesetzes unterhaltspflichtig war oder unterhaltspflichtig werden konnte, und ist dem Dritten infolge der Tötung das Recht auf Unterhalt entzogen, so hat der Ersatzpflichtige dem Dritten insoweit Schadensersatz zu leisten, als der Getötete während der mutmaßlichen Dauer seines Lebens zur Gewährung des Unterhalts verpflichtet gewesen wäre. Die Ersatzpflicht tritt auch ein, wenn der Dritte zur Zeit der Verletzung gezeugt, aber noch nicht geboren war.

§ 13 Umfang der Ersatzpflicht bei Körperverletzung. Im Falle der Verletzung des Körpers oder der Gesundheit ist Ersatz der Kosten der Heilung sowie des Vermögensnachteils zu leisten, den der Verletzte dadurch erleidet, daß infolge der Verletzung zeitweise oder dauernd seine Erwerbsfähigkeit aufgehoben oder gemindert ist oder seine Bedürfnisse vermehrt sind.

§ 14 Schadensersatz durch Geldrente. (1) Der Schadensersatz wegen Aufhebung oder Minderung der Erwerbsfähigkeit und wegen vermehrter Bedürfnisse des Verletzten sowie nach § 12 Abs. 2 einem Dritten zu gewährende Schadensersatz ist für die Zukunft durch eine Geldrente zu leisten.

§ 15 Haftungshöchstgrenzen. Der Ersatzpflichtige haftet für Tötung, Körper- und Gesundheitsverletzung insgesamt nur bis zu einem Höchstbetrag von einhundertsechzig Millionen Deutsche Mark und für Sachbeschädigungen ebenfalls insgesamt nur bis zu einem Höchstbetrag von einhundertsechzig Millionen Deutsche Mark, soweit die Schäden aus einer einheitlichen Umwelteinwirkung entstanden sind. Übersteigen die mehreren aufgrund der einheitlichen Umwelteinwirkung zu leistenden Entschädigungen die in Satz 1 bezeichneten jeweiligen Höchstbeträge, so verringern sich die einzelnen Entschädigungen in dem Verhältnis, in dem ihr Gesamtbetrag zum Höchstbetrag steht.

§ 18 **Weitergehende Haftung.** (1) Eine Haftung aufgrund anderer Vorschriften bleibt unberührt.

§ 19 **Deckungsvorsorge.** (1) Die Inhaber von Anlagen ... haben dafür Sorge zu tragen, daß sie ihren gesetzlichen Verpflichtungen zum Ersatz von Schäden nachkommen können, die dadurch entstehen, daß infolge einer von der Anlage ausgehenden Umwelteinwirkung ein Mensch getötet, sein Körper oder seine Gesundheit verletzt oder eine Sache beschädigt wird (Deckungsvorsorge).

Erlaß über die Einrichtung eines Rates von Sachverständigen für Umweltfragen bei dem Bundesminister des Innern (Umweltsachverständigen-Erlaß)[*]

vom 28. Dezember 1971

§ 1. Zur periodischen Begutachtung der Umweltsituation und der Umweltbedingungen in der Bundesrepublik Deutschland und zur Erleichterung der Urteilsbildung bei allen umweltpolitisch verantwortlichen Instanzen sowie in der Öffentlichkeit wird im Einvernehmen mit den im Kabinettsausschuß für Umweltfragen vertretenen Bundesministern ein Rat von Sachverständigen für Umweltfragen gebildet.

§ 2. (1) Der Rat von Sachverständigen für Umweltfragen soll die jeweilige Situation der Umwelt und deren Entwicklungstendenzen darstellen sowie Fehlentwicklungen und Möglichkeiten zu deren Vermeidung oder zu deren Beseitigung aufzeigen. ...

§ 3. Der Rat von Sachverständigen für Umweltfragen ist nur an den durch diesen Erlaß begründeten Auftrag gebunden und in seiner Tätigkeit unabhängig.

§ 10. (1) Der Rat von Sachverständigen für Umweltfragen legt die Ergebnisse seiner Beratungen in schriftlichen Berichten nieder, ...
(3) Die schriftlichen Berichte werden grundsätzlich veröffentlicht.

---

[*] siehe Organisationserlaß des Bundeskanzlers

Gesetz über Umweltstatistiken (Umweltstatistikgesetz)

in der Fassung der Bekanntmachung vom 14. März 1980

§ 1 Zweck des Gesetzes. Für Zwecke der Umweltplanung werden Bundesstatistiken durchgeführt. Sie erstrecken sich auf Daten über Umweltbelastungen und Umweltschutzmaßnahmen.

§ 2 Erhebungen. (1) Die Erhebungen umfassen Statistiken
1. der öffentlichen Abfallbeseitigung,
2. der Abfallbeseitigung im Produzierenden Gewerbe und in Krankenhäusern,
3. der öffentlichen Wasserversorgung und der öffentlichen Abwasserbeseitigung,
4. der Wasserversorgung und der Abwasserbeseitigung im Bergbau und Verarbeitenden Gewerbe,
5. der Wasserversorgung und der Abwasserbeseitigung bei Wärmekraftwerken für die öffentliche Versorgung,
6. der Abfallbeseitigung und der Abwasserbeseitigung in der Viehhaltung,
7. der Unfälle bei der Lagerung wassergefährdender Stoffe,
8. der Unfälle beim Transport wassergefährdender Stoffe,
9. der Investitionen für Umweltschutz im Produzierenden Gewerbe.

Gesetz über die Umweltverträglichkeit von Wasch- und Reinigungsmitteln (Waschmittelgesetz)

vom 20. August 1975

§ 1 Grundsatz. (1) Wasch- und Reinigungsmittel dürfen nur so in den Verkehr gebracht werden, daß nach ihrem Gebrauch jede vermeidbare Beeinträchtigung der Beschaffenheit der Gewässer, insbesondere im Hinblick auf den Naturhaushalt und die Trinkwasserversorgung, und eine Beeinträchtigung des Betriebs von Abwasseranlagen unterbleibt.

(2) Wasch- und Reinigungsmittel sind bestimmungsgemäß und gewässerschonend, ... zu verwenden.

§ 9 Angaben zur Umweltverträglichkeit. (1) Wer gewerbsmäßig im Geltungsbereich dieses Gesetzes Wasch- und Reinigungsmittel herstellt oder sie in den Geltungsbereich dieses Gesetzes einführt oder verbringt, hat beim erstmaligen Inverkehrbringen die ... vorgeschriebenen Angaben zur Umweltverträglichkeit dieser Wasch- und Reinigungsmittel dem Umweltbundesamt schriftlich mitzuteilen.

§ 10 Durchführung der Überwachung. (1) Die Überwachungsmaßnahmen auf Grund dieses Gesetzes obliegen den Landesregierungen oder den von ihnen bestimmten Stellen. ...

Gesetz zur Ordnung des Wasserhaushalts (Wasserhaushaltsgesetz)

in der Fassung vom 23. September 1986

§ 1 Sachlicher Geltungsbereich.
(1) Dieses Gesetz gilt für folgende Gewässer:
1. Das ständig oder zeitweilig in Betten fließende oder stehende oder aus Quellen wild abfließende Wasser (oberirdische Gewässer),
1a. das Meer zwischen der Küstenlinie bei mittlerem Hochwasser oder der seewärtigen Begrenzung der oberirdischen Gewässer und der seewärtigen Begrenzung des Küstenmeeres (Küstengewässer),
2. das Grundwasser. ...

§ 1a Grundsatz. (1) Die Gewässer sind als Bestandteil des Naturhaushalts so zu bewirtschaften, daß sie dem Wohl der Allgemeinheit und im Einklang mit ihm auch dem Nutzen einzelner dienen und daß jede vermeidbare Beeinträchtigung unterbleibt.

(2) Jedermann ist verpflichtet, bei Maßnahmen, mit denen Einwirkungen auf ein Gewässer verbunden sein können, die nach den Umständen erforderliche Sorgfalt anzuwenden, um eine Verunreinigung des Wassers oder eine sonstige nachteilige Veränderung seiner Eigenschaften zu verhüten und um eine mit Rücksicht auf den Wasserhaushalt gebotene sparsame Verwendung des Wassers zu erzielen.

§ 18a Pflicht und Pläne zur Abwasserbeseitigung. (1) Abwasser ist so zu beseitigen, daß das Wohl der Allgemeinheit nicht beeinträchtigt wird. Abwasserbeseitigung im Sinne dieses Gesetzes umfaßt das Sammeln, Fortleiten, Behandeln, Einleiten, Versickern, Verregnen und Verrieseln von Abwasser sowie das Entwässern von Klärschlamm in Zusammenhang mit der Abwasserbeseitigung.

§ 22 Haftung für Änderung der Beschaffenheit des Wassers. (1) Wer in ein Gewässer Stoffe einbringt oder einleitet oder wer auf ein Gewässer derart einwirkt, daß die physikalische, chemische oder biologische Beschaffenheit des Wassers verändert wird, ist zum Ersatz des daraus einem anderen entstehenden Schadens verpflichtet. Haben mehrere die Einwirkungen vorgenommen, so haften sie als Gesamtschuldner.

(2) Gelangen aus einer Anlage, die bestimmt ist, Stoffe herzustellen, zu verarbeiten, zu lagern, abzulagern, zu befördern oder wegzuleiten, derartige Stoffe in ein Gewässer, ohne in dieses eingebracht oder eingeleitet zu sein, so ist der Inhaber der Anlage zum Ersatz des daraus einem anderen entstehenden Schadens verpflichtet; Absatz 1 Satz 2 gilt entsprechend. Die Ersatzpflicht tritt nicht ein, wenn der Schaden durch höhere Gewalt verursacht ist.

§ 23 Gemeingebrauch. (1) Jedermann darf oberirdische Gewässer in einem Umfang benutzen, wie dies nach Landesrecht als Gemeingebrauch gestattet ist, soweit nicht Rechte anderer entgegenstehen und soweit Befugnisse oder der Eigentümer- oder Anliegergebrauch anderer dadurch nicht beeinträchtigt werden.

§ 26 Einbringen, Lagern und Befördern von Stoffen. (1) Feste Stoffe dürfen in ein Gewässer nicht zu dem Zweck eingebracht werden, sich ihrer zu entledigen. Schlammige Stoffe rechnen nicht zu den festen Stoffen.

(2) Stoffe dürfen an einem Gewässer nur so gelagert oder abgelagert werden, daß eine Verunreinigung des Wassers oder eine sonstige nachteilige Veränderung seiner Eigenschaften oder des Wasserabflusses nicht zu besorgen ist. Das gleiche gilt für die Beförderung von Flüssigkeiten und Gasen durch Rohrleitungen.

§ 32b Reinhaltung. Stoffe dürfen am Küstengewässer nur so gelagert oder abgelagert werden, daß eine Verunreinigung des Wassers oder eine sonstige nachteilige Veränderung seiner Eigenschaften nicht zu besorgen ist. Das gleiche gilt für die Beförderung von Flüssigkeiten und Gasen durch Rohrleitungen.

§ 34 **Reinhaltung.** (1) Eine Erlaubnis für das Einleiten von Stoffen in das Grundwasser darf nur erteilt werden, wenn eine schädliche Verunreinigung des Grundwassers oder eine sonstige nachteilige Veränderung seiner Eigenschaften nicht zu besorgen ist.

(2) Stoffe dürfen nur so gelagert oder abgelagert werden, daß eine schädliche Verunreinigung des Grundwassers oder eine sonstige nachteilige Veränderung seiner Eigenschaften nicht zu besorgen ist. Das gleiche gilt für die Beförderung von Flüssigkeiten und Gasen durch Rohrleitungen.

Übereinkommen zur Zusammenarbeit bei der Bekämpfung der Verschmutzung der Nordsee durch Öl und andere Schadstoffe[*] (Nordseeverschmutzung)

vom 13. September 1983

Die Regierungen
des Königreichs Belgien,
des Königreichs Dänemark,
der Bundesrepublik Deutschland,
der Französischen Republik,
des Königreichs der Niederlande,
des Königreichs Norwegen,
des Königreichs Schweden,
des Vereinigten Königreichs
Großbritannien und Nordirland
und
die Europäische Wirtschaftsgemeinschaft –

in der Erkenntnis, daß die Verschmutzung der See durch Öl und andere Schadstoffe im Nordseegebiet die Meeresumwelt und die Interessen der Küstenstaaten gefährden kann,

in Anbetracht dessen, daß eine solche Verschmutzung viele Ursachen hat und daß Unfälle und andere Ereignisse auf See Anlaß zu großer Besorgnis geben,

überzeugt, daß die Fähigkeit zur Bekämpfung einer solchen Verschmutzung sowie die wirksame Zusammenarbeit und gegenseitige Unterstützung der Staaten für den Schutz ihrer Küsten und damit zusammenhängenden Interessen notwendig sind,

erfreut über die Fortschritte, die bereits im Rahmen des am 9. Juni 1969 in Bonn unterzeichneten Übereinkommens zur Zusammenarbeit bei der Bekämpfung von Ölverschmutzungen der Nordsee erzielt worden sind,

in dem Wunsch, die gegenseitige Unterstützung und Zusammenarbeit bei der Bekämpfung der Verschmutzung weiterzuentwickeln –

sind wie folgt übereingekommen:

Art. 1. Dieses Übereinkommen findet Anwendung, wenn die Verschmutzung oder drohende Verschmutzung der See durch Öl oder andere Schadstoffe im Nordseegebiet, wie es in Artikel 2 festgelegt ist, eine ernste und unmittelbar bevorstehende Gefahr für die Küste oder damit zusammenhängende Interessen einzelner oder mehrerer Vertragsparteien darstellt.

Art. 3. (1) Die Vertragsparteien sind der Auffassung, daß der Schutz gegen eine Verschmutzung der in Artikel 1 erwähnten Art eine wirksame Zusammenarbeit zwischen ihnen erfordert.

(2) Die Vertragsparteien erarbeiten und erlassen gemeinsam Richtlinien für die praktischen, einsatzmäßigen und technischen Aspekte gemeinsamer Maßnahmen.

Art. 4. Die Vertragsparteien verpflichten sich zur Unterrichtung der anderen Vertragsparteien

a) über ihre nationale Organisation, der die Bekämpfung einer Verschmutzung der in Artikel 1 erwähnten Art obliegt;

b) über die zuständige Behörde, die für die Entgegennahme und Abgabe von Meldungen über eine solche Verschmutzung sowie für die Behandlung von Fragen der gegenseitigen Unterstützung der Vertragsparteien verantwortlich ist;

c) über ihre nationalen Mittel zur Vermeidung oder Bekämpfung einer solchen Verschmutzung, die für eine internationale Hilfe zur Verfügung gestellt werden könnten;

d) über neue Wege zur Vermeidung einer solchen Verschmutzung und über neue wirksame Maßnahmen zu deren Bekämpfung;

e) über größere Verschmutzungsereignisse dieser Art, die bekämpft wurden.

---

[*] In Kraft getreten am 1. September 1989

Art. 5. (1) Erfährt eine Vertragspartei, daß sich im Nordseegebiet ein Unfall ereignet hat oder daß dort Öl oder andere Schadstoffe vorhanden sind, so daß mit einer ernsten Gefahr für die Küste oder damit zusammenhängende Interessen einer anderen Vertragspartei zu rechnen ist, so unterrichtet sie diese Vertragspartei unverzüglich durch ihre zuständige Behörde.

(2) Die Vertragsparteien verpflichten sich, die Kapitäne aller ihre Flagge führenden Schiffe sowie die Führer der in ihren Staaten eingetragenen Luftfahrzeuge zu ersuchen, auf dem je nach den Umständen gangbarsten und geeignetsten Weg unverzüglich folgendes zu melden:
a) alle Unfälle, die eine Verschmutzung der See verursachen oder voraussichtlich verursachen werden;
b) das Vorhandensein, die Art und den Umfang von Öl oder anderen Schadstoffen, die voraussichtlich die Küste oder damit zusammenhängende Interessen einzelner oder mehrerer Vertragsparteien ernstlich gefährden werden.

Art. 7. Benötigt eine Vertragspartei Unterstützung, um eine Verschmutzung oder drohende Verschmutzung auf See oder an ihrer Küste zu bekämpfen, so kann sie die anderen Vertragsparteien um Hilfe bitten. Vertragsparteien, die Unterstützung anfordern, geben genau die Art der benötigten Unterstützung an. Die nach diesem Artikel um Hilfe gebetenen Vertragsparteien bemühen sich nach besten Kräften, im Rahmen ihrer Möglichkeiten Hilfe zu leisten, unter Berücksichtigung – insbesondere im Fall einer Verschmutzung durch andere Schadstoffe als Öl – der ihnen zur Verfügung stehenden technischen Mittel.

Art. 9. (1) Solange keine auf zweiseitiger oder mehrseitiger Grundlage oder aus Anlaß einer gemeinsamen Bekämpfungsaktion geschlossene Übereinkunft über die finanziellen Regelungen bezüglich der Maßnahmen der Vertragsparteien zur Bekämpfung einer Verschmutzung vorliegt, tragen die Vertragsparteien die Kosten ihrer jeweiligen Maßnahmen zur Bekämpfung der Verschmutzung nach Maßgabe des Buchstabens a oder b.
a) Wurde die Maßnahme von einer Vertragspartei auf ausdrückliches Ersuchen einer anderen Vertragspartei ergriffen, so hat die ersuchende Vertragspartei der hilfeleistenden Vertragspartei die Kosten für ihre Maßnahme zu erstatten;
b) wurde die Maßnahme von einer Vertragspartei auf eigene Veranlassung ergriffen, so trägt diese Vertragspartei die Kosten ihrer Maßnahme.

(2) Die ersuchende Vertragspartei kann ihr Ersuchen jederzeit widerrufen, hat aber in diesem Fall die der hilfeleistenden Vertragspartei bereits entstandenen oder von ihr übernommenen Kosten zu tragen.

Art. 12. (1) Tagungen der Vertragsparteien werden in regelmäßigen Zeitabständen sowie immer dann abgehalten, wenn dies aufgrund besonderer Umstände nach Maßgabe der Geschäftsordnung beschlossen wird.

Art. 13. In den in ihre Zuständigkeit fallenden Bereichen steht der Europäischen Wirtschaftsgemeinschaft eine Anzahl von Stimmen zu, der die Zahl ihrer Mitgliedstaaten entspricht, die Vertragsparteien dieses Übereinkommens sind. Die Europäische Wirtschaftsgemeinschaft übt ihr Stimmrecht in Fällen, in denen ihre Mitgliedstaaten ihr Stimmrecht ausüben, nicht aus; das gleiche gilt im umgekehrten Fall.

Art. 14. Aufgabe der Tagungen der Vertragsparteien ist es,
a) eine allgemeine Aufsicht über die Durchführung dieses Übereinkommens auszuüben;
b) die Wirksamkeit der aufgrund dieses Übereinkommens ergriffenen Maßnahmen zu überprüfen;
c) alle anderen Aufgaben wahrzunehmen, die nach diesem Übereinkommen erforderlich sind.

Art. 20. (1) Die Vertragsparteien können jeden anderen Küstenstaat des Nordostatlantikgebiets einstimmig einladen, diesem Übereinkommen beizutreten.

Art. 22. (1) Nachdem dieses Übereinkommen fünf Jahre lang in Kraft gewesen ist, kann es von jeder Vertragspartei gekündigt werden.

(3) Die Kündigung wird ein Jahr nach dem Tag wirksam, an dem sie bei der Verwahrregierung eingegangen ist.

Wiener Übereinkommen zum Schutz der Ozonschicht (Ozonschicht-Übereinkommen)

vom 22. März 1985

Präambel

Die Vertragsparteien dieses Übereinkommens –

im Bewußtsein der möglicherweise schädlichen Einwirkungen jeder Veränderung der Ozonschicht auf die menschliche Gesundheit und die Umwelt,

unter Hinweis auf die einschlägigen Bestimmungen der Erklärung der Konferenz der Vereinten Nationen über die Umwelt des Menschen, insbesondere auf den Grundsatz 21, der folgendes vorsieht: „Die Staaten haben nach der Charta der Vereinten Nationen und den Grundsätzen des Völkerrechts das souveräne Recht, ihre eigenen Naturschätze gemäß ihrer eigenen Umweltpolitik zu nutzen, sowie die Pflicht, dafür zu sorgen, daß durch Tätigkeiten, die innerhalb ihres Hoheitsbereichs oder unter ihrer Kontrolle ausgeübt werden, der Umwelt in anderen Staaten oder in Gebieten außerhalb der nationalen Hoheitsbereiche kein Schaden zugefügt wird",

unter Berücksichtigung der Gegebenheiten und besonderen Bedürfnisse der Entwicklungsländer,

eingedenk der im Rahmen sowohl internationaler als auch nationaler Organisationen durchgeführten Arbeiten und Untersuchungen und insbesondere des Weltaktionsplans für die Ozonschicht des Umweltprogramms der Vereinten Nationen

sowie eingedenk der auf nationaler und internationaler Ebene bereits getroffenen Vorsorgemaßnahmen zum Schutz der Ozonschicht,

im Bewußtsein, daß Maßnahmen zum Schutz der Ozonschicht vor Veränderungen infolge menschlicher Tätigkeiten internationale Zusammenarbeit und internationales Handeln erfordern und auf einschlägigen wissenschaftlichen und technischen Erwägungen beruhen sollten,

sowie im Bewußtsein der Notwendigkeit, weitere Forschungsarbeiten und systematische Beobachtungen durchzuführen, um die wissenschaftlichen Kenntnisse über die Ozonschicht und mögliche schädliche Auswirkungen einer Veränderung dieser Schicht zu vertiefen,

entschlossen, die menschliche Gesundheit und die Umwelt vor schädlichen Auswirkungen von Veränderungen der Ozonschicht zu schützen –

sind wie folgt übereingekommen:

Art. 1 Begriffsbestimmungen. Im Sinne dieses Übereinkommens
1. bedeutet „Ozonschicht" die Schicht atmosphärischen Ozons oberhalb der planetarischen Grenzschicht;
2. bedeutet „schädliche Auswirkungen" Änderung der belebten oder unbelebten Umwelt, einschließlich Klimaänderungen, die erhebliche abträgliche Wirkungen auf die menschliche Gesundheit oder auf die Zusammensetzung, Widerstandsfähigkeit und Produktivität naturbelassener und vom Menschen beeinflußter Ökosysteme oder auf Materialien haben, die für die Menschheit nützlich sind.

Art. 2 Allgemeine Verpflichtungen.
(1) Die Vertragsparteien treffen geeignete Maßnahmen im Einklang mit diesem Übereinkommen und denjenigen in Kraft befindlichen Protokollen, deren Vertragspartei sie sind, um die menschliche Gesundheit und die Umwelt vor schädlichen Auswirkungen zu schützen, die durch menschliche Tätigkeiten, welche die Ozonschicht verändern oder wahrscheinlich verändern, verursacht werden oder wahrscheinlich verursacht werden.

(2) Zu diesem Zweck werden die Vertragsparteien entsprechend den ihnen zur Verfügung stehenden Mitteln und ihren Möglichkeiten
a) durch systematische Beobachtungen, Forschung und Informationsaustausch zusammenarbeiten, um die Auswirkungen menschlicher Tätigkeiten auf

die Ozonschicht und die Auswirkungen einer Veränderung der Ozonschicht auf die menschliche Gesundheit und die Umwelt besser zu verstehen und zu bewerten;
b) geeignete Gesetzgebungs- und Verwaltungsmaßnahmen treffen und bei der Angleichung der entsprechenden Politiken zur Regelung, Begrenzung, Verringerung oder Verhinderung menschlicher Tätigkeiten in ihrem Hoheitsbereich oder unter ihrer Kontrolle zusammenarbeiten, sofern es sich erweist, daß diese Tätigkeiten infolge einer tatsächlichen oder wahrscheinlichen Veränderung der Ozonschicht schädliche Auswirkungen haben oder wahrscheinlich haben;
c) bei der Ausarbeitung vereinbarter Maßnahmen, Verfahren und Normen zur Durchführung des Übereinkommens im Hinblick auf die Annahme von Protokollen und Anlagen zusammenarbeiten;
d) mit zuständigen internationalen Stellen zusammenarbeiten, um das Übereinkommen und die Protokolle, deren Vertragspartei sie sind, wirksam durchzuführen.

(3) Das Übereinkommen beeinträchtigt nicht das Recht der Vertragsparteien, im Einklang mit dem Völkerrecht innerstaatliche Maßnahmen zusätzlich zu den in den Absätzen 1 und 2 genannten zu treffen; es beeinträchtigt auch nicht von einer Vertragspartei bereits getroffene zusätzliche innerstaatliche Maßnahmen, sofern diese mit den Verpflichtungen der betreffenden Vertragspartei aus dem Übereinkommen nicht unvereinbar sind.

(4) Die Anwendung dieses Artikels beruht auf einschlägigen wissenschaftlichen und technischen Erwägungen.

Art. 3 Forschung und systematische Beobachtungen. (1) Die Vertragsparteien verpflichten sich, soweit es angebracht ist, unmittelbar oder über zuständige internationale Stellen Forschungsarbeiten und wissenschaftliche Bewertungen in bezug auf folgende Bereiche einzuleiten und dabei zusammenzuarbeiten:
a) physikalische und chemische Vorgänge, welche die Ozonschicht beeinflussen können;
b) Auswirkungen auf die menschliche Gesundheit und andere biologische Auswirkungen, die durch Veränderungen der Ozonschicht bedingt sind, insbesondere solche, die durch Änderungen der Sonnenstrahlung im ultravioletten Bereich, die biologisch wirksam ist (UV-B), hervorgerufen werden;
c) klimatische Auswirkungen, die durch Veränderungen der Ozonschicht bedingt sind;
d) Auswirkungen von Veränderungen der Ozonschicht und der sich daraus ergebenden Änderung der UV-B-Strahlung auf natürliche und synthetische Materialien, die für die Menschheit nützlich sind;
e) Stoffe, Verhaltensweisen, Verfahren und Tätigkeiten, welche die Ozonschicht beeinflussen können, und ihre kumulativen Auswirkungen;
f) alternative Stoffe und Technologien;
g) damit zusammenhängende sozio-ökonomische Angelegenheiten ...

Art. 4 Zusammenarbeit im rechtlichen, wissenschaftlichen und technischen Bereich. (1) Die Vertragsparteien erleichtern und fördern den Austausch wissenschaftlicher, technischer, sozio-ökonomischer, kommerzieller und rechtlicher Informationen, die für dieses Übereinkommen erheblich sind ...

(2) Die Vertragsparteien arbeiten im Einklang mit ihren innerstaatlichen Gesetzen, sonstigen Vorschriften und Gepflogenheiten sowie unter Berücksichtigung insbesondere der Bedürfnisse der Entwicklungsländer zusammen, um unmittelbar oder über zuständige internationale Stellen die Entwicklung und Weitergabe von Technologie und Kenntnissen zu fördern. Diese Zusammenarbeit erfolgt insbesondere durch
a) Erleichterung des Erwerbs alternativer Technologie durch andere Vertragsparteien;
b) Versorgung mit Informationen über alternative Technologie und Ausrüstung sowie mit besonderen Handbüchern oder Anleitungen dazu;
c) Versorgung mit Ausrüstung und Einrichtungen, die für Forschung und systematische Beobachtungen erforderlich sind;
d) angemessene Ausbildung von wissenschaftlichem und technischem Personal.

Art. 5 Übermittlung von Informationen. Die Vertragsparteien übermitteln der nach Artikel 6 eingesetzten Konferenz der Vertragsparteien über das Sekretariat Informationen über die von ihnen zur Durchführung dieses Übereinkommens und der Protokolle, deren Vertragspartei sie sind, getroffenen Maßnahmen in der Form und in den Zeitabständen, die auf den Tagungen der Vertragsparteien der jeweiligen Übereinkunft festgelegt werden.

Art. 6 Konferenz der Vertragsparteien. (1) Hiermit wird eine Konferenz der Vertragsparteien eingesetzt.

(4) Die Konferenz der Vertragsparteien prüft laufend die Durchführung des Übereinkommens ...

(5) Die Vereinten Nationen, ihre Sonderorganisationen und die Internationale Atomenergie-Organisation sowie jeder Staat, der nicht Vertragspartei des Übereinkommens ist, können sich auf den Tagungen der Konferenz der Vertragsparteien durch Beobachter vertreten lassen.

Art. 9 Änderung des Übereinkommens oder von Protokollen. (1) Jede Vertragspartei kann Änderungen dieses Übereinkommens oder eines Protokolls vorschlagen. In diesen Änderungen werden unter anderem einschlägige wissenschaftliche und technische Erwägungen gebührend berücksichtigt.

(3) Die Vertragsparteien bemühen sich nach Kräften um eine Einigung durch Konsens über eine vorgeschlagene Änderung des Übereinkommens. Sind alle Bemühungen um einen Konsens erschöpft und wird keine Einigung erzielt, so wird als letztes Mittel die Änderung mit Dreiviertelmehrheit der auf der Sitzung anwesenden und abstimmenden Vertragsparteien beschlossen und vom Verwahrer allen Vertragsparteien zur Ratifikation, Genehmigung oder Annahme vorgelegt.

(4) Das Verfahren nach Absatz 3 gilt für Änderungen von Protokollen; jedoch reicht für die Beschlußfassung darüber eine Zweidrittelmehrheit der auf der Sitzung anwesenden und abstimmenden Vertragsparteien des Protokolls aus.

Art. 11 Beilegung von Streitigkeiten.
(1) Im Fall einer Streitigkeit zwischen Vertragsparteien über die Auslegung oder Anwendung dieses Übereinkommens bemühen sich die betroffenen Parteien um eine Lösung durch Verhandlungen.

(2) Können die betroffenen Parteien eine Einigung durch Verhandlungen nicht erreichen, so können sie gemeinsam die guten Dienste einer dritten Partei in Anspruch nehmen oder um deren Vermittlung ersuchen.

(5) Eine Vergleichskommission wird auf Antrag einer der Streitparteien gebildet. Die Kommission setzt sich aus einer gleichen Anzahl von durch jede der betroffenen Parteien bestellten und einem von den durch jede Partei bestellten Mitgliedern gemeinsam gewählten Vorsitzenden zusammen. Die Kommission fällt einen endgültigen Spruch mit empfehlender Wirkung, den die Parteien nach Treu und Glauben berücksichtigen.

Art. 15 Stimmrecht. (1) Jede Vertragspartei dieses Übereinkommens oder eines Protokolls hat eine Stimme.

Art. 18 Vorbehalte. Vorbehalte zu diesem Übereinkommen sind nicht zulässig.

Art. 19 Rücktritt. (1) Eine Vertragspartei kann jederzeit nach Ablauf von vier Jahren nach dem Zeitpunkt, zu dem dieses Übereinkommen für sie in Kraft getreten ist, durch eine an den Verwahrer gerichtete schriftliche Notifikation vom Übereinkommen zurücktreten.

Art. 20 Verwahrer. (1) Der Generalsekretär der Vereinten Nationen übernimmt die Aufgaben des Verwahrers dieses Übereinkommens und der Protokolle.

Abkommen zwischen der Regierung der Bundesrepublik Deutschland und der Regierung der Union der Sozialistischen Sowjetrepubliken über die frühzeitige Benachrichtigung bei einem nuklearen Unfall und den Informationsaustausch über Kernanlagen (UdSSR-Kernanlagen-Informationsaustausch)

vom 25. Oktober 1988

Art. 2. Bei jedem Unfall auf dem Gebiet einer Seite im Zusammenhang mit Kernanlagen ..., in dessen Folge eine Freisetzung radioaktiver Stoffe auf das Gebiet der anderen Seite stattfindet oder stattfinden kann, die für sie vom Standpunkt der Strahlensicherheit von Bedeutung sein könnte, benachrichtigt die erstgenannte Seite die andere Seite unverzüglich auf direktem Wege darüber und stellt ihr die vorhandenen Informationen gemäß Artikel 5 des Übereinkommens zur Verfügung.

Art. 5. (1) Beide Seiten übergeben einander mindestens einmal jährlich Informationen über den Betrieb von Kernanlagen sowie andere technische Informationen zur Nutzung bei der Beurteilung der möglichen Folgen eines Unfalls in diesen Anlagen, die auf der Seite, die die Informationen erhält, auftreten könnten, und bei der Erarbeitung der zum Schutz der Bevölkerung und der Umwelt notwendigen Maßnahmen.

(2) Eine Liste der Anlagen sowie Art und Umfang der zu übermittelnden Informationen werden von beiden Seiten einvernehmlich durch Notenwechsel festgelegt.

Art. 6. Für die Kosten, die durch die gegenseitige Information verursacht werden, machen beide Seite keine Erstattungsansprüche geltend. Falls die Beschaffung von Unterlagen mit erheblichen Kosten verbunden ist, hat die ersuchende Seite diese zu tragen.

Art. 10. Entsprechend dem Viermächte-Abkommen vom 3. September 1971 wird dieses Abkommen in Übereinstimmung mit den festgelegten Verfahren auf Berlin (West) ausgedehnt.

Abkommen zwischen der Regierung der Bundesrepublik Deutschland und der Regierung der Union der Sozialistischen Sowjetrepubliken über die Zusammenarbeit auf dem Gebiet des Umweltschutzes (UdSSR-Umwelt-Abkommen)

vom 25. Oktober 1988

Art. 1. Die Vertragsparteien werden auf dem Gebiet des Umweltschutzes auf der Grundlage der Gleichberechtigung, der Gegenseitigkeit und des beiderseitigen Nutzens zusammenarbeiten.

Art. 2. Diese Zusammenarbeit wird auf die Lösung wichtiger Probleme des Umweltschutzes und der rationellen Nutzung natürlicher Ressourcen gerichtet und der Untersuchung schädlicher Einwirkungen auf die Umwelt sowie der Entwicklung von Maßnahmen zu ihrer Verhütung gewidmet sein.

Sie wird insbesondere auf folgenden Gebieten durchgeführt:
- Reinhaltung der Luft,
- Schutz von Gewässern vor Verschmutzung,
- Verhinderung von Störfällen mit schwerwiegenden Auswirkungen auf die Umwelt,
- Umweltschutz in Städten,
- Vermeidung, Verwertung und schadlose Beseitigung von Abfällen,
- Lärmbekämpfung,
- Biologische und genetische Folgen der Umweltbelastung für den Menschen,
- Schutz von Ökosystemen einschließlich des Bodenschutzes, Einrichtung von Naturschutzgebieten sowie Schutz von seltenen oder gefährdeten Tier- und Pflanzenarten,
- Schutz des Waldes,
- Auswirkungen von Umweltveränderungen auf das Klima,
- Überwachung des Zustandes der Umwelt,
- Normative Anforderungen zur Erhaltung der Umweltqualität,
- Rechts- und Verwaltungspraxis.

Im Verlauf dieser Zusammenarbeit werden die Vertragsparteien die Entwicklung und Anwendung umweltschonender technischer Verfahren und Mittel nachdrücklich fördern sowie den wirtschaftlichen und internationalen Aspekten von Umweltmaßnahmen gebührende Aufmerksamkeit widmen.

Art. 3. Ziel der Zusammenarbeit der Vertragsparteien werden auch Maßnahmen zur Verringerung grenzüberschreitender Schadstoffströme in der Atmosphäre und zur Verringerung oder Verhinderung ihrer Immissionen sein.

Art. 4. Die Zusammenarbeit zwischen den Vertragsparteien auf dem Gebiet des Umweltschutzes wird ... hauptsächlich in folgenden Formen verwirklicht:
- Erfahrungsaustausch,
- Austausch von wissenschaftlich-technischen Informationen, Dokumentationen und Forschungsergebnissen,
- Austausch von Fachleuten,
- Organisation und gemeinsame Durchführung von Konferenzen, Symposien und Expertenberatungen,
- gemeinsame Ausarbeitung und Durchführung von Programmen und Projekten sowie Organisation und Durchführung gemeinsamer Vorhaben wie Experimente und Expeditionen,
- Verwertung, insbesondere Veröffentlichung der Ergebnisse der wichtigsten gemeinsamen Projekte und Programme,
- Teilnahme von Fachleuten der Vertragsparteien an in der Bundesrepublik Deutschland oder der Union der Sozialistischen Sowjetrepubliken veranstalteten internationalen Konferenzen, Symposien und Ausstellungen zum Umweltschutz.

Art. 5. Ausgehend von den Zielen dieses Abkommens werden die Vertragsparteien die Herstellung und Entwicklung unmittelbarer Kontakte und Zusammenarbeit zwischen den Institutionen, Organisationen und Unternehmen fördern und unterstützen.

Art. 6. Um die Durchführung dieses Abkommens zu fördern, wird eine Gemischte Kommission der Bundesrepublik Deutschland und der Union der Sozialistischen Sowjetrepubliken für die Zusammenarbeit im Bereich des Umweltschutzes (im folgenden „Gemischte Kommission" genannt) eingerichtet.

Die Gemischte Kommission wird Arbeitspläne der Zusammenarbeit für jeweils drei Jahre beschließen. In den Arbeitsplänen werden die konkreten Themen und Projekte der Zusammenarbeit, die für ihre Durchführung verantwortlichen Stellen und Personen sowie weitere Modalitäten für die Zusammenarbeit festgelegt.

Die Gemischte Kommission wird die Ergebnisse der Zusammenarbeit erörtern und hierzu konkrete Maßnahmen beschließen.

Die Gemischte Kommission tritt mindestens einmal jährlich abwechselnd in der Bundesrepublik Deutschland und in der Union der Sozialistischen Sowjetrepubliken zusammen.

Die Gemischte Kommission kann Arbeitsgruppen zu einzelnen Bereichen und Problemen der Zusammenarbeit einrichten.

Art. 12. Streitigkeiten über die Auslegung oder Anwendung dieses Abkommens sollen durch Konsultationen zwischen den Vertragsparteien beigelegt werden.

Art. 13. Entsprechend dem Viermächte-Abkommen vom 3. September 1971 wird dieses Abkommen in Übereinstimmung mit den festgelegten Verfahren auf Berlin (West) ausgedehnt.

Abkommen zwischen der Regierung der Bundesrepublik Deutschland und der Regierung der Volksrepublik Polen über die Zusammenarbeit auf dem Gebiet des Umweltschutzes (Polen-Umwelt-Abkommen)

vom 10. November 1989

Art. 1. Beide Seiten werden die Zusammenarbeit auf dem Gebiet des Umweltschutzes auf der Grundlage der Gleichberechtigung, der Gegenseitigkeit und des beiderseitigen Nutzens entwickeln und fördern.

Ziele der Zusammenarbeit sind die Lösung wichtiger Probleme des Umweltschutzes und der rationellen Nutzung der natürlichen Ressourcen, Untersuchungen schädlicher Einwirkungen auf die Umwelt sowie die Entwicklung von Vorsorgemaßnahmen zu ihrem Schutz.

Art. 2. Folgende Gebiete stehen im Vordergrund der Zusammenarbeit:
a) Maßnahmen und Technologien zur Emissionsverminderung von Luftschadstoffen und Messung der Luftbelastung,
b) Beobachtung und Feststellung von Waldschäden einschließlich ihrer Ursachen sowie Maßnahmen zu ihrer Bekämpfung,
c) Maßnahmen und Technologien zur Verhütung der Verschmutzung von Gewässern,
d) Erfahrungen und Maßnahmen zum Schutz des Bodens und bei seiner Rekultivierung,
e) Vermeidung sowie Verwertung und schadlose Entsorgung von Abfällen, Altlastensanierung,
f) Umwelthygiene und Umwelttoxikologie, Gefahrstoffe,
g) Erfahrungen und Maßnahmen auf dem Gebiet des Naturschutzes,
h) allgemeine und organisatorische sowie wirtschaftliche Aspekte der Umweltpolitik, Umweltrecht.

Zu diesem Zweck werden auf der Grundlage des Prinzips der Gegenseitigkeit Expertentreffen, fachwissenschaftliche Veranstaltungen, Austausch von Experten, gegenseitige Information und Weiterbildung sowie Übermittlung wissenschaftlicher und technischer Informationen einschließlich Forschungsergebnissen stattfinden.

Art. 8. Entsprechend dem Viermächte-Abkommen vom 3. September 1971 wird dieses Abkommen in Übereinstimmung mit den festgelegten Verfahren auf Berlin (West) ausgedehnt.

Gesetz über den Friedensschluß zwischen Deutschland und den Alliierten und Assoziierten Mächten (Versailler Vertrag)

vom 16. Juli 1919

Vgl. dazu Kartenanhang 1

1 Politische Bestimmungen über Europa

1.1 Belgien

Art. 34. Deutschland verzichtet außerdem zugunsten Belgiens auf alle Rechte und Ansprüche auf das gesamte Gebiet der Kreise Eupen und Malmedy.

1.2 Linkes Rheinufer

Art. 42. Es ist Deutschland untersagt, auf dem linken Ufer des Rheines und auf dem rechten Ufer westlich einer 50 km östlich des Stromes verlaufenden Linie Befestigungen beizubehalten oder anzulegen.

Art. 43. Ebenso ist in der im Artikel 42 bezeichneten Zone die ständige oder zeitweise Unterhaltung oder Sammlung von Streitkräften untersagt.

1.3 Saarbeckengebiet

Art. 45. Als Ersatz für die Zerstörung der Kohlengruben in Nordfrankreich und als Anzahlung auf die von Deutschland geschuldete völlige Wiedergutmachung der Kriegsschäden tritt Deutschland das volle und unbeschränkte, völlig schulden- und lastenfreie Eigentum an den Kohlengruben im Saarbecken, wie es im Artikel 48 abgegrenzt ist, mit dem ausschließlichen Ausbeutungsrecht an Frankreich ab.

Art. 49. Deutschland verzichtet zugunsten des Völkerbunds, der insoweit als Treuhänder gilt, auf die Regierung des obenbezeichneten Gebiets.

Anlage zum Vertrag

§ 34. Nach Ablauf einer Frist von fünfzehn Jahren nach Inkrafttreten des gegenwärtigen Vertrags wird die Bevölkerung des Saarbeckengebiets berufen, ihren Willen, wie folgt, zu äußern:
Eine Abstimmung findet gemeinde- oder bezirksweise über folgende drei Fragen statt:
a) Beibehaltung der durch den gegenwärtigen Vertrag und diese Anlage geschaffenen Rechtsordnung,
b) Vereinigung mit Frankreich,
c) Vereinigung mit Deutschland.

1.4 Elsaß-Lothringen

Art. 51. Die infolge des Versailler Vorfriedens vom 26. Februar 1871 und des Frankfurter Vertrags vom 10. Mai 1871 an Deutschland abgetretenen Gebiete fallen mit Wirkung vom Zeitpunkte des Waffenstillstandes vom 11. November 1918 ab unter die französische Souveränität zurück.

Die Bestimmungen der Verträge über die Grenzführung von 1871 treten wieder in Kraft.

1.5 Tschecho-Slowakei

Art. 83. Deutschland verzichtet zugunsten der Tschecho-Slowakei auf alle Rechte und Ansprüche auf den folgendermaßen umschriebenen Teil des schlesischen Gebiets:

von einem Punkt ab, der etwa 2 km südöstlich von Katscher auf der Grenze der Kreise Leobschütz und Ratibor liegt:

die Grenze zwischen den beiden Kreisen;

dann die alte Grenze zwischen Deutschland und Österreich-Ungarn bis zu einem Punkte, der an der Oder hart südlich der Eisenbahnlinie Ratibor-Oderberg liegt;

von dort nach Nordwesten bis zu einem Punkte ungefähr 2 km südöstlich von Katscher:

eine im Gelände noch zu bestimmende Linie, die westlich von Kranowitz verläuft.

1.6 Polen

Art. 87. Deutschland erkennt, wie die alliierten und assoziierten Mächte es bereits getan haben, die völlige Unabhängigkeit Polens an und verzichtet zugunsten Polens auf alle Rechte und Ansprüche auf das Gebiet, das begrenzt wird durch die Ostsee, die Ostgrenze Deutschlands, wie sie im Artikel 27 Teil II (Deutschlands Grenzen) des gegenwärtigen Vertrags festgelegt ist, bis zu einem Punkte etwa 2 km östlich von Lorzendorf, dann durch eine Linie bis zu dem von der Nordgrenze Oberschlesiens gebildeten spitzen Winkel etwa 3 km nordwestlich von Simmenau, dann durch die Grenze Oberschlesiens bis zu ihrem Treffpunkt mit der alten deutsch-russischen Grenze, dann durch diese Grenze bis zu ihrem Schnittpunkt mit der Memel, dann durch die Nordgrenze von Ostpreußen, wie sie im Artikel 28 des angeführten Teiles II festgelegt ist.

Art. 88. In dem Teile Oberschlesiens, der innerhalb der nachstehend beschriebenen Grenzen gelegen ist, werden die Einwohner berufen, im Wege der Abstimmung kundzugeben, ob sie mit Deutschland oder Polen vereinigt zu werden wünschen: ...

Deutschland verzichtet bereits jetzt zugunsten Polens auf alle Rechte und Ansprüche auf den Teil Oberschlesiens, der jenseits der auf Grund der Volksabstimmung von den alliierten und assoziierten Hauptmächten festgesetzten Grenzlinie gelegen ist.

1.7 Ostpreußen

Art. 94. In der Zone zwischen der Südgrenze Ostpreußens, wie sie im Artikel 28 Teil II (Deutschlands Grenzen) des gegenwärtigen Vertrags bezeichnet ist, und der nachstehend beschriebenen Linie werden die Einwohner berufen, im Wege der Abstimmung zu erklären, mit welchem Staate sie vereinigt zu werden wünschen:

West- und Nordgrenze des Regierungsbezirks Allenstein bis zu ihrem Treffpunkt mit der Grenzlinie zwischen den Kreisen Oletzko und Angerburg; von dort Nordgrenze des Kreises Oletzko bis zu ihrem Treffpunkt mit der alten Grenze Ostpreußens.

1.8 Memel

Art. 99. Deutschland verzichtet zugunsten der alliierten und assoziierten Hauptmächte auf alle Rechte und Ansprüche auf die Gebiete zwischen der Ostsee, der in Artikel 28 Teil II (Deutschlands Grenzen) des gegenwärtigen Vertrags beschriebenen Nordostgrenze Ostpreußens und den alten deutsch-russischen Grenzen.

1.9 Danzig

Art. 102. Die alliierten und assoziierten Hauptmächte verpflichten sich, die Stadt Danzig nebst dem im Artikel 100 bezeichneten Gebiet als Freie Stadt zu begründen; sie tritt unter den Schutz des Völkerbunds.

1.10 Schleswig

Art. 109. Die Grenze zwischen Deutschland und Dänemark wird in Übereinstimmung mit dem Wunsche der Bevölkerung festgesetzt:

Zu diesem Zweck wird die Bevölkerung derjenigen Gebiete des bisherigen Deutschen Reichs, die nördlich einer von Osten nach Westen verlaufenden (auf der dem gegenwärtigen Vertrag als Anlage beigefügten Karte Nr. 4 durch einen

brauner Strich kenntlich gemachten) Linie gelegen sind,
die von der Ostsee ungefähr 13 km ost-nordöstlich von Flensburg ausgeht, ...
und südlich der Inseln Föhr und Amrum und nördlich der Inseln Oland und Langeneß verläuft, ...
berufen, ihren Willen durch eine Abstimmung kundzutun.

1.11 Helgoland

Art. 115. Die Befestigungen, militärischen Anlagen und Häfen der Insel Helgoland und der Düne sind unter Überwachung der alliierten Hauptregierungen von der deutschen Regierung auf eigene Kosten innerhalb einer von den genannten Regierungen festgesetzten Frist zu zerstören.

2 Wiedergutmachungen

Art. 231. Die alliierten und assoziierten Regierungen erklären, und Deutschland erkennt an, daß Deutschland und seine Verbündeten als Urheber für alle Verluste und Schäden verantwortlich sind, die die alliierten und assoziierten Regierungen und ihre Staatsangehörigen infolge des ihnen durch den Angriff Deutschlands und seiner Verbündeten aufgezwungenen Krieges erlitten haben.

Art. 232. Die alliierten und assoziierten Regierungen erkennen an, daß die Hilfsmittel Deutschlands unter Berücksichtigung ihrer dauernden, sich aus den übrigen Bestimmungen des gegenwärtigen Vertrags ergebenden Verminderung nicht ausreichen, um die volle Wiedergutmachung aller dieser Verluste und Schäden sicherzustellen.

Verfassung des Deutschen Reiches (Weimarer Verfassung)

vom 11. August 1919

Präambel

Das deutsche Volk, einig in seinen Stämmen und von dem Willen beseelt, sein Reich in Freiheit und Gerechtigkeit zu erneuern und zu festigen, dem inneren und dem äußeren Frieden zu dienen und den gesellschaftlichen Fortschritt zu fördern, hat sich diese Verfassung gegeben.

1 Grundsätzliches

Art. 1 Verfassungsgrundsätze. Das Deutsche Reich ist eine Republik. Die Staatsgewalt geht vom Volke aus.

Art. 2 Reichsgebiet. Das Reichsgebiet besteht aus den Gebieten der deutschen Länder. Andere Gebiete können durch Reichsgesetz in das Reich aufgenommen werden, wenn es ihre Bevölkerung kraft des Selbstbestimmungsrechts begehrt.

Art. 3 Reichsflagge. Die Reichsfarben sind schwarz-rot-gold. Die Handelsflagge ist schwarz-weiß-rot mit den Reichsfarben in der oberen inneren Ecke.

Art. 4 Völkerrecht. Bestandteil des Reichsrechtes. Die allgemein anerkannten Regeln des Völkerrechts gelten als bindende Bestandteile des deutschen Reichsrechts.

Art. 20 Reichstag. Der Reichstag besteht aus den Abgeordneten des deutschen Volkes.

Art. 21 Abgeordnete. Die Abgeordneten sind Vertreter des ganzen Volkes. Sie sind nur ihrem Gewissen unterworfen und an Aufträge nicht gebunden.

Art. 22 Wahl. Die Abgeordneten werden in allgemeiner, gleicher, unmittelbarer und geheimer Wahl von den über 20 Jahre alten Männern und Frauen nach den Grundsätzen der Verhältniswahl gewählt. Der Wahltag muß ein Sonntag oder öffentlicher Ruhetag sein.

Das Nähere bestimmt das Reichswahlgesetz.

2 Reichspräsident

Art. 25 Reichstagauflösung. Der Reichspräsident kann den Reichstag auflösen, jedoch nur einmal aus dem gleichen Anlaß.

Art. 41 Wahl. Der Reichspräsident wird vom ganzen deutschen Volke gewählt.
Wählbar ist jeder Deutsche, der das 35. Lebensjahr vollendet hat.
Das Nähere bestimmt ein Reichsgesetz.

Art. 45 Völkerrechtliche Vertretung. Der Reichspräsident vertritt das Reich völkerrechtlich. Er schließt im Namen des Reichs Bündnisse und andere Verträge mit auswärtigen Mächten. Er beglaubigt und empfängt die Gesandten.
Kriegserklärung und Friedensschluß erfolgen durch Reichsgesetz.
Bündnisse und Verträge mit fremden Staaten, die sich auf Gegenstände der Reichsgesetzgebung beziehen, bedürfen der Zustimmung des Reichstags.

Art. 46 Ernennung und Entlassung von Reichsbeamten. Der Reichspräsident ernennt und entläßt die Reichsbeamten und die Offiziere, soweit nicht durch ein Gesetz etwas anderes bestimmt ist. Er kann das Ernennungs- und Entlassungsrecht durch andere Behörden ausüben lassen.

Art. 47 Oberbefehl über die Wehrmacht. Der Reichspräsident hat den Oberbefehl über die gesamte Wehrmacht des Reiches.

Art. 48 Machtstellung des Reichspräsidenten. Wenn ein Land die ihm nach der Reichsverfassung oder den Reichsgesetzen obliegenden Pflichten nicht erfüllt, kann der Reichspräsident es dazu mit Hilfe der bewaffneten Macht anhalten.
Der Reichspräsident kann, wenn im Deutschen Reiche die öffentliche Sicherheit und Ordnung erheblich gestört oder gefährdet wird, die zur Wiederherstellung der öffentlichen Sicherheit und Ordnung nötigen Maßnahmen treffen, erforderlichenfalls mit Hilfe der bewaffneten Macht einschreiten. Zu diesem Zwecke darf er vorübergehend die in den Artikeln 114, 115, 117, 118, 123, 124 und 153 festgesetzten Grundrechte ganz oder zum Teil außer Kraft setzen.

Von allen gemäß Abs. 1 oder Abs. 2 dieses Artikels getroffenen Maßnahmen hat der Reichspräsident unverzüglich dem Reichstag Kenntnis zu geben. Die Maßnahmen sind auf Verlangen des Reichstages außer Kraft zu setzen.
Bei Gefahr im Verzuge kann die Landesregierung für ihr Gebiet einstweilige Maßnahmen der in Abs. 2 bezeichneten Art treffen. Die Maßnahmen sind auf Verlangen des Reichspräsidenten oder des Reichstags außer Kraft zu setzen.
Das Nähere bestimmt ein Reichsgesetz.

3 Reichsregierung

Art. 52 Reichsregierung. Die Reichsregierung besteht aus dem Reichskanzler und den Reichsministern.

Art. 53 Ernennung des Reichskanzlers und der Reichsminister. Der Reichskanzler und auf seinen Vorschlag die Reichsminister werden vom Reichspräsidenten ernannt und entlassen.

Art. 54 Mißtrauensvotum. Der Reichskanzler und die Reichsminister bedürfen zu ihrer Amtsführung des Vertrauens des Reichstags. Jeder von ihnen muß zurücktreten, wenn ihm der Reichstag durch ausdrücklichen Beschluß sein Vertrauen entzieht.

Art. 55 Vorsitz in der Reichsregierung. Der Reichskanzler führt den Vorsitz in der Reichsregierung und leitet ihre Geschäfte nach einer Geschäftsordnung, die von der Reichsregierung beschlossen und vom Reichspräsidenten genehmigt wird.

Art. 56 Richtlinien der Politik, Verantwortung. Der Reichskanzler bestimmt die Richtlinien der Politik und trägt dafür gegenüber dem Reichstag die Verantwortung. Innerhalb dieser Richtlinien leitet jeder Reichsminister den ihm anvertrauten Geschäftszweig selbständig und unter eigener Verantwortung gegenüber dem Reichstag.

Art. 59 Anklagemöglichkeit. Der Reichstag ist berechtigt, den Reichspräsidenten, den Reichskanzler und die Reichsminister vor dem Staatsgerichtshof für das Deutsche Reich anzuklagen, daß sie schuldhafterweise die Reichsverfassung oder ein Reichsgesetz verletzt haben. Der Antrag auf Erhebung der Anklage muß von mindestens hundert Mitgliedern des Reichstags unterzeichnet sein und bedarf der Zustimmung der für Verfassungsänderungen vorgeschriebenen Mehrheit. Das Nähere regelt das Reichsgesetz über den Staatsgerichtshof.

4 Reichsrat

Art. 60 Reichsrat. Zur Vertretung der deutschen Länder bei der Gesetzgebung und Verwaltung des Reichs wird ein Reichsrat gebildet.

Art. 61 Stimmenzahl, Deutschösterreich. Im Reichsrat hat jedes Land mindestens eine Stimme. ...

Deutschösterreich erhält nach seinem Anschluß an das Deutsche Reich das Recht der Teilnahme am Reichsrat mit der seiner Bevölkerung entsprechenden Stimmenzahl. Bis dahin haben die Vertreter Deutschösterreichs beratende Stimme.*

Die Stimmenzahl wird durch den Reichsrat nach jeder allgemeinen Volkszählung neu festgesetzt.

5 Reichsgesetzgebung

Art. 68 Gesetzesinitiative. Die Gesetzesvorlagen werden von der Reichsregierung oder aus der Mitte des Reichstags eingebracht.

Die Reichsgesetze werden vom Reichstag beschlossen.

Art. 69 Zustimmung des Reichsrats. Die Einbringung von Gesetzesvorlagen der Reichsregierung bedarf der Zustimmung des Reichsrats. Kommt eine Übereinstimmung zwischen der Reichsregierung und dem Reichsrat nicht zustande, so kann die Reichsregierung die Vorlage gleichwohl einbringen, hat aber hierbei die abweichende Auffassung des Reichsrats darzulegen.

Beschließt der Reichsrat eine Gesetzesvorlage, welcher die Reichsregierung nicht zustimmt, so hat diese die Vorlage unter Darlegung ihres Standpunktes beim Reichstag einzubringen.

Art. 72 Aussetzen der Verkündung eines Reichsgesetzes. Die Verkündung eines Reichsgesetzes ist um zwei Monate auszusetzen, wenn es ein Drittel des Reichstags verlangt. Gesetze, die der Reichstag und der Reichsrat für dringlich erklären, kann der Reichspräsident ungeachtet dieses Verlangens verkünden.

Art. 73 Volksentscheid. Ein vom Reichstag beschlossenes Gesetz ist vor seiner Verkündung zum Volksentscheid zu bringen, wenn der Reichspräsident binnen eines Monats es bestimmt.

Ein Gesetz, dessen Verkündung auf Antrag von mindestens einem Drittel des Reichstags ausgesetzt ist, ist dem Volksentscheid zu unterbreiten, wenn ein Zwanzigstel der Stimmberechtigten es beantragt.

Ein Volksentscheid ist ferner herbeizuführen, wenn ein Zehntel der Stimmberechtigten das Begehren nach Vorlegung eines Gesetzentwurfs stellt. Dem Volksbegehren muß ein ausgearbeiteter Gesetzentwurf zugrunde liegen. Er ist von der Regierung unter Darlegung ihrer Stellungnahme dem Reichstag zu unterbreiten. Der Volksentscheid findet nicht statt, wenn der begehrte Gesetzentwurf im Reichstag unverändert angenommen worden ist.

Über den Haushaltsplan, über Abgabengesetze und Besoldungsordnungen kann nur der Reichspräsident einen Volksentscheid veranlassen.

Das Verfahren beim Volksentscheid und beim Volksbegehren regelt ein Reichsgesetz.

Art. 74 Einspruchrecht des Reichsrats. Gegen die vom Reichstag beschlossenen Gesetze steht dem Reichsrat der Einspruch zu.

Der Einspruch muß innerhalb zweier Wochen nach der Schlußabstimmung im Reichstag bei der Reichsregierung eingebracht und spätestens binnen zwei weiteren Wochen mit Gründen versehen werden.

Im Falle des Einspruchs wird das Gesetz dem Reichstag zur nochmaligen Beschlußfassung vorgelegt. Kommt hierbei keine Übereinstimmung zwischen Reichstag und Reichsrat zustande, so kann der Reichspräsident binnen drei

---

* Die Reichsregierung mußte durch Protokoll vom 22. 9. 1919 anerkennen, daß Art. 61 Abs. 2 wegen des Widerspruchs zum Friedensvertrag ungültig sei.

Monaten über den Gegenstand der Meinungsverschiedenheit einen Volksentscheid anordnen. Macht der Präsident von diesem Rechte keinen Gebrauch, so gilt das Gesetz als nicht zustandegekommen. Hat der Reichstag mit Zweidrittelmehrheit entgegen dem Einspruch des Reichsrats beschlossen, so hat der Präsident das Gesetz binnen drei Monaten in der vom Reichstag beschlossenen Fassung zu verkünden oder einen Volksentscheid anzuordnen.

Art. 75 Außerkraftsetzung eines Beschlusses des Reichstags durch Volksentscheid. Durch den Volksentscheid kann ein Beschluß des Reichstags nur dann außer Kraft gesetzt werden, wenn sich die Mehrheit der Stimmberechtigten an der Abstimmung beteiligt.

Art. 76 Verfassungsänderung. Die Verfassung kann im Wege der Gesetzgebung geändert werden. Jedoch kommen Beschlüsse des Reichstags auf Abänderung der Verfassung nur zustande, wenn zwei Drittel der gesetzlichen Mitgliederzahl anwesend sind und wenigstens zwei Drittel der Anwesenden zustimmen. Auch Beschlüsse des Reichsrats auf Abänderung der Verfassung bedürfen einer Mehrheit von zwei Dritteln der abgegebenen Stimmen. Soll auf Volksbegehren durch Volksentscheid eine Verfassungsänderung beschlossen werden, so ist die Zustimmung der Mehrheit der Stimmberechtigten erforderlich.

Hat der Reichstag entgegen dem Einspruch des Reichsrats eine Verfassungsänderung beschlossen, so darf der Reichspräsident dieses Gesetz nicht verkünden, wenn der Reichsrat binnen zwei Wochen den Volksentscheid verlangt.

6 Haushaltsgrundsätze

Art. 85 Haushaltsplan. Alle Einnahmen und Ausgaben des Reichs müssen für jedes Rechnungsjahr veranschlagt und in den Haushaltsplan eingestellt werden.

Der Haushaltsplan wird vor Beginn des Rechnungsjahrs durch ein Gesetz festgestellt.

Die Ausgaben werden in der Regel für ein Jahr bewilligt; sie können in besonderen Fällen auch für eine längere Dauer bewilligt werden. Im übrigen sind Vorschriften im Reichshaushaltsgesetz unzulässig, die über das Rechnungsjahr hinausreichen oder sich nicht auf die Einnahmen und Ausgaben des Reichs oder ihre Verwaltung beziehen.

Der Reichstag kann im Entwurf des Haushaltsplans ohne Zustimmung des Reichsrats Ausgaben nicht erhöhen oder neu einsetzen.

Die Zustimmung des Reichsrats kann gemäß den Vorschriften des Artikel 74 ersetzt werden.

Art. 87 Kreditaufnahme. Im Wege des Kredits dürfen Geldmittel nur bei außerordentlichem Bedarf und in der Regel nur für Ausgaben zu werbenden Zwecken beschafft werden. Eine solche Beschaffung sowie die Übernahme einer Sicherheitsleistung zu Lasten des Reichs dürfen nur auf Grund eines Reichsgesetzes erfolgen.

7 Grundrechte und Grundpflichten der Deutschen

Art. 109 Gleichheit vor dem Gesetz. Alle Deutschen sind vor dem Gesetze gleich.

Männer und Frauen haben grundsätzlich dieselben staatsbürgerlichen Rechte und Pflichten.

Öffentlich-rechtliche Vorrechte oder Nachteile der Geburt oder des Standes sind aufzuheben. Adelsbezeichnungen gelten nur als Teil des Namens und dürfen nicht mehr verliehen werden.

Titel dürfen nur verliehen werden, wenn sie ein Amt oder einen Beruf bezeichnen; akademische Grade sind hierdurch nicht betroffen.

Orden und Ehrenzeichen dürfen vom Staat nicht verliehen werden.

Kein Deutscher darf von einer ausländischen Regierung Titel oder Orden annehmen.

Art. 110 Staatsangehörigkeit. Die Staatsangehörigkeit im Reiche und in den Ländern wird nach den Bestimmungen eines Reichsgesetzes erworben und verloren. Jeder Angehörige eines Landes ist zugleich Reichsangehöriger.

Jeder Deutsche hat in jedem Lande des Reiches die gleichen Rechte und Pflichten wie die Angehörigen des Landes selbst.

Art. 111 Freizügigkeit. Alle Deutschen genießen Freizügigkeit im ganzen Reiche. Jeder hat das Recht, sich an beliebigem Ort des Reichs aufzuhalten und niederzulassen, Grundstücke zu erwerben und jeden Nahrungszweig zu betreiben. Einschränkungen bedürfen eines Reichsgesetzes.

Art. 112 Auswanderung. Jeder Deutsche ist berechtigt, nach außerdeutschen Ländern auszuwandern. Die Auswanderung kann nur durch Reichsgesetz eingeschränkt werden.

Dem Ausland gegenüber haben alle Reichsangehörigen inner- und außerhalb des Reichsgebiets Anspruch auf den Schutz des Reichs.

Kein Deutscher darf einer ausländischen Regierung zur Verfolgung oder Bestrafung überliefert werden.

Art. 113 Schutz fremdsprachiger Volksteile. Die fremdsprachigen Volksteile des Reichs dürfen durch die Gesetzgebung und Verwaltung nicht in ihrer freien, volkstümlichen Entwicklung, besonders nicht im Gebrauch ihrer Muttersprache beim Unterricht sowie bei der inneren Verwaltung und der Rechtspflege beeinträchtigt werden.

Art. 114 Freiheit der Person. Die Freiheit der Person ist unverletzlich. Eine Beeinträchtigung oder Entziehung der persönlichen Freiheit durch die öffentliche Gewalt ist nur auf Grund von Gesetzen zulässig.

Personen, denen die Freiheit entzogen wird, sind spätestens am darauffolgenden Tage in Kenntnis zu setzen, von welchen Behörden und aus welchen Gründen die Entziehung der Freiheit angeordnet worden ist; unverzüglich soll ihnen Gelegenheit gegeben werden, Einwendungen gegen ihre Freiheitsentziehung vorzubringen.

Art. 115 Unverletzlichkeit der Wohnung. Die Wohnung jedes Deutschen ist für ihn eine Freistätte und unverletzlich. Ausnahmen sind nur auf Grund von Gesetzen zulässig.

Art. 116 Strafbarkeit. Eine Handlung kann nur dann mit einer Strafe belegt werden, wenn die Strafbarkeit gesetzlich bestimmt war, bevor die Handlung begangen wurde.

Art. 117 Brief- und Postgeheimnis. Das Briefgeheimnis sowie das Post-, Telegraphen- und Fernsprechgeheimnis sind unverletzlich. Ausnahmen können nur durch Reichsgesetz zugelassen werden.

Art. 118 Meinungsfreiheit. Jeder Deutsche hat das Recht, innerhalb der Schranken der allgemeinen Gesetze seine Meinung durch Wort, Schrift, Druck, Bild oder in sonstiger Weise frei zu äußern.

Art. 123 Versammlungsrecht. Alle Deutschen haben das Recht, sich ohne Anmeldung oder besondere Erlaubnis friedlich und unbewaffnet zu versammeln.

Versammlungen unter freiem Himmel können durch Reichsgesetz anmeldepflichtig gemacht und bei unmittelbarer Gefahr für die öffentliche Sicherheit verboten werden.

Art. 124 Vereinigungen. Alle Deutschen haben das Recht, zu Zwecken, die den Strafgesetzen nicht zuwiderlaufen, Vereine oder Gesellschaften zu bilden. Dies Recht kann nicht durch Vorbeugungsmaßregeln beschränkt werden. Für religiöse Vereine und Gesellschaften gelten dieselben Bestimmungen.

Der Erwerb der Rechtsfähigkeit steht jedem Vereine gemäß den Vorschriften des bürgerlichen Rechts frei. Er darf einem Vereine nicht aus dem Grunde versagt werden, daß er einen politischen, sozialpolitischen oder religiösen Zweck verfolgt.

Art. 125 Wahlfreiheit und Wahlgeheimnis. Wahlfreiheit und Wahlgeheimnis sind gewährleistet. Das Nähere bestimmen die Wahlgesetze.

Art. 126 Petitionsrecht. Jeder Deutsche hat das Recht, sich schriftlich mit Bitten oder Beschwerden an die zuständige Behörde oder an die Volksvertretung zu wenden. Dieses Recht kann sowohl von einzelnen als auch von mehreren gemeinsam ausgeübt werden.

8 Wirtschaftsleben

Art. 151 Wirtschaftliche Freiheit. Die Ordnung des Wirtschaftslebens muß den Grundsätzen der Gerechtigkeit mit dem Ziele der Gewährleistung eines menschenwürdigen Daseins für alle entsprechen. In diesen Grenzen ist die wirtschaftliche Freiheit des einzelnen zu sichern.

Gesetzlicher Zwang ist nur zulässig zur Verwirklichung bedrohter Rechte oder im Dienst überragender Forderungen des Gemeinwohls.

Die Freiheit des Handels und Gewerbes wird nach Maßgabe der Reichsgesetze gewährleistet.

Art. 153 Eigentum. Das Eigentum wird von der Verfassung gewährleistet. Sein Inhalt und seine Schranken ergeben sich aus den Gesetzen.

Eine Enteignung kann nur zum Wohle der Allgemeinheit und auf gesetzlicher Grundlage vorgenommen werden. Sie erfolgt gegen angemessene Entschädigung, soweit nicht ein Reichsgesetz etwas anderes bestimmt. Wegen der Höhe der Entschädigung ist im Streitfalle der Rechtsweg bei den ordentlichen Gerichten offenzuhalten, soweit Reichsgesetze nichts anderes bestimmen. Enteignung durch das Reich gegenüber Ländern, Gemeinden und gemeinnützigen Verbänden kann nur gegen Entschädigung erfolgen.

Eigentum verpflichtet. Sein Gebrauch soll zugleich Dienst sein für das gemeine Beste.

Programm der Nationalsozialistischen Deutschen Arbeiterpartei – N.S.D.A.P. (Parteiprogramm NSDAP)

vom 24. Februar 1920

mit der Erklärung von Adolf Hitler vom 13. April 1928

Das Programm

1. Wir fordern den Zusammenschluß aller Deutschen auf Grund des Selbstbestimmungsrechts der Völker zu einem Groß-Deutschland.
2. Wir fordern die Gleichberechtigung des Deutschen Volkes gegenüber den anderen Nationen, Aufhebung der Friedensverträge von Versailles und St. Germain.
3. Wir fordern Land und Boden (Kolonien) zur Ernährung unseres Volkes und Ansiedlung unseres Bevölkerungs-Überschusses.
4. Staatsbürger kann nur sein, wer Volksgenosse ist. Volksgenosse kann nur sein, wer deutschen Blutes ist, ohne Rücksichtnahme auf Konfession. Kein Jude kann daher Volksgenosse sein.
5. Wer nicht Staatsbürger ist, soll nur als Gast in Deutschland leben können und muß unter Fremdengesetzgebung stehen.
6. Das Recht, über Führung und Gesetze des Staates zu bestimmen, darf nur dem Staatsbürger zustehen. Daher fordern wir, daß jedes öffentliche Amt, gleichgültig welcher Art, gleich ob im Reich, Land oder Gemeinde, nur durch Staatsbürger bekleidet werden darf.
   Wir bekämpfen die korrumpierende Parlamentswirtschaft einer Stellenbesetzung nur nach Parteigesichtspunkten ohne Rücksicht auf Charakter und Fähigkeiten.
7. Wir fordern, daß sich der Staat verpflichtet, in erster Linie für die Erwerbs- und Lebensmöglichkeiten der Staatsbürger zu sorgen. Wenn es nicht möglich ist, die Gesamtbevölkerung des Staates zu ernähren, so sind die Angehörigen fremder Nationen (Nicht-Staatsbürger) aus dem Reiche auszuweisen.
8. Jede weitere Einwanderung Nicht-Deutscher ist zu verhindern. Wir fordern, daß alle Nicht-Deutschen, die seit 2. August 1914 in Deutschland eingewandert sind, sofort zum Verlassen des Reiches gezwungen werden.
9. Alle Staatsbürger müssen gleiche Rechte und Pflichten besitzen.
10. Erste Pflicht jedes Staatsbürgers muß sein, geistig oder körperlich zu schaffen. Die Tätigkeit des einzelnen darf nicht gegen die Interessen der Allge-

meinheit verstoßen, sondern muß im Rahmen des Gesamten und zum Nutzen Aller erfolgen.
Daher fordern wir:

11. Abschaffung des arbeit- und mühelosen Einkommens.
Brechung der Zinsknechtschaft.
12. Im Hinblick auf die ungeheuren Opfer an Gut und Blut, die jeder Krieg vom Volke fordert, muß die persönliche Bereicherung durch den Krieg als Verbrechen am Volke bezeichnet werden. Wir fordern daher restlose Einziehung aller Kriegsgewinne.
13. Wir fordern die Verstaatlichung aller (bisher) bereits vergesellschafteten (Trusts) Betriebe.
14. Wir fordern Gewinnbeteiligung an Großbetrieben.
15. Wir fordern einen großzügigen Ausbau der Alters-Versorgung.
16. Wir fordern die Schaffung eines gesunden Mittelstandes und seine Erhaltung, sofortige Kommunalisierung der Groß-Warenhäuser und ihre Vermietung zu billigen Preisen an kleine Gewerbetreibende, schärfste Berücksichtigung aller kleinen Gewerbetreibenden bei Lieferung an den Staat, die Länder oder Gemeinden.
17. Wir fordern eine unseren nationalen Bedürfnissen angepaßte Bodenreform, Schaffung eines Gesetzes zur unentgeltlichen Enteignung von Boden für gemeinnützige Zwecke, Abschaffung des Bodenzinses und Verhinderung jeder Bodenspekulation.
18. Wir fordern den rücksichtslosen Kampf gegen diejenigen, die durch ihre Tätigkeit das Gemeininteresse schädigen. Gemeine Volksverbrecher, Wucherer, Schieber usw. sind mit dem Tode zu bestrafen, ohne Rücksichtnahme auf Konfession und Rasse.
19. Wir fordern Ersatz für das der materialistischen Weltanschauung dienende römische Recht durch ein deutsches Gemeinrecht.
20. Um jedem fähigen und fleißigen Deutschen das Erreichen höherer Bildung und damit das Einrücken in führende Stellungen zu ermöglichen, hat der Staat für einen gründlichen Ausbau unseres gesamten Volksbildungswesens Sorge zu tragen. Die Lehrpläne aller Bildungsanstalten sind den Erfordernissen des praktischen Lebens anzupassen. Das Erfassen des Staatsgedankens muß bereits mit dem Beginn des Verständnisses durch die Schule (Staatsbürgerkunde) erzielt werden. Wir fordern die Ausbildung geistig besonders veranlagter Kinder armer Eltern ohne Rücksicht auf deren Stand oder Beruf auf Staatskosten.
21. Der Staat hat für die Hebung der Volksgesundheit zu sorgen durch den Schutz der Mutter und des Kindes, durch Verbot der Jugendarbeit, durch Herbeiführung der körperlichen Ertüchtigung mittels gesetzlicher Festlegung einer Turn- und Sportpflicht, durch größte Unterstützung aller sich mit körperlicher Jugend-Ausbildung beschäftigenden Vereine.
22. Wir fordern die Abschaffung der Söldnertruppe und die Bildung eines Volksheeres.
23. Wir fordern den gesetzlichen Kampf gegen die bewußte politische Lüge und ihre Verbreitung durch die Presse. Um die Schaffung einer deutschen Presse zu ermöglichen, fordern wir, daß:
    a) sämtliche Schriftleiter und Mitarbeiter von Zeitungen, die in deutscher Sprache erscheinen, Volksgenossen sein müssen,
    b) nichtdeutsche Zeitungen zu ihrem Erscheinen der ausdrücklichen Genehmigung des Staates bedürfen. Sie dürfen nicht in deutscher Sprache gedruckt werden,
    c) jede finanzielle Beteiligung an deutschen Zeitungen oder deren Beeinflussung durch Nicht-Deutsche gesetzlich verboten wird und fordern als Strafe für Übertretungen die Schließung eines solchen Zeitungsbetriebes sowie die sofortige Ausweisung der daran beteiligten Nicht-Deutschen aus dem Reich.

Zeitungen, die gegen das Gemeinwohl verstoßen, sind zu verbieten. Wir fordern den gesetzlichen Kampf gegen eine Kunst- und Literatur-Richtung, die einen zersetzenden Einfluß auf unser Volksleben ausübt und die Schließung von Veranstaltungen, die gegen vorstehende Forderungen verstoßen.

24. Wir fordern die Freiheit aller religiösen Bekenntnisse im Staat, soweit sie nicht dessen Bestand gefährden oder gegen das Sittlichkeits- und Moralgefühl der germanischen Rasse verstoßen. Die Partei als solche vertritt den Standpunkt eines positiven Christentums, ohne sich konfessionell an ein bestimmtes Bekenntnis zu binden. Sie bekämpft den jüdisch-materialistischen Geist in und außer uns und ist überzeugt, daß eine dauernde Genesung unseres Volkes nur erfolgen kann von innen heraus auf der Grundlage: Gemeinnutz vor Eigennutz.
25. Zur Durchführung alles dessen fordern wir: die Schaffung einer starken Zentralgewalt des Reiches. Unbedingte Autorität des politischen Zentralparlaments über das gesamte Reich und seine Organisation im allgemeinen.
Die Bildung von Stände- und Berufskammern zur Durchführung der vom Reich erlassenen Rahmengesetze in den einzelnen Bundesstaaten. Die Führer der Partei versprechen, wenn nötig, unter Einsatz des eigenen Lebens, für die Durchführung der vorstehenden Punkte rücksichtslos einzutreten.

Die Erklärung

Gegenüber den verlogenen Auslegungen des Punktes 17 des Programms der NSDAP von seiten unserer Gegner ist folgende Feststellung notwendig:
Da die NSDAP auf dem Boden des Privat-Eigentums steht, ergibt sich von selbst, daß der Passus „unentgeltliche Enteignung" nur auf die Schaffung gesetzlicher Möglichkeiten Bezug hat, Boden, der auf unrechtmäßige Weise erworben wurde oder nicht nach den Gesichtspunkten des Volkswohls verwaltet wird, wenn nötig, zu enteignen. Dies richtet sich demgemäß in erster Linie gegen die jüdischen Grundspekulationsgesellschaften.
München, den 13. April 1928.

gez. Adolf Hitler

Verordnung des Reichspräsidenten zum Schutz von Volk und Staat (Schutzverordnung Volk und Staat)

vom 28. Februar 1933

Auf Grund des Artikels 48 Absatz 2 der Reichsverfassung wird zur Abwehr kommunistischer staatsgefährdender Gewaltakte folgendes verordnet:[*]

§ 1. Die Artikel 114, 115, 117, 118, 123, 124 und 153 der Verfassung des Deutschen Reiches werden bis auf weiteres außer Kraft gesetzt. Es sind daher Beschränkungen der persönlichen Freiheit, des Rechtes der freien Meinungsäußerung, einschließlich der Pressefreiheit, des Vereins- und Versammlungsrechtes, Eingriffe in das Brief-, Post-, Telegraphen- und Fernsprechgeheimnis, Anordnungen von Haussuchungen und von Beschlagnahme sowie Beschränkungen des Eigentums auch außerhalb der sonst hierfür bestimmten Grenzen zulässig.[**]

§ 2. Werden in einem Lande die zur Wiederherstellung der öffentlichen Sicherheit und Ordnung nötigen Maßnahmen nicht getroffen, so kann die Reichsregierung insoweit die Befugnisse der obersten Landesbehörde vorübergehend wahrnehmen.

§ 3. Die Behörden der Länder und Gemeinden (Gemeindeverbände) haben den auf Grund des § 2 erlassenen Anordnungen der Reichsregierung im Rahmen ihrer Zuständigkeit Folge zu leisten.

---

[*] Vgl. Weimarer Verfassung, S. 290.
[**] Vgl. Weimarer Verfassung, S. 293.

Gesetz zur Behebung der Not von Volk und Staat (Ermächtigungsgesetz)

vom 24. März 1933*

Art. 1. Reichsgesetze können außer in dem in der Reichsverfassung vorgesehenen Verfahren auch durch die Reichsregierung beschlossen werden. Dies gilt auch für die in den Artikeln 85, Absatz 2 und 87 der Reichsverfassung bezeichneten Gesetze.

Art. 2. Die von der Reichsregierung beschlossenen Gesetze können von der Reichsverfassung abweichen, soweit sie nicht die Einrichtung des Reichstags und des Reichsrats als solche zum Gegenstand haben. Die Rechte des Reichspräsidenten bleiben unberührt.

Art. 3. Die von der Reichsregierung beschlossenen Reichsgesetze werden vom Reichskanzler ausgefertigt und im Reichsgesetzblatt verkündet. Sie treten, soweit sie nichts anderes bestimmen, mit dem auf die Verkündung folgenden Tage in Kraft. Die Artikel 68 bis 77 der Reichsverfassung finden auf die von der Reichsregierung beschlossenen Gesetze keine Anwendung.

Art. 4. Verträge des Reiches mit fremden Staaten, die sich auf Gegenstände der Reichsgesetzgebung beziehen, bedürfen für die Dauer der Geltung dieser Gesetze nicht der Zustimmung der an der Gesetzgebung beteiligten Körperschaften. Die Reichsregierung erläßt die zur Durchführung dieser Verträge erforderlichen Vorschriften.

Art. 5. Dieses Gesetz tritt mit dem Tage seiner Verkündung in Kraft. Es tritt mit dem 1. April 1937 außer Kraft, es tritt ferner außer Kraft, wenn die gegenwärtige Reichsregierung durch eine andere abgelöst wird.

---

* Das Gesetz wurde am 30. 01. 1937 um vier Jahre verlängert; weitere Verlängerung durch Reichstagsbeschluß vom 30. 01. 1939; unbegrenzte Verlängerung durch Führererlaß vom 10. 05. 1943.

Zweites Gesetz zur Gleichschaltung der Länder mit dem Reich (Reichsstatthaltergesetz)

vom 7. April 1933

§ 1. In den deutschen Ländern, mit Ausnahme von Preußen, ernennt der Reichspräsident auf Vorschlag des Reichskanzlers Reichsstatthalter. Der Reichsstatthalter hat die Aufgabe, für die Beobachtung der vom Reichskanzler aufgestellten Richtlinien der Politik zu sorgen. Ihm stehen folgende Befugnisse der Landesgewalt zu:

1. Ernennung und Entlassung des Vorsitzenden der Landesregierung und auf dessen Vorschlag der übrigen Mitglieder der Landesregierung;

2. Auflösung des Landtags und Anordnung der Neuwahl ...

3. Ausfertigung und Verkündung der Landesgesetze ...

4. auf Vorschlag der Landesregierung Ernennung und Entlassung der unmittelbaren Staatsbeamten und Richter, soweit sie bisher durch die oberste Landesbehörde erfolgte;

5. das Begnadigungsrecht.

Gesetz gegen die Neubildung von Parteien (Parteienneubildungsgesetz)

vom 14. Juli 1933

§ 1. In Deutschland besteht als einzige politische Partei die Nationalsozialistische Deutsche Arbeiterpartei.

§ 2. Wer es unternimmt, den organisatorischen Zusammenhalt einer anderen politischen Partei aufrechtzuerhalten oder eine neue politische Partei zu bilden, wird, sofern nicht die Tat nach anderen Vorschriften mit einer höheren Strafe bedroht ist, mit Zuchthaus bis zu drei Jahren oder mit Gefängnis von sechs Monaten bis zu drei Jahren bestraft.

Gesetz über Volksabstimmung (Volksabstimmungsgesetz)

vom 14. Juli 1933

§ 1. Die Reichsregierung kann das Volk befragen, ob es einer von der Reichsregierung beabsichtigten Maßnahme zustimmt oder nicht.

Bei der Maßnahme nach Absatz 1 kann es sich auch um ein Gesetz handeln.

§ 2. Bei der Volksabstimmung entscheidet die Mehrheit der abgegebenen gültigen Stimmen. Dies gilt auch dann, wenn die Abstimmung ein Gesetz betrifft, das verfassungsändernde Vorschriften enthält.

§ 3. Stimmt das Volk den Maßnahmen zu, so findet Artikel 3 des Gesetzes zur Behebung der Not von Volk und Reich vom 24. März 1933 entsprechende Anwendung.

Gesetz zur Sicherung der Einheit von Partei und Staat (Partei- und Staatsgesetz)

vom 1. Dezember 1933

§ 1. Nach dem Siege der nationalsozialistischen Revolution ist die Nationalsozialistische Deutsche Arbeiterpartei die Trägerin des deutschen Staatsgedankens und mit dem Staat unlöslich verbunden. Sie ist eine Körperschaft des öffentlichen Rechts.

§ 2. Zur Gewährleistung engster Zusammenarbeit der Dienststellen der Partei und der SA mit den öffentlichen Behörden werden der Stellvertreter des Führers und der Chef des Stabes der SA Mitglieder der Reichsregierung.

§ 3. Den Mitgliedern der Nationalsozialistischen Deutschen Arbeiterpartei und der SA (einschließlich der ihr unterstellten Gliederungen) als der führenden und bewegenden Kraft des nationalsozialistischen Staates obliegen erhöhte Pflichten gegenüber Führer, Volk und Staat.

Sie unterstehen wegen Verletzung dieser Pflichten einer besonderen Partei- und SA-Gerichtsbarkeit. Der Führer kann diese Bestimmungen auf die Mitglieder anderer Organisationen erstrecken.

§ 6. Die öffentlichen Behörden haben im Rahmen ihrer Zuständigkeit den mit der Ausübung der Partei- und SA-Gerichtsbarkeit betrauten Dienststellen der Partei und der SA Amts- und Rechtshilfe zu leisten.

Gesetz über den Neubau des Reiches (Reichsneubaugesetz)

vom 30. Januar 1934

Art. 1. Die Volksvertretungen der Länder werden aufgehoben.

Art. 2. Die Hoheitsrechte der Länder gehen auf das Reich über. Die Landesregierungen unterstehen der Reichsregierung.

Art. 3. Die Reichsstatthalter unterstehen der Dienstaufsicht des Reichsministers des Innern.

Art. 4. Die Reichsregierung kann neues Verfassungsrecht setzen.

Gesetz über die Aufhebung des Reichsrats (Reichsrataufhebungsgesetz)

vom 14. Februar 1934

§ 1. Der Reichsrat wird aufgehoben.
Die Vertretungen der Länder beim Reich fallen fort.

§ 2. Die Mitwirkung des Reichsrats in Rechtsetzung und Verwaltung fällt fort.
Soweit der Reichsrat selbständig tätig wurde, tritt an seine Stelle der zuständige Reichsminister oder die von diesem im Benehmen mit dem Reichsminister des Innern bestimmte Stelle. Die Mitwirkung von Bevollmächtigten zum Reichsrat in Körperschaften, Gerichten und Organen jeder Art fällt fort.

Gesetz über das Staatsoberhaupt des Deutschen Reiches (Staatsoberhauptgesetz)

vom 1. August 1934

§ 1. Das Amt des Reichspräsidenten wird mit dem des Reichskanzlers vereinigt. Infolgedessen gehen die bisherigen Befugnisse des Reichspräsidenten auf den Führer und Reichskanzler Adolf Hitler über. Er bestimmt seinen Stellvertreter.

§ 2. Dieses Gesetz tritt mit Wirkung von dem Zeitpunkt des Ablebens des Reichspräsidenten von Hindenburg in Kraft.

Reichsbürgergesetz

vom 15. September 1935

§ 1. (1) Staatsangehöriger ist, wer dem Schutzverband des Deutschen Reiches angehört und ihm dafür besonders verpflichtet ist.

(2) Die Staatsangehörigkeit wird nach den Vorschriften des Reichs- und Staatsangehörigkeitsgesetzes erworben.

§ 2. (1) Reichsbürger ist nur der Staatsangehörige deutschen oder artverwandten Blutes, der durch sein Verhalten beweist, daß er gewillt und geeignet ist, in Treue dem Deutschen Volk und Reich zu dienen.

(2) Das Reichsbürgerrecht wird durch Verleihung des Reichsbürgerbriefes erworben.

(3) Der Reichsbürger ist der alleinige Träger der vollen politischen Rechte nach Maßgabe der Gesetze.

Gesetz zum Schutze des deutschen Blutes und der deutschen Ehre (Blut- und Ehregesetz)

vom 15. September 1935

Durchdrungen von der Erkenntnis, daß die Reinheit des deutschen Blutes die Voraussetzung für den Fortbestand des Deutschen Volkes ist, und beseelt von dem unbeugsamen Willen, die Deutsche Nation für alle Zukunft zu sichern, hat der Reichstag einstimmig das folgende Gesetz beschlossen, ...

§ 1. (1) Eheschließungen zwischen Juden und Staatsangehörigen deutschen oder artverwandten Blutes sind verboten. Trotzdem geschlossene Ehen sind nichtig, auch wenn sie zur Umgehung dieses Gesetzes im Ausland geschlossen sind.

(2) Die Nichtigkeitsklage kann nur der Staatsanwalt erheben.

§ 2. Außerehelicher Verkehr zwischen Juden und Staatsangehörigen deutschen oder artverwandten Blutes ist verboten.

§ 3. Juden dürfen weibliche Staatsangehörige deutschen oder artverwandten Blutes unter 45 Jahren in ihrem Haushalt nicht beschäftigen.

§ 4. (1) Juden ist das Hissen der Reichs- und Nationalflagge und das Zeigen der Reichsfarben verboten.

(2) Dagegen ist ihnen das Zeigen der jüdischen Farben gestattet. Die Ausübung dieser Befugnis steht unter staatlichem Schutz.

§ 5. (1) Wer dem Verbot des § 1 zuwiderhandelt, wird mit Zuchthaus bestraft.

(2) Der Mann, der dem Verbot des § 2 zuwiderhandelt, wird mit Gefängnis oder mit Zuchthaus bestraft.

(3) Wer den Bestimmungen der §§ 3 oder 4 zuwiderhandelt, wird mit Gefängnis bis zu einem Jahr und mit Geldstrafe oder mit einer dieser Strafen bestraft.

Deutsch-Japanisches Abkommen gegen die Kommunistische Internationale – KOMINTERN –
mit Zusatzprotokoll zum Abkommen gegen die Kommunistische Internationale und geheimem Zusatzabkommen zum Abkommen gegen die Kommunistische Internationale (Antikominternabkommen)

vom 25. November 1936

sowie mit dem Protokoll des Beitritts Italiens zum Deutsch-Japanischen Abkommen gegen die Kommunistische Internationale (KOMINTERN)

vom 6. November 1937

Das Deutsch-Japanische Abkommen

Die Regierung des Deutschen Reiches und
Die Kaiserlich Japanische Regierung
In der Erkenntnis, daß das Ziel der Kommunistischen Internationale, Komintern genannt, die Zersetzung und Vergewaltigung der bestehenden Staaten mit allen zu Gebote stehenden Mitteln ist,
In der Ueberzeugung, daß die Duldung einer Einmischung der Kommunistischen Internationale in die inneren Verhältnisse der Nationen nicht nur deren inneren Frieden und soziales Wohlleben gefährdet, sondern auch den Weltfrieden überhaupt bedroht,
Sind in dem Wunsche, gemeinsam zur Abwehr gegen die kommunistische Zersetzung zusammenzuarbeiten, in folgendem übereingekommen:

Art. I. Die Hohen Vertragschließenden Staaten kommen überein, sich gegenseitig über die Tätigkeit der Kommunistischen Internationale zu unterrichten, über die notwendigen Abwehrmaßnahmen zu beraten und diese in enger Zusammenarbeit durchzuführen.

Art. II. Die Hohen Vertragschließenden Staaten werden dritte Staaten, deren innerer Friede durch die Zersetzungsarbeit der Kommunistischen Internationale bedroht wird, gemeinsam einladen, Abwehrmaßnahmen im Geiste dieses Abkommens zu ergreifen oder an diesem Abkommen teilzunehmen.

Art. III. Für dieses Abkommen gelten sowohl der deutsche wie auch der japanische Text als Urschrift. Es tritt am Tage der Unterzeichnung in Kraft und gilt für die Dauer von fünf Jahren. Die Hohen Vertragschließenden Staaten werden sich rechtzeitig vor Ablauf dieser Frist über die weitere Gestaltung ihrer Zusammenarbeit verständigen.

Das Zusatzprotokoll

Anläßlich der heutigen Unterzeichnung des Abkommens gegen die Kommunistische Internationale sind die unterzeichneten Bevollmächtigten in folgendem übereingekommen:
a) Die zuständigen Behörden der beiden Hohen Vertragschließenden Staaten werden in bezug auf den Nachrichtenaustausch über die Tätigkeit der Kommunistischen Internationale sowie auf die Aufklärungs- und Abwehrmaßnahmen gegen die Kommunistische Internationale in enger Weise zusammenarbeiten.
b) Die zuständigen Behörden der beiden Hohen Vertragschließenden Staaten werden im Rahmen der bestehenden Gesetze strenge Maßnahmen gegen diejenigen ergreifen, die sich im Inland oder Ausland direkt oder indirekt im Dienste der Kommunistischen In-

ternationale betätigen oder deren Zersetzungsarbeit Vorschub leisten.

c) Um die in a) festgelegte Zusammenarbeit der zuständigen Behörden der beiden Hohen Vertragschließenden Staaten zu erleichtern, wird eine ständige Kommission errichtet werden. In dieser Kommission werden die weiteren zur Bekämpfung der Zersetzungsarbeit der Kommunistischen Internationale notwendigen Abwehrmaßnahmen erwogen und beraten.

Das geheime Zusatzabkommen

Die Regierung des Deutschen Reiches
und
die Kaiserlich Japanische Regierung

In der Erkenntnis, daß die Regierung der Union der Sozialistischen Sowjet-Republiken an der Verwirklichung des Zieles der Kommunistischen Internationale arbeitet und für diesen Zweck ihre Armee einsetzen will,

In der Überzeugung, daß diese Tatsache nicht nur den Bestand der Hohen Vertragschließenden Staaten, sondern den Weltfrieden überhaupt in ernstester Weise bedroht,

Sind zur Wahrung der gemeinsamen Interessen in folgendem übereingekommen:

Art. I. Sollte einer der Hohen Vertragschließenden Staaten Gegenstand eines nicht provozierten Angriffs oder einer nicht provozierten Angriffsdrohung durch die Union der Sozialistischen Sowjet-Republiken werden, so verpflichtet sich der andere Hohe Vertragschließende Staat, keinerlei Maßnahmen zu treffen, die in ihrer Wirkung die Lage der Union der Sozialistischen Sowjet-Republiken zu entlasten geeignet sein würden.

Sollte der in Absatz 1 bezeichnete Fall eintreten, so werden sich die Hohen Vertragschließenden Staaten sofort darüber beraten, welche Maßnahmen sie zur Wahrung der gemeinsamen Interessen ergreifen werden.

Art. II. Die Hohen Vertragschließenden Staaten werden während der Dauer dieses Abkommens ohne gegenseitige Zustimmung mit der Union der Sozialistischen Sowjet-Republiken keinerlei politische Verträge schließen, die mit dem Geiste dieses Abkommens nicht übereinstimmen.

Art. III. Für dieses Abkommen gelten sowohl der deutsche wie auch der japanische Text als Urschrift. Es tritt gleichzeitig mit dem am heutigen Tage unterzeichneten Abkommen gegen die Kommunistische Internationale in Kraft und hat die gleiche Geltungsdauer.*

Das Protokoll des Beitritts Italiens

Die Regierung des Deutschen Reiches,
die Italienische Regierung und
die Kaiserlich Japanische Regierung:

In der Erwägung, daß die Kommunistische Internationale ständig die zivilisierte Welt im Westen und im Osten weiter gefährdet, ihren Frieden und ihre Ordnung stört und vernichtet,

Überzeugt, daß nur eine enge Zusammenarbeit aller an der Aufrechterhaltung des Friedens und der Ordnung interessierten Staaten diese Gefahr vermindern und beseitigen kann,

In der Erwägung, daß Italien, das seit Beginn der Faschistischen Regierung diese Gefahr mit unbeugsamer Entschlossenheit bekämpfte und die Kommunistische Internationale in seinem Gebiet ausmerzte, entschieden hat, sich Seite an Seite mit Deutschland und Japan, die ihrerseits von dem gleichen Abwehrwillen gegen die Kommunistische Internationale beseelt sind, gegen den gemeinsamen Feind zu stellen,

Sind, in Übereinstimmung mit Artikel II des Abkommens gegen die Kommunistische Internationale, das am 25. November 1936 zu Berlin zwischen Deutschland und Japan abgeschlossen wurde, wie folgt übereingekommen:

Art. I. Italien tritt dem als Anlage im Wortlaut beigefügten Abkommen gegen die Kommunistische Internationale nebst Zusatzprotokoll, das am 25. November 1936 zwischen Deutschland und Japan abgeschlossen worden ist, bei.

Art. II. Die drei das vorliegende Protokoll unterzeichnenden Mächte kommen

---

* Geltungsdauer des Antikominternabkommens 5 Jahre.

überein, daß Italien als ursprünglicher Unterzeichner des im vorhergehenden Artikel erwähnten Abkommens nebst Zusatzprotokoll gilt, wobei die Unterzeichnung des vorliegenden Protokolls gleichbedeutend ist mit der Unterzeichnung des Originaltextes des genannten Abkommens nebst Zusatzprotokoll.

Art. III. Das vorliegende Protokoll gilt als integrierender Teil des obenerwähnten Abkommens nebst Zusatzprotokoll.

Art. IV. Das vorliegende Protokoll ist in deutscher, italienischer und japanischer Sprache abgefaßt, wobei jeder Text als Urschrift gilt. Es tritt am Tage der Unterzeichnung in Kraft.

Abkommen zwischen Deutschland, Großbritannien, Frankreich und Italien (Münchner Abkommen)

vom 29. September 1938
mit Zusatz zu dem Abkommen vom 29. September 1938
und mit Zusätzlicher Erklärung vom 29. September 1938
sowie mit Zusatzerklärung vom 29. September 1938

Das Abkommen

Deutschland, das Vereinigte Königreich, Frankreich und Italien sind unter Berücksichtigung des Abkommens, das hinsichtlich der Abtretung des sudetendeutschen Gebiets bereits grundsätzlich erzielt wurde, über folgende Bedingungen und Modalitäten dieser Abtretung und über die danach zu ergreifenden Maßnahmen übereingekommen und erklären sich durch dieses Abkommen einzeln verantwortlich für die zur Sicherung seiner Erfüllung notwendigen Schritte.

1. Die Räumung beginnt am 1. Oktober.

2. Das Vereinigte Königreich, Frankreich und Italien vereinbaren, daß die Räumung des Gebiets bis zum 10. Oktober vollzogen wird, und zwar ohne Zerstörung irgendwelcher bestehender Einrichtungen, und daß die Tschechoslowakische Regierung die Verantwortung dafür trägt, daß die Räumung ohne Beschädigung der bezeichneten Einrichtungen durchgeführt wird.

3. Die Modalitäten der Räumung werden im einzelnen durch einen internationalen Ausschuß festgelegt, der sich aus Vertretern Deutschlands, des Vereinigten Königreichs, Frankreichs, Italiens und der Tschechoslowakei zusammensetzt.

4. Die etappenweise Besetzung des vorwiegend deutschen Gebietes durch deutsche Truppen beginnt am 1. Oktober. ...

5. Der in § 3 erwähnte internationale Ausschuß wird die Gebiete bestimmen, in denen eine Volksabstimmung stattfinden soll. Diese Gebiete werden bis zum Abschluß der Volksabstimmung durch internationale Formationen besetzt werden. Der gleiche Ausschuß wird die Modalitäten festlegen, unter denen die Volksabstimmung durchgeführt werden soll, wobei die Modalitäten der Saarabstimmung als Grundlage zu betrachten sind. Der Ausschuß wird ebenfalls den Tag festsetzen, an dem die Volksabstimmung stattfindet; dieser Tag darf jedoch nicht später als Ende November liegen.

6. Die endgültige Festlegung der Grenzen wird durch den internationalen Ausschuß vorgenommen werden. Dieser Ausschuß ist berechtigt, den vier Mächten Deutschland, dem Vereinigten Königreich, Frankreich und Italien in bestimmten Ausnahmefällen geringfügige Abweichungen von der streng ethnographischen Bestimmung der ohne Volksabstimmung zu übertragenden Zonen zu empfehlen.

7. Es wird ein Optionsrecht für den Übertritt in die abgetretenen Gebiete und für den Austritt aus ihnen vorgesehen. Die Option muß innerhalb von sechs Monaten vom Zeitpunkt des Abschlusses dieses Abkommens an ausgeübt werden. Ein deutsch-tschechoslowakischer Ausschuß wird die Einzelheiten der Option bestimmen, Verfahren zur Erleichterung

des Austausches der Bevölkerung erwägen und grundsätzliche Fragen klären, die sich aus diesem Austausch ergeben.

8. Die Tschechoslowakische Regierung wird innerhalb einer Frist von vier Wochen vom Tage des Abschlusses dieses Abkommens an alle Sudetendeutschen aus ihren militärischen und polizeilichen Verbänden entlassen, die diese Entlassung wünschen. Innerhalb derselben Frist wird die Tschechoslowakische Regierung sudetendeutsche Gefangene entlassen, die wegen politischer Delikte Freiheitsstrafen verbüßen.

Der Zusatz zu dem Abkommen

Seiner Majestät Regierung im Vereinigten Königreich und die französische Regierung haben sich dem vorstehenden Abkommen angeschlossen auf der Grundlage, daß sie zu dem Angebot stehen, welches im Paragraph 6 der englisch-französischen Vorschläge vom 19. September enthalten ist, betreffend eine internationale Garantie der neuen Grenzen des tschechoslowakischen Staates gegen einen unprovozierten Angriff.

Sobald die Frage der polnischen und ungarischen Minderheiten in der Tschechoslowakei geregelt ist, werden Deutschland und Italien ihrerseits der Tschechoslowakei eine Garantie geben.

Die Zusätzliche Erklärung

Die Regierungschefs der vier Mächte erklären, daß das Problem der polnischen und ungarischen Minderheiten in der Tschechoslowakei, sofern es nicht innerhalb von drei Monaten durch eine Vereinbarung unter den betreffenden Regierungen geregelt wird, den Gegenstand einer weiteren Zusammenkunft der hier anwesenden Regierungschefs der vier Mächte bilden wird.

Die Zusatzerklärung

Alle Fragen, die sich aus der Gebietsübergabe ergeben, gelten als zur Zuständigkeit des internationalen Ausschusses gehörig.

Freundschafts- und Bündnispakt zwischen Deutschland und Italien (Stahl-Pakt)

vom 22. Mai 1939

Art. 1. Die Vertragschließenden Teile werden ständig in Fühlung miteinander bleiben, um sich über alle ihre gemeinsamen Interessen oder die europäische Gesamtlage berührenden Fragen zu verständigen.

Art. 2. Falls die gemeinsamen Interessen der Vertragschließenden Teile durch internationale Ereignisse irgendwelcher Art gefährdet werden sollten, werden sie unverzüglich in Beratungen über die zur Wahrung dieser Interessen zu ergreifenden Maßnahmen eintreten.

Wenn die Sicherheit oder andere Lebensinteressen eines der Vertragschließenden Teile von außen her bedroht werden sollten, wird der andere Vertragschließende Teil dem bedrohten Teil seine volle politische und diplomatische Unterstützung zuteil werden lassen, um diese Bedrohung zu beseitigen.

Art. 3. Wenn es entgegen den Wünschen und Hoffnungen der Vertragschließenden Teile dazu kommen sollte, daß einer von ihnen in kriegerische Verwicklungen mit einer andern Macht oder mit andern Mächten gerät, wird ihm der andere Vertragschließende Teil sofort als Bundesgenosse zur Seite treten und ihn mit allen seinen militärischen Kräften zu Lande, zur See und in der Luft unterstützen.

Art. 4. Um im gegebenen Falle die schnelle Durchführung der im Artikel 3 übernommenen Bündnispflichten sicherzustellen, werden die Regierungen der beiden Vertragschließenden Teile ihre Zusammenarbeit auf militärischem Gebiete und auf dem Gebiete der Kriegswirtschaft weiter vertiefen.

In gleicher Weise werden sich die beiden Regierungen auch über andere zur praktischen Durchführung der Bestimmungen dieses Paktes notwendige Maßnahmen fortlaufend verständigen.

Die beiden Regierungen werden zu den vorstehend in Absatz 1 und 2 angegebenen Zwecken ständige Kommissionen bilden, die der Leitung der beiden Außenminister unterstellt sind.

Art. 5. Die Vertragschließenden Teile verpflichten sich schon jetzt, im Falle eines gemeinsam geführten Krieges Waffenstillstand und Frieden nur in vollem Einverständnis miteinander abzuschließen.

Art. 6. Die beiden Vertragschließenden Teile sind sich der Bedeutung bewußt, die ihren gemeinsamen Beziehungen zu den ihnen befreundeten Mächten zukommt. Sie sind entschlossen, diese Beziehungen auch in Zukunft aufrechtzuerhalten und gemeinsam entsprechend den übereinstimmenden Interessen zu gestalten, durch die sie mit diesen Mächten verbunden sind.

Art. 7. Dieser Pakt tritt sofort mit der Unterzeichnung in Kraft. Die beiden Vertragschließenden Teile sind darüber einig, die erste Periode seiner Gültigkeit auf zehn Jahre festzusetzen. Sie werden sich rechtzeitig vor Ablauf dieser Frist über die Verlängerung der Gültigkeit des Pakts verständigen.

Im XVII. Jahre der Faschistischen Aera.

Nichtangriffsvertrag zwischen Deutschland und der Union der Sozialistischen Sowjetrepubliken (Nichtangriffsvertrag UdSSR)

vom 23. August 1939

mit geheimem Zusatzprotokoll vom 23. August 1939

Der Vertrag

Art. I. Die beiden Vertragschließenden Teile verpflichten sich, sich jeden Gewaltakts, jeder aggressiven Handlung und jedes Angriffs gegeneinander, und zwar sowohl einzeln als auch gemeinsam mit anderen Mächten, zu enthalten.

Art. II. Falls einer der Vertragschließenden Teile Gegenstand kriegerischer Handlungen seitens einer dritten Macht werden sollte, wird der andere Vertragschließende Teil in keiner Form diese dritte Macht unterstützen.

Art. III. Die Regierungen der beiden Vertragschließenden Teile werden künftig fortlaufend zwecks Konsultation in Fühlung miteinander bleiben, um sich gegenseitig über Fragen zu informieren, die ihre gemeinsamen Interessen berühren.

Art. IV. Keiner der beiden Vertragschließenden Teile wird sich an irgend einer Mächtegruppierung beteiligen, die sich mittelbar oder unmittelbar gegen den anderen Teil richtet.

Art. V. Falls Streitigkeiten oder Konflikte zwischen den Vertragschließenden Teilen über Fragen dieser oder jener Art entstehen sollten, werden beide Teile diese Streitigkeiten oder Konflikte ausschließlich auf dem Wege freundschaftlichen Meinungsaustausches oder nötigenfalls durch Einsetzung von Schlichtungskommissionen bereinigen.

Art. VI. Der gegenwärtige Vertrag wird auf die Dauer von 10 Jahren abgeschlossen mit der Maßgabe, daß, soweit nicht einer der Vertragschließenden Teile ihn ein Jahr vor Ablauf dieser Frist kündigt, die Dauer der Wirksamkeit dieses Vertrages automatisch für weitere fünf Jahre als verlängert gilt.

Das geheime Zusatzprotokoll

Aus Anlaß der Unterzeichnung des Nichtangriffsvertrages zwischen dem Deutschen Reich und der Union der Sozialistischen Sowjetrepubliken haben die unterzeichneten Bevollmächtigten der beiden Teile in streng vertraulicher Aussprache die Frage der Abgrenzung der beiderseitigen Interessensphären in Osteuropa erörtert. Diese Aussprache hat zu folgendem Ergebnis geführt:

1. Für den Fall einer territorial-politischen Umgestaltung in den zu den baltischen Staaten (Finnland, Estland, Lettland, Litauen) gehörenden Gebieten bildet die nördliche Grenze Litauens zugleich die Grenze der Interessensphären Deutschlands und der UdSSR. Hierbei wird das Interesse Litauens am Wilnaer Gebiet beiderseits anerkannt.

2. Für den Fall einer territorial-politischen Umgestaltung der zum polnischen Staate gehörenden Gebiete werden die Interessensphären Deutschlands und der UdSSR ungefähr durch die Linie der Flüsse Narew, Weichsel und San abgegrenzt.

Die Frage, ob die beiderseitigen Interessen die Erhaltung eines unabhängigen polnischen Staates erwünscht erscheinen lassen und wie und wie dieser Staat abzugrenzen wäre, kann endgültig erst im Laufe der weiteren politischen Entwicklung geklärt werden.

In jedem Falle werden beide Regierungen diese Frage im Wege einer freundschaftlichen Verständigung lösen.

3. Hinsichtlich des Südostens Europas wird von sowjetischer Seite das Interesse an Bessarabien betont. Von deutscher Seite wird das völlige politische Desinteressement an diesen Gebieten erklärt.

4. Dieses Protokoll wird von beiden Seiten streng geheim behandelt werden.

Kommuniqué über die Konferenz der Regierungschefs der drei alliierten Mächte – Sowjetunion, Vereinigte Staaten von Amerika und Großbritannien – auf der Krim (Krimkonferenz)

vom 4. bis 11. Februar 1945 in Jalta

Niederwerfung Deutschlands

Wir haben die militärischen Pläne der drei alliierten Mächte für die endgültige Niederwerfung des gemeinsamen Feindes erwogen und festgesetzt. ...

Unsere gemeinsamen militärischen Pläne werden erst dann bekannt werden, wenn wir sie verwirklichen, wir sind jedoch überzeugt, daß die auf dieser Konferenz erreichte außerordentlich enge praktische Zusammenarbeit zwischen unseren drei Stäben zu einer Verkürzung des Krieges führen wird. Beratungen der drei Stäbe werden jedes Mal stattfinden, wann immer es sich als notwendig erweisen sollte.

Das nazistische Deutschland ist dem Untergang geweiht. Dem deutschen Volk wird seine Niederlage nur noch teurer zu stehen kommen, wenn es versucht, seinen hoffnungslosen Widerstand fortzusetzen.

Besetzung Deutschlands und Kontrolle über Deutschland

Wir sind über die gemeinsame Politik und die Pläne zur zwingenden Durchführung der Bestimmungen der bedingungslosen Kapitulation übereingekommen, die wir gemeinsam dem nazistischen Deutschland auferlegen werden, nachdem der bewaffnete deutsche Widerstand endgültig gebrochen ist. Diese Bestimmungen werden erst bekanntgegeben werden, wenn die endgültige Niederwerfung Deutschlands vollzogen ist. Gemäß dem in gegenseitigem Einvernehmen festgelegten Plan werden die Streitkräfte der drei Mächte je eine Zone Deutschlands besetzen. Der Plan sieht eine koordinierte Verwaltung und Kontrolle durch eine Zentralkontrollkommission mit Sitz in Berlin vor, die aus den Oberbefehlshabern der drei Mächte bestehen wird. ...

Es ist beschlossen worden, daß Frankreich von den drei Mächten eingeladen werden soll, eine Besatzungszone zu übernehmen und als viertes Mitglied an der Kontrollkommission teilzunehmen, falls es dies wünschen sollte. Die Größe der französischen Zone wird von den vier interessierten Regierungen durch ihre Vertreter bei der Europäischen Beratenden Kommission in gegenseitigem Einvernehmen festgelegt. ...

Es ist unser unbeugsamer Wille, den deutschen Militarismus und Nazismus zu vernichten und dafür Sorge zu tragen, daß Deutschland nie wieder imstande ist, den Weltfrieden zu stören. Wir sind fest entschlossen, alle deutschen Streitkräfte zu entwaffnen und aufzulösen; den deutschen Generalstab, der wiederholt zur Wiederaufrichtung des deutschen Militarismus beigetragen hat, für alle Zeiten zu zerschlagen; sämtliche deutschen militärischen Ausrüstungen zu entfernen oder zu zerstören; die gesamte deutsche Industrie, die für militärische Produktion benutzt werden könnte, zu beseitigen oder unter Kontrolle zu stellen; alle Kriegsverbrecher einer gerechten und schnellen Bestrafung zuzuführen sowie eine in Sachleistungen zu leistende Wiedergutmachung der von den Deutschen verursachten Zerstörungen zu bewirken; die nazistische Partei, die nazistischen Gesetze, Organisationen und Einrichtungen auszumerzen, alle nazistischen und militärischen Einflüsse aus den öffentlichen Dienststellen sowie dem kulturellen und wirtschaftlichen Leben des deutschen Volkes zu beseitigen und gemeinsam solche Maßnahmen gegen Deutschland zu ergreifen, die sich für den zukünftigen Frieden und die Sicherheit der Welt als notwendig erweisen können. Es ist nicht unsere Absicht, das deutsche Volk zu vernichten. Nur dann, wenn der Nazismus und Militarismus ausgerottet sind, wird für das deutsche Volk Hoffnung auf ein würdiges Leben und einen Platz in der Völkergemeinschaft bestehen.

Reparationen von Deutschland

Wir haben die Frage des Schadens, den Deutschland in diesem Krieg den Vereinigten Nationen zugefügt hat, erörtert und für Recht befunden, daß Deutschland verpflichtet wird, in größtmöglichem Umfang in Sachleistungen Ersatz für den verursachten Schaden zu leisten.

Es wird eine Schadenersatz-Kommission eingesetzt werden, die auch den Auftrag haben soll, die Frage des Umfangs und der Art und Weise der Wiedergutmachung des von Deutschland alliierten Ländern zugefügten Schadens zu behandeln. Die Kommission wird in Moskau arbeiten.

Konferenz der Vereinten Nationen

Wir haben beschlossen, in nächster Zeit gemeinsam mit unseren Verbündeten eine allgemeine internationale Organisation zur Aufrechterhaltung des Friedens und der Sicherheit zu gründen. Wir sind der Ansicht, daß dies wesentlich ist sowohl zur Vorbeugung einer Aggression als auch zur Beseitigung der politischen, wirtschaftlichen und sozialen Ursachen des Krieges durch enge und ständige Zusammenarbeit aller friedliebenden Völker. ...

Deklaration über das befreite Europa

Wir haben eine Deklaration über das befreite Europa aufgesetzt und unterzeichnet. Diese Deklaration sieht eine Abstimmung der Politik der drei Mächte und ihr gemeinsames Vorgehen bei der Lösung der politischen und wirtschaftlichen Probleme des befreiten Europa auf demokratischer Grundlage vor. ...

Die Herstellung der Ordnung in Europa und die Umgestaltung des nationalen Wirtschaftslebens müssen in einer Weise zuwege gebracht werden, die es den befreiten Völkern gestattet, die letzten Spuren des Nazismus und Faschismus zu beseitigen und demokratische Einrichtungen nach eigener Wahl zu schaffen. In Übereinstimmung mit dem Grundsatz der Atlantik-Charta - dem Recht aller Völker, sich die Regierungsform, unter der sie leben werden, selbst zu wählen – ist die Wiederherstellung der souveränen Rechte und der Selbstverwaltung derjenigen Völker, die dieser durch die aggressiven Nationen mit Gewalt beraubt worden sind, zu gewährleisten. ...

Über Polen

Wir hatten uns vorgenommen, auf der Krimkonferenz unsere Meinungsverschiedenheiten in der polnischen Frage beizulegen. Wir haben alle Aspekte der polnischen Frage ausschöpfend erörtert. Wir haben erneut bekräftigt, daß es unser Wunsch ist, ein starkes, freies, unabhängiges und demokratisches Polen wiederhergestellt zu sehen, und als Ergebnis unserer Verhandlungen einigten wir uns über die Bedingungen, auf deren Grundlage die neue Provisorische Polnische Regierung der Nationalen Einheit zu bilden ist, um von den drei Hauptmächten anerkannt zu werden. ...

Nach Ansicht der Chefs der drei Regierungen soll die Ostgrenze Polens entlang der Curzonlinie verlaufen, wobei sie in einigen Gebieten 5 bis 8 km zugunsten Polens davon abweichen soll. Die drei Regierungschefs erkennen an, daß Polen einen beträchtlichen Gebietszuwachs im Norden und im Westen erhalten muß. Sie sind der Ansicht, daß die Meinung der neuen Polnischen Regierung der Nationalen Einheit über den Umfang dieses Gebietszuwachses zu gegebener Zeit einzuholen ist und daß die endgültige Festlegung der Westgrenze Polens bis zur Friedenskonferenz zurückzustellen ist"

Über Jugoslawien

Wir haben es als notwendig erachtet, Marschall Tito und Dr. Šubašić die unverzügliche Inkraftsetzung des zwischen ihnen geschlossenen Abkommens und die Bildung einer Provisorischen Vereinten Regierung auf der Grundlage dieses Abkommens zu empfehlen.

Beratungen der Außenminister

Während der gesamten Konferenz fanden neben den täglichen Beratungen der Regierungschefs gemeinsam mit den Außenministern jeden Tag gesonderte Beratungen der drei Außenminister unter Hinzuziehung ihrer Berater statt.

Diese Beratungen haben sich als außerordentlich nützlich erwiesen, und es wurde auf der Konferenz ein Übereinkommen darüber erzielt, einen ständigen Mechanismus für die regelmäßige Konsultation der drei Außenminister zu schaffen. Deshalb werden die Außenminister so oft wie erforderlich, wahrscheinlich alle drei oder vier Monate, zusammenkommen. Diese Beratungen werden abwechselnd in den drei Hauptstädten stattfinden, wobei die erste Beratung in London nach der Konferenz der Vereinten Nationen über die Gründung der internationalen Sicherheitsorganisation stattfinden soll.

Einigkeit im Frieden wie im Kriege

Unsere Zusammenkunft auf der Krim hat unseren gemeinsamen Entschluß von neuem bekräftigt, die Einheitlichkeit der Ziele und Handlungen, welche den Vereinten Nationen den Sieg in diesem Krieg ermöglicht und gesichert hat, in der kommenden Friedenszeit aufrechtzuerhalten und zu stärken. Wir sind überzeugt, daß dies eine heilige Pflicht ist, deren Erfüllung unsere Regierungen ihren eigenen Völkern sowie den Völkern der Welt schulden.

Nur durch fortlaufende und wachsende Zusammenarbeit und Verständigung unter unseren drei Ländern und unter allen friedliebenden Nationen kann die höchste Bestrebung der Menschheit verwirklicht werden, nämlich ein sicherer und dauerhafter Frieden, der, wie es in der Atlantik-Charta heißt, „Gewähr dafür bietet, daß alle Menschen in allen Ländern ihr Leben frei von Furcht und Not verbringen können".

Wir sind der Ansicht, daß der Sieg in diesem Kriege und die Gründung der beabsichtigten internationalen Organisation die größte Gelegenheit in der Geschichte bietet, in den kommenden Jahren die für einen solchen Frieden wichtigsten Voraussetzungen zu schaffen.

Winston Churchill
Franklin D. Roosevelt
11. Februar 1945   J. Stalin

Mitteilung über die Berliner Konferenz der drei Mächte (Potsdamer Konferenz)

vom 17. Juli bis 2. August 1945 in Potsdam

Vgl. dazu Kartenanhang 2

...

1 Deutschland

Die alliierten Armeen führen die Besetzung von ganz Deutschland durch, und das deutsche Volk fängt an, Sühne zu leisten für die furchtbaren Verbrechen, die unter der Leitung derer, welche es zur Zeit ihrer Erfolge offen gebilligt und denen es blind gehorcht hat, begangen wurden.

Auf der Konferenz wurde eine Übereinkunft erzielt über die politischen und wirtschaftlichen Grundsätze der koordinierten Politik der Alliierten gegenüber dem besiegten Deutschland in der Periode der alliierten Kontrolle.

Das Ziel dieser Übereinkunft ist die Durchführung der Krim-Deklaration über Deutschland. Der deutsche Militarismus und Nazismus werden ausgerottet, und die Alliierten werden in Übereinstimmung miteinander in der Gegenwart und in der Zukunft auch andere Maßnahmen treffen, die notwendig sind, damit Deutschland niemals mehr seine Nachbarn oder die Erhaltung des Friedens in der ganzen Welt bedrohen kann.

Es ist nicht die Absicht der Alliierten, das deutsche Volk zu vernichten oder zu versklaven. Die Alliierten wollen dem deutschen Volk die Möglichkeit geben, sich darauf vorzubereiten, sein Leben im weiteren auf einer demokratischen und friedlichen Grundlage wiederaufzubauen. Wenn die eigenen Anstrengungen des deutschen Volkes unablässig auf dieses Ziel gerichtet sein werden, wird es ihm möglich sein, mit der Zeit seinen Platz unter den freien und friedlichen Völkern der Welt einzunehmen.

Der Text dieser Übereinkunft lautet: Politische und wirtschaftliche Grundsätze, deren man sich bei der Behandlung Deutschlands in der Anfangsperiode der Kontrolle bedienen muß.

1.1 Politische Grundsätze

1. Entsprechend der Übereinkunft über den Kontrollmechanismus in Deutschland wird die oberste Macht in Deutschland durch die Oberbefehlshaber der Streitkräfte der Union der Sozialistischen Sowjetrepubliken, der Vereinigten Staaten von Amerika, des Vereinigten Königreichs und der Französischen Republik ausgeübt, und zwar von jedem in seiner Besatzungszone nach den Weisungen ihrer entsprechenden Regierungen sowie gemeinsam in ihrer Eigenschaft als Mitglieder des Kontrollrates in den Deutschland als Ganzes betreffenden Fragen.

2. Soweit dies praktisch durchführbar ist, muß die Behandlung der deutschen Bevölkerung in ganz Deutschland gleich sein.

3. Die Ziele der Besetzung Deutschlands, von denen der Kontrollrat sich leiten lassen soll, sind:

I) Völlige Entwaffnung und Entmilitarisierung Deutschlands und die Beseitigung der gesamten deutschen Industrie, welche für Kriegsproduktion benutzt werden kann, oder Kontrolle über sie. Zu diesem Zweck:

a) werden alle Land-, See und Luftstreitkräfte Deutschlands, SS, SA, SD und Gestapo mit allen ihren Organisationen, Stäben und Einrichtungen, einschließlich des Generalstabes, des Offizierskorps, der Reservisten, der Militärschulen, der Kriegervereine und aller anderen militärischen und halbmilitärischen Organisationen zusammen mit ihren Klubs und Verbänden, die den Interessen der Erhaltung der militärischen Tradition in Deutschland dienen, völlig und endgültig aufgelöst, um damit für immer der Wiedergeburt oder Neugestaltung des deutschen Militarismus und Nazismus vorzubeugen;

b) müssen sich alle Waffen, Ausrüstung und Kriegsgeräte und alle Spezialmittel zu deren Herstellung in der Verfügung der Alliierten befinden oder vernichtet werden. Der Unterhaltung und Herstellung aller Flugzeuge und jeglicher Waffen, Ausrüstung und Kriegsgeräte wird vorgebeugt werden.

II) Das deutsche Volk muß überzeugt werden, daß es eine totale militärische Niederlage erlitten hat und daß es sich nicht der Verantwortung entziehen kann für das, was es selbst auf sich geladen hat dadurch, daß seine eigene mitleidlose Kriegführung und der fanatische Widerstand der Nazis die deutsche Wirtschaft zerstört und Chaos und Elend unvermeidlich gemacht haben.

III) Die Nationalsozialistische Partei, ihre Zweigeinrichtungen und die von ihr kontrollierten Organisationen sind zu vernichten; alle nazistischen Einrichtungen sind aufzulösen; es sind Sicherheiten dafür zu schaffen, daß sie in keiner Form wiedererstehen können; jeder nazistischen und militaristischen Betätigung und Propaganda ist vorzubeugen.

IV) Man muß sich vorbereiten auf die endgültige Umgestaltung des deutschen politischen Lebens auf demokratischer Grundlage und eine eventuelle friedliche Mitarbeit Deutschlands am internationalen Leben.

4. Alle nazistischen Gesetze, welche die Grundlagen für das Hitlerregime geschaffen oder eine Diskriminierung auf Grund der Rasse, Religion oder politischer Überzeugung errichtet haben, müssen abgeschafft werden. Keine solche Diskriminierung, weder eine rechtliche noch eine administrative oder irgendeiner anderen Art, wird geduldet werden.

5. Kriegsverbrecher und alle diejenigen, die an der Planung oder Verwirklichung nazistischer Maßnahmen teilgenommen haben, die Greuel oder Kriegsverbrechen nach sich zogen oder zur Folge hatten, sind zu verhaften und vor Gericht zu stellen. Nazistische Führer, einflußreiche Nazianhänger und die Leiter der nazistischen Einrichtungen und Organisationen sowie alle anderen Personen, die für die Besetzung und ihre Ziele gefährlich sind, sind zu verhaften und zu internieren.

6. Alle Mitglieder der nazistischen Partei, welche mehr als nominell an ihrer Tätigkeit teilgenommen haben, und alle anderen Personen, die den alliierten Zielen feindlich gegenüberstehen, sind aus dem öffentlichen oder halböffentlichen Dienst und von den verantwortlichen Posten in wichtigen Privatunternehmen zu entfernen. Diese Personen müssen durch Personen ersetzt werden, welche nach ihren politischen und moralischen Eigenschaften fähig erscheinen, an der Entwicklung wahrhaft demokratischer Einrichtungen in Deutschland mitzuwirken.

7. Das Bildungswesen in Deutschland muß so überwacht werden, daß die nazistischen und militaristischen Doktrinen völlig entfernt werden und eine erfolgreiche Entwicklung der demokratischen Ideen möglich gemacht wird.

8. Das Gerichtswesen wird entsprechend den Grundsätzen der Demokratie und der Gerechtigkeit auf der Grundlage der Gesetzlichkeit und der Gleichberechtigung aller Bürger ohne Unterschied der Rasse, der Nationalität und der Religion neugestaltet werden.

9. Die Verwaltung Deutschlands muß in Richtung auf eine Dezentralisation der politischen Struktur und der Entwicklung einer örtlichen Selbstverantwortung durchgeführt werden. Zu diesem Zwecke:

I) Wird die lokale Selbstverwaltung in ganz Deutschland nach demokratischen Grundsätzen wiederhergestellt, und zwar durch gewählte Räte, so schnell wie es mit der Wahrung der militärischen Sicherheit und mit den Zielen der militärischen Besetzung vereinbar ist.

II) In ganz Deutschland sind alle demokratischen politischen Parteien zu erlauben und zu fördern mit der Einräumung des Rechtes, Versammlungen einzuberufen und öffentliche Diskussionen durchzuführen.

III) Die Grundsätze der Vertretung und der Wählbarkeit sollen in die Kreis-, Provinzial- und Landesverwaltungen, so schnell wie es durch die erfolgreiche Anwendung dieser Grundsätze in der örtlichen Selbstverwaltung gerechtfertigt werden kann, eingeführt werden.

IV) Bis auf weiteres wird keine deutsche Zentralregierung errichtet werden. Jedoch werden einige wichtige zentrale deutsche Verwaltungsabteilungen errichtet werden unter der Leitung von Staatssekretären, und zwar auf den Gebieten des Finanzwesens, des Transportwesens, des Verbindungswesens, des Außenhandels und der Industrie. Diese Abteilungen werden unter der Leitung des Kontrollrates tätig sein.

10. Unter Berücksichtigung der Notwendigkeit der Erhaltung der militärischen Sicherheit wird die Freiheit der Rede, der Presse und der Religion gewährt, die religiösen Einrichtungen werden respektiert werden. Die Gründung freier Gewerkschaften, gleichfalls unter Berücksichtigung der Notwendigkeit der Erhaltung der militärischen Sicherheit, wird gestattet werden.

1.2 Wirtschaftliche Grundsätze

11. Mit dem Ziele der Vernichtung des deutschen Kriegspotentials ist die Produktion von Waffen, Kriegsausrüstung und Kriegsmitteln, ebenso die Herstellung aller Typen von Flugzeugen und Seeschiffen zu verbieten und unmöglich zu machen.

12. In praktisch kürzester Frist ist die deutsche Wirtschaft zu dezentralisieren mit dem Ziel der Vernichtung der bestehenden übermäßigen Konzentration der Wirtschaftskraft, die sich besonders in Kartellen, Syndikaten, Trusts und anderen Monopolvereinigungen verkörpert.

13. Bei der Organisation der deutschen Wirtschaft ist das Hauptgewicht auf die Entwicklung der Landwirtschaft und der Friedensindustrie für den inneren Bedarf zu legen.

14. Während der Besatzungszeit ist Deutschland als eine wirtschaftliche Einheit zu betrachten. Mit diesem Ziel ist eine gemeinsame Politik festzulegen hinsichtlich:

a) der Erzeugung und der Verteilung der Produkte der Bergbau- und der verarbeitenden Industrie;

b) der Landwirtschaft, Forstwirtschaft und der Fischerei;

c) der Löhne, der Preise und der Rationierung;

d) des Import- und Exportprogramms für Deutschland als Ganzes;

e) der Währung und des Bankwesens, der zentralen Besteuerung und der Zölle;

f) der Reparationen und der Beseitigung des militärischen Industriepotentials;

g) des Transport- und Verbindungswesens.

Bei der Durchführung dieser Politik sind gegebenenfalls die verschiedenen örtlichen Bedingungen zu berücksichtigen.

15. Es ist eine alliierte Kontrolle über die deutsche Wirtschaft zu errichten, jedoch nur in den Grenzen, die notwendig sind: ...

16. Zur Einführung und Aufrechterhaltung der durch den Kontrollrat errichteten wirtschaftlichen Kontrolle ist ein deutscher Verwaltungsapparat aufzubauen; den deutschen Behörden ist nahezulegen, in möglichst vollem Umfang die Verwaltung dieses Apparates zu übernehmen und das zu verkünden. So ist dem deutschen Volk einzuprägen, daß die Verantwortung für diese Verwaltung und jedes ihrer Versagen auf ihm ruhen wird. Jede deutsche Verwaltung, die dem Ziel der Besatzung widersprechen wird, wird verboten werden.

17. Es sind unverzüglich Maßnahmen zu treffen zu:

a) notwendigen Instandsetzungen des Verkehrswesens;

b) Steigerung der Kohlenförderung;

c) weitestmöglichen Erhöhung der landwirtschaftlichen Produktion und

d) dringlichen Instandsetzung der Wohnungen und der wichtigen kommunalen Einrichtungen.

18. Der Kontrollrat hat entsprechende Schritte zur Verwirklichung der Kontrolle und der Verfügung über alle deutschen Guthaben im Ausland zu unternehmen, welche noch nicht unter die Kontrolle der Vereinten Nationen, die an dem Krieg gegen Deutschland teilgenommen haben, gelangt sind.

19. Nach Bezahlung der Reparationen sollen dem deutschen Volke genügend Mittel belassen werden, um ohne Hilfe von außen existieren zu können.

1.3 Reparationen

In Übereinstimmung mit der Entscheidung der Krimkonferenz, wonach Deutschland gezwungen werden soll, in größtmöglichem Ausmaß für die Verluste und die Leiden, die es den Vereinten Nationen verursacht hat, und wofür das deutsche Volk der Verantwortung nicht entgehen kann, Ausgleich zu schaffen, wurde folgende Übereinkunft über Reparationen erreicht:

1. Die Reparationsansprüche der UdSSR sollen durch Entnahmen aus der von der UdSSR besetzten Zone in Deutschland und aus den entsprechenden deutschen Auslandsguthaben befriedigt werden.

2. Die UdSSR wird die Reparationsansprüche Polens aus ihrem Anteil an den Reparationen befriedigen.

3. Die Reparationsansprüche der Vereinigten Staaten, des Vereinigten Königreichs und der anderen zu Reparationsforderungen berechtigten Länder werden aus den westlichen Zonen und den entsprechenden deutschen Auslandsguthaben befriedigt werden.

4. In Ergänzung der Reparationen, die die UdSSR aus ihrer eigenen Besatzungszone erhält, wird die UdSSR zusätzlich aus den westlichen Zonen erhalten:

a) 15% derjenigen verwendungsfähigen und kompletten Industrieanlagen, vor allem der metallurgischen, chemischen und Maschinen erzeugenden Industrie, soweit sie für die deutsche Friedenswirtschaft unnötig und aus den westlichen Zonen Deutschlands zu entnehmen sind, im Austausch gegen einen entsprechenden Wert an Nahrungsmitteln, Kohle, Pottasche, Zink, Holz, Tonprodukten, Erdölproduktion und anderen Waren, nach Vereinbarung.

b) 10% derjenigen Industrieanlagen, die für die deutsche Friedenswirtschaft unnötig sind und aus den westlichen Zonen zu entnehmen und auf Reparationskonto an die Sowjetregierung zu übertragen sind ohne Bezahlung oder Gegenleistung irgendwelcher Art.

Die Entnahmen der Ausrüstung, wie sie oben in den Paragraphen a) und b) vorgesehen sind, sollen gleichzeitig erfolgen.

5. Der Umfang der aus den westlichen Zonen zu entnehmenden Ausrüstung, der auf Reparationskonto geht, muß spätestens innerhalb von sechs Monaten von jetzt ab bestimmt sein.

6. Die Entnahme der industriellen Ausrüstung soll so bald wie möglich beginnen und innerhalb von zwei Jahren, gerechnet vom Zeitpunkt der in Paragraph 5 spezifizierten Bestimmung, abgeschlossen sein. Die Auslieferung der in Paragraph 4a) genannten Produkte soll so schnell wie möglich beginnen, und zwar in durch Vereinbarung bedingten Teillieferungen seitens der Sowjetunion, und innerhalb von fünf Jahren von dem erwähnten Datum ab erfolgen. Die Bestimmung des Umfanges und der Art der industriellen Ausrüstung, die für die deutsche Friedenswirtschaft unnötig ist und deshalb der Reparation unterliegt, soll durch den Kontrollrat gemäß der Politik erfolgen, die von der Alliierten Kontrollkommission für Reparationen unter Beteiligung Frankreichs festgelegt ist, wobei die endgültige Entscheidung durch den Befehlshaber der Zone getroffen wird, aus der die Ausrüstung entnommen werden soll.

7. Zur Festlegung des Gesamtumfanges der der Entnahme unterliegenden Ausrüstung sollen Vorschußlieferungen solcher Ausrüstung erfolgen, die als zur Auslieferung verfügbar bestimmt werden in Übereinstimmung mit dem Verfahren, das im letzten Satz von Punkt 6 vorgesehen ist.

8. Die Sowjetregierung verzichtet auf alle Ansprüche bezüglich der Reparationen aus Aktien deutscher Unternehmen, die in den westlichen Besatzungszonen Deutschlands liegen; das gleiche gilt für deutsche Auslandsguthaben in allen Ländern, mit Ausnahme der in Punkt 9 gekennzeichneten Fälle.

9. Die Regierungen der USA und des Vereinigten Königreichs verzichten auf alle Ansprüche im Hinblick auf Reparationen hinsichtlich der Aktien deutscher Unternehmen, die in der östlichen Besatzungszone Deutschlands liegen. Das gleiche gilt für deutsche Auslandsguthaben in Bulgarien, Finnland, Ungarn, Rumänien und dem östlichen Österreich.

10. Die Sowjetregierung erhebt keine Ansprüche auf das von den alliierten Truppen in Deutschland erbeutete Geld.

Stadt Königsberg und das anliegende Gebiet

Die Konferenz prüfte einen Vorschlag der Sowjetregierung, daß bis zur endgültigen Entscheidung der territorialen Fragen bei der Friedensregelung derjenige Abschnitt der Westgrenze der UdSSR, der an die Ostsee grenzt, von einem Punkt an der östlichen Küste der Danziger Bucht in östlicher Richtung nördlich von Braunsberg-Goldap und von da zu dem Schnittpunkt der Grenzen Litauens, der Polnischen Republik und Ostpreußens verlaufen soll.

Die Konferenz hat grundsätzlich dem Vorschlag der Sowjetregierung hinsichtlich der Übergabe der Stadt Königsberg und des anliegenden Gebiets an die Sowjetunion gemäß der obigen Beschreibung zugestimmt, wobei der genaue Grenzverlauf einer Sachverständigenprüfung unterliegt.

Der Präsident der USA und der Premierminister Großbritanniens haben erklärt, daß sie diesen Vorschlag der Konferenz bei der bevorstehenden Friedensregelung unterstützen werden.

Kriegsverbrecher

Die drei Regierungen haben von dem Meinungsaustausch Kenntnis genommen, der in den letzten Wochen in London zwischen britischen, amerikanischen, sowjetischen und französischen Vertretern mit dem Ziele stattgefunden hat, eine Vereinbarung über die Methoden des Gerichtsverfahrens gegen die Hauptkriegsverbrecher zu erzielen, deren Verbrechen nach der Moskauer Deklaration vom Oktober 1943 nicht durch einen bestimmten geographischen Ort begrenzt sind.

3 Polen und Polens Westgrenze

Die Konferenz hat die Fragen erörtert, die die Polnische Provisorische Regierung der Nationalen Einheit und die Westgrenze Polens betreffen.

Hinsichtlich der Polnischen Provisorischen Regierung der Nationalen Einheit definierten sie ihre Haltung in der folgenden Erklärung:

A. Wir haben mit Genugtuung von dem Abkommen Kenntnis genommen, das die polnischen Vertreter aus Polen selbst und diejenigen aus dem Auslande erzielt haben, durch das in Übereinstimmung mit den Beschlüssen der Krimkonferenz die Bildung einer Polnischen Provisorischen Regierung der Nationalen Einheit möglich geworden ist, die die drei Mächte anerkannt haben. ...

Die drei Mächte nehmen zur Kenntnis, daß die Polnische Provisorische Regierung der Nationalen Einheit in Übereinstimmung mit den Beschlüssen der Krimkonferenz der Abhaltung freier und durch nichts gehinderter Wahlen, die so bald wie möglich auf der Grundlage des allgemeinen Wahlrechts und der geheimen Abstimmung durchgeführt werden sollen, zugestimmt hat, wobei alle demokratischen und antinazistischen Parteien das Recht zur Teilnahme und zur Aufstellung von Kandidaten haben und die Vertreter der alliierten Presse volle Freiheit genießen sollen, der Welt über die Entwicklung der Ereignisse in Polen vor und während der Wahlen zu berichten.

B. Bezüglich der Westgrenze Polens wurde folgendes Abkommen erzielt:

In Übereinstimmung mit dem auf der Krimkonferenz erzielten Abkommen haben die Chefs der drei Regierungen die Meinung der Polnischen Provisorischen Regierung der Nationalen Einheit hinsichtlich des Territoriums im Norden und Westen geprüft, das Polen erhalten soll. Der Vorsitzende des Landesnationalrates Polens und die Mitglieder der Polnischen Provisorischen Regierung der Nationalen Einheit sind auf der Konferenz empfangen worden und haben ihren Standpunkt in vollem Umfange dargelegt. Die Chefs der drei Regierungen bekräftigen ihre Auffassung, daß die endgültige Festlegung der Westgrenze Polens bis zu der Friedenskonferenz zurückgestellt werden soll.

Die Chefs der drei Regierungen stimmen darin überein, daß sie bis zur endgültigen Festlegung der Westgrenze Polens die früheren deutschen Gebiete östlich der Linie, die von der Ostsee ein klein wenig westlich von Swinemünde und von dort die Oder entlang bis zur Einmündung der Westlichen Neiße und die Westliche Neiße entlang bis zur tschechoslowakischen Grenze verläuft, einschließlich des Teiles Ostpreußens, der in Übereinstimmung mit der auf der Berliner Konferenz erzielten Vereinbarung nicht unter die Verwaltung der Union der Sozialistischen Sowjetrepubliken gestellt wird, und einschließlich des Gebietes der früheren Freien Stadt Danzig unter die Verwaltung des Polnischen Staates kommen und in dieser Hinsicht nicht als Teil der sowjetischen Besatzungszone in Deutschland betrachtet werden sollen.

4 Umsiedlung

Die Konferenz erzielte folgendes Abkommen über die Aussiedlung Deutscher aus Polen, der Tschechoslowakei und Ungarn:

Die drei Regierungen haben die Frage unter allen Gesichtspunkten beraten und erkennen an, daß die Umsiedlung deutscher Bevölkerung oder Bestandteile derselben, die in Polen, der Tschechoslowakei und Ungarn zurückgeblieben sind, nach Deutschland durchgeführt werden muß. Sie stimmen darin überein, daß jede derartige Umsiedlung, die stattfinden wird, in ordnungsgemäßer und humaner Weise erfolgen soll. Da der Zustrom einer großen Zahl Deutscher nach Deutschland die Lasten vergrößert, die bereits auf den Besatzungsbehörden ruhen, sind sie der Auffassung, daß der Kontrollrat in Deutschland zunächst dieses Problem unter besonderer Berücksichtigung der Frage einer gerechten Verteilung dieser Deutschen auf alle Besatzungszonen prüfen soll. Sie beauftragen demgemäß ihre jeweiligen Vertreter beim Kontrollrat, ihren Regierungen so bald wie möglich über den Umfang zu berichten, in dem derartige Personen schon aus Polen, der Tschechoslowakei und Ungarn nach Deutschland gekommen sind, und einen Vorschlag über Zeit und Tempo zu unterbreiten, in dem unter Berücksichtigung der gegenwärtigen Lage in Deutschland die weitere Umsiedlung durchgeführt werden könnte.

Die tschechoslowakische Regierung, die Polnische Provisorische Regierung und die Alliierte Kontrollkommission in Ungarn werden gleichzeitig von obigem in Kenntnis gesetzt und ersucht werden, inzwischen weitere Ausweisungen deutscher Bevölkerung einzustellen, bis die betroffenen Regierungen die Berichte ihrer Vertreter im Kontrollrat geprüft haben.

J. Stalin
Harry Truman
C. R. Attlee

Verfassung von Berlin

vom 1. September 1950

Vgl. dazu Kartenanhang 3

Vorspruch

In dem Willen,
Freiheit und Recht jedes einzelnen zu schützen, Gemeinschaft und Wirtschaft demokratisch zu ordnen, dem Geiste des sozialen Fortschritts und des Friedens zu dienen, und
in dem Wunsche,
die Hauptstadt eines neuen geeinten Deutschlands zu bleiben, hat sich Berlin diese Verfassung gegeben.

Art. 1 [Land der Bundesrepublik]
(1) Berlin ist ein deutsches Land und zugleich eine Stadt.
(2) Berlin ist ein Land der Bundesrepublik Deutschland.
(3) Grundgesetz und Gesetze der Bundesrepublik Deutschland sind für Berlin bindend.

Art. 2 [Träger der öffentlichen Gewalt, Wahl] (1) Träger der öffentlichen Gewalt ist die Gesamtheit der Deutschen, die in Berlin ihren Wohnsitz haben.
(2) Sie üben nach dieser Verfassung ihren Willen unmittelbar durch Wahl zu der Volksvertretung und durch Volksentscheid, mittelbar durch die Volksvertretung aus.

Art. 4 [Gebiet, Einteilung in Bezirke]
(1) Berlin umfaßt das Gebiet der bisherigen Gebietskörperschaft Groß-Berlin mit den Grenzen, die bei Inkrafttreten der Verfassung bestehen. Jede Änderung seines Gebietes bedarf der Zustimmung der Volksvertretung.
(2) Berlin ist in 20 Bezirke eingeteilt. Eine Änderung der Zahl und der Grenzen der Bezirke kann nur durch Gesetz vorgenommen werden. Für Grenzänderungen von geringer Bedeutung, denen die beteiligten Bezirke zustimmen, kann durch Gesetz Abweichendes bestimmt werden.

Art. 5 [Landesfarben] Berlin führt Flagge, Wappen und Siegel mit dem Bären, die Flagge mit den Farben Weiß-Rot.

Art. 87 [Inkrafttreten des Artikels 1 Abs. 2 und 3] (1) Artikel 1 Abs. 2 und 3 der Verfassung treten in Kraft, sobald die Anwendung des Grundgesetzes für die Bundesrepublik Deutschland in Berlin keinen Beschränkungen unterliegt.
(2) In der Übergangszeit kann das Abgeordnetenhaus durch Gesetz feststellen, daß ein Gesetz der Bundesrepublik Deutschland unverändert auch in Berlin Anwendung findet.
(3) Soweit in der Übergangszeit die Anwendung des Grundgesetzes für die Bundesrepublik Deutschland in Berlin keinen Beschränkungen (Abs. 1) unterliegt, sind die Bestimmungen des Grundgesetzes auch in Berlin geltendes Recht. Sie gehen den Bestimmungen der Verfassung vor. Das Abgeordnetenhaus kann im Einzelfall mit Zweidrittelmehrheit der anwesenden Mitglieder anders beschließen. Artikel 85 der Verfassung findet sinngemäß Anwendung.
(4) In der Übergangszeit sollen die verfassungsmäßig bestellten Organe von Berlin die für das Verhältnis von Bund und Ländern maßgebenden Bestimmungen des Grundgesetzes soweit wie möglich als Richtlinien für die Gesetzgebung und Verwaltung beachten.

Verfassung der Deutschen Demokratischen Republik (Verfassung DDR)

in der Fassung vom 7. Oktober 1974

Vgl. dazu Kartenanhang 3

Präambel (Gegenüberstellung der alten und neuen Fassung)

Fassung vom 6. April 1968

Getragen von der Verantwortung, der ganzen deutschen Nation den Weg in eine Zukunft des Friedens und des Sozialismus zu weisen,

in Ansehung der geschichtlichen Tatsache, daß der Imperialismus unter Führung der USA im Einvernehmen mit Kreisen des westdeutschen Monopolkapitals Deutschland gespalten hat, um Westdeutschland zu einer Basis des Imperialismus und des Kampfes gegen den Sozialismus aufzubauen, was den Lebensinteressen der Nation widerspricht,

hat sich das Volk der Deutschen Demokratischen Republik,

fest gegründet auf den Errungenschaften der antifaschistisch-demokratischen und der sozialistischen Umwälzung der gesellschaftlichen Ordnung,

einig in seinen werktätigen Klassen und Schichten das Werk der Verfassung vom 7. Oktober 1949 in ihrem Geiste weiterführend,

und von dem Willen erfüllt, den Weg des Friedens, der sozialen Gerechtigkeit, der Demokratie, des Sozialismus und der Völkerfreundschaft in freier Entscheidung unbeirrt weiterzugehen,

diese sozialistische Verfassung gegeben.

Artikel 1
Die Deutsche Demokratische Republik ist ein soziallistischer Staat deutscher Nation.

Fassung vom 7. Oktober 1974

In Fortsetzung der revolutionären Traditionen der deutschen Arbeiterklasse und gestützt auf die Befreiung vom Faschismus hat das Volk der Deutschen Demokratischen Republik in Übereinstimmung mit den Prozessen der geschichtlichen Entwicklung unserer Epoche sein Recht auf sozial-ökonomische, staatliche und nationale Selbstbestimmung verwirklicht und gestaltet die entwickelte sozialistische Gesellschaft.

Erfüllt von dem Willen, seine Geschicke frei zu bestimmen, unbeirrt auch weiter den Weg des Sozialismus und Kommunismus, des Friedens, der Demokratie und Völkerfreundschaft zu gehen, hat sich das Volk der Deutschen Demokratischen Republik diese sozialistische Verfassung gegeben.

1 Grundlagen der sozialistischen Gesellschafts- und Staatsordnung

1.1 Politische Grundlagen

Art. 1 Die Verfassungsgrundsätze. Die Deutsche Demokratische Republik ist ein sozialistischer Staat der Arbeiter und Bauern. Sie ist die politische Organisation der Werktätigen in Stadt und Land unter Führung der Arbeiterklasse und ihrer marxistisch-leninistischen Partei.

Die Hauptstadt der Deutschen Demokratischen Republik ist Berlin.

Die Staatsflagge der Deutschen Demokratischen Republik besteht aus den Farben Schwarz-Rot-Gold und trägt auf beiden Seiten in der Mitte das Staatswappen der Deutschen Demokratischen Republik.

Das Staatswappen der Deutschen Demokratischen Republik besteht aus Hammer und Zirkel, umgeben von einem Ährenkranz, der im unteren Teil von einem schwarz-rot-goldenen Band umschlungen ist.

Art. 2 Die politische Macht. (1) Alle politische Macht in der Deutschen Demokratischen Republik wird von den Werktätigen in Stadt und Land ausgeübt. Der Mensch steht im Mittelpunkt aller Bemühungen der sozialistischen Gesellschaft und ihres Staates. Die weitere Erhöhung des materiellen und kulturellen Lebensniveaus des Volkes auf der Grundlage eines hohen Entwicklungstempos der sozialistischen Produktion, der Erhöhung der Effektivität, des wissenschaftlich-technischen Fortschritts und des Wachstums der Arbeitsproduktivität ist die entscheidende Aufgabe der entwickelten sozialistischen Gesellschaft.

(2) Das feste Bündnis der Arbeiterklasse mit der Klasse der Genossenschaftsbauern, den Angehörigen der Intelligenz und den anderen Schichten des Volkes, das sozialistische Eigentum an Produktionsmitteln, die Leitung und Planung der gesellschaftlichen Entwicklung nach den fortgeschrittensten Erkenntnissen der Wissenschaft bilden unantastbare Grundlagen der sozialistischen Gesellschaftsordnung.

(3) Die Ausbeutung des Menschen durch den Menschen ist für immer beseitigt. Was des Volkes Hände schaffen, ist des Volkes Eigen. Das sozialistische Prinzip „Jeder nach seinen Fähigkeiten, jedem nach seiner Leistung" wird verwirklicht.

Art. 3 Die Nationale Front. (1) Das Bündnis aller Kräfte des Volkes findet in der Nationalen Front der Deutschen Demokratischen Republik seinen organisierten Ausdruck.

(2) In der Nationalen Front der Deutschen Demokratischen Republik vereinigen die Parteien und Massenorganisationen alle Kräfte des Volkes zum gemeinsamen Handeln für die Entwicklung der sozialistischen Gesellschaft. Dadurch verwirklichen sie das Zusammenleben aller Bürger in der sozialistischen Gemeinschaft nach dem Grundsatz, daß jeder Verantwortung für das Ganze trägt.

Art. 6 Völkerverständigung - unwiderrufliches Bündnis mit der Sowjetunion - unwiderruflicher Bestandteil der sozialistischen Staatengemeinschaft. (1) Die Deutsche Demokratische Republik hat getreu den Interessen des Volkes und den internationalen Verpflichtungen auf ihrem Gebiet den deutschen Militarismus und Nazismus ausgerottet. Sie betreibt eine dem Sozialismus und dem Frieden, der Völkerverständigung und der Sicherheit dienende Außenpolitik.

(2) Die Deutsche Demokratische Republik ist für immer und unwiderruflich mit der Union der Sozialistischen Sowjetrepubliken verbündet. Das enge und brüderliche Bündnis mit ihr garantiert dem Volk der Deutschen Demokratischen Republik das weitere Voranschreiten auf dem Wege des Sozialismus und des Friedens.

Die Deutsche Demokratische Republik ist untrennbarer Bestandteil der sozialistischen Staatengemeinschaft. Sie trägt getreu den Prinzipien des sozialistischen Internationalismus zu ihrer Stärkung bei, pflegt und entwickelt die Freundschaft, die allseitige Zusammenarbeit und den gegenseitigen Beistand mit allen Staaten der sozialistischen Gemeinschaft.

(3) Die Deutsche Demokratische Republik unterstützt die Staaten und Völker, die gegen den Imperialismus und sein Kolonialregime, für nationale Freiheit und Unabhängigkeit kämpfen, in ihrem Ringen um gesellschaftlichen Fortschritt. Die Deutsche Demokratische Republik tritt für die Verwirklichung der Prinzipien der friedlichen Koexistenz von Staaten unterschiedlicher Gesellschaftsordnung ein und pflegt auf der Grundlage der Gleichberechtigung und gegenseitigen Achtung die Zusammenarbeit mit allen Staaten.

(4) Die Deutsche Demokratische Republik setzt sich für Sicherheit und Zusammenarbeit in Europa, für eine stabile Friedensordnung in der Welt und für die allgemeine Abrüstung ein.

(5) Militaristische und revanchistische Propaganda in jeder Form, Kriegshetze und Bekundung von Glaubens-, Rassen- und Völkerhaß werden als Verbrechen geahndet.

Art. 8 Verbindlichkeit des Völkerrechtes - Verbot des Angriffskrieges. (1) Die allgemein anerkannten, dem Frieden und der friedlichen Zusammenarbeit der Völker dienenden Regeln des Völkerrechts sind für die Staatsmacht und jeden Bürger verbindlich.

(2) Die Deutsche Demokratische Republik wird niemals einen Eroberungskrieg unternehmen oder ihre Streitkräfte gegen die Freiheit eines anderen Volkes einsetzen.

1.2 Ökonomische Grundlagen

Art. 9 Volkswirtschaft der DDR.

(1) Die Volkswirtschaft der Deutschen Demokratischen Republik beruht auf dem sozialistischen Eigentum an den Produktionsmitteln. Sie entwickelt sich gemäß den ökonomischen Gesetzen des Sozialismus auf der Grundlage der sozialistischen Produktionsverhältnisse und der zielstrebigen Verwirklichung der sozialistischen ökonomischen Integration.

(2) Die Volkswirtschaft der Deutschen Demokratischen Republik dient der Stärkung der sozialistischen Ordnung, der ständig besseren Befriedigung der materiellen und kulturellen Bedürfnisse der Bürger, der Entfaltung ihrer Persönlichkeit und ihrer sozialistischen gesellschaftlichen Beziehungen.

(3) In der Deutschen Demokratischen Republik gilt der Grundsatz der Leitung und Planung der Volkswirtschaft sowie aller anderen gesellschaftlichen Bereiche. Die Volkswirtschaft der Deutschen Demokratischen Republik ist sozialistische Planwirtschaft. Die zentrale staatliche Leitung und Planung der Grundfragen der gesellschaftlichen Entwicklung ist mit der Eigenverantwortung der örtlichen Staatsorgane und Betriebe sowie der Initiative der Werktätigen verbunden.

(4) Die Festlegung des Währungs- und Finanzsystems ist Sache des sozialistischen Staates. Abgaben und Steuern werden auf der Grundlage von Gesetzen erhoben.

(5) Die Außenwirtschaft einschließlich des Außenhandels und der Valutawirtschaft ist staatliches Monopol.

Art. 10 Sozialistisches Eigentum.

(1) Das sozialistische Eigentum besteht

als gesamtgesellschaftliches Volkseigentum,

als genossenschaftliches Gemeineigentum werktätiger Kollektive sowie

als Eigentum gesellschaftlicher Organisationen der Bürger.

(2) Das sozialistische Eigentum zu schützen und zu mehren ist Pflicht des sozialistischen Staates und seiner Bürger.

Art. 11 Persönliches Eigentum. (1) Das persönliche Eigentum der Bürger und das Erbrecht sind gewährleistet. Das persönliche Eigentum dient der Befriedigung der materiellen und kulturellen Bedürfnisse der Bürger.

(2) Die Rechte von Urhebern und Erfindern genießen den Schutz des sozialistischen Staates.

(3) Der Gebrauch des Eigentums sowie von Urheber- und Erfinderrechten darf den Interessen der Gesellschaft nicht zuwiderlaufen.

Art. 12 Volkseigentum. (1) Die Bodenschätze, die Bergwerke, Kraftwerke, Talsperren und großen Gewässer, die Naturreichtümer des Festlandsockels, Industriebetriebe, Banken und Versicherungseinrichtungen, die volkseigenen Güter, die Verkehrswege, die Transportmittel der Eisenbahn, der Seeschiffahrt sowie der Luftfahrt, die Post- und Fernmeldeanlagen sind Volkseigentum. Privateigentum daran ist unzulässig.

(2) Der sozialistische Staat gewährleistet die Nutzung des Volkseigentums mit dem Ziel des höchsten Ergebnisses für die Gesellschaft. Dem dienen die sozialistische Planwirtschaft und das sozialistische Wirtschaftsrecht. Die Nutzung und Bewirtschaftung des Volkseigentums erfolgt grundsätzlich durch die volkseigenen Betriebe und staatlichen Einrichtungen. Seine Nutzung und Bewirtschaftung kann der Staat durch Verträge genossenschaftlichen oder gesellschaftlichen Organisationen und Vereinigungen übertragen. Eine solche Übertragung hat den Interessen der Allgemeinheit und der Mehrung des gesellschaftlichen Reichtums zu dienen.

Art. 13 Genossenschaftliches Eigentum. Die Geräte, Maschinen, Anlagen, Bauten der landwirtschaftlichen, handwerklichen und sonstigen sozialistischen Genossenschaften sowie die Tierbestände der landwirtschaftlichen Produktionsgenossenschaften und das aus genossenschaftlicher Nutzung des Bodens sowie genossenschaftlicher Produktionsmittel erzielte Ergebnis sind genossenschaftliches Eigentum.

Art. 14 Verbot privatwirtschaftlicher Vereinigungen – Erlaubnis für Kleinhandwerker. (1) Privatwirtschaftliche Vereinigungen zur Begründung wirtschaftlicher Macht sind nicht gestattet.

(2) Die auf überwiegend persönlicher Arbeit beruhenden kleinen Handwerks- und anderen Gewerbebetriebe sind auf gesetzlicher Grundlage tätig. In der Wahrnehmung ihrer Verantwortung für die sozialistische Gesellschaft werden sie vom Staat gefördert.

2 Bürger und Gemeinschaften in der sozialistischen Gesellschaft

2.1 Grundrechte und Grundpflichten der Bürger

Art. 20 Gleichheit vor dem Gesetz.

(1) Jeder Bürger der Deutschen Demokratischen Republik hat unabhängig von seiner Nationalität, seiner Rasse, seinem weltanschaulichen oder religiösen Bekenntnis, seiner sozialen Herkunft und Stellung die gleichen Rechte und Pflichten. Gewissens- und Glaubensfreiheit sind gewährleistet. Alle Bürger sind vor dem Gesetz gleich.

(2) Mann und Frau sind gleichberechtigt und haben die gleiche Rechtsstellung in allen Bereichen des gesellschaftlichen, staatlichen und persönlichen Lebens. Die Förderung der Frau, besonders in der beruflichen Qualifizierung, ist eine gesellschaftliche und staatliche Aufgabe.

(3) Die Jugend wird in ihrer gesellschaftlichen und beruflichen Entwicklung besonders gefördert. Sie hat alle Möglichkeiten, an der Entwicklung der sozialistischen Gesellschaftsordnung verantwortungsbewußt teilzunehmen.

Art. 21 Mitgestaltung der sozialistischen Gemeinschaft. (1) Jeder Bürger der Deutschen Demokratischen Republik hat das Recht, das politische, wirtschaftliche, soziale und kulturelle Leben der sozialistischen Gemeinschaft und des sozialistischen Staates umfassend mitzugestalten. Es gilt der Grundsatz „Arbeite mit, plane mit, regiere mit!".

(2) Das Recht auf Mitbestimmung und Mitgestaltung ist dadurch gewährleistet, daß die Bürger

alle Machtorgane demokratisch wählen, an ihrer Tätigkeit und an der Leitung, Planung und Gestaltung des gesellschaftlichen Lebens mitwirken;

Rechenschaft von den Volksvertretungen, ihren Abgeordneten, den Leitern staatlicher und wirtschaftlicher Organe über ihre Tätigkeit fordern können;

mit der Autorität ihrer gesellschaftlichen Organisationen ihrem Wollen und ihren Forderungen Ausdruck geben;

sich mit ihren Anliegen und Vorschlägen an die gesellschaftlichen, staatlichen und wirtschaftlichen Organe und Einrichtungen wenden können;

in Volksabstimmungen ihren Willen bekunden.

(3) Die Verwirklichung dieses Rechts der Mitbestimmung und Mitgestaltung ist zugleich eine hohe moralische Verpflichtung für jeden Bürger.

Die Ausübung gesellschaftlicher oder staatlicher Funktionen findet die Anerkennung und Unterstützung der Gesellschaft und des Staates.

Art. 22 Wahlrecht. (1) Jeder Bürger der Deutschen Demokratischen Republik, der am Wahltage das 18. Lebensjahr vollendet hat, ist wahlberechtigt.

(2) Jeder Bürger kann in die Volkskammer und in die örtlichen Volksvertretungen gewählt werden, wenn er am Wahltage das 18. Lebensjahr vollendet hat.

(3) Die Leitung der Wahlen durch demokratisch gebildete Wahlkommissionen, die Volksaussprache über die Grundfragen der Politik und die Aufstellung und Prüfung der Kandidaten durch die Wähler sind unverzichtbare sozialistische Wahlprinzipien.

Art. 23 Wehrpflicht. (1) Der Schutz des Friedens und des sozialistischen Vaterlandes und seiner Errungenschaften ist Recht und Ehrenpflicht der Bürger der Deutschen Demokratischen Republik. Jeder Bürger ist zum Dienst und zu Leistungen für die Verteidigung der Deutschen Demokratischen Republik entsprechend den Gesetzen verpflichtet.

(2) Kein Bürger darf an kriegerischen Handlungen und ihrer Vorbereitung teilnehmen, die der Unterdrückung eines Volkes dienen.

Art. 24 Recht auf Arbeit – Pflicht zur Arbeit. (1) Jeder Bürger der Deutschen Demokratischen Republik hat das Recht auf Arbeit. Er hat das Recht auf einen Arbeitsplatz und dessen freie Wahl entsprechend den gesellschaftlichen Erfordernissen und der persönlichen Qualifikation. Er hat das Recht auf Lohn nach Qualität und Quantität der Arbeit. Mann und Frau, Erwachsene und Jugendliche haben das Recht auf gleichen Lohn bei gleicher Arbeitsleistung.

(2) Gesellschaftlich nützliche Tätigkeit ist eine ehrenvolle Pflicht für jeden arbeitsfähigen Bürger. Das Recht auf Arbeit und die Pflicht zur Arbeit bilden eine Einheit.

(3) Das Recht auf Arbeit wird gewährleistet

durch das sozialistische Eigentum an den Produktionsmitteln;

durch die sozialistische Leitung und Planung des gesellschaftlichen Reproduktionsprozesses;

durch das stetige und planmäßige Wachstum der sozialistischen Produktivkräfte und der Arbeitsproduktivität;

durch die konsequente Durchführung der wissenschaftlich-technischen Revolution;

durch ständige Bildung und Weiterbildung der Bürger und

durch das einheitliche sozialistische Arbeitsrecht.

Art. 25 Recht auf sozialistische Bildung. (1) Jeder Bürger der Deutschen Demokratischen Republik hat das gleiche Recht auf Bildung. Die Bildungsstätten stehen jedermann offen. Das einheitliche sozialistische Bildungssystem gewährleistet jedem Bürger eine kontinuierliche sozialistische Erziehung, Bildung und Weiterbildung.

(2) Die Deutsche Demokratische Republik sichert das Voranschreiten des Volkes zur sozialistischen Gemeinschaft allseitig gebildeter und harmonisch entwickelter Menschen, die vom Geist des sozialistischen Patriotismus und Internationalismus durchdrungen sind und über eine hohe Allgemeinbildung und Spezialbildung verfügen.

(3) Alle Bürger haben das Recht auf Teilnahme am kulturellen Leben. Es erlangt unter den Bedingungen der wissenschaftlich-technischen Revolution und der Erhöhung der geistigen Anforderungen wachsende Bedeutung. Zur vollständigen Ausprägung der sozialistischen Persönlichkeit und zur wachsenden Befriedigung der kulturellen Interessen und Bedürfnisse wird die Teilnahme der Bürger am kulturellen Leben, an der Körperkultur und am Sport durch den Staat und die Gesellschaft gefördert.

Art. 27 Meinungsfreiheit. (1) Jeder Bürger der Deutschen Demokratischen Republik hat das Recht, den Grundsätzen dieser Verfassung gemäß seine Meinung frei und öffentlich zu äußern. Dieses Recht wird durch kein Dienst- oder Arbeitsverhältnis beschränkt. Niemand darf benachteiligt werden, wenn er von diesem Recht Gebrauch macht.

(2) Die Freiheit der Presse, des Rundfunks und des Fernsehens ist gewährleistet.

Art. 28 Versammlungsfreiheit. (1) Alle Bürger haben das Recht, sich im Rahmen der Grundsätze und Ziele der Verfassung friedlich zu versammeln.

(2) Die Nutzung der materiellen Voraussetzungen zur unbehinderten Ausübung dieses Rechts, der Versammlungsgebäude, Straßen und Kundgebungsplätze, Druckereien und Nachrichtenmittel wird gewährleistet.

Art. 29 Vereinigungsfreiheit. Die Bürger der Deutschen Demokratischen Republik haben das Recht auf Vereinigung, um durch gemeinsames Handeln in politischen Parteien, gesellschaftlichen Organisationen, Vereinigungen und Kollektiven ihre Interessen in Übereinstimmung mit den Grundsätzen und Zielen der Verfassung zu verwirklichen.

Art. 30 Freiheitsrechte. (1) Die Persönlichkeit und Freiheit jedes Bürgers der Deutschen Demokratischen Republik sind unantastbar.

Art. 32 Freizügigkeit innerhalb des Staatsgebietes. Jeder Bürger der Deutschen Demokratischen Republik hat im Rahmen der Gesetze das Recht auf Freizügigkeit innerhalb des Staatsgebietes der Deutschen Demokratischen Republik.

Art. 39 Religionsfreiheit. (1) Jeder Bürger der Deutschen Demokratischen Republik hat das Recht, sich zu einem religiösen Glauben zu bekennen und religiöse Handlungen auszuüben.

(2) Die Kirchen und anderen Religionsgemeinschaften ordnen ihre Angelegenheiten und üben ihre Tätigkeit aus in Übereinstimmung mit der Verfassung

2.2 Gewerkschaften

Art. 44 Bildung von Gewerkschaften.
(1) Die freien Gewerkschaften, vereinigt im Freien Deutschen Gewerkschaftsbund, sind die umfassende Klassenorganisation der Arbeiterklasse. Sie nehmen die Interessen der Arbeiter, Angestellten und Angehörigen der Intelligenz durch umfassende Mitbestimmung in Staat, Wirtschaft und Gesellschaft wahr.
(2) Die Gewerkschaften sind unabhängig. Niemand darf sie in ihrer Tätigkeit einschränken oder behindern.

3 Aufbau und System der politischen Leitung

Art. 47 Staatsaufbau - demokratischer Zentralismus. (1) Der Aufbau und die Tätigkeit der staatlichen Organe werden durch die in dieser Verfassung festgelegten Ziele und Aufgaben der Staatsmacht bestimmt.
(2) Die Souveränität des werktätigen Volkes, verwirklicht auf der Grundlage des demokratischen Zentralismus, ist das tragende Prinzip des Staatsaufbaus.

3.1 Volkskammer

Art. 48 (1) Die Volkskammer ist das oberste staatliche Machtorgan der Deutschen Demokratischen Republik. Sie entscheidet in ihren Plenarsitzungen über die Grundfragen der Staatspolitik.
(2) Die Volkskammer ist das einzige verfassungs- und gesetzgebende Organ in der Deutschen Demokratischen Republik. Niemand kann ihre Rechte einschränken.
Die Volkskammer verwirklicht in ihrer Tätigkeit den Grundsatz der Einheit von Beschlußfassung und Durchführung.

3.2 Staatsrat

Art. 66 (1) Der Staatsrat nimmt als Organ der Volkskammer die Aufgaben wahr, die ihm durch die Verfassung sowie die Gesetze und Beschlüsse der Volkskammer übertragen sind. Er ist der Volkskammer für seine Tätigkeit verantwortlich. Zur Durchführung der ihm übertragenen Aufgaben faßt er Beschlüsse.
(2) Der Staatsrat vertritt die Deutsche Demokratische Republik völkerrechtlich. Er ratifiziert und kündigt Staatsverträge und andere völkerrechtliche Verträge, für die die Ratifizierung vorgesehen ist.

3.3 Ministerrat

Art. 76 (1) Der Ministerrat ist als Organ der Volkskammer die Regierung der Deutschen Demokratischen Republik. Er leitet im Auftrage der Volkskammer die einheitliche Durchführung der Staatspolitik und organisiert die Erfüllung der politischen, ökonomischen, kulturellen und sozialen sowie der ihm übertragenen Verteidigungsaufgaben. Für seine Tätigkeit ist er der Volkskammer verantwortlich und rechenschaftspflichtig.
(2) Der Ministerrat leitet die Volkswirtschaft und die anderen gesellschaftlichen Bereiche. Er sichert die planmäßige proportionale Entwicklung der Volkswirtschaft, die harmonisch abgestimmte Gestaltung der gesellschaftlichen Bereiche und Territorien sowie die Verwirklichung der sozialistischen ökonomischen Integration.
(3) Der Ministerrat leitet die Durchführung der Außenpolitik der Deutschen Demokratischen Republik entsprechend den Grundsätzen dieser Verfassung. Er vertieft die allseitige Zusammenarbeit mit der Union der Sozialistischen Sowjetrepubliken und den anderen sozialistischen Staaten und gewährleistet den aktiven Beitrag der Deutschen Demokratischen Republik zur Stärkung der sozialistischen Staatengemeinschaft.
(4) Der Ministerrat entscheidet entsprechend seiner Zuständigkeit über den Abschluß und die Kündigung völkerrechtlicher Verträge. Er bereitet Staatsverträge vor.

4 Sozialistische Gesetzlichkeit und Rechtspflege

Art. 90 Aufgaben der Rechtspflege.
(1) Die Rechtspflege dient der Durchführung der sozialistischen Gesetzlich-

keit, dem Schutz und der Entwicklung der Deutschen Demokratischen Republik und ihrer Staats- und Gesellschaftsordnung. Sie schützt die Freiheit, das friedliche Leben, die Rechte und die Würde der Menschen.

Art. 94 Anforderungen an Richter.

(1) Richter kann nur sein, wer dem Volk und seinem sozialistischen Staat treu ergeben ist und über ein hohes Maß an Wissen und Lebenserfahrung, an menschlicher Reife und Charakterfestigkeit verfügt.

(2) Die demokratische Wahl aller Richter, Schöffen und Mitglieder gesellschaftlicher Gerichte gewährleistet, daß die Rechtsprechung von Frauen und Männern aller Klassen und Schichten des Volkes ausgeübt wird.

Art. 95 Bestellung und Abberufung von Richtern.

Alle Richter, Schöffen und Mitglieder der gesellschaftlichen Gerichte werden durch die Volksvertretungen oder unmittelbar durch die Bürger gewählt. Sie erstatten ihren Wählern Bericht über ihre Arbeit. Sie können von ihren Wählern abberufen werden, wenn sie gegen die Verfassung oder die Gesetze verstoßen oder sonst ihre Pflichten gröblich verletzen.

Abkommen zwischen der Regierung der Bundesrepublik Deutschland und der Regierung der Deutschen Demokratischen Republik über den Transitverkehr von zivilen Personen und Gütern zwischen der Bundesrepublik Deutschland und Berlin - West - (Transitabkommen)

vom 17. Dezember 1971

Art. 1. Gegenstand dieses Abkommens ist der Transitverkehr von zivilen Personen und Gütern auf Straßen-, Schienen- und Wasserwegen zwischen der Bundesrepublik Deutschland und den Westsektoren Berlins - Berlin (West) - durch das Hoheitsgebiet der Deutschen Demokratischen Republik - im folgenden Transitverkehr genannt.

Art. 2. 1. Der Transitverkehr wird erleichtert werden und ohne Behinderung sein. Er wird in der einfachsten, schnellsten und günstigsten Weise erfolgen, wie es in der internationalen Praxis vorzufinden ist.

2. Im Transitverkehr finden die allgemein üblichen Vorschriften der Deutschen Demokratischen Republik bezüglich der öffentlichen Ordnung Anwendung, soweit dieses Abkommen nichts anderes bestimmt.

Art. 3. Der Transitverkehr erfolgt über die vorgesehenen Grenzübergangsstellen und Transitstrecken.

Art. 4. Für Transitreisende werden Visa an den Grenzübergangsstellen der Deutschen Demokratischen Republik erteilt.

Dies geschieht im Interesse der schnellstmöglichen Durchführung des Transitverkehrs, ...

Art. 5. 1. Beim Transitverkehr von Gütern sind die erforderlichen amtlichen Begleitdokumente sowie die bei bestimmten Gütern vorgesehenen amtlichen Zeugnisse, Bescheinigungen und Erlaubnisse vorzulegen.

2. Die Kontrollverfahren der zuständigen Organe der Deutschen Demokratischen Republik für Gütertransporte sowie für die Güter selbst erfolgen ... am Transportmittel.

4. Die zuständigen Abgangszollstellen prüfen bei Gütertransporten in dem Umfange und in der Weise, wie es in den allgemein üblichen Vorschriften der Bundesrepublik Deutschland vorgesehen ist, ob die Güter mit den Angaben in den Begleitdokumenten übereinstimmen. Mit

der Anbringung des Dienststempelabdruckes bestätigt die Abgangszollstelle, daß dieser Verpflichtung Genüge getan ist.

Art. 6. 1. Für die Beförderung von zivilen Gütern im Transitverkehr können Transportmittel (Straßengüterfahrzeuge, Eisenbahngüterwagen, Binnenfrachtschiffe, Behälter) benutzt werden, die vor der Abfahrt mit Zollverschlüssen, Bahn- oder Postplomben oder mit zur Verfügung gestellten amtlichen Verschlüssen (im folgenden Verschlüsse genannt) versehen worden sind. ...

Im Interesse der einfachsten, schnellsten und sichersten Abwicklung des Transitverkehrs werden die zuständigen Behörden der Bundesrepublik Deutschland darauf hinwirken, daß die Transportmittel, die nach ihrem Bautyp zollverschlußsicher eingerichtet werden können, in größtmöglichem Umfange zollverschlußsicher eingerichtet und, soweit ihr Verwendungszweck das im Einzelfalle nicht ausschließt, mit Verschlüssen versehen werden.

Die zuständigen Organe der Deutschen Demokratischen Republik sehen für diese Transportmittel ein besonders günstiges Abfertigungsverfahren vor.

Art. 7. 1. Bei Transportmitteln, die nicht nach Artikel 6 Ziffer 1 unter Verschluß genommen werden können, wie zum Beispiel offene Lastkraftwagen, werden die Kontrollverfahren auf die Prüfung der Begleitdokumente beschränkt.

Art. 9. 1. Im Transitverkehr können individuelle Transportmittel benutzt werden.

2. Individuelle Transportmittel im Sinne dieses Abkommens sind ordnungsgemäß zugelassene Kraftfahrzeuge, die nicht zum Transport von Gütern bestimmt oder nicht durchgehende Autobusse sind. ...

3. Die Verfahren für Reisende in individuellen Transportmitteln werden keine Verzögerungen mit sich bringen und erfolgen, von Ausnahmen abgesehen, die sich aus der Anwendung der Bestimmungen dieses Abkommens ergeben, am Fahrzeug.

4. Die Reisenden, ihre Transportmittel und ihr persönliches Gepäck werden nicht der Durchsuchung und der Festnahme unterliegen oder von der Benutzung der vorgesehenen Wege ausgeschlossen werden, außer in besonderen Fällen, wie in Artikel 16 niedergelegt, in denen hinreichende Verdachtsgründe bestehen, daß ein Mißbrauch der Transitwege für Zwecke beabsichtigt ist, begangen wird oder begangen worden ist, die nicht mit der direkten Durchreise nach und von Berlin (West) im Zusammenhang stehen und die den allgemein üblichen Vorschriften bezüglich der öffentlichen Ordnung zuwiderlaufen.

Dieser Grundsatz wird im Einzelfall und individuell angewandt.

5. Die Verfahren für Reisende in individuellen Transportmitteln werden auch auf das Fahrpersonal von Gütertransportmitteln und ihr persönliches Gepäck angewandt.

Art. 10. 1. Im Transitverkehr können durchgehende Autobusse benutzt werden. ...

2. Die Kontrollverfahren durch die zuständigen Organe der Deutschen Demokratischen Republik umfassen außer der Identifizierung von Personen keine anderen Formalitäten. ...

3. Bei langen Transitstrecken werden die zuständigen Organe der Deutschen Demokratischen Republik für durchgehende Autobusse bestimmte Rastplätze vorsehen und die zuständigen Behörden der Bundesrepublik Deutschland hierüber sowie über die auf diesen Rastplätzen einzuhaltende Ordnung unterrichten.

4. Das Fahrpersonal und die Reisenden dürfen durchgehende Autobusse nur nach Aufforderung oder mit Genehmigung der zuständigen Organe der Deutschen Demokratischen Republik, bei Fahrtunterbrechung wegen außergewöhnlicher Ereignisse wie Unfälle, Betriebsstörungen oder Naturkatastrophen oder an den dafür gekennzeichneten Rastplätzen verlassen. ...

Art. 12. 1. Im Transitverkehr können durchgehende Züge benutzt werden. Diese Reisezüge – einschließlich der Autoreisezüge – verkehren auf dem Gebiet der Deutschen Demokratischen Republik zwischen den Grenzübergängen ohne Verkehrshalt; ...

2. Die Kontrollverfahren durch die zuständigen Organe der Deutschen Demokratischen Republik umfassen außer der Identifizierung von Personen keine anderen Formalitäten. ...

3. Die Transitreisenden dürfen durchgehende Züge nur nach Aufforderung oder mit Genehmigung der zuständigen Organe der Deutschen Demokratischen Republik sowie bei außergewöhnlichen Ereignissen wie Unfällen, Betriebsstörungen oder Naturkatastrophen verlassen. Die zuständigen Organe der Deutschen Demokratischen Republik sind berechtigt, in diesen Fällen die Identität der Reisenden nachzuprüfen.

4. Verläßt ein Transitreisender den durchgehenden Zug aus anderen als in Ziffer 3 genannten Gründen, so unterliegen dieser Reisende und sein Gepäck ebenfalls den entsprechenden Bestimmungen des Artikels 16 dieses Abkommens.

Art. 14. 1. Die Deutsche Demokratische Republik gewährleistet, daß bei Unfällen, Betriebsstörungen und Havarien auf ihrem Gebiet, an denen Transitreisende und ihre Transportmittel beteiligt sind, die notwendige Hilfe einschließlich Pannen- und Abschleppdienste, medizinischer Betreuung sowie Werft- und Werkstatthilfe geleistet wird.

Art. 16. 1. Ein Mißbrauch im Sinne dieses Abkommens liegt vor, wenn ein Transitreisender nach Inkrafttreten dieses Abkommens während der jeweiligen Benutzung der Transitwege rechtswidrig und schuldhaft gegen die allgemein üblichen Vorschriften der Deutschen Demokratischen Republik bezüglich der öffentlichen Ordnung verstößt, indem er
a) Materialien verbreitet oder aufnimmt;
b) Personen aufnimmt;
c) die vorgesehenen Transitwege verläßt, ohne durch besondere Umstände, wie Unfall oder Krankheit, oder durch Erlaubnis der zuständigen Organe der Deutschen Demokratischen Republik dazu veranlaßt zu sein;
d) andere Straftaten begeht oder
e) durch Verletzung von Straßenverkehrsvorschriften Ordnungswidrigkeiten begeht.

Ein Mißbrauch liegt auch dann vor, wenn eine Person an der Mißbrauchshandlung eines Transitreisenden, die dieser nach Inkrafttreten dieses Abkommens während der jeweiligen Benutzung der Transitwege rechtswidrig und schuldhaft begeht oder begangen hat, als Mittäter, Anstifter oder Gehilfe teilnimmt.

2. Hinreichende Verdachtsgründe im Sinne dieses Abkommens liegen vor, wenn im gegebenen Falle auf Grund bestimmter Tatsachen oder konkreter Anhaltspunkte eine gewisse Wahrscheinlichkeit besteht, daß ein Mißbrauch der Transitwege für die obengenannten Zwecke beabsichtigt ist, begangen wird oder begangen worden ist.

Im Falle hinreichenden Verdachts eines Mißbrauchs werden die zuständigen Organe der Deutschen Demokratischen Republik die Durchsuchung von Reisenden, der von ihnen benutzten Transportmittel sowie ihres persönlichen Gepäcks nach den allgemein üblichen Vorschriften der Deutschen Demokratischen Republik bezüglich der öffentlichen Ordnung durchführen oder die Reisenden zurückweisen.

3. Bestätigt sich der Verdacht, so werden die zuständigen Organe der Deutschen Demokratischen Republik im angemessenen Verhältnis zur Schwere der Mißbrauchshandlung entsprechend den allgemein üblichen Vorschriften der Deutschen Demokratischen Republik bezüglich der öffentlichen Ordnung
a) einen Verweis oder eine Ordnungsstrafe oder eine Verwarnung mit Ordnungsgeld aussprechen oder Gegenstände einziehen;
b) Gegenstände sicherstellen oder beschlagnahmen;
c) Personen zurückweisen oder zeitweilig von der Benutzung der Transitwege ausschließen oder
d) Personen festnehmen.

4. Bei Straftaten können die in Ziffer 3 genannten Maßnahmen auch dann getroffen werden, wenn die Straftaten bei einer früheren Benutzung der Transitwege begangen wurden.

5. Über Maßnahmen im Sinne der Ziffer 3 werden dem Betroffenen die nach den allgemein üblichen Vorschriften der Deutschen Demokratischen Republik bezüglich der öffentlichen Ordnung vorgesehenen Dokumente ausgehändigt. Sind Gegenstände beschlagnahmt, sichergestellt oder eingezogen worden, so ist dem Betroffenen ein Verzeichnis der Gegenstände zu übergeben.

Über Festnahmen, den Ausschluß von Personen von der Benutzung der Transitwege und Zurückweisungen sowie über die dafür maßgebenden Gründe werden die zuständigen Organe der Deutschen

Demokratischen Republik alsbald die zuständigen Behörden der Bundesrepublik Deutschland unterrichten.

6. Wenn eine Mißbrauchshandlung entdeckt worden ist, nachdem der dafür verantwortliche Reisende die Transitstrecken der Deutschen Demokratischen Republik verlassen hat, so können die zuständigen Organe der Deutschen Demokratischen Republik die zuständigen Behörden der Bundesrepublik Deutschland über die Mißbrauchshandlung, die Beweismittel und die Person des Beschuldigten unterrichten. Die zuständigen Behörden der Bundesrepublik Deutschland werden die den allgemein üblichen Vorschriften der Bundesrepublik Deutschland bezüglich der öffentlichen Ordnung entsprechenden Maßnahmen treffen und können die zuständigen Organe der Deutschen Demokratischen Republik darüber unterrichten.

Art. 17. Die Regierung der Bundesrepublik Deutschland wird im Rahmen ihrer Möglichkeiten die erforderlichen Vorkehrungen treffen, damit ein Mißbrauch der Transitwege im Sinne von Artikel 16 dieses Abkommens verhindert wird.

Die Regierung der Bundesrepublik Deutschland wird insbesondere Sorge dafür tragen, daß
a) die am Transitverkehr beteiligten Personen und Unternehmen in geeigneter Weise über die Bestimmungen dieses Abkommens informiert werden;
b) die zuständigen Behörden der Bundesrepublik Deutschland, wenn sie von einem beabsichtigten Mißbrauch der Transitwege Kenntnis erhalten, im Rahmen der allgemein üblichen Vorschriften der Bundesrepublik Deutschland bezüglich der öffentlichen Ordnung geeignete Maßnahmen zur Verhinderung des Mißbrauchs treffen werden;
c) der Grenzübertritt von Transportmitteln dann nicht gestattet wird, wenn die Transportmittel offensichtlich nicht betriebs- oder verkehrssicher sind.

Art. 18. 1. Abgaben, Gebühren und andere Kosten, die den Verkehr auf den Transitwegen betreffen, einschließlich der Instandhaltung der entsprechenden Wege, Einrichtungen und Anlagen, die für diesen Verkehr benutzt werden, werden von der Bundesrepublik Deutschland an die Deutsche Demokratische Republik in Form einer jährlichen Pauschalsumme gezahlt. ...

3. Die Bundesrepublik Deutschland überweist die Pauschalsumme jährlich bis zum 31. März, erstmalig bis zum 31. März 1972, auf ein Konto bei einer von der Deutschen Demokratischen Republik zu bestimmenden Bank in der Bundesrepublik Deutschland zugunsten der Deutschen Außenhandelsbank AG in Berlin.

4. Die Höhe der ab 1976 zu zahlenden Pauschalsumme und die Bestimmung des Zeitraumes, für den diese Pauschalsumme gültig sein soll, werden im zweiten Halbjahr 1975 unter Berücksichtigung der Entwicklung des Transitverkehrs festgelegt.

Art. 19. 1. Die Abkommenspartner bilden eine Kommission zur Klärung von Schwierigkeiten und Meinungsverschiedenheiten bei der Anwendung oder Auslegung dieses Abkommens.

2. Die Delegation jedes Abkommenspartners wird in der Kommission durch einen bevollmächtigten Vertreter des Bundesministers für Verkehr der Bundesrepublik Deutschland beziehungsweise des Ministers für Verkehrswesen der Deutschen Demokratischen Republik geleitet.

3. Die Kommission tritt auf Ersuchen eines der beiden Abkommenspartner zusammen. ...

5. Kann die Kommission eine ihr zur Behandlung vorgelegte Meinungsverschiedenheit nicht regeln, wird diese Frage von beiden Seiten ihren Regierungen unterbreitet, die sie auf dem Verhandlungswege beilegen.

Vereinbarung zwischen dem Senat und der Regierung der Deutschen Demokratischen Republik über Erleichterungen und Verbesserungen des Reise- und Besucherverkehrs (Reise- und Besuchsvereinbarung)

vom 20. Dezember 1971

Art. 1. (1) Personen mit ständigem Wohnsitz in Berlin (West) wird einmal oder mehrmals die Einreise zu Besuchen von insgesamt 30 Tagen Dauer im Jahre in die an Berlin (West) grenzenden Gebiete sowie diejenigen Gebiete der Deutschen Demokratischen Republik, die nicht an Berlin (West) grenzen, gewährt.

(2) Die Einreise nach Absatz 1 wird aus humanitären, familiären, religiösen, kulturellen und touristischen Gründen genehmigt.

Art. 2. (1) Für die Einreise benötigen Personen mit ständigem Wohnsitz in Berlin (West) ihren gültigen Personalausweis und die Einreisegenehmigung und für die Ausreise die Ausreisegenehmigung der Deutschen Demokratischen Republik. Die erforderlichen Genehmigungen sind bei den zuständigen Organen nach den Bestimmungen der Deutschen Demokratischen Republik zu beantragen.

Art. 3. (1) Die Einreise von Personen mit ständigem Wohnsitz in Berlin (West) erfolgt über die dafür vorgesehenen Grenzübergangsstellen.

(2) Auf Grund von Berechtigungsscheinen oder von den zuständigen Organen der Deutschen Demokratischen Republik bestätigter Telegramme erhalten Personen mit ständigem Wohnsitz in Berlin (West) die Einreisegenehmigungen an den Grenzübergangsstellen.

Art. 4. (1) Personen mit ständigem Wohnsitz in Berlin (West) können aus dringenden familiären und humanitären Gründen, auch wenn sie die in Artikel 1 erwähnte Besuchsdauer bereits erschöpft haben, Einreisen gewährt werden. Die für die Einreise erforderlichen Genehmigungen können auf der Grundlage behördlich bestätigter Telegramme an den Grenzübergangsstellen erteilt werden.

(2) Über die in Artikel 1 erwähnten Möglichkeiten hinaus können Einreisen zu gesellschaftlichen, wissenschaftlichen, wirtschaftlich-kommerziellen oder kulturellen Zwecken erfolgen.

Vertrag zwischen der Bundesrepublik Deutschland und der Deutschen Demokratischen Republik über Fragen des Verkehrs (Verkehrsvertrag)

vom 26. Mai 1972

Art. 1. 1. Gegenstand des Vertrages ist der gegenseitige Wechsel- und Transitverkehr auf Straßen, Schienen- und Wasserwegen mit Transportmitteln, die im Geltungsbereich dieses Vertrages zugelassen oder registriert sind – im folgenden Verkehr genannt.

Die innerstaatlichen Rechtsvorschriften über die Benutzung bestimmter Transportmittel bleiben unberührt.

2. Die Vertragsstaaten verpflichten sich, den Verkehr in und durch ihre Hoheitsgebiete entsprechend der üblichen internationalen Praxis auf der Grundlage der Gegenseitigkeit und Nichtdiskriminierung in größtmöglichem Umfang zu gewähren, zu erleichtern und möglichst zweckmäßig zu gestalten.

Art. 2. Der Verkehr unterliegt dem Recht desjenigen Staates, in dessen Gebiet er durchgeführt wird, soweit dieser Vertrag nichts anderes bestimmt.

Art. 3. 1. Die Verkehrsteilnehmer können die im anderen Vertragsstaat für den öffentlichen Verkehr zugelassenen Verkehrseinrichtungen benutzen.

2. Soweit ein Vertragsstaat bestimmte Verkehrswege festlegt, auf denen der Transitverkehr durch sein Gebiet zu erfolgen hat, wird er sich dabei von dem Gesichtspunkt einer möglichst zweckmäßigen Gestaltung dieses Verkehrs leiten lassen.

Art. 4. Der Verkehr erfolgt über die vorgesehenen Grenzübergangsstellen. Über Veränderungen werden sich das Bundesministerium für Verkehr der Bundesrepublik Deutschland und das Ministerium für Verkehrswesen der Deutschen Demokratischen Republik vorher ins Benehmen setzen.

Art. 5. Die vom anderen Vertragsstaat ausgestellten amtlichen Dokumente, die zum Führen von Transportmitteln berechtigen, sowie die amtlichen Dokumente für die auf dessen Gebiet zugelassenen oder registrierten Transportmittel werden gegenseitig anerkannt, ...

Die Verkehrsteilnehmer weisen sich durch von den zuständigen Behörden beziehungsweise Organen der Vertragsstaaten ausgestellte amtliche Personaldokumente, die zum Grenzübertritt berechtigen, aus.

Art. 6. 1. Für bestimmte im Zusammenhang mit dem Verkehr erhobene Abgaben und Gebühren kann eine Pauschalabgeltung vereinbart werden.

2. Reisegebrauchs- und -verbrauchsgegenstände, die Verkehrsteilnehmer mit sich führen, bleiben frei von Ein- und Ausgangsabgaben sowie ähnlichen Gebühren.

Für die in üblicher Menge in Transportmitteln mitgeführten Treibstoff- und Schmiermittelvorräte sowie Ausrüstungs-, Ersatz- und Zubehörteile werden keine Ein- und Ausgangsabgaben sowie ähnliche Gebühren erhoben.

Art. 7. 1. Jeder Vertragsstaat sorgt dafür, daß bei Unfällen und Havarien auf seinem Gebiet die notwendige Hilfe einschließlich Pannen- und Abschleppdienst, medizinischer Betreuung sowie Werft- und Werkstatthilfe geleistet wird.

2. Bei Havarien und Unfällen gelten für deren Untersuchung sowie für die Ausfertigung der erforderlichen Protokolle die Rechtsvorschriften am Unfallort. Die Protokolle, die für die Schadensregulierung erforderlich sind, werden gegenseitig übermittelt.

Art. 8. Es erfolgt eine gegenseitige Information über den Straßenzustand, Umleitungen größeren Ausmaßes auf Autobahnen und wichtigen Fernstraßen, über Tauchtiefen, Pegelstände, Schleusenbetriebszeiten, Schiffahrtssperren sowie andere Nachrichten, die den Verkehrsablauf betreffen.

Art. 9. Im Interesse einer möglichst einfachen und zweckmäßigen Gestaltung des Verkehrs werden sich die Vertragsstaaten bei der Planung und Durchführung von Bauvorhaben, die Auswirkungen auf den grenzüberschreitenden Verkehr des anderen Vertragsstaates haben, informieren und entsprechend den Erfordernissen einen Meinungsaustausch führen.

Art. 32. 1. Eventuell auftretende Meinungsverschiedenheiten über die Anwendung oder Auslegung dieses Vertrages werden durch eine Kommission beider Vertragsstaaten geklärt.

2. Die Delegationen werden in der Kommission durch bevollmächtigte Vertreter des Bundesministers für Verkehr der Bundesrepublik Deutschland beziehungsweise des Ministers für Verkehrswesen der Deutschen Demokratischen Republik geleitet.

3. Die Kommission tritt auf Ersuchen eines der beiden Vertragsstaaten zusammen.

4. Einzelheiten des Verfahrens werden durch die Kommission festgelegt.

5. Kann die Kommission eine ihr zur Behandlung vorgelegte Meinungsverschiedenheit nicht regeln, wird diese Frage den Regierungen unterbreitet, die sie auf dem Verhandlungswege beilegen.

Art. 33. Dieser Vertrag wird auf unbestimmte Zeit geschlossen. Er kann fünf Jahre nach seinem Inkrafttreten mit einer Frist von drei Monaten zum Ende des jeweiligen Kalenderjahres gekündigt werden.

Vertrag über die Grundlagen der Beziehungen zwischen der Bundesrepublik Deutschland und der Deutschen Demokratischen Republik (Grundlagenvertrag)

vom 21. Dezember 1972

mit Brief zur Deutschen Einheit der Regierung der Bundesrepublik Deutschland an die Regierung der Deutschen Demokratischen Republik

vom 21. Dezember 1972

Der Vertrag

(Dazu gehört eine Reihe von verbindlichen ausgehandelten Vereinbarungen und Zusagen in Form von Protokoll-Vermerken, Erklärungen und Briefwechsel, die gleichzeitig mit dem Vertrag in Kraft gesetzt wird.)

Präambel

Die Hohen Vertragschließenden Seiten

eingedenk ihrer Verantwortung für die Erhaltung des Friedens,

in dem Bestreben, einen Beitrag zur Entspannung und Sicherheit in Europa zu leisten,

in dem Bewußtsein, daß die Unverletzlichkeit der Grenzen und die Achtung der territorialen Integrität und der Souveränität aller Staaten in Europa in ihren gegenwärtigen Grenzen eine grundlegende Bedingung für den Frieden sind,

in der Erkenntnis, daß sich daher die beiden deutschen Staaten in ihren Beziehungen der Androhung oder Anwendung von Gewalt zu enthalten haben,

ausgehend von den historischen Gegebenheiten und unbeschadet der unterschiedlichen Auffassungen der Bundesrepublik Deutschland und der Deutschen Demokratischen Republik zu grundsätzlichen Fragen, darunter zur nationalen Frage,

geleitet von dem Wunsch, zum Wohle der Menschen in den beiden deutschen Staaten die Voraussetzungen für die Zusammenarbeit zwischen der Bundesrepublik Deutschland und der Deutschen Demokratischen Republik zu schaffen,

sind wie folgt übereingekommen:

Art. 1 Gleichberechtigung. Die Bundesrepublik Deutschland und die Deutsche Demokratische Republik entwickeln normale gutnachbarliche Beziehungen zueinander auf der Grundlage der Gleichberechtigung.

Art. 2 Gültigkeit der Charta der Vereinten Nationen. Die Bundesrepublik Deutschland und die Deutsche Demokratische Republik werden sich von den Zielen und Prinzipien leiten lassen, die in der Charta der Vereinten Nationen niedergelegt sind, insbesondere der souveränen Gleichheit aller Staaten, der Achtung der Unabhängigkeit, Selbständigkeit und territorialen Integrität, dem Selbstbestimmungsrecht, der Wahrung der Menschenrechte und der Nichtdiskriminierung.

Art. 3 Gewaltverzicht – Unverletzlichkeit der Grenzen. Entsprechend der Charta der Vereinten Nationen werden die Bundesrepublik Deutschland und die Deutsche Demokratische Republik ihre Streitfragen ausschließlich mit friedlichen Mitteln lösen und sich der Drohung mit Gewalt oder der Anwendung von Gewalt enthalten.

Sie bekräftigen die Unverletzlichkeit der zwischen ihnen bestehenden Grenze jetzt und in der Zukunft und verpflichten sich zur uneingeschränkten Achtung ihrer territorialen Integrität.

Art. 4 Internationale Vertretung. Die Bundesrepublik Deutschland und die Deutsche Demokratische Republik gehen davon aus, daß keiner der beiden Staaten den anderen international vertreten oder in seinem Namen handeln kann.

Art. 5 Friedliche Beziehungen – Abrüstung. Die Bundesrepublik Deutschland und die Deutsche Demokratische Republik werden friedliche Beziehungen zwischen den europäischen Staaten fördern und zur Sicherheit und Zusammenarbeit in Europa beitragen.

Sie unterstützen die Bemühungen um eine Verminderung der Streitkräfte und Rüstungen in Europa, ohne daß dadurch Nachteile für die Sicherheit der Beteiligten entstehen dürfen.

Die Bundesrepublik Deutschland und die Deutsche Demokratische Republik werden mit dem Ziel einer allgemeinen und vollständigen Abrüstung unter wirksamer internationaler Kontrolle der internationalen Sicherheit dienende Bemühungen um Rüstungsbegrenzung und Abrüstung, insbesondere auf dem Gebiet der Kernwaffen und anderen Massenvernichtungswaffen, unterstützen.

Art. 6 Unabhängigkeit und Selbständigkeit. Die Bundesrepublik Deutschland und die Deutsche Demokratische Republik gehen von dem Grundsatz aus, daß die Hoheitsgewalt jedes der beiden Staaten sich auf sein Staatsgebiet beschränkt. Sie respektieren die Unabhängigkeit und Selbständigkeit jedes der beiden Staaten in seinen inneren und äußeren Angelegenheiten.

Art. 7 Zusammenarbeit. Die Bundesrepublik Deutschland und die Deutsche Demokratische Republik erklären ihre Bereitschaft, im Zuge der Normalisierung ihrer Beziehungen praktische und humanitäre Fragen zu regeln. Sie werden Abkommen schließen, um auf der Grundlage dieses Vertrages und zum beiderseitigen Vorteil die Zusammenarbeit auf dem Gebiet der Wirtschaft, der Wissenschaft und Technik, des Verkehrs, des Rechtsverkehrs, des Post- und Fernmeldewesens, des Gesundheitswesens, der Kultur, des Sports, des Umweltschutzes und auf anderen Gebieten zu entwickeln und zu fördern. Einzelheiten sind in dem Zusatzprotokoll geregelt.

Art. 8 Ständige Vertretung. Die Bundesrepublik Deutschland und die Deutsche Demokratische Republik werden ständige Vertretungen austauschen. Sie werden am Sitz der jeweiligen Regierung errichtet.

Die praktischen Fragen, die mit der Einrichtung der Vertretungen zusammenhängen, werden zusätzlich geregelt.

Art. 9 Nichtberührung bereits abgeschlossener Verträge. Die Bundesrepublik Deutschland und die Deutsche Demokratische Republik stimmen darin überein, daß durch diesen Vertrag die von ihnen früher abgeschlossenen oder sie betreffenden zweiseitigen und mehrseitigen internationalen Verträge und Vereinbarungen nicht berührt werden.

Art. 10 Inkrafttretung. Dieser Vertrag bedarf der Ratifikation und tritt am Tage nach dem Austausch entsprechender Noten in Kraft.

Zu Urkund dessen haben die Bevollmächtigten der Hohen Vertragschließenden Seiten diesen Vertrag unterzeichnet.

Geschehen in Berlin am 21. Dezember 1972 in zwei Urschriften in deutscher Sprache.

Für die Bundesrepublik
Deutschland
Egon Bahr

Für die Deutsche
Demokratische Republik
Michael Kohl

Der Brief

Bundesminister für besondere Aufgaben beim Bundeskanzler

Bonn, den 21. Dezember 1972

An den
Staatssekretär beim Ministerrat
der Deutschen Demokratischen Republik
Herrn Dr. Michael Kohl
Berlin

Sehr geehrter Herr Kohl!

Im Zusammenhang mit der heutigen Unterzeichnung des Vertrages über die Grundlagen der Beziehungen zwischen der Bundesrepublik Deutschland und der Deutschen Demokratischen Republik beehrt sich die Regierung der Bundesrepublik Deutschland festzustellen, daß dieser Vertrag nicht im Widerspruch zu dem politischen Ziel der Bundesrepublik Deutschland steht, auf einen Zustand des Friedens in Europa hinzuwirken, in dem das deutsche Volk in freier Selbstbestimmung seine Einheit wiedererlangt.

Mit vorzüglicher Hochachtung
Bahr

Abkommen zwischen der Regierung der Bundesrepublik Deutschland und der Regierung der Deutschen Demokratischen Republik über die Zusammenarbeit auf den Gebieten der Wissenschaft und Technik
(Wissenschaft-Technik-Abkommen)

vom 8. September 1987

Art. 1. Die Regierung der Bundesrepublik Deutschland und die Regierung der Deutschen Demokratischen Republik werden zum beiderseitigen Nutzen die Zusammenarbeit auf den Gebieten der Wissenschaft und Technik fördern, entsprechende Vorhaben und Maßnahmen vereinbaren und deren Durchführung unterstützen.

Art. 2. (1) Die Zusammenarbeit kann alle Gebiete der Natur- und Ingenieurwissenschaften sowie der Geistes- und Sozialwissenschaften umfassen, bei letzteren insbesondere Fragen, die die Verbindung mit den Natur- und Ingenieurwissenschaften betreffen.

(2) Die Regierungen kommen überein, Informationen und Veröffentlichungen über die Ergebnisse wissenschaftlicher und technischer Forschung und Entwicklung auszutauschen und zu diesem Zweck die Zusammenarbeit zwischen den Dokumentationszentren zu regeln.

(3) Die Regierungen sind übereingekommen, daß zur Durchführung der wissenschaftlich-technischen Zusammenarbeit die Partner aus der Bundesrepublik Deutschland und aus der Deutschen Demokratischen Republik einvernehmlich die notwendigen Regelungen zum Schutz des gewerblichen Eigentums und zur Ausübung der Rechte daran im Rahmen der innerstaatlichen Gesetzgebung treffen sollen. Die Partner werden sich dabei auf Empfehlungen stützen, die von der gemäß Artikel 4 Abs. 1 zu bildenden Kommission erarbeitet werden.

Art. 4. (1) Zur Durchführung dieses Abkommens wird eine Kommission gebildet, deren Mitglieder von jeder Regierung benannt werden.

Art. 5. Die Zusammenarbeit auf den Gebieten der Wissenschaft und Technik kann insbesondere folgende Formen haben:
a) Austausch von Informationen,
b) Organisation und Durchführung wissenschaftlicher Veranstaltungen wie Symposien, Konferenzen, Ausstellungen,
c) Austausch von Wissenschaftlern und Sachverständigen zu Informations-, Studien-, Lehr- und Forschungszwecken,
d) Abstimmung und Durchführung von Forschungsprojekten,
e) gegenseitige Bereitstellung von Forschungsmaterial sowie von wissenschaftlichen Geräten und Ausrüstungen.

Art. 6. (1) Die Zusammenarbeit erfolgt in Übereinstimmung mit den geltenden Gesetzen und sonstigen Vorschriften jedes der beiden Staaten.

Art. 7. Entsprechend dem Viermächte-Abkommen vom 3. September 1971 wird dieses Abkommen in Übereinstimmung mit den festgelegten Verfahren auf Berlin (West) ausgedehnt.

Abkommen zwischen der Regierung der Bundesrepublik Deutschland und der Regierung der Deutschen Demokratischen Republik über Informations- und Erfahrungsaustausch auf dem Gebiet des Strahlenschutzes (Strahlenschutz-Abkommen)

vom 8. September 1987

Art. 1. (1) Beide Seiten benachrichtigen sich gegenseitig unverzüglich ... bei nuklearen Unfällen.

(2) Die Benachrichtigung erfolgt auf direktem Weg.

Art. 2. Beide Seiten benachrichtigen sich auf gleichem Wege gegenseitig über von ihnen gemessene ungewöhnlich erhöhte Werte der Radioaktivität in anderen als in Artikel 1 Absatz 1 genannten Fällen.

Art. 3. (1) Beide Seiten konsultieren sich über die allgemeine Entwicklung der friedlichen Nutzung der Kernenergie, insbesondere über Rechtsgrundlagen sowie über Methoden und Ergebnisse der Strahlenschutzüberwachung von in Strahlenschutzbereichen tätigen Personen, der Bevölkerung und der Umwelt.

(2) Beide Seiten informieren sich gegenseitig über ihre Kernreaktoren sowie Anlagen für bestrahlte Kernbrennstoffe und die Endlagerung radioaktiver Abfälle.

(3) Die Informationen nach Absatz 2 werden für geplante Anlagen nach Erteilung der staatlichen Genehmigung zur Errichtung gegeben. Beide Seiten informieren sich gegenseitig über die beabsichtigte Inbetriebnahme kerntechnischer Einrichtungen.

Art. 4. (1) In Durchführung dieses Abkommens finden Konsultationen periodisch, mindestens einmal im Jahr, und bei besonderen Anlässen statt.

(2) Der Inhalt der Gespräche und ausgetauschte Unterlagen können ohne Einschränkungen genutzt werden, es sei denn, sie wurden von der übermittelnden Seite vertraulich gegeben. Weitergabe vertraulicher Informationen oder Unterlagen an Dritte darf nur in gegenseitigem Einverständnis erfolgen.

Art. 6. Entsprechend dem Viermächte-Abkommen vom 3. September 1971 wird dieses Abkommen in Übereinstimmung mit den festgelegten Verfahren auf Berlin (West) ausgedehnt.

Protokoll über die Festlegung der Pauschalsumme von Straßenbenutzungsgebühren für Personenkraftfahrzeuge im Verkehr in und durch das Gebiet der Deutschen Demokratischen Republik (Straßenbenutzungsgebühren)

vom 5. Oktober 1988

Auf der Grundlage des Protokolls vom 31. Oktober 1979 über die Vereinbarung einer Pauschalabgeltung von Straßenbenutzungsgebühren für Personenkraftfahrzeuge im Verkehr in und durch das Gebiet der Deutschen Demokratischen Republik gemäß Artikel 6 Absatz 1 des Vertrages vom 26. Mai 1972 zwischen der Bundesrepublik Deutschland und der Deutschen Demokratischen Republik über Fragen des Verkehrs ist zwischen dem Beauftragten der Regierung der Bundesrepublik Deutschland und dem Beauftragten der Regierung der Deutschen Demokratischen Republik folgendes vereinbart worden:

1. Die von der Bundesrepublik Deutschland an die Deutsche Demokratische Republik gemäß den Bestimmungen dieses Protokolls zu zahlende Pauschalsumme wird für die Jahre 1990 bis 1999 auf 55 Millionen Deutsche Mark pro Jahr festgelegt.
2. Die Höhe der ab dem Jahre 2000 zu zahlenden Pauschalsumme und die Bestimmung des Zeitraums, für den diese Pauschalsumme gültig sein soll, werden im Jahre 1999 unter Berücksichtigung der Entwicklung des Verkehrs festgelegt.

Vertrag über die Schaffung einer Währungs-, Wirtschafts- und Sozialunion zwischen der Bundesrepublik Deutschland und der Deutschen Demokratischen Republik mit gemeinsamem Protokoll über Leitsätze (Währungs-Wirtschafts-Sozialunion)

vom 18. Mai 1990*

Vertrag

Die Hohen Vertragschließenden Seiten –
dank der Tatsache, daß in der Deutschen Demokratischen Republik im Herbst 1989 eine friedliche und demokratische Revolution stattgefunden hat,
entschlossen, in Freiheit die Einheit Deutschlands in einer europäischen Friedensordnung alsbald zu vollenden,
in dem gemeinsamen Willen, die Soziale Marktwirtschaft als Grundlage für die weitere wirtschaftliche und gesellschaftliche Entwicklung mit sozialem Ausgleich und sozialer Absicherung und Verantwortung gegenüber der Umwelt auch in der Deutschen Demokratischen Republik einzuführen und hierdurch die Lebens- und Beschäftigungsbedingungen ihrer Bevölkerung stetig zu verbessern,
ausgehend dem beiderseitigen Wunsch, durch die Schaffung einer Währungs-, Wirtschafts- und Sozialunion einen ersten bedeutsamen Schritt in Richtung auf die Herstellung der staatlichen Einheit nach Artikel 23 des Grundgesetzes der Bundesrepublik Deutschland als Beitrag zur europäischen Einigung unter Berücksichtigung der Tatsache zu unternehmen, daß die äußeren Aspekte der Herstellung der Einheit Gegenstand der Gespräche mit den Regierungen der Französischen Republik, der Union der Sozialistischen Sowjetrepubliken, des Vereinigten Königreichs Großbritannien und Nordirland und der Vereinigten Staaten von Amerika sind,

in der Erkenntnis, daß mit der Herstellung der staatlichen Einheit die Entwicklung föderativer Strukturen in der Deutschen Demokratischen Republik einhergeht,
in dem Bewußtsein, daß die Regelungen dieses Vertrags die Anwendung des Rechts der Europäischen Gemeinschaften nach Herstellung der staatlichen Einheit gewährleisten sollen –
sind übereingekommen, einen Vertrag über die Schaffung einer Währungs-, Wirtschafts- und Sozialunion mit den nachfolgenden Bestimmungen zu schließen:

1 Grundlagen

Art. 1 Gegenstand des Vertrags.
(1) Die Vertragsparteien errichten eine Währungs-, Wirtschafts- und Sozialunion.
(2) Die Vertragsparteien bilden beginnend mit dem 1. Juli 1990 eine Währungsunion mit einem einheitlichen Währungsgebiet und der Deutschen Mark als gemeinsamer Währung. Die Deutsche Bundesbank ist die Währungs- und Notenbank dieses Währungsgebiets. Die auf Mark der Deutschen Demokratischen Republik lautenden Verbindlichkeiten und Forderungen werden nach Maßgabe dieses Vertrags auf Deutsche Mark umgestellt.
(3) Grundlage der Wirtschaftsunion ist die Soziale Marktwirtschaft als gemeinsame Wirtschaftsordnung beider Vertragsparteien. Sie wird insbesondere bestimmt durch Privateigentum, Leistungswettbewerb, freie Preisbildung und

---

* In Kraft getreten am 30. Juni 1990

grundsätzlich volle Freizügigkeit von Arbeit, Kapital, Gütern und Dienstleistungen; hierdurch wird die gesetzliche Zulassung besonderer Eigentumsformen für die Beteiligung der öffentlichen Hand oder anderer Rechtsträger am Wirtschaftsverkehr nicht ausgeschlossen, soweit private Rechtsträger dadurch nicht diskriminiert werden. Sie trägt den Erfordernissen des Umweltschutzes Rechnung.

(4) Die Sozialunion bildet mit der Währungs- und Wirtschaftsunion eine Einheit. Sie wird insbesondere bestimmt durch eine der Sozialen Marktwirtschaft entsprechende Arbeitsrechtsordnung und ein auf den Prinzipien der Leistungsgerechtigkeit und des sozialen Ausgleichs beruhendes umfassendes System der sozialen Sicherung.

Art. 2 Grundsätze. (1) Die Vertragsparteien bekennen sich zur freiheitlichen, demokratischen, föderativen, rechtsstaatlichen und sozialen Grundordnung. Zur Gewährleistung der in diesem Vertrag oder in Ausführung dieses Vertrags begründeten Rechte garantieren sie insbesondere die Vertragsfreiheit, Gewerbe-, Niederlassungs- und Berufsfreiheit, die Freizügigkeit von Deutschen in dem gesamten Währungsgebiet, die Freiheit, zur Wahrung und Förderung der Arbeits- und Wirtschaftsbedingungen Vereinigungen zu bilden, sowie ... das Eigentum privater Investoren an Grund und Boden sowie an Produktionsmitteln.

(2) Entgegenstehende Vorschriften der Verfassung der Deutschen Demokratischen Republik über die Grundlagen ihrer bisherigen sozialistischen Gesellschafts- und Staatsordnung werden nicht mehr angewendet.

Art. 3 Rechtsgrundlagen. Für die Errichtung der Währungsunion und die Währungsumstellung gelten die ... vereinbarten Bestimmungen. Bis zur Errichtung der Währungsunion werden die ... Rechtsvorschriften der Bundesrepublik Deutschland auf den Gebieten des Währungs-, Kredit-, Geld- und Münzwesens sowie der Wirtschafts- und Sozialunion in der Deutschen Demokratischen Republik in Kraft gesetzt; danach gelten sie in der jeweiligen Fassung im gesamten Währungsgebiet ..., soweit sich aus diesem Vertrag nichts anderes ergibt. Die Deutsche Bundesbank, das Bundesaufsichtsamt für das Kreditwesen und das Bundesaufsichtsamt für das Versicherungswesen üben die ihnen nach diesem Vertrag und nach diesen Rechtsvorschriften zustehenden Befugnisse im gesamten Geltungsbereich dieses Vertrages aus.

Art. 4 Rechtsanpassung. (1) Für die mit der Errichtung der Währungs-, Wirtschafts- und Sozialunion erforderliche Rechtsanpassung in der Deutschen Demokratischen Republik gelten die in Artikel 2 Absatz 1 niedergelegten Grundsätze und die im Gemeinsamen Protokoll vereinbarten Leitsätze; fortbestehendes Recht ist gemäß diesen Grund- und Leitsätzen auszulegen und anzuwenden.

Art. 5 Amtshilfe. Die Behörden der Vertragsparteien leisten sich nach Maßgabe des innerstaatlichen Rechts bei der Durchführung dieses Vertrags Amtshilfe.

Art. 6 Rechtsschutz. (1) Wird jemand durch die öffentliche Gewalt in seinen durch diesen Vertrag oder in Ausführung dieses Vertrags gewährleisteten Rechten verletzt, so steht ihm der Rechtsweg zu den Gerichten offen. Soweit eine andere Zuständigkeit nicht begründet ist, ist der ordentliche Rechtsweg gegeben.

(2) Die Deutsche Demokratische Republik gewährleistet gerichtlichen Rechtsschutz einschließlich eines effektiven einstweiligen Rechtsschutzes. Soweit für öffentlich-rechtliche Streitigkeiten keine besonderen Gerichte bestehen, werden Spezialspruchkörper bei den ordentlichen Gerichten eingerichtet. Die Zuständigkeit für diese Streitigkeiten wird bei bestimmten Kreis- und Bezirksgerichten konzentriert.

(3) Bis zum Aufbau einer besonderen Arbeitsgerichtsbarkeit werden Rechtsstreitigkeiten zwischen Arbeitgebern und Arbeitnehmern aus dem Arbeitsverhältnis von neutralen Schiedsstellen entschieden, die paritätisch mit Arbeitgebern und Arbeitnehmern sowie einem neutralen Vorsitzenden zu besetzen sind. Gegen ihre Entscheidung können die staatlichen Gerichte angerufen werden.

(4) Die Deutsche Demokratische Republik läßt eine freie Schiedsgerichtsbarkeit auf dem Gebiet des Privatrechts zu.

Art. 7 Schiedsgericht. (1) Streitigkeiten über die Auslegung oder Anwendung dieses Vertrags einschließlich des Gemeinsamen Protokolls und der Anlagen werden durch die Regierungen der beiden Vertragsparteien im Verhandlungswege beigelegt.

(2) Kann eine Streitigkeit auf diese Weise nicht beigelegt werden, so kann jede Vertragspartei die Streitigkeit einem Schiedsgericht zur Entscheidung vorlegen.

Art. 8 Gemeinsamer Regierungsausschuß. Die Vertragsparteien bilden einen Gemeinsamen Regierungsausschuß. Sie werden in diesem Ausschuß Fragen der Durchführung des Vertrags erörtern und – soweit erforderlich – das notwendige Einvernehmen herstellen. Zu den Aufgaben des Ausschusses gehört auch die Beilegung von Streitigkeiten gemäß Artikel 7 Absatz 1.

Art. 9 Vertragsänderungen. Erscheinen Änderungen oder Ergänzungen dieses Vertrags erforderlich, um eines seiner Ziele zu verwirklichen, so werden sie zwischen den Regierungen der Vertragsparteien vereinbart.

2 Bestimmungen über die Währungsunion

Art. 10 Voraussetzungen und Grundsätze. (1) Durch die Errichtung einer Währungsunion zwischen den Vertragsparteien ist die Deutsche Mark Zahlungsmittel, Rechnungseinheit und Wertaufbewahrungsmittel im gesamten Währungsgebiet. Zu diesem Zweck wird die geldpolitische Verantwortung der Deutschen Bundesbank als alleiniger Emissionsbank dieser Währung auf das gesamte Währungsgebiet ausgeweitet. Das Recht zur Ausgabe von Münzen obliegt ausschließlich der Bundesrepublik Deutschland.

(2) Die Nutzung der Vorteile der Währungsunion setzt einen stabilen Geldwert für die Wirtschaft der Deutschen Demokratischen Republik voraus, ebenso muß die Währungsstabilität in der Bundesrepublik Deutschland gewährleistet bleiben. Die Vertragsparteien wählen deshalb Umstellungsmodalitäten, die keine Inflationsimpulse im Gesamtbereich der Währungsunion entstehen lassen und gleichzeitig die Wettbewerbsfähigkeit der Unternehmen in der Deutschen Demokratischen Republik stärken.

(3) Die Deutsche Bundesbank regelt durch den Einsatz ihrer Instrumente in eigener Verantwortung, ... unabhängig von Weisungen der Regierungen der Vertragsparteien, den Geldumlauf und die Kreditversorgung im gesamten Währungsgebiet mit dem Ziel, die Währung zu sichern.

(4) Voraussetzung für die monetäre Steuerung ist, daß die Deutsche Demokratische Republik ein marktwirtschaftliches Kreditsystem aufbaut. Dazu gehört ein nach privatwirtschaftlichen Grundsätzen operierendes Geschäftsbankensystem im Wettbewerb privater, genossenschaftlicher und öffentlich-rechtlicher Banken, ein freier Geld- und Kapitalmarkt und eine nicht reglementierte Zinsbildung an den Finanzmärkten.

(5) Um die in den Absätzen 1 bis 4 bezeichneten Ziele zu erreichen, vereinbaren die Vertragsparteien ... folgende Grundsätze für die Währungsunion:
- Mit Wirkung vom 1. Juli 1990 wird die Deutsche Mark als Währung in der Deutschen Demokratischen Republik eingeführt. Die von der Deutschen Bundesbank ausgegebenen, auf Deutsche Mark lautenden Banknoten und die von der Bundesrepublik Deutschland ausgegebenen, auf Deutsche Mark oder Pfennig lautenden Bundesmünzen sind vom 1. Juli 1990 an alleiniges gesetzliches Zahlungsmittel.
- Löhne, Gehälter, Stipendien, Renten, Mieten und Pachten sowie weitere wiederkehrende Zahlungen werden im Verhältnis 1 zu 1 umgestellt.
- Alle anderen auf Mark der Deutschen Demokratischen Republik lautenden Forderungen und Verbindlichkeiten werden grundsätzlich im Verhältnis 2 zu 1 auf Deutsche Mark umgestellt.
- Die Umstellung von auf Mark der Deutschen Demokratischen Republik lautenden Banknoten und Münzen ist nur für Personen oder Stellen mit Wohnsitz oder Sitz in der Deutschen Demokratischen Republik über Konten bei Geldinstituten in der Deutschen Demokratischen Republik möglich, auf die die umzustellenden Bargeldbeträge eingezahlt werden können.
- Guthaben bei Geldinstituten von natürlichen Personen mit Wohnsitz in der Deutschen Demokratischen Republik werden auf Antrag bis zu bestimmten Betragsgrenzen im Verhält-

nis 1 zu 1 umgestellt, wobei eine Differenzierung nach dem Lebensalter des Berechtigten stattfindet.
- Sonderregelungen gelten für Guthaben von Personen, deren Wohnsitz oder Sitz sich außerhalb der Deutschen Demokratischen Republik befindet.
- Mißbräuchen wird entgegengewirkt.

(6) Nach einer Bestandsaufnahme des volkseigenen Vermögens und seiner Ertragsfähigkeit sowie nach seiner vorrangigen Nutzung für die Strukturanpassung der Wirtschaft und für die Sanierung des Staatshaushalts wird die Deutsche Demokratische Republik nach Möglichkeit vorsehen, daß den Sparern zu einem späteren Zeitpunkt für den bei der Umstellung 2 zu 1 reduzierten Betrag ein verbrieftes Anteilsrecht am volkseigenen Vermögen eingeräumt werden kann.

(7) Die Deutsche Bundesbank übt die ihr nach diesem Vertrag und nach dem Gesetz über die Deutsche Bundesbank zustehenden Befugnisse im gesamten Währungsgebiet aus. Sie errichtet zu diesem Zweck eine Vorläufige Verwaltungsstelle in Berlin mit bis zu fünfzehn Filialen in der Deutschen Demokratischen Republik, wozu die Betriebsstellen der Staatsbank der Deutschen Demokratischen Republik genutzt werden.

3 Bestimmungen über die Wirtschaftsunion

Art. 11 Wirtschaftspolitische Grundlagen. (1) Die Deutsche Demokratische Republik stellt sicher, daß ihre wirtschafts- und finanzpolitischen Maßnahmen mit der Sozialen Marktwirtschaft in Einklang stehen. Die Maßnahmen werden so getroffen, daß sie im Rahmen der marktwirtschaftlichen Ordnung gleichzeitig zur Stabilität des Preisniveaus, zu einem hohen Beschäftigungsstand und zu außenwirtschaftlichem Gleichgewicht bei stetigem und angemessenem Wirtschaftswachstum beitragen.

(2) Die Deutsche Demokratische Republik schafft die Rahmenbedingungen für die Entfaltung der Marktkräfte und der Privatinitiative, um den Strukturwandel, die Schaffung moderner Arbeitsplätze, eine breite Basis aus kleinen und mittleren Unternehmen sowie freien Berufen und den Schutz der Umwelt zu fördern. Die Unternehmensverfassung wird so gestaltet, daß sie auf den in Artikel 1 beschriebenen Prinzipien der Sozialen Marktwirtschaft mit der freien Entscheidung der Unternehmen über Produkte, Mengen, Produktionsverfahren, Investitionen, Arbeitsverhältnisse, Preise und Gewinnverwendung beruht.

(3) Die Deutsche Demokratische Republik richtet ihre Politik unter Beachtung ihrer gewachsenen außenwirtschaftlichen Beziehungen mit den Ländern des Rates für Gegenseitige Wirtschaftshilfe schrittweise auf das Recht und die wirtschaftspolitischen Ziele der Europäischen Gemeinschaften aus.

(4) Die Regierung der Deutschen Demokratischen Republik wird bei Entscheidungen, welche die wirtschaftspolitischen Grundsätze der Absätze 1 und 2 berühren, das Einvernehmen mit der Regierung der Bundesrepublik Deutschland im Rahmen des Gemeinsamen Regierungsausschusses nach Artikel 8 herstellen.

Art. 12 Innerdeutscher Handel. (3) Die Vertragsparteien sind bestrebt, so bald wie möglich die Voraussetzungen für einen vollständigen Wegfall der Kontrollen an der innerdeutschen Grenze zu schaffen.

Art. 13 Außenwirtschaft. (1) Bei der Gestaltung des freien Außenwirtschaftsverkehrs trägt die Deutsche Demokratische Republik den Grundsätzen eines freien Welthandels, wie sie insbesondere im Allgemeinen Zoll- und Handelsabkommen (GATT) zum Ausdruck kommen, Rechnung. Die Bundesrepublik Deutschland wird zur weiteren Integration der Wirtschaft der Deutschen Demokratischen Republik in die Weltwirtschaft ihre Erfahrungen umfassend zur Verfügung stellen.

(2) Die gewachsenen außenwirtschaftlichen Beziehungen der Deutschen Demokratischen Republik, insbesondere bestehende vertragliche Verpflichtungen gegenüber den Ländern des Rates für Gegenseitige Wirtschaftshilfe, genießen Vertrauensschutz. Sie werden unter Berücksichtigung der Gegebenheiten der Währungs- und Wirtschaftsunion und der Interessen aller Beteiligten fortentwickelt sowie unter Beachtung marktwirtschaftlicher Grundsätze ausgebaut. Soweit erforderlich, werden bestehende vertragliche Verpflichtungen von der Deutschen De-

mokratischen Republik im Einvernehmen mit ihren Vertragspartnern an diese Gegebenheiten angepaßt.

(3) Zur Vertretung der außenwirtschaftlichen Interessen arbeiten die Vertragsparteien unter Beachtung der Zuständigkeiten der Europäischen Gemeinschaften eng zusammen.

Art. 14 Strukturanpassung der Unternehmen. Um die notwendige Strukturanpassung der Unternehmen in der Deutschen Demokratischen Republik zu fördern, wird die Regierung der Deutschen Demokratischen Republik im Rahmen der haushaltspolitischen Möglichkeiten während einer Übergangszeit Maßnahmen ergreifen, die eine rasche strukturelle Anpassung der Unternehmen an die neuen Marktbedingungen erleichtern. Über die konkrete Ausgestaltung der Maßnahmen verständigen sich die Regierungen der Vertragsparteien. Ziel ist es, auf der Grundlage der Sozialen Marktwirtschaft die Leistungsfähigkeit der Unternehmen zu stärken und durch die Entfaltung privater Initiative eine breit gefächerte, moderne Wirtschaftsstruktur auch mit möglichst vielen kleinen und mittleren Betrieben in der Deutschen Demokratischen Republik zu erreichen, um so die Grundlage für mehr Wachstum und zukunftssichere Arbeitsplätze zu schaffen.

Art. 15 Agrar- und Ernährungswirtschaft. (1) Wegen der zentralen Bedeutung der Regelungen der Europäischen Gemeinschaften für die Agrar- und Ernährungswirtschaft führt die Deutsche Demokratische Republik ein Preisstützungs- und Außenschutzsystem entsprechend dem EG-Marktordnungssystem ein, so daß sich die landwirtschaftlichen Erzeugerpreise in der Deutschen Demokratischen Republik denen in der Bundesrepublik Deutschland angleichen.

(3) Unbeschadet der Maßnahmen nach Artikel 14 wird die Deutsche Demokratische Republik im Rahmen der haushaltspolitischen Möglichkeiten während einer Übergangszeit den in der Agrar- und Ernährungswirtschaft erforderlichen strukturellen Anpassungsprozeß zur Verbesserung der Wettbewerbsfähigkeit der Betriebe, zur umwelt- und qualitätsorientierten Produktion sowie zur Vermeidung von Überschüssen durch geeignete Maßnahmen fördern.

Art. 16 Umweltschutz. (1) Der Schutz von Menschen, Tieren und Pflanzen, Boden, Wasser, Luft, Klima und Landschaft sowie von Kultur- und sonstigen Sachgütern vor schädlichen Umwelteinwirkungen ist besonderes Anliegen beider Vertragsparteien. Sie lassen sich dabei von dem Vorsorge-, Verursacher- und Kooperationsprinzip leiten. Sie streben die schnelle Verwirklichung einer deutschen Umweltunion an.

(2) Die Deutsche Demokratische Republik trifft Regelungen, die mit Inkrafttreten dieses Vertrags sicherstellen, daß auf ihrem Gebiet für neue Anlagen und Einrichtungen die in der Bundesrepublik Deutschland geltenden Sicherheits- und Umweltschutzanforderungen Voraussetzung für die Erteilung umweltrechtlicher Genehmigungen sind. Für bestehende Anlagen und Einrichtungen trifft die Deutsche Demokratische Republik Regelungen, die möglichst schnell zu entsprechenden Anforderungen führen.

(3) Die Deutsche Demokratische Republik wird parallel zur Entwicklung des föderativen Staatsaufbaus auf Länderebene und mit dem Entstehen einer Verwaltungsgerichtsbarkeit das Umweltrecht der Bundesrepublik Deutschland übernehmen.

(4) Bei der weiteren Gestaltung eines gemeinsamen Umweltrechts werden die Umweltanforderungen der Bundesrepublik Deutschland und der Deutschen Demokratischen Republik so schnell wie möglich auf hohem Niveau angeglichen und weiterentwickelt.

(5) Die Deutsche Demokratische Republik harmonisiert die Bestimmungen zur staatlichen Förderung von Umweltschutzmaßnahmen mit denen der Bundesrepublik Deutschland.

4 Bestimmungen über die Sozialunion

Art. 17 Grundsätze der Arbeitsrechtsordnung. In der Deutschen Demokratischen Republik gelten Koalitionsfreiheit, Tarifautonomie, Arbeitskampfrecht, Betriebsverfassung, Unternehmensmitbestimmung und Kündigungsschutz entsprechend dem Recht der Bundesrepublik Deutschland.

Art. 18 Grundsätze der Sozialversicherung. (1) Die Deutsche Demokratische Republik führt ein gegliedertes System der Sozialversicherung ein, für das folgende Grundsätze gelten:
1. Die Renten-, Kranken-, Unfall- und Arbeitslosenversicherung werden jeweils durch Selbstverwaltungskörperschaften des öffentlichen Rechts unter der Rechtsaufsicht des Staates durchgeführt.
2. Die Renten-, Kranken-, Unfall- und Arbeitslosenversicherung einschließlich der Arbeitsförderung werden vor allem durch Beiträge finanziert. Die Beiträge zur Renten-, Kranken- und Arbeitslosenversicherung werden grundsätzlich je zur Hälfte von Arbeitnehmern und Arbeitgebern entsprechend den Beitragssätzen in der Bundesrepublik Deutschland und zur Unfallversicherung von den Arbeitgebern getragen.
3. Lohnersatzleistungen orientieren sich an der Höhe der versicherten Entgelte.

(5) Die Versicherungspflicht- und die Beitragsbemessungsgrenzen werden nach den Grundsätzen des Sozialversicherungsrechts der Bundesrepublik Deutschland festgelegt.

Art. 19 Arbeitslosenversicherung und Arbeitsförderung. Die Deutsche Demokratische Republik führt ein System der Arbeitslosenversicherung einschließlich Arbeitsförderung ein, das den Regelungen des Arbeitsförderungsgesetzes der Bundesrepublik Deutschland entspricht. Dabei haben Maßnahmen der aktiven Arbeitsmarktpolitik, wie berufliche Bildung und Umschulung, besondere Bedeutung. Belange der Frauen und Behinderten werden berücksichtigt. In der Übergangsphase wird Besonderheiten in der Deutschen Demokratischen Republik Rechnung getragen. Die Regierungen beider Vertragsparteien werden beim Aufbau der Arbeitslosenversicherung einschließlich Arbeitsförderung eng zusammenarbeiten.

Art. 20 Rentenversicherung. (1) Die Deutsche Demokratische Republik leitet alle erforderlichen Maßnahmen ein, um ihr Rentenrecht an das auf dem Grundsatz der Lohn- und Beitragsbezogenheit beruhende Rentenversicherungsrecht der Bundesrepublik Deutschland anzugleichen. Dabei wird in einer Übergangszeit von fünf Jahren für die rentennahen Jahrgänge dem Grundsatz des Vertrauensschutzes Rechnung getragen.

(2) Die Rentenversicherung verwendet die ihr zur Verfügung stehenden Mittel ausschließlich zur Erfüllung der ihr obliegenden Aufgaben bei Rehabilitation, Invalidität, Alter und Tod. Die bestehenden Zusatz- und Sonderversorgungssysteme werden grundsätzlich zum 1. Juli 1990 geschlossen. Bisher erworbene Ansprüche und Anwartschaften werden in die Rentenversicherung überführt, wobei Leistungen aufgrund von Sonderregelungen mit dem Ziel überprüft werden, ungerechtfertigte Leistungen abzuschaffen und überhöhte Leistungen abzubauen. Die der Rentenversicherung durch die Überführung entstehenden Mehraufwendungen werden ihr aus dem Staatshaushalt erstattet.

(3) Die Bestandsrenten der Rentenversicherung werden bei Umstellung auf Deutsche Mark auf ein Nettorentenniveau festgesetzt, das bei einem Rentner mit 45 Versicherungsjahren/Arbeitsjahren, dessen Verdienst jeweils dem volkswirtschaftlichen Durchschnittsverdienst entsprochen hat, 70 vom Hundert des durchschnittlichen Nettoarbeitsverdienstes in der Deutschen Demokratischen Republik beträgt.

(4) Die Renten der Rentenversicherung werden entsprechend der Entwicklung der Nettolöhne und -gehälter in der Deutschen Demokratischen Republik angepaßt.

(5) Die freiwillige Zusatzrentenversicherung in der Deutschen Demokratischen Republik wird geschlossen.

(6) Die Deutsche Demokratische Republik beteiligt sich an den Ausgaben ihrer Rentenversicherung mit einem Staatszuschuß.

(7) Personen, die nach dem 18. Mai 1990 ihren gewöhnlichen Aufenthalt aus dem Gebiet der einen Vertragspartei in das Gebiet der anderen Vertragspartei verlegt haben, erhalten von dem bisher zuständigen Rentenversicherungsträger ihre nach den für ihn geltenden Rechtsvorschriften berechnete Rente für die dort zurückgelegten Zeiten.

Art. 21 Krankenversicherung. (1) Die Deutsche Demokratische Republik leitet alle erforderlichen Maßnahmen ein, um ihr Krankenversicherungsrecht an das der Bundesrepublik Deutschland anzugleichen.

(2) Leistungen, die bisher nach den Rechtsvorschriften der Deutschen Demokratischen Republik aus der Krankenversicherung finanziert worden sind, die aber nach den Rechtsvorschriften der Bundesrepublik Deutschland nicht Leistungen der Krankenversicherung sind, werden vorerst aus dem Staatshaushalt der Deutschen Demokratischen Republik finanziert.

(3) Die Deutsche Demokratische Republik führt eine Entgeltfortzahlung im Krankheitsfall ein, die den gesetzlichen Regelungen der Entgeltfortzahlung der Bundesrepublik Deutschland entspricht.

(4) Die Rentner sind in der Krankenversicherung versichert. Maßgebend ist der jeweilige Beitragssatz in der Krankenversicherung.

(5) Die Investitionen bei stationären und ambulanten Einrichtungen des Gesundheitswesens der Deutschen Demokratischen Republik werden aus Mitteln des Staatshaushalts und nicht aus Beitragsmitteln finanziert.

Art. 22 Gesundheitswesen. (1) Die medizinische Betreuung und der Schutz der Gesundheit der Menschen sind besonderes Anliegen der Vertragsparteien.

(2) Neben der vorläufigen Fortführung der derzeitigen Versorgungsstrukturen, die zur Aufrechterhaltung der medizinischen Versorgung der Bevölkerung notwendig ist, wird die Deutsche Demokratische Republik schrittweise eine Veränderung in Richtung des Versorgungsangebots der Bundesrepublik Deutschland mit privaten Leistungserbringern vornehmen, insbesondere durch Zulassung niedergelassener Ärzte, Zahnärzte und Apotheker sowie selbständig tätiger Erbringer von Heil- und Hilfsmitteln und durch Zulassung privater und frei-gemeinnütziger Krankenhausträger.

(3) Zum Aufbau der erforderlichen vertraglichen, insbesondere vergütungsrechtlichen Beziehungen zwischen Trägern der Krankenversicherung und den Leistungserbringern wird die Deutsche Demokratische Republik die erforderlichen gesetzlichen Rahmenbedingungen schaffen.

Art. 23 Renten der Unfallversicherung. (1) Die Deutsche Demokratische Republik leitet alle erforderlichen Maßnahmen ein, um ihr Unfallversicherungsrecht an das der Bundesrepublik Deutschland anzugleichen.

(2) Die Bestandsrenten der Unfallversicherung werden bei der Umstellung auf Deutsche Mark auf der Grundlage des durchschnittlichen Bruttoarbeitsentgelts in der Deutschen Demokratischen Republik neu festgesetzt und gezahlt.

Art. 24 Sozialhilfe. Die Deutsche Demokratische Republik führt ein System der Sozialhilfe ein, das dem Sozialhilfegesetz der Bundesrepublik Deutschland entspricht.

Art. 25 Anschubfinanzierung. Soweit in einer Übergangszeit in der Arbeitslosenversicherung der Deutschen Demokratischen Republik die Beiträge und in der Rentenversicherung der Deutschen Demokratischen Republik die Beiträge und der Staatszuschuß die Ausgaben für die Leistungen nicht voll abdecken, leistet die Bundesrepublik Deutschland an die Deutsche Demokratische Republik eine vorübergehende Anschubfinanzierung im Rahmen der nach Artikel 28 zugesagten Haushaltshilfe.

5 Bestimmungen über den Staatshaushalt und die Finanzen

Art. 26 Grundsätze für die Finanzpolitik der Deutschen Demokratischen Republik. (1) Die öffentlichen Haushalte in der Deutschen Demokratischen Republik werden von der jeweiligen Gebietskörperschaft grundsätzlich in eigener Verantwortung unter Beachtung der Erfordernisse des gesamtwirtschaftlichen Gleichgewichts aufgestellt. Ziel ist eine in die marktwirtschaftliche Ordnung eingepaßte Haushaltswirtschaft. Die Haushalte werden in Einnahmen und Ausgaben ausgeglichen. Alle Einnahmen und Ausgaben werden in den jeweiligen Haushaltsplan eingestellt.

(2) Die Haushalte werden den Haushaltsstrukturen der Bundesrepublik Deutschland angepaßt. Hierzu werden, beginnend ab der Errichtung der Währungsunion mit dem Teilhaushalt 1990, aus dem Staatshaushalt insbesondere die folgenden Bereiche ausgegliedert:
- der Sozialbereich, soweit er in der Bundesrepublik Deutschland ganz oder

überwiegend beitrags- oder umlagenfinanziert ist,
- die Wirtschaftsunternehmen durch Umwandlung in rechtlich und wirtschaftlich selbständige Unternehmen,
- die Verkehrsbetriebe unter rechtlicher Verselbständigung,
- die Führung der Deutschen Reichsbahn und der Deutschen Post als Sondervermögen.

Die öffentlichen Wohnungsbaukredite werden substanzgerecht den Einzelobjekten zugeordnet.

(3) Die Gebietskörperschaften in der Deutschen Demokratischen Republik unternehmen bei Aufstellung und Vollzug der Haushalte alle Anstrengungen zur Defizitbegrenzung. Dazu gehören bei den Ausgaben:
- der Abbau von Haushaltssubventionen, insbesondere kurzfristig für Industriewaren, landwirtschaftliche Produkte und Nahrungsmittel, wobei für letztere autonome Preisstützungen entsprechend den Regelungen der Europäischen Gemeinschaften zulässig sind, und schrittweise unter Berücksichtigung der allgemeinen Einkommensentwicklung in den Bereichen des Verkehrs, der Energien für private Haushalte und des Wohnungswesens,
- die nachhaltige Absenkung der Personalausgaben im öffentlichen Dienst,
- die Überprüfung aller Ausgaben einschließlich der ihnen zugrundeliegenden Rechtsvorschriften auf Notwendigkeit und Finanzierbarkeit,
- die Strukturverbesserung des Bildungswesens sowie vorbereitende Aufteilung nach föderativer Struktur (einschließlich Forschungsbereich).

Bei den Einnahmen erfordert die Defizitbegrenzung neben Maßnahmen des 2. Abschnitts dieses Kapitels die Anpassung beziehungsweise Einführung von Beiträgen und Gebühren für öffentliche Leistungen entsprechend den Strukturen in der Bundesrepublik Deutschland.

(4) Es wird eine Bestandsaufnahme des volkseigenen Vermögens vorgenommen. Das volkseigene Vermögen ist vorrangig für die Strukturanpassung der Wirtschaft und für die Sanierung des Staatshaushalts in der Deutschen Demokratischen Republik zu nutzen.

Art. 27 Kreditaufnahme und Schulden. (1) Die Kreditermächtigungen in den Haushalten der Gebietskörperschaften der Deutschen Demokratischen Republik werden für 1990 auf 10 Milliarden Deutsche Mark und für 1991 auf 14 Milliarden Deutsche Mark begrenzt und im Einvernehmen mit dem Bundesminister der Finanzen der Bundesrepublik Deutschland auf die Ebenen verteilt. Für das Treuhandvermögen wird zur Vorfinanzierung zu erwartender Erlöse aus seiner Verwertung ein Kreditermächtigungsrahmen für 1990 von 7 Milliarden Deutsche Mark und für 1991 von 10 Milliarden Deutsche Mark festgelegt. Der Bundesminister der Finanzen der Bundesrepublik Deutschland kann bei grundlegend veränderten Bedingungen eine Überschreitung der Kreditobergrenzen zulassen.

(2) Die Aufnahme von Krediten und das Einräumen von Ausgleichsforderungen erfolgen im Einvernehmen zwischen dem Minister der Finanzen der Deutschen Demokratischen Republik und dem Bundesminister der Finanzen der Bundesrepublik Deutschland. Gleiches gilt für die Übernahme von Bürgschaften, Garantien oder sonstigen Gewährleistungen sowie für die Summe der in den Haushalten auszubringenden Verpflichtungsermächtigungen.

(3) Nach dem Beitritt wird die aufgelaufene Verschuldung des Republikhaushalts in dem Umfang an das Treuhandvermögen übertragen, soweit sie durch die zu erwartenden künftigen Erlöse aus der Verwertung des Treuhandvermögens getilgt werden kann. Die danach verbleibende Verschuldung wird je zur Hälfte auf den Bund und die Länder, die sich auf dem Gebiet der Deutschen Demokratischen Republik neu gebildet haben, aufgeteilt. Von den Ländern und Gemeinden aufgenommene Kredite verbleiben bei diesen.

Art. 28 Finanzzuweisungen der Bundesrepublik Deutschland. (1) Die Bundesrepublik Deutschland gewährt der Deutschen Demokratischen Republik zweckgebundene Finanzzuweisungen zum Haushaltsausgleich für das 2. Halbjahr 1990 von 22 Milliarden Deutsche Mark und für 1991 von 35 Milliarden Deutsche Mark. Außerdem werden gemäß Artikel 25 zu Lasten des Bundeshaushalts als Anschubfinanzierung für die Rentenversicherung 750 Millionen Deutsche Mark für das 2. Halbjahr 1990 sowie für die Arbeitslosenversicherung 2 Milliarden Deutsche Mark für das 2. Halbjahr 1990 und 3 Milliarden Deutsche Mark für 1991 gezahlt. Die Zahlungen erfolgen bedarfsgerecht.

(2) Die Vertragsparteien stimmen darin überein, daß die gemäß Artikel 18 des Abkommens vom 17. Dezember 1971 über den Transitverkehr von zivilen Personen und Gütern zwischen der Bundesrepublik Deutschland und Berlin (West) zu zahlende Transitpauschale mit Inkrafttreten dieses Vertrags entfällt. Die Deutsche Demokratische Republik hebt die Vorschriften über die in diesem Abkommen sowie in dem Abkommen vom 31. Oktober 1979 über die Befreiung von Straßenfahrzeugen von Steuern und Gebühren geregelten Gebühren mit Wirkung für die beiden Vertragsparteien auf.

Art. 29 Übergangsregelung im öffentlichen Dienst. Die Regierung der Deutschen Demokratischen Republik gewährleistet unter Beachtung von Artikel 2 Absatz 1 Satz 1, daß in Tarifverträgen oder sonstigen Regelungen im Bereich der öffentlichen Verwaltung unter Beschränkung neuer dienstrechtlicher Vorschriften auf Übergangsregelungen die allgemeinen wirtschaftlichen und finanziellen Verhältnisse in der Deutschen Demokratischen Republik und die Erfordernisse der Konsolidierung des Haushalts beachtet werden. Das Bundespersonalvertretungsgesetz findet sinngemäß Anwendung.

Art. 30 Zölle und besondere Verbrauchsteuern. (1) Die Deutsche Demokratische Republik übernimmt schrittweise im Einklang mit dem Grundsatz in Artikel 11 Absatz 3 das Zollrecht der Europäischen Gemeinschaften einschließlich des Gemeinsamen Zolltarifs sowie die besonderen Verbrauchsteuern ...

(2) Die Vertragsparteien sind sich einig, daß ihr Zollgebiet den Geltungsbereich dieses Vertrags umfaßt.

Art. 31 Besitz- und Verkehrsteuern. (1) Die Deutsche Demokratische Republik regelt die Besitz- und Verkehrsteuern ...

(2) Für Zwecke der Umsatzsteuer besteht zwischen den Vertragsparteien keine Steuergrenze; ein umsatzsteuerlicher Grenzausgleich erfolgt nicht. Die Steuerhoheit bleibt unberührt ...

(3) Bei unbeschränkter Vermögensteuerpflicht im Gebiet einer Vertragspartei steht dieser Vertragspartei das ausschließliche Besteuerungsrecht zu ...

(4) Bei unbeschränkter Erbschaftsteuer- oder Schenkungsteuerpflicht im Gebiet einer Vertragspartei steht dieser Vertragspartei für Erwerbe, für die die Steuer nach dem 31. Dezember 1990 entsteht, das ausschließliche Besteuerungsrecht zu ...

(5) Für Erwerbe von Todes wegen, für die die Steuer nach dem 30. Juni 1990 und vor dem 1. Januar 1991 entsteht, gilt Absatz 4 entsprechend ...

(6) Mitteilungs- und Anzeigepflichten, die sich aus dem Erbschaftsteuer- und Schenkungsteuerrecht der Vertragsparteien ergeben, gelten auch gegenüber den Finanzbehörden der jeweiligen anderen Vertragspartei.

Art. 32 Informationsaustausch. (1) Die Vertragsparteien tauschen die Informationen aus, die zur Durchführung ihres Abgaben- und Monopolrechts erforderlich sind. Zuständig für den Informationsaustausch sind die Finanzminister der Vertragsparteien und die von ihnen ermächtigten Behörden.

Art. 33 Konsultationsverfahren. (1) Die Vertragsparteien werden sich bemühen, bei den Besitz- und Verkehrsteuern eine Doppelbesteuerung durch Verständigung über eine sachgerechte Abgrenzung der Besteuerungsgrundlagen zu vermeiden. Sie werden sich weiter bemühen, Schwierigkeiten oder Zweifel, die sich bei der Auslegung oder Anwendung ihres Rechts der unter diesen Abschnitt fallenden Abgaben und Monopole im Verhältnis zueinander ergeben, im gegenseitigen Einvernehmen zu beseitigen.

Art. 34 Aufbau der Finanzverwaltung. (1) Die Deutsche Demokratische Republik schafft die Rechtsgrundlagen für eine dreistufige Finanzverwaltung entsprechend dem Gesetz über die Finanzverwaltung der Bundesrepublik Deutschland mit den sich aus diesem Vertrag ergebenden Abweichungen und richtet die Verwaltungen entsprechend ein.

6 Schlußbestimmungen

Art. 35 Völkerrechtliche Verträge. Dieser Vertrag berührt nicht die von der

Bundesrepublik Deutschland oder der Deutschen Demokratischen Republik mit dritten Staaten abgeschlossenen völkerrechtlichen Verträge.

Art. 36 Überprüfung des Vertrags. Die Bestimmungen dieses Vertrags werden bei grundlegender Änderung der gegebenen Umstände überprüft.

Art. 37 Berlin-Klausel. Entsprechend dem Viermächte-Abkommen vom 3. September 1971 wird dieser Vertrag in Übereinstimmung mit den festgelegten Verfahren auf Berlin (West) ausgedehnt.

Gemeinsames Protokoll über Leitsätze

In Ergänzung des Vertrags über die Schaffung einer Währungs-, Wirtschafts- und Sozialunion haben die Hohen Vertragschließenden Seiten folgende Leitsätze vereinbart, die gemäß Artikel 4 Absatz 1 Satz 1 des Vertrags verbindlich sind:

1 Generelle Leitsätze

1.1 Allgemeines

1. Das Recht der Deutschen Demokratischen Republik wird nach den Grundsätzen einer freiheitlichen, demokratischen, föderativen, rechtsstaatlichen und sozialen Ordnung gestaltet und sich an der Rechtsordnung der Europäischen Gemeinschaft orientieren.
2. Vorschriften, die den einzelnen oder Organe der staatlichen Gewalt einschließlich Gesetzgebung und Rechtsprechung auf die sozialistische Gesetzlichkeit, die sozialistische Staats- und Gesellschaftsordnung, die Vorgaben und Ziele zentraler Leitung und Planung der Volkswirtschaft, das sozialistische Rechtsbewußtsein, die sozialistischen Anschauungen, die Anschauungen einzelner Bevölkerungsgruppen oder Parteien, die sozialistische Moral oder vergleichbare Begriffe verpflichten, werden nicht mehr angewendet. Die Rechte und Pflichten der am Rechtsverkehr Beteiligten finden ihre Schranken in den guten Sitten, dem Grundsatz von Treu und Glauben und dem Schutz des wirtschaftlich schwächeren Vertragsteils vor unangemessener Benachteiligung.
3. Genehmigungsvorbehalte sollen nur aus zwingenden Gründen des allgemeinen Wohls bestehen. Ihre Voraussetzungen sind eindeutig zu bestimmen.

1.2 Wirtschaftsunion

1. Wirtschaftliche Leistungen sollen vorrangig privatwirtschaftlich und im Wettbewerb erbracht werden.
2. Die Vertragsfreiheit wird gewährleistet. In die Freiheit der wirtschaftlichen Betätigung darf nur so wenig wie möglich eingegriffen werden.
3. Unternehmerische Entscheidungen sind frei von Planvorgaben (z.B. im Hinblick auf Produktion, Bezüge, Lieferungen, Investitionen, Arbeitsverhältnisse, Preise und Gewinnverwendung).
4. Private Unternehmen und freie Berufe dürfen nicht schlechter behandelt werden als staatliche und genossenschaftliche Betriebe.
5. Die Preisbildung ist frei, sofern nicht aus zwingenden gesamtwirtschaftlichen Gründen Preise staatlich festgesetzt werden.
6. Die Freiheit des Erwerbs, der Verfügung und der Nutzung von Grund und Boden und sonstiger Produktionsmittel wird für wirtschaftliche Tätigkeit gewährleistet.
7. Unternehmen im unmittelbaren oder mittelbaren Staatseigentum werden nach den Grundsätzen der Wirtschaftlichkeit geführt. Sie sind so rasch wie möglich wettbewerblich zu strukturieren und soweit wie möglich in Privateigentum zu überführen. Dabei sollen insbesondere kleineren und mittleren Unternehmen Chancen eröffnet werden.

8. Für das Post- und Fernmeldewesen werden die ordnungspolitischen und organisatorischen Grundsätze des Poststrukturgesetzes der Bundesrepublik Deutschland schrittweise verwirklicht.

1.3 Sozialunion

1. Jedermann hat das Recht, zur Wahrung und Förderung der Arbeits- und Wirtschaftsbedingungen Vereinigungen zu bilden, bestehenden Vereinigungen beizutreten, aus solchen Vereinigungen auszutreten und ihnen fernzubleiben. Ferner wird das Recht gewährleistet, sich in den Koalitionen zu betätigen. Alle Abreden, die diese Rechte einschränken, sind unwirksam. Gewerkschaften und Arbeitgeberverbände sind in ihrer Bildung, ihrer Existenz, ihrer organisatorischen Autonomie und ihrer koalitionsgemäßen Betätigung geschützt.
2. Tariffähige Gewerkschaften und Arbeitgeberverbände müssen frei gebildet, gegnerfrei, auf überbetrieblicher Grundlage organisiert und unabhängig sein sowie das geltende Tarifrecht als für sich verbindlich anerkennen; ferner müssen sie in der Lage sein, durch Ausüben von Druck auf den Tarifpartner zu einem Tarifabschluß zu kommen.
3. Löhne und sonstige Arbeitsbedingungen werden nicht vom Staat, sondern durch freie Vereinbarungen von Gewerkschaften, Arbeitgeberverbänden und Arbeitgebern festgelegt.
4. Rechtsvorschriften, die besondere Mitwirkungsrechte des Freien Deutschen Gewerkschaftsbundes, von Betriebsgewerkschaftsorganisationen und betrieblichen Gewerkschaftsleitungen vorsehen, werden nicht mehr angewendet.

2 Leitsätze für einzelne Rechtsgebiete

2.1 Rechtspflege

1. Vorschriften werden nicht mehr angewendet, soweit sie die Mitwirkung von Kollektiven, gesellschaftlichen Organen, der Gewerkschaften, der Betriebe, von gesellschaftlichen Anklägern und gesellschaftlichen Verteidigern an der Rechtspflege und deren Unterrichtung über Verfahren regeln; das Recht der Gewerkschaften zur Beratung und Prozeßvertretung in Arbeitsstreitigkeiten bleibt unberührt.
2. Vorschriften werden nicht mehr angewendet, soweit sie die Zusammenarbeit der Gerichte mit den örtlichen Volksvertretungen und anderen Organen, die Berichtspflicht der Richter diesen gegenüber sowie die Gerichtskritik regeln.
3. Die Vorschriften über die Mitwirkung der Staatsanwaltschaft an der Rechtspflege werden nur noch angewendet, soweit sie ihre Mitwirkung im Strafverfahren und in Familienrechts-, Kindschafts- und Entmündigungssachen betreffen.
4. Die im Strafrecht der Deutschen Demokratischen Republik auf die sozialistische Gesetzlichkeit sowie auf die sozialistische Staats- und Gesellschaftsordnung bezogenen Grundsätze sowie Vorschriften, die der Verfestigung planwirtschaftlicher Strukturen dienen, einer künftigen Vereinigung beider deutscher Staaten entgegenstehen oder Grundsätzen eines freiheitlichen demokratischen Rechtsstaats widersprechen, finden auf nach Inkrafttreten dieses Vertrags begangene Taten keine Anwendung.
5. Soweit Vorschriften des Strafgesetzbuchs das sozialistische Eigentum betreffen, finden sie auf Taten, die nach Inkrafttreten dieses Vertrags begangen werden, keine Anwendung; die das persönliche oder private Eigentum betreffenden Vorschriften finden nach dem Inkrafttreten dieses Vertrags auch Anwendung auf das sonstige Eigentum oder Vermögen.
6. Soweit ... Regelungen straf- oder bußgeldbewehrt sind und sich diese Bewehrungsvorschriften nicht in das Sanktionensystem der Deutschen Demokratischen Republik einfügen, wird die Deutsche Demokratische Republik diese Vorschriften ihrem Recht in möglichst weitgehender Angleichung an das Recht der Bundesrepublik Deutschland anpassen.

2.2 Wirtschaftsrecht

1. Zum Zwecke der Besicherung der Kredite werden in der Deutschen Demokratischen Republik gleichwertige Rechte, insbesondere Grundpfandrechte, wie in der Bundesrepublik Deutschland geschaffen.
2. In der Deutschen Demokratischen Republik werden die Voraussetzungen für einen freien Kapitalmarkt geschaffen. Hierzu gehört insbesondere die Freigabe der Zinssätze und die Zulassung von handelbaren Wertpapieren (Aktien und Schuldverschreibungen).
3. Es werden die Voraussetzungen dafür geschaffen, daß Verwaltungsakte und sonstige Anordnungen der in Artikel 3 Satz 3 des Vertrags genannten Behörden gegenüber Personen mit Sitz oder Wohnsitz in der Deutschen Demokratischen Republik, notfalls auch mit Zwangsmitteln, durchgesetzt werden können.
4. Das bestehende Versicherungsmonopol in der Deutschen Demokratischen Republik wird abgeschafft, die Prämienkontrolle in den Versicherungszweigen, in denen die Tarife nicht zum Geschäftsplan gehören, wird beseitigt und die geltenden Rechtsvorschriften und Anordnungen über die Allgemeinen Bedingungen für Versicherungen werden aufgehoben.
5. Bestehende Hemmnisse im Zahlungsverkehr der Deutschen Demokratischen Republik werden beseitigt; seine privatrechtliche Ausgestaltung wird gefördert.
6. Der Außenwirtschaftsverkehr ist grundsätzlich frei. Beschränkungen sind nur aus zwingenden gesamtwirtschaftlichen Gründen sowie aufgrund von zwischenstaatlichen Vereinbarungen zulässig. Die Deutsche Demokratische Republik wird das Außenhandelsmonopol aufheben.
7. Zum Zwecke der Gewinnung vergleichbarer Grundlagen wird die Deutsche Demokratische Republik ihre Statistiken an die der Bundesrepublik Deutschland anpassen und in Abstimmung mit dem Statistischen Bundesamt oder der Deutschen Bundesbank Informationen nach den Maßstäben der Bundesstatistik aus folgenden Bereichen bereitstellen: Arbeitsmarkt, Preise, Produktion, Umsätze, Außenwirtschaft und Einzelhandel.

2.3 Baurecht

Die Deutsche Demokratische Republik wird zur Planungs- und Investitionssicherheit für bauliche Vorhaben baldmöglichst Rechtsgrundlagen schaffen, die dem Baugesetzbuch und dem Raumordnungsgesetz der Bundesrepublik Deutschland entsprechen.

2.4 Arbeits- und Sozialrecht

1. Arbeitgeber in der Deutschen Demokratischen Republik können mit Arbeitnehmern aus der Bundesrepublik Deutschland, die vorübergehend in der Deutschen Demokratischen Republik beschäftigt werden, die Anwendung bundesdeutschen Arbeitsrechts vereinbaren.
2. Bei vorübergehenden Beschäftigungen von Arbeitskräften werden Befreiungen von der sich aus einer Beschäftigung ergebenden Versicherungspflicht in der Sozialversicherung ermöglicht, wenn eine Versicherung unabhängig von dieser Beschäftigung besteht.
3. Die Vorschriften der Deutschen Demokratischen Republik über die Sicherheit und den Gesundheitsschutz der Arbeitnehmer werden innerhalb einer angemessenen Übergangszeit an das in der Bundesrepublik Deutschland geltende Arbeitsschutzrecht angepaßt.
4. Die Deutsche Demokratische Republik wird bei einer Änderung der gesetzlichen Mindestkündigungsfristen für Arbeitsverhältnisse die in der Bundesrepublik Deutschland für Arbeiter und Angestellte jeweils geltenden gesetzlichen Mindestkündigungsfristen nicht überschreiten.
5. Die Deutsche Demokratische Republik wird für das Recht zur fristlosen Kündigung von Arbeitsverhältnissen aus wichtigem Grund eine gesetzliche Regelung schaffen, die den §§ 626, 628 des Bürgerlichen Gesetzbuches entspricht.

Schreiben der Drei Mächte vom 8. Juni 1990 zur Aufhebung ihrer Vorbehalte insbesondere in dem Genehmigungsschreiben zum Grundgesetz vom 12. Mai 1949 in bezug auf die Direktwahl der Berliner Vertreter zum Bundestag und ihr volles Stimmrecht im Bundestag und im Bundesrat
(Drei Mächte Vorbehalte - Aufhebung)

vom 8. Juni 1990

Seiner Exzellenz
Dr. Helmut Kohl
Bundeskanzler der Bundesrepublik
Deutschland

Bonn, den 8. Juni 1990

Sehr geehrter Herr Bundeskanzler,

wir möchten Ihnen mitteilen, daß die Drei Westmächte im Lichte der jüngsten Entwicklungen in Deutschland und in der internationalen Lage bestimmte Aspekte ihrer Vorbehalte zum Grundgesetz einer erneuten Prüfung unterzogen haben.

Die Vorbehalte der Drei Westmächte in bezug auf die Direktwahl der Berliner Vertreter zum Bundestag und das volle Stimmrecht der Vertreter Berlins im Bundestag und im Bundesrat, die insbesondere im Genehmigungsschreiben vom 12. Mai 1949 zum Grundgesetz angesprochen sind, werden hiermit aufgehoben.

Die Haltung der Alliierten, „daß die Bindungen zwischen den Westsektoren Berlins und der Bundesrepublik Deutschland aufrechterhalten und entwickelt werden, wobei sie berücksichtigen, daß diese Sektoren wie bisher kein Bestandteil (konstitutiver Teil) der Bundesrepublik Deutschland sind und auch weiterhin nicht von ihr regiert werden", bleibt unverändert.

Wir bitten Sie, Herr Bundeskanzler, die Versicherung unserer ausgezeichnetsten Hochachtung zu genehmigen.

Für die Regierung der Französischen Republik
Serge Boidevaix
Für die Regierung des Vereinigten Königreichs von Großbritannien und Nordirland
Sir Christopher Mallaby
Für die Regierung der Vereinigten Staaten von Amerika
Vernon A. Walters

Vgl. auch Genehmigungsschreiben auf S. 48.

Gesetz zum Abbau von Hemmnissen bei Investitionen in der Deutschen Demokratischen Republik einschließlich Berlin (Ost) (DDR-Investitionsgesetz - DDR-IG)

vom 26. Juni 1990

§ 1 Steuerfreie Rücklage bei Überführung bestimmter Wirtschaftsgüter in eine Kapitalgesellschaft oder Erwerbs- oder Wirtschaftsgenossenschaft in der Deutschen Demokratischen Republik einschließlich Berlin (Ost). (1) Steuerpflichtige, die den Gewinn nach § 4 Abs. 1 oder § 5 des Einkommensteuergesetzes ermitteln und zum Anlagevermögen eines inländischen Betriebs gehörende abnutzbare Wirtschaftsgüter in eine Kapitalgesellschaft mit Sitz und Geschäftsleitung in der Deutschen Demokratischen Republik einschließlich Berlin (Ost) gegen Gewährung neuer Anteile an der Gesellschaft überführen, können im Wirtschaftsjahr der Überführung bis zur Höhe des durch die Überführung entstandenen Gewinns eine den steuerlichen Gewinn mindernde Rücklage bilden. Besteht bereits eine Beteiligung an einer Kapitalgesellschaft mit Sitz und Geschäftsleitung in der Deutschen Demokratischen Republik einschließlich Berlin (Ost) und werden in einem solchen Fall zum Anlagevermögen eines inländischen Betriebs gehörende abnutzbare Wirtschaftsgüter in die Gesellschaft ohne Gewährung neuer Anteile und ohne eine sonstige Gegenleistung, die dem Wert der überführten Wirtschaftsgüter entspricht, überführt, gilt Satz 1 mit der Maßgabe entsprechend, daß im Wirtschaftsjahr der Überführung bis zur Höhe des infolge der unentgeltlichen oder teilunentgeltlichen Überführung entstandenen Gewinns eine Rücklage gebildet werden kann. Die Rücklage ist spätestens vom zehnten auf ihre Bildung folgenden Wirtschaftsjahr an jährlich mit mindestens einem Zehntel gewinnerhöhend aufzulösen.

(2) Die Bildung der Rücklage setzt voraus, daß

1. die Kapitalgesellschaft ausschließlich oder fast ausschließlich die folgenden Tätigkeiten in der Deutschen Demokratischen Republik einschließlich Berlin (Ost) zum Gegenstand hat: die Herstellung oder Lieferung einschließlich Ausfuhr von Waren, außer Waffen anderer Art als Sport- und Jagdwaffen, die Gewinnung von Bodenschätzen oder die Bewirkung anderer gewerblicher Leistungen oder land- und forstwirtschaftlicher oder freiberuflicher Tätigkeiten oder das Halten einer Beteiligung von mindestens einem Viertel am Nennkapital einer Kapitalgesellschaft mit Sitz und Geschäftsleitung in der Deutschen Demokratischen Republik einschließlich Berlin (Ost), die ausschließlich oder fast ausschließlich die vorgenannten Tätigkeiten in der Deutschen Demokratischen Republik einschließlich Berlin (Ost) zum Gegenstand hat, und

2. die Bildung und Auflösung der Rücklage in der Buchführung des Steuerpflichtigen verfolgt werden können.

Zum Schluß des Wirtschaftsjahrs, in dem die Voraussetzungen der Nummer 1 oder 2 nicht mehr erfüllt sind, ist die Rücklage in voller Höhe gewinnerhöhend aufzulösen.

(3) Wird eine Beteiligung im Sine des Absatzes 1 Sätze 1 oder 2 ganz oder teilweise veräußert oder in das Privatvermögen überführt, so ist die gebildete Rücklage im Wirtschaftsjahr der Veräußerung oder Überführung in das Privatvermögen insgesamt oder im Verhältnis des veräußerten oder in das Privatvermögen überführten Anteils der Beteiligung zur Gesamtbeteiligung im Sinne des Absatzes 1 Sätze 1 oder 2 vorzeitig gewinnerhöhend aufzulösen. Entsprechendes gilt in den Fällen des Absatzes 1 Satz 2, soweit die überführten Wirtschaftsgüter aus dem Betriebsvermögen der Kapitalgesellschaft in der Deutschen Demokratischen Republik einschließlich Berlin (Ost) ausscheiden.

(4) Die Absätze 1 bis 3 sind bei der Überführung von zum Anlagevermögen eines inländischen Betriebs gehörenden abnutzbaren Wirtschaftsgütern in eine Erwerbs- oder Wirtschaftsgenossenschaft mit Sitz und Geschäftsleitung in der Deutschen Demokratischen Republik einschließlich Berlin (Ost) sinngemäß anzuwenden.

§ 2 Steuerfreie Rücklage für Verluste einer Tochtergesellschaft in der Deutschen Demokratischen Republik einschließlich Berlin (Ost).

(1) Unbeschränkt Steuerpflichtige, die den Gewinn nach § 4 Abs. 1 oder § 5 des Einkommensteuergesetzes ermitteln, können für Verluste einer Kapitalgesellschaft mit Sitz und Geschäftsleitung in der Deutschen Demokratischen Republik einschließlich Berlin (Ost), an deren Nennkapital der Steuerpflichtige mindestens zu 10 vom Hundert unmittelbar beteiligt ist (Tochtergesellschaft), eine den steuerlichen Gewinn mindernde Rücklage bilden. Die Bildung der Rücklage ist für das Wirtschaftsjahr, in dem der Steuerpflichtige Anteile an der Tochtergesellschaft in einem Ausmaß erwirbt, das erstmals zu einer Beteiligung des Steuerpflichtigen in dem in Satz 1 bezeichneten Umfang führt, oder – wenn der Steuerpflichtige an der Tochtergesellschaft bereits in dem in Satz 1 bezeichneten Umfang beteiligt war – in dem er weitere Anteile an dieser Gesellschaft erwirbt, und in den vier folgenden Wirtschaftsjahren zulässig; die neu erworbenen Anteile müssen mindestens 5 vom Hundert des Nennkapitals der Tochtergesellschaft betragen. Die Rücklage darf für das Wirtschaftsjahr des Steuerpflichtigen, in dem der Verlust der Tochtergesellschaft entstanden ist, bis zur Höhe des Teils des Verlustes gebildet werden, der dem Verhältnis der neu erworbenen Anteile zum Nennkapital dieser Gesellschaft entspricht; sie ist zu vermindern um den Betrag, in dessen Höhe der Steuerpflichtige im Wirtschaftsjahr ihrer Bildung auf die neu erworbenen Anteile an der Tochtergesellschaft eine Teilwertabschreibung vornimmt. Die Rücklage darf den Betrag nicht übersteigen, mit dem die neu erworbenen Anteile in der Steuerbilanz angesetzt sind.

(2) Voraussetzung für die Bildung der Rücklage ist, daß
1. der neue Anteilserwerb im Sinne des Absatzes 1 Satz 2 nach dem 31. Dezember 1989 stattgefunden hat,
2. die Tochtergesellschaft ausschließlich oder fast ausschließlich die folgenden Tätigkeiten in der Deutschen Demokratischen Republik einschließlich Berlin (Ost) zum Gegenstand hat: die Herstellung oder Lieferung einschließlich Ausfuhr von Waren, außer Waffen anderer Art als Sport- und Jagdwaffen, die Gewinnung von Bodenschätzen oder die Bewirkung anderer gewerblicher Leistungen oder land- und forstwirtschaftlicher oder freiberuflicher Tätigkeiten oder das Halten einer Beteiligung von mindestens einem Viertel am Nennkapital einer Kapitalgesellschaft mit Sitz und Geschäftsleitung in der Deutschen Demokratischen Republik einschließlich Berlin (Ost), die ausschließlich oder fast ausschließlich der vorgenannten Tätigkeiten in der Deutschen Demokratischen Republik einschließlich Berlin (Ost) zum Gegenstand hat, und
3. die Voraussetzungen der Nummer 2 durch Vorlage sachdienlicher Unterlagen, insbesondere Bilanzen und Ergebnisrechnungen und etwaige Geschäftsberichte der Tochtergesellschaft, nachgewiesen werden; auf Verlangen sind diese Unterlagen mit dem vorgeschriebenen Prüfungsvermerk einer behördlich anerkannten Wirtschaftsprüfungsstelle oder einer vergleichbaren Stelle vorzulegen,
4. der Steuerpflichtige und die Tochtergesellschaft sich verpflichten, Unterlagen der in Nummer 3 bezeichneten Art auch für die dem Verlustjahr folgenden Wirtschaftsjahre vorzulegen, solange eine Rücklage im Sinne des Absatzes 1 ausgewiesen wird; aus den Unterlagen muß sich die Höhe der in diesen Wirtschaftsjahren erzielten Betriebsergebnisse der Tochtergesellschaft zweifelsfrei ergeben,
5. die Tochtergesellschaft erklärt, daß sie mit der Erteilung von Auskünften durch die Steuerbehörden der Deutschen Demokratischen Republik einschließlich Berlin (Ost) an die inländischen Finanzbehörden einverstanden ist, und

6. die Bildung und Auflösung der Rücklage in der Buchführung des Steuerpflichtigen verfolgt werden können.

(3) Die Rücklage ist gewinnerhöhend aufzulösen,

1. wenn die Tochtergesellschaft in einem auf das Verlustjahr folgenden Wirtschaftsjahr einen Gewinn erzielt, in Höhe des Teils des Gewinns, der dem Verhältnis der neu erworbenen Anteile im Sinne des Absatzes 1 Satz 2 zum Nennkapital der Tochtergesellschaft entspricht, soweit er die Verlustteile, die bei der Bildung der Rücklage nach Absatz 1 Satz 3 zweiter Halbsatz und Satz 4 unberücksichtigt geblieben sind, oder den Auflösungsbetrag im Sinne der Nummer 2 übersteigt,
2. wenn in einem auf ihre Bildung folgenden Wirtschaftsjahr auf die neu erworbenen Anteile im Sinne des Absatzes 1 Satz 2 an der Tochtergesellschaft eine Teilwertabschreibung vorgenommen wird, in Höhe des Betrags der Teilwertabschreibung,
3. wenn vom Steuerpflichtigen Anteile an der Tochtergesellschaft veräußert oder in das Privatvermögen überführt werden, in Höhe des Teils der Rücklage, der dem Anteil der veräußerten oder in das Privatvermögen überführten Anteile an den neu erworbenen Anteilen im Sinne des Absatzes 1 Satz 2 entspricht,
4. wenn die Nachweisverpflichtungen im Sinne des Absatzes 2 Nr. 4 und 6 nicht erfüllt sind, in voller Höhe, spätestens jedoch am Schluß des fünften auf ihre Bildung folgenden Wirtschaftsjahrs.

(4) Die Absätze 1 bis 3 sind für Verluste einer Erwerbs- oder Wirtschaftsgenossenschaft mit Sitz und Geschäftsleitung in der Deutschen Demokratischen Republik einschließlich Berlin (Ost) sinngemäß anzuwenden.

§ 3 Gewerbesteuer. Die Vorschriften der §§ 1 und 2 gelten auch für die Ermittlung des Gewerbeertrags nach § 7 des Gewerbesteuergesetzes.

Abkommen zwischen der Regierung der Bundesrepublik Deutschland und der Regierung der Deutschen Demokratischen Republik über die Aufhebung der Personenkontrollen an den innerdeutschen Grenzen (Personenkontrollen - Aufhebung)

vom 1. Juli 1990

Art. 1. An den innerdeutschen Grenzen werden mit Wirkung vom 1. Juli 1990 sämtliche Kontrollen im Personenverkehr aufgehoben. Deutsche dürfen die innerdeutschen Grenzen an jeder Stelle überschreiten. Gleiches gilt für Ausländer, die die Einreisevoraussetzungen erfüllen.

Art. 3. Personenbezogene Daten dürfen nur übermittelt werden, wenn rechtliche Gründe einschließlich des Grundsatzes der Verhältnismäßigkeit nicht entgegenstehen.

Art. 19. Entsprechend dem Viermächte-Abkommen vom 3. September 1971 wird dieses Abkommen in Übereinstimmung mit den festgelegten Verfahren auf Berlin (West) ausgedehnt.

Vertrag zur Vorbereitung und Durchführung der ersten gesamtdeutschen Wahl des Deutschen Bundestages zwischen der Bundesrepublik Deutschland und der Deutschen Demokratischen Republik* (Gesamtdeutsche Wahl - Vorbereitung)

vom 3. August 1990

Die Bundesrepublik Deutschland
und
die Deutsche Demokratische Republik,

eingedenk des bei der Schaffung der Währungs-, Wirtschafts- und Sozialunion zum Ausdruck gebrachten Wunsches zur Herstellung der staatlichen Einheit nach Artikel 23 des Grundgesetzes der Bundesrepublik Deutschland,

in dem Willen, als wichtigen Schritt zur Herstellung der deutschen Einheit die Wahl des Deutschen Bundestages durch das ganze deutsche Volk vorzubereiten,

unter Berücksichtigung der Tatsache, daß die Wahl des deutschen Bundestages in dem nach Artikel 39 Abs. 1 Satz 3 des Grundgesetzes der Bundesrepublik Deutschland festgelegten Zeitraum stattzufinden hat,

in dem Wunsch, daß die bevorstehende Wahl als gesamtdeutsche Wahl aufgrund eines einheitlichen Wahlrechts durchgeführt wird und deshalb der Geltungsbereich des Bundeswahlgesetzes auf das Gebiet der Deutschen Demokratischen Republik erstreckt werden sollte,

in dem Bewußtsein, daß hierbei Änderungen und Anpassungen des Bundeswahlgesetzes erforderlich sind,

sind übereingekommen, einen Vertrag über die Vorbereitung und Durchführung der ersten gesamtdeutschen Wahl des Deutschen Bundestages mit den nachfolgenden Bestimmungen zu schließen:

Art. 1. (1) Für die erste gesamtdeutsche Wahl wird der Geltungsbereich des Bundeswahlgesetzes der Bundesrepublik Deutschland ... auf das Gebiet der Länder Mecklenburg-Vorpommern, Brandenburg, Sachsen-Anhalt, Sachsen und Thüringen sowie auf das Gebiet von Berlin (Ost) erstreckt ...

(2) Im Hinblick auf die erste gesamtdeutsche Wahl werden in dem vorbezeichneten Gebiet ferner § 2 Abs. 1, § 5, §§ 18 bis 21 ... des Parteiengesetzes der Bundesrepublik Deutschland angewendet.

(3) Politische Vereinigungen im Sinne des Gesetzes über die Wahlen zur Volkskammer der Deutschen Demokratischen Republik am 18. März 1990 ... werden den Parteien im Sinne des § 2 Abs. 1 des Parteiengesetzes der Bundesrepublik Deutschland gleichgestellt.

Art. 3. Für die Vorbereitung und Durchführung der Wahl wird Berlin als ein Land behandelt.

Art. 4. Die Zuständigkeit des Bundeswahlleiters und des Bundeswahlausschusses nach den Vorschriften des Bundeswahlgesetzes ... erstreckt sich auch auf das Gebiet der Länder Mecklenburg-Vorpommern, Brandenburg, Sachsen-Anhalt, Sachsen und Thüringen sowie auf Berlin (Ost). Der Bundeswahlleiter beruft zwei zusätzliche Mitglieder mit Wohnsitz in der Deutschen Demokratischen Republik in den Bundeswahlausschuß.

Art. 5. Die Parteien genießen bei der Wahlvorbereitung volle Betätigungsfreiheit im Rahmen der Gesetze, soweit sie nicht vom Bundesverfassungsgericht nach Artikel 21 Abs. 2 Satz 2 des Grundgesetzes im Gebiet der Bundesrepublik Deutschland für verfassungswidrig erklärt oder ... vom Großen Senat des Obersten Gerichts im Gebiet der Deutschen Demokratischen Republik verboten worden sind.

Art. 7. Entsprechend dem Viermächte-Abkommen vom 3. September 1971 wird dieser Vertrag in Übereinstimmung mit den festgelegten Verfahren auf Berlin (West) ausgedehnt.

---

* In Kraft getreten am 3. September 1990.

Beschluß der Volkskammer der Deutschen Demokratischen Republik über den Beitritt der Deutschen Demokratischen Republik zum Geltungsbereich des Grundgesetzes der Bundesrepublik Deutschland
(DDR-Beitritt)

vom 23. August 1990

Die Volkskammer erklärt den Beitritt der Deutschen Demokratischen Republik zum Geltungsbereich des Grundgesetzes der Bundesrepublik Deutschland gemäß Artikel 23 des Grundgesetzes mit Wirkung vom 3. Oktober 1990.

Sie geht dabei davon aus, daß
- die Beratungen zum Einigungsvertrag zu diesem Termin abgeschlossen sind,
- die Zwei-plus-vier-Verhandlungen einen Stand erreicht haben, der die außen- und sicherheitspolitischen Bedingungen der deutschen Einheit regelt,
- die Länderbildung soweit vorbereitet ist, daß die Wahl in den Länderparlamenten am 14. Oktober 1990 durchgeführt werden kann.

Vorstehender Beschluß wurde von der Volkskammer der Deutschen Demokratischen Republik in ihrer 30. Tagung am 23. August 1990 gefaßt.

Berlin, 23. August 1990

Die Präsidentin der Volkskammer der Deutschen Demokratischen Republik
Bergmann-Pohl

Vertrag zwischen der Bundesrepublik Deutschland und der Deutschen Demokratischen Republik über die Herstellung Deutschlands
(Einigungsvertrag)*

vom 31. August 1990

mit Gemeinsamer Erklärung der Regierungen der Bundesrepublik Deutschland und der Deutschen Demokratischen Republik zur Regelung offener Vermögensfragen (Anlage III)

vom 15. Juni 1990

und der Vereinbarung zwischen der Bundesrepublik Deutschland und der Deutschen Demokratischen Republik zur Durchführung und Auslegung des am 31. August 1990 in Berlin unterzeichneten Vertrages zwischen der Bundesrepublik Deutschland und der Deutschen Demokratischen Republik über die Herstellung der Einheit Deutschlands

vom 18. September 1990

Der Vertrag

Die Bundesrepublik Deutschland und die Deutsche Demokratische Republik -
entschlossen, die Einheit Deutschlands in Frieden und Freiheit als gleichberechtigtes Glied der Völkergemeinschaft in freier Selbstbestimmung zu vollenden,
ausgehend von dem Wunsch der Menschen in beiden Teilen Deutschlands, ge-

---
* In Kraft getreten am 29. September 1990.

meinsam in Frieden und Freiheit in einem rechtsstaatlich geordneten, demokratischen und sozialen Bundesstaat zu leben,

in dankbarem Respekt vor denen, die auf friedliche Weise der Freiheit zum Durchbruch verholfen haben, die an der Aufgabe der Herstellung der Einheit Deuschlands unbeirrt festgehalten haben und sie vollenden,

im Bewußtsein der Kontinuität deutscher Geschichte und eingedenk der sich aus unserer Vergangenheit ergebenden besonderen Verantwortung für eine demokratische Entwicklung in Deutschland, die der Achtung der Menschenrechte und dem Frieden verpflichtet bleibt,

in dem Bestreben, durch die deutsche Einheit einen Beitrag zur Einigung Europas und zum Aufbau einer europäischen Friedensordnung zu leisten, in der Grenzen nicht mehr trennen und die allen europäischen Völkern ein vertrauensvolles Zusammenleben gewährleistet,

in dem Bewußtsein, daß die Unverletzlichkeit der Grenzen und der territorialen Integrität und Souveränität aller Staaten in Europa in ihren Grenzen eine grundlegende Bedingung für den Frieden ist –

sind übereingekommen, einen Vertrag über die Herstellung der Einheit Deutschlands mit den nachfolgenden Bestimmungen zu schließen:

1 Wirkung des Beitritts

Art. 1 Länder. (1) Mit dem Wirksamwerden des Beitritts der Deutschen Demokratischen Republik zur Bundesrepublik Deutschland gemäß Artikel 23 des Grundgesetzes am 3. Oktober 1990 werden die Länder Brandenburg, Mecklenburg-Vorpommern, Sachsen, Sachsen-Anhalt und Thüringen Länder der Bundesrepublik Deutschland ...

(2) Die 23 Bezirke von Berlin bilden das Land Berlin.

Art. 2 Hauptstadt, Tag der Deutschen Einheit. (1) Hauptstadt Deutschlands ist Berlin. Die Frage des Sitzes von Parlament und Regierung wird nach der Herstellung der Einheit Deutschlands entschieden.

(2) Der 3. Oktober ist als Tag der Deutschen Einheit gesetzlicher Feiertag.

2 Grundgesetz

Art. 3 Inkrafttreten des Grundgesetzes. Mit dem Wirksamwerden des Beitritts tritt das Grundgesetz für die Bundesrepublik Deutschland ... in den Ländern Brandenburg, Mecklenburg-Vorpommern, Sachsen, Sachsen-Anhalt und Thüringen sowie in dem Teil des Landes Berlin, in dem es bisher nicht galt, mit den sich aus Artikel 4 ergebenden Änderungen in Kraft, soweit in diesem Vertrag nichts anderes bestimmt ist.

Art. 4 Beitrittsbedingte Änderungen des Grundgesetzes. Das Grundgesetz für die Bundesrepublik Deutschland wird wie folgt geändert:
1. Die Präambel wird wie folgt gefaßt:
„Im Bewußtsein seiner Verantwortung vor Gott und den Menschen,
von dem Willen beseelt, als gleichberechtigtes Glied in einem vereinten Europa dem Frieden der Welt zu dienen, hat sich das Deutsche Volk kraft seiner verfassungsgebenden Gewalt dieses Grundgesetz gegeben.
Die Deutschen in den Ländern Baden-Württemberg, Bayern, Berlin, Brandenburg, Bremen, Hamburg, Hessen, Mecklenburg-Vorpommern, Niedersachsen, Nordrhein-Westfalen, Rheinland-Pfalz, Saarland, Sachsen, Sachsen-Anhalt, Schleswig-Holstein und Thüringen haben in freier Selbstbestimmung die Einheit und Freiheit Deutschlands vollendet. Damit gilt dieses Grundgesetz für das gesamte Deutsche Volk."
2. Artikel 23 wird aufgehoben.
3. Artikel 51 Abs. 2 des Grundgesetzes wird wie folgt gefaßt:
„(2) Jedes Land hat mindestens drei Stimmen, Länder mit mehr als zwei Millionen Einwohnern haben vier, Länder mit mehr als sechs Millionen Einwohnern fünf, Länder mit mehr als sieben Millionen Einwohnern sechs Stimmen."
4. Der bisherige Wortlaut des Artikels 135a wird Absatz 1. Nach Absatz 1 wird folgender Absatz angefügt:
„(2) Absatz 1 findet entsprechende Anwendung auf Verbindlichkeiten der Deutschen Demokratischen Republik oder ihrer Rechtsträger sowie auf Verbindlichkeiten des Bundes oder anderer Körperschaften und Anstalten des

öffentlichen Rechts, die mit dem Übergang von Vermögenswerten der Deutschen Demokratischen Republik auf Bund, Länder und Gemeinden im Zusammenhang stehen, und auf Verbindlichkeiten, die auf Maßnahmen der Deutschen Demokratischen Republik oder ihrer Rechtsträger beruhen."
5. In das Grundgesetz wird folgender neuer Artikel 143 eingefügt:
„Artikel 143
(1) Recht in dem in Artikel 3 des Einigungsvertrags genannten Gebiet kann längstens bis zum 31. Dezember 1992 von Bestimmungen dieses Grundgesetzes abweichen, soweit und solange infolge der unterschiedlichen Verhältnisse die völlige Anpassung an die grundgesetzliche Ordnung noch nicht erreicht werden kann. Abweichungen dürfen nicht gegen Artikel 19 Abs. 2 verstoßen und müssen mit den in Artikel 79 Abs. 3 genannten Grundsätzen vereinbar sein.
(2) Abweichungen von den Abschnitten 2, 8, 8.1, 9, 10 und 11 sind längstens bis zum 31. Dezember 1995 zulässig.
(3) Unabhängig von Absatz 1 und 2 haben Artikel 41 des Einigungsvertrags und Regelungen zu seiner Durchführung auch insoweit Bestand, als sie vorsehen, daß Eingriffe in das Eigentum auf dem in Artikel 3 dieses Vertrags genannten Gebiet nicht mehr rückgängig gemacht werden."
6. Artikel 146 wird wie folgt gefaßt:
„Artikel 146
Dieses Grundgesetz, das nach Vollendung der Einheit und Freiheit Deutschlands für das gesamte deutsche Volk gilt, verliert seine Gültigkeit an dem Tage, an dem eine Verfassung in Kraft tritt, die von dem deutschen Volke in freier Entscheidung beschlossen worden ist."

Art. 5 Künftige Verfassungsänderungen. Die Regierungen der beiden Vertragsparteien empfehlen den gesetzgebenden Körperschaften des vereinten Deutschlands, sich innerhalb von zwei Jahren mit den im Zusammenhang mit der deutschen Einigung aufgeworfenen Fragen zur Änderung oder Ergänzung des Grundgesetzes zu befassen, insbesondere
– in bezug auf das Verhältnis zwischen Bund und Ländern entsprechend dem Gemeinsamen Beschluß der Ministerpräsidenten vom 5. Juli 1990,
– in bezug auf die Möglichkeit einer Neugliederung für den Raum Berlin/Brandenburg abweichend von den Vorschriften des Artikels 29 des Grundgesetzes durch Vereinbarung der beteiligten Länder,
– mit den Überlegungen zur Aufnahme von Staatszielbestimmungen in das Grundgesetz sowie
– mit der Frage der Anwendung des Artikels 146 des Grundgesetzes und in deren Rahmen einer Volksabstimmung.

Art. 6 Ausnahmebestimmung. Artikel 131 des Grundgesetzes wird in dem in Artikel 3 genannten Gebiet vorerst nicht in Kraft gesetzt.

Art. 7 Finanzverfassung. (1) Die Finanzverfassung der Bundesrepublik Deutschland wird auf das in Artikel 3 genannte Gebiet erstreckt, soweit in diesem Vertrag nichts anderes bestimmt ist.
(2) Für die Verteilung des Steueraufkommens auf den Bund sowie auf die Länder und Gemeinden (Gemeindeverbände) in dem in Artikel 3 genannten Gebiet gelten die Bestimmungen des Artikels 106 des Grundgesetzes mit der Maßgabe, daß
1. bis zum 31. Dezember 1994 Absatz 3 Satz 4 und Absatz 4 keine Anwendung finden;
2. bis zum 31. Dezember 1996 der Anteil der Gemeinden an dem Aufkommen der Einkommensteuer nach Artikel 106 Abs. 5 des Grundgesetzes von den Ländern an die Gemeinden nicht auf der Grundlage der Einkommensteuerleistung ihrer Einwohner, sondern nach der Einwohnerzahl der Gemeinden weitergeleitet wird;
3. bis zum 31. Dezember 1994 abweichend von Artikel 106 Abs. 7 des Grundgesetzes den Gemeinden (Gemeindeverbänden) von dem Länderanteil am Gesamtaufkommen der Gemeinschaftssteuern und dem gesamten Aufkommen der Landessteuern ein jährlicher Anteil von mindestens 20 vom Hundert sowie vom Länderanteil aus den Mitteln des Fonds „Deutsche Einheit" nach Absatz 5 Nr. 1 ein jährlicher Anteil von 40 vom Hundert zufließt.
(3) Artikel 107 des Grundgesetzes gilt

in dem in Artikel 3 genannten Gebiet mit der Maßgabe, daß bis zum 31. Dezember 1994 zwischen den bisherigen Ländern der Bundesrepublik Deutschland und den Ländern in dem in Artikel 3 genannten Gebiet die Regelung des Absatzes 1 Satz 4 nicht angewendet wird und ein gesamtdeutscher Länderfinanzausgleich (Artikel 107 Abs. 2 des Grundgesetzes) nicht stattfindet. Der gesamtdeutsche Länderanteil an der Umsatzsteuer wird so in einen Ost- und Westanteil aufgeteilt, daß im Ergebnis der durchschnittliche Umsatzsteueranteil pro Einwohner in den Ländern Brandenburg, Mecklenburg-Vorpommern, Sachsen, Sachsen-Anhalt und Thüringen in den Jahren
1991 55 vom Hundert
1992 60 vom Hundert
1993 65 vom Hundert
1994 70 vom Hundert
des durchschnittlichen Umsatzsteueranteils pro Einwohner in den Ländern Baden-Württemberg, Bayern, Bremen, Hessen, Hamburg, Niedersachsen, Nordrhein-Westfalen, Rheinland-Pfalz, Saarland und Schleswig-Holstein beträgt. Der Anteil des Landes Berlin wird vorab nach der Einwohnerzahl berechnet. Die Regelungen dieses Absatzes werden für 1993 in Ansehung der dann vorhandenen Gegebenheiten überprüft.

(4) Das in Artikel 3 genannte Gebiet wird in die Regelungen der Artikel 91a, 91b und 104a Abs. 3 und 4 des Grundgesetzes einschließlich der hierzu ergangenen Ausführungsbestimmungen nach Maßgabe dieses Vertrags mit Wirkung vom 1. Januar 1991 einbezogen.

(5) Nach Herstellung der deutschen Einheit werden die jährlichen Leistungen des Fonds „Deutsche Einheit"
1. zu 85 vom Hundert als besondere Unterstützung den Ländern Brandenburg, Mecklenburg-Vorpommern, Sachsen, Sachsen-Anhalt und Thüringen sowie dem Land Berlin zur Deckung ihres allgemeinen Finanzbedarfs gewährt und auf diese Länder im Verhältnis ihrer Einwohnerzahl ohne Berücksichtigung der Einwohnerzahl von Berlin (West) verteilt sowie
2. zu 15 vom Hundert zur Erfüllung zentraler öffentlicher Aufgaben auf dem Gebiet der vorgenannten Länder verwendet.

(6) Bei grundlegender Veränderung der Gegebenheiten werden die Möglichkeiten weiterer Hilfe zum angemessenen Ausgleich der Finanzkraft für die Länder in dem in Artikel 3 genannten Gebiet von Bund und Ländern gemeinsam geprüft.

3 Rechtsangleichung

Art. 8 Überleitung von Bundesrecht. Mit dem Wirksamwerden des Beitritts tritt in dem in Artikel 3 genannten Gebiet Bundesrecht in Kraft, soweit es nicht in seinem Geltungsbereich auf bestimmte Länder oder Landesteile der Bundesrepublik Deutschland beschränkt ist und soweit durch diesen Vertrag ... nichts anderes bestimmt wird.

Art. 9 Fortgeltendes Recht der Deutschen Demokratischen Republik.
(1) Das im Zeitpunkt der Unterzeichnung dieses Vertrags geltende Recht der Deutschen Demokratischen Republik, das nach der Kompetenzordnung des Grundgesetzes Landesrecht ist, bleibt in Kraft, soweit es mit dem Grundgesetz ohne Berücksichtigung des Artikels 143, mit dem in Artikel 3 genannten Gebiet in Kraft gesetztem Bundesrecht sowie mit dem unmittelbar geltenden Recht der Europäischen Gemeinschaften vereinbar ist und soweit in diesem Vertrag nichts anderes bestimmt wird. Recht der Deutschen Demokratischen Republik, das nach der Kompetenzordnung des Grundgesetzes Bundesrecht ist und das nicht bundeseinheitlich geregelte Gegenstände betrifft, gilt unter den Voraussetzungen des Satzes 1 bis zu einer Regelung durch den Bundesgesetzgeber als Landesrecht fort.

(2) Das in Anlage II aufgeführte Recht der Deutschen Demokratischen Republik bleibt mit den dort genannten Maßgaben in Kraft, soweit es mit dem Grundgesetz unter Berücksichtigung dieses Vertrags sowie mit dem unmittelbar geltenden Recht der Europäischen Gemeinschaften vereinbar ist.

(3) Nach Unterzeichnung dieses Vertrags erlassenes Recht der Deutschen Demokratischen Republik bleibt in Kraft, sofern es zwischen den Vertragsparteien vereinbart wird. Absatz 2 bleibt unberührt.

(4) Soweit nach den Absätzen 2 und 3 fortgeltendes Recht Gegenstände der ausschließlichen Gesetzgebung des Bundes

betrifft, gilt es als Bundesrecht fort. Soweit es Gegenstände der konkurrierenden Gesetzgebung oder der Rahmengesetzgebung betrifft, gilt es als Bundesrecht fort, wenn und soweit es sich auf Sachgebiete bezieht, die im übrigen Geltungsbereich des Grundgesetzes bundesrechtlich geregelt sind.

(5) Das ... von der Deutschen Demokratischen Republik erlassene Kirchensteuerrecht gilt in den in Artikel 1 Abs. 1 genannten Ländern als Landesrecht fort.

Art. 10 Recht der Europäischen Gemeinschaften. (1) Mit dem Wirksamwerden des Beitritts gelten in dem in Artikel 3 genannten Gebiet die Verträge über die Europäischen Gemeinschaften nebst Änderungen und Ergänzungen sowie die internationalen Vereinbarungen, Verträge und Beschlüsse, die in Verbindung mit diesen Verträgen in Kraft getreten sind.

(2) Die auf der Grundlage der Verträge über die Europäischen Gemeinschaften ergangenen Rechtsakte gelten mit dem Wirksamwerden des Beitritts in dem in Artikel 3 genannten Gebiet, soweit nicht die zuständigen Organe der Europäischen Gemeinschaften Ausnahmeregelungen erlassen. Diese Ausnahmeregelungen sollen den verwaltungsmäßigen Bedürfnissen Rechnung tragen und der Vermeidung wirtschaftlicher Schwierigkeiten dienen.

(3) Rechtsakte der Europäischen Gemeinschaften, deren Umsetzung oder Ausführung in die Zuständigkeit der Länder fällt, sind von diesen durch landesrechtliche Vorschriften umzusetzen oder auszuführen.

4 Völkerrechtliche Verträge und Vereinbarungen

Art. 11 Verträge der Bundesrepublik Deutschland. Die Vertragsparteien gehen davon aus, daß völkerrechtliche Verträge und Vereinbarungen, denen die Bundesrepublik Deutschland als Vertragspartei angehört, einschließlich solcher Verträge, die Mitgliedschaften in internationalen Organisationen oder Institutionen begründen, ihre Gültigkeit behalten und die daraus folgenden Rechte und Verpflichtungen sich ... auch auf das in Artikel 3 genannte Gebiet beziehen. Soweit im Einzelfall Anpassungen erforderlich werden, wird sich die gesamtdeutsche Regierung mit den jeweiligen Vertragspartnern ins Benehmen setzen.

Art. 12 Verträge der Deutschen Demokratischen Republik. (1) Die Vertragsparteien sind sich einig, daß die völkerrechtlichen Verträge der Deutschen Demokratischen Republik im Zuge der Herstellung der Einheit Deutschlands unter den Gesichtspunkten des Vertrauensschutzes, der Interessenlage der beteiligten Staaten und der vertraglichen Verpflichtungen der Bundesrepublik Deutschland sowie nach den Prinzipien einer freiheitlichen, demokratischen und rechtsstaatlichen Grundordnung und unter Beachtung der Zuständigkeiten der Europäischen Gemeinschaften mit den Vertragspartnern der Deutschen Demokratischen Republik zu erörtern sind, um ihre Fortgeltung, Anpassung oder ihr Erlöschen zu regeln beziehungsweise festzustellen.

(2) Das vereinte Deutschland legt seine Haltung zum Übergang völkerrechtlicher Verträge der Deutschen Demokratischen Republik nach Konsultationen mit den jeweiligen Vertragspartnern und mit den Europäischen Gemeinschaften, soweit deren Zuständigkeiten berührt sind, fest.

(3) Beabsichtigt das vereinte Deutschland, in internationale Organisationen oder in sonstige mehrseitige Verträge einzutreten, denen die Deutsche Demokratische Republik, nicht aber die Bundesrepublik Deutschland angehört, so wird Einvernehmen mit den jeweiligen Vertragspartnern und mit den Europäischen Gemeinschaften, soweit deren Zuständigkeiten berührt sind, hergestellt.

5 Öffentliche Verwaltung und Rechtspflege

Art. 13 Übergang von Einrichtungen. (1) Verwaltungsorgane und sonstige der öffentlichen Verwaltung oder Rechtspflege dienende Einrichtungen in dem in Artikel 3 genannten Gebiet unterstehen der Regierung des Landes, in dem sie örtlich gelegen sind. Einrichtungen mit länderübergreifendem Wirkungskreis gehen in die gemeinsame Trägerschaft der betroffenen Länder über. Soweit Einrichtungen aus mehreren Teileinrichtungen bestehen, die ihre Aufgaben selbständig erfüllen können, unterstehen die Teileinrichtungen jeweils der Regierung des Landes, in dem sich die Teileinrichtung befindet. Die Landesregierung regelt die Überführung oder Abwicklung.

(2) Soweit die in Absatz 1 Satz 1 genannten Einrichtungen oder Teileinrichtungen bis zum Wirksamwerden des Beitritts Aufgaben erfüllt haben, die nach der Kompetenzordnung des Grundgesetzes vom Bund wahrzunehmen sind, unterstehen sie den zuständigen obersten Bundesbehörden. Diese regeln die Überführung oder Abwicklung.

(3) Zu den Einrichtungen nach den Absätzen 1 und 2 gehören auch
1. Einrichtungen der Kultur, der Bildung und Wissenschaft sowie des Sports,
2. Einrichtungen des Hörfunks und des Fernsehens,

deren Rechtsträger die öffentliche Verwaltung ist.

Art. 14 Gemeinsame Einrichtungen der Länder. (1) Einrichtungen oder Teile von Einrichtungen, die bis zum Wirksamwerden des Beitritts Aufgaben erfüllt haben, die nach der Kompetenzordnung des Grundgesetzes von den Ländern wahrzunehmen sind, werden bis zur endgültigen Regelung durch die in Artikel 1 Abs. 1 genannten Länder als gemeinsame Einrichtungen der Länder weitergeführt. Dies gilt nur, soweit die übergangsweise Weiterführung für die Erfüllung der Aufgaben der Länder unerläßlich ist.

(2) Die gemeinsamen Einrichtungen der Länder unterstehen bis zur Wahl der Ministerpräsidenten der Länder den Landesbevollmächtigten. Danach unterstehen sie den Ministerpräsidenten. Diese können die Aufsicht dem zuständigen Landesminister übertragen.

Art. 15 Übergangsregelungen für die Landesverwaltung. (1) Die Landessprecher in den in Artikel 1 Abs. 1 genannten Ländern und die Regierungsbevollmächtigten in den Bezirken nehmen ihre bisherigen Aufgaben vom Wirksamwerden des Beitritts bis zur Wahl der Ministerpräsidenten in der Verantwortung der Bundesregierung wahr und unterstehen deren Weisungen. Die Landessprecher leiten als Landesbevollmächtigte die Verwaltung ihres Landes und haben ein Weisungsrecht gegenüber den Bezirksverwaltungsbehörden sowie bei übertragenen Aufgaben auch gegenüber den Gemeinden und Landkreisen. Soweit in den in Artikel 1 Abs. 1 genannten Ländern bis zum Wirksamwerden des Beitritts Landesbeauftragte bestellt worden sind, nehmen sie die in den Sätzen 1 und 2 genannten Aufgaben und Befugnisse des Landessprechers wahr.

(2) Die anderen Länder und der Bund leisten Verwaltungshilfe beim Aufbau der Landesverwaltung.

(3) Auf Ersuchen der Ministerpräsidenten der in Artikel 1 Abs. 1 genannten Länder leisten die anderen Länder und der Bund Verwaltungshilfe bei der Durchführung bestimmter Fachaufgaben, und zwar längstens bis zum 30. Juni 1991. Soweit Stellen und Angehörige der Länder und des Bundes Verwaltungshilfe bei der Durchführung von Fachaufgaben leisten, räumt der Ministerpräsident ihnen insoweit ein Weisungsrecht ein.

(4) Soweit der Bund Verwaltungshilfe bei der Durchführung von Fachaufgaben leistet, stellt er auch die zur Durchführung der Fachaufgaben erforderlichen Haushaltsmittel zur Verfügung. Die eingesetzten Haushaltsmittel werden mit dem Anteil des jeweiligen Landes an den Leistungen des Fonds „Deutsche Einheit" oder an der Einfuhr-Umsatzsteuer verrechnet.

Art. 16 Übergangsvorschrift bis zur Bildung einer gesamtberliner Landesregierung. Bis zur Bildung einer gesamtberliner Landesregierung nimmt der Senat von Berlin gemeinsam mit dem Magistrat die Aufgaben der gesamtberliner Landesregierung wahr.

Art. 17 Rehabilitierung. Die Vertragsparteien bekräftigen ihre Absicht, daß unverzüglich eine gesetzliche Grundlage dafür geschaffen wird, daß alle Personen rehabilitiert werden können, die Opfer einer politisch motivierten Strafverfolgungsmaßnahme oder sonst einer rechtsstaats- und verfassungswidrigen gerichtlichen Entscheidung geworden sind. Die Rehabilitierung dieser Opfer des SED-Unrechts-Regimes ist mit einer angemessenen Entschädigungsregelung zu verbinden.

Art. 18 Fortgeltung gerichtlicher Entscheidungen. (1) Vor dem Wirksamwerden des Beitritts ergangene Entscheidungen der Gerichte der Deutschen Demokratischen Republik bleiben wirksam und können nach Maßgabe des gemäß Artikel 8 in Kraft gesetzten oder des gemäß Artikel 9 fortgeltenden Rechts vollstreckt werden. Nach diesem Recht richtet sich auch eine Überprüfung der Vereinbarkeit von Entscheidungen und ihrer Vollstreckung mit rechtsstaatlichen Grundsätzen. Artikel 17 bleibt unberührt.

(2) Den durch ein Strafgericht der Deutschen Demokratischen Republik Verurteilten wird durch diesen Vertrag ... ein eigenes Recht eingeräumt, eine gerichtliche Kassation rechtskräftiger Entscheidungen herbeizuführen.

Art. 19 Fortgeltung von Entscheidungen der öffentlichen Verwaltung. Vor dem Wirksamwerden des Beitritts ergangene Verwaltungsakte der Deutschen Demokratischen Republik bleiben wirksam. Sie können aufgehoben werden, wenn sie mit rechtsstaatlichen Grundsätzen oder mit den Regelungen dieses Vertrags unvereinbar sind. Im übrigen bleiben die Vorschriften über die Bestandskraft von Verwaltungsakten unberührt.

Art. 20 Rechtsverhältnisse im öffentlichen Dienst. (1) Für die Rechtsverhältnisse der Angehörigen des öffentlichen Dienstes zum Zeitpunkt des Beitritts gelten ... Übergangsregelungen.

(2) Die Wahrnehmung von öffentlichen Aufgaben (hoheitsrechtliche Befugnisse im Sinne von Artikel 33 Abs. 4 des Grundgesetzes) ist sobald wie möglich Beamten zu übertragen. Das Beamtenrecht wird nach ... vereinbarten Regelungen eingeführt. Artikel 92 des Grundgesetzes bleibt unberührt.

(3) Das Soldatenrecht wird nach ... vereinbarten Regelungen eingeführt.

6 Öffentliches Vermögen und Schulden

Art. 21 Verwaltungsvermögen. (1) Das Vermögen der Deutschen Demokratischen Republik, das unmittelbar bestimmten Verwaltungsaufgaben dient (Verwaltungsvermögen), wird Bundesvermögen, sofern es nicht nach seiner Zweckbestimmung am 1. Oktober 1989 überwiegend für Verwaltungsaufgaben bestimmt war, die nach dem Grundgesetz von Ländern, Gemeinden (Gemeindeverbänden) oder sonstigen Trägern öffentlicher Verwaltung wahrzunehmen sind. Soweit Verwaltungsvermögen überwiegend für Aufgaben des ehemaligen Ministeriums für Staatssicherheit/des Amtes für Nationale Sicherheit genutzt wurde, steht es der Treuhandanstalt zu, es sei denn, daß es nach dem genannten Zeitpunkt bereits neuen sozialen oder öffentlichen Zwecken zugeführt worden ist.

(2) Soweit Verwaltungsvermögen nicht Bundesvermögen gemäß Absatz 1 wird, steht es mit Wirksamwerden des Beitritts demjenigen Träger öffentlicher Verwaltung zu, der nach dem Grundgesetz für die Verwaltungsaufgabe zuständig ist.

(3) Vermögenswerte, die dem Zentralstaat oder den Ländern und Gemeinden (Gemeindeverbänden) von einer anderen Körperschaft des öffentlichen Rechts unentgeltlich zur Verfügung gestellt worden sind, werden an diese Körperschaft oder ihre Rechtsnachfolgerin unentgeltlich zurückübertragen; früheres Reichsvermögen wird Bundesvermögen.

(4) Soweit nach den Absätzen 1 bis 3 oder aufgrund eines Bundesgesetzes Verwaltungsvermögen Bundesvermögen wird, ist es für die Erfüllung öffentlicher Aufgaben in dem in Artikel 3 genannten Gebiet zu verwenden. Dies gilt auch für die Verwendung der Erlöse aus Veräußerungen von Vermögenswerten.

Art. 22 Finanzvermögen. (1) Öffentliches Vermögen von Rechtsträgern in dem in Artikel 3 genannten Gebiet einschließlich des Grundvermögens und des Vermögens in der Land- und Forstwirtschaft, das nicht unmittelbar bestimmten Verwaltungsaufgaben dient (Finanzvermögen), ausgenommen Vermögen der Sozialversicherung, unterliegt, soweit es nicht der Treuhandanstalt übertragen ist, oder durch Gesetz ... Gemeinden, Städten oder Landkreisen übertragen wird, mit Wirksamwerden des Beitritts der Treuhandverwaltung des Bundes. Soweit Finanzvermögen überwiegend für Aufgaben des ehemaligen Ministeriums für Staatssicherheit/des Amtes für Nationale Sicherheit genutzt wurde, steht es der Treuhandanstalt zu, es sei denn, daß es nach dem 1. Oktober 1989 bereits neuen sozialen oder öffentlichen Zwecken zugeführt worden ist. Durch Bundesgesetz ist das Finanzvermögen auf den Bund und die in Artikel 1 genannten Länder so aufzuteilen, daß der Bund und die in Artikel 1 genannten Länder je die Hälfte des Vermögensgesamtwerts erhalten. An dem Länderanteil sind die Gemeinden (Gemeindeverbände) angemessen zu beteiligen. Vermögenswerte, die hiernach der Bund erhält, sind zur Erfüllung öffentlicher Aufgaben in dem in Artikel 3 genannten Gebiet zu verwenden. Die Verteilung des Länderanteils auf die einzelnen Länder soll grundsätzlich so erfolgen, daß das Verhältnis der Gesamtwerte der den einzelnen Ländern übertragenen Vermögensteile dem Verhältnis der Bevölkerungszahlen dieser Länder mit Wirksamwerden des Beitritts ohne Berücksichtigung der Einwohnerzahl von Berlin (West) entspricht. Artikel 21 Abs. 3 ist entsprechend anzuwenden.

(2) Bis zu einer gesetzlichen Regelung wird das Finanzvermögen von den bisher zuständigen Behörden verwaltet, soweit nicht der Bundesminister der Finanzen die Übernahme der Verwaltung durch Behörden der Bundesvermögensverwaltung anordnet.

(3) Die in den Absätzen 1 und 2 bezeichneten Gebietskörperschaften gewähren sich untereinander auf Verlangen Auskunft über und Einsicht in Grundbücher, Grundakten und sonstige Vorgänge, die Hinweise zu Vermögenswerten enthalten, deren rechtliche und tatsächliche Zuordnung zwischen den Gebietskörperschaften ungeklärt oder streitig ist.

(4) Absatz 1 gilt nicht für das zur Wohnungsversorgung genutzte volkseigene Vermögen, das sich in Rechtsträgerschaft der volkseigenen Betriebe der Wohnungswirtschaft befindet. Gleiches gilt für volkseigenes Vermögen, für das bereits konkrete Ausführungsplanungen für Objekte der Wohnungsversorgung vorliegen. Dieses Vermögen geht mit Wirksamwerden des Beitritts mit gleichzeitiger Übernahme der anteiligen Schulden in das Eigentum der Kommunen über. Die Kommunen überführen ihren Wohnungsbestand unter Berücksichtigung sozialer Belange schrittweise in eine marktwirtschaftliche Wohnungswirtschaft. Dabei soll die Privatisierung auch zur Förderung der Bildung individuellen Wohneigentums beschleunigt durchgeführt werden. Hinsichtlich des volkseigenen Wohnungsbestandes staatlicher Einrichtungen, soweit dieser nicht bereits unter Artikel 21 fällt, bleibt Absatz 1 unberührt.

Art. 23 Schuldenregelung. (1) Mit dem Wirksamwerden des Beitritts wird die bis zu diesem Zeitpunkt aufgelaufene Gesamtverschuldung des Republikhaushalts der Deutschen Demokratischen Republik von einem nicht rechtsfähigen Sondervermögen des Bundes übernommen, das die Schuldendienstverpflichtungen erfüllt. Das Sondervermögen wird ermächtigt, Kredite aufzunehmen

1. zur Tilgung von Schulden des Sondervermögens,
2. zur Deckung anfallender Zins- und Kreditbeschaffungskosten,
3. zum Zwecke des Ankaufs von Schuldtiteln des Sondervermögens im Wege der Marktpflege.

(2) Der Bundesminister der Finanzen verwaltet das Sondervermögen. Das Sondervermögen kann unter seinem Namen im rechtsgeschäftlichen Verkehr handeln, klagen und verklagt werden. Der allgemeine Gerichtsstand des Sondervermögens ist der Sitz der Bundesregierung. Der Bund haftet für die Verbindlichkeiten des Sondervermögens.

(3) Vom Tage des Wirksamwerdens des Beitritts bis zum 31. Dezember 1993 erstatten der Bund und die Treuhandanstalt jeweils die Hälfte der vom Sondervermögen erbrachten Zinsleistungen. Die Erstattung erfolgt bis zum Ersten des Monats, der dem Monat folgt, in dem das Sondervermögen in Satz 1 genannten Leistungen erbracht hat.

(4) Mit Wirkung vom 1. Januar 1994 übernehmen der Bund und die in Artikel 1 genannten Länder und die Treuhandanstalt, die beim Sondervermögen zum 31. Dezember 1993 aufgelaufene Gesamtverschuldung nach Maßgabe des Artikels 27 Abs. 3 des Vertrags vom 18. Mai 1990 über die Schaffung einer Währungs-, Wirtschafts- und Sozialunion zwischen der Bundesrepublik Deutschland und der Deutschen Demokratischen Republik. Die Verteilung der Schulden im einzelnen wird durch besonderes Gesetz ... geregelt. Die Anteile der in Artikel 1 genannten Länder an dem von der Gesamtheit der in Artikel 1 genannten Länder zu übernehmenden Betrag werden im Verhältnis ihrer Einwohnerzahl zum Zeitpunkt des Wirksamwerdens des Beitritts ohne Berücksichtigung der Einwohnerzahl von Berlin (West) berechnet.

(5) Das Sondervermögen wird mit Ablauf des Jahres 1993 aufgelöst.

(6) Die Bundesrepublik Deutschland tritt mit Wirksamwerden des Beitritts in die von der Deutschen Demokratischen

Republik zu Lasten des Staatshaushalts bis zur Einigung übernommenen Bürgschaften, Garantien und Gewährleistungen ein. Die in Artikel 1 Abs. 1 genannten Länder und das Land Berlin für den Teil, in dem das Grundgesetz bisher nicht galt, übernehmen für die auf die Bundesrepublik Deutschland übergegangenen Bürgschaften, Garantien und Gewährleistungen gesamtschuldnerisch eine Rückbürgschaft in Höhe von 50 vom Hundert. Die Schadensbeträge werden zwischen den Ländern im Verhältnis ihrer Einwohnerzahl zum Zeitpunkt des Wirksamwerdens des Beitritts ohne Berücksichtigung der Einwohnerzahl von Berlin (West) aufgeteilt.

(7) Die Beteiligung der Deutschen Demokratischen Republik an der Staatsbank Berlin kann auf die in Artikel 1 genannten Länder übertragen werden. Bis zu einer Übertragung der Beteiligung nach Satz 1 oder einer Übertragung nach Satz 3 stehen die Rechte aus der Beteiligung der Deutschen Demokratischen Republik an der Staatsbank Berlin dem Bund zu. Die Vertragsparteien werden, unbeschadet einer kartellrechtlichen Prüfung, die Möglichkeit vorsehen, daß die Staatsbank Berlin ganz oder teilweise auf ein öffentlich-rechtliches Kreditinstitut in der Bundesrepublik Deutschland oder auf andere Rechtsträger übertragen wird. Werden nicht alle Gegenstände oder Verbindlichkeiten von einer Übertragung erfaßt, ist der verbleibende Teil der Staatsbank Berlin abzuwickeln. Der Bund tritt in die Verbindlichkeiten aus der Gewährträgerhaftung der Deutschen Demokratischen Republik für die Staatsbank Berlin ein. Dies gilt nicht für Verbindlichkeiten, die nach der Übertragung der Beteiligung nach Satz 1 oder nach einer Übertragung nach Satz 3 begründet werden. Satz 5 gilt für von der Staatsbank Berlin in Abwicklung begründete neue Verbindlichkeiten entsprechend. Wird der Bund aus der Gewährträgerhaftung in Anspruch genommen, wird die Belastung in die Gesamtverschuldung des Republikhaushalts einbezogen und mit Wirksamwerden des Beitritts in das nicht rechtsfähige Sondervermögen nach Absatz 1 übernommen.

Art. 24 Abwicklung der Forderungen und Verbindlichkeiten gegenüber dem Ausland und der Bundesrepublik Deutschland. (1) Die Abwicklung der beim Wirksamwerden des Beitritts noch bestehenden Forderungen und Verbindlichkeiten, soweit sie im Rahmen des Außenhandels- und Valutamonopols oder in Wahrnehmung anderer staatlicher Aufgaben der Deutschen Demokratischen Republik bis zum 1. Juli 1990 gegenüber dem Ausland und der Bundesrepublik Deutschland begründet worden sind, erfolgt auf Weisung und unter Aufsicht des Bundesministers der Finanzen. In Umschuldungsvereinbarungen der Regierung der Bundesrepublik Deutschland, die nach Wirksamwerden des Beitritts getroffen werden, sind auch die in Satz 1 genannten Forderungen einzubeziehen. Die betroffenen Forderungen werden durch den Bundesminister der Finanzen treuhänderisch verwaltet oder auf den Bund übertragen, soweit die Forderungen wertberichtigt werden.

(2) Das Sondervermögen gemäß Artikel 23 Abs. 1 übernimmt bis zum 30. November 1993 gegenüber den mit der Abwicklung beauftragten Instituten die notwendigen Verwaltungsaufwendungen, die Zinskosten, die durch eine Differenz der Zinsaufwendungen und Zinserlöse entstehen, sowie die sonstigen Verluste, die den Instituten während der Abwicklungszeit entstehen, soweit sie durch eigene Mittel nicht ausgeglichen werden können. Nach dem 30. November 1993 übernehmen der Bund und die Treuhandanstalt die in Satz 1 genannten Aufwendungen, Kosten und den Verlustausgleich je zur Hälfte. Das Nähere wird durch Bundesgesetz geregelt.

(3) Forderungen und Verbindlichkeiten, die auf die Mitgliedschaft der Deutschen Demokratischen Republik oder ihrer Einrichtungen im Rat für Gegenseitige Wirtschaftshilfe zurückgehen, können Gegenstand gesonderter Regelungen der Bundesrepublik Deutschland sein. Diese Regelungen können auch Forderungen und Verbindlichkeiten betreffen, die nach dem 30. Juni 1990 entstehen oder entstanden sind.

Art. 25 Treuhandvermögen. (1) Die Treuhandanstalt ist auch künftig damit beauftragt, ... die früheren volkseigenen Betriebe wettbewerblich zu strukturieren und zu privatisieren. Sie wird rechtsfähige bundesunmittelbare Anstalt des öffentlichen Rechts. Die Fach- und Rechtsaufsicht obliegt dem Bundesminister der Finanzen, der die Fachaufsicht im Einvernehmen mit dem Bundesminister für Wirtschaft und dem jeweils zuständigen Bundesminister wahrnimmt. Beteiligungen der Treuhandanstalt sind mittelbare Beteiligungen des Bundes. Änderungen der Satzung bedürfen der Zustimmung der Bundesregierung.

(3) Die Vertragsparteien bekräftigen, daß das volkseigene Vermögen ausschließlich und allein zugunsten von Maßnahmen in dem in Artikel 3 genannten Gebiet unabhängig von der haushaltsmäßigen Trägerschaft verwendet wird. Entsprechend sind Erlöse der Treuhandanstalt gemäß Artikel 26 Abs. 4 und Artikel 27 Abs. 3 des Vertrags vom 18. Mai 1990 zu verwenden.* Im Rahmen der Strukturanpassung der Landwirtschaft können Erlöse der Treuhandanstalt im Einzelfall auch für Entschuldungsmaßnahmen zu Gunsten von landwirtschaftlichen Unternehmen verwendet werden. Zuvor sind deren eigene Vermögenswerte einzusetzen. Schulden, die auszugliedernden Betriebsteilen zuzuordnen sind, bleiben unberücksichtigt. Hilfe zur Entschuldung kann auch mit der Maßgabe gewährt werden, daß die Unternehmen die gewährten Leistungen im Rahmen ihrer wirtschaftlichen Möglichkeiten ganz oder teilweise zurückerstatten.

(4) Die der Treuhandanstalt durch Artikel 27 Abs. 1 des Vertrags vom 18. Mai 1990* eingeräumte Ermächtigung zur Aufnahme von Krediten wird von insgesamt bis zu 17 Milliarden Deutsche Mark auf bis zu 25 Milliarden Deutsche Mark erhöht. Die vorgenannten Kredite sollen in der Regel bis zum 31. Dezember 1995 zurückgeführt werden. Der Bundesminister der Finanzen kann eine Verlängerung der Laufzeiten und bei grundlegend veränderten Bedingungen eine Überschreigung der Kreditobergrenzen zulassen.

(5) Die Treuhandanstalt wird ermächtigt, im Einvernehmen mit dem Bundesminister der Finanzen Bürgschaften, Garantien und sonstige Gewährleistungen zu übernehmen.

(6) Nach Maßgabe des Artikels 10 Abs. 6 des Vertrags vom 18. Mai 1990* sind Möglichkeiten vorzusehen, daß den Sparern zu einem späteren Zeitpunkt für den bei der Umstellung 2:1 reduzierten Betrag ein verbrieftes Anteilrecht am volkseigenen Vermögen eingeräumt werden kann.

(7) Bis zur Feststellung der DM-Eröffnungsbilanz sind die Zins- und Tilgungsleistungen auf Kredite, die vor dem 30. Juni 1990 aufgenommen wurden, auszusetzen. Die anfallenden Zinszahlungen sind der Deutschen Kreditbank AG und den anderen Banken durch die Treuhandanstalt zu erstatten.

Art. 26 Sondervermögen Deutsche Reichsbahn. (1) Das Eigentum und alle sonstigen Vermögensrechte der Deutschen Demokratischen Republik sowie das Reichsvermögen in Berlin (West), die zum Sondervermögen Deutsche Reichsbahn im Sinne des Artikels 26 Abs. 2 des Vertrags vom 18. Mai 1990* gehören, sind mit Wirksamwerden des Beitritts als Sondervermögen Deutsche Reichsbahn Vermögen der Bundesrepublik Deutschland. Dazu gehören auch alle Vermögensrechte, die nach dem 8. Mai 1945 entweder mit Mitteln des Sondervermögens Deutsche Reichsbahn erworben oder die ihrem Betrieb oder dem ihrer Vorgängerverwaltungen gewidmet worden sind, ohne Rücksicht darauf, für welchen Rechtsträger sie erworben wurden, es sei denn, sie sind in der Folgezeit mit Zustimmung der Deutschen Reichsbahn einem anderen Zweck gewidmet worden.

(2) Mit den Vermögensrechten gehen gleichzeitig die mit ihnen im Zusammenhang stehenden Verbindlichkeiten und Forderungen auf das Sondervermögen Deutsche Reichsbahn über.

(3) Der Vorsitzer des Vorstands der Deutschen Bundesbahn und der Vorsitzer des Vorstands der Deutschen Reichsbahn sind für die Koordinierung der beiden Sondervermögen verantwortlich. Dabei haben sie auf das Ziel hinzuwirken, die beiden Bahnen technisch und organisatorisch zusammenzuführen.

Art. 27 Sondervermögen Deutsche Post. (1) Das Eigentum und alle sonstigen Vermögensrechte, die zum Sondervermögen Deutsche Post gehören, werden Vermögen der Bundesrepublik Deutschland. Sie werden mit dem Sondervermögen Deutsche Bundespost vereinigt. Dabei gehen mit den Vermögensrechten gleichzeitig die mit ihnen im Zusammenhang stehenden Verbindlichkei-

---
* Vertrag über die Schaffung einer Währungs-, Wirtschafts- und Sozialunion

ten und Forderungen auf das Sondervermögen Deutsche Bundespost über. Das den hoheitlichen und politischen Zwecken dienende Vermögen wird mit den entsprechenden Verbindlichkeiten und Forderungen nicht Bestandteil des Sondervermögens Deutsche Bundespost. Zum Sondervermögen Deutsche Post gehören auch alle Vermögensrechte, die am 8. Mai 1945 zum Sondervermögen Deutsche Reichspost gehörten oder die nach dem 8. Mai 1945 entweder mit Mitteln des früheren Sondervermögens Deutsche Reichspost erworben oder die dem Betrieb der Deutschen Post gewidmet worden sind, ohne Rücksicht darauf, für welchen Rechtsträger sie erworben wurden, es sei denn, sie sind in der Folgezeit mit Zustimmung der Deutschen Post einem anderen Zweck gewidmet worden.

(2) Der Bundesminister für Post und Telekommunikation regelt nach Anhörung der Unternehmen der Deutschen Bundespost abschließend die Aufteilung des Sondervermögens Deutsche Post in die Teilsondervermögen der drei Unternehmen. Der Bundesminister für Post und Telekommunikation legt nach Anhörung der drei Unternehmen der Deutschen Bundespost innerhalb einer Übergangszeit von drei Jahren fest, welche Vermögensgegenstände den hoheitlichen und politischen Zwecken dienen. Er übernimmt diese ohne Wertausgleich.

Art. 28 Wirtschaftsförderung. (1) Mit Wirksamwerden des Beitritts wird das in Artikel 3 genannte Gebiet in die im Bundesgebiet bestehenden Regelungen des Bundes zur Wirtschaftsförderung unter Berücksichtigung der Zuständigkeiten der Europäischen Gemeinschaften einbezogen. Während einer Übergangszeit werden dabei die besonderen Bedürfnisse der Strukturanpassung berücksichtigt. Damit wird ein wichtiger Beitrag zu einer möglichst raschen Entwicklung einer ausgewogenen Wirtschaftsstruktur unter besonderer Berücksichtigung des Mittelstands geleistet.

(2) Die zuständigen Ressorts bereiten konkrete Maßnahmenprogramme zur Beschleunigung des wirtschaftlichen Wachstums und des Strukturwandels in dem in Artikel 3 genannten Gebiet vor. Die Programme erstrecken sich auf folgende Bereiche:

- Maßnahmen der regionalen Wirtschaftsförderung unter Schaffung eines besonderen Programms zugunsten des in Artikel 3 genannten Gebiets; dabei wird ein Präferenzvorsprung zugunsten dieses Gebiets sichergestellt;
- Maßnahmen zur Verbesserung der wirtschaftlichen Rahmenbedingungen in den Gemeinden mit besonderem Schwerpunkt in der wirtschaftsnahen Infrastruktur;
- Maßnahmen zur raschen Entwicklung des Mittelstandes;
- Maßnahmen zur verstärkten Modernisierung und strukturellen Neuordnung der Wirtschaft auf der Grundlage von in Eigenverantwortung der Industrie erstellten Restrukturierungskonzepten (zum Beispiel Sanierungsprogramme, auch für RGW-Exportproduktion);
- Entschuldung von Unternehmen nach Einzelfallprüfung.

Art. 29 Außenwirtschaftsbeziehungen. (1) Die gewachsenen außenwirtschaftlichen Beziehungen der Deutschen Demokratischen Republik, insbesondere die bestehenden vertraglichen Verpflichtungen gegenüber den Ländern des Rates für Gegenseitige Wirtschaftshilfe, genießen Vertrauensschutz. Sie werden unter Berücksichtigung der Interessen aller Beteiligten und unter Beachtung marktwirtschaftlicher Grundsätze sowie der Zuständigkeiten der Europäischen Gemeinschaften fortentwickelt und ausgebaut. Die gesamtdeutsche Regierung wird dafür Sorge tragen, daß diese Beziehungen im Rahmen der fachlichen Zuständigkeit organisatorisch angemessen geregelt werden.

(2) Die Bundesregierung beziehungsweise die gesamtdeutsche Regierung wird sich mit den zuständigen Organen der Europäischen Gemeinschaften darüber abstimmen, welche Ausnahmeregelungen für eine Übergangszeit auf dem Gebiet des Außenhandels im Hinblick auf Absatz 1 erforderlich sind.

7 Arbeit, Soziales, Familie, Frauen, Gesundheitswesen und Umweltschutz

Art. 30 Arbeit und Soziales. (1) Es ist Aufgabe des gesamtdeutschen Gesetzgebers,

1. das Arbeitsvertragsrecht sowie das öffentlich-rechtliche Arbeitszeitrecht einschließlich der Zulässigkeit von Sonn- und Feiertagsarbeit und den besonderen Frauenarbeitsschutz möglichst bald einheitlich neu zu kodifizieren,
2. den öffentlich-rechtlichen Arbeitsschutz in Übereinstimmung mit dem Recht der Europäischen Gemeinschaften und dem damit konformen Teil des Arbeitsschutzrechts der Deutschen Demokratischen Republik zeitgemäß neu zu regeln.

(2) Arbeitnehmer können in dem in Artikel 3 genannten Gebiet ein Altersübergangsgeld nach Vollendung des 57. Lebensjahres für die Dauer von drei Jahren, längstens bis zum frühestmöglichen Bezug einer Altersrente aus der gesetzlichen Rentenversicherung erhalten. Die Höhe des Altersübergangsgeldes beträgt 65 vom Hundert des letzten durchschnittlichen Nettoarbeitsentgelts; für Arbeitnehmer, deren Anspruch bis zum 1. April 1991 entsteht, wird das Altersübergangsgeld für die ersten 312 Tage um einen Zuschlag von 5 Prozentpunkten erhöht. Das Altersübergangsgeld gewährt die Bundesanstalt für Arbeit in Anlehnung an die Regelungen des Arbeitslosengeldes, insbesondere der Regelung des § 105c des Arbeitsförderungsgesetzes. Die Bundesanstalt für Arbeit kann einen Antrag ablehnen, wenn feststeht, daß in der Region für die bisherige berufliche Tätigkeit des Antragstellers ein deutlicher Mangel an Arbeitskräften besteht. Das Altersübergangsgeld wird vom Bund erstattet, soweit es die Dauer des Anspruchs auf Arbeitslosengeld übersteigt. Die Altersübergangsgeldregelung findet für neu entstehende Ansprüche bis zum 31. Dezember 1991 Anwendung. Der Geltungszeitraum kann um ein Jahr verlängert werden. In der Zeit vom Wirksamwerden des Vertrags bis zum 31. Dezember 1990 können Frauen Altersübergangsgeld nach Vollendung des 55. Lebensjahres für längstens fünf Jahre erhalten.

(3) Der in dem in Artikel 3 genannten Gebiet ... eingeführte Sozialzuschlag zu Leistungen der Renten-, Unfall- und Arbeitslosenversicherung wird auf Neuzugänge bis 31. Dezember 1991 begrenzt. Die Leistung wird längstens bis zum 30. Juni 1995 gezahlt.

(4) Die Übertragung von Aufgaben der Sozialversicherung auf die einzelnen Träger hat so zu erfolgen, daß die Erbringung der Leistungen und deren Finanzierung sowie die personelle Wahrnehmung der Aufgaben gewährleistet wird. Die Vermögensaufteilung (Aktiva und Passiva) auf die einzelnen Träger der Sozialversicherung wird endgültig durch Gesetz festgelegt.

(5) Die Einzelheiten der Überleitung des Sechsten Buches Sozialgesetzbuch (Rentenversicherung) und der Vorschriften des Dritten Buches der Reichsversicherungsordnung (Unfallversicherung) werden in einem Bundesgesetz geregelt. Für Personen, deren Rente aus der gesetzlichen Rentenversicherung in der Zeit vom 1. Januar 1992 bis 30. Juni 1995 beginnt, wird

1. eine Rente grundsätzlich mindestens in der Höhe des Betrags geleistet, der sich am 30. Juni 1990 nach dem bis dahin geltenden Rentenrecht in dem in Artikel 3 genannten Gebiet ohne Berücksichtigung von Leistungen aus Zusatz- oder Sonderversorgungssystemen ergeben hätte,
2. eine Rente auch dann bewilligt, wenn am 30. Juni 1990 nach dem bis dahin geltenden Rentenrecht in dem in Artikel 3 genannten Gebiet ein Rentenanspruch bestanden hätte.

Im übrigen soll die Überleitung von der Zielsetzung bestimmt sein, mit der Angleichung der Löhne und Gehälter in dem in Artikel 3 genannten Gebiet an diejenigen in den übrigen Ländern auch eine Angleichung der Renten zu verwirklichen.

(6) Bei der Fortentwicklung der Berufskrankheitenverordnung ist zu prüfen, inwieweit die bisher in dem in Artikel 3 des Vertrags genannten Gebiet geltenden Regelungen berücksichtigt werden können.

Art. 31 Familie und Frauen. (1) Es ist Aufgabe des gesamtdeutschen Gesetzgebers, die Gesetzgebung zur Gleichberechtigung zwischen Männern und Frauen weiterzuentwickeln.

(2) Es ist Aufgabe des gesamtdeutschen Gesetzgebers, angesichts unterschiedlicher rechtlicher und institutioneller Ausgangssituationen bei der Erwerbstätigkeit von Müttern und Vätern die Rechtslage unter dem Gesichtspunkt der Vereinbarkeit von Familie und Beruf zu gestalten.

(3) Um die Weiterführung der Einrichtungen zur Tagesbetreuung von Kindern in dem in Artikel 3 genannten Gebiet zu gewährleisten, beteiligt sich der Bund für eine Übergangszeit bis zum 30. Juni 1991 an den Kosten dieser Einrichtungen.

(4) Es ist Aufgabe des gesamtdeutschen Gesetzgebers, spätestens bis zum 31. Dezember 1992 eine Regelung zu treffen, die den Schutz vorgeburtlichen Lebens und die verfassungskonforme Bewältigung von Konfliktsituationen schwangerer Frauen vor allem durch rechtlich gesicherte Ansprüche für Frauen, insbesondere auf Beratung und soziale Hilfen, besser gewährleistet, als dies in beiden Teilen Deutschlands derzeit der Fall ist. Zur Verwirklichung dieser Ziele wird in dem in Artikel 3 genannten Gebiet mit finanzieller Hilfe des Bundes unverzüglich ein flächendeckendes Netz von Beratungsstellen verschiedener Träger aufgebaut. Die Beratungsstellen sind personell und finanziell so auszustatten, daß sie ihrer Aufgabe gerecht werden können, schwangere Frauen zu beraten und ihnen notwendige Hilfen – auch über den Zeitpunkt der Geburt hinaus – zu leisten. Kommt eine Regelung in der in Satz 1 genannten Frist nicht zustande, gilt das materielle Recht in dem in Artikel 3 genannten Gebiet weiter.

Art. 32 Freie gesellschaftliche Kräfte.
Die Verbände der Freien Wohlfahrtspflege und die Träger der Freien Jugendhilfe leisten mit ihren Einrichtungen und Diensten einen unverzichtbaren Beitrag zur Sozialstaatlichkeit des Grundgesetzes. Der Auf- und Ausbau einer Freien Wohlfahrtspflege und einer Freien Jugendhilfe in dem in Artikel 3 genannten Gebiet wird im Rahmen der grundgesetzlichen Zuständigkeit gefördert.

Art. 33 Gesundheitswesen. (1) Es ist Aufgabe der Gesetzgeber, die Voraussetzungen dafür zu schaffen, daß das Niveau der stationären Versorgung der Bevölkerung in dem in Artikel 3 genannten Gebiet zügig und nachhaltig verbessert und der Situation im übrigen Bundesgebiet angepaßt wird.

(2) Zur Vermeidung von Defiziten bei den Arzneimittelausgaben der Krankenversicherung in dem in Artikel 3 genannten Gebiet trifft der gesamtdeutsche Gesetzgeber eine zeitlich befristete Regelung, durch die der Herstellerabgabepreis im Sinne der Arzneimittelpreisverordnung um einen Abschlag verringert wird, der dem Abstand zwischen den beitragspflichtigen Einkommen in dem in Artikel 3 genannten Gebiet und im heutigen Bundesgebiet entspricht.

Art. 34 Umweltschutz. (1) Ausgehend von der in Artikel 16 des Vertrags vom 18. Mai 1990 in Verbindung mit dem Umweltrahmengesetz der Deutschen Demokratischen Republik vom 29. Juni 1990 ... begründeten deutschen Umweltunion ist es Aufgabe der Gesetzgeber, die natürlichen Lebensgrundlagen des Menschen unter Beachtung des Vorsorge-, Verursacher- und Kooperationsprinzips zu schützen und die Einheitlichkeit der ökologischen Lebensverhältnisse auf hohem, mindestens jedoch dem in der Bundesrepublik Deutschland erreichten Niveau zu fördern.

(2) Zur Förderung des in Absatz 1 genannten Ziels sind im Rahmen der grundgesetzlichen Zuständigkeitsregelungen ökologische Sanierungs- und Entwicklungsprogramme für das in Artikel 3 genannte Gebiet aufzustellen. Vorrangig sind Maßnahmen zur Abwehr von Gefahren für die Gesundheit der Bevölkerung vorzusehen.

8 Kultur, Bildung und Wissenschaft, Sport

Art. 35 Kultur. (1) In den Jahren der Teilung waren Kunst und Kultur – trotz unterschiedlicher Entwicklung der beiden Staaten in Deutschland – eine Grundlage der fortbestehenden Einheit der deutschen Nation. Sie leisten im Prozeß der staatlichen Einheit der Deutschen auf dem Weg zur europäischen Einigung einen eigenständigen und unverzichtbaren Beitrag. Stellung und Ansehen eines vereinten Deutschlands in der Welt hängen außer von seinem politischen Gewicht und seiner wirtschaftlichen Leistungskraft ebenso von seiner Bedeutung als Kulturstaat ab. Vorrangiges Ziel der Auswärtigen Kulturpolitik ist der Kulturaustausch auf der Grundlage partnerschaftlicher Zusammenarbeit.

(2) Die kulturelle Substanz in dem in Artikel 3 genannten Gebiet darf keinen Schaden nehmen.

(3) Die Erfüllung der kulturellen Aufgaben einschließlich ihrer Finanzierung

ist zu sichern, wobei Schutz und Förderung von Kultur und Kunst den neuen Ländern und Kommunen entsprechend der Zuständigkeitsverteilung des Grundgesetzes obliegen.

(4) Die bisher zentral geleiteten kulturellen Einrichtungen gehen in die Trägerschaft der Länder oder Kommunen über, in denen sie gelegen sind. Eine Mitfinanzierung durch den Bund wird in Ausnahmefällen, insbesondere im Land Berlin, nicht ausgeschlossen.

(5) Die durch die Nachkriegsereignisse getrennten Teile der ehemals staatlichen preußischen Sammlungen (unter anderem Staatliche Museen, Staatsbibliotheken, Geheimes Staatsarchiv, Ibero-Amerikanisches Institut, Staatliches Institut für Musikforschung) sind in Berlin wieder zusammenzuführen. Die Stiftung Preußischer Kulturbesitz übernimmt die vorläufige Trägerschaft. Auch für die künftige Regelung ist eine umfassende Trägerschaft für die ehemals staatlichen preußischen Sammlungen in Berlin zu finden.

(6) Der Kulturfonds wird zur Förderung von Kultur, Kunst und Künstlern übergangsweise bis zum 31. Dezember 1994 in dem in Artikel 3 genannten Gebiet weitergeführt. Eine Mitfinanzierung durch den Bund im Rahmen der Zuständigkeitsverteilung des Grundgesetzes wird nicht ausgeschlossen. Über eine Nachfolgeeinrichtung ist im Rahmen der Verhandlungen über den Beitritt der Länder der in Artikel 1 Abs. 1 genannten Länder zur Kulturstiftung der Länder zu verhandeln.

(7) Zum Ausgleich der Auswirkungen der Teilung Deutschlands kann der Bund übergangsweise zur Förderung der kulturellen Infrastruktur einzelne kulturelle Maßnahmen und Einrichtungen in dem in Artikel 3 genannten Gebiet mitfinanzieren.

Art. 36 Rundfunk. (1) Der „Rundfunk der DDR" und der „Deutsche Fernsehfunk" werden als gemeinschaftliche staatsunabhängige, rechtsfähige Einrichtung von den in Artikel 1 Abs. 1 genannten Ländern und dem Land Berlin für den Teil, in dem das Grundgesetz bisher nicht galt, bis spätestens 31. Dezember 1991 weitergeführt, soweit sie Aufgaben wahrnehmen, für die die Zuständigkeit der Länder gegeben ist. Die Einrichtung hat die Aufgabe, die Bevölkerung in dem in Artikel 3 genannten Gebiet nach den allgemeinen Grundsätzen des öffentlich-rechtlichen Rundfunks mit Hörfunk und Fernsehen zu versorgen. Die bisher der Deutschen Post zugehörige Studiotechnik sowie die der Produktion und der Verwaltung des Rundfunks und des Fernsehens dienenden Liegenschaften werden der Einrichtung zugeordnet. Artikel 21 gilt entsprechend.

(2) Die Organe der Einrichtung sind
1. der Rundfunkbeauftragte,
2. der Rundfunkbeirat.

(5) Die Einrichtung finanziert sich vorrangig durch die Einnahmen aus dem Rundfunkgebührenaufkommen der Rundfunkteilnehmer, die in dem in Artikel 3 genannten Gebiet wohnen. Sie ist insoweit Gläubiger der Rundfunkgebühr. Im übrigen deckt sie ihre Ausgaben durch Einnahmen aus Werbesendungen und durch sonstige Einnahmen.

(6) Innerhalb des in Absatz 1 genannten Zeitraums ist die Einrichtung nach Maßgabe der föderalen Struktur des Rundfunks durch gemeinsamen Staatsvertrag der in Artikel 1 genannten Länder aufzulösen oder in Anstalten des öffentlichen Rechts einzelner oder mehrerer Länder zu überführen. Kommt ein Staatsvertrag nach Satz 1 bis zum 31. Dezember 1991 nicht zustande, so ist die Einrichtung mit Ablauf dieser Frist aufgelöst. Zu diesem Zeitpunkt bestehendes Aktiv- und Passivvermögen geht auf die in Artikel 1 genannten Länder in Anteilen über. Die Höhe der Anteile bemißt sich nach dem Verhältnis des Rundfunkgebührenaufkommens nach dem Stand vom 30. Juni 1991 in dem in Artikel 3 genannten Gebiet. Die Pflicht der Länder zur Fortführung der Rundfunkversorgung in dem in Artikel 3 genannten Gebiet bleibt hiervon unberührt.

(7) Mit Inkraftsetzung des Staatsvertrags nach Absatz 6, spätestens am 31. Dezember 1991, treten die Absätze 1 bis 6 außer Kraft.

Art. 37 Bildung. (1) In der Deutschen Demokratischen Republik erworbene oder staatlich anerkannte schulische, berufliche und akademische Abschlüsse oder Befähigungsnachweise gelten in dem in Artikel 3 genannten Gebiet weiter. In dem in Artikel 3 genannten Gebiet oder in den anderen Ländern der Bundesrepublik Deutschland einschließlich Berlin

(West) abgelegte Prüfungen oder erworbene Befähigungsnachweise stehen einander gleich und verleihen die gleichen Berechtigungen, wenn sie gleichwertig sind. Die Gleichwertigkeit wird auf Antrag von der jeweils zuständigen Stelle festgestellt. Rechtliche Regelungen des Bundes und der Europäischen Gemeinschaften über die Gleichstellung von Prüfungen oder Befähigungsnachweisen sowie besondere Regelungen in diesem Vertrag haben Vorrang. Das Recht auf Führung erworbener, staatlich anerkannter oder verliehener akademischer Berufsbezeichnungen, Grade und Titel bleibt in jedem Fall unberührt.

(2) Für Lehramtsprüfungen gilt das in der Kultusministerkonferenz übliche Anerkennungsverfahren. Die Kultusministerkonferenz wird entsprechende Übergangsregelungen treffen.

(3) Prüfungszeugnisse nach der Systematik der Ausbildungsberufe und der Systematik der Facharbeiterberufe und Abschlußprüfungen und Gesellenprüfungen in anerkannten Ausbildungsberufen stehen einander gleich.

(4) Die bei der Neugestaltung des Schulwesens in dem in Artikel 3 genannten Gebiet erforderlichen Regelungen werden von den in Artikel 1 genannten Ländern getroffen. Die notwendigen Regelungen zur Anerkennung von Abschlüssen schulrechtlicher Art werden in der Kultusministerkonferenz vereinbart. In beiden Fällen sind Basis das Hamburger Abkommen und die weiteren einschlägigen Vereinbarungen der Kultusministerkonferenz.

(5) Studenten, die vor Abschluß eines Studiums die Hochschule wechseln, werden bisher erbrachte Studien- und Prüfungsleistungen nach den Grundsätzen des § 7 der Allgemeinen Bestimmungen für Diplomprüfungsordnungen (ABD) oder im Rahmen der für die Zulassung zu Staatsprüfungen geltenden Vorschriften anerkannt.

(6) Die auf Abschlußzeugnissen der Ingenieur- und Fachschulen der Deutschen Demokratischen Republik bestätigten Hochschulzugangsberechtigungen gelten gemäß Beschluß der Kultusministerkonferenz vom 10. Mai 1990 und seiner Anlage B. Weitergehende Grundsätze und Verfahren für die Anerkennung von Fachschul- und Hochschulabschlüssen für darauf aufbauende Schul- und Hochschulausbildungen sind im Rahmen der Kultusministerkonferenz zu entwickeln.

Art. 38 Wissenschaft und Forschung.

(1) Wissenschaft und Forschung bilden auch im vereinten Deutschland wichtige Grundlagen für Staat und Gesellschaft. Der notwendigen Erneuerung von Wissenschaft und Forschung unter Erhaltung leistungsfähiger Einrichtungen in dem in Artikel 3 genannten Gebiet dient eine Begutachtung von öffentlich getragenen Einrichtungen durch den Wissenschaftsrat, die bis zum 31. Dezember 1991 abgeschlossen sein wird, wobei einzelne Ergebnisse schon vorher schrittweise umgesetzt werden sollen. Die nachfolgenden Regelungen sollen diese Begutachtung ermöglichen sowie die Einpassung von Wissenschaft und Forschung in dem in Artikel 3 genannten Gebiet in die gemeinsame Forschungsstruktur der Bundesrepublik Deutschland gewährleisten.

(2) Mit dem Wirksamwerden des Beitritts wird die Akademie der Wissenschaften der Deutschen Demokratischen Republik als Gelehrtensozietät von den Forschungsinstituten und sonstigen Einrichtungen getrennt. Die Entscheidung, wie die Gelehrtensozietät der Akademie der Wissenschaften der Deutschen Demokratischen Republik fortgeführt werden soll, wird landesrechtlich getroffen. Die Forschungsinstitute und sonstigen Einrichtungen bestehen zunächst bis zum 31. Dezember 1991 als Einrichtungen der Länder in dem in Artikel 3 genannten Gebiet fort, soweit sie nicht vorher aufgelöst oder umgewandelt werden. Die Übergangsfinanzierung dieser Institute und Einrichtungen wird bis zum 31. Dezember 1991 sichergestellt; die Mittel hierfür werden im Jahr 1991 vom Bund und den in Artikel 1 genannten Ländern bereitgestellt.

(3) Die Arbeitsverhältnisse der bei den Forschungsinstituten und sonstigen Einrichtungen der Akademie der Wissenschaften der Deutschen Demokratischen Republik beschäftigten Arbeitnehmer bestehen bis zum 31. Dezember 1991 als befristete Arbeitsverhältnisse mit den Ländern fort, auf die diese Institute und Einrichtungen übergehen. Das Recht zur ordentlichen oder außerordentlichen Kündigung dieser Arbeitsverhältnisse in den in Anlage I dieses Vertrags aufgeführten Tatbeständen bleibt unberührt.

(4) Für die Bauakademie der Deutschen Demokratischen Republik und die Akademie der Landwirtschaftswissenschaften der Deutschen Demokratischen Republik sowie die nachgeordneten wissenschaftlichen Einrichtungen des Ministeriums für Ernährung, Land- und Forstwirtschaft gelten die Absätze 1 bis 3 sinngemäß.

(5) Die Bundesregierung wird mit den Ländern Verhandlungen mit dem Ziel aufnehmen, die Bund-Länder-Vereinbarungen gemäß Artikel 91b des Grundgesetzes so anzupassen oder neu abzuschließen, daß die Bildungsplanung und die Förderung von Einrichtungen und Vorhaben der wissenschaftlichen Forschung von überregionaler Bedeutung auf das in Artikel 3 genannte Gebiet erstreckt werden.

(6) Die Bundesregierung strebt an, daß die in der Bundesrepublik Deutschland bewährten Methoden und Programme der Forschungsförderung so schnell wie möglich auf das gesamte Bundesgebiet angewendet werden und daß den Wissenschaftlern und wissenschaftlichen Einrichtungen in dem in Artikel 3 genannten Gebiet der Zugang zu laufenden Maßnahmen der Forschungsförderung ermöglicht wird. Außerdem sollen einzelne Förderungsmaßnahmen für Forschung und Entwicklung, die im Bereich der Bundesrepublik Deutschland terminlich abgeschlossen sind, für das in Artikel 3 genannte Gebiet wieder aufgenommen werden; davon sind steuerliche Maßnahmen ausgenommen.

(7) Mit dem Wirksamwerden des Beitritts der Deutschen Demokratischen Republik ist der Forschungsrat der Deutschen Demokratischen Republik aufgelöst.

Art. 39 Sport. (1) Die in dem in Artikel 3 genannten Gebiet in Umwandlung befindlichen Strukturen des Sports werden auf Selbstverwaltung umgestellt. Die öffentlichen Hände fördern den Sport ideell und materiell nach der Zuständigkeitsverteilung des Grundgesetzes.

(2) Der Spitzensport und seine Entwicklung in dem in Artikel 3 genannten Gebiet wird, soweit er sich bewährt hat, weiter gefördert. Die Förderung erfolgt im Rahmen der in der Bundesrepublik Deutschland bestehenden Regeln und Grundsätze nach Maßgabe der öffentlichen Haushalte in dem in Artikel 3 genannten Gebiet. In diesem Rahmen werden das Forschungsinstitut für Körperkultur und Sport (FKS) in Leipzig, das vom Internationalen Olympischen Kommittee (IOC) anerkannte Dopingkontrolllabor in Kreischa (bei Dresden) und die Forschungs- und Entwicklungsstelle für Sportgeräte (FES) in Berlin (Ost) – in der jeweils angemessenen Rechtsform – als Einrichtungen im vereinten Deutschland in erforderlichem Umfang fortgeführt oder bestehenden Einrichtungen angegliedert.

(3) Für eine Übergangszeit bis zum 31. Dezember 1992 unterstützt der Bund den Behindertensport.

9 Übergangs- und Schlußbestimmungen

Art. 40 Verträge und Vereinbarungen.
(1) Die Verpflichtungen aus dem Vertrag vom 18. Mai 1990 über die Schaffung einer Währungs-, Wirtschafts- und Sozialunion zwischen der Bundesrepublik Deutschland und der Deutschen Demokratischen Republik gelten fort, soweit nicht in diesem Vertrag Abweichendes bestimmt wird oder die Vereinbarungen im Zuge der Herstellung der Einheit Deutschlands gegenstandslos werden.

(2) Soweit Rechte und Pflichten aus sonstigen Verträgen und Vereinbarungen zwischen der Bundesrepublik Deutschland oder den Bundesländern und der Deutschen Demokratischen Republik nicht im Zuge der Herstellung der Einheit Deutschlands gegenstandslos geworden sind, werden sie von den innerstaatlich zuständigen Rechtsträgern übernommen, angepaßt oder abgewickelt.

Art. 41 Regelung von Vermögensfragen. (1) Die von der Regierung der Bundesrepublik Deutschland und der Regierung der Deutschen Demokratischen Republik abgegebene Gemeinsame Erklärung vom 15. Juni 1990 zur Regelung offener Vermögensfragen (Anlage III) ist Bestandteil dieses Vertrages.

(2) Nach Maßgabe besonderer gesetzlicher Regelung findet eine Rückübertragung von Eigentumsrechten an Grundstücken oder Gebäuden nicht statt, wenn das betroffene Grundstück oder Gebäude für dringende, näher festzulegende Investitionszwecke benötigt wird, insbeson-

dere der Errichtung einer gewerblichen Betriebsstätte dient und die Verwirklichung dieser Investitionsentscheidung volkswirtschaftlich förderungswürdig ist, vor allem Arbeitsplätze schafft oder sichert. Der Investor hat einen die wesentlichen Merkmale des Vorhabens aufzeigenden Plan vorzulegen und sich zur Durchführung des Vorhabens auf dieser Basis zu verpflichten. In dem Gesetz ist auch die Entschädigung des früheren Eigentümers zu regeln.

(3) Im übrigen wird die Bundesrepublik Deutschland keine Rechtsvorschriften erlassen, die der in Absatz 1 genannten Gemeinsamen Erklärung widersprechen.

Art. 42 Entsendung von Abgeordneten. (1) Vor dem Wirksamwerden des Beitritts der Deutschen Demokratischen Republik wählt die Volkskammer auf der Grundlage ihrer Zusammensetzung 144 Abgeordnete zur Entsendung in den 11. Deutschen Bundestag sowie eine ausreichende Anzahl von Ersatzpersonen. Entsprechende Vorschläge machen die in der Volkskammer vertretenen Fraktionen und Gruppen.

(2) Die Gewählten erwerben die Mitgliedschaft im 11. Deutschen Bundestag aufgrund der Annahmeerklärung gegenüber dem Präsidenten der Volkskammer, jedoch erst mit Wirksamwerden des Beitritts. Der Präsident der Volkskammer übermittelt das Ergebnis der Wahl unter Beifügung der Annahmeerklärung unverzüglich dem Präsidenten des Deutschen Bundestages.

(3) Für die Wählbarkeit und den Verlust der Mitgliedschaft im 11. Deutschen Bundestag gelten im übrigen die Bestimmungen des Bundeswahlgesetzes ... Scheidet ein Mitglied aus, so rückt die nächste Ersatzperson nach. Sie muß derselben Partei angehören wie das ausgeschiedene Mitglied zur Zeit seiner Wahl. Die Feststellung, wer als Ersatzperson nachrückt, trifft vor Wirksamwerden des Beitritts der Präsident der Volkskammer, danach der Präsident des Deutschen Bundestages.

Art. 43 Übergangsvorschrift für den Bundesrat bis zur Bildung von Landesregierungen. Von der Bildung der in Artikel 1 Abs. 1 genannten Länder bis zur Wahl der Ministerpräsidenten kann der Landesbevollmächtigte an den Sitzungen des Bundesrates mit beratender Stimme teilnehmen.

Art. 44 Rechtswahrung. Rechte aus diesem Vertrag zugunsten der Deutschen Demokratischen Republik oder der in Artikel 1 genannten Länder können nach Wirksamwerden des Beitritts von jedem dieser Länder geltend gemacht werden.

Art. 45 Inkrafttreten des Vertrags.
(1) Dieser Vertrag einschließlich des anliegenden Protokolls und der Anlagen I bis III tritt an dem Tag in Kraft, an dem die Regierungen der Bundesrepublik Deutschland und der Deutschen Demokratischen Republik einander mitgeteilt haben, daß die erforderlichen innerstaatlichen Voraussetzungen für das Inkrafttreten erfüllt sind.

(2) Der Vertrag bleibt nach Wirksamwerden des Beitritts als Bundesrecht geltendes Recht.

Geschehen zu Berlin am 31. August 1990 in zwei Urschriften in deutscher Sprache.
Für die Bundesrepublik Deutschland
Schäuble
Für die Deutsche Demokratische Republik
Günther Krause

Die Gemeinsame Erklärung (Anlage III)

Die Teilung Deutschlands, die damit verbundene Bevölkerungswanderung von Ost nach West und die unterschiedlichen Rechtsordnungen in beiden deutschen Staaten haben zu zahlreichen vermögensrechtlichen Problemen geführt, die viele Bürger in der Deutschen Demokratischen Republik und in der Bundesrepublik Deutschland betreffen.

Bei der Lösung der anstehenden Vermögensfragen gehen beide Regierungen davon aus, daß ein sozial verträglicher Ausgleich unterschiedlicher Interessen zu schaffen ist. Rechtssicherheit und Rechtseindeutigkeit sowie das Recht auf Eigentum sind Grundsätze, von denen sich die Regierungen der Deutschen Demokratischen Republik und der Bundesrepublik Deutschland bei der Lösung der anstehenden Vermögensfragen leiten lassen. Nur so kann der Rechtsfriede in einem künftigen Deutschland dauerhaft gesichert werden.

Die beiden deutschen Regierungen sind sich über folgende Eckwerte einig:
1. Die Enteignungen auf besatzungsrechtlicher bzw. besatzungshoheitlicher Grundlage (1945 bis 1949) sind nicht mehr rückgängig zu machen. Die Regierungen der Sowjetunion und der Deutschen Demokratischen Republik sehen keine Möglichkeit, die damals getroffenen Maßnahmen zu revidieren. Die Regierung der Bundesrepublik Deutschland nimmt dies im Hinblick auf die historische Entwicklung zur Kenntnis. Sie ist der Auffassung, daß einem künftigen gesamtdeutschen Parlament eine abschließende Entscheidung über etwaige staatliche Ausgleichsleistungen vorbehalten bleiben muß.
2. Treuhandverwaltungen und ähnliche Maßnahmen mit Verfügungsbeschränkungen über Grundeigentum, Gewerbebetriebe und sonstiges Vermögen sind aufzuheben. Damit wird denjenigen Bürgern, deren Vermögen wegen Flucht aus der DDR oder aus sonstigen Gründen in eine staatliche Verwaltung genommen worden ist, die Verfügungsbefugnis über ihr Eigentum zurückgegeben.
3. Enteignetes Grundvermögen wird grundsätzlich unter Berücksichtigung der unter a) und b) genannten Fallgruppen den ehemaligen Eigentümern oder ihren Erben zurückgegeben.
   a) Die Rückübertragung von Eigentumsrechten an Grundstücken und Gebäuden, deren Nutzungsart bzw. Zweckbestimmung insbesondere dadurch verändert wurden, daß sie dem Gemeingebrauch gewidmet, im komplexen Wohnungs- und Siedlungsbau verwendet, der gewerblichen Nutzung zugeführt oder in eine neue Unternehmenseinheit einbezogen wurden, ist von der Natur der Sache her nicht möglich. In diesen Fällen wird eine Entschädigung geleistet, soweit nicht bereits nach den für Bürger der Deutschen Demokratischen Republik geltenden Vorschriften entschädigt worden ist.
   b) Sofern Bürger der Deutschen Demokratischen Republik an zurückzuübereignenden Immobilien Eigentum oder dingliche Nutzungsrechte in redlicher Weise erworben haben, ist ein sozial verträglicher Ausgleich an die ehemaligen Eigentümer durch Austausch von Grundstücken mit vergleichbarem Wert oder durch Entschädigung herzustellen.
   Entsprechendes gilt für Grundvermögen, das durch den staatlichen Treuhänder an Dritte veräußert wurde. Die Einzelheiten bedürfen noch der Klärung.
   c) Soweit den ehemaligen Eigentümern oder ihren Erben ein Anspruch auf Rückübertragung zusteht, kann statt dessen Entschädigung gewählt werden.
   Die Frage des Ausgleichs von Wertveränderungen wird gesondert geregelt.
4. Die Regelungen unter Ziffer 3 gelten entsprechend für ehemals von Berechtigten selbst oder in ihrem Auftrag verwaltete Hausgrundstücke, die auf Grund ökonomischen Zwangs in Volkseigentum übernommen wurden.
5. Mieterschutz und bestehende Nutzungsrechte von Bürgern der Deutschen Demokratischen Republik an durch diese Erklärung betroffenen Grundstücken und Gebäuden werden wie bisher gewahrt und regeln sich nach dem jeweils geltenden Recht der Deutschen Demokratischen Republik.
6. Bei verwalteten Betrieben werden die bestehenden Verfügungsbeschränkungen aufgehoben; der Eigentümer übernimmt sein Betriebsvermögen.
   Für Betriebe und Beteiligungen, die 1972 in Volkseigentum überführt wurden, gilt ..., daß den privaten Gesellschaften der staatliche Anteil auf Antrag zu verkaufen ist; die Entscheidung über den Verkauf steht somit nicht im Ermessen der zuständigen Stelle.
7. Bei Unternehmen und Beteiligungen, die zwischen 1949 und 1972 durch Beschlagnahme in Volkseigentum überführt worden sind, werden dem früheren Eigentümer unter Berücksichtigung der Wertentwicklung des Betriebes das Unternehmen als Ganzes oder Gesellschaftsanteile bzw. Aktien des Unternehmens übertra-

gen, soweit er keine Entschädigung in Anspruch nehmen will. Einzelheiten bedürfen noch der näheren Regelung.
8. Sind Vermögenswerte – einschließlich Nutzungsrechte – auf Grund unlauterer Machenschaften (z. B. durch Machtmißbrauch, Korruption, Nötigung oder Täuschung von seiten des Erwerbers) erlangt worden, so ist der Rechtserwerb nicht schutzwürdig und rückgängig zu machen. In Fällen des redlichen Erwerbs findet Ziffer 3.b) Anwendung.
9. Soweit es zu Vermögenseinziehungen im Zusammenhang mit rechtsstaatswidrigen Strafverfahren gekommen ist, wird die Deutsche Demokratische Republik die gesetzlichen Voraussetzungen für ihre Korrektur in einem justizförmigen Verfahren schaffen.
10. Anteilsrechte an der Altguthaben-Ablösungsanleihe von Bürgern der Bundesrepublik Deutschland werden einschließlich der Zinsen in der zweiten Jahreshälfte 1990 – also nach der Währungsumstellung – bedient.
11. Soweit noch Devisenbeschränkungen im Zahlungsverkehr bestehen, entfallen diese mit dem Inkrafttreten der Währungs-, Wirtschafts- und Sozialunion.
12. Das durch staatliche Stellen der Bundesrepublik Deutschland auf der Grundlage des Rechtsträger-Abwicklungsgesetzes treuhänderisch verwaltete Vermögen von juristischen Personen des öffentlichen Rechts, die auf dem Gebiet der DDR existieren oder existiert haben, wird an die Berechtigten bzw. deren Rechtsnachfolger übergeben.
13. Zur Abwicklung:
  a) Die Deutsche Demokratische Republik wird die erforderlichen Rechtsvorschriften und Verfahrensregelungen umgehend schaffen.
  b) Sie wird bekanntmachen, wo und innerhalb welcher Frist die betroffenen Bürger ihre Ansprüche anmelden können. Die Antragsfrist wird sechs Monate nicht überschreiten.
  c) Zur Befriedigung der Ansprüche auf Entschädigung wird in der Deutschen Demokratischen Republik ein rechtlich selbständiger Entschädigungsfonds getrennt vom Staatshaushalt gebildet.
  d) Die Deutsche Demokratische Republik wird dafür Sorge tragen, daß bis zum Ablauf der Frist gemäß Ziffer 13.b) keine Verkäufe von Grundstücken und Gebäuden vorgenommen werden, an denen frühere Eigentumsrechte ungeklärt sind, es sei denn, zwischen den Beteiligten besteht Einvernehmen, daß eine Rückübertragung nicht in Betracht kommt oder nicht geltend gemacht wird. Veräußerungen von Grundstücken und Gebäuden, an denen frühere Eigentumsrechte ungeklärt sind und die dennoch nach dem 18. Oktober 1989 erfolgt sind, werden überprüft.
14. Beide Regierungen beauftragen ihre Experten, weitere Einzelheiten abzuklären.

Die Vereinbarung

Die Bundesrepublik Deutschland
und
die Deutsche Demokratische Republik –
  in dem Bestreben, die Durchführung und Auslegung des am 31. August 1990 in Berlin unterzeichneten Vertrages zwischen der Bundesrepublik Deutschland und der Deutschen Demokratischen Republik über die Herstellung der Einheit Deutschlands – Einigungsvertrag – sicherzustellen,
  in Ausfüllung des Artikels 9 Abs. 3 des Einigungsvertrags –
  sind übereingekommen, eine Vereinbarung mit den nachfolgenden Bestimmungen zu schließen:

Art. 1. Zu der Frage der weiteren Vorgehensweise hinsichtlich der vom ehemaligen Staatssicherheitsdienst der Deutschen Demokratischen Republik gewonnenen personenbezogenen Informationen stellen die Regierungen der beiden Vertragsparteien übereinstimmend fest:
2. Sie erwarten, daß der gesamtdeutsche Gesetzgeber die Voraussetzungen dafür schafft, daß die politische, historische und juristische Aufarbeitung der Tätigkeit des ehemaligen Ministeriums für Staatssicherheit/Amtes für Nationale Sicherheit gewährleistet bleibt.

3. Sie gehen davon aus, daß ein angemessener Ausgleich zwischen
   - der politischen, historischen und juristischen Aufarbeitung,
   - der Sicherung der individuellen Rechte der Betroffenen und
   - dem gebotenen Schutz des einzelnen vor unbefugter Verwendung seiner persönlichen Daten
   geschaffen wird.
4. Sie gehen davon aus, daß von den in Artikel 1 des Einigungsvertrags genannten Ländern bestellte Beauftragte den Sonderbeauftragten bei der Erfüllung seiner gesetzlichen Aufgaben beraten und unterstützen, damit die Interessen der Bürger der neuen Bundesländer in besonderer Weise Berücksichtigung finden.
5. Sie stellen Einvernehmen darüber fest, daß bei zentraler Verwaltung die sichere Verwahrung, Archivierung und Nutzung der Unterlagen zentral und regional erfolgen kann. In wichtigen Angelegenheiten der sicheren Verwahrung, Archivierung und Nutzung der Unterlagen soll sich der Sonderbeauftragte mit dem Beauftragten des jeweiligen Landes ins Benehmen setzen.
6. Sie gehen davon aus, daß so bald wie möglich den Betroffenen ein Auskunftsrecht - unter Wahrung der schutzwürdigen Interessen Dritter - eingeräumt wird.
7. Sie gehen davon aus, daß der Sonderbeauftragte unverzüglich eine Benutzerordnung erläßt, die die gesetzlichen Vorgaben ausfüllt. Mit dieser Benutzerordnung werden zugleich Inhalt, Art und Umfang der Beratung und Unterstützung durch die Landesbeauftragten näher bestimmt.
8. Sie gehen davon aus, daß bis auf die unumgängliche Mitwirkung bei der Aufklärung und Verfolgung von Straftaten ... die Nutzung oder Übermittlung von Daten für nachrichtendienstliche Zwecke ausgeschlossen wird. Der Bundesminister des Innern wird das Bundesamt für Verfassungsschutz anweisen, bis zum Erlaß der in Nummer 7 genannten Benutzerordnung keine diesbezüglichen Anfragen an den Sonderbeauftragten zu richten. Die verwendeten Informationen aus den Akten sind so zu kennzeichnen, daß Art, Umfang und Herkunft der übermittelten Daten kontrollierbar und eine abschließende gesetzgeberische Entscheidung über den Verbleib der Daten möglich bleibt.
9. Die Regierungen der beiden Vertragsparteien gehen davon aus, daß die Gesetzgebungsarbeit zur endgültigen Regelung dieser Materie unverzüglich nach dem 3. Oktober 1990 aufgenommen wird.

Art. 2. Die vertragschließenden Seiten geben ihrer Absicht Ausdruck, ... für eine gerechte Entschädigung materieller Verluste der Opfer des NS-Regimes einzutreten.

Vertrag über die abschließende Regelung in bezug auf Deutschland
(Abschließende Deutschlandregelung)

vom 12. September 1990*

mit vereinbarter Protokollnotiz zu dem Vertrag über die abschließende Regelung in bezug auf Deutschland

vom 12. September 1990

und der Erklärung zur Aussetzung der Wirksamkeit der Vier-Mächte-Rechte und -Verantwortlichkeiten

vom 2. Oktober 1990

Der Vertrag

Die Bundesrepublik Deutschland,
die Deutsche Demokratische Republik,
die Französische Republik,
die Union der Sozialistischen Sowjetrepubliken,
das Vereinigte Königreich Großbritannien und Nordirland
und die Vereinigten Staaten von Amerika –
in dem Bewußtsein, daß ihre Völker seit 1945 miteinander in Frieden leben,
eingedenk der jüngsten historischen Veränderungen in Europa, die es ermöglichen, die Spaltung des Kontinents zu überwinden,
unter Berücksichtigung der Rechte und Verantwortlichkeiten der Vier Mächte in bezug auf Berlin und Deutschland als Ganzes und der entsprechenden Vereinbarungen und Beschlüsse der Vier Mächte aus der Kriegs- und Nachkriegszeit,
entschlossen, in Übereinstimmung mit ihren Verpflichtungen aus der Charta der Vereinten Nationen freundschaftliche, auf der Achtung vor dem Grundsatz der Gleichberechtigung und Selbstbestimmung der Völker beruhende Beziehungen zwischen den Nationen zu entwickeln und andere geeignete Maßnahmen zur Festigung des Weltfriedens zu treffen,
eingedenk der Prinzipien der in Helsinki unterzeichneten Schlußakte der Konferenz über Sicherheit und Zusammenarbeit in Europa,
in Anerkennung, daß diese Prinzipien feste Grundlagen für den Aufbau einer gerechten und dauerhaften Friedensordnung in Europa geschaffen haben,
entschlossen, die Sicherheitsinteressen eines jeden zu berücksichtigen.
überzeugt von der Notwendigkeit, Gegensätze endgültig zu überwinden und die Zusammenarbeit in Europa fortzuentwickeln,
in Bekräftigung ihrer Bereitschaft, die Sicherheit zu stärken, insbesondere durch wirksame Maßnahmen zur Rüstungskontrolle, Abrüstung und Vertrauensbildung; ihrer Bereitschaft, sich gegenseitig nicht als Gegner zu betrachten, sondern auf ein Verhältnis des Vertrauens und der Zusammenarbeit hinzuarbeiten, sowie dementsprechend ihrer Bereitschaft, die Schaffung geeigneter institutioneller Vorkehrungen im Rahmen der Konferenz über Sicherheit und Zusammenarbeit in Europa positiv in Betracht zu ziehen,
in Würdigung dessen, daß das deutsche Volk in freier Ausübung des Selbstbestimmungsrechts seinen Willen bekundet hat, die staatliche Einheit Deutschlands herzustellen, um als gleichberechtigtes und souveränes Glied in einem vereinten Europa dem Frieden der Welt zu dienen,

---

* Der Vertrag vom 26. Mai 1952 über die Beziehungen zwischen der Bundesrepublik Deutschland und den Drei Mächten („Deutschlandvertrag") wird mit der Suspendierung der Rechte und Verantwortlichkeiten der Vier Mächte in bezug auf Berlin und auf Deutschland als Ganzes suspendiert und tritt mit dem Inkrafttreten des Vertrags über die abschließende Regelung in bezug auf Deutschland, unterzeichnet in Moskau am 12. September 1990, außer Kraft.

in der Überzeugung, daß die Vereinigung Deutschlands als Staat mit endgültigen Grenzen ein bedeutsamer Beitrag zu Frieden und Stabilität in Europa ist,

mit dem Ziel, die abschließende Regelung in bezug auf Deutschland zu vereinbaren,

in Anerkennung dessen, daß dadurch und mit der Vereinigung Deutschlands als einem demokratischen und friedlichen Staat die Rechte und Verantwortlichkeiten der Vier Mächte in bezug auf Berlin und Deutschland als Ganzes ihre Bedeutung verlieren,

sind wie folgt übereingekommen:

Art. 1. (1) Das vereinte Deutschland wird die Gebiete der Bundesrepublik Deutschland, der Deutschen Demokratischen Republik und ganz Berlins umfassen. Seine Außengrenzen werden die Grenzen der Bundesrepublik Deutschland und der Deutschen Demokratischen Republik sein und werden am Tage des Inkrafttretens dieses Vertrags endgültig sein. Die Bestätigung des endgültigen Charakters der Grenzen des vereinten Deutschland ist ein wesentlicher Bestandteil der Friedensordnung in Europa.

(2) Das vereinte Deutschland und die Republik Polen bestätigen die zwischen ihnen bestehende Grenze in einem völkerrechtlich verbindlichen Vertrag.

(3) Das vereinte Deutschland hat keinerlei Gebietsansprüche gegen andere Staaten und wird solche auch nicht in Zukunft erheben.

(4) Die Regierungen der Bundesrepublik Deutschland und der Deutschen Demokratischen Republik werden sicherstellen, daß die Verfassung des vereinten Deutschland keinerlei Bestimmungen enthalten wird, die mit diesen Prinzipien unvereinbar sind. Dies gilt dementsprechend für die Bestimmungen, die in der Präambel und in den Artikeln 23 Satz 2 und 146 des Grundgesetzes für die Bundesrepublik Deutschland niedergelegt sind.

(5) Die Regierungen der Französischen Republik, der Union der Sozialistischen Sowjetrepubliken, des Vereinigten Königreichs Großbritannien und Nordirland und der Vereinigten Staaten von Amerika nehmen die entsprechenden Verpflichtungen und Erklärungen der Regierungen der Bundesrepublik Deutschland und der Deutschen Demokratischen Republik förmlich entgegen und erklären, daß mit deren Verwirklichung der endgültige Charakter der Grenzen des vereinten Deutschland bestätigt wird.

Art. 2. Die Regierungen der Bundesrepublik Deutschland und der Deutschen Demokratischen Republik bekräftigen ihre Erklärungen, daß von deutschem Boden nur Frieden ausgehen wird. Nach der Verfassung des vereinten Deutschland sind Handlungen, die geeignet sind und in der Absicht vorgenommen werden, das friedliche Zusammenleben der Völker zu stören, insbesondere die Führung eines Angriffskrieges vorzubereiten, verfassungswidrig und strafbar. Die Regierungen der Bundesrepublik Deutschland und der Deutschen Demokratischen Republik erklären, daß das vereinte Deutschland keine seiner Waffen jemals einsetzen wird, es sei denn in Übereinstimmung mit seiner Verfassung und der Charta der Vereinten Nationen.

Art. 3. (1) Die Regierungen der Bundesrepublik Deutschland und der Deutschen Demokratischen Republik bekräftigen ihren Verzicht auf Herstellung und Besitz von und auf Verfügungsgewalt über atomare, biologische und chemische Waffen. Sie erklären, daß auch das vereinte Deutschland sich an diese Verpflichtungen halten wird. Insbesondere gelten die Rechte und Verpflichtungen aus dem Vertrag über die Nichtverbreitung von Kernwaffen vom 1. Juli 1968 für das vereinte Deutschland fort.

(2) Die Regierung der Bundesrepublik Deutschland hat in vollem Einvernehmen mit der Regierung der Deutschen Demokratischen Republik am 30. August 1990 in Wien bei den Verhandlungen über konventionelle Streitkräfte in Europa folgende Erklärung abgegeben:

„Die Regierung der Bundesrepublik Deutschland verpflichtet sich, die Streitkräfte des vereinten Deutschland innerhalb von drei bis vier Jahren auf eine Personalstärke von 370 000 Mann (Land-, Luft- und Seestreitkräfte) zu reduzieren. Diese Reduzierung soll mit dem Inkrafttreten des ersten KSE-Vertrags beginnen. Im Rahmen dieser Gesamtobergrenze werden nicht mehr als 345 000 Mann den Land- und Luftstreitkräften angehören, die gemäß vereinbartem Mandat allein Gegenstand der Verhandlungen über konventionelle Streitkräfte in Europa sind. Die Bundesregierung sieht in ihrer

Verpflichtung zur Reduzierung von Land- und Luftstreitkräften einen bedeutsamen deutschen Beitrag zur Reduzierung der konventionellen Streitkräfte in Europa. Sie geht davon aus, daß in Folgeverhandlungen auch die anderen Verhandlungsteilnehmer ihren Beitrag zur Festigung von Sicherheit und Stabilität in Europa, einschließlich Maßnahmen zur Begrenzung der Personalstärken, leisten werden."

Die Regierung der Deutschen Demokratischen Republik hat sich dieser Erklärung ausdrücklich angeschlossen.

(3) Die Regierungen der Französischen Republik, der Union der Sozialistischen Sowjetrepubliken, des Vereinigten Königreichs Großbritannien und Nordirland und der Vereinigten Staaten von Amerika nehmen diese Erklärungen der Regierungen der Bundesrepublik Deutschland und der Deutschen Demokratischen Republik zur Kenntnis.

Art. 4. (1) Die Regierungen der Bundesrepublik Deutschland, der Deutschen Demokratischen Republik und der Union der Sozialistischen Sowjetrepubliken erklären, daß das vereinte Deutschland und die Union der Sozialistischen Sowjetrepubliken in vertraglicher Form die Bedingungen und die Dauer des Aufenthalts der sowjetischen Streitkräfte auf dem Gebiet der heutigen Deutschen Demokratischen Republik und Berlins sowie die Abwicklung des Abzugs dieser Streitkräfte regeln werden, der bis zum Ende des Jahres 1994 im Zusammenhang mit der Verwirklichung der Verpflichtungen der Regierungen der Bundesrepublik Deutschland und der Deutschen Demokratischen Republik, auf die sich Absatz 2 des Artikels 3 dieses Vertrags bezieht, vollzogen sein wird.

(2) Die Regierungen der Französischen Republik, des Vereinigten Königreichs Großbritannien und Nordirland und der Vereinigten Staaten von Amerika nehmen diese Erklärung zur Kenntnis.

Art. 5. (1) Bis zum Abschluß des Abzugs der sowjetischen Streitkräfte vom Gebiet der heutigen Deutschen Demokratischen Republik und Berlins in Übereinstimmung mit Artikel 4 dieses Vertrags werden auf diesem Gebiet als Streitkräfte des vereinten Deutschland ausschließlich deutsche Verbände der Territorialverteidigung stationiert sein, die nicht in die Bündnisstrukturen integriert sind, denen deutsche Streitkräfte auf dem übrigen deutschen Hoheitsgebiet zugeordnet sind. Unbeschadet der Regelung in Absatz 2 dieses Artikels werden während dieses Zeitraums Streitkräfte anderer Staaten auf diesem Gebiet nicht stationiert oder irgendwelche andere militärische Tätigkeiten dort ausüben.

(2) Für die Dauer des Aufenthalts sowjetischer Streitkräfte auf dem Gebiet der heutigen Deutschen Demokratischen Republik und Berlins werden auf deutschen Wunsch Streitkräfte der Französischen Republik, des Vereinigten Königreichs Großbritannien und Nordirland und der Vereinigten Staaten von Amerika auf der Grundlage entsprechender vertraglicher Vereinbarung zwischen der Regierung des vereinten Deutschland und den Regierungen der betreffenden Staaten in Berlin stationiert bleiben. Die Zahl aller nichtdeutschen in Berlin stationierten Streitkräfte und deren Ausrüstungsumfang werden nicht stärker sein als zum Zeitpunkt der Unterzeichnung dieses Vertrags. Neue Waffenkategorien werden von nichtdeutschen Streitkräften dort nicht eingeführt. Die Regierung des vereinten Deutschland wird mit den Regierungen der Staaten, die Streitkräfte in Berlin stationiert haben, Verträge zu gerechten Bedingungen unter Berücksichtigung der zu den betreffenden Staaten bestehenden Beziehungen abschließen.

(3) Nach dem Abschluß des Abzugs der sowjetischen Streitkräfte vom Gebiet der heutigen Deutschen Demokratischen Republik und Berlins können in diesem Teil Deutschlands auch deutsche Streitkräfteverbände stationiert werden, die in gleicher Weise militärischen Bündnisstrukturen zugeordnet sind wie diejenigen auf dem übrigen deutschen Hoheitsgebiet, allerdings ohne Kernwaffenträger. Darunter fallen nicht konventionelle Waffensysteme, die neben konventioneller anderen Einsatzfähigkeiten haben können, die jedoch in diesem Teil Deutschlands für eine konventionelle Rolle ausgerüstet und nur dafür vorgesehen sind. Ausländische Streitkräfte und Atomwaffen oder deren Träger werden in diesem Teil Deutschlands weder stationiert noch dorthin verlegt.

Art. 6. Das Recht des vereinten Deutschland, Bündnissen mit allen sich daraus ergebenden Rechten und Pflichten anzugehören, wird von diesem Vertrag nicht berührt.

Art. 7. (1) Die Französische Republik, die Union der Sozialistischen Sowjetrepubliken, das Vereinigte Königreich Großbritannien und Nordirland und die Vereinigten Staaten von Amerika beenden hiermit ihre Rechte und Verantwortlichkeiten in bezug auf Berlin und Deutschland als Ganzes. Als Ergebnis werden die entsprechenden, damit zusammenhängenden vierseitigen Vereinbarungen, Beschlüsse und Praktiken beendet und alle entsprechenden Einrichtungen der Vier Mächte aufgelöst.

(2) Das vereinte Deutschland hat demgemäß volle Souveränität über seine inneren und äußeren Angelegenheiten.

Art. 8. (1) Dieser Vertrag bedarf der Ratifikation oder Annahme, die so bald wie möglich herbeigeführt werden soll. Die Ratifikation erfolgt auf deutscher Seite durch das vereinte Deutschland. Dieser Vertrag gilt daher für das vereinte Deutschland.

(2) Die Ratifikations- oder Annahmeurkunden werden bei der Regierung des vereinten Deutschland hinterlegt. Diese unterrichtet die Regierungen der anderen Vertragschließenden Seiten von der Hinterlegung jeder Ratifikations- oder Annahmeurkunde.

Art. 9. Dieser Vertrag tritt für das vereinte Deutschland, die Union der Sozialistischen Sowjetrepubliken, die Französische Republik, das Vereinigte Königreich Großbritannien und Nordirland und die Vereinigten Staaten von Amerika am Tag der Hinterlegung der letzten Ratifikations- oder Annahmeurkunde durch diese Staaten in Kraft.

Art. 10. Die Urschrift dieses Vertrags, dessen deutscher, englischer, französischer und russischer Wortlaut gleichermaßen verbindlich ist, wird bei der Regierung der Bundesrepublik Deutschland hinterlegt, die den Regierungen der anderen Vertragschließenden Seiten beglaubigte Ausfertigungen übermittelt.

Zu Urkund dessen haben die unterzeichneten, hierzu gehörig Bevollmächtigten diesen Vertrag unterschrieben.

Geschehen zu Moskau am 12. September 1990
Für die Bundesrepublik Deutschland
Hans-Dietrich Genscher
Für die Deutsche Demokratische Republik
Lothar de Maizière
Für die Französische Republik
Roland Dumas
Für die Union der Sozialistischen Sowjetrepubliken
E. Schewardnadse
Für das Vereinigte Königreich Großbritannien und Nordirland
Douglas Hurd
Für die Vereinigten Staaten von Amerika
James Baker

Die Protokollnotiz

Alle Fragen in bezug auf die Anwendung des Wortes „verlegt", wie es im letzten Satz von Artikel 5 Abs. 3 gebraucht wird, werden von der Regierung des vereinten Deutschland in einer vernünftigen und verantwortungsbewußten Weise entschieden, wobei sie die Sicherheitsinteressen jeder Vertragspartei, wie dies in der Präambel niedergelegt ist, berücksichtigen wird.

Die Erklärung

Die Regierungen der Französischen Republik, der Union der Sozialistischen Sowjetrepubliken, des Vereinigten Königreichs Großbritannien und Nordirland und der Vereinigten Staaten von Amerika,

vertreten durch ihre Außenminister, die am 1. Oktober 1990 in New York zusammengetroffen sind,

unter Berücksichtigung des am 12. September 1990 in Moskau unterzeichneten Vertrags über die abschließende Regelung in bezug auf Deutschland, der die Beendigung ihrer Rechte und Verantwortlichkeiten in bezug auf Berlin und Deutschland als Ganzes festlegt,

erklären, daß die Wirksamkeit ihrer Rechte und Verantwortlichkeiten in bezug auf Berlin und Deutschland als Ganzes mit Wirkung vom Zeitpunkt der Vereinigung Deutschlands bis zum Inkrafttreten des Vertrags über die abschließende Regelung in bezug auf Deutschland ausgesetzt wird. Als Ergebnis werden die Wirksamkeit der entsprechenden, damit zusammenhängenden vierseitigen Vereinbarungen, Beschlüsse und Praktiken und die Tätigkeit aller entsprechenden Einrichtungen der Vier Mächte ab dem Zeitpunkt der Vereinigung Deutschlands ebenfalls ausgesetzt.

Die Regierung der Bundesrepublik Deutschland, vertreten durch ihren Außenminister, und die Regierung der Deutschen Demokratischen Republik, vertreten durch ihren Minister für Bildung und Wissenschaft, nehmen diese Erklärung zur Kenntnis.

Gesetz über die Inkraftsetzung von Vereinbarungen betreffend den befristeten Aufenthalt von Streitkräften der Französischen Republik, der Union der Sozialistischen Sowjetrepubliken, des Vereinigten Königreichs Großbritannien und Nordirland und der Vereinigten Staaten von Amerika in Berlin und von sowjetischen Streitkräften auf dem in Artikel 3 des Einigungsvertrages genannten Gebiet nach Herstellung der Deutschen Einheit (Streitkräfteaufenthalt)

vom 24. September 1990

Präambel

In der Erwägung, daß mit der Wiederherstellung der Einheit Deutschlands der Aufenthalt der im beitretenden Teil Deutschlands und in Berlin stationierten ausländischen Truppen einer völkervertraglichen Regelung bedarf,

in dem Wunsch, die reibungslose Ablösung alliierter Rechte zu gewährleisten,

in der Erkenntnis, daß die Rechte und Pflichten dieser Truppen, ihres zivilen Gefolges und ihrer Familienangehörigen rechtlich im einzelnen festzulegen sind, um ein gedeihliches Zusammenleben mit der Bevölkerung des Gastlandes sicherzustellen,

in Anbetracht der Tatsache, daß die diesbezüglichen Vertragsverhandlungen und ihre parlamentarische Beratung und Beschlußfassung wegen der einmaligen Umstände nicht so frühzeitig abgeschlossen werden können, daß das Inkrafttreten zum Zeitpunkt der Herstellung der Deutschen Einheit gewährleistet wäre,

in dem Bewußtsein, daß die vorgesehene Regelung Ausnahmecharakter besitzt,

mit dem Hinweis, daß dementsprechend von der Regelung nur in dem unbedingt gebotenen Umfang Gebrauch gemacht werden soll,

und in der Erwartung, daß die angestrebten und endgültigen Abkommen baldmöglichst von den Vertragsparteien unterzeichnet und ratifiziert werden,

hat der Bundestag mit Zustimmung des Bundesrates das folgende Gesetz beschlossen:

Art. 1. (1) Den Streitkräften der Union der Sozialistischen Sowjetrepubliken wird bis zum Inkrafttreten eines endgültigen Vertrages vorläufig der weitere befristete Aufenthalt im Gebiet der Länder Brandenburg, Mecklenburg-Vorpommern, Sachsen, Sachsen-Anhalt und Thüringen gestattet.

(2) Den Streitkräften der Französischen Republik, des Vereinigten Königreichs Großbritannien und Nordirland und der Vereinigten Staaten von Amerika einerseits sowie den Streitkräften der Union der Sozialistischen Sowjetrepubliken andererseits wird nach der Suspendierung oder beim Wegfall der besonderen Rechte und Verantwortlichkeiten dieser Staaten in bezug auf Berlin vorläufig bis zum Inkrafttreten endgültiger Abkommen der weitere befristete Aufenthalt in Berlin gestattet.

Übereinkommen zur Regelung bestimmter Fragen in bezug auf Berlin (Berlinregelung)

vom 25. September 1990

Die Regierung der Bundesrepublik Deutschland und die Regierungen der Französischen Republik, der Vereinigten Staaten von Amerika und des Vereinigten Königreichs Großbritannien und Nordirland („die drei Staaten") -

handelnd auf der Grundlage ihrer langjährigen freundschaftlichen Verbundenheit,

in Würdigung ihres gemeinsamen Eintretens für die Freiheit und Einheit Berlins,

in Anbetracht des Umstands, daß mit Vollendung der Einheit Deutschlands in Frieden und Freiheit auch die Teilung Berlins endgültig beendet wird,

in Anerkennung der Tatsache, daß mit Abschluß des Vertrags über die abschließende Regelung in bezug auf Deutschland und mit Herstellung der deutschen Einheit die Rechte und Verantwortlichkeiten der Vier Mächte in bezug auf Berlin ihre Bedeutung verlieren und daß das vereinte Deutschland volle Souveränität über seine inneren und äußeren Angelegenheiten haben wird,

in der Erwägung, daß es notwendig ist, hierfür in bestimmten Bereichen einschlägige Regelungen zu vereinbaren, welche die deutsche Souveränität in bezug auf Berlin nicht berühren,

im Hinblick auf die zwischen den vier Regierungen geschlossene Vereinbarung über den befristeten Verbleib von Streitkräften der drei Staaten in Berlin -

sind wie folgt übereingekommen:

Art. 1. (1) Der Ausdruck „alliierte Behörden", wie er in diesem Übereinkommen verwendet wird, umfaßt

a) den Kontrollrat, die Alliierte Hohe Kommission, die Hohen Kommissare der drei Staaten, die Militärgouverneure der drei Staaten, die Streitkräfte der drei Staaten in Deutschland sowie Organisationen und Personen, die in deren Namen Befugnisse ausgeübt haben oder - im Fall internationaler Organisationen und andere Staaten vertretender Organisationen (und der Mitglieder solcher Organisationen) - mit deren Ermächtigung gehandelt haben, sowie die Hilfsverbände anderer Staaten, die bei den Streitkräften der drei Staaten gedient haben;

b) die Alliierte Kommandantur Berlin, die Kommandanten des amerikanischen, britischen und französischen Sektors von Berlin sowie Einrichtungen und Personen, die in deren Namen Befugnisse ausgeübt haben.

(2) Der Ausdruck „alliierte Streitkräfte", wie er in diesem Übereinkommen verwendet wird, umfaßt

a) die in Absatz 1 bezeichneten alliierten Behörden, soweit sie in oder in bezug auf Berlin tätig waren;

b) Angehörige der amerikanischen, britischen und französischen Streitkräfte in Berlin;

c) nicht-deutsche Staatsangehörige, die in militärischer oder ziviler Eigenschaft bei den alliierten Behörden Dienst getan haben;

d) Familienangehörige der unter den Buchstaben b und c aufgeführten Personen und nicht-deutsche Staatsangehörige, die im Dienst dieser Personen standen.

(3) Die amtlichen Texte der in diesem Übereinkommen erwähnten Rechtsvorschriften sind diejenigen Texte, die zur Zeit des Erlasses maßgebend waren.

(4) Soweit in diesem Übereinkommen auf das Unwirksamwerden der Rechte und Verantwortlichkeiten der Vier Mächte Bezug genommen wird, ist dies als Bezugnahme auf die Suspendierung der Rechte und Verantwortlichkeiten der Vier Mächte oder, wenn keine Suspendierung erfolgt, das Inkrafttreten des Vertrags über die abschließende Regelung in bezug auf Deutschland zu verstehen.

Art. 2. Alle Rechte und Verpflichtungen, die durch gesetzgeberische, gerichtliche oder Verwaltungsmaßnahmen der alliierten Behörden in oder in bezug auf Berlin oder aufgrund solcher Maßnahmen begründet oder festgestellt worden sind, sind und bleiben in jeder Hinsicht nach deutschem Recht in Kraft, ohne Rücksicht darauf, ob sie in Übereinstimmung mit anderen Rechtsvorschriften begründet oder festgestellt worden sind. Diese Rechte und Verpflichtungen unterliegen ohne Diskriminierung denselben künftigen gesetzgeberischen, gerichtlichen und Verwaltungsmaßnahmen wie gleichartige nach deutschem Recht begründete oder festgestellte Rechte und Verpflichtungen.

Art. 3. (1) Deutsche Gerichte und Behörden können im Rahmen der Zuständigkeiten, die sie nach deutschem Recht haben, in allen Verfahren tätig werden, die eine vor Unwirksamwerden der Rechte und Verantwortlichkeiten der Vier Mächte in oder in bezug auf Berlin begangene Handlung oder Unterlassung zum Gegenstand haben, soweit in diesem Artikel nicht etwas anderes bestimmt wird.

(2) Eine Zuständigkeit deutscher Gerichte oder Behörden nach Absatz 1 besteht nicht für die folgenden Institutionen und Personen, auch wenn ihre dienstliche Tätigkeit beendet ist, und nicht in den nachstehend genannten Verfahren:
a) die alliierten Behörden;
b) Angehörige der alliierten Streitkräfte in nichtstrafrechtlichen Verfahren, die eine Handlung oder Unterlassung in Ausübung ihrer dienstlichen Tätigkeit zum Gegenstand haben;
c) Angehörige der alliierten Streitkräfte in strafrechtlichen Verfahren, es sei denn, der betreffende Staat stimmt der Einleitung des Verfahrens zu;
d) Richter an den von den alliierten Behörden eingesetzten Gerichten in Berlin und andere Gerichtspersonen, die ihnen bisher in der Freistellung von der deutschen Gerichtsbarkeit gleichgestellt waren, soweit sie in Ausübung ihres Amtes gehandelt haben;
e) Mitglieder der beim Kontrollrat zugelassenen Militärmissionen und Delegationen in Verfahren, die eine Handlung oder Unterlassung in Ausübung ihrer dienstlichen Tätigkeit zum Gegenstand haben;
f) Verfahren, für welche die Genehmigung abgelehnt wurde, die nach Gesetz Nr. 7 der Alliierten Kommandantur Berlin vom 17. März 1950 zur Ausübung der deutschen Gerichtsbarkeit erforderlich war;
g) andere Verfahren, die eine in Ausübung dienstlicher Tätigkeit für die alliierten Streitkräfte begangene Handlung oder Unterlassung zum Gegenstand haben.

(3) Wenn sich in einem Verfahren, auf das Absatz 2 Anwendung findet, die Frage erhebt, ob eine Person in Ausübung ihres Amtes oder ihrer dienstlichen Tätigkeit gehandelt hat, so sind Verfahren nur auf der Grundlage einer Bescheinigung des betreffenden Staates zulässig, daß die fragliche Handlung oder Unterlassung nicht in Ausübung des Amtes oder der dienstlichen Tätigkeit begangen wurde.

(4) Die deutschen Gerichte sind nach Maßgabe des deutschen Rechts für Streitigkeiten zuständig, die sich aus Arbeitsverträgen (einschließlich der damit zusammenhängenden Sozialversicherungsstreitigkeiten) oder Verträgen über Lieferungen und Leistungen ergeben, die vor Unwirksamwerden der Rechte und Verantwortlichkeiten der Vier Mächte geschlossen worden sind. Klagen gegen die Behörden der drei Staaten sind gegen die Bundesrepublik Deutschland zu richten. Klagen dieser Behörden werden von der Bundesrepublik Deutschland erhoben.

Art. 4. Alle Urteile und Entscheidungen, die von einem durch die alliierten Behörden oder durch eine derselben eingesetzten Gericht oder gerichtlichen Gremium vor Unwirksamwerden der Rechte und Verantwortlichkeiten der Vier Mächte in oder in bezug auf Berlin erlassen worden sind, bleiben in jeder Hinsicht nach deutschem Recht rechtskräftig und rechtswirksam und werden von den deutschen Gerichten und Behörden wie Urteile und Entscheidungen deutscher Gerichte und Behörden behandelt.

Art. 5. (1) Die Bundesrepublik Deutschland wird keinerlei Ansprüche gegen die drei Staaten oder einen von ihnen oder gegen Institutionen oder Personen, soweit diese im Namen oder im Auftrag der drei Staaten oder eines von ihnen tätig waren, geltend machen wegen Handlungen oder Unterlassungen, welche die drei Staaten oder einer von ihnen oder diese Institutionen oder Personen vor Unwirksamwerden der Rechte und Verantwortlichkeiten der Vier Mächte in oder in bezug auf Berlin begangen haben.

(2) Die Bundesrepublik Deutschland erkennt an, daß vorbehaltlich des Artikels 3 die in Absatz 1 bezeichneten Ansprüche von ihrer Herrschaftsgewalt unterliegenden Personen nicht geltend gemacht werden.

(3) Die Bundesrepublik Deutschland übernimmt die Verantwortlichkeit für die Entscheidung über Entschädigungsansprüche für Besatzungsschäden, die vor Unwirksamwerden der Rechte und Verantwortlichkeiten der Vier Mächte in oder in bezug auf Berlin entstanden sind und für die ... Entschädigung zu leisten wäre, und für die Befriedigung dieser Ansprüche, soweit sie nicht bereits geregelt sind. Die Bundesrepublik Deutschland wird bestimmen, welche weiteren der in Absatz 2 genannten und in oder in bezug auf Berlin entstandenen Ansprüche zu befriedigen angemessen ist, und wird die zur Bestimmung und Befriedigung dieser Ansprüche erforderlichen Maßnahmen treffen.

Art. 6. (1) Vorbehaltlich der Absätze 2 und 3 werden Fragen des beweglichen und unbeweglichen Vermögens, die sich aus der Suspendierung oder Beendigung der Rechte und Verantwortlichkeiten der Vier Mächte in Berlin ergeben, im Rahmen der Vereinbarung über den befristeten Verbleib von Streitkräften der drei Staaten in Berlin, einschließlich ihrer Anlagen, behandelt.

(2) Am Ende der in Anlage 2 der genannten Vereinbarung vorgesehenen Abwicklungszeiträume haben die drei Staaten die Gelegenheit, das Vermögen weiterhin zu nutzen, soweit es von ihren diplomatischen und konsularischen Vertretungen benötigt wird, falls angemessene Regelungen (Miete, Tausch oder Kauf) vereinbart werden können.

(3) Im Einklang mit geltenden Verfahren wird bewegliches Vermögen, das nicht mehr für die in der genannten Vereinbarung, einschließlich ihrer Anlagen, bezeichneten Zwecke benötigt wird und das der betreffende Staat nicht zu kaufen, tauschen oder mieten möchte, an die zuständige deutsche Behörde zurückgegeben.

Art. 7. (1) Soweit es für den Abschluß von Verfahren, die bei Unwirksamwerden der Rechte und Verantwortlichkeiten der Vier Mächte bei dem „Tribunal français de simple police de Berlin" anhängig sind, notwendig ist, übt es seine Gerichtsbarkeit nach den bisher geltenden Rechtsvorschriften aus. Das „Tribunal français de Berlin" übt seine Gerichtsbarkeit in Rechtsmittelverfahren gegen Entscheidungen des „Tribunal français de simple police de Berlin" aus.

(2) Die in Absatz 1 genannte Gerichtsbarkeit endet im Fall des „Tribunal français de simple police de Berlin" sechs Monate und im Fall des „Tribunal français de Berlin" zehn Monate nach Unwirksamwerden der Rechte und Verantwortlichkeiten der Vier Mächte.

(3) Artikel 3 Absatz 2 Buchstabe d und Artikel 4 dieses Übereinkommens finden sinngemäß Anwendung.

Art. 8. Jede Vertragspartei kann jederzeit um Konsultationen zwischen den Vertragsparteien über die Auslegung oder Anwendung dieses Übereinkommens ersuchen. Die Konsultationen beginnen innerhalb von 30 Tagen, nachdem den anderen Vertragsparteien das Ersuchen notifiziert worden ist.

Art. 9. Jede Vertragspartei kann um eine Überprüfung dieses Übereinkommens ersuchen. Die Gespräche beginnen innerhalb von drei Monaten, nachdem den anderen Vertragsparteien das Ersuchen notifiziert worden ist.

Vertrag zwischen der Bundesrepublik Deutschland und der Union der Sozialistischen Sowjetrepubliken über die Bedingungen des befristeten Aufenthalts und die Modalitäten des planmäßigen Abzugs der sowjetischen Truppen aus dem Gebiet der Bundesrepublik Deutschland* (Sowjettruppenabzug)

vom 12. Oktober 1990

Die Bundesrepublik Deutschland und die Union der Sozialistischen Sowjetrepubliken -

überzeugt von der Notwendigkeit, unter neuen Bedingungen zur Erhaltung von Frieden und Stabilität in Europa beizutragen,

von dem Bestreben geleitet, die Grundlagen qualitativ neuer Beziehungen zueinander zu legen,

eingedenk der historischen Ereignisse, die zur Stationierung der sowjetischen Truppen in Deutschland geführt haben,

in Würdigung dessen, daß das deutsche Volk in freier Ausübung des Selbstbestimmungsrechts seinen Willen verwirklicht hat, die staatliche Einheit Deutschlands herzustellen, um als gleichberechtigtes und souveränes Glied in einem vereinten Europa dem Frieden der Welt zu dienen,

in Würdigung der Bedeutung, die dem Vertrag vom 12. September 1990 über die abschließende Regelung in bezug auf Deutschland zukommt,

von dem Wunsch geleitet, für den befristeten Aufenthalt sowjetischer Truppen im Gebiet der Bundesrepublik Deutschland bis zu ihrem vollständigen Abzug eine angemessene vertragliche Grundlage zu schaffen und die mit deren Reduzierung und Abzug zusammenhängenden Fragen zu regeln,

entschlossen, die Sicherheitsinteressen beider Seiten zu berücksichtigen und zum Aufbau einer dauerhaften und gerechten Friedensordnung in Europa beizutragen,

von der Auffassung geleitet, daß die Regelung des befristeten Aufenthalts und endgültigen Abzugs der sowjetischen Truppen aus dem Aufenthaltsgebiet zu einer vertrauensbildenden Maßnahme zwischen der Bundesrepublik Deutschland und der Union der Sozialistischen Sowjetrepubliken zu gestalten ist, die in einer Zeit der Schaffung europäischer Sicherheitsstrukturen zur Gewährleistung von Frieden und Sicherheit in Europa beiträgt -

sind wie folgt übereingekommen:

Art. 1 Begriffsbestimmungen. Im Sinne dieses Vertrags bedeuten die Begriffe:
1. „Sowjetische Truppen" Einheiten, Verbände und Großverbände der Streitkräfte der Union der Sozialistischen Sowjetrepubliken und deren Verwaltung im Aufenthaltsgebiet;
4. „Aufenthaltsgebiet":
Das Gebiet der Bundesländer Brandenburg, Mecklenburg-Vorpommern, Sachsen, Sachsen-Anhalt und Thüringen nach dem Stand von 3. Oktober 1990.

Art. 2 Allgemeine Regelungen und Verpflichtungen für die Dauer des befristeten Aufenthalts der sowjetischen Truppen. (1) Die sowjetischen Truppen sind im Aufenthaltsgebiet in den ihnen zum Zeitpunkt des Abschlusses dieses Vertrags zugewiesenen Liegenschaften disloziert.

(2) Die Union der Sozialistischen Sowjetrepubliken wird ihre Truppen im Aufenthaltsgebiet einschließlich der Bewaffnung nicht mehr verstärken.

---
* In Kraft getreten am 22. Dezember 1990.

(3) Beginnend mit dem Inkrafttreten dieses Vertrags informiert die Union der Sozialistischen Sowjetrepubliken die Bundesrepublik Deutschland über die Gesamtstärke der sowjetischen Truppen im Aufenthaltsgebiet, aufgeschlüsselt nach militärischem Personal, Zivilpersonen, und zu Dienstleistungen entsandten Personen, sowie deren Familienangehörigen. Sie wird die Bundesrepublik Deutschland anschließend regelmäßig, mindestens einmal jährlich, über den Ablauf des Abzugs unterrichten.

(4) Der befristete Aufenthalt und der planmäßige Abzug der sowjetischen Truppen erfolgt im gegenseitigen Einvernehmen. Zu diesem Zweck unterstützen sich die Vertragsparteien gegenseitig und arbeiten zielstrebig zusammen. Die deutschen und sowjetischen Behörden unterstützen in jeder Weise die Aufrechterhaltung wohlwollender Beziehungen zwischen der Bevölkerung, den staatlichen Stellen und den nicht-staatlichen Organisationen der Bundesrepublik Deutschland und den sowjetischen Truppen und ihren Dienststellen und gewährleisten die geordnete, sichere und fristgemäße Durchführung dieses Vertrags sowie eine die Bevölkerung und Natur schonende Regelung des Aufenthalts und der Abwicklung des Abzugs der Truppen.

(5) Die sowjetischen Truppen, ihre Mitglieder und deren Familienangehörige achten die Souveränität der Bundesrepublik Deutschland und deutsches Recht und enthalten sich jeder Einmischung in deutsche innere Angelegenheiten sowie aller Handlungen, die das normale Leben der Bevölkerung im Aufenthaltsgebiet beeinträchtigen würden. Sie respektieren und befolgen die in der Bundesrepublik Deutschland geltenden Gesetze und Rechtsvorschriften und enthalten sich jeglicher mit den Aufgaben und Zielen dieses Vertrags unvereinbaren Tätigkeit. Die Dienststellen der sowjetischen Truppen sind für die Einhaltung dieser Bestimmungen verantwortlich.

(6) Auf Ersuchen der zuständigen deutschen Behörden wird ein Mitglied der sowjetischen Truppen, das sich einer Verletzung der deutschen Rechtsordnung schuldig macht, aus dem Aufenthaltsgebiet abberufen.

(7) Die deutschen Behörden respektieren die Rechtsstellung der sowjetischen Truppen und enthalten sich jeglicher die Wahrnehmung der Rechte und Pflichten der sowjetischen Truppen erschwerender Handlungen. Sie treffen in Abstimmung mit den sowjetischen Truppen Maßnahmen, die zum Schutz und zur Sicherheit der sowjetischen Truppen, der Liegenschaften und des Eigentums erforderlich sind, einschließlich von Vorkehrungen, um rechtswidrigen Handlungen so weit wie möglich vorzubeugen.

(8) Die sowjetischen Truppen sind berechtigt, innerhalb der ihnen zugewiesenen und entsprechend gekennzeichneten Liegenschaften Bewachungsmaßnahmen gemäß den sowjetischen militärischen Vorschriften und unter Beachtung deutschen Rechts durchzuführen. Die Bewachung von Transporten erfolgt durch Mitglieder der sowjetischen Truppen im Rahmen des deutschen Rechts und im Zusammenwirken mit den zuständigen deutschen Behörden.

(9) Die sich im Aufenthaltsgebiet befindenden militärischen Mitglieder der sowjetischen Truppen tragen im Dienst in der Regel Uniform; im übrigen tragen sie Uniform nach Maßgabe der in den Streitkräften der Union der Sozialistischen Sowjetrepubliken geltenden Regelung.

(10) Militärische Mitglieder der sowjetischen Truppen führen außerhalb der den Truppen zugewiesenen Liegenschaften Waffen und scharfe Munition nur dann mit sich, wenn sie ... mit dem Schutz und der Sicherheit der sowjetischen Truppen, der ihnen zugewiesenen Liegenschaften, ihrer Waffen- und sonstigen Gerätebestände oder von Geld- und Sachwerten beauftragt sind. Zivilpersonen der sowjetischen Truppen ... führen Schußwaffen nur nach Maßgabe des deutschen Rechts.

Art. 3 Befristeter Aufenthalt sowjetischer Truppen in Berlin. Die Bundesrepublik Deutschland und die Union der Sozialistischen Sowjetrepubliken haben über den befristeten Aufenthalt sowjetischer Truppen in dem im Sinne dieses Vertrags gleichgestellten Gebiet ... der folgenden Stadtbezirke von Berlin: Mitte, Friedrichshain, Prenzlauer Berg, Köpenick, Lichtenberg, Pankow, Treptow, Weißensee, Hellersdorf, Hohenschönhausen, Marzahn nach dem Stand vom 3. Oktober 1990 („Gleichgestelltes Gebiet") folgendes Einvernehmen erzielt:

(1) Zahl und Ausrüstungsumfang der sowjetischen Truppen im gleichgestellten Gebiet werden den bisherigen Stand nicht überschreiten. Die sowjetischen Truppen werden aus dem gleichgestellten Gebiet spätestens zu dem in Artikel 4 genannten Zeitpunkt abgezogen.

(2) Die sowjetischen Truppen im gleichgestellten Gebiet übergeben die von ihnen im Zeitpunkt des Inkrafttretens dieses Vertrags nicht genutzten Liegenschaften ... den deutschen Behörden.

(3) Die sowjetischen Truppen haben im Rahmen des Notwendigen freien Zutritt (vom Stadtbezirk Berlin-Mitte) zu dem außerhalb des gleichgestellten Gebiets gelegenen sowjetischen Ehrenmal im Stadtbezirk Tiergarten.

(4) Die Mitglieder der sowjetischen Truppen im gleichgestellten Gebiet und ihre Familienangehörigen können die in diesem Vertrag nicht genannten Stadtbezirke Berlins zu außerdienstlichen Zwecken sichtvermerksfrei besuchen.

(5) Die sowjetischen Truppen halten im gleichgestellten Gebiet keine Manöver oder andere Übungen ab. Bei der Lagerung und dem Transport von Waffen und Munition sowie bei Transporten und Märschen von Truppen werden ... die besonderen städtischen Gegebenheiten im gleichgestellten Gebiet berücksichtigt.

(6) Zur Regelung praktischer Fragen im Zusammenhang mit dem Aufenthalt der sowjetischen Truppen im gleichgestellten Gebiet wird ein Kontaktausschuß unter Beteiligung des Senats von Berlin geschaffen.

Art. 4 Planmäßiger Abzug der sowjetischen Truppen. (1) Der Abzug der sowjetischen Truppen beginnt mit dem Inkrafttreten dieses Vertrags und wird etappenweise spätestens bis zum Ende des Jahres 1994 beendet. Er umfaßt alle Mitglieder der sowjetischen Truppen, ihre Familienangehörigen und das bewegliche Eigentum. Der Abzug erfolgt nach Maßgabe des Gesamtabzugsplans, der mit den deutschen Behörden abgestimmt und gemeinsam in regelmäßigen Abständen entsprechend der jeweiligen Lageentwicklung aktualisiert und detailliert wird.

(2) Zur Abwicklung des Abzugs werden beide Seiten Bevollmächtigte einsetzen, die unter Berücksichtigung der für den Abzug vereinbarten Modalitäten die erforderlichen Maßnahmen festlegen und koordinieren.

Art. 13 Umweltschutz. Die deutschen Behörden und die Dienststellen der sowjetischen Truppen arbeiten in vollem Umfang in Fragen des Umweltschutzes und der Umweltvorsorge auf der Grundlage der deutschen Gesetze zusammen. Für diese Zwecke wird eine entsprechende Arbeitsgruppe auf Expertenebene im Rahmen der Gemischten Deutsch-Sowjetischen Kommission eingesetzt.

Art. 25 Gemischte Deutsch-Sowjetische Kommission. (1) Alle Meinungsverschiedenheiten zwischen den Vertragsparteien hinsichtlich der Auslegung oder Anwendung dieses Vertrags sind zügig und unabhängig voneinander auf dem Verhandlungsweg beizulegen.

(2) Zum Zweck der Beilegung von Meinungsverschiedenheiten wird eine Gemischte Deutsch-Sowjetische Kommission mit Vertretern beider Seiten gebildet, wobei die Vertragsparteien ihre Entscheidungen einvernehmlich zu treffen haben. Die Gemischte Deutsch-Sowjetische Kommission entscheidet auf der Grundlage dieses Vertrags.

Vertrag über die Gründung der Europäischen Gemeinschaft für Kohle und Stahl (EGKS-Vertrag)

vom 18. April 1951

Vgl. dazu Kartenanhang 5

1 Europäische Gemeinschaft für Kohle und Stahl

Art. 1 Vertragszweck. Durch diesen Vertrag begründen die Hohen Vertragschließenden Teile unter sich eine EUROPÄISCHE GEMEINSCHAFT FÜR KOHLE UND STAHL; sie beruht auf einem gemeinsamen Markt, verfolgt gemeinsame Ziele und hat gemeinsame Organe.

Art. 2 Aufgaben der Gemeinschaft.
(1) Die Europäische Gemeinschaft für Kohle und Stahl ist dazu berufen, im Einklang mit der Gesamtwirtschaft der Mitgliedstaaten und auf der Grundlage eines gemeinsamen Marktes, wie er in Artikel 4 näher bestimmt ist, zur Ausweitung der Wirtschaft, zur Steigerung der Beschäftigung und zur Hebung der Lebenshaltung in den Mitgliedstaaten beizutragen.

(2) Die Gemeinschaft hat in fortschreitender Entwicklung die Voraussetzungen zu schaffen, die von sich aus die rationellste Verteilung der Erzeugung auf dem höchsten Leistungsstande sichern; sie hat hierbei dafür zu sorgen, daß keine Unterbrechung in der Beschäftigung eintritt, und zu vermeiden, daß im Wirtschaftsleben der Mitgliedstaaten tiefgreifende und anhaltende Störungen hervorgerufen werden.

Art. 3 Aufgaben der Organe. Die Organe der Gemeinschaft haben im Rahmen der jedem von ihnen zugewiesenen Befugnisse und im gemeinsamen Interesse
a) auf eine geordnete Versorgung des gemeinsamen Marktes unter Berücksichtigung des Bedarfs dritter Länder zu achten;
b) allen in vergleichbarer Lage befindlichen Verbrauchern des gemeinsamen Marktes gleichen Zugang zu der Produktion zu sichern;
c) auf die Bildung niedrigster Preise dergestalt zu achten, daß diese Preise nicht eine Erhöhung der von denselben Unternehmen bei anderen Geschäften angewandten Preise oder der Gesamtheit der Preise während eines anderen Zeitabschnittes zur Folge haben; hierbei sind die erforderlichen Abschreibungen zu ermöglichen und den hereingenommenen Kapitalien normale Verzinsungsmöglichkeiten zu bieten;
d) darauf zu achten, daß Voraussetzungen erhalten bleiben, die einen Anreiz für die Unternehmen bieten, ihr Produktionspotential auszubauen und zu verbessern und eine Politik rationeller Ausnutzung der natürlichen Hilfsquellen unter Vermeidung von Raubbau zu verfolgen;
e) auf eine Verbesserung der Lebens- und Arbeitsbedingungen der Arbeiter hinzuwirken, die es erlaubt, diese Bedingungen im Rahmen der Fortschritte in jeder der zu ihrem Aufgabenkreis gehörenden Industrien einander anzugleichen;
f) die Entwicklung des zwischenstaatlichen Austausches zu fördern und dafür zu sorgen, daß bei den Preisen auf den auswärtigen Märkten angemessene Grenzen eingehalten werden;
g) die geordnete Ausweitung und Modernisierung der Erzeugung sowie die Verbesserung der Qualität in einer Weise zu fördern, die jede Schutzmaßnahme gegen Konkurrenzindustrien ausschließt, es sei denn, daß sie durch eine von diesen Unternehmen oder zu ihren Gunsten vorgenommene unzulässige Handlung gerechtfertigt ist.

Art. 4 Diskriminierungsverbote. Als unvereinbar mit dem gemeinsamen

Markt für Kohle und Stahl werden innerhalb der Gemeinschaft gemäß den Bestimmungen dieses Vertrages aufgehoben und untersagt:
a) Ein- und Ausfuhrzölle oder Abgaben gleicher Wirkung sowie mengenmäßige Beschränkungen des Warenverkehrs;
b) Maßnahmen oder Praktiken, die eine Diskriminierung zwischen Erzeugern oder Käufern oder Verbrauchern herbeiführen, insbesondere hinsichtlich der Preis- und Lieferbedingungen und der Beförderungstarife, sowie Maßnahmen oder Praktiken, die den Käufer an der freien Wahl seines Lieferanten hindern;
c) von den Staaten bewilligte Subventionen oder Beihilfen oder von ihnen auferlegte Sonderlasten, in welcher Form dies auch immer geschieht;
d) einschränkende Praktiken, die auf eine Aufteilung oder Ausbeutung der Märkte abzielen.

Art. 6 Rechtsnatur der Gemeinschaft.
(1) Die Gemeinschaft hat Rechtspersönlichkeit.
(2) Im zwischenstaatlichen Verkehr hat die Gemeinschaft die für die Durchführung ihrer Aufgaben und Erreichung ihrer Ziele erforderliche Rechts- und Geschäftsfähigkeit.

2 Organe der Gemeinschaft

Art. 7 Organe der Gemeinschaft. Die Organe der Gemeinschaft sind:
- die Hohe Behörde, der ein Beratender Ausschuß zur Seite steht;
- die Gemeinsame Versammlung, nachstehend die „Versammlung" genannt;
- der Besondere Ministerrat, nachstehend der „Rat" genannt;
- der Gerichtshof.

Die Rechnungsprüfung wird durch einen Rechnungshof wahrgenommen, der nach Maßgabe der ihm in diesem Vertrag zugewiesenen Befugnisse handelt.

2.1 Hohe Behörde

Art. 8 Aufgaben der Hohen Behörde.
Die Hohe Behörde hat die Aufgabe, für die Erreichung der in diesem Vertrag festgelegten Zwecke nach Maßgabe des Vertrages zu sorgen.

Art. 18 Bildung eines Beratenden Ausschusses. (1) Bei der Hohen Behörde wird ein Beratender Ausschuß gebildet. Er besteht aus mindestens zweiundsiebzig und höchstens sechsundneunzig Mitgliedern, und zwar aus einer gleichen Anzahl von Vertretern der Erzeuger, der Arbeitnehmer sowie der Verbraucher und Händler.

2.2 Versammlung

Art. 20 Aufgabe der Versammlung.
Die Versammlung besteht aus Vertretern der Völker der in der Gemeinschaft zusammengeschlossenen Staaten; sie übt die Kontrollbefugnisse aus, ...

2.3 Rat

Art. 26 Aufgaben und Rechte des Rates. (1) Der Rat übt seine Befugnisse in den in diesem Vertrag vorgesehenen Fällen und in der dort angegebenen Weise aus, insbesondere um die Tätigkeit der Hohen Behörde und der für die allgemeine Wirtschaftspolitik ihrer Länder verantwortlichen Regierungen aufeinander abzustimmen.
(2) Der Rat und die Hohe Behörde unterrichten und beraten einander zu diesem Zweck.
(3) Der Rat kann die Hohe Behörde auffordern, Vorschläge und Maßnahmen aller Art zu prüfen, die er zur Erreichung der gemeinsamen Ziele für zweckmäßig oder erforderlich hält.

2.4 Gerichtshof

Art. 31 Aufgabe des Gerichtshofs. Der Gerichtshof sichert die Wahrung des Rechts bei der Auslegung und Anwendung dieses Vertrages und der Durchführungsvorschriften.

3 Wirtschafts- und Sozialbestimmungen

3.1 Allgemeine Bestimmungen

Art. 46 Zusammenarbeit mit der Hohen Behörde. Untersuchungen, Auskünfte, Programme. (1) Die Hohe Behörde kann jederzeit die Regierungen, die verschiedenen Beteiligten (Unternehmen, Arbeitnehmer, Verbraucher und Händler) und ihre Verbände ebenso wie Sachverständige anhören.

(2) Die Unternehmen, die Arbeitnehmer, die Verbraucher und Händler und ihre Verbände sind berechtigt, der Hohen Behörde zu den sie angehenden Fragen Anregungen oder Bemerkungen jeder Art vorzulegen.

3.2 Investitionen und finanzielle Hilfe

Art. 54 Finanzierungen. (1) Die Hohe Behörde kann die Durchführung der Investitionsprogramme dadurch erleichtern, daß sie den Unternehmen Kredite bewilligt oder für die anderen von ihnen aufgenommenen Anleihen die Gewährleistung übernimmt.

Art. 55 Förderung und Auswertung der Forschung. § 1. Die Hohe Behörde hat die technische und wirtschaftliche Forschung für die Erzeugung und die Steigerung des Verbrauchs von Kohle und Stahl sowie für die Betriebssicherheit in diesen Industrien zu fördern.

3.3 Erzeugung

Art. 57 Indirekte Maßnahmen auf dem Gebiet der Erzeugung. Auf dem Gebiet der Erzeugung bedient sich die Hohe Behörde vorzugsweise der ihr zur Verfügung stehenden Möglichkeiten indirekter Maßnahmen. Solche Möglichkeiten sind:
- die Zusammenarbeit mit den Regierungen, um den allgemeinen Verbrauch, insbesondere den der öffentlichen Dienste, gleichmäßiger zu gestalten oder zu beeinflussen;
- das Eingreifen auf dem Gebiet der Preise und der Handelspolitik ...

3.4 Preise

Art. 60 Verbot des unlauteren Wettbewerbs. Preistafeln und Verkaufsbedingungen. § 1. (1) Auf dem Gebiet der Preise sind die zu den Art. 2, 3 und 4 in Widerspruch stehenden Praktiken verboten, insbesondere
- die Praktiken unlauteren Wettbewerbs, ...

3.5 Kartelle und Zusammenschlüsse

Art. 65 Verbot und Genehmigung von Kartellen. § 1. Verboten sind alle Vereinbarungen zwischen Unternehmen, alle Beschlüsse von Verbänden und Unternehmen und alle verabredeten Praktiken, die darauf abzielen würden, auf dem gemeinsamen Markt unmittelbar oder mittelbar den normalen Wettbewerb zu verhindern, einzuschränken oder zu verfälschen, ...

3.6 Beeinträchtigungen der Wettbewerbsbedingungen

Art. 67 Wettbewerbsmaßnahmen eines Mitgliedstaates. § 1. Jede Maßnahme eines Mitgliedstaates, die eine fühlbare Auswirkung auf die Wettbewerbsbedingungen in der Kohle- und Stahlindustrie haben kann, ist der Hohen Behörde durch die beteiligte Regierung zur Kenntnis zu bringen.

3.7 Löhne und Freizügigkeit der Arbeitnehmer

Art. 68 Lohnfestsetzungen. § 1. Die in den einzelnen Mitgliedstaaten angewandten Formen der Festsetzung von Löhnen und Sozialleistungen in der Kohle- und Stahlindustrie werden ... durch die Anwendung dieses Vertrages nicht berührt.

3.8 Frachten und Transporte

Art. 70 Transporttarife, Verbot der Diskriminierung. (1) Es wird anerkannt, daß die Errichtung des gemeinsamen Marktes die Anwendung solcher Transporttarife für Kohle und Stahl erforderlich macht, die den in vergleichbarer Lage befindlichen Verbrauchern vergleichbare Preisbedingungen bieten.

3.9 Handelspolitik

Art. 71 Freiheit und Bindung der Handelspolitik der Mitgliedstaaten.
(1) Die Zuständigkeit der Regierungen der Mitgliedstaaten auf dem Gebiet der Handelspolitik wird durch die Anwendung dieses Vertrages nicht berührt ...

4 Allgemeine Bestimmungen

Art. 78d Aufgaben des Rechnungshofs. Die Hohe Behörde legt dem Rat und der Versammlung jährlich die Rechnung des abgelaufenen Haushaltsjahres für die Rechnungsvorgänge des Verwaltungshaushaltsplans vor. Sie übermittelt ihnen ferner eine Übersicht über das Vermögen und die Schulden der Gemeinschaft in dem Bereich, auf den sich der Verwaltungshaushaltsplan erstreckt.

Art. 86 Förderung des Vertrages durch die Mitgliedstaaten. (1) Die Mitgliedstaaten verpflichten sich, alle geeigneten allgemeinen oder besonderen Maßnahmen zu ergreifen, um die Erfüllung der Verpflichtungen zu sichern, die sich aus den Entscheidungen und Empfehlungen der Organe der Gemeinschaft ergeben, und der Gemeinschaft die Erfüllung ihrer Aufgaben zu erleichtern.

Art. 93 Zusammenarbeit mit den Vereinten Nationen und der Organisation für europäische wirtschaftliche Zusammenarbeit. Die Hohe Behörde unterhält alle zweckdienlichen Verbindungen mit den Vereinten Nationen und der Organisation für europäische wirtschaftliche Zusammenarbeit und unterrichtet beide regelmäßig über die Tätigkeit der Gemeinschaft.

Art. 94 Verbindung zum Europarat. Die Verbindung zwischen den Organen der Gemeinschaft und dem Europarat wird nach Maßgabe eines Zusatzprotokolls sichergestellt.

Art. 97 Geltungsdauer des Vertrages. Dieser Vertrag gilt für die Dauer von fünfzig Jahren vom Zeitpunkt seines Inkrafttretens an.

Vertrag zur Gründung der Europäischen Atomgemeinschaft (EURATOM-Vertrag)

vom 25. März 1957*

Vgl. dazu Kartenanhang 5

1 Aufgaben der Gemeinschaft

Art. 1 Ordnung und Aufgabe der Euratom. Durch diesen Vertrag gründen die Hohen Vertragsparteien untereinander eine EUROPÄISCHE ATOMGEMEINSCHAFT (EURATOM).

Aufgabe der Atomgemeinschaft ist es, durch die Schaffung der für die schnelle Bildung und Entwicklung von Kernindustrien erforderlichen Voraussetzungen zur Hebung der Lebenshaltung in den Mitgliedstaaten und zur Entwicklung der Beziehungen mit den anderen Ländern beizutragen.

Art. 2 Aufgaben der Euratom. Zur Erfüllung ihrer Aufgabe hat die Gemeinschaft nach Maßgabe des Vertrags
a) die Forschung zu entwickeln und die Verbreitung der technischen Kenntnisse sicherzustellen;
b) einheitliche Sicherheitsnormen für den Gesundheitsschutz der Bevölkerung und der Arbeitskräfte aufzustellen und für ihre Anwendung zu sorgen;
c) die Investitionen zu erleichtern und, insbesondere durch Förderung der Initiative der Unternehmen, die Schaffung der wesentlichen Anlagen sicherzustellen, die für die Entwicklung der Kernenergie in der Gemeinschaft notwendig sind;
d) für regelmäßige und gerechte Versorgung aller Benutzer der Gemeinschaft mit Erzen und Kernbrennstoffen Sorge zu tragen;
e) durch geeignete Überwachung zu gewährleisten, daß die Kernstoffe nicht anderen als den vorgesehenen Zwecken zugeführt werden;
f) das ihr zuerkannte Eigentumsrecht an besonderen spaltbaren Stoffen auszuüben;
g) ausgedehnte Absatzmärkte und den Zugang zu den besten technischen Mitteln sicherzustellen, und zwar durch die Schaffung eines Gemeinsamen Marktes für die besonders auf dem Kerngebiet verwendeten Stoffe und Ausrüstungen, durch den freien Kapitalverkehr für Investitionen auf dem Kerngebiet und durch die Freiheit der Beschäftigung für die Fachkräfte innerhalb der Gemeinschaft;
h) zu den anderen Ländern und den zwischenstaatlichen Einrichtungen alle Verbindungen herzustellen, die geeignet sind, den Fortschritt bei der friedlichen Verwendung der Kernenergie zu fördern.

Art. 3 Organe. (1) Die der Gemeinschaft zugewiesenen Aufgaben werden durch folgende Organe wahrgenommen:
- eine Versammlung,
- einen Rat,
- eine Kommission,
- einen Gerichtshof.

Jedes Organ handelt nach Maßgabe der ihm in diesem Vertrag zugewiesenen Befugnisse.

(2) Der Rat und die Kommission werden von einem Wirtschafts- und Sozialausschuß mit beratender Aufgabe unterstützt.

(3) Die Rechnungsprüfung wird durch einen Rechnungshof wahrgenommen, der nach Maßgabe der ihm in diesem Vertrag zugewiesenen Befugnisse handelt.

2 Förderung des Fortschritts auf dem Gebiet der Kernenergie

Art. 24 Geheimhaltung. Die von der Gemeinschaft in Durchführung ihres Forschungsprogramms erworbenen Kennt-

---

* Ursprüngliche Vertragspartner waren:
Seine Majestät der König der Belgier, der Präsident der Bundesrepublik Deutschland, der Präsident der Französischen Republik, der Präsident der Italienischen Republik, Ihre Königliche Hoheit die Großherzogin von Luxemburg, Ihre Majestät die Königin der Niederlande.

nisse, deren Preisgabe den Verteidigungsinteressen eines oder mehrerer Mitgliedstaaten schaden kann, werden unter Geheimschutz gestellt: ...

Art. 30 Grundnormen für Gesundheitsschutz. In der Gemeinschaft werden Grundnormen für den Gesundheitsschutz der Bevölkerung und der Arbeitskräfte gegen die Gefahren ionisierender Strahlungen festgesetzt.

Unter Grundnormen sind zu verstehen:
a) die zulässigen Höchstdosen, die ausreichende Sicherheit gewähren,
b) die Höchstgrenze für die Aussetzung gegenüber schädlichen Einflüssen und für schädlichen Befall,
c) die Grundsätze für die ärztliche Überwachung der Arbeitskräfte.

Art. 52 Versorgung mit Grundstoffen, Errichtung einer Agentur. (1) Die Versorgung mit Erzen, Ausgangsstoffen und besonderen spaltbaren Stoffen wird gemäß den Bestimmungen dieses Kapitels nach dem Grundsatz des gleichen Zugangs zu den Versorgungsquellen durch eine gemeinsame Versorgungspolitik sichergestellt.

(2) Zu diesem Zweck und nach Maßgabe dieses Kapitels
a) ist jedes Gebaren verboten, das darauf abzielt, einzelnen Verbrauchern eine bevorzugte Stellung zu sichern, ...
b) wird eine Agentur geschaffen, ...

Art. 53 Aufsicht über die Agentur. Die Agentur steht unter der Aufsicht der Kommission; diese erteilt ihr Richtlinien, hat gegen ihre Entscheidungen ein Einspruchsrecht und ernennt ihren Generaldirektor sowie ihren stellvertretenden Generaldirektor.

Jede ausdrückliche oder stillschweigende Handlung der Agentur bei Ausübung ihres Bezugsrechts oder ihres ausschließlichen Rechts zum Abschluß von Lieferverträgen kann durch die Beteiligten der Kommission unterbreitet werden, die hierüber innerhalb eines Monats zu entscheiden hat.

3 Vorschriften über die Organe

Art. 107 Die Versammlung. Die Versammlung besteht aus Vertretern der Völker der in der Gemeinschaft zusammengeschlossenen Staaten; sie übt die Beratungs- und Kontrollbefugnisse aus, die ihr nach diesem Vertrag zustehen.

Art. 115 Der Rat. Der Rat übt seine Zuständigkeiten und Entscheidungsbefugnisse nach Maßgabe dieses Vertrags aus.

Er trifft alle in seine Zuständigkeit fallenden Maßnahmen, um die Tätigkeit der Mitgliedstaaten und der Gemeinschaft miteinander abzustimmen.

Art. 118 Beschlußfassung. (1) Soweit in diesem Vertrag nichts anderes bestimmt ist, beschließt der Rat mit der Mehrheit seiner Mitglieder.

(2) Ist zu einem Beschluß des Rates die qualifizierte Mehrheit erforderlich, so werden die Stimmen der Mitglieder wie folgt gewogen:

Belgien	5
Dänemark	3
Deutschland	10
Griechenland	5
Spanien	8
Frankreich	10
Irland	3
Italien	10
Luxemburg	2
Niederlande	5
Portugal	5
Vereinigtes Königreich	10

Beschlüsse kommen zustande mit einer Mindeststimmenzahl von:
- vierundfünfzig Stimmen in den Fällen, in denen die Beschlüsse nach diesem Vertrag auf Vorschlag der Kommission zu fassen sind;
- vierundfünfzig Stimmen, welche die Zustimmung von mindestens acht Mitgliedern umfassen, in allen anderen Fällen.

(3) Die Stimmenthaltung von anwesenden oder vertretenen Mitgliedern steht dem Zustandekommen von Beschlüssen des Rates, zu denen Einstimmigkeit erforderlich ist, nicht entgegen.

Art. 124 Aufgaben der Kommission. Um die Entwicklung der Kernenergie innerhalb der Gemeinschaft zu gewährleisten, erfüllt die Kommission folgende Aufgaben:
- für die Anwendung dieses Vertrags sowie der von den Organen auf Grund dieses Vertrags getroffenen Bestimmungen Sorge zu tragen;
- Empfehlungen oder Stellungnahmen auf den in diesem Vertrag bezeichneten Gebieten abzugeben, soweit der

Vertrag dies ausdrücklich vorsieht oder soweit sie es für notwendig erachtet;
- nach Maßgabe dieses Vertrags in eigener Zuständigkeit Entscheidungen zu treffen und am Zustandekommen der Handlungen des Rates und der Versammlung mitzuwirken;
- die Befugnisse auszuüben, die ihr der Rat zur Durchführung der von ihm erlassenen Vorschriften überträgt.

Art. 136 Der Gerichtshof. Der Gerichtshof sichert die Wahrung des Rechts bei der Auslegung und Anwendung dieses Vertrags.

Art. 161 Verordnungen, Richtlinien, Entscheidungen, Empfehlungen. Zur Erfüllung ihrer Aufgaben und nach Maßgabe dieses Vertrags erlassen der Rat und die Kommission Verordnungen, Richtlinien und Entscheidungen, sprechen Empfehlungen aus oder geben Stellungnahmen ab.

Die Verordnung hat allgemeine Geltung. Sie ist in allen ihren Teilen verbindlich und gilt unmittelbar in jedem Mitgliedstaat.

Die Richtlinie ist für jeden Mitgliedstaat, an den sie gerichtet wird, hinsichtlich des zu erreichenden Ziels verbindlich, überläßt jedoch den innerstaatlichen Stellen die Wahl der Form und der Mittel.

Die Entscheidung ist in allen ihren Teilen für diejenigen verbindlich, die sie bezeichnet.

Die Empfehlungen und Stellungnahmen sind nicht verbindlich.

Art. 165 Wirtschafts- und Sozialausschuß. Es wird ein Wirtschafts- und Sozialausschuß mit beratender Aufgabe errichtet.

Der Ausschuß besteht aus Vertretern der verschiedenen Gruppen des wirtschaftlichen und sozialen Lebens.

Art. 184 Rechtspersönlichkeit der Gemeinschaft. Die Gemeinschaft besitzt Rechtspersönlichkeit.

Art. 199 Beziehungen der Kommission zu den UN u. a. internationalen Organisationen. Die Kommission unterhält alle zweckdienlichen Beziehungen zu den Organen der Vereinten Nationen, ihrer Fachorganisationen und des Allgemeinen Zoll- und Handelsabkommens.

Sie unterhält ferner, soweit zweckdienlich, Beziehungen zu allen internationalen Organisationen.

Art. 200 Zusammenarbeit mit [dem] Europarat. Die Gemeinschaft führt jede zweckdienliche Zusammenarbeit mit dem Europarat herbei.

Art. 201 Zusammenwirken mit der Europäischen Organisation für Wirtschaftliche Zusammenarbeit. Die Gemeinschaft führt ein enges Zusammenwirken mit der Europäischen Organisation für Wirtschaftliche Zusammenarbeit herbei; die Einzelheiten werden gemeinsam festgelegt.

Art. 208 Geltungsdauer des Vertrages. Dieser Vertrag gilt auf unbegrenzte Zeit.

Vertrag zur Gründung der Europäischen Wirtschaftsgemeinschaft (EWG-Vertrag)

vom 25. März 1957*

Vgl. dazu Kartenanhang 5

1 Grundsätze

Art. 1 Gründung der Europäischen Wirtschaftsgemeinschaft. Durch diesen Vertrag gründen die Hohen Vertragsparteien untereinander eine EUROPÄISCHE WIRTSCHAFTSGEMEINSCHAFT.

Art. 2 Aufgabe der Gemeinschaft. Aufgabe der Gemeinschaft ist es, durch die Errichtung eines Gemeinsamen Marktes und die schrittweise Annäherung der Wirtschaftspolitik der Mitgliedstaaten eine harmonische Entwicklung des Wirtschaftslebens innerhalb der Gemeinschaft, eine beständige und ausgewogene Wirtschaftsausweitung, eine größere Stabilität, eine beschleunigte Hebung der Lebenshaltung und engere Beziehungen zwischen den Staaten zu fördern, die in dieser Gemeinschaft zusammengeschlossen sind.

Art. 3 Tätigkeit der Gemeinschaft. Die Tätigkeit der Gemeinschaft im Sinne des Artikels 2 umfaßt nach Maßgabe dieses Vertrags und der darin vorgesehenen Zeitfolge

a) die Abschaffung der Zölle und mengenmäßigen Beschränkungen bei der Ein- und Ausfuhr von Waren sowie aller sonstigen Maßnahmen gleicher Wirkung zwischen den Mitgliedstaaten;
b) die Einführung eines gemeinsamen Zolltarifs und einer gemeinsamen Handelspolitik gegenüber dritten Ländern;
c) die Beseitigung der Hindernisse für den freien Personen-, Dienstleistungs- und Kapitalverkehr zwischen den Mitgliedstaaten;
d) die Einführung einer gemeinsamen Politik auf dem Gebiet der Landwirtschaft;
e) die Einführung einer gemeinsamen
f) Politik auf dem Gebiet des Verkehrs; die Errichtung eines Systems, das den Wettbewerb innerhalb des Gemeinsamen Marktes vor Verfälschungen schützt;
g) die Anwendung von Verfahren, welche die Koordinierung der Wirtschaftspolitik der Mitgliedstaaten und die Behebung von Störungen im Gleichgewicht ihrer Zahlungsbilanzen ermöglichen;
h) die Angleichung der innerstaatlichen Rechtsvorschriften, soweit dies für das ordnungsmäßige Funktionieren des Gemeinsamen Marktes erforderlich ist;
i) die Schaffung eines Europäischen Sozialfonds, um die Beschäftigungsmöglichkeiten der Arbeitnehmer zu verbessern und zur Hebung ihrer Lebenshaltung beizutragen;
j) die Errichtung einer Europäischen Investitionsbank, um durch Erschließung neuer Hilfsquellen die wirtschaftliche Ausweitung in der Gemeinschaft zu erleichtern;
k) die Assoziierung der überseeischen Länder und Hoheitsgebiete, um den Handelsverkehr zu steigern und die wirtschaftliche und soziale Entwicklung durch gemeinsame Bemühungen zu fördern.

Art. 4 Organe der Gemeinschaft.
(1) Die der Gemeinschaft zugewiesenen Aufgaben werden durch folgende Organe wahrgenommen:
– eine Versammlung,
– einen Rat,
– eine Kommission,
– einen Gerichtshof.
Jedes Organ handelt nach Maßgabe der ihm in diesem Vertrag zugewiesenen Befugnisse.

---

* Ursprüngliche Vertragspartner waren: Seine Majestät der König der Belgier, der Präsident der Bundesrepublik Deutschland, der Präsident der Französischen Republik, der Präsident der Italienischen Republik, Ihre Königliche Hoheit die Großherzogin von Luxemburg, Ihre Majestät die Königin der Niederlande.

(2) Der Rat und die Kommission werden von einem Wirtschafts- und Sozialausschuß mit beratender Aufgabe unterstützt.

(3) Die Rechnungsprüfung wird durch einen Rechnungshof wahrgenommen, ...

Art. 5 Aufgaben der Mitgliedstaaten. Die Mitgliedstaaten treffen alle geeigneten Maßnahmen allgemeiner oder besonderer Art zur Erfüllung der Verpflichtungen, die sich aus diesem Vertrag oder aus Handlungen der Organe der Gemeinschaft ergeben. Sie erleichtern dieser die Erfüllung ihrer Aufgabe.

Sie unterlassen alle Maßnahmen, welche die Verwirklichung der Ziele dieses Vertrags gefährden könnten.

Art. 6 Zusammenarbeit der Mitgliedstaaten mit den Organen der Gemeinschaft. (1) Die Mitgliedstaaten koordinieren in enger Zusammenarbeit mit den Organen der Gemeinschaft ihre Wirtschaftspolitik, soweit dies zur Erreichung der Ziele dieses Vertrags erforderlich ist.

(2) Die Organe der Gemeinschaft achten darauf, die innere und äußere finanzielle Stabilität der Mitgliedstaaten nicht zu gefährden.

Art. 7 Diskriminierungsverbot. Unbeschadet besonderer Bestimmungen dieses Vertrags ist in seinem Anwendungsbereich jede Diskriminierung aus Gründen der Staatsangehörigkeit verboten.

Art. 8a Verwirklichung des Binnenmarktes. Die Gemeinschaft trifft die erforderlichen Maßnahmen, um bis zum 31. Dezember 1992 den Binnenmarkt schrittweise zu verwirklichen.

Der Binnenmarkt umfaßt einen Raum ohne Binnengrenzen, in dem der freie Verkehr von Waren, Personen, Dienstleistungen und Kapital gemäß den Bestimmungen dieses Vertrages gewährleistet ist.

2 Grundlagen der Gemeinschaft

2.1 Freier Warenverkehr

Art. 9 Zollunion. (1) Grundlage der Gemeinschaft ist eine Zollunion, die sich auf den gesamten Warenaustausch erstreckt; sie umfaßt das Verbot, zwischen den Mitgliedstaaten Ein- und Ausfuhrzölle und Abgaben gleicher Wirkung zu erheben, sowie die Einführung eines Gemeinsamen Zolltarifs gegenüber dritten Ländern.

Art. 30 Verbot mengenmäßiger Einfuhrbeschränkungen. Mengenmäßige Einfuhrbeschränkungen sowie alle Maßnahmen gleicher Wirkung sind unbeschadet der nachstehenden Bestimmungen zwischen den Mitgliedstaaten verboten.

2.2 Landwirtschaft

Art. 38 Anwendung des Gemeinsamen Marktes auf die Landwirtschaft.

(1) Der Gemeinsame Markt umfaßt auch die Landwirtschaft und den Handel mit landwirtschaftlichen Erzeugnissen. Unter landwirtschaftlichen Erzeugnissen sind die Erzeugnisse des Bodens, der Viehzucht und der Fischerei sowie die mit diesen in unmittelbarem Zusammenhang stehenden Erzeugnisse der ersten Verarbeitungsstufe zu verstehen.

(2) Die Vorschriften für die Errichtung des Gemeinsamen Marktes finden auf die landwirtschaftlichen Erzeugnisse Anwendung.

Art. 39 Gemeinsame Agrarpolitik.

(1) Ziel der gemeinsamen Agrarpolitik ist es,
a) die Produktivität der Landwirtschaft durch Förderung des technischen Fortschritts, Rationalisierung der landwirtschaftlichen Erzeugung und den bestmöglichen Einsatz der Produktionsfaktoren, insbesondere der Arbeitskräfte, zu steigern;
b) auf diese Weise der landwirtschaftlichen Bevölkerung, insbesondere durch Erhöhung des Pro-Kopf-Einkommens der in der Landwirtschaft tätigen Personen, eine angemessene Lebenshaltung zu gewährleisten;
c) die Märkte zu stabilisieren;
d) die Versorgung sicherzustellen;
e) für die Belieferung der Verbraucher zu angemessenen Preisen Sorge zu tragen.

(2) Bei der Gestaltung der gemeinsamen Agrarpolitik und der hierfür anzuwendenden besonderen Methoden ist folgendes zu berücksichtigen:

a) die besondere Eigenart der landwirtschaftlichen Tätigkeit, die sich aus dem sozialen Aufbau der Landwirtschaft und den strukturellen und naturbedingten Unterschieden der verschiedenen landwirtschaftlichen Gebiete ergibt;
b) die Notwendigkeit, die geeigneten Anpassungen stufenweise durchzuführen;
c) die Tatsache, daß die Landwirtschaft in den Mitgliedstaaten einen mit der gesamten Volkswirtschaft eng verflochtenen Wirtschaftsbereich darstellt. ...

Art. 44 Systeme von Mindestpreisen.
(1) Soweit die schrittweise Beseitigung der Zölle und mengenmäßigen Beschränkungen zwischen den Mitgliedstaaten zu Preisen führt, welche die Ziele des Artikels 39 gefährden würden, kann jeder Mitgliedstaat während der Übergangszeit in nichtdiskriminierender Weise ... für bestimmte Erzeugnisse anstelle von Kontingenten ein System von Mindestpreisen anwenden, bei deren Unterschreitung die Einfuhr
– entweder vorübergehend eingestellt oder eingeschränkt
– oder von der Bedingung abhängig gemacht werden kann, daß sie zu Preisen erfolgt, die über dem für das betreffende Erzeugnis festgesetzten Mindestpreis liegen. ...

Art. 46 Erhebung von Ausgleichsabgaben. Besteht in einem Mitgliedstaat für ein Erzeugnis eine innerstaatliche Marktordnung oder Regelung gleicher Wirkung und wird dadurch eine gleichartige Erzeugung in einem anderen Mitgliedstaat in ihrer Wettbewerbslage beeinträchtigt, so erheben die Mitgliedstaaten bei der Einfuhr des betreffenden Erzeugnisses aus dem Mitgliedstaat, in dem die genannte Marktordnung oder Regelung besteht, eine Ausgleichsabgabe, es sei denn, daß dieser Mitgliedstaat eine Ausgleichsabgabe bei der Ausfuhr erhebt.

2.3 Freizügigkeit, freier Dienstleistungs- und Kapitalverkehr

Art. 48 Freizügigkeit der Arbeitnehmer. (1) Spätestens bis zum Ende der Übergangszeit wird innerhalb der Gemeinschaft die Freizügigkeit der Arbeitnehmer hergestellt.
(2) Sie umfaßt die Abschaffung jeder auf der Staatsangehörigkeit beruhenden unterschiedlichen Behandlung der Arbeitnehmer der Mitgliedstaaten in bezug auf Beschäftigung, Entlohnung und sonstige Arbeitsbedingungen. ...
(4) Dieser Artikel findet keine Anwendung auf die Beschäftigung in der öffentlichen Verwaltung.

Art. 50 Austausch junger Arbeitskräfte. Die Mitgliedstaaten fördern den Austausch junger Arbeitskräfte im Rahmen eines gemeinsamen Programms.

Art. 52 Abbau der Beschränkungen des freien Niederlassungsrechts. Die Beschränkungen der freien Niederlassung von Staatsangehörigen eines Mitgliedstaates im Hoheitsgebiet eines anderen Mitgliedstaates werden während der Übergangszeit ... schrittweise aufgehoben. Das gleiche gilt für die Beschränkungen der Gründung von Agenturen, Zweigniederlassungen oder Tochtergesellschaften durch Angehörige eines Mitgliedstaates, die im Hoheitsgebiet eines Mitgliedstaates ansässig sind.

Art. 59 Freier Dienstleistungsverkehr. Die Beschränkungen des freien Dienstleistungsverkehrs innerhalb der Gemeinschaft für Angehörige der Mitgliedstaaten, die in einem anderen Staat der Gemeinschaft als demjenigen des Leistungsempfängers ansässig sind, werden während der Übergangszeit ... schrittweise aufgehoben.

Art. 67 Freier Kapitalverkehr. (1) Soweit es für das Funktionieren des Gemeinsamen Marktes notwendig ist, beseitigen die Mitgliedstaaten untereinander während der Übergangszeit schrittweise alle Beschränkungen des Kapitalverkehrs in bezug auf Berechtigte, die in den Mitgliedstaaten ansässig sind, und heben alle Diskriminierungen auf Grund der Staatsangehörigkeit oder des Wohnorts der Parteien oder des Anlageorts auf. ...

2.4 Verkehr

Art. 74 Gemeinsame Verkehrspolitik. Auf dem in diesem Titel geregelten Sachgebiet verfolgen die Mitgliedstaaten die Ziele dieses Vertrags im Rahmen einer gemeinsamen Verkehrspolitik.

3 Politik der Gemeinschaft

3.1 Gemeinsame Regeln

Art. 85 Verbot wettbewerbshindernder Vereinbarungen oder Beschlüsse.
(1) Mit dem Gemeinsamen Markt unvereinbar und verboten sind alle Vereinbarungen zwischen Unternehmen, Beschlüsse von Unternehmensvereinigungen und aufeinander abgestimmte Verhaltensweisen, welche den Handel zwischen Mitgliedstaaten zu beeinträchtigen geeignet sind und eine Verhinderung, Einschränkung oder Verfälschung des Wettbewerbs innerhalb des Gemeinsamen Marktes bezwecken oder bewirken, insbesondere
a) die unmittelbare oder mittelbare Festsetzung der An- oder Verkaufspreise oder sonstiger Geschäftsbedingungen,
b) die Einschränkung oder Kontrolle der Erzeugung, des Absatzes der technischen Entwicklung oder der Investitionen;
c) die Aufteilung der Märkte oder Versorgungsquellen;
d) die Anwendung unterschiedlicher Bedingungen bei gleichwertigen Leistungen gegenüber Handelspartnern, wodurch diese im Wettbewerb benachteiligt werden;
e) die an den Abschluß von Verträgen geknüpfte Bedingung, daß die Vertragspartner zusätzliche Leistungen annehmen, die weder sachlich noch nach Handelsbrauch in Beziehung zum Vertragsgegenstand stehen.

(2) Die nach diesem Artikel verbotenen Vereinbarungen oder Beschlüsse sind nichtig.

(3) Die Bestimmungen des Absatzes 1 können für nicht anwendbar erklärt werden auf
– Vereinbarungen oder Gruppen von Vereinbarungen zwischen Unternehmen,
– Beschlüsse oder Gruppen von Beschlüssen von Unternehmensvereinigungen,
– aufeinander abgestimmte Verhaltensweisen oder Gruppen von solchen,

die unter angemessener Beteiligung der Verbraucher an dem entstehenden Gewinn zur Verbesserung der Warenerzeugung oder -verteilung oder zur Förderung des technischen oder wirtschaftlichen Fortschritts beitragen, ohne daß den beteiligten Unternehmen
a) Beschränkungen auferlegt werden, die für die Verwirklichung dieser Ziele nicht unerläßlich sind, oder
b) Möglichkeiten eröffnet werden, für einen wesentlichen Teil der betreffenden Waren den Wettbewerb auszuschalten. ...

Art. 86 Mißbrauch einer den Markt beherrschenden Stellung. Mit dem Gemeinsamen Markt unvereinbar und verboten ist die mißbräuchliche Ausnutzung einer beherrschenden Stellung auf dem Gemeinsamen Markt oder auf einem wesentlichen Teil desselben durch ein oder mehrere Unternehmen, soweit dies dazu führen kann, den Handel zwischen Mitgliedstaaten zu beeinträchtigen.

Dieser Mißbrauch kann insbesondere in folgendem bestehen:
a) der unmittelbaren oder mittelbaren Erzwingung von unangemessenen Einkaufs- oder Verkaufspreisen oder sonstigen Geschäftsbedingungen;
b) der Einschränkung der Erzeugung, des Absatzes oder der technischen Entwicklung zum Schaden der Verbraucher;
c) der Anwendung unterschiedlicher Bedingungen bei gleichwertigen Leistungen gegenüber Handelspartnern, wodurch diese im Wettbewerb benachteiligt werden;
d) der an den Abschluß von Verträgen geknüpften Bedingung, daß die Vertragspartner zusätzliche Leistungen annehmen, die weder sachlich noch nach Handelsbrauch in Beziehung zum Vertragsgegenstand stehen.

Art. 91 Dumping. (1) Stellt die Kommission während der Übergangszeit auf Antrag eines Mitgliedstaates oder eines anderen Beteiligten Dumping-Praktiken innerhalb des Gemeinsamen Marktes fest, so richtet sie Empfehlungen an den oder die Urheber, um diese Praktiken abzustellen.

Werden sie trotzdem fortgesetzt, so ermächtigt die Kommission den geschädigten Mitgliedstaat, geeignete Schutzmaßnahmen zu treffen, deren Bedingungen und Einzelheiten sie festlegt. ...

Art. 92 Mit dem Gemeinsamen Markt ... unvereinbare Beihilfen. (1) Soweit in diesem Vertrag nicht etwas anderes bestimmt ist, sind staatliche oder aus staatlichen Mitteln gewährte Beihilfen gleich welcher Art, die durch die Begünstigung bestimmter Unternehmen oder Produktionszweige den Wettbewerb verfälschen oder zu verfälschen drohen, mit dem Gemeinsamen Markt unvereinbar, soweit sie den Handel zwischen Mitgliedstaaten beeinträchtigen. ...

Art. 95 Keine höheren Abgaben für Waren aus dem Ausland. Die Mitgliedstaaten erheben auf Waren aus anderen Mitgliedstaaten weder unmittelbar noch mittelbar höhere inländische Abgaben gleich welcher Art, als gleichartige inländische Waren unmittelbar oder mittelbar zu tragen haben.

Die Mitgliedstaaten erheben auf Waren aus anderen Mitgliedstaaten keine inländischen Abgaben, die geeignet sind, andere Produktionen mittelbar zu schützen.

3.2 Wirtschaftspolitik

Art. 102a Europäisches Währungssystem. (1) Um die für die Weiterentwicklung der Gemeinschaft erforderliche Konvergenz der Wirtschafts- und Währungspolitiken zu sichern, arbeiten die Mitgliedstaaten gemäß den Zielen des Artikels 104 zusammen.

Art. 103 Konjunkturpolitik. (1) Die Mitgliedstaaten betrachten ihre Konjunkturpolitik als eine Angelegenheit von gemeinsamem Interesse. Sie setzen sich miteinander und mit der Kommission über die unter den jeweiligen Umständen zu ergreifenden Maßnahmen ins Benehmen. ...

Art. 104 Ziele der Wirtschaftspolitik. Jeder Mitgliedstaat betreibt die Wirtschaftspolitik, die erforderlich ist, um unter Wahrung eines hohen Beschäftigungsstands und eines stabilen Preisniveaus das Gleichgewicht seiner Gesamtzahlungsbilanz zu sichern und das Vertrauen in seine Währung aufrechtzuerhalten.

Art. 105 Koordinierung der Wirtschafts- und Währungspolitik. (1) Um die Verwirklichung der Ziele des Artikels 104 zu erleichtern, koordinieren die Mitgliedstaaten ihre Wirtschaftspolitik. ...

Art. 107 Wechselkurse. (1) Jeder Mitgliedstaat behandelt seine Politik auf dem Gebiet der Wechselkurse als eine Angelegenheit von gemeinsamem Interesse. ...

Art. 110 Abbau der Zollschranken. Durch die Schaffung einer Zollunion beabsichtigen die Mitgliedstaaten im gemeinsamen Interesse zur harmonischen Entwicklung des Welthandels, zur schrittweisen Beseitigung der Beschränkungen im internationalen Handelsverkehr und zum Abbau der Zollschranken beizutragen.

Art. 113 Gemeinsame Handelspolitik nach der Übergangszeit. (1) Nach Ablauf der Übergangszeit wird die gemeinsame Handelspolitik nach einheitlichen Grundsätzen gestaltet; dies gilt insbesondere für die Änderung von Zollsätzen, den Abschluß von Zoll- und Handelsabkommen, die Vereinheitlichung der Liberalisierungsmaßnahmen, die Ausfuhrpolitik und die handelspolitischen Schutzmaßnahmen, zum Beispiel im Falle von Dumping und Subventionen. ...

3.3 Sozialpolitik

Art. 117 Abstimmung der Sozialordnungen. Die Mitgliedstaaten sind sich über die Notwendigkeit einig, auf eine Verbesserung der Lebens- und Arbeitsbedingungen der Arbeitskräfte hinzuwirken und dadurch auf dem Wege des Fortschritts ihre Angleichung zu ermöglichen.

Sie sind der Auffassung, daß sich eine solche Entwicklung sowohl aus dem eine Abstimmung der Sozialordnungen begünstigenden Wirken des Gemeinsamen Marktes als auch aus den in diesem Vertrag vorgesehenen Verfahren sowie aus der Angleichung ihrer Rechts- und Verwaltungsvorschriften ergeben wird.

Art. 118 Zusammenarbeit in sozialen Fragen. Unbeschadet der sonstigen Bestimmungen dieses Vertrags hat die Kommission entsprechend seinen allgemeinen Zielen die Aufgabe, eine enge Zusammenarbeit zwischen den Mitgliedstaaten in sozialen Fragen zu fördern, insbesondere auf dem Gebiet
- der Beschäftigung,
- des Arbeitsrechts und der Arbeitsbedingungen,
- der beruflichen Ausbildung und Fortbildung,

- der sozialen Sicherheit,
- der Verhütung von Berufsunfällen und Berufskrankheiten,
- des Gesundheitsschutzes bei der Arbeit,
- des Koalitionsrechts und der Kollektivverhandlungen zwischen Arbeitgebern und Arbeitnehmern.

Art. 118a Verbesserungen der Arbeitsumwelt; Mindestvorschriften.

(1) Die Mitgliedstaaten bemühen sich, die Verbesserung insbesondere der Arbeitsumwelt zu fördern, um die Sicherheit und die Gesundheit der Arbeitnehmer zu schützen, und setzen sich die Harmonisierung der in diesem Bereich bestehenden Bedingungen bei gleichzeitigem Fortschritt zum Ziel.

Art. 118b Dialog zwischen den Sozialpartnern. Die Kommission bemüht sich darum, den Dialog zwischen den Sozialpartnern auf europäischer Ebene zu entwickeln, der, wenn diese es für wünschenswert halten, zu vertraglichen Beziehungen führen kann.

Art. 119 Gleiches Entgelt für Männer und Frauen. Jeder Mitgliedstaat wird während der ersten Stufe den Grundsatz des gleichen Entgelts für Männer und Frauen bei gleicher Arbeit anwenden und in der Folge beibehalten.

Art. 123 Errichtung und Zweck des Europäischen Sozialfonds. Um die Beschäftigungsmöglichkeiten der Arbeitskräfte im Gemeinsamen Markt zu verbessern und damit zur Hebung der Lebenshaltung beizutragen, wird nach Maßgabe der folgenden Bestimmungen ein Europäischer Sozialfonds errichtet, dessen Zweck es ist, innerhalb der Gemeinschaft die berufliche Verwendbarkeit und die örtliche und berufliche Freizügigkeit der Arbeitskräfte zu fördern.

3.4 Europäische Investitionsbank

Art. 129 Errichtung einer Europäischen Investitionsbank. Es wird eine Europäische Investitionsbank errichtet; sie besitzt Rechtspersönlichkeit.

Mitglieder der Europäischen Investitionsbank sind die Mitgliedstaaten.

Art. 130 Aufgaben der Bank. Aufgabe der Europäischen Investitionsbank ist es, zu einer ausgewogenen und reibungslosen Entwicklung des Gemeinsamen Marktes im Interesse der Gemeinschaft beizutragen; hierbei bedient sie sich des Kapitalmarktes sowie ihrer eigenen Mittel.

3.5 Wirtschaftlicher und sozialer Zusammenhalt

Art. 130a Ziele der Gemeinschaft.

Die Gemeinschaft entwickelt und verfolgt weiterhin ihre Politik zur Stärkung ihres wirtschaftlichen und sozialen Zusammenhalts, um eine harmonische Entwicklung der Gemeinschaft als Ganzes zu fördern.

Die Gemeinschaft setzt sich insbesondere zum Ziel, den Abstand zwischen den verschiedenen Regionen und den Rückstand der am wenigsten begünstigten Gebiete zu verringern.

Art. 130b Aufgaben der Mitgliedstaaten und der Gemeinschaft. Die Mitgliedstaaten führen und koordinieren ihre Wirtschaftspolitik in der Weise, daß auch die in Artikel 130a genannten Ziele erreicht werden.

3.6 Forschung und technologische Entwicklung

Art. 130f Ziele der Gemeinschaft.

(1) Die Gemeinschaft setzt sich zum Ziel, die wissenschaftlichen und technischen Grundlagen der europäischen Industrie zu stärken und die Entwicklung ihrer internationalen Wettbewerbsfähigkeit zu fördern.

(2) In diesem Sinne unterstützt sie die Unternehmen – einschließlich der Klein- und Mittelbetriebe –, die Forschungszentren und die Hochschulen bei ihren Bemühungen auf dem Gebiet der Forschung und der technologischen Entwicklung; sie fördert ihre Zusammenarbeitsbestrebungen, damit die Unternehmen vor allem die Möglichkeiten des Binnenmarktes der Gemeinschaft voll nutzen können, und zwar insbesondere durch Öffnung der einzelstaatlichen öffentlichen Beschaffungsmärkte, Festlegung gemeinsamer Normen und Beseiti-

gung der dieser Zusammenarbeit entgegenstehenden rechtlichen und steuerlichen Hindernisse.

(3) Bei der Verwirklichung dieser Ziele wird dem Verhältnis zwischen der gemeinsamen Anstrengung auf dem Gebiet von Forschung und technologischer Entwicklung, der Errichtung des Binnenmarktes und der Durchführung gemeinsamer Politiken, insbesondere im Bereich von Wettbewerb und Handelsverkehr, besonders Rechnung getragen.

Art. 130g Maßnahmen der Gemeinschaft. Zur Erreichung dieser Ziele trifft die Gemeinschaft folgende Maßnahmen, die die in den Mitgliedstaaten durchgeführten Aktionen ergänzen:
a) Durchführung von Programmen für Forschung, technologische Entwicklung und Demonstration unter Förderung der Zusammenarbeit mit Unternehmen, Forschungszentren und Hochschulen;
b) Förderung der Zusammenarbeit mit dritten Ländern und internationalen Organisationen auf dem Gebiet der gemeinschaftlichen Forschung, technologischen Entwicklung und Demonstration;
c) Verbreitung und Auswertung der Ergebnisse der Tätigkeiten auf dem Gebiet der gemeinschaftlichen Forschung, technologischen Entwicklungen und Demonstration;
d) Förderung der Ausbildung und der Mobilität der Forscher aus der Gemeinschaft.

3.7 Umwelt

Art. 130r Ziele der Gemeinschaft, Subsidiarität, Zusammenarbeit mit Drittländern, internationalen Organisationen. (1) Die Umweltpolitik der Gemeinschaft hat zum Ziel,
- die Umwelt zu erhalten, zu schützen und ihre Qualität zu verbessern,
- zum Schutz der menschlichen Gesundheit beizutragen,
- eine umsichtige und rationale Verwendung der natürlichen Ressourcen zu gewährleisten.

(2) Die Tätigkeit der Gemeinschaft im Bereich der Umwelt unterliegt dem Grundsatz, Umweltbeeinträchtigungen vorzubeugen und sie nach Möglichkeit an ihrem Ursprung zu bekämpfen, sowie dem Verursacherprinzip. Die Erfordernisse des Umweltschutzes sind Bestandteil der anderen Politiken der Gemeinschaft.

(3) Bei der Erarbeitung ihrer Maßnahmen im Bereich der Umwelt berücksichtigt die Gemeinschaft
- die verfügbaren wissenschaftlichen und technischen Daten,
- die Umweltbedingungen in den einzelnen Regionen der Gemeinschaft,
- die Vorteile und die Belastung aufgrund der Maßnahmen bzw. ihrer Unterlassung,
- die wirtschaftliche und soziale Entwicklung der Gemeinschaft insgesamt sowie die ausgewogene Entwicklung ihrer Regionen.

(4) Die Gemeinschaft wird im Bereich der Umwelt insoweit tätig, als die in Absatz 1 genannten Ziele besser auf Gemeinschaftsebene erreicht werden können als auf der Ebene der einzelnen Mitgliedstaaten. Unbeschadet einiger Maßnahmen gemeinschaftlicher Art tragen die Mitgliedstaaten für die Finanzierung und Durchführung der anderen Maßnahmen Sorge.

(5) Die Gemeinschaft und die Mitgliedstaaten arbeiten im Rahmen ihrer jeweiligen Befugnisse mit den dritten Ländern und den zuständigen internationalen Organisationen zusammen. Die Einzelheiten der Zusammenarbeit der Gemeinschaft können Gegenstand von Abkommen zwischen dieser und den betreffenden dritten Parteien sein, die gemäß Artikel 228 ausgehandelt und geschlossen werden.

Unterabsatz 1 berührt nicht die Zuständigkeit der Mitgliedstaaten, in internationalen Gremien zu verhandeln und internationale Abkommen zu schließen.

Art. 130s Beschlußverfahren. Der Rat beschließt auf Vorschlag der Kommission und nach Anhörung des Europäischen Parlaments und des Wirtschafts- und Sozialausschusses einstimmig über das Tätigwerden der Gemeinschaft.

Art. 130t Schutzmaßnahmen der Mitgliedstaaten. Die Schutzmaßnahmen, die gemeinsam aufgrund des Artikels 130s getroffen werden, hindern die einzelnen Mitgliedstaaten nicht daran, verstärkte Schutzmaßnahmen beizubehalten oder zu ergreifen, die mit diesem Vertrag vereinbar sind.

4 Assoziierung der überseeischen Länder und Hoheitsgebiete

Art. 131 Assoziierung überseeischer Länder u. Hoheitsgebiete. ... Die Mitgliedstaaten kommen überein, die außereuropäischen Länder und Hoheitsgebiete, die mit Belgien, Dänemark, Frankreich, Italien, den Niederlanden und dem Vereinigten Königreich besondere Beziehungen unterhalten, der Gemeinschaft zu assoziieren. ...

Ziel der Assoziierung ist die Förderung der wirtschaftlichen und sozialen Entwicklung der Länder und Hoheitsgebiete und die Herstellung enger Wirtschaftsbeziehungen zwischen ihnen und der gesamten Gemeinschaft.

5 Organe der Gemeinschaft

5.1 Versammlung

Art. 137 Die Versammlung. Die Versammlung besteht aus Vertretern der Völker der in der Gemeinschaft zusammengeschlossenen Staaten; sie übt die Beratungs- und Kontrollbefugnisse aus, die ihr nach diesem Vertrag zustehen.

Art. 139 Jährliche und außerordentliche Sitzungsperiode. Die Versammlung hält jährlich eine Sitzungsperiode ab. ...

Die Versammlung kann auf Antrag der Mehrheit ihrer Mitglieder sowie auf Antrag des Rates oder der Kommission zu einer außerordentlichen Sitzungsperiode zusammentreten.

Art. 140 Präsidium, Rechte der Kommissions- und Ratsmitglieder. Die Versammlung wählt aus ihrer Mitte ihren Präsidenten und ihr Präsidium.

Die Mitglieder der Kommission können an allen Sitzungen teilnehmen und müssen auf ihren Antrag im Namen der Kommission jederzeit gehört werden.

Der Rat wird nach Maßgabe seiner Geschäftsordnung von der Versammlung jederzeit gehört.

Art. 141 Beschlußfassung durch absolute Mehrheit, Beschlußfähigkeit. Soweit dieser Vertrag nichts anderes bestimmt, beschließt die Versammlung mit der absoluten Mehrheit der abgegebenen Stimmen.

5.2 Rat

Art. 145 Pflichten und Rechte des Rates. Zur Verwirklichung der Ziele und nach Maßgabe dieses Vertrags
- sorgt der Rat für die Abstimmung der Wirtschaftspolitik der Mitgliedstaaten;
- besitzt der Rat eine Entscheidungsbefugnis;
- überträgt der Rat der Kommission in den von ihm angenommenen Rechtsakten die Befugnisse zur Durchführung der Vorschriften, die er erläßt. Der Rat kann bestimmte Modalitäten für die Ausübung dieser Befugnisse festlegen. Er kann sich in spezifischen Fällen außerdem vorbehalten, Durchführungsbefugnisse selbst auszuüben. Die obengenannten Modalitäten müssen den Grundsätzen und Regeln entsprechen, die der Rat auf Vorschlag der Kommission und nach Stellungnahme des Europäischen Parlaments vorher einstimmig festgelegt hat.

Art. 148 Beschlußfassung des Rates. (1) Soweit in diesem Vertrag nichts anderes bestimmt ist, beschließt der Rat mit der Mehrheit seiner Mitglieder.

(2) Ist zu einem Beschluß des Rates die qualifizierte Mehrheit erforderlich, so werden die Stimmen der Mitglieder wie folgt gewogen:

Belgien	5
Dänemark	3
Deutschland	10
Griechenland	5
Frankreich	10
Irland	3
Italien	10
Luxemburg	2
Niederlande	5
Spanien	8
Portugal	5
Vereinigtes Königreich	10

Beschlüsse kommen zustande mit einer Mindeststimmenzahl von
- vierundfünfzig Stimmen in den Fällen, in denen die Beschlüsse nach diesem Vertrag auf Vorschlag der Kommission zu fassen sind;
- vierundfünfzig Stimmen, welche die Zustimmung von mindestens acht Mitgliedern umfassen, in allen anderen Fällen.

(3) Die Stimmenthaltung von anwesenden oder vertretenen Mitgliedern steht

dem Zustandekommen von Beschlüssen des Rates, zu denen Einstimmigkeit erforderlich ist, nicht entgegen.

Art. 149 Beschlußfassung auf Vorschlag der Kommission. Wird der Rat kraft dieses Vertrags auf Vorschlag der Kommission tätig, so kann er Änderungen dieses Vorschlags nur einstimmig beschließen.

Art. 150 Stimmenrechtsübertragung. Jedes Mitglied kann sich das Stimmrecht höchstens eines anderen Mitglieds übertragen lassen.

5.3 Kommission

Art. 155 Aufgaben der Kommission. Um das ordnungsgemäße Funktionieren und die Entwicklung des Gemeinsamen Marktes zu gewährleisten, erfüllt die Kommission folgende Aufgaben:
- für die Anwendung dieses Vertrags sowie der von den Organen auf Grund dieses Vertrags getroffenen Bestimmungen Sorge zu tragen;
- Empfehlungen oder Stellungnahmen auf den in diesem Vertrag bezeichneten Gebieten abzugeben, soweit der Vertrag dies ausdrücklich vorsieht oder soweit sie es für notwendig erachtet;
- nach Maßgabe dieses Vertrags in eigener Zuständigkeit Entscheidungen zu treffen und am Zustandekommen der Handlungen des Rates und der Versammlung mitzuwirken;
- die Befugnisse auszuüben, die ihr der Rat zur Durchführung der von ihm erlassenen Vorschriften überträgt.

5.4 Gerichtshof

Art. 164 Wahrung des Rechts. Der Gerichtshof sichert die Wahrung des Rechts bei der Auslegung und Anwendung dieses Vertrags.

Art. 171 Verpflichtung des verurteilten Staates. Stellt der Gerichtshof fest, daß ein Mitgliedstaat gegen eine Verpflichtung aus diesem Vertrag verstoßen hat, so hat dieser Staat die Maßnahmen zu ergreifen, die sich aus dem Urteil des Gerichtshofs ergeben.

Art. 187 Vollstreckbarkeit der Urteile. Die Urteile des Gerichtshofes sind ... vollstreckbar.

5.5 Gemeinsame Vorschriften für mehrere Organe

Art. 189 Verordnung, Richtlinie, Entscheidung, Empfehlung und Stellungnahme. Zur Erfüllung ihrer Aufgaben und nach Maßgabe dieses Vertrags erlassen der Rat und die Kommission Verordnungen, Richtlinien und Entscheidungen, sprechen Empfehlungen aus oder geben Stellungnahmen ab.

Die Verordnung hat allgemeine Geltung. Sie ist in allen ihren Teilen verbindlich und gilt unmittelbar in jedem Mitgliedstaat.

Die Richtlinie ist für jeden Mitgliedstaat, an den sie gerichtet wird, hinsichtlich des zu erreichenden Ziels verbindlich, überläßt jedoch den innerstaatlichen Stellen die Wahl der Form und der Mittel.

Die Entscheidung ist in allen ihren Teilen für diejenigen verbindlich, die sie bezeichnet.

Die Empfehlungen und Stellungnahmen sind nicht verbindlich.

5.6 Wirtschafts- und Sozialausschuß

Art. 193 Wirtschafts- und Sozialausschuß. Es wird ein Wirtschafts- und Sozialausschuß mit beratender Aufgabe errichtet.

Der Ausschuß besteht aus Vertretern der verschiedenen Gruppen des wirtschaftlichen und sozialen Lebens.

Art. 198 Rechte des Ausschusses. Der Ausschuß muß vom Rat oder der Kommission in den in diesem Vertrag vorgesehenen Fällen gehört werden.

6 Finanzvorschriften

Art. 199 Haushaltsplan. Alle Einnahmen und Ausgaben der Gemeinschaft einschließlich derjenigen des Europäischen Sozialfonds werden für jedes Haushaltsjahr veranschlagt und in den Haushaltsplan eingesetzt.

Art. 205a Rechnungsvorlegung. Die Kommission legt dem Rat und der Versammlung jährlich die Rechnung des abgelaufenen Haushaltsjahres für die Rechnungsvorgänge des Haushaltsplans vor. Sie übermittelt ihnen ferner eine Übersicht über das Vermögen und die Schulden der Gemeinschaft.

Art. 206a Aufgaben des Rechnungshofs. (1) Der Rechnungshof prüft die Rechnung über alle Einnahmen und Ausgaben der Gemeinschaft. ...

7 Allgemeine und Schlußbestimmungen

Art. 210 Rechtspersönlichkeit der Gemeinschaft. Die Gemeinschaft besitzt Rechtspersönlichkeit.

Art. 229 Beziehungen zu internationalen Organisationen. Die Kommission unterhält alle zweckdienlichen Beziehungen zu den Organen der Vereinten Nationen, ihrer Fachorganisationen und des Allgemeinen Zoll- und Handelsabkommens.

Sie unterhält ferner, soweit zweckdienlich, Beziehungen zu allen internationalen Organisationen.

Art. 230 Zusammenarbeit mit dem Europarat. Die Gemeinschaft führt jede zweckdienliche Zusammenarbeit mit dem Europarat herbei.

Art. 231 Zusammenwirken mit der Europäischen Organisation für wirtschaftliche Zusammenarbeit. Die Gemeinschaft führt ein enges Zusammenwirken mit der Europäischen Organisation für Wirtschaftliche Zusammenarbeit herbei; die Einzelheiten werden gemeinsam festgelegt.

Art. 232 Verhältnis zur Montanunion und Europäischen Atomgemeinschaft. (1) Dieser Vertrag ändert nicht die Bestimmungen des Vertrags über die Gründung der Europäischen Gemeinschaft für Kohle und Stahl, insbesondere hinsichtlich der Rechte und Pflichten der Mitgliedstaaten, der Befugnisse der Organe dieser Gemeinschaft und der Vorschriften des genannten Vertrags für das Funktionieren des Gemeinsamen Marktes für Kohle und Stahl.

(2) Dieser Vertrag beeinträchtigt nicht die Vorschriften des Vertrags zur Gründung der Europäischen Atomgemeinschaft.

Art. 237 Aufnahme weiterer Mitglieder. Jeder europäische Staat kann beantragen, Mitglied der Gemeinschaft zu werden. Er richtet seinen Antrag an den Rat; dieser beschließt einstimmig nach Anhörung der Kommission und nach Zustimmung des Europäischen Parlaments, das mit der absoluten Mehrheit seiner Mitglieder beschließt.

Die Aufnahmebedingungen und die erforderlich werdenden Anpassungen dieses Vertrags werden durch ein Abkommen zwischen den Mitgliedstaaten und dem antragstellenden Staat geregelt. Das Abkommen bedarf der Ratifizierung durch alle Vertragsstaaten gemäß ihren verfassungsrechtlichen Vorschriften.

Art. 238 Assoziierung mit dritten Staaten. Die Gemeinschaft kann mit einem dritten Staat, einer Staatenverbindung oder einer internationalen Organisation Abkommen schließen, die eine Assoziierung mit gegenseitigen Rechten und Pflichten, gemeinsamen Vorgehen und besonderen Verfahren herstellen.

Diese Abkommen werden nach Zustimmung des Europäischen Parlaments, das mit der absoluten Mehrheit seiner Mitglieder beschließt, einstimmig vom Rat geschlossen.

Abkommen über gemeinsame Organe für die europäischen Gemeinschaften (EG-Organe)

vom 25. März 1957*

Art. 1 Die Versammlung. Die Befugnisse und Zuständigkeiten, die der Vertrag zur Gründung der Europäischen Wirtschaftsgemeinschaft und der Vertrag zur Gründung der Europäischen Atomgemeinschaft der Versammlung übertragen, werden unter den in diesen Verträgen vorgesehenen Bedingungen durch eine einzige Versammlung ausgeübt; ...

Art. 3 Der Gerichtshof. Die Zuständigkeiten, die der Vertrag zur Gründung der Europäischen Wirtschaftsgemeinschaft und der Vertrag zur Gründung der Europäischen Atomgemeinschaft dem Gerichtshof übertragen, werden unter den in diesen Verträgen vorgesehenen Bedingungen durch einen einzigen Gerichtshof ausgeübt; ...

Art. 5 Der Wirtschafts- und Sozialausschuß. (1) Die Aufgaben, die der Vertrag zur Gründung der Europäischen Wirtschaftsgemeinschaft und der Vertrag zur Gründung der Europäischen Atomgemeinschaft dem Wirtschafts- und Sozialausschuß übertragen, werden unter den in diesen Verträgen vorgesehenen Bedingungen durch einen einzigen Wirtschafts- und Sozialausschuß ausgeübt. ...

Art. 7 ... Dieses Abkommen tritt gleichzeitig mit dem Vertrag zur Gründung der Europäischen Wirtschaftsgemeinschaft und dem Vertrag zur Gründung der Europäischen Atomgemeinschaft in Kraft.

---

* Ursprüngliche Vertragspartner waren: Seine Majestät der König der Belgier, der Präsident der Bundesrepublik Deutschland, der Präsident der Französischen Republik, der Präsident der Italienischen Republik, Ihre Königliche Hoheit die Großherzogin von Luxemburg, Ihre Majestät die Königin der Niederlande.

Vertrag zur Einsetzung eines gemeinsamen Rates und einer gemeinsamen Kommission der Europäischen Gemeinschaften (EG-Rat und Kommission)

vom 8. April 1965*

1 Rat der Europäischen Gemeinschaften

Art. 1. Es wird ein Rat der Europäischen Gemeinschaften, im folgenden der Rat genannt, eingesetzt. Dieser Rat tritt an die Stelle des Besonderen Ministerrates der Europäischen Gemeinschaft für Kohle und Stahl, des Rates der Europäischen Wirtschaftsgemeinschaft und des Rates der Europäischen Atomgemeinschaft.

Er übt die diesen Organen zustehenden Befugnisse und Zuständigkeiten aus, nach Maßgabe des Vertrags über die Gründung der Europäischen Gemeinschaft für Kohle und Stahl und der Verträge zur Gründung der Europäischen Wirtschaftsgemeinschaft und der Europäischen Atomgemeinschaft sowie dieses Vertrags.

---

* Ursprüngliche Vertragspartner waren: Seine Majestät der König der Belgier, der Präsident der Bundesrepublik Deutschland, der Präsident der Französischen Republik, der Präsident der Italienischen Republik, Seine Königliche Hoheit der Großherzog von Luxemburg, Ihre Majestät die Königin der Niederlande.

Art. 2. Der Rat besteht aus Vertretern der Mitgliedstaaten. Jede Regierung entsendet eines ihrer Mitglieder.

Der Vorsitz wird von den Mitgliedern des Rates nacheinander für je sechs Monate wahrgenommen, und zwar in folgender Reihenfolge der Mitgliedstaaten:
- während einer ersten Periode von sechs Jahren: Belgien, Dänemark, Deutschland, Griechenland, Spanien, Frankreich, Irland, Italien, Luxemburg, Niederlande, Portugal, Vereinigtes Königreich;
- während der folgenden Periode von sechs Jahren: Dänemark, Belgien, Griechenland, Deutschland, Frankreich, Spanien, Italien, Irland, Niederlande, Luxemburg, Vereinigtes Königreich, Portugal.

Art. 3. Der Rat wird von seinem Präsidenten aus eigenem Entschluß auf Antrag eines seiner Mitglieder oder der Kommission einberufen.

Art. 4. Ein Ausschuß, der sich aus den Ständigen Vertretern der Mitgliedstaaten zusammensetzt, hat die Aufgabe, die Arbeiten des Rates vorzubereiten und die ihm vom Rat übertragenen Aufträge auszuführen.

2 Kommission der Europäischen Gemeinschaften

Art. 9. Es wird eine Kommission der Europäischen Gemeinschaften, im folgenden die Kommission genannt, eingesetzt. Diese Kommission tritt an die Stelle der Hohen Behörde der Europäischen Gemeinschaft für Kohle und Stahl, der Kommission der Europäischen Wirtschaftsgemeinschaft und der Kommission der Europäischen Atomgemeinschaft.

Sie übt die diesen Organen zustehenden Befugnisse und Zuständigkeiten aus, nach Maßgabe des Vertrags über die Gründung der Europäischen Gemeinschaft für Kohle und Stahl und der Verträge zur Gründung der Europäischen Wirtschaftsgemeinschaft und der Europäischen Atomgemeinschaft sowie dieses Vertrags.

Art. 10. (1) Die Kommission besteht aus siebzehn Mitglieder, die auf Grund ihrer allgemeinen Befähigung ausgewählt werden und volle Gewähr für ihre Unabhängigkeit bieten müssen.

Die Zahl der Mitglieder der Kommission kann vom Rat einstimmig geändert werden.

Nur Staatsangehörige der Mitgliedstaaten können Mitglieder der Kommission sein.

Der Kommission muß mindestens ein Staatsangehöriger jedes Mitgliedstaates angehören, jedoch dürfen nicht mehr als zwei Mitglieder der Kommission dieselbe Staatsangehörigkeit besitzen.

(2) Die Mitglieder der Kommission üben ihre Tätigkeit in voller Unabhängigkeit zum allgemeinen Wohl der Gemeinschaften aus.

Sie dürfen bei der Erfüllung ihrer Pflichten Anweisungen von einer Regierung oder einer anderen Stelle weder anfordern noch entgegennehmen. Sie haben jede Handlung zu unterlassen, die mit ihren Aufgaben unvereinbar ist. Jeder Mitgliedstaat verpflichtet sich, diesen Grundsatz zu achten und nicht zu versuchen, die Mitglieder der Kommission bei der Erfüllung ihrer Aufgaben zu beeinflussen.

Die Mitglieder der Kommission dürfen während ihrer Amtszeit keine andere entgeltliche oder unentgeltliche Berufstätigkeit ausüben. Bei der Aufnahme ihrer Tätigkeit übernehmen sie die feierliche Verpflichtung, während der Ausübung und nach Ablauf ihrer Amtstätigkeit die sich aus ihrem Amt ergebenden Pflichten zu erfüllen, insbesondere die Pflicht, bei der Annahme gewisser Tätigkeiten oder Vorteile nach Ablauf dieser Tätigkeit ehrenhaft und zurückhaltend zu sein.

Art. 11. Die Mitglieder der Kommission werden von den Regierungen der Mitgliedstaaten im gegenseitigen Einvernehmen ernannt.

Ihre Amtszeit beträgt vier Jahre. Wiederernennung ist zulässig.

Art. 14. Der Präsident und die sechs Vizepräsidenten der Kommission werden aus deren Mitgliedern für zwei Jahre ... ernannt; ...

Art. 15. Der Rat und die Kommission ziehen einander zu Rate und regeln einvernehmlich die Art und Weise ihrer Zusammenarbeit.

Beschluß und Akt zur Einführung allgemeiner unmittelbarer Wahlen der Abgeordneten der Versammlung (EG-Abgeordnetenwahl)

vom 20. September 1976

mit der Erklärung der Regierung der Bundesrepublik Deutschland

Der Beschluß

Art. 1. Die Abgeordneten der Völker der in der Gemeinschaft vereinigten Staaten in der Versammlung werden in allgemeiner, unmittelbarer Wahl gewählt.

Art. 2. Die Zahl der in jedem Mitgliedstaat gewählten Abgeordneten wird wie folgt festgesetzt:

Belgien	24
Dänemark	16
Deutschland	81
Griechenland	24
Frankreich	81
Irland	15
Italien	81
Luxemburg	6
Niederlande	25
Portugal	24
Spanien	60
Vereinigtes Königreich	81

Art. 3. (1) Die Abgeordneten werden auf fünf Jahre gewählt.

(2) Diese fünfjährige Wahlperiode beginnt mit der Eröffnung der ersten Sitzung nach jeder Wahl.

(3) Das Mandat eines Abgeordneten beginnt und endet zu gleicher Zeit wie der in Absatz 2 genannte Zeitraum.

Art. 4. (1) Die Abgeordneten geben ihre Stimmen einzeln und persönlich ab. Sie sind weder an Aufträge noch an Weisungen gebunden.

Art. 5. Die Mitgliedschaft in der Versammlung ist vereinbar mit der Mitgliedschaft im Parlament eines Mitgliedstaates.

Art. 6. (1) Die Mitgliedschaft in der Versammlung ist unvereinbar mit der Eigenschaft als

- Mitglied der Regierung eines Mitgliedstaats;
- Mitglied der Kommission der Europäischen Gemeinschaften;
- Richter, Generalanwalt oder Kanzler des Gerichtshofs der Europäischen Gemeinschaften;
- Mitglied des Rechnungshofes der Europäischen Gemeinschaften;
- Mitglied des Beratenden Ausschusses der Europäischen Gemeinschaft für Kohle und Stahl und Mitglied des Wirtschafts- und Sozialausschusses der Europäischen Wirtschaftsgemeinschaft und der Europäischen Atomgemeinschaft;
- Mitglied von Ausschüssen und Gremien, die auf Grund der Verträge über die Gründung der Europäischen Gemeinschaft für Kohle und Stahl, der Europäischen Wirtschaftsgemeinschaft und der Europäischen Atomgemeinschaft Mittel der Gemeinschaft verwalten oder eine dauernde unmittelbare Verwaltungsaufgabe wahrnehmen;
- Mitglied des Verwaltungsrats oder des Direktoriums oder Bediensteter der Europäischen Investitionsbank;
- im aktiven Dienst stehender Beamter oder Bediensteter der Institutionen der Europäischen Gemeinschaften oder der ihnen angegliederten fachlichen Gremien.

Art. 8. Bei der Wahl der Abgeordneten der Versammlung kann jeder Wähler nur einmal wählen.

Art. 9. (1) Die Wahl der Versammlung findet zu dem von jedem Mitgliedstaat festgelegten Termin statt, der in einen für alle Mitgliedstaaten gleichen Zeitraum von Donnerstag morgen bis zu dem unmittelbar nachfolgenden Sonntag fällt.

(2) Mit der Ermittlung des Wahlergebnisses darf erst begonnen werden, wenn

die Wahl in dem Mitgliedstaat, dessen Wähler innerhalb des in Absatz 1 genannten Zeitraums als letzte wählen, abgeschlossen ist.

(3) Sollte ein Mitgliedstaat für die Wahl zur Versammlung eine Wahl in zwei Wahlgängen vorsehen, so muß der erste Wahlgang in den in Absatz 1 genannten Zeitraum fallen.

Art. 10. (4) Die Befugnisse der scheidenden Versammlung enden mit der ersten Sitzung der neuen Versammlung.

Die Erklärung

Die Regierung der Bundesrepublik Deutschland erklärt, daß der Akt zur Einführung allgemeiner unmittelbarer Wahlen der Mitglieder des Europäischen Parlaments auch für das Land Berlin gilt.

Mit Rücksicht auf die bestehenden Rechte und Verantwortlichkeiten Frankreichs, des Vereinigten Königreichs Großbritannien und Nordirland und der Vereinigten Staaten von Amerika wird das Berliner Abgeordnetenhaus die Abgeordneten für diejenigen Sitze wählen, welche innerhalb des Kontingents der Bundesrepublik Deutschland auf das Land Berlin entfallen.

Nordatlantikvertrag (NATO-Vertrag)

vom 4. April 1949

Vgl. dazu Kartenanhang 4

Art. 1. Die Parteien verpflichten sich, in Übereinstimmung mit der Satzung der Vereinten Nationen jeden internationalen Streitfall, an dem sie beteiligt sind, auf friedlichem Wege so zu regeln, daß der internationale Friede, die Sicherheit und die Gerechtigkeit nicht gefährdet werden, und sich in ihren internationalen Beziehungen jeder Gewaltandrohung oder Gewaltanwendung zu enthalten, die mit den Zielen der Vereinten Nationen nicht vereinbar ist.

Art. 2. Die Parteien werden zur weiteren Entwicklung friedlicher und freundschaftlicher internationaler Beziehungen beitragen, indem sie ihre freien Einrichtungen festigen, ein besseres Verständnis für die Grundsätze herbeiführen, auf denen diese Einrichtungen beruhen, und indem sie die Voraussetzungen für die innere Festigkeit und das Wohlergehen fördern.

Sie werden bestrebt sein, Gegensätze in ihrer internationalen Wirtschaftspolitik zu beseitigen und die wirtschaftliche Zusammenarbeit zwischen einzelnen oder allen Parteien zu fördern.

Art. 3. Um die Ziele dieses Vertrags besser zu verwirklichen, werden die Parteien einzeln und gemeinsam durch ständige und wirksame Selbsthilfe und gegenseitige Unterstützung die eigene und die gemeinsame Widerstandskraft gegen bewaffnete Angriffe erhalten und fortentwickeln.

Art. 4. Die Parteien werden einander konsultieren, wenn nach Auffassung einer von ihnen die Unversehrtheit des Gebiets, die politische Unabhängigkeit oder die Sicherheit einer der Parteien bedroht sind.

Art. 5. Die Parteien vereinbaren, daß ein bewaffneter Angriff gegen eine oder mehrere von ihnen in Europa oder Nordamerika als ein Angriff gegen sie alle angesehen werden wird; sie vereinbaren daher, daß im Falle eines solchen bewaffneten Angriffs jede von ihnen in Ausübung des in Artikel 51 der Satzung der Vereinten Nationen anerkannten Rechts der individuellen oder kollektiven Selbstverteidigung der Partei oder den Parteien, die angegriffen werden, Beistand leistet, indem jede von ihnen unverzüglich für sich und im Zusammenwirken mit den anderen Parteien die Maßnahmen, einschließlich der Anwendung von Waffengewalt, trifft, die sie für erforderlich erachtet, um die Sicherheit des nordatlantischen Gebiets wiederherzustellen und zu erhalten.

Von jedem bewaffneten Angriff und allen daraufhin getroffenen Gegenmaßnahmen ist unverzüglich dem Sicherheitsrat Mitteilung zu machen. Die Maßnahmen sind einzustellen, sobald der Sicherheitsrat diejenigen Schritte unternommen hat, die notwendig sind, um den internationalen Frieden und die internationale Sicherheit wiederherzustellen und zu erhalten.

Art. 7. Dieser Vertrag berührt weder die Rechte und Pflichten, welche sich für die Parteien, die Mitglieder der Vereinten Nationen sind, aus deren Satzung ergeben, oder die in erster Linie bestehende Verantwortlichkeit des Sicherheitsrats für die Erhaltung des internationalen Friedens und der internationalen Sicherheit, noch kann er in solcher Weise ausgelegt werden.

Art. 8. Jede Partei erklärt, daß keine der internationalen Verpflichtungen, die gegenwärtig zwischen ihr und einer anderen Partei oder einem dritten Staat bestehen, den Bestimmungen dieses Vertrags widersprechen und verpflichtet sich, keine diesem Vertrag widersprechende internationale Verpflichtung einzugehen.

Art. 9. Die Parteien errichten hiermit einen Rat, in dem jede von ihnen vertreten ist, um Fragen zu prüfen, welche die Durchführung dieses Vertrags betreffen. Der Aufbau dieses Rats ist so zu gestalten, daß er jederzeit schnell zusammentreten kann. Der Rat errichtet, soweit erforderlich, nachgeordnete Stellen; insbesondere setzt er unverzüglich einen Verteidigungsausschuß ein, der Maßnahmen zur Durchführung der Artikel 3 und 5 zu empfehlen hat.

Art. 10. Die Parteien können durch einstimmigen Beschluß jeden anderen europäischen Staat, der in der Lage ist, die Grundsätze dieses Vertrags zu fördern und zur Sicherheit des nordatlantischen Gebiets beizutragen, zum Beitritt einladen.

Art. 12. Nach zehnjähriger Geltungsdauer des Vertrags oder zu jedem späteren Zeitpunkt werden die Parteien auf Verlangen einer von ihnen miteinander beraten, um den Vertrag unter Berücksichtigung der Umstände zu überprüfen, die dann den Frieden und die Sicherheit des nordatlantischen Gebiets berühren, zu denen auch die Entwicklung allgemeiner und regionaler Vereinbarungen gehört, die im Rahmen der Satzung der Vereinten Nationen zur Aufrechterhaltung des internationalen Friedens und der internationalen Sicherheit dienen.

Art. 13. Nach zwanzigjähriger Geltungsdauer des Vertrags kann jede Partei aus dem Vertrag ausscheiden, und zwar ein Jahr, nachdem sie der Regierung der Vereinigten Staaten von Amerika die Kündigung mitgeteilt hat; diese unterrichtet die Regierungen der anderen Parteien von der Hinterlegung jeder Kündigungsmitteilung.

Vertrag über die Beziehungen zwischen der Bundesrepublik Deutschland und den Drei Mächten (Deutschlandvertrag)*

vom 26. Mai 1952

Art. 1 Beendigung des Besatzungsregimes. (1) Mit dem Inkrafttreten dieses Vertrags werden die Vereinigten Staaten von Amerika, das Vereinigte Königreich von Großbritannien und Nordirland und die Französische Republik (in diesem Vertrag und in den Zusatzverträgen auch als „Drei Mächte" bezeichnet) das Besatzungsregime in der Bundesrepublik beenden, das Besatzungsstatut aufheben und die Alliierte Hohe Kommission sowie die Dienststellen der Landeskommissare in der Bundesrepublik auflösen.

(2) Die Bundesrepublik wird demgemäß die volle Macht eines souveränen Staates über ihre inneren und äußeren Angelegenheiten haben.

Art. 2 Vorbehalt von Rechten. Im Hinblick auf die internationale Lage, die bisher die Wiedervereinigung Deutschlands und den Abschluß eines Friedensvertrags verhindert hat, behalten die Drei Mächte die bisher von ihnen ausgeübten oder innegehabten Rechte und Verantwortlichkeiten in bezug auf Berlin und auf Deutschland als Ganzes einschließlich der Wiedervereinigung Deutschlands und einer friedensvertraglichen Regelung. Die von den Drei Mächten beibehaltenen Rechte und Verantwortlichkeiten in bezug auf die Stationierung von Streitkräften in Deutschland und der Schutz der Sicherheit dieser Streitkräfte bestimmen

---

* Der Vertrag vom 26. Mai 1952 über die Beziehungen zwischen der Bundesrepublik Deutschland und den Drei Mächten („Deutschlandvertrag") wird mit der Suspendierung der Rechte und Verantwortlichkeiten der Vier Mächte in bezug auf Berlin und auf Deutschland als Ganzes suspendiert und tritt mit dem Inkrafttreten des Vertrags über die abschließende Regelung in bezug auf Deutschland, unterzeichnet in Moskau am 12. September 1990, außer Kraft.

sich nach den Artikeln 4 und 5 dieses Vertrags.

Art. 3 Außenpolitischer Status der Bundesrepublik. (1) Die Bundesrepublik wird ihre Politik in Einklang mit den Prinzipien der Satzung der Vereinten Nationen und mit den im Statut des Europarates aufgestellten Zielen halten.

(2) Die Bundesrepublik bekräftigt ihre Absicht, sich durch ihre Mitgliedschaft in internationalen Organisationen, die zur Erreichung der gemeinsamen Ziele der freien Welt beitragen, mit der Gemeinschaft der freien Nationen völlig zu verbinden. Die Drei Mächte werden zu gegebener Zeit Anträge der Bundesrepublik unterstützen, die Mitgliedschaft in solchen Organisationen zu erlangen.

(3) Bei Verhandlungen mit Staaten, mit denen die Bundesrepublik keine Beziehungen unterhält, werden die Drei Mächte die Bundesrepublik in Fragen konsultieren, die deren politische Interessen unmittelbar berühren.

(4) Auf Ersuchen der Bundesregierung werden die Drei Mächte die erforderlichen Vorkehrungen treffen, die Interessen der Bundesrepublik in ihren Beziehungen zu anderen Staaten und in gewissen internationalen Organisationen oder Konferenzen zu vertreten, soweit die Bundesrepublik dazu nicht selbst in der Lage ist.

Art. 4 Stationierung von Streitkräften der Drei Mächte in der Bundesrepublik. (1) Bis zum Inkrafttreten der Abmachungen über den deutschen Verteidigungsbeitrag behalten die Drei Mächte weiterhin ihre bisher ausgeübten oder innegehabten Rechte in bezug auf die Stationierung von Streitkräften in der Bundesrepublik. Die Aufgabe dieser Streitkräfte wird die Verteidigung der freien Welt sein, zu der die Bundesrepublik und Berlin gehören.

(2) Die Bundesrepublik ist damit einverstanden, daß vom Inkrafttreten der Abmachungen über den deutschen Verteidigungsbeitrag an Streitkräfte der gleichen Nationalität und Effektivstärke wie zur Zeit dieses Inkrafttretens in der Bundesrepublik stationiert werden dürfen.

Art. 5 Rechte und Pflichten der Drei Mächte bzw. der stationierten Streitkräfte. (1) Für die in der Bundesrepublik stationierten Streitkräfte gelten bis zum Inkrafttreten der Abmachungen über den deutschen Verteidigungsbeitrag die folgenden Bestimmungen:

a) Die Drei Mächte werden die Bundesregierung in allen die Stationierung dieser Streitkräfte betreffenden Fragen konsultieren, soweit es die militärische Lage erlaubt. Die Bundesrepublik wird nach Maßgabe dieses Vertrags und der Zusatzverträge im Rahmen ihres Grundgesetzes mitwirken, um diesen Streitkräften ihre Aufgabe zu erleichtern.

b) Die Drei Mächte werden nur nach vorheriger Einwilligung der Bundesrepublik Truppen eines Staates, der zur Zeit keine Kontingente stellt, als Teil ihrer Streitkräfte im Bundesgebiet stationieren. Jedoch dürfen solche Kontingente im Falle eines Angriffs oder unmittelbar drohenden Angriffs ohne Einwilligung der Bundesrepublik in das Bundesgebiet gebracht werden, dürfen dagegen nach Beseitigung der Gefahr nur mit Einwilligung der Bundesrepublik dort verbleiben.

Art. 6 Berlin. (1) Die Drei Mächte werden die Bundesrepublik hinsichtlich der Ausübung ihrer Rechte in bezug auf Berlin konsultieren.

(2) Die Bundesrepublik ihrerseits wird mit den Drei Mächten zusammenwirken, um es ihnen zu erleichtern, ihren Verantwortlichkeiten in bezug auf Berlin zu genügen.

Art. 7 Ziele der Politik der Vertragsstaaten. (1) Die Unterzeichnerstaaten sind darüber einig, daß ein wesentliches Ziel ihrer gemeinsamen Politik eine zwischen Deutschland und seinen ehemaligen Gegnern frei vereinbarte friedensvertragliche Regelung für ganz Deutschland ist, welche die Grundlage für einen dauerhaften Frieden bilden soll. Sie sind weiterhin darüber einig, daß die endgültige Festlegung der Grenzen Deutschlands bis zu dieser Regelung aufgeschoben werden muß.

(2) Bis zum Abschluß der friedensvertraglichen Regelung werden die Unterzeichnerstaaten zusammenwirken, um mit friedlichen Mitteln ihr gemeinsames Ziel zu verwirklichen: Ein wiedervereinigtes Deutschland, das eine freiheitlich-demokratische Verfassung, ähnlich wie die Bundesrepublik, besitzt und das in die europäische Gemeinschaft integriert ist.

Art. 9 Schiedsgericht. (1) Es wird ein Schiedsgericht errichtet werden, ...

Proklamation betreffend die Aufhebung des Besatzungsstatuts und die Auflösung der Alliierten Hohen Kommission und der Länder-Kommissariate (Aufhebung Besatzungsstatut)

vom 5. Mai 1955

In Anbetracht des neuen Verhältnisses zwischen der Französischen Republik, den Vereinigten Staaten von Amerika und dem Vereinigten Königreich von Großbritannien und Nordirland einerseits und der Bundesrepublik Deutschland andererseits, das durch den am 26. Mai 1952 in Bonn unterzeichneten Vertrag über die Beziehungen zwischen der Bundesrepublik Deutschland und den Drei Mächten und seinen Zusatzverträgen geschaffen ist, die durch das am 23. Oktober 1954 in Paris unterzeichnete Protokoll über die Beendigung des Besatzungsregimes in der Bundesrepublik Deutschland geändert wurden und heute in Kraft treten, verkünden wir,

André François-Poncet, Hoher Kommissar der Französischen Republik in Deutschland, James B. Conant, Hoher Kommissar der Vereinigten Staaten für Deutschland, Frederick Robert Hoyer Millar, Hoher Kommissar des Vereinigten Königreichs für Deutschland, gemeinschaftlich im Namen und in Vollmacht unserer Regierungen,

daß das Besatzungsstatut aufgehoben ist und

daß die Alliierte Hohe Kommission und die Dienststellen der Landeskommissare in der Bundesrepublik aufgelöst sind.

Diese Proklamation tritt am 5. Mai 1955 mittags 12 Uhr in Kraft.

Vertrag zwischen der Bundesrepublik Deutschland und der Französischen Republik über die deutsch-französische Zusammenarbeit (Deutsch-französischer Vertrag)

vom 22. Januar 1963

1 Organisation

1. Die Staats- und Regierungschefs geben nach Bedarf die erforderlichen Weisungen und verfolgen laufend die Ausführung des im folgenden festgelegten Programms. Sie treten zu diesem Zweck zusammen, sooft es erforderlich ist und grundsätzlich mindestens zweimal jährlich.

2. Die Außenminister tragen für die Ausführung des Programms in seiner Gesamtheit Sorge. Sie treten mindestens alle drei Monate zusammen. ...

3. Zwischen den zuständigen Behörden beider Staaten finden regelmäßige Zusammenkünfte auf den Gebieten der Verteidigung, der Erziehung und der Jugendfragen statt. ...

4. In jedem der beiden Staaten wird eine interministerielle Kommission beauftragt, die Fragen der Zusammenarbeit zu verfolgen. ...

2 Programm

2.1 Auswärtige Angelegenheiten

1. Die beiden Regierungen konsultieren sich vor jeder Entscheidung in allen wichtigen Fragen der Außenpolitik und

in erster Linie in den Fragen von gemeinsamem Interesse, um so weit wie möglich zu einer gleichgerichteten Haltung zu gelangen. Diese Konsultation betrifft unter anderem folgende Gegenstände:
- Fragen der Europäischen Gemeinschaften und der europäischen politischen Zusammenarbeit;
- Ost-West-Beziehungen sowohl im politischen als auch im wirtschaftlichen Bereich;
- Angelegenheiten, die in der Nordatlantikvertragsorganisation und in den verschiedenen internationalen Organisationen behandelt werden und an denen die beiden Regierungen interessiert sind, insbesondere im Europarat, in der Westeuropäischen Union, in der Organisation für Wirtschaftliche Zusammenarbeit und Entwicklung, in den Vereinten Nationen und ihren Sonderorganisationen.

2. Die auf dem Gebiet des Informationswesens bereits bestehende Zusammenarbeit wird zwischen den beteiligten Dienststellen in Bonn und Paris und zwischen den Vertretungen in Drittstaaten fortgeführt und ausgebaut.

3. Hinsichtlich der Entwicklungshilfe stellen die beiden Regierungen ihre Programme einander systematisch gegenüber, um dauernd eine enge Koordinierung durchzuführen. Sie prüfen die Möglichkeit, Vorhaben gemeinsam in Angriff zu nehmen. Da sowohl auf deutscher als auch auf französischer Seite mehrere Ministerien für diese Angelegenheit zuständig sind, wird es Sache der beiden Außenministerien sein, die praktischen Grundlagen dieser Zusammenarbeit gemeinsam festzulegen.

4. Die beiden Regierungen prüfen gemeinsam die Mittel und Wege dazu, ihre Zusammenarbeit im Rahmen des Gemeinsamen Marktes in anderen wichtigen Bereichen der Wirtschaftspolitik, zum Beispiel der Land- und Forstwirtschaftspolitik, der Energiepolitik, der Verkehrs- und Transportfragen, der industriellen Entwicklung ebenso wie der Ausfuhrkreditpolitik, zu verstärken.

2.2 Verteidigung

I. Auf diesem Gebiet werden nachstehende Ziele verfolgt:

1. Auf dem Gebiet der Strategie und der Taktik bemühen sich die zuständigen Stellen beider Länder, ihre Auffassungen einander anzunähern, um zu gemeinsamen Konzeptionen zu gelangen. Es werden deutsch-französische Institute für operative Forschung errichtet.

2. Der Personalaustausch zwischen den Streitkräften wird verstärkt; er betrifft insbesondere die Lehrkräfte und Schüler der Generalstabsschulen; der Austausch kann sich auf die zeitweilige Abordnung ganzer Einheiten erstrecken. Zur Erleichterung dieses Austausches werden beide Seiten um den praktischen Sprachunterricht für das in Betracht kommende Personal bemüht sein.

3. Auf dem Gebiet der Rüstung bemühen sich die beiden Regierungen, eine Gemeinschaftsarbeit vom Stadium der Ausarbeitung geeigneter Rüstungsvorhaben und der Vorbereitung der Finanzierungspläne an zu organisieren.
Zu diesem Zweck untersuchen gemischte Kommissionen die in beiden Ländern hierfür betriebenen Forschungsvorhaben und nehmen eine vergleichende Prüfung vor. Sie unterbreiten den Ministern Vorschläge, die diese bei ihren dreimonatlichen Zusammenkünften prüfen und zu deren Ausführung sie die notwendigen Richtlinien geben.

II. Die Regierungen prüfen die Voraussetzungen, unter denen eine deutsch-französische Zusammenarbeit auf dem Gebiet des zivilen Bevölkerungsschutzes hergestellt werden kann.

2.3 Erziehungs- und Jugendfragen

Auf dem Gebiet des Erziehungswesens und der Jugendfragen werden die Vorschläge, die in den französischen und deutschen Memoranden vom 19. September und 8. November 1962 enthalten sind, nach dem oben erwähnten Verfahren einer Prüfung unterzogen.

1. Auf dem Gebiet des Erziehungswesens richten sich die Bemühungen hauptsächlich auf folgende Punkte:
a) Sprachunterricht
Die beiden Regierungen erkennen die wesentliche Bedeutung an, die der Kenntnis der Sprache des anderen in jedem der beiden Länder für die

deutsch-französische Zusammenarbeit zukommt. Zu diesem Zweck werden sie sich bemühen, konkrete Maßnahmen zu ergreifen, um die Zahl der deutschen Schüler, die Französisch lernen, und die der französischen Schüler, die Deutsch lernen, zu erhöhen.
Die Bundesregierung wird in Verbindung mit den Länderregierungen, die hierfür zuständig sind, prüfen, wie es möglich ist, eine Regelung einzuführen, die es gestattet, dieses Ziel zu erreichen.
Es erscheint angebracht, an allen Hochschulen in Deutschland einen für alle Studierende zugänglichen praktischen Unterricht in der französischen Sprache und in Frankreich einen solchen in der deutschen Sprache einzurichten.

b) Frage der Gleichwertigkeit der Diplome
Die zuständigen Behörden beider Staaten sollen gebeten werden, beschleunigt Bestimmungen über die Gleichwertigkeit der Schulzeiten, der Prüfungen, der Hochschultitel und -diplome zu erlassen.

c) Zusammenarbeit auf dem Gebiet der wissenschaftlichen Forschung
Die Forschungsstellen und die wissenschaftlichen Institute bauen ihre Verbindungen untereinander aus, wobei sie mit einer gründlicheren gegenseitigen Unterrichtung beginnen; vereinbarte Forschungsprogramme werden in den Disziplinen aufgestellt, in denen sich dies als möglich erweist.

2. Der deutschen und französischen Jugend sollen alle Möglichkeiten geboten werden, um die Bande, die zwischen ihnen bestehen, enger zu gestalten und ihr Verständnis füreinander zu vertiefen. Insbesondere wird der Gruppenaustausch weiter ausgebaut.
Es wird ein Austausch- und Förderungswerk der beiden Länder errichtet, an dessen Spitze ein unabhängiges Kuratorium steht. Diesem Werk wird ein deutsch-französischer Gemeinschaftsfonds zur Verfügung gestellt, der der Begegnung und dem Austausch von Schülern, Studenten, jungen Handwerkern und jungen Arbeitern zwischen beiden Ländern dient.

3 Schlußbestimmungen

1. In beiden Ländern werden die erforderlichen Anordnungen zur unverzüglichen Verwirklichung des Vorstehenden getroffen. Die Außenminister stellen bei jeder ihrer Zusammenkünfte fest, welche Fortschritte erzielt worden sind.

2. Die beiden Regierungen werden die Regierungen der übrigen Mitgliedstaaten der Europäischen Gemeinschaften über die Entwicklung der deutsch-französischen Zusammenarbeit laufend unterrichtet halten. ...

Vertrag zwischen der Bundesrepublik Deutschland und der Union der Sozialistischen Sowjetrepubliken (UdSSR-Vertrag)

vom 12. August 1970

Mit Brief zur Deutschen Einheit

vom 12. August 1970

Der Vertrag

Art. 1. Die Bundesrepublik Deutschland und die Union der Sozialistischen Sowjetrepubliken betrachten es als wichtiges Ziel ihrer Politik, den internationalen Frieden aufrechtzuerhalten und die Entspannung zu erreichen.

Sie bekunden ihr Bestreben, die Normalisierung der Lage in Europa und die Entwicklung friedlicher Beziehungen zwischen allen europäischen Staaten zu fördern und gehen dabei von der in diesem Raum bestehenden wirklichen Lage aus.

Art. 2. Die Bundesrepublik Deutschland und die Union der Sozialistischen Sowjetrepubliken werden sich in ihren gegenseitigen Beziehungen sowie in Fragen der Gewährleistung der europäischen und der internationalen Sicherheit von den Zielen und Grundsätzen, die in der Charta der Vereinten Nationen niedergelegt sind, leiten lassen. Demgemäß werden sie ihre Streitfragen ausschließlich mit friedlichen Mitteln lösen und übernehmen die Verpflichtung, sich in Fragen, die die Sicherheit in Europa und die internationale Sicherheit berühren, sowie in ihren gegenseitigen Beziehungen gemäß Artikel 2 der Charta der Vereinten Nationen der Drohung mit Gewalt oder der Anwendung von Gewalt zu enthalten.

Art. 3. In Übereinstimmung mit den vorstehenden Zielen und Prinzipien stimmen die Bundesrepublik Deutschland und die Union der Sozialistischen Sowjetrepubliken in der Erkenntnis überein, daß der Friede in Europa nur erhalten werden kann, wenn niemand die gegenwärtigen Grenzen antastet.

- Sie verpflichten sich, die territoriale Integrität aller Staaten in Europa in ihren heutigen Grenzen uneingeschränkt zu achten;
- sie erklären, daß sie keine Gebietsansprüche gegen irgend jemand haben und solche in Zukunft auch nicht erheben werden;
- sie betrachten heute und künftig die Grenzen aller Staaten in Europa als unverletzlich, wie sie am Tage der Unterzeichnung dieses Vertrages verlaufen, einschließlich der Oder-Neiße-Linie, die die Westgrenze der Volksrepublik Polen bildet, und der Grenze zwischen der Bundesrepublik Deutschland und der Deutschen Demokratischen Republik.

Art. 4. Dieser Vertrag zwischen der Bundesrepublik Deutschland und der Union der Sozialistischen Sowjetrepubliken berührt nicht die von ihnen früher abgeschlossenen zweiseitigen und mehrseitigen Verträge und Vereinbarungen.

Der Brief

Die Bundesregierung übergab anläßlich der Vertragsunterzeichnung im sowjetischen Außenministerium folgenden Brief:

Moskau, 12. August 1970

Sehr geehrter Herr Minister,
im Zusammenhang mit der heutigen Unterzeichnung des Vertrages zwischen der Bundesrepublik Deutschland und der Union der Sozialistischen Sowjetrepubliken beehrt sich die Regierung der Bundesrepublik Deutschland festzustellen, daß dieser Vertrag nicht im Widerspruch zu dem politischen Ziel der Bundesrepublik Deutschland steht, auf einen Zustand des Friedens in Europa hinzuwirken, in dem das deutsche Volk in freier Selbstbestimmung seine Einheit wiedererlangt.

Genehmigen Sie, Herr Minister, die Versicherung meiner ausgezeichnetsten Hochachtung.

Walter Scheel

Seiner Exzellenz
dem Minister für Auswärtige
Angelegenheiten der Union der
Sozialistischen Sowjetrepubliken
Herrn Andrej Andrejewitsch
Gromyko
Moskau

Vertrag zwischen der Bundesrepublik Deutschland und der Volksrepublik Polen über die Grundlagen der Normalisierung ihrer gegenseitigen Beziehungen (Polen-Vertrag)

vom 7. Dezember 1970

Art. I. (1) Die Bundesrepublik Deutschland und die Volksrepublik Polen stellen übereinstimmend fest, daß die bestehende Grenzlinie, deren Verlauf im Kapitel IX der Beschlüsse der Potsdamer Konferenz vom 2. August 1945 von der Ostsee unmittelbar westlich von Swinemünde und von dort die Oder entlang bis zur Einmündung der Lausitzer Neiße und die Lausitzer Neiße entlang bis zur Grenze mit der Tschechoslowakei festgelegt worden ist, die westliche Staatsgrenze der Volksrepublik Polen bildet.

(2) Sie bekräftigen die Unverletzlichkeit ihrer bestehenden Grenzen jetzt und in der Zukunft und verpflichten sich gegenseitig zur uneingeschränkten Achtung ihrer territorialen Integrität.

(3) Sie erklären, daß sie gegeneinander keinerlei Gebietsansprüche haben und solche auch in Zukunft nicht erheben werden.

Art. II. (1) Die Bundesrepublik Deutschland und die Volksrepublik Polen werden sich in ihren gegenseitigen Beziehungen sowie in Fragen der Gewährleistung der Sicherheit in Europa und in der Welt von den Zielen und Grundsätzen, die in der Charta der Vereinten Nationen niedergelegt sind, leiten lassen.

(2) Demgemäß werden sie entsprechend den Artikeln 1 und 2 der Charta der Vereinten Nationen alle ihre Streitfragen ausschließlich mit friedlichen Mitteln lösen und sich in Fragen, die die europäische und internationale Sicherheit berühren, sowie in ihren gegenseitigen Beziehungen der Drohung mit Gewalt oder der Anwendung von Gewalt enthalten.

Art. III. (1) Die Bundesrepublik Deutschland und die Volksrepublik Polen werden weitere Schritte zur vollen Normalisierung und umfassenden Entwicklung ihrer gegenseitigen Beziehungen unternehmen, deren feste Grundlage dieser Vertrag bildet.

(2) Sie stimmen darin überein, daß eine Erweiterung ihrer Zusammenarbeit im Bereich der wirtschaftlichen, wissenschaftlichen, wissenschaftlich-technischen, kulturellen und sonstigen Beziehungen in ihrem beiderseitigen Interesse liegt.

Art. IV. Dieser Vertrag berührt nicht die von den Parteien früher geschlossenen oder sie betreffenden zweiseitigen oder mehrseitigen internationalen Vereinbarungen.

Viermächte-Abkommen über Berlin

vom 3. September 1971

1 Allgemeine Bestimmungen. 1. Die Vier Regierungen werden bestrebt sein, die Beseitigung von Spannungen und die Verhütung von Komplikationen in dem betreffenden Gebiet zu fördern.

2. Unter Berücksichtigung ihrer Verpflichtungen nach der Charta der Vereinten Nationen stimmen die Vier Regierungen darin überein, daß in diesem Gebiet keine Anwendung oder Androhung von Gewalt erfolgt und daß Streitigkeiten ausschließlich mit friedlichen Mitteln beizulegen sind.

3. Die Vier Regierungen werden ihre individuellen und gemeinsamen Rechte und Verantwortlichkeiten, die unverändert bleiben, gegenseitig achten.

4. Die Vier Regierungen stimmen darin überein, daß ungeachtet der Unterschiede in den Rechtsauffassungen die

Lage, die sich in diesem Gebiet entwikkelt hat und wie sie in diesem Abkommen sowie in den anderen in diesem Abkommen genannten Vereinbarungen definiert ist, nicht einseitig verändert wird.

2 Bestimmungen, die die Westsektoren Berlins betreffen. A. Die Regierung der Union der Sozialistischen Sowjetrepubliken erklärt, daß der Transitverkehr von zivilen Personen und Gütern zwischen den Westsektoren Berlins und der Bundesrepublik Deutschland auf Straßen, Schienen- und Wasserwegen durch das Territorium der Deutschen Demokratischen Republik ohne Behinderungen sein wird, daß dieser Verkehr erleichtert werden wird, damit er in der einfachsten und schnellsten Weise vor sich geht und daß er Begünstigung erfahren wird.

B. Die Regierungen der Französischen Republik, des Vereinigten Königreichs und der Vereinigten Staaten von Amerika erklären, daß die Bindungen zwischen den Westsektoren Berlins und der Bundesrepublik Deutschland aufrechterhalten und entwickelt werden, wobei sie berücksichtigen, daß diese Sektoren so wie bisher kein Bestandteil (konstitutiver Teil) der Bundesrepublik Deutschland sind und auch weiterhin nicht von ihr regiert werden.

C. Die Regierung der Union der Sozialistischen Sowjetrepubliken erklärt, daß die Kommunikationen zwischen den Westsektoren Berlins und Gebieten, die an diese Sektoren grenzen, sowie denjenigen Gebieten der Deutschen Demokratischen Republik, die nicht an diese Sektoren grenzen, verbessert werden. Personen mit ständigem Wohnsitz in den Westsektoren Berlins werden aus humanitären, familiären, religiösen, kulturellen oder kommerziellen Gründen oder als Touristen in diese Gebiete reisen und sie besuchen können, und zwar unter Bedingungen, die denen vergleichbar sind, die für andere in diese Gebiete einreisende Personen gelten.

Die Probleme der kleinen Enklaven einschließlich Steinstückens und anderer kleiner Gebiete können durch Gebietsaustausch gelöst werden.

Vertrag über die gegenseitigen Beziehungen zwischen der Bundesrepublik Deutschland und der Tschechoslowakischen Sozialistischen Republik (CSSR-Normalisierungsvertrag)

vom 11. Dezember 1973

Art. I. Die Bundesrepublik Deutschland und die Tschechoslowakische Sozialistische Republik betrachten das Münchener Abkommen vom 29. September 1938 im Hinblick auf ihre gegenseitigen Beziehungen nach Maßgabe dieses Vertrages als nichtig.

Art. II. (1) Dieser Vertrag berührt nicht die Rechtswirkungen, die sich in bezug auf natürliche oder juristische Personen aus dem in der Zeit vom 30. September 1938 bis zum 9. Mai 1945 angewendeten Recht ergeben.

Ausgenommen hiervon sind die Auswirkungen von Maßnahmen, die beide vertragsschließende Parteien wegen ihrer Unvereinbarkeit mit den fundamentalen Prinzipien der Gerechtigkeit als nichtig betrachten.

(2) Dieser Vertrag läßt die sich aus der Rechtsordnung jeder der beiden Vertragsparteien ergebende Staatsangehörigkeit lebender und verstorbener Personen unberührt.

(3) Dieser Vertrag bildet mit seinen Erklärungen über das Münchener Abkommen keine Rechtsgrundlage für materielle Ansprüche der Tschechoslowakischen Sozialistischen Republik und ihrer natürlichen und juristischen Personen.

Art. III. (1) Die Bundesrepublik Deutschland und die Tschechoslowakische Sozialistische Republik lassen sich in ihren gegenseitigen Beziehungen sowie in Fragen der Gewährleistung der Sicherheit in Europa und in der Welt von den Zielen und Grundsätzen, die in der Charta der Vereinten Nationen niedergelegt sind, leiten.

(2) Demgemäß werden sie entsprechend den Artikeln 1 und 2 der Charta der Vereinten Nationen alle ihre Streitfragen ausschließlich mit friedlichen Mitteln lösen und sich in Fragen, die die europäische und internationale Sicherheit berühren, sowie in ihren gegenseitigen Beziehungen der Drohung mit Gewalt oder der Anwendung von Gewalt enthalten.

Art. IV. (1) In Übereinstimmung mit den vorstehenden Zielen und Grundsätzen bekräftigen die Bundesrepublik Deutschland und die Tschechoslowakische Sozialistische Republik die Unverletzlichkeit ihrer gemeinsamen Grenze jetzt und in der Zukunft und verpflichten sich gegenseitig zur uneingeschränkten Achtung ihrer territorialen Integrität.

(2) Sie erklären, daß sie gegeneinander keinerlei Gebietsansprüche haben und solche auch in Zukunft nicht erheben werden.

Art. V. (1) Die Bundesrepublik Deutschland und die Tschechoslowakische Sozialistische Republik werden weitere Schritte zur umfassenden Entwicklung ihrer gegenseitigen Beziehungen unternehmen.

(2) Sie stimmen darin überein, daß eine Erweiterung ihrer nachbarschaftlichen Zusammenarbeit auf den Gebieten der Wirtschaft, der Wissenschaft, der wissenschaftlich-technischen Beziehungen, der Kultur, des Umweltschutzes, des Sports, des Verkehrs und ihrer sonstigen Beziehungen in ihrem beiderseitigen Interesse liegt.

Schlußakte der Konferenz über Sicherheit und Zusammenarbeit in Europa (KSZE) von Helsinki* (KSZE-Schlußakte)

vom 1. August 1975

Vgl. dazu Kartenanhang 4 und 5

1 Sicherheitsfragen

1.1 Prinzipien

I. Souveräne Gleichheit, Achtung der der Souveränität innewohnenden Rechte. Die Teilnehmerstaaten werden gegenseitig ihre souveräne Gleichheit und Individualität sowie alle ihrer Souveränität innewohnenden und von ihr umschlossenen Rechte achten, einschließlich insbesondere des Rechts eines jeden Staates auf rechtliche Gleichheit, auf territoriale Integrität sowie auf Freiheit und politische Unabhängigkeit. Sie werden ebenfalls das Recht jedes anderen Teilnehmerstaates achten, sein politisches, soziales, wirtschaftliches und kulturelles System frei zu wählen und zu entwickeln sowie sein Recht, seine Gesetze und Verordnungen zu bestimmen.

---

* Teilnehmerstaaten sind:
Nordatlantikvertragsstaaten
i. d. Europäischen Gemeinschaft (EG):
Belgien, die Bundesrepublik Deutschland, Dänemark, Frankreich, Griechenland, Großbritannien, Italien, Luxemburg, Niederlande und (assoziiert) die Türkei;
i. d. Europäischen Freihandelszone (EFTA):
Island, Norwegen und Portugal;
in Übersee:
Kanada und die USA;
Andere Staaten
in der EG:
Irland;
in der EFTA:
Liechtenstein, Österreich, Schweden, die Schweiz, Spanien und (assoziiert) Finnland;
Staaten des Warschauer Pakts (identisch mit COMECON):
Bulgarien, die Deutsche Demokratische Republik, Polen, Rumänien, die Sowjetunion, die Tschechoslowakei, Ungarn und (assoziiert) Jugoslawien;
Staaten ohne Bindung:
der Heilige Stuhl, Malta, Monaco, San Marino und Zypern.

II. Enthaltung von der Androhung oder Anwendung von Gewalt. Die Teilnehmerstaaten werden sich in ihren gegenseitigen Beziehungen sowie in ihren internationalen Beziehungen im allgemeinen der Androhung oder Anwendung von Gewalt, die gegen die territoriale Integrität oder politische Unabhängigkeit irgendeines Staates gerichtet oder auf irgendeine andere Weise mit den Zielen der Vereinten Nationen und mit der vorliegenden Erklärung unvereinbar ist, enthalten. Die Geltendmachung von Erwägungen zur Rechtfertigung eines gegen dieses Prinzip verstoßenden Rückgriffs auf die Androhung oder Anwendung von Gewalt ist unzulässig. ...

III. Unverletzlichkeit der Grenzen. Die Teilnehmerstaaten betrachten gegenseitig alle ihre Grenzen sowie die Grenzen aller Staaten in Europa als unverletzlich und werden deshalb jetzt und in der Zukunft keinen Anschlag auf diese Grenzen verüben. ...

IV. Territoriale Integrität der Staaten. Die Teilnehmerstaaten werden die territoriale Integrität eines jeden Teilnehmerstaates achten. ...

V. Friedliche Regelung von Streitfällen. Die Teilnehmerstaaten werden Streitfälle zwischen ihnen mit friedlichen Mitteln auf solche Weise regeln, daß der internationale Frieden und die internationale Sicherheit sowie die Gerechtigkeit nicht gefährdet werden. ...

VI. Nichteinmischung in innere Angelegenheiten. Die Teilnehmerstaaten werden sich ungeachtet ihrer gegenseitigen Beziehungen jeder direkten oder indirekten, individuellen oder kollektiven Einmischung in die inneren oder äußeren Angelegenheiten enthalten, die in die innerstaatliche Zuständigkeit eines anderen Teilnehmerstaates fallen. ...

VII. Achtung der Menschenrechte und Grundfreiheiten, einschließlich der Gedanken-, Gewissens-, Religions- oder Überzeugungsfreiheit.

Die Teilnehmerstaaten werden die Menschenrechte und Grundfreiheiten, einschließlich der Gedanken-, Gewissens-, Religions- oder Überzeugungsfreiheit für alle ohne Unterschied der Rasse, des Geschlechts, der Sprache oder der Religion achten. ...

VIII. Gleichberechtigung und Selbstbestimmungsrecht der Völker.

Die Teilnehmerstaaten werden die Gleichberechtigung der Völker und ihr Selbstbestimmungsrecht achten, indem sie jederzeit in Übereinstimmung mit den Zielen und Grundsätzen der Charta der Vereinten Nationen und den einschlägigen Normen des Völkerrechts handeln, einschließlich jener, die sich auf die territoriale Integrität der Staaten beziehen. ...

IX. Zusammenarbeit zwischen den Staaten.

Die Teilnehmerstaaten werden ihre Zusammenarbeit miteinander und mit allen Staaten in allen Bereichen gemäß den Zielen und Grundsätzen der Charta der Vereinten Nationen entwickeln. ...

X. Erfüllung völkerrechtlicher Verpflichtungen nach Treu und Glauben.

Die Teilnehmerstaaten werden ihre völkerrechtlichen Verpflichtungen nach Treu und Glauben erfüllen, und zwar jene Verpflichtungen, die sich aus den allgemein anerkannten Grundsätzen und Regeln des Völkerrechts ergeben, wie auch jene Verpflichtungen, die sich aus mit dem Völkerrecht übereinstimmenden Verträgen oder sonstigen Abkommen, deren Vertragspartei sie sind, ergeben. ...

1.2 Verwirklichung

I. Vorherige Ankündigung von größeren militärischen Manövern.

Sie werden ihre größeren militärischen Manöver allen anderen Teilnehmerstaaten auf üblichem diplomatischen Wege in Übereinstimmung mit den folgenden Bestimmungen ankündigen:

Ankündigungen werden gegeben von größeren militärischen Manövern von Landstreitkräften in einer Gesamtstärke von mehr als 25 000, an denen diese selbständig oder kombiniert mit etwaigen Teilen von Luft- oder Seestreitkräften teilnehmen (in diesem Zusammenhang schließt der Begriff „Landstreitkräfte" amphibische und Luftlandekräfte ein). ...

Die Ankündigung wird 21 Tage oder mehr vor Beginn des Manövers gegeben, oder, wenn ein Manöver kurzfristiger angesetzt wird, so frühzeitig wie möglich vor dem Datum seines Beginnes.

Vorherige Ankündigung anderer militärischer Manöver.

Die Teilnehmerstaaten erkennen an, daß sie darüber hinaus zur Stärkung des Vertrauens und zur Erhöhung der Sicherheit und Stabilität in Europa beizutragen vermögen und zu diesem Zweck anderen Teilnehmerstaaten, mit besonderer Berücksichtigung derer nahe dem Gebiet solcher Manöver, auch kleinere militärische Manöver ankündigen können. ...

Austausch von Beobachtern.

Die Teilnehmerstaaten werden, freiwillig und auf bilateraler Grundlage, im Geiste der Gegenseitigkeit und des guten Willens allen Teilnehmerstaaten gegenüber, andere Teilnehmerstaaten einladen, Beobachter zur Teilnahme an militärischen Manövern zu entsenden. ...

Vorherige Ankündigung größerer militärischer Bewegungen.

In Übereinstimmung mit den Schlußempfehlungen der Helsinki-Konsultationen haben die Teilnehmerstaaten die Frage der vorherigen Ankündigung größerer militärischer Bewegungen als einer Maßnahme zur Stärkung des Vertrauens geprüft. Dementsprechend erkennen die Teilnehmerstaaten an, daß sie nach eigenem Ermessen und mit dem Ziel, zur Vertrauensbildung beizutragen, ihre größeren militärischen Bewegungen ankündigen können. ...

II. Fragen im Zusammenhang mit der Abrüstung.

Die Teilnehmerstaaten anerkennen ihrer aller Interesse an Bemühungen zur Verminderung der militärischen Konfrontation und zur Förderung der Abrüstung, die darauf gerichtet sind, die politische Entspannung in Europa zu ergänzen und ihre Sicherheit zu stärken. ...

III. Allgemeine Erwägungen.

Nach Erwägung der Ansichten, die zu verschiedenen Themen zum Ausdruck gebracht worden sind, welche mit der Festigung

der Sicherheit in Europa durch gemeinsame Bemühungen zur Förderung von Entspannung und Abrüstung zusammenhängen, werden die Teilnehmerstaaten, wenn sie solche Bemühungen unternehmen, in diesem Zusammenhang insbesondere von folgenden wesentlichen Erwägungen ausgehen:
- dem komplementären Charakter der politischen und militärischen Aspekte der Sicherheit;
- der Wechselbeziehung zwischen der Sicherheit eines jeden Teilnehmerstaates und der Sicherheit in Europa als Ganzem sowie der Beziehung, die im weiteren Zusammenhang der Sicherheit der Welt zwischen der Sicherheit in Europa und der Sicherheit im Mittelmeerraum besteht;
- der Achtung der ihrer souveränen Gleichheit innewohnenden Sicherheitsinteressen aller an der Konferenz über Sicherheit und Zusammenarbeit in Europa teilnehmenden Staaten;
- der Bedeutung, daß die Teilnehmer an Verhandlungsgremien Sorge tragen, andere an der Konferenz über Sicherheit und Zusammenarbeit in Europa teilnehmende Staaten mit Information über diesbezügliche Entwicklungen, Fortschritte und Ergebnisse auf geeigneter Grundlage zu versehen, sowie dem berechtigten Interesse eines jeden dieser Staaten daran, daß seine Rückäußerungen erwogen werden. ...

2 Wirtschaft, Wissenschaft, Technik, Umwelt

2.1 Wirtschaft

Allgemeine Bestimmungen
Die Teilnehmerstaaten,
Im Bewußtsein der wachsenden Bedeutung des internationalen Handels als einem der wichtigsten Faktoren des wirtschaftlichen Wachstums und sozialen Fortschritts,
In der Erkenntnis, daß der Handel einen wesentlichen Sektor ihrer Zusammenarbeit darstellt ...
Halten es für angebracht, günstige Bedingungen für die Beteiligung von Gesellschaften, Organisationen und Unternehmen an der Entwicklung des Handels zu schaffen. ...

Information über Handel und Wirtschaft
Die Teilnehmerstaaten,
Im Bewußtsein der wachsenden Rolle der wirtschaftlichen und kommerziellen Information bei der Entwicklung des internationalen Handels,
In der Erwägung, daß die Informationen auf dem Gebiet der Wirtschaft so geartet sein sollten, daß sie eine ausreichende Marktanalyse gewährleisten sowie die Ausarbeitung von mittel- und langfristigen Prognosen ermöglichen und so dazu beitragen, kontinuierliche Handelsströme zu schaffen und die geschäftlichen Möglichkeiten besser zu nutzen, ...

Handelsförderung
Die Teilnehmerstaaten,
In der Erkenntnis, daß es wichtig ist, die Produktion an die Erfordernisse ausländischer Märkte anzupassen, um eine Ausweitung des internationalen Handels zu gewährleisten,
Im Bewußtsein dessen, daß es für die Exporteure erforderlich ist, mit den Bedürfnissen potentieller Kunden und Verbraucher möglichst genau vertraut zu sein und sie zu berücksichtigen,
Werden die vom Außenhandel betroffenen Organisationen, Unternehmen und Gesellschaften ermutigen, die Kenntnisse und technischen Methoden weiterzuentwickeln, die für eine wirksame Absatzförderung erforderlich sind; ...

Industrielle Kooperation
Die Teilnehmerstaaten,
In der Erwägung, daß industrielle Kooperation, die durch wirtschaftliche Überlegungen bestimmt ist,
- dauerhafte Bindungen schaffen und dadurch die langfristige, umfassende wirtschaftliche Zusammenarbeit stärken kann,
- zum wirtschaftlichen Wachstum sowie zur Ausweitung und Diversifizierung des internationalen Handels und zu einer breiteren Anwendung moderner Technik beitragen kann,
- durch eine bessere Nutzung der Produktionsfaktoren zu einer gegenseitig vorteilhaften Ausnutzung einander ergänzender wirtschaftlicher Gegebenheiten führen kann, und
- die industrielle Entwicklung aller, die sich an einer solchen Zusammenarbeit beteiligen, beschleunigen kann,

Beabsichtigen, die Entwicklung der industriellen Kooperation zwischen den kompetenten Organisationen, Unternehmen und Gesellschaften in ihren Ländern zu fördern; ...

Projekte gemeinsamen Interesses
Die Teilnehmerstaaten,

In der Erwägung, daß ihr Wirtschaftspotential und ihre natürlichen Ressourcen bei gemeinsamen Bemühungen eine langfristige Zusammenarbeit zur Verwirklichung von Großprojekten gemeinsamen Interesses auch auf regionaler und subregionaler Ebene ermöglichen und daß solche Projekte dazu beitragen können, die wirtschaftliche Entwicklung der daran teilnehmenden Länder zu beschleunigen. ...

Harmonisierung der Normen
Die Teilnehmerstaaten,

In der Erkenntnis, daß die Entwicklung sowohl der internationalen Harmonisierung von Normen und technischen Vorschriften als auch die Entwicklung der internationalen Zusammenarbeit im Bereich der Prüfverfahren ein wichtiges Mittel ist, um technische Hindernisse im internationalen Handel und der industriellen Kooperation zu beseitigen und daß damit deren Entwicklung erleichtert und die Produktivität gesteigert wird,

Bekräftigen ihr Interesse daran, die größtmögliche internationale Harmonisierung von Normen und technischen Vorschriften zu erreichen. ...

Schiedsverfahren
Die Teilnehmerstaaten,

In der Erwägung, daß die schnelle und gerechte Schlichtung von Streitfällen, die aus Geschäften des Waren- und Dienstleistungsverkehrs und Verträgen über industrielle Kooperationen entstehen können, zur Erweiterung und Erleichterung des Handels und der Zusammenarbeit beitragen würde,

In der Erwägung, daß die Schiedsverfahren zur Beilegung solcher Streitfälle zweckmäßig sind,

Empfehlen, wo angebracht, Organisationen, Unternehmen und Gesellschaften in ihren Ländern, Schiedsklauseln in Verträge über Handelsgeschäfte und über industrielle Kooperationen oder in Sonderabmachungen aufzunehmen; ...

Spezifische bilaterale Vereinbarungen
Die Teilnehmerstaaten,

Im Bewußtsein der Notwendigkeit, den Handel zu erleichtern und die Verwirklichung neuer Formen der industriellen Kooperation zu fördern,

Werden erwägen, in geeigneten Fällen spezifische bilaterale Abkommen über verschiedene Probleme von gegenseitigem Interesse in den Bereichen des Handels und der industriellen Kooperation abzuschließen, insbesondere zur Vermeidung der Doppelbesteuerung und zur Erleichterung des Transfers von Gewinnen und des Rücktransfers investierter Vermögenswerte.

2.2 Wissenschaft und Technik

Die Teilnehmerstaaten,

In der Überzeugung, daß die wissenschaftliche und technische Zusammenarbeit einen wichtigen Beitrag zur Festigung der Sicherheit und Zusammenarbeit zwischen ihnen darstellt, da sie eine wirksame Lösung der Probleme von gemeinsamem Interesse und die Verbesserung der menschlichen Lebensbedingungen erleichtert, ...

Möglichkeiten zur Verbesserung der Zusammenarbeit
Stellen fest, daß Möglichkeiten für eine weitere Verbesserung der wissenschaftlichen und technischen Zusammenarbeit bestehen, und bekunden daher ihre Absicht, Hindernisse, die einer solchen Zusammenarbeit im Wege stehen, zu beseitigen, ...

Formen und Methoden der Zusammenarbeit
Sind der Auffassung, daß die wissenschaftliche und technische Zusammenarbeit sich insbesondere folgender Formen und Methoden bedienen sollte:
- Austausch und Verbreitung von Büchern, Zeitschriften und anderen wissenschaftlichen und technischen Veröffentlichungen und Abhandlungen zwischen interessierten Organisationen, wissenschaftlichen und technischen Institutionen, Unternehmen, Wissenschaftlern und Technikern, sowie Beteiligung an internationalen Programmen für die Erstellung von Kurz-

fassungen und Verzeichnissen von Veröffentlichungen;
- Austausch und Besuche sowie andere direkte Kontakte und Verbindungen zwischen Wissenschaftlern und technischen Experten, auf der Grundlage gegenseitiger Vereinbarung und anderer Absprachen, für Zwecke wie Beratungen, Vorträge und die Durchführung von Forschungsarbeiten, einschließlich der damit zusammenhängenden Benutzung von Laboratorien, wissenschaftlichen Bibliotheken und anderen Dokumentationszentren;
- Veranstaltungen von Konferenzen, Symposien, Seminaren, Lehrgängen und anderen Zusammenkünften wissenschaftlicher und technischer Art auf internationaler und innerstaatlicher Ebene, welche die Teilnahme ausländischer Wissenschaftler und Techniker einschließen würden;
- gemeinsame Vorbereitung und Durchführung von Programmen und Projekten gegenseitigen Interesses auf der Grundlage der Beratung und Übereinkunft zwischen allen betroffenen Parteien, einschließlich, soweit möglich und angebracht, des Austausches von Erfahrungen und Forschungsergebnissen sowie der Abstimmung von Forschungsprogrammen zwischen wissenschaftlichen und technischen Forschungsinstitutionen und -organisationen;
- Verwendung kommerzieller Kanäle und Methoden zur Identifizierung und Weitergabe technischer und wissenschaftlicher Entwicklungen, einschließlich des Abschlusses von gegenseitig vorteilhaften Vereinbarungen über Zusammenarbeit zwischen Firmen und Unternehmen in den von ihnen vereinbarten Bereichen und, wo angebracht, zur Durchführung gemeinsamer Forschungs- und Entwicklungsprogramme und -projekte; ...

2.3 Umwelt

Die Teilnehmerstaaten,
Bekräftigend, daß der Schutz und die Verbesserung der Umwelt sowie der Schutz der Natur und die rationelle Nutzung ihrer Ressourcen im Interesse gegenwärtiger und künftiger Generationen eine für das Wohlergehen der Völker und die wirtschaftliche Entwicklung aller Länder sehr bedeutende Aufgabe darstellt und daß viele Umweltprobleme, insbesondere in Europa, nur durch enge internationale Zusammenarbeit wirksam gelöst werden können. ...

3 Humanitäre und andere Bereiche

3.1 Menschliche Kontakte

a) **Kontakte und regelmäßige Begegnungen auf der Grundlage familiärer Bindungen.** Um die weitere Entwicklung von Kontakten auf der Grundlage familiärer Bindungen zu fördern, ... werden die Teilnehmerstaaten Gesuche auf Reisen wohlwollend prüfen mit dem Ziel, Personen zu erlauben, in ihr Territorium zeitweilig und, wenn gewünscht, regelmäßig einzureisen oder aus ihm auszureisen, um Mitglieder ihrer Familien zu besuchen. ...

b) **Familienzusammenführung.** Die Teilnehmerstaaten werden in positivem und humanitärem Geist Gesuche von Personen behandeln, die mit Angehörigen ihrer Familie zusammengeführt werden möchten, unter besonderer Beachtung von Gesuchen dringenden Charakters – wie solchen, die von kranken oder alten Personen eingereicht werden.
Sie werden Gesuche in diesem Bereich so zügig wie möglich behandeln. ...

c) **Eheschließung zwischen Bürgern verschiedener Staaten.** Die Teilnehmerstaaten werden wohlwollend und auf der Grundlage humanitärer Erwägungen Gesuche auf Bewilligung der Aus- oder Einreise von Personen prüfen, die beschlossen haben, einen Bürger aus einem anderen Teilnehmerstaat zu heiraten. ...

d) **Reisen aus persönlichen oder beruflichen Gründen.** Die Teilnehmerstaaten beabsichtigen, Möglichkeiten für umfassenderes Reisen ihrer Bürger aus persönlichen oder beruflichen Gründen zu entwickeln; zu diesem Zweck beabsichtigen sie insbesondere:
- schrittweise die Verfahren für die Aus- und Einreise zu vereinfachen und flexibel zu handhaben,

- die Vorschriften für Ortsveränderungen von Bürgern aus den anderen Teilnehmerstaaten auf ihrem Territorium flexibler zu gestalten, unter gebührender Berücksichtigung von Sicherheitserfordernissen. ...

e) Verbesserung der Bedingungen für den Tourismus auf individueller oder kollektiver Grundlage. Die Teilnehmerstaaten sind der Auffassung, daß der Tourismus zu einer vollständigeren Kenntnis des Lebens, der Kultur und der Geschichte anderer Länder, zu wachsendem Verständnis zwischen den Völkern, zur Verbesserung der Kontakte und zur umfassenderen Freizeitgestaltung beiträgt. ...

f) Begegnungen der Jugend. Die Teilnehmerstaaten beabsichtigen, die Entwicklung von Kontakten und des Austausches unter der Jugend zu fördern. ...

g) Sport. Um bestehende Verbindungen und Zusammenarbeit auf dem Gebiet des Sports zu erweitern, werden die Teilnehmerstaaten entsprechende Kontakte und entsprechenden Austausch fördern, einschließlich Sporttreffen und Wettkämpfen aller Art, auf der Grundlage der geltenden internationalen Regeln, Bestimmungen und Praxis.

h) Erweiterung der Kontakte. Im Zuge der weiteren Entwicklung von Kontakten zwischen staatlichen Institutionen und nichtstaatlichen Organisationen bzw. Vereinigungen, einschließlich Frauenorganisationen, werden die Teilnehmerstaaten die Einberufung von Zusammenkünften sowie Reisen von Delegationen, Gruppen und Einzelpersonen erleichtern.

3.2 Information

a) Verbesserung der Verbreitung von, des Zugangs zu und des Austausches von Information.

Mündliche Information
Die Verbreitung mündlicher Informationen durch Förderung von Vorträgen und Vortragsreisen von Persönlichkeiten und Fachleuten aus den anderen Teilnehmerstaaten sowie von Meinungsaustausch bei Gesprächen am Runden Tisch, Seminaren, Symposien, Sommerkursen, Kongressen und anderen bilateralen und multilateralen Treffen zu erleichtern.

Gedruckte Information
Auf ihrem Territorium die Verbesserung der Verbreitung von periodisch und nichtperiodisch erscheinenden Zeitungen und gedruckten Veröffentlichungen aus den anderen Teilnehmerstaaten zu erleichtern. ...

Gefilmte und gesendete Information
Die Verbesserung der Verbreitung gefilmter und gesendeter Information zu fördern. ...

b) Zusammenarbeit im Bereich der Information. Die Zusammenarbeit im Bereich der Information auf der Grundlage kurz- oder langfristiger Abkommen oder Vereinbarungen zu fördern. ...

c) Verbesserung der Arbeitsbedingungen für Journalisten. Die Teilnehmerstaaten, von dem Wunsch geleitet, die Bedingungen zu verbessern, unter denen Journalisten aus einem Teilnehmerstaat ihren Beruf in einem anderen Teilnehmerstaat ausüben, ...

3.3 Kultur

Die Teilnehmerstaaten,
In der Erwägung, daß Austausch und Zusammenarbeit im Bereich der Kultur zu einem besseren Verständnis zwischen den Menschen und den Völkern beitragen und so eine dauerhafte Verständigung zwischen den Staaten fördern; ...
Erklären sich gemeinsam folgendes zum Ziel zu setzen:
a) die gegenseitige Information im Hinblick auf eine bessere Kenntnis der jeweiligen kulturellen Leistungen zu entwickeln;
b) die materiellen Möglichkeiten für Austausch und Verbreitung kultureller Güter zu verbessern;
c) den Zugang aller zu den jeweiligen kulturellen Leistungen zu fördern;
d) Kontakte und Zusammenarbeit zwischen Personen zu entwickeln, die eine kulturelle Tätigkeit ausüben;
e) neue Bereiche und Formen der kulturellen Zusammenarbeit zu suchen; ...

Nationale Minderheiten oder Regionalkulturen.
Die Teilnehmerstaaten, in Anerkennung des Beitrags, den die nationalen Minderheiten oder die regionalen Kulturen zur Zusammenarbeit zwischen ihnen

in verschiedenen Bereichen der Kultur leisten können, beabsichtigen, wenn auf ihrem Territorium solche Minderheiten oder Kulturen existieren, diesen Beitrag unter Berücksichtigung der legitimen Interessen ihrer Mitglieder zu erleichtern.

3.4 Bildung

...

a) **Ausbau der Beziehungen.** Die Zusammenarbeit und die Beziehungen auf den Gebieten Bildung und Wissenschaft auf den verschiedenen Ebenen auszubauen und zu verbessern, ...

b) **Zugang und Austausch.** Den Zugang für Studenten, Lehrer und Wissenschaftler der Teilnehmerstaaten zu Bildungs-, kulturellen und wissenschaftlichen Institutionen eines jeden anderen Teilnehmerstaates unter gegenseitig annehmbaren Bedingungen zu verbessern und den Austausch zwischen diesen Institutionen in allen Bereichen gemeinsamen Interesses zu verstärken, ...

c) **Wissenschaft.** Die Zusammenarbeit und den Austausch im Bereich der Wissenschaft im Rahmen ihrer Zuständigkeit zu erweitern und zu verbessern, insbesondere:

Den Austausch und die Verbreitung von wissenschaftlicher Information und Dokumentation auf bilateraler oder multilateraler Grundlage zu erweitern, ...

d) **Fremde Sprachen und Zivilisationen.** Das Studium fremder Sprachen und Zivilisationen als wichtigstes Mittel zur Erweiterung der Kommunikation zwischen den Völkern für deren besseres Kennenlernen der Kultur eines jeden Landes sowie zur Stärkung der internationalen Zusammenarbeit zu fördern; zu diesem Zweck im Rahmen ihrer Zuständigkeit die weitere Entwicklung und Verbesserung des Fremdsprachenunterrichts und die Diversifizierung der Auswahl der auf verschiedenen Stufen unterrichteten Sprachen anzuregen, wobei sie den weniger verbreiteten oder gelernten Sprachen gebührende Beachtung schenken, ...

e) **Unterrichtsmethoden.** Den Erfahrungsaustausch auf bilateraler oder multilateraler Grundlage über Unterrichtsmethoden auf allen Stufen der Bildung, einschließlich von Methoden, die in der Weiterbildung und in der Erwachsenenbildung zur Anwendung kommen, sowie den Austausch von Lehrmaterial zu fördern, ...

Konferenz über Vertrauens- und Sicherheitsbildende Maßnahmen und Abrüstung in Europa (KVAE)

vom 19. September 1986

(1) Die Vertreter der Teilnehmerstaaten der Konferenz über Sicherheit und Zusammenarbeit in Europa (KSZE), Belgien, Bulgarien, Dänemark, Deutsche Demokratische Republik, Bundesrepublik Deutschland, Finnland, Frankreich, Griechenland, Heiliger Stuhl, Irland, Island, Italien, Jugoslawien, Kanada, Liechtenstein, Luxemburg, Malta, Monaco, Niederlande, Norwegen, Österreich, Polen, Portugal, Rumänien, San Marino, Schweden, Schweiz, Spanien, Tschechoslowakei, Türkei, Ungarn, Union der Sozialistischen Sowjetrepubliken, Vereinigtes Königreich, Vereinigte Staaten von Amerika und Zypern tagten in Stockholm vom 17. Januar 1984 bis 19. September 1986 in Übereinstimmung mit den im Abschließenden Dokument des Madrider Folgetreffens der KSZE enthaltenen Bestimmungen bezüglich der Konferenz über Vertrauens- und Sicherheitsbildende Maßnahmen und Abrüstung in Europa.

(6) Die Teilnehmerstaaten erinnerten daran, daß es das Ziel der Konferenz über Vertrauens- und Sicherheitsbildende Maßnahmen und Abrüstung in Europa als substantieller und integraler Bestand-

teil des durch die Konferenz über Sicherheit und Zusammenarbeit in Europa eingeleiteten multilateralen Prozesses ist, etappenweise neue, wirksame und konkrete Schritte zu unternehmen, die darauf gerichtet sind, Fortschritte bei der Festigung des Vertrauens und der Sicherheit und bei der Verwirklichung der Abrüstung zu erzielen, um der Pflicht der Staaten, sich der Androhung oder Anwendung von Gewalt in ihren gegenseitigen Beziehungen sowie in ihren internationalen Beziehungen im allgemeinen zu enthalten, Wirkung und Ausdruck zu verleihen.

(7) Die Teilnehmerstaaten erkannten an, daß der im vorliegenden Dokument angenommene Satz einander ergänzender vertrauens- und sicherheitsbildender Maßnahmen ... durch ihren Umfang und ihre Natur sowie durch ihre Verwirklichung dazu dienen, Vertrauen und Sicherheit in Europa zu festigen und somit der Pflicht der Staaten, sich der Androhung oder Anwendung von Gewalt zu enthalten, Wirkung und Ausdruck zu verleihen.

(8) Demgemäß haben die Teilnehmerstaaten folgendes erklärt:

Enthaltung von der Androhung oder Anwendung von Gewalt

(9) Eingedenk ihrer Pflicht, sich in ihren gegenseitigen Beziehungen sowie in ihren internationalen Beziehungen im allgemeinen der Androhung oder Anwendung von Gewalt, die gegen die territoriale Integrität oder politische Unabhängigkeit irgendeines Staates gerichtet oder auf irgendeine andere Weise mit den Zielen der Vereinten Nationen unvereinbar ist, zu enthalten, bekräftigen die Teilnehmerstaaten dementsprechend ihre Verpflichtung, das Prinzip der Enthaltung von der Androhung oder Anwendung von Gewalt, wie es in der Schlußakte niedergelegt ist, zu achten und in die Praxis umzusetzen.

(10) Die Geltendmachung von Erwägungen zur Rechtfertigung eines gegen dieses Prinzip verstoßenden Rückgriffs auf die Androhung oder Anwendung von Gewalt ist unzulässig.

(11) Sie rufen das naturgegebene Recht zur individuellen oder kollektiven Selbstverteidigung im Falle eines bewaffneten Angriffs in Erinnerung, wie es in der Charta der Vereinten Nationen niedergelegt ist.

(12) Sie werden sich jeglicher Gewaltmanifestation enthalten, die den Zweck hat, irgendeinen anderen Staat zum Verzicht auf die volle Ausübung seiner souveränen Rechte zu bewegen.

(13) Wie in der Schlußakte niedergelegt, wird keine Besetzung oder Aneignung von Territorium als rechtmäßig anerkannt werden, die aus der Androhung oder Anwendung von Gewalt unter Verletzung des Völkerrechts resultiert.

(14) Sie erkennen ihre Verpflichtung zu Frieden und Sicherheit an. Dementsprechend bekräftigen sie, daß sie sich jedes mit den Zielen und Grundsätzen der Charta der Vereinten Nationen und den Bestimmungen der Erklärung über die Prinzipien, die die Beziehungen der Teilnehmerstaaten leiten, nicht zu vereinbarenden Einsatzes bewaffneter Kräfte gegen einen anderen Teilnehmerstaat enthalten werden, insbesondere der Invasion oder des Angriffs auf sein Territorium.

(15) Sie werden ihrer Verpflichtung entsprechen, sich in ihren Beziehungen zu jedem anderen Staat der Androhung oder Anwendung von Gewalt zu enthalten, ungeachtet des politischen, sozialen, wirtschaftlichen oder kulturellen Systems dieses Staates und unabhängig davon, ob sie zu diesem Staat Bündnisbeziehungen unterhalten oder nicht.

(16) Sie unterstreichen, daß die Nichteinhaltung der Pflicht, sich der Androhung oder Anwendung von Gewalt zu enthalten, wie oben in Erinnerung gerufen, eine Verletzung des Völkerrechts darstellt.

(17) Sie unterstreichen ihre Verpflichtung zum Prinzip der friedlichen Regelung von Streitfällen, wie es in der Schlußakte enthalten ist, in der Überzeugung, daß es eine wesentliche Ergänzung zur Pflicht der Staaten ist, sich der Androhung oder Anwendung von Gewalt zu enthalten, wobei beide Prinzipien wesentliche Faktoren für die Erhaltung und Festigung des Friedens und der Sicherheit sind. Sie rufen ihre Entschlossenheit und die Notwendigkeit in Erinnerung, die ihnen für die friedliche Regelung von Streitfällen zur Verfügung stehenden Methoden zu verstärken und zu verbessern. Sie bekräftigen ihre Entschlossenheit, alle Anstrengungen zu unternehmen, um aus-

schließlich mit friedlichen Mitteln jeglichen Streitfall zwischen ihnen zu regeln.

(18) Die Teilnehmerstaaten unterstreichen ihre Verpflichtung zur Schlußakte und die Notwendigkeit vollständiger Durchführung aller ihrer Bestimmungen, die den Prozeß der Verbesserung der Sicherheit und der Entwicklung der Zusammenarbeit in Europa fördern wird, dadurch zu internationalem Frieden und Sicherheit in der ganzen Welt beitragend.

(19) Sie betonen ihre Verpflichtung zu allen Prinzipien der Erklärung über die Prinzipien, die die Beziehungen der Teilnehmerstaaten leiten, und erklären ihre Entschlossenheit, sie zu achten und in die Praxis umzusetzen, ungeachtet ihrer politischen, wirtschaftlichen oder sozialen Systeme, als auch ihrer Größe, geographischen Lage oder ihres wirtschaftlichen Entwicklungsstandes.

(20) Alle diese zehn Prinzipien sind von grundlegender Bedeutung und werden folglich gleichermaßen und vorbehaltlos angewendet, wobei ein jedes von ihnen unter Beachtung der anderen ausgelegt wird.

(21) Die Achtung und die Anwendung dieser Prinzipien werden die Entwicklung freundschaftlicher Beziehungen und der Zusammenarbeit zwischen den Teilnehmerstaaten in allen von den Bestimmungen der Schlußakte erfaßten Bereichen stärken.

(22) Sie bestätigen erneut ihre Verpflichtung zum grundlegenden Prinzip der souveränen Gleichheit der Staaten und unterstreichen, daß alle Staaten im Rahmen des Völkerrechts gleiche Rechte und Pflichten haben.

(23) Sie bekräftigen die universale Bedeutung der Menschenrechte und Grundfreiheiten. Die Achtung und die wirksame Ausübung dieser Rechte und Freiheiten sind wesentliche Faktoren für internationalen Frieden, Gerechtigkeit und Sicherheit, wie auch für die Entwicklung freundschaftlicher Beziehungen und der Zusammenarbeit zwischen ihnen sowie zwischen allen Staaten, wie in der Erklärung über die Prinzipien, die die Beziehungen der Teilnehmerstaaten leiten, niedergelegt.

(24) Sie bekräftigen, daß im weiteren Zusammenhang der Sicherheit der Welt die Sicherheit in Europa mit der Sicherheit im Mittelmeerraum in seiner Gesamtheit eng verbunden ist; in diesem Zusammenhang bestätigen sie ihre Absicht, gutnachbarschaftliche Beziehungen mit allen Staaten in der Region unter gebührender Berücksichtigung der Gegenseitigkeit und im Geiste der Prinzipien zu entwickeln, welche in der Erklärung über die Prinzipien, die die Beziehungen der Teilnehmerstaaten leiten, enthalten sind, um in Einklang mit den im Kapitel über den Mittelmeerraum der Schlußakte enthaltenen Bestimmungen Vertrauen und Sicherheit zu stärken und dafür Sorge zu tragen, daß in der Region Frieden herrscht.

(25) Sie unterstreichen die Notwendigkeit, entschiedene Maßnahmen zur Verhinderung und Bekämpfung des Terrorismus, einschließlich des Terrorismus in internationalen Beziehungen, zu ergreifen. Sie bringen ihre Entschlossenheit zum Ausdruck, sowohl auf nationaler Ebene als auch durch internationale Zusammenarbeit, wirksame Maßnahmen zur Verhinderung und Bekämpfung aller terroristischen Handlungen zu ergreifen. Sie werden alle geeigneten Maßnahmen ergreifen, um zu verhindern, daß ihr jeweiliges Territorium zur Vorbereitung, Organisierung oder Verübung terroristischer Tätigkeiten benutzt wird. Dies schließt auch Maßnahmen ein, um auf ihrem Territorium illegale Tätigkeiten, einschließlich subversiver Tätigkeiten, von Personen, Gruppen und Organisationen zu verbieten, welche zur Verübung terroristischer Handlungen, einschließlich solcher, die sich gegen andere Staaten und ihre Bürger richten, anstiften, sie organisieren oder sich daran beteiligen.

(26) Sie werden ihre völkerrechtlichen Verpflichtungen nach Treu und Glauben erfüllen; sie unterstreichen ferner, daß die strikte Einhaltung ihrer Verpflichtungen im Rahmen der KSZE wesentlich für die Bildung von Vertrauen und Sicherheit ist.

(27) Die Teilnehmerstaaten bestätigen, daß im Falle eines Widerspruchs zwischen den Verpflichtungen der Mitglieder der Vereinten Nationen aus der Charta der Vereinten Nationen und ihren Verpflichtungen aus irgendeinem Vertrag oder sonstigen internationalen Abkommen ihre Verpflichtungen aus der Charta der Vereinten Nationen gemäß ihrem Artikel 103 Vorrang haben.

(28) Die Teilnehmerstaaten haben die folgenden Maßnahmen angenommen:

Vorherige Ankündigung bestimmter militärischer Aktivitäten

(29) Die Teilnehmerstaaten werden anzukündigende* militärische Aktivitäten in der Anwendungszone für vertrauens- und sicherheitsbildende Maßnahmen (VSBM)** schriftlich auf diplomatischem Wege in vereinbarter Form des Inhaltes allen anderen Teilnehmerstaaten 42 Tage oder mehr vor ihrem Beginn ankündigen.

(30) Die Ankündigung wird durch den Teilnehmerstaat gegeben, auf dessen Territorium die Durchführung der betreffenden Aktivität geplant ist, selbst wenn die Streitkräfte dieses Staates an der Aktivität nicht beteiligt sind oder ihre Stärke unter der Ankündigungsschwelle liegt. Dies entbindet andere Teilnehmerstaaten nicht von der Pflicht, Ankündigung zu geben, wenn ihre Beteiligung an der geplanten militärischen Aktivität die Ankündigungsschwelle erreicht.

(31) Jede der folgenden militärischen Aktivitäten, die im Gelände als eine einzelne Aktivität in der Anwendungszone für VSBM auf oder über den nachstehend definierten Schwellen durchgeführt wird, wird angekündigt:

(31.1) Der Einsatz von Truppenformationen der Landstreitkräfte*** der Teilnehmerstaaten in ein und derselben Übungsaktivität, die unter einheitlicher Führung selbständig oder kombiniert mit etwaigen Teilen von Luft- oder Seestreitkräften durchgeführt wird.

(31.1.1) Diese militärische Aktivität wird der Ankündigung unterliegen, wenn an ihr zu irgendeinem Zeitpunkt während der Aktivität beteiligt sind:
- mindestens 13000 Mann, einschließlich Unterstützungstruppen, oder
- mindestens 300 Kampfpanzer,

wenn diese in einer Divisionsstruktur oder zumindest in zwei Brigaden/Regimenter – nicht notwendigerweise derselben Division unterstellt – gegliedert sind.

(31.1.2) Die Teilnahme von Luftstreitkräften der Teilnehmerstaaten wird in die Ankündigung einbezogen, wenn vorgesehen ist, daß im Verlauf der Aktivität 200 oder mehr Einsätze von Flugzeugen, ausgenommen Hubschrauber, geflogen werden.

(31.2) Der Einsatz von Streitkräften in einer amphibischen Landung oder in einer Fallschirmlandung von Luftlandekräften in der Anwendungszone für VSBM.

(31.2.1) Diese militärischen Aktivitäten werden der Ankündigung unterliegen, wenn an der amphibischen Landung mindestens 3000 Mann oder am Fallschirmabsprung mindestens 3000 Mann beteiligt sind.

(31.3) Der Einsatz von Truppenformationen der Landstreitkräfte der Teilnehmerstaaten in einer Verlegung von außerhalb der Anwendungszone für VSBM zu Ankunftspunkten innerhalb der Zone, oder von innerhalb der Anwendungszone für VSBM zu Konzentrationspunkten in der Zone, um an einer anzukündigenden Übungsaktivität teilzunehmen oder um konzentriert zu werden.

(31.3.1) Die Ankunft oder Konzentration dieser Kräfte wird der Ankündigung unterliegen, wenn an ihr zu irgendeinem Zeitpunkt während der Aktivität beteiligt sind:
- mindestens 13000 Mann, einschließlich Unterstützungstruppen, oder
- mindestens 300 Kampfpanzer,

wenn diese in einer Divisionsstruktur oder zumindest in zwei Brigaden/Regimenter – nicht notwendigerweise derselben Division unterstellt – gegliedert sind.

(31.3.2) Kräfte, die in die Zone verlegt worden sind, werden allen Bestimmungen der vereinbarten VSBM unterliegen, wenn sie ihre Ankunftspunkte verlassen, um innerhalb der Anwendungszone für VSBM an einer anzukündigenden Übungsaktivität teilzunehmen oder um konzentriert zu werden.

(32) Anzukündigende militärische Aktivitäten, die ohne vorherige Bekanntgabe an die beteiligten Truppen durchgeführt werden, sind von dem Erfordernis der 42tägigen vorherigen Ankündigung ausgenommen.

(32.1) Die Ankündigung solcher Aktivitäten, die über den vereinbarten

---

* Der Begriff anzukündigend bedeutet in diesem Dokument: der Ankündigung unterliegend.
** Siehe Anhang I.
*** In diesem Zusammenhang schließt der Begriff Landstreitkräfte amphibische, luftbewegliche und Luftlandekräfte ein.

Schwellen liegen, wird zu dem Zeitpunkt gegeben, an dem die beteiligten Truppen derartige Aktivitäten beginnen.

Beobachtung bestimmter militärischer Aktivitäten

(38) Die Teilnehmerstaaten werden Beobachter aus allen anderen Teilnehmerstaaten zu den folgenden anzukündigenden militärischen Aktivitäten einladen:

(38.1) – zum Einsatz von Truppenformationen der Landstreitkräfte* der Teilnehmerstaaten in ein und derselben Übungsaktivität, die unter einheitlicher Führung, selbständig oder kombiniert mit etwaigen Teilen von Luft- oder Seestreitkräften, durchgeführt wird;

(38.2) – zum Einsatz von Streitkräften in der amphibischen Landung oder in einer Fallschirmlandung von Luftlandekräften in der Anwendungszone für VSBM;

(38.3) – im Falle des Einsatzes von Truppenformationen der Landstreitkräfte der Teilnehmerstaaten in einer Verlegung von außerhalb der Anwendungszone für VSBM zu Ankunftspunkten innerhalb der Zone, oder von innerhalb der Anwendungszone für VSBM zu Konzentrationspunkten in der Zone, um an einer anzukündigenden Übungsaktivität teilzunehmen oder konzentriert zu werden, zur Konzentration dieser Kräfte. Kräfte, die in die Zone verlegt worden sind, werden allen Bestimmungen der vereinbarten vertrauens- und sicherheitsbildenden Maßnahmen unterliegen, wenn sie ihre Ankunftspunkte verlassen, um innerhalb der Anwendungszone für VSBM an einer anzukündigenden Übungsaktivität teilzunehmen oder um konzentriert zu werden.

(38.4) Die oben angeführten Aktivitäten werden der Beobachtung unterliegen, wenn die Stärke des eingesetzten Personals 17 000 Mann erreicht oder überschreitet, außer im Falle einer amphibischen Landung oder einer Fallschirmlandung von Luftlandekräften, die dann der Beobachtung unterliegen werden, wenn die Stärke des eingesetzten Personals 5 000 Mann erreicht oder überschreitet.

(41) Jeder Teilnehmerstaat kann bis zu zwei Beobachter zu der zu beobachtenden militärischen Aktivität entsenden.

(50) Die Beobachter werden gleich behandelt und werden gleiche Möglichkeiten erhalten, ihre Aufgaben wahrzunehmen.

(51) Für die Dauer ihrer Mission werden den Beobachtern die Vorrechte und Immunitäten gewährt, die im Wiener Übereinkommen über Diplomatische Beziehungen Diplomaten eingeräumt werden.

(52) Der Gastgeberstaat ist nicht gehalten, die Beobachtung gesperrter Örtlichkeiten, Einrichtungen oder Verteidigungsanlagen zu gestatten.

(54) Die Teilnehmerstaaten sind nicht verpflichtet, Beobachter zu anzukündigenden militärischen Aktivitäten einzuladen, die ohne vorherige Bekanntgabe an die beteiligten Truppen durchgeführt werden, sofern diese anzukündigenden Aktivitäten nicht länger als 72 Stunden dauern. Die Fortführung solcher Aktivitäten über diesen Zeitraum hinaus wird der Beobachtung unterliegen, solange die vereinbarten Schwellen für die Beobachtung erreicht oder überschritten werden.

Jahresübersichten

(55) Jeder Teilnehmerstaat wird eine Jahresübersicht seiner der vorherigen Ankündigung unterliegenden militärischen Aktivitäten* innerhalb der Anwendungszone für VSBM, die für das darauffolgende Kalenderjahr vorgesehen sind, mit allen anderen Teilnehmerstaaten austauschen. Sie wird jährlich auf diplomatischem Wege bis spätestens 15. November für das folgende Jahr schriftlich übermittelt.

(57) Sollten sich Änderungen hinsichtlich der in der Jahresübersicht enthaltenen militärischen Aktivitäten als notwendig erweisen, so werden diese allen anderen Teilnehmerstaaten spätestens in der entsprechenden Ankündigung mitgeteilt.

Beschränkende Bestimmungen

(59) Jeder Teilnehmerstaat wird allen anderen Teilnehmerstaaten bis zum 15. November eines jeden Jahres Angaben über militärische Aktivitäten schriftlich

---

* In diesem Zusammenhang schließt der Begriff Landstreitkräfte amphibische, luftbewegliche und Luftlandekräfte ein.

übermitteln, die der vorherigen Ankündigung unterliegen, an denen mehr als 40000 Mann beteiligt sind, und die er im zweiten darauffolgenden Kalenderjahr durchzuführen plant. Eine solche Mitteilung wird vorläufige Angaben über jede Aktivität enthalten, und zwar über ihren allgemeinen Zweck, den zeitlichen Rahmen und die Dauer, das Gebiet, den zahlenmäßigen Umfang und die beteiligten Staaten.

(60) Die Teilnehmerstaaten werden keine der vorherigen Ankündigung unterliegenden militärischen Aktivitäten durchführen, an denen mehr als 75000 Mann beteiligt sind, sofern sie nicht Gegenstand einer Mitteilung waren, wie sie oben definiert ist.

(61) Die Teilnehmerstaaten werden keine der vorherigen Ankündigung unterliegenden militärischen Aktivitäten durchführen, an denen mehr als 40000 Mann beteiligt sind, sofern diese nicht in der Jahresübersicht bis spätestens 15. November eines jeden Jahres enthalten sind.

Einhaltung und Verifikation

(65) In Übereinstimmung mit den in diesem Dokument enthaltenen Bestimmungen hat jeder Teilnehmerstaat das Recht, auf dem Territorium eines jeden anderen Teilnehmerstaates innerhalb der Anwendungszone für VSBM Inspektionen durchzuführen.

(66) Jedem Teilnehmerstaat wird gestattet, ein Ersuchen um eine Inspektion an einen anderen Teilnehmerstaat zu richten, auf dessen Territorium in der Anwendungszone für VSBM die Einhaltung der vereinbarten VSBM in Zweifel gezogen wird.

(67) Kein Teilnehmerstaat ist verpflichtet, auf seinem Territorium in der Anwendungszone für VSBM mehr als drei Inspektionen pro Kalenderjahr zuzulassen.

(68) Kein Teilnehmerstaat ist verpflichtet, mehr als eine Inspektion pro Kalenderjahr durch ein und denselben Teilnehmerstaat zuzulassen.

(71) Der Teilnehmerstaat, der ein solches Ersuchen erhalten hat, wird das Ersuchen gemäß den in Absätzen (67) und (68) enthaltenen Bestimmungen innerhalb der vereinbarten Frist positiv beantworten.

(72) Etwaige Meinungsverschiedenheiten über die Stichhaltigkeit der Gründe für ein Ersuchen werden die Durchführung einer Inspektion nicht verhindern oder verzögern.

(76) Die Inspektion wird zu Lande, aus der Luft oder auf beide Arten gestattet.

(77) Die Vertreter des Empfangsstaates werden die Inspektionsgruppe begleiten, ...

(79) Die Antwort auf das Ersuchen wird innerhalb der kürzestmöglichen Frist erteilt, spätestens jedoch binnen vierundzwanzig Stunden. Binnen sechsunddreißig Stunden nach Stellen des Ersuchens wird der Inspektionsgruppe die Einreise in das Territorium des Empfangsstaates gestattet.

(80) Jedes Ersuchen um eine Inspektion sowie die darauf erteilte Antwort werden allen Teilnehmerstaaten unverzüglich mitgeteilt.

(82) Alle Teilnehmerstaaten werden die Durchreise von Inspektionsgruppen durch ihr Territorium erleichtern.

(83) Innerhalb von achtundvierzig Stunden nach Eintreffen der Inspektionsgruppe im bezeichneten Gebiet wird die Inspektion beendet.

(84) Eine Inspektionsgruppe wird aus höchstens vier Inspektoren bestehen. Die Inspektionsgruppe kann sich während der Durchführung der Inspektion in zwei Untergruppen aufteilen.

(85) Den Inspektoren und gegebenenfalls dem Hilfspersonal werden für die Dauer ihrer Mission die Vorrechte und Immunitäten in Übereinstimmung mit dem Wiener Übereinkommen über Diplomatische Beziehungen eingeräumt.

(87) Der Inspektionsgruppe wird die Nutzung ihrer eigenen Karten, eigenen Fotoapparate, eigenen Ferngläser und eigenen Diktiergeräte sowie ihrer eigenen Luftfahrtkarten gestattet.

(99) Die Teilnehmerstaaten unterstreichen, daß diese vertrauens- und sicherheitsbildenden Maßnahmen dazu bestimmt sind, die Gefahr von bewaffneten Konflikten und von Mißverständnissen oder Fehleinschätzungen militärischer Tätigkeiten zu verringern, und betonen, daß ihre Verwirklichung zur Erreichung dieser Ziele beitragen wird.

(100) Unter Bekräftigung der einschlägigen Zielsetzung der Schlußakte sind die Teilnehmerstaaten entschlossen, mit der Vertrauensbildung fortzufahren, militäri-

sche Konfrontation zu vermindern und Sicherheit für alle zu stärken. Sie sind auch entschlossen, Fortschritte bei der Abrüstung zu erzielen.

(101) Die in diesem Dokument vereinbarten Maßnahmen sind politisch verbindlich und treten am 1. Januar 1987 in Kraft.

(103) Der Text dieses Dokuments wird in jedem Teilnehmerstaat veröffentlicht, der ihn so umfassend wie möglich verbreitet und bekanntmacht.

Anhang I

Die Anwendungszone für VSBM ist gemäß den Bestimmungen des Madrider Mandats wie folgt:

„Auf der Grundlage der Gleichheit der Rechte, der Ausgewogenheit und Gegenseitigkeit, der gleichen Achtung der Sicherheitsinteressen aller Teilnehmerstaaten der KSZE und ihrer jeweiligen Verpflichtungen betreffend vertrauens- und sicherheitsbildende Maßnahmen und Abrüstung in Europa, werden diese vertrauens- und sicherheitsbildenden Maßnahmen ganz Europa sowie das angrenzende Seegebiet* und den angrenzenden Luftraum umfassen. Sie werden militärisch bedeutsam und politisch verbindlich sein und von angemessenen Formen der Verifikation begleitet werden, die ihrem Inhalt entsprechen.

In bezug auf das angrenzende Seegebiet* und den angrenzenden Luftraum werden diese Maßnahmen auf die dort stattfindenden militärischen Tätigkeiten aller Teilnehmerstaaten anwendbar sein, soweit diese Tätigkeiten sowohl die Sicherheit in Europa berühren als auch einen Teil von Tätigkeiten in ganz Europa, wie oben angeführt, konstituieren, die anzukündigen sie vereinbaren werden. Notwendige Spezifizierungen werden durch die Verhandlungen über die vertrauens- und sicherheitsbildenden Maßnahmen auf der Konferenz erfolgen.

Die vorstehend gegebene Definition der Zone mindert in keiner Weise bereits mit der Schlußakte eingegangene Verpflichtungen. Die auf der Konferenz zu vereinbarenden vertrauens- und sicherheitsbildenden Maßnahmen werden auch in allen Gebieten anwendbar sein, die von irgendeiner der Bestimmungen der Schlußakte betreffend vertrauensbildende Maßnahmen und bestimmte Aspekte der Sicherheit und Abrüstung erfaßt werden."

---

* In diesem Zusammenhang ist der Begriff angrenzendes Seegebiet so zu verstehen, daß es sich auch auf an Europa angrenzende ozeanische Gebiete bezieht.
Wo immer der Begriff „Anwendungszone für VSBM" in diesem Dokument verwendet wird, gilt obenstehende Definition.

Abkommen zwischen der Regierung der Bundesrepublik Deutschland und der Regierung der Union der Sozialistischen Sowjetrepubliken über die Einrichtung einer direkten Nachrichtenverbindung zwischen dem Bundeskanzleramt in Bonn und dem Kreml in Moskau (Bonn-Kreml-Nachrichtenverbindung)

vom 13. Juni 1989

Die Regierung der Bundesrepublik Deutschland
und
die Regierung der Union der Sozialistischen Sowjetrepubliken –

in Übereinstimmung mit dem Vertrag vom 12. August 1970 zwischen der Bundesrepublik Deutschland und der Union der Sozialistischen Sowjetrepubliken sowie dem Protokoll vom 19. Januar 1988

über Konsultationen,
unter Berücksichtigung der Notwendigkeit und der Bedeutung von schnellen direkten Kontakten auf höchster Ebene in äußerst dringenden Fällen,
nach Erörterung im Geiste der gegenseitigen Verständigung der zur Durchführung von solchen Kontakten gehörenden Fragen –
sind wie folgt übereingekommen:

Art. 1. Die Vertragsparteien werden so schnell wie technisch möglich, eine direkte Nachrichtenverbindung zwischen den beiden Regierungen einrichten.

Abkommen zwischen der Regierung der Bundesrepublik Deutschland und der Regierung der Union der Sozialistischen Sowjetrepubliken über eine vertiefte Zusammenarbeit in der Aus- und Weiterbildung von Fach- und Führungskräften der Wirtschaft (UdSSR-Wirtschaftskräfte-Ausbildung)

vom 13. Juni 1989

Art. 1. (1) Die Vertragsparteien organisieren die Zusammenarbeit zwischen entsprechenden Unternehmen, Organisationen und Bildungseinrichtungen in der Aus- und Weiterbildung von Fach- und Führungskräften der Wirtschaft.

(2) Die Vertragsparteien legen während der Geltungsdauer des Abkommens ihr Hauptaugenmerk auf die Aus- und Weiterbildung von Fach- und Führungskräften der Union der Sozialistischen Sowjetrepubliken.

(3) Die Zusammenarbeit soll allmählich auch um Aus- und Weiterbildungsmaßnahmen für Fach- und Führungskräfte der Wirtschaft von seiten der Bundesrepublik Deutschland erweitert werden.

Art. 2. Die Aus- und Weiterbildung von Fach- und Führungskräften aus der Union der Sozialistischen Sowjetrepubliken erfolgt durch:
1. Seminare, Studienaufenthalte und Praktika in Bildungseinrichtungen, Unternehmen und Organisationen auf seiten der Bundesrepublik Deutschland für Mitarbeiter, die sich mit außenwirtschaftlicher Tätigkeit befassen, und Führungskräfte der Wirtschaft;
2. Studienaufenthalte für Lehrkräfte aus Berufs-, Fach- und Handelsschulen an entsprechenden Bildungseinrichtungen.

Art. 3. Die Vertragsparteien stimmen darin überein, daß die im Rahmen dieses Abkommens aus- beziehungsweise weitergebildeten Kräfte nach Möglichkeit in gemeinsamen Projekten eingesetzt werden sollen.

Art. 4. (1) Die Vertragsparteien stimmen darin überein, daß für eine erfolgreiche Zusammenarbeit die Kenntnis der Sprache des Partners durch die Personen, die im Rahmen dieses Abkommens aus- und weitergebildet werden, von besonderer Bedeutung ist. Die Vertragsparteien beabsichtigen, dieser Frage besondere Aufmerksamkeit zu widmen.

Übereinkommen zur Errichtung der Europäischen Bank für Wiederaufbau und Entwicklung (Europäische Bank für Wiederaufbau)

vom 29. Mai 1990

Die Vertragsparteien –

im Bekenntnis zu den Grundprinzipien der Mehrparteiendemokratie, der Rechtsstaatlichkeit, der Achtung der Menschenrechte und der Marktwirtschaft;

unter Hinweis auf die Schlußakte der Konferenz von Helsinki über Sicherheit und Zusammenarbeit in Europa und insbesondere auf die Prinzipienerklärung dieser Konferenz;

erfreut über die Absicht der mittel- und osteuropäischen Länder, die praktische Umsetzung der Mehrparteiendemokratie, die Stärkung der demokratischen Einrichtungen, die Rechtsstaatlichkeit und die Achtung der Menschenrechte zu fördern, sowie über ihre Bereitschaft, am Ziel der Marktwirtschaft ausgerichtete Reformen durchzuführen;

in Anbetracht der Bedeutung einer engen und abgestimmten Zusammenarbeit in dem Bemühen, den wirtschaftlichen Fortschritt der mittel- und osteuropäischen Länder zu fördern, um ihren Volkswirtschaften zu mehr internationaler Wettbewerbsfähigkeit zu verhelfen, sie bei ihrem Wiederaufbau und ihrer Entwicklung zu unterstützen und dadurch gegebenenfalls Risiken im Zusammenhang mit der Finanzierung ihrer Volkswirtschaften zu verringern;

überzeugt, daß die Gründung eines multilateralen Finanzinstituts, das im wesentlichen europäisch und bezüglich seiner Mitglieder weitgehend international ist, dazu beitragen würde, diesen Zielen zu dienen, und eine neue und einzigartige Struktur der Zusammenarbeit in Europa schaffen würde –

sind übereingekommen, hiermit die Europäische Bank für Wiederaufbau und Entwicklung (im folgenden als „Bank" bezeichnet) zu errichten, ...

Art. 1 Zweck. Zweck der Bank ist es, durch Unterstützung des wirtschaftlichen Fortschritts und Wiederaufbaus in den mittel- und osteuropäischen Ländern, die sich zu den Grundsätzen der Mehrparteiendemokratie, des Pluralismus und der Marktwirtschaft bekennen und diese anwenden, den Übergang zur offenen Marktwirtschaft zu begünstigen sowie die private und unternehmerische Initiative zu fördern.

Art. 2 Aufgaben. (1) Um langfristig ihren Zweck zu erfüllen, den Übergang der mittel- und osteuropäischen Länder zur offenen Marktwirtschaft sowie die private und unternehmerische Initiative zu fördern, unterstützt die Bank die Empfängermitgliedländer bei der Durchführung struktureller und sektoraler Wirtschaftsreformen einschließlich Beseitigung der Monopole, Dezentralisierung und Privatisierung, um ihren Volkswirtschaften zu voller Integration in die internationale Wirtschaft zu verhelfen, und zwar durch Maßnahmen mit dem Ziel,

i) mit Hilfe privater und sonstiger interessierter Investoren die Schaffung, Verbesserung und Ausweitung der produktiven, wettbewerbsorientierten und privatwirtschaftlichen Tätigkeit, insbesondere von Klein- und Mittelbetrieben, zu fördern;

ii) zu dem unter Ziffer i beschriebenen Zweck inländisches und ausländisches Kapital aufzubringen und erfahrenes Management zu gewinnen;

iii) produktive Investitionen einschließlich solcher im Dienstleistungs- und Finanzsektor und in der damit zusammenhängenden Infrastruktur zu fördern, wo dies zur Stützung der privaten und unternehmerischen Initiative notwendig ist, um dadurch zur Schaffung eines vom Wettbewerb geprägten Umfelds sowie zur Verbesserung der Produktivität, des Lebensstandards und der Arbeitsbedingungen beizutragen;

iv) technische Hilfe bei der Vorbereitung, Finanzierung und Durchführung in Frage kommender Vorhaben zu leisten, wobei es sich um Einzelvorhaben oder solche im Rahmen bestimmter Investitionsprogramme handeln kann;

v) die Entwicklung von Kapitalmärkten anzuregen und zu unterstützen;

vi) solide und wirtschaftlich gesunde Vorhaben zu fördern, an denen mehr als ein Empfängermitgliedland beteiligt ist;

vii) im Rahmen ihrer gesamten Tätigkeiten eine ökologisch auch langfristig unbedenkliche Entwicklung zu fördern;

viii) alle sonstigen Tätigkeiten auszuüben und alle sonstigen Dienste zu leisten, die der Erfüllung dieser Aufgaben förderlich sein können.

Art. 3 Mitgliedschaft. (1) Mitglieder der Bank können werden

i) 1. europäische Länder und 2. nichteuropäische Länder, die Mitglieder des Internationalen Währungsfonds sind;

ii) die Europäische Wirtschaftsgemeinschaft und die Europäische Investitionsbank.

(2) Länder, die nach Absatz 1 als Mitglieder in Frage kommen, aber nicht nach Artikel 61 Mitglieder werden, können zu von der Bank festgelegten Bedingungen als Mitglieder aufgenommen werden, wenn mindestens zwei Drittel der Gouverneure, die mindestens drei Viertel der Gesamtstimmenzahl der Mitglieder vertreten, zustimmen.

Mitglieder lt. Anlage A

A - Europäische Gemeinschaften
a)
Belgien	22 800
Dänemark	12 000
Bundesrepublik Deutschland	85 175
Frankreich	85 175
Griechenland	6 500
Irland	3 000
Italien	85 175
Luxemburg	2 000
Niederlande	24 800
Portugal	4 200
Spanien	34 000
Vereinigtes Königreich	85 175

b)
Europäische Wirtschaftsgemeinschaft	30 000
Europäische Investitionsbank	30 000

B - Sonstige europäische Länder
Finnland	12 500
Island	1 000
Israel	6 500
Liechtenstein	200
Malta	100
Norwegen	12 500
Österreich	22 800
Schweden	22 800
Schweiz	22 800
Türkei	11 500
Zypern	1 000

C - Empfängerländer
Bulgarien	7 900
Deutsche Demokratische Republik	15 500
Jugoslawien	12 800
Polen	12 800
Rumänien	4 800
Tschechoslowakei	12 800
Ungarn	7 900
Union der Sozialistischen Sowjetrepubliken	60 000

D - Nichteuropäische Länder
Ägypten	1 000
Australien	10 000
Japan	85 175
Kanada	34 000
Republik Korea	6 500
Marokko	1 000
Mexiko	3 000
Neuseeland	1 000
Vereinigte Staaten von Amerika	100 000

E - Nicht zugewiesene Anteile 125

Insgesamt 1 000 000

Kartenanhang 1

Der Friedensvertrag von Versailles

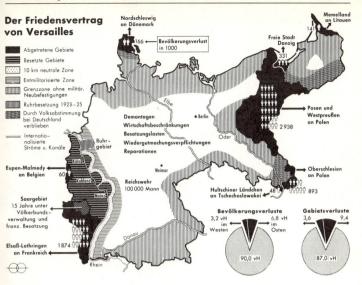

Kartenanhang 2

Gebiet und Bevölkerung:

Bundesrepublik Deutschland[1]
nach Ländern
DDR nach Bezirken
Stand 1.1.1981

Quellen: 1 (1981); 2 (1981)

- ● Landeshauptstädte in der Bundesrepublik bzw. Bezirkshauptstädte in der DDR (hier namentl. identisch mit den Bezirksbezeichnungen)
- E Einwohner

Gesamtfläche	Gesamtbevölkerung
248 630 km²	61,7 Mill. E[2]
108 333 km²	16,7 Mill. E

1) Gebietsstand 1. 2. 1978 2) Darunter 7 % Ausländer ≙ 4

Kartenanhang 3

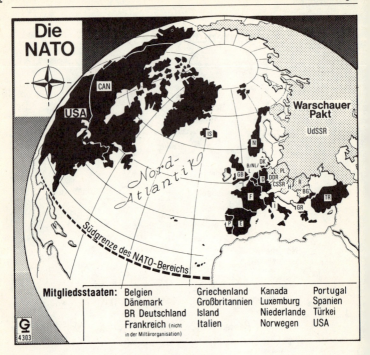

Der Warschauer Pakt wurde 1991 aufgelöst.

Kartenanhang 5

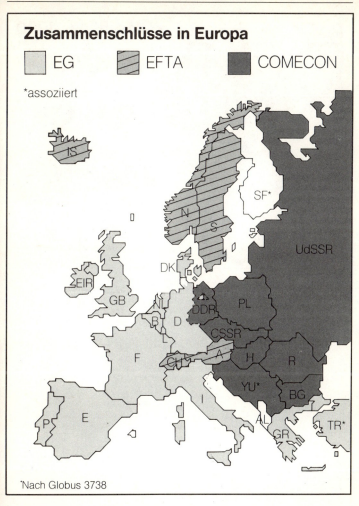

Der Comecon wurde 1991 aufgelöst, die Karte zeigt den Stand vor 1990.

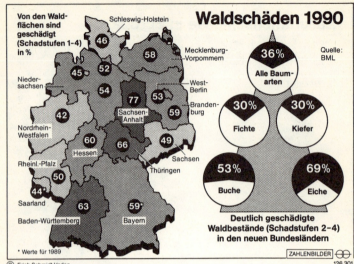

Kartenanhang 6

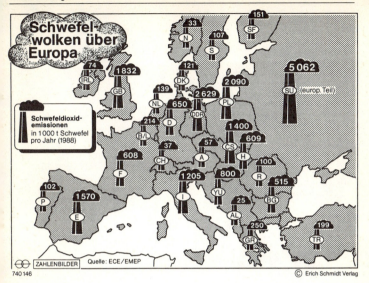

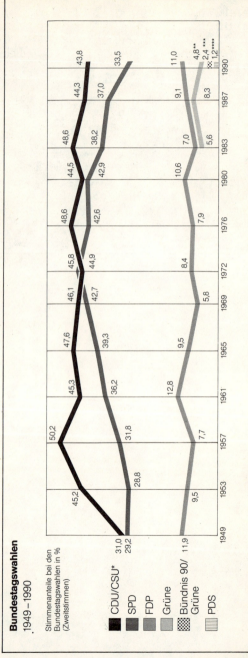

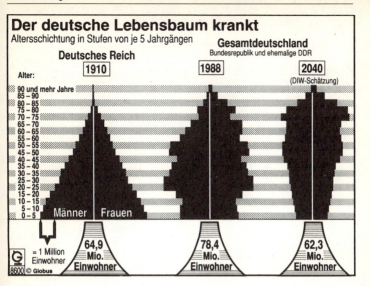

Stichwortverzeichnis

Abfälle AbfG §§ 1ff., S. 254f., AtomG § 9a, S. 255ff.
Abgeordnete BWahlG § 1, S. 65, EGAbgWahl Art. 1ff., S. 401f., GG Art. 38, 48, 53a, S. 21, 23f., WeimVerf Art. 21, S. 289
Abwasser AbwAG §§ 1ff., S. 257ff., WasserhaushG § 18a, S. 276
Aktives Wahlrecht
zum Betriebsrat BetrVerfG § 7, S. 182
zum Bundespräsidenten GG Art. 54, S. 24
zum Bundestag GG Art. 38, S. 21, BWahlG §§ 1ff., S. 65ff.
zur Jugendvertretung BetrVerfG § 61, S. 186
zur Versammlung EGAbgWahl Art. 1ff., S. 401f.
Allgemeinverbindlichkeit TVG § 5, S. 252f.
Amtshilfe GG Art. 35, 44, S. 21f.
Anfechtung von Wahlen BWahlG § 49, S. 67
Änderungskündigung KSchG § 2, S. 226
Angestelltenversicherung RVO § 1233, S. 238
Angestellter BetrVerfG § 6, S. 182
Jugendliche Angestellte JArbSchG §§ 1ff., S. 219ff.
Leitende Angestellte BetrVerfG § 5, S. 182
Tarifvertrag TVG §§ 1ff., S. 252f.
Angriff, drohender GG Art. 115c, S. 41
Angriffskrieg Abschl. Dtschl. Reg. Art. 2, S. 371 GG Art. 26, S. 19, StGB §§ 80, 80a, S. 153
Anlernling JArbSchG §§ 1ff., S. 219ff.
Anschauung, religiöse, weltanschauliche GG Art. 3f., S. 14f.
Anteilseigner MitbestG § 2, S. 229
Antikomintern, AntikintAbk, S. 301ff.
Arbeit GG Art. 12, S. 16
gefährliche, für Jugendliche JArbSchG § 22, S. 223
Recht auf Arbeit MenschRUN Art. 23, S. 92, DDRVerf Art. 24, S. 319f.
Arbeitgeber BetrVerfG §§ 2, 74ff., 81, S. 181f., 187f., 188f., TVG § 2, S. 252, ArbgG § 2, S. 140
Arbeitgebervereinigung BetrVerfG § 2, S. 181f.
Arbeitnehmer BetrVerfG §§ 1, 3, 5, 82, 104, S. 181f., 189, 193, ArbgG §§ 2, 5, S. 140
Arbeitsaufsicht AZO § 27, S. 174
Arbeitsbedingungen GG Art. 9, S. 16
Arbeitsdirektor MitbestG § 33, S. 232
Arbeitsförderung AFG §§ 1ff., S. 168f., SGB § 3, S. 240
Arbeitsgericht ArbgG §§ 1ff., S. 169ff.
Arbeitskämpfe BetrVerfG § 74, S. 187, GG Art. 9, S. 16
Arheitslosenhilfe GG Art. 120, S. 44
Arbeitslosenversicherung GG Art. 120, S. 44
Arbeitslosigkeit AFG § 2, S. 168
Arbeitsplatz GG Art. 12, S. 16
Arbeitsschutz BetrVerfG § 89, S. 190
Arbeitsunfähigkeit, Anzeigepflicht LohnFzG § 3, S. 228
Arbeitszeit AZO §§ 1ff., S. 171ff., JArbSchG §§ 8ff., S. 220ff.

Arbeitszeitverlängerung AZO §§ 6ff., S. 172
Assoziierung EWGVtr Art. 131, 238, S. 396, 398
Asylrecht GG Art. 16, 18, S. 17f.
MenschRUN Art. 14, S. 91
Aufgebot EheG § 12, S. 60
Aufsicht Jugendarbeitsschutz JArbSchG §§ 51ff., S. 225
Aufsichtsrat BetrVerfG § 5, S. 182; MontmG §§ 3ff., S. 232f.
GmbH MontmG §§ 3ff., S. 232f.
Mitbestimmung MitbestG § 1, S. 228f.
Vertreter von Arbeitnehmern MitbestG §§ 6ff., 27, S. 229ff.
Vorstand MontmG §§ 12f., S. 233
Ausbildung zum Beruf BBiG §§ 1ff., S. 174ff.
Ausbildungsordnung BBiG §§ 25f., S. 178
Ausbildungsstätte BBiG § 27, S. 178, GG Art. 12, S. 16
Ausbildungszeit
Verkürzung BBiG § 29, S. 179
Ausgleichsforderung BGB § 1378, S. 54
Auskunft bei Daten BDSG §§ 19, 33, S. 202, 206f.
Ausschließlichkeitsbindungen
Berufsausbildung BBiG § 28, S. 178f.
Ausschuß
des Bundestages GG Art. 43ff., S. 22ff.
gemeins. Aussch. GG Art. 115e–i, S. 42
Außenpolitik GG Art. 32, 59, S. 20, 25
Auszubildender BBiG §§ 1ff., S. 174ff.;
JArbSchG § 1, S. 219
Pflichten BBiG § 9, S. 176
Rechte BBiG §§ 6ff., S. 175
Autobahn GG Art. 90, S. 33

Bannkreis BannmG §§ 1f., S. 64, StGB § 106a, S. 154, VersammlG § 16, 85, S. 16f.
Beamter GG Art. 33, 36, 85, 132, S. 20f.
Beauftragter für Datenschutz BDSG § 21ff., S. 203f.
Begnadigungsrecht GG Art. 60, S. 25
Behinderte SGB § 10, S. 194
Berlin
Berlin Regelung 1990, S. 376
Groß-Berlin GenehmSchrzGG S. 48, Drei-Mächte-Vorbeh.-Aufh., S. 345
TransAbk Art. 1ff., S. 322ff.
Verfassung Berlin Art. 1ff., S. 315
VerkVertr Art. 1ff., S. 326f.
ViermAbk, S. 410f.
Vier-Mächte-Rechte, S. 370, 373
Westberlin DeutschlVtr Art. 6, S. 405
Beruf BGB § 1631a, S. 57, GG Art. 9, 12, S. 14f.
Berufsausbildung BBiG §§ 1ff., S. 174ff.; BGB § 1631a, S. 57
Abschlußprüfung BBiG §§ 34ff., S. 179f.
Ausbildungszeit BBiG § 29, S. 179
Kündigung BBiG §§ 15f., S. 176f.
Probezeit BBiG § 13f., S. 176
Schadensersatz BBiG § 16, S. 177

Stichwortverzeichnis

Vergütung BBiG §§ 10ff., S. 176
Vertrag BBiG §§ 3ff., S. 174f.
Zeugnis BBiG § 8, S. 175
Berufsausbildungsverhältnis BBiG §§ 31f., S. 179
Berufsschule BBiG §§ 1, 6, S. 174f.; JArbSchG § 9, S. 220
Berufung ArbGG § 8, S. 169f.
Besatzung DtschlVertr Art. 1, S. 404
  Aufhebung AufhBesSt S. 406
  Kosten GG Art. 120, S. 44
Beschäftigungsverbot
  für Jugendliche JArbSchG § 18, S. 222
  für Kinder JArbSchG § 7, S. 220
Betriebliches Vorschlagswesen BetrVerfG § 87, S. 189f.
Betriebsausschuß BetrVerfG § 27, S. 184
Betriebsrat BetrVerfG §§ 1ff., S, 181ff.
  Amtszeit BetrVerfG §§ 21f., 64, S. 183f., 186
  Aufgaben BetrVerfG §§ 70, 74ff., S. 187ff.
  Beschlüsse BetrVerfG §§ 33ff., 66, 77, S. 184, 186, 187
  Beschwerden BetrVerfG §§ 84f., S. 189
  Betriebsvereinbarung BetrVerfG § 77, S. 187
  Betriebsversammlung BetrVerfG §§ 42ff., S. 185f.
  Jugend- und Auszubildendenvertretung BetrVerfG §§ 60ff., 80, S. 186f., 188, DV § 30, S. 196
  Kündigung BetrVerfG §§ 102f., S. 192f.
  KSchG § 15, S. 226f
  Wahl BetrVerfG §§ 7ff., 61, 64, S. 182f., 186, DV §§ 1ff., S. 195f.
  Wahlrecht BetrVerfG §§ 7, 8, 61, S. 182, 186
Betriebsvereinbarung BetrVerfG § 77, S. 187
Betriebsversammlung BetrVerfG §§ 42ff., S. 185f.
Binnenmarkt EWGVtr Art. 8a, S. 390
Bittschrift GG Art. 17, 17a, S. 17f., WeimVerf Art. 126, S. 293
Briefgeheimnis GG Art. 10, S. 16, MenschRKonv Art. 8, S. 82, MenschRUN Art. 12, S. 91, WeimVerf Art. 117, S. 293
Brief zur Deutschen Einheit GrundVtr S. 329, UdSSRVtr, S. 409
Bund GG Art. 35, 87a, 115c, 115d, S. 21, 32, 41
Bundesanstalt für Arbeit AFG § 3, S. 168
Bundesarbeitsgericht ArbGG § 1, S. 169
Bundesaufsicht GG Art. 85, S. 31
Bundesbank GG Art. 88, S. 33
Bundesbeauftragter für den Datenschutz BDSG §§ 21ff., S. 203f.
Bundesflagge GG Art. 22, S. 19
Bundesgesetz GG Art. 80a, 115e, 115k, S. 30, 42f.
Bundesgesetzblatt GG Art. 82, 115a, 145, S. 30f., 41, 48
Bundesgrenzschutz GG Art. 12a, 35, 87, 87a, 91, 115f., S. 16f., 31ff., 40f.
Bundeskanzler GG Art. 39, 58, 62ff., 115b, 115h, S. 21f., 25, 41f.
  Gesetzgebungsnotstand GG Art. 81, S. 30
  Mißtrauensvotum GG Art. 115h, S. 42
  Wahl GG Art. 63, S. 25
Bundesländer GG, Präambel, Art. 23, 28ff., 51, 83ff., 118, S. 14, 18ff., 31, 43

Bundesminister GG Art. 62ff., S. 25f.
Bundesorgane GG Art. 115a, 115i, S. 41
Bundespräsident GG Art. 39, 54ff., 115a, 115h, S. 21f., 24, 41f.
  Anklage GG Art. 61, S. 25
  Gesetzgebung GG Art. 82, S. 30f.
Bundesrat GG Art. 50ff., 115c-f, 115k, S. 23f., 41ff.
  Aufgaben GG Art. 37, 94, S. 21, 34
  Gesetzgebung GG Art. 76ff., S. 28ff.
  Haushaltsplan GG Art. 113ff., S. 40f.
  Verwaltungsvorschriften GG Art. 84f., S. 31ff.
Bundesrechnungshof GG Art. 114, S. 40
Bundesrecht GG Art. 31, 93, 124ff., S. 20, 34, 44
Bundesregierung GG Art. 35, 52ff., 62ff., 80a, 87a, 91, 115a, 115d, 115f, 115i, S. 21, 23, 25, 30, 32f., 41f.
  Aufgaben GG Art. 26, 37, 94, S. 19, 21, 34
  gemeinsamer Ausschuß GG Art. 115e–i, S. 42
  Verwaltungsvorschriften GG Art. 84f., S. 31
Bundesrichter GG Art. 60, S. 25
Bundesstaat GG Art. 20, S. 18
Bundessteuer GG, Art. 105ff., S. 35ff.
Bundestag GG Art. 38ff., 53a, 115a, 115d, 115e, 115f, 115l, S. 21ff., 24, 41f.
  Abstimmung GG Art. 121, S. 44
  Auflösung GG Art. 63, 68, S. 25, 26
  Erwerb u. Verlust der Mitgliedschaft BWahlG §§ 45, 53, S. 67
  Gesetzgebung GG Art. 76ff., S. 28ff.
  Haushaltsplan GG Art. 113ff., S. 40f.
Bundesverfassungsgericht GG Art. 21, 41, 92ff., 115g, 115h, 126, 137, S. 18f., 22, 34ff., 42, 44f., 47
Bundesvermögen GG Art. 134ff., S. 46f.
Bundesversammlung GG Art. 121, S. 44
  Zahl der Mitglieder, S. 64
Bundesverwaltung GG Art. 83ff., S. 31ff.
Bundeswasserstraßen GG Art. 89, S. 33
Bundeszwang GG Art. 37, S. 21

CDU Programm, S. 97ff.
Computer-Sabotage StGB § 303b, S. 156
CSU Programm, S. 112ff.

Datengeheimnis BDSG § 5, S. 198
Datenschutz BDSG §§ 1ff., S. 197ff.
Datenträger BDSG § 1f., S. 197f.
Datenveränderung StGB § 303a, S. 156
Datenverarbeitung BDSG §§ 1ff., S. 197ff.
DDR
  Investitionsgesetz DDR-IG §§ 1ff., S. 346ff.
  ReiseBesVer Art. 1ff., S. 326
  StrahlenSA Art. 1ff., S. 331
  StraßenbenutzungsGB, S. 332
  TransAbk Art. 1ff., S. 322ff.
  Verfassung DDRVerf Art. 1ff., S. 316ff.
  VerkVtr Art. 1ff., S. 326f.
  Wissenschaft-TA Art. 1ff., S. 330
Demokratischer Zentralismus DDRVerf Art. 47, S. 321
Demokratische Verfassung GG Art. 20, 28, S. 18f.

Deutsche Einheit GG Präambel, S. 14
  Abschließende Deutschland Regelung, S. 370ff.
  Berlinregelung, S. 376ff.
  Briefe, S. 329, 409
  Beitrittsbeschluß Volkskammer DDR-Beitritt, S. 350
  DDR-Investitionen DDR-IG Art. 1ff., S. 346ff.
  Drei-Mächte-Vorbehalte-Aufhebung, S. 345
  Einigungsvertrag, S. 350ff.
  Gesamtdeutsche Wahl GesDWV, S. 349
  Leitsätze, S. 342ff.
  Personenkontrollen-Aufhebung PersKA Art. 1ff., S. 348
  Sowjettruppenabzug, S. 379ff.
  Streitkräfteaufenthalt, S. 375
  Vier-Mächte-Rechte und -Verantwortlichkeiten, S. 370, 373f.
  Währungs- Wirtschafts- Sozialunion, S. 333ff.
Deutsch-französische Zusammenarbeit DeutschfranzVtr, S. 406ff.
Dienstleistungspflicht GG Art. 12, 12a, S. 16f.
Dienstverpflichtung GG Art. 12a, S. 16f.
Diskriminierung EGKSVtr Art. 4, S. 282f., MenschRUN Art. 2, S. 90
Durchsuchung der Wohnung GG Art. 13, 17a, S. 17f.

Ehe GG Art. 6, S. 15, BGB §§ 1297ff., S. 51ff., EheG §§ 1ff., S. 60ff.
  MenschRKonv Art. 12, S. 83
  MenschRUN Art. 16, S. 91f.
  Aufgebot EheG § 12, S. 60
  Aufhebung EheG §§ 28ff., S. 62f.
  Auflösung BGB § 1482, S. 55, EheG § 38, S. 63
  Erbrecht des Ehegatten BGB §§ 1931f., S. 59
  Familienunterhalt BGB §§ 1360ff., S. 52
  Form EheG §§ 13, 17, S. 60f.
  Haushaltsführung BGB § 1356, S. 51f.
  Haushaltsgegenstände BGB §§ 1361a, 1369f., S. 52f.
  Scheidung BGB §§ 1564ff., S. 55f.
  Sorgfaltspflicht BGB § 1359, S. 52
  Trauung EheG § 14, S. 60
  Verlöbnis BGB §§ 1297ff., S. 51
  Wirkungen BGB, §§ 1353ff., S. 51f.
  Zustandekommen EheG § 11, S. 60
Ehefähigkeit EheG §§1ff., S. 60f.
Eheliches Güterrecht BGB §§ 1363ff., S. 52ff.
  Ausgleichsforderung BGB § 1378, S. 54
  Gesamtgut BGB §§ 1416, 1421, S. 54f.
  Gütergemeinschaft BGB §§ 1415ff., 1483, S. 54f.
  Gütertrennung BGB §§ 1388, 1414, S. 54
  Sondergut BGB § 1417, S. 55
  Vorbehaltsgut BGB § 1418, S. 55
  Zugewinn BGB §§ 1371, 1373, S. 53
  Zugewinngemeinschaft BGB §§ 1363f., S. 52ff.
Ehemündigkeit EheG § 1, S. 60
Ehename BGB § 1355, S. 51, EheG § 13a, S. 60
Ehenichtigkeit EheG §§ 16ff., S. 61f.
Eheschließung EheG §§ 11ff., S. 60f.
  KSZEAkt 3.1, S. 417,
  MenschRUN Art. 16, S. 91f.
Eheverbote EheG, §§ 41, S. 60
Ehevertrag BGB §§ 1408f., S. 54
Eid
  des Bundespräsideten GG Art. 56, S. 24
  des Soldaten SoldG § 9, S. 163
Eigentum GG Art. 14, 18, S. 17f.
  MenschRUN Art. 17, S. 92, DDRVerf Art. 10ff., S. 318, WeimVerf. Art. 153, S. 294
Eignungsfeststellung Berufsausbildung BBiG § 23, S. 177
Einigungsvertrag GG Art. 23, 143, S. 18f., 47f.
Einstellung, Meldung AFG § 10, S. 169
Einwilligung zu Verträgen BGB § 108, S. 50
EGKS EGKSVtr Art. 1ff., S. 382ff.
Eltern BGB §§ 1602ff., S. 56ff, GG Art. 6f., S. 15, MenschRUN Art. 26, S. 93
  elterliche Sorge BGB §§ 1626ff., S. 56ff.
  Haftung BGB 1664, S. 57
  Unterhaltspflicht BGB § 1602, S. 56
  Vertretung des Kindes BGB § 1629, S. 57
  Vormundschaft BGB 1773ff., S. 58
Embryonen ESchG §§ 1ff., S. 68ff.
Energie
  Energieeinsparung EnergESG §§ 1ff., S. 265
  Energiesicherung EnergSIG §§ 1ff., S. 265f.
Entbindung Schutzfristen MuSchG § 3, 6, S. 233
Enteignung GG Art. 14, 115c, S. 17, 41
Entlassung, Meldung AFG § 10, S. 169; KSchG § 17, S. 227
Entwicklungsdienst WehlpflG § 13b, S. 165
  ZDG § 14a, S. 167
Erben gesetzl. BGB §§ 1924ff., S. 58
Erbfähigkeit BGB § 1923, S. 58
Erbfolge BGB §§ 1922ff., S. 58f.
Erbrecht GG Art. 14, S. 17, BGB §§ 1922ff., S. 58f.
  des Ehegatten BGB 1931f., S. 59
  rechtl. Stellung der Erben BGB § 2058, S. 59
  Testament BGB § 2064ff., S. 58
Ermächtigungsgesetz Art. 1ff., S. 297
Ersatzdienst GG Art. 12a, S. 16f.
Erziehung GG Art. 7, S. 15
Erziehungsgeld BErzGG §§ 1ff., S. 212ff., SGB § 25, 243f.
Erziehungsurlaub BErzGG §§ 15ff., S. 214
EURATOM EURATOMVertr Art. 1ff., S. 386ff.
Europ. Bank, S. 427f.
Europäischer Gerichtshof für Menschenrechte MenschRKonv Art. 19ff., S. 84ff.
EWG EWGVtr Art. 1ff., S. 389ff.

Fahne
  Berlin BerlVerf Art. 5, S. 315
  Bundesrepublik GG Art. 22, S. 19
  DDR DDRVerf Art. 1, S. 316f.
  Deutsches Reich WeimVerf Art. 3, S. 289
Familie BGB § 1353, S. 51, GG Art. 6, S. 15, KSZEAkt 3.1, S. 417, RVO § 539, S. 235, MenschRUN Art. 12, 16, S. 91f., MenschRKonv Art. 12, S. 83
Familienleben MenschRKonv Art. 8, S. 82
Familienname BGB §§ 1355, 1616f., S. 51, 56
Familienunterhalt BGB § 1360f., S. 52

Stichwortverzeichnis 441

Familienversicherung SGB V Buch § 10, S. 247
Feiertagsruhe für Jugendliche JArbSchG § 18, S. 222
Festnahme GG Art. 104, S. 36, MenschRKonv Art. 5, S. 81, MenschRUN Art. 9, S. 91
Finanzausgleich GG Art. 107, S. 38
Finanzierung SGB V Buch § 3, S. 246
Finanzwesen GG Art. 91a, b, 104aff., 115c, S. 33f., 36ff., 41
Flüchtlinge GG Art. 119, S. 43f.
Fluglärm FlugLSG §§ 1ff., S. 266f.
Folter Folter-Europa, S. 70ff., Folter-VN, S. 72ff., MenschRUN Art. 3, S. 80
Form
 der Eheschließung EheG §§ 13, 17, S. 60f.
 der Rechtsgeschäfte BGB §§ 126ff., S. 50f.
Fortbildung BBiG § 46, S. 180
Freiheit GG Art. 2, S. 14, MenschRUN Art. 1, 3, 12, S. 90f., MenschRKonv Art. 5, S. 81, DDRVerf Art. 30, S. 320, WeimVerf Art. 114, S. 293
Freiheitsentziehung GG Art. 115c, S. 41
Freistellung BBiG § 7, S. 175
Freizeit JArbSchG §§ 8ff., S. 220ff.
Freizügigkeit EWGVtr Art. 48, S. 391, GG Art. 11, S. 16, MenschRUN Art. 13, S. 91, DDRVerf Art. 32, S. 320, WeimVerf Art. 111, S. 293
Friedensschluß GG Art. 115l, S. 43
Friedensverrat StGB §§ 80, 80a, S. 153
Fristlose Kündigung BetrVerfG § 103, S. 193, KSchG § 15, S. 226f.
Fünf-Tage-Woche JArbSchG § 15, S. 221

Gebietsabtretungen VersVtr Art. 34ff., S. 287ff.
Gehalt
 Mehrarbeitsvergütung AZO § 15, S. 172f.
Geheimhaltungspflicht Beriebsrat BetrVerfG § 79, S. 188
Gelöbnis feierliches SoldG § 9, S. 163
Gemeinde BDSG § 7, S. 168, GG Art. 28, 115c, S. 19, 41
Gemeinsamer Ausschuß GG Art. 115ff., S. 42f.
Gemeinsamer Markt EWGVtr Art. 1ff., S. 389ff.
Gemeinschaftsaufgaben GG Art. 91a ff., S. 33f.
Genehmigung des gesetzl. Vertreters BGB § 108, S. 50
Genehmigungsschreiben zum GG, S. 48, Drei-Mächte-Vorbeh.-Aufk., S. 345
Genossenschaft
 Aufsichtsrat BetrVerfG § 5, S. 182
 Mitbestimmung MitbestG § 1, S. 228
Gentechnik GentG §§ 1ff., S. 74ff.
Gericht
 Amtshilfe GG Art. 44, S. 22
 Arbeitsgericht ArbgG §§ 1ff., S. 169ff.
 Ausnahmegerichte GG Art. 101, S. 36
 Bundesverfassungsgericht GG Art. 21, 41, 92ff., 115g-h, S. 18f., 22, 34ff., 42
 Oberstes Bundesgericht GG Art. 95, S. 34f.
 Wehrstrafgericht GG Art. 96, S. 35
Gerichtshof EGKSVtr Art. 31, S. 383
 EURATOMVtr Art. 136, S. 388
 EWGVtr Art. 164ff., S. 397
Gesamtgut BGB §§ 1416, 1421, S. 54f.

Geschäftsfähigkeit BGB §§ 104ff., S. 49 f.
 EheG § 18, S. 61
Geschäftsführung
 eGmbH BetrVerfG § 5, S. 182
 GmbH BetrVerfG § 5, S. 182
Gesellschaft GG Art. 9, S. 16
Gesellschaft mit beschränkter Haftung
 BetrVerfG § 5, S. 182
 MitbestG § 1, S. 228f.; MontmG §§ 2ff., S. 232f.
 Aufsichtsrat BetrVerfG § 5, S. 182; MontmG 2ff., S. 232f.
 Mitbestimmung MitbestG § 1, S. 228f.
Gesetzgebung GG Art. 20, 70ff., 105, 115c-e, S. 18, 26ff., 37, 41f., WeimVerf Art, 68ff., S. 291f.
 ausschließliche GG Art. 124, S. 44
 konkurrierende GG Art. 115c, 125, S. 41, 44
 Notstand GG Art. 81, S. 30
 Verfassungswidrigkeit GG Art. 100, S. 35f.
Gesetzliche Erben BGB §§ 1922ff., S. 58f.
Gesetzlicher Vertreter BGB §§ 107f., S. 49f., EheG § 3, S. 60
Gesetzliches Erbrecht des Ehegatten, BGB § 1931, S. 59
Gewaltenteilung GG Art. 20, S. 18
Gewaltverzicht CSSRNormVtr Art. III, S. 412f., GrundVtr Art. 3, S. 328, KSZEAkt, S. 413ff., PolenVtr Art. II, S. 410, UdSSRVtr Art. 2, S. 409
Gewerkschaft ArbgG §§ 10f., S. 170, BetrVerfG §§ 2, 46, S. 181f., 185f., MitbestG § 16, S. 231, TVG § 2, S. 252
 Aufsichtsrat MitBestG § 16, S. 231; MontmG §§ 3ff., S. 232f.
Glaube GG Art. 3f., 7, S. 14f., MenschRUN Art. 18, S. 92, MenschRKonv Art. 9, S. 82, DDRVerf Art. 39, S. 320f.
Gleichberechtigung GG Art. 3, S. 14f.
Gleichheit EWGVtr Art. 119, S. 394, GG Art. 3, S. 14f., MenschRUN Art. 1, 7, S. 90f., DDRVerf Art. 20, S. 319, WeimVerf Art. 109, S. 292
GRÜNE/BÜNDNIS 90 Parteiprogramm, S. 126ff.
Grundgesetz GG Art. 1ff., S. 14ff.
 Änderung GG Art. 79, 115e, S. 29, 42
 Einigungsvertrag Art. 3ff., S. 351ff.
 Streitigkeiten GG Art. 93, S. 34
Grundordnung
 demokratische GG Art. 10ff., 87a, S. 16ff., 32
 Einschränkung GG Art. 19, S. 18
Grundpflichten MenschRUN Art. 29, S. 93
Grundrechte GG Art. 1ff., 45b, 103f., S. 14ff., 22, 36, DDRVerf Art. 20ff., S. 319ff.
Grundwehrdienst WehrpflG § 5, S. 164f.
Gütergemeinschaft BGB §§ 1415ff., 1483, S. 54f.
Gütertrennung BGB §§ 1388, 1414, S. 54

Haftung
 der Eltern BGB § 1664, S. 57
 des Soldaten SoldG § 24, S. 164
Handelsflotte GG Art. 27, S. 19
Handwerksordnung BBiG § 73, S. 180f.
Hauptstadt Einigungsvertrag Art. 2, S. 351

Stichwortverzeichnis

Haushaltsführung BGB § 1356, S. 51f.
Haushaltsgegenstände BGB §§ 1361a, 1369f., S. 52f.
Haushaltsplan EWGVtr Art. 199, S. 397, GG Art. 110ff., S. 39ff., WeimVerf Art. 73, 85, S. 291f.
Hausrecht im Bundestag GG Art. 40, S. 22
Heilmittel RVO § 557, S. 237
Heimarbeit JArbSchG § 1, S. 219
Höchstarbeitszeit AZO § 17, S. 173
Hochverrat StGB §§ 81f., S. 153
Hohe Behörde EGKSVtr Art. 8, 18, 46, S. 383f.
Hoheitsrechte GG Art. 24, S. 19

Immunität GG Art. 46f., S. 23
Indemnität GG Art. 46f., S. 23

Jahreswirtschaftsbericht der Bundesregierung StabG § 2, S. 150
Jugendhilfe SGB § 8, S. 240
Jugendlicher JArbSchG § 2, S. 219
Jugendschutz GG Art. 5, 11, 13, S. 15ff.
Jugend- und Auszubildendenvertretung im Betriebsrat BetrVerfG §§ 60ff., 80, S. 186f., 188, DV § 30, S. 196
Juristische Personen BDSG § 1, S. 197, BetrVerfG § 5, S. 182

Katastrophenschutz WehrpflG § 13a, S. 165, ZDG, S. 167
Kernbrennstoffe AtomG § 5ff., S. 256, StGB § 328, S. 132
Kernenergie AtomG §§ 1ff., S. 255ff., DDR-StrahlenSA Art. 1ff., S. 331, EURATOMVtr Art. 24ff., S. 386f., GG Art. 87c, S. 32, StGB §§ 310bf., 327ff., S. 157ff., UdSSR-KI Art. 2ff., S. 283, UdSSR-UA, S. 284f.
Kind GG Art. 6f., S. 15, JArbSchG 33 2, 5, S. 219, 220, RVO § 539, S. 235f.
Kindergeld SGB § 25, S. 243f.
Klage Arbeitsgericht ArbG §§ 1ff., S. 169ff.
Kommanditgesellschaft auf Aktien Aufsichtsrat BetrVerfG § 5, S. 182, MitbestG § 1, S. 228f.
Mitbestimmung MitbestG § 1, S. 228f.
KOMINTERN Kommunistische Internationale AntikintAbk, S. 301ff.
Kommission EGRatKomm Art. 9, S. 400, EURATOMVtr Art. 124, S. 387f., EWGVtr Art. 155, S. 397
Konjunkturausgleichsrücklage StabG §§ 5ff., S. 150ff.
Konjunkturrat StabG § 18, S. 152
Konstruktives Mißtrauen GG Art. 67, S. 26
Körperschaft des öffentlichen Rechts BDSG §§ 12, 18, S. 199f., 202
Körperverletzung RVO § 556, S. 236
Krankengeld LohnFzG § 1, S. 228, SGB V Buch §§ 44f., S. 248
Krankenkassen SGB V Buch § 4, S. 246
Kankenpflege RVO § 557, S. 237
Krieg GG Art. 26, S. 19
Kriegsdienst GG Art. 4, S. 15
 Verweigerung GG Art. 12a, S. 16f.
 ZDG §§ 1ff., S. 167
Kriegsschuld VersVtr Art. 231, S. 289

KriegswafKG §§ 1ff., S. 77ff.
Kriminelle Vereinigung StGB § 129, S. 154f.
Krimkonferenz, S. 306ff.
KSZE KSZEAkt 1ff., S. 413ff.
Kündigung
 des Berufsausbildungsvertrags BBiG § 15, S. 176
 des Betriebsrats KSchG § 15, S. 226f.
 Fristen KFriG § 2, S. 227
 Mitbestimmung durch Betriebsrat BetrVerfG §§ 102f., S. 192f.
Kündigungsschutz KSchG §§ 1ff., S. 226f.
Kultur KSZEAkt 3.3, S. 418f.
 MenschRUN Art. 26f., S. 93
Kunst GG Art. 5, S. 15
KVAE, S. 419ff.

Landesarbeitsgericht ArbG §§ 1, 2, S. 169
Landesrecht GG Art. 31, S, 20
Landesregierung GG Art. 35, 115f., 115i, S. 21, 42
Landesverfassung GG Art. 142, S. 47
Landfriedensbruch StGB § 125f., S. 154f.
Lastenausgleich GG Art. 120a, S. 44
Leben GG Art. 2, S. 14, MenschRUN Art. 3, S. 90, MenschRKonv Art. 2, S. 80
Lebensmittel LebMG §§ 1ff., S. 267f.
Lehrer GG Art. 7, S. 15
Lehrling JArbSchG §§ 1ff., S. 219ff., RVO § 539, S. 235f.
Leistungen SBG V Buch §§ 2, 11, S. 246, 248
Leitende Angestellte BetrVerfG § 5, S. 182
Lohn BetrVerfG § 87, S. 189f.
Lohnfortzahlung LohnFzG §§ 1ff., S. 228
Luftverunreinigung BenzBIG §§ 1ff., S. 258, BImmSchG § 3, S. 259

Meeresverschmutzung BK-OrgErl, S. 268, NordseeVSG, S. 278f.
Mehrarbeit Mutterschutz MuSchG § 8, S. 234
Meinungsfreiheit GG Art. 5, 17a-f., S. 15, 17f., MenschRUN Art. 19, S. 92, MenschRKonv Art. 10, S. 82f., DDRVerf Art. 27, S. 320, WeimVerf Art. 118, S. 293
Menschenraub StGB § 234, S. 156
Menschenrechte GG Art. 1ff., S. 14ff., MenschRUN Art. 1ff., S. 90ff., MenschRKonv Art. 1ff., S. 80ff., DDRVerf Art. 20ff., S. 319ff., WeimVerf Art. 109ff., S. 292f.
Minderheitsgruppen BetrVerfG § 10, S. 183
Minderjährige BGB §§ 110ff., S. 50
Ministerrat DDRVerf Art. 76, S. 321
Mißbrauch Daten BDSG §§ 1ff., S. 197ff.
Mitbestimmung ArbGG § 2a, S. 169 BetrVerfG §§ 87ff., S. 189f., MitbestG §§ 1ff., S. 228ff, MontmG §§ 1ff., S. 232f.
Monopol der Bundesanstalt AFG § 4, S. 168
Münchner Abkommen, S. 303f.
Musterung WehrpflG § 16, S. 166
Mutterschaftsgeld BErzGG §§ 1ff., S. 212ff., MuSchG § 13, S. 234
Mutterschaftsurlaub BErzGG § 7, S. 213, MuSchG § 13, S. 234
Mutterschutz MuSchG §§ 1ff., S. 233f.

Stichwortverzeichnis

Nachteilsausgleich BetrVerfG § 113, S. 194f.
Nachtruhe AZO § 19, S. 173, JArbSchG § 14, S. 221
Nationale Front DDRVerf Art. 3, S. 317
Nationalsozialismus, NSDAP Parteiprogramm, S. 294ff., NS-Gesetze, S. 296ff.
NATO NATOVtr Art. 1ff., S. 403f.
Naturkatastrophe GG Art. 35, S. 21
Naturschutz BNatSchG §§ 1ff., S. 261f.
Natürliche Personen BGB §§ 1ff., S. 49, BDSG § 1, S. 197
Neugliederung Bundesländer GG Art. 118, S. 43
Nichtangriff UdSSRNichtangrVtr Art. Iff., S. 305f.
Nichtigkeit
  des Vertrages BGB §§ 125, 134, 138, S. 50f.
  der Willenserklärung BGB § 105, S. 49
Notstand Gesetzgebungsnotstand GG Art. 81, S. 30

Offene Handelsgesellschaft BetrVerfG § 5, S. 182
  Gesellschafter BetrVerfG § 5, S. 182
Öffentliche Beglaubigung BGB § 129, S. 51
Öffentlichkeit MenschRKonv Art. 6, S. 81f.
Ordnungswidrigkeit bei Berufsbildung BBiG § 99, S. 152
Organe
  der EG EGOrg, S. 399
  der EGKS EGKSVtr Art. 3, 7ff., S. 382f.
  der EURATOM EURATOMVtr Art. 3ff., S. 386ff.
  der EWG EWGVtr Art. 4f., 137ff., S. 389f., 396ff.
  der Exekutive GG Art. 20, S. 18
  der Gesetzgebung GG Art. 20, S. 18
  der Rechtsprechung GG Art. 20, S. 18
  internationale GG Art. 80a, S. 30
Ozonschicht OzonSÜ, S. 280ff.

Parlamentarischer Rat GenehmSchrbGG, S. 48
Partei GG Art. 21, S. 18f., PartG §§ 1ff., S. 94ff.
  Aufgaben PartG § 1, S. 94
  Aufstellung Wahlbewerber PartG § 17, S. 95
  Begriff PartG § 2, S. 94
  Erstattung Wahlkampfkosten PartG §§ 18f., S. 96
  Innere Ordnung PartG §§ 6ff., S. 94f.
  Rechenschaftslegung PartG §§ 23ff., S. 96f.
  Spenden PartG § 23a, 25, S. 96f.
Parteiprogramm CDU, S. 97ff., CSU, S. 112ff., F.D.P., S. 122ff., GRÜNE/BÜNDNIS 90, S. 126ff., PDS, S. 130ff., SPD, S. 132ff., NSDAP, S. 294ff.
Passives Wahlrecht
  Beschränkung GG Art. 137, S. 47
  zum Betriebsrat BetrVerfG § 8, S. 182
  zum Bundespräsidenten GG Art. 54, S. 24
  zum Bundestag GG Art. 38, S. 21
  BWahlG § 15, S. 66
  zur Jugendvertretung BetrVerfG § 61, S. 186
PDS, Programm, S. 130ff.
Personalakte
  Einsicht BetrVerfG § 83, S. 189
Personalplanung BetrVerfG § 92, S. 191

Personen
  Juristische Personen BDSG § 1, S. 197, BetrVerfG § 5, S. 182
  Natürliche Personen BDSG § 1, S. 197
Personengesellschaften
  OHG BetrVerfG § 5, S. 182
Personensorgeberechtigter § 3, S. 60
Persönlichkeitsentfaltung GG Art. 2, S. 14
Petitionsrecht GG Art. 17, S. 17
Pflichten
  Auszubildender BBiG §§ 6ff., 9, S. 175f.
  Prinzipal BBiG § 6, S. 175
Polen KrimKonf. S. 308, PolenVtr, S. 410, PostdKonf, S. 313f., VersVertr Art. 87ff., S. 288
Polizei GG Art. 35, 87a, 91, S. 21, 32f., VersammlG §§ 12ff., S. 160f., ZDG § 15, S. 167
Postgeheimnis GG Art. 10, 18, 44, S. 16, 18, 22
Potsdamer Konferenz PotsdKonf, S. 309ff.
Praktikant JArbSchG § 18, S. 219
Pressefreiheit GG Art. 5, 17a, 18, S. 15, 17f.
Privatschule GG Art. 7, S. 15
Probezeit BBiG §§ 4, 13ff., S. 174f., 176

Radioaktivität StrVG §§ 1ff., S. 269f.
Rat EGKSVtr Art. 26, S. 383, EURATOMVtr Art. 115, S. 387, EWGVtr Art. 145ff., S. 396f., EGRatKomm Art. 1ff., S. 399f.
Rechtsfähigkeit BGB § 1, S. 49
Rechtsgeschäfte BGB §§ 104ff., S. 49ff.
  einseitige BGB § 111, S. 50
  Form BGB §§ 125ff., S. 50f.
  Nichtigkeit BGB §§ 105, 125, 134, 138, S. 49ff.
Rechtshilfe GG Art. 35, S. 21
Rechtsschutz MenschRUN Art. 8, S. 91
Rechtsprechung GG Art. 20, 92ff., S. 18, 34ff., DDRVerf Art. 90, S. 321f.
Rechtsverordnung GG Art. 80, S. 29f.
Rechtsweg GG Art. 19, S. 18
Rehabilitierung Einigungsvertrag Art. 17, S. 355
Reichspräsident Rechte und Pflichten WeimVerf Art. 25ff., S. 290
Reichsrat WeimVerf Art. 60f., S. 291
Reichsregierung WeimVerf Art. 52ff., S. 290f.
Reichstag WeimVerf Art. 20, S. 289
Religion GG Art. 3f., 7, S. 14f., MenschRUN Art. 18, S. 92, MenschRKonv Art. 9, S. 82, DDRVerf Art. 39, S. 320f., StGB §§ 166ff., S. 155f., VersammlG § 17, S. 161
Rente RVO § 547, 581, 1226ff., S. 236, 237f.
  Teilrente RVO § 581, S. 237
  Vollrente RVO § 581, S. 237
Rentenversicherung RVO §§ 1226ff., S. 237f., SGB §§ 1ff., S. 239
Reparationen KrimKonf, S. 307f., PotsdKonf 1.3, S. 311ff., VersVtr Art. 231f., S. 289
Richter GG Art. 94f., 97ff., 132, S. 34ff., 45f., DDRVerf Art. 94f., S. 322
Richterwahlausschuß GG Art. 95, S. 34f.
Ruhepausen AZO §§ 12, 18, S. 172f., JArbSchG § 11, S. 221
Sachbeschädigung StGB § 303, S. 156
Sachen BGB § 90, S. 49

Schadensersatz
  bei Kernenergie AtomG § 13, S. 257
  bei Verletzung der Amtspflicht GG Art. 34, S. 21
  bei vorzeitiger Beendigung des Ausbildungsvertrags BBiG § 16, S. 177
Scheidung BGB §§ 1564ff., S. 55f.
Schiedsgericht ArbGG §§ 101ff., S. 170f.
Schiedsspruch ArbGG §§ 108ff., S. 170f.
Schiedsvertrag ArbGG §§ 101ff., S. 170f.
Schriftform BGB § 126, S. 50
  des Berufsausbildungsvertrages BBiG § 4, S. 174f.
Schule GG Art. 7, S. 15
Schutzverordnung Volk und Staat §§ 1ff., S. 296
Schwägerschaft BGB § 1590, S. 56, EheG § 4, 21, S. 60f.
Schwarzarbeit SchwaG §§ 1ff., S. 239
Schwerbehinderte BetrVerfG § 80, S. 188, SGB §§ 1ff., S. 239ff.
Selbstverschulden SGB V Buch § 52, S. 248
Selbstverwaltung GG Art. 28, S. 19
Sitte BGB § 138, S. 51, GG Art. 2, S. 14
Sittenwidrigkeit BGB § 138, S. 51
Sklaverei MenschRUN Art. 4, S. 90f., MenschRKonv Art. 4, S. 80f.
Soldat SoldG §§ 1ff., S. 163f.
  Eid und Gelöbnis SoldG § 9, S. 163
  Eintreten für demokratische Grundordnung SoldG § 8, S. 163
  Grundpflichten SoldG §§ 7ff., S. 163f.
  Haftung SoldG § 24, S. 164
  Politische Betätigung SoldG § 15, S. 163
  Staatsbürgerliche Rechte SoldG § 6, S. 163
Sondergut BGB § 1417, S. 56
Sonntagsruhe für Jugendliche JArbSchG § 17, S. 222
Sorgfaltspflicht BGB § 1359, S. 52
Soziale Betreuung MenschRUN Art. 25, S. 92f.
Soziale Rechte SGB § 2, S. 240
Soziale Sicherheit MenschRUN Art. 22, S. 92
Sozialgesetzbuch SGB §§ 1ff., S. 239ff.
  Aufgaben SGB § 1, S. 193, 239f.
Sozialhilfe SGB § 9, S. 240
Sozialordnung MenschRUN Art. 28, S. 93
Sozialpartner TVG, §§ 1ff., S. 252f.
Sozialplan BetrVerfG § 112, S. 194
Sozialpolitik GG § 1, S. 139, EWGVertr Art. 117ff., S. 393f.
Sozialversicherung SGB § 4, S. 240, Zuschüsse des Bundes GG Art. 120, S. 44
Spannungsfall GG Art. 80a, 87a, S. 30, 32
SPD Parteiprogramm, S. 132ff.
Spenden für Parteien PartG § 23a, 25, S. 96f.
Staatsangehörigkeit AFG § 1, § 16, S. 17, 43, MenschRUN Art. 15, S. 91, WeimVerf Art. 110, S. 292
Staatsbürger Pflichten und Rechte GG Art. 33, S. 20f.
Staatsgewalt GG Art. 20, S. 18, WeimVerf Art. 1, S. 289
Staatsrat DDRVerf Art. 66, S. 321
Staatsvertrag GG Art. 123ff., S. 44
Stabilität der Wirtschaft StabG §§ 1ff., S. 150ff.
Stahl-Pakt, S. 304f.
Standesbeamter EheG §§ 11ff., S. 60f.

Ständige Vertretung GrundVtr Art. 8, S. 329
Sterbegeld RVO § 547, S. 236
Sterilisation BGB § 1631c, S. 57
Steuern GG Art. 105ff., S. 37ff.
Steuerverteilung GG Art. 106, S. 37f.
Steuerverwaltung GG Art. 108, S. 38f.
Stimmrechte
  im Bundesrat GG Art. 51f., S. 23f.
  im Bundestag GG Art. 42, 121, S. 22, 44
  in der Bundesversammlung GG Art. 121, S. 44
Straftaten StGB §§ 1ff., S. 153ff.
  bei Datenschutz BDSG §§ 41, 42, S. 209f.
  bei Nötigung des Bundespräsidenten und Mitgliedern von Verfassungsorganen StGB §§ 105ff., S. 153f.
  gegen den Bund StGB §§ 81f., S. 153
  gegen den Frieden StGB §§ 80f., S. 153
  gegen die öffentliche Ordnung StGB §§ 125ff., S. 154f.
  gegen die persönliche Freiheit StGB §§ 234ff., S. 156
  gegen die Umwelt StGB §§ 324ff., S. 157ff.
  gegen ein Bundesland StGB § 82, S. 153
  gegen Sachen StGB §§ 303ff., S. 156f.
  gegen Verfassungsorgane StGB §§ 105ff., S. 153f.
Strafvorschriften
  Berufsbildung BBiG §§ 99, S. 181
  Betriebsverfassungsorgane BetrVfG §§ 119f., S. 195
  Datenschutz BDSG § 43, S. 210
  Gebrauchsmuster GebrmG §§ 1ff., S. 156ff.
  Geschmacksmuster GeschmmG §§ 14f., S. 159f.
Strahlenschutz DDR
  Strahlen SA §§ 1ff., S. 331, StrVG §§ 1ff., S. 269f., UdSSR-KJ Art. 2ff., S. 283, UdSSR-UA §§ 1ff., S. 284f.
Streik BetrVfG § 74, S. 187
Streitkräfte Abschl. Dtschl. Reg., S. 370ff., GG Art. 12a, 35, 87a, 115b, S. 16, 21, 32, 41, DtschlVtr Art. 4, S. 405, KVAE Art. 419ff., SowjetTA S. 379ff., Streit-KA S. 375
Stufenausbildung BBiG § 26, S. 178

Tabakerzeugnisse LebMG § 22, S. 267f.
Tarifvertrag ArbGG §§ 2ff., 101, S. 169f., AZO § 7, S. 172, BetrVfG §§ 2, 3, 80, S. 181f., 188, TVG §§ 1ff., S. 252f.
Taschengeldparagraph BGB § 110, S. 50
Teilrente RVO § 581, S. 237
Teilurlaub BUrlG § 5, S. 218
Terroristische Vereinigung StGB § 129a, S. 155
Testament BGB §§ 2064ff., S. 59
Tiere BGB § 90a, S. 49, TierSG §§ 1ff., S. 270f.
Todesstrafe GG Art. 102, S. 36, MenschRKonv Art. 2, S. 80
Totenruhe StGB § 234a, S. 156
Träger der Sozialversicherung GG Art. 87, S. 32f.,
Transitverkehr Straßengeb S. 322, TransAbk Art. 1ff., S. 322ff., VerkVtr Art. 1ff., S. 326ff.
Trauung EheG §§ 14, S. 61
Treuhandanstalt Einigungsvertrag Art. 21ff., S. 356ff.

Stichwortverzeichnis 445

UdSSR
  Bonn-Kreml-Nachrichtenverbindung S. 425f.
  Kernanlagen-Informationsaustausch S. 283
  Nichtangriffsvertrag S. 305f.
  Ostvertrag S. 409
  Sowjettruppenabzug S. 379
  Streitkräfteaufenthalt S. 375
  Umweltabkommen S. 284f.
  Wirtschaftskräfte-Ausbildung S. 426
Umschulung BBiG §§ 1, 47, S. 174, 180
Umwelt AbfG §§ 1ff., S. 254ff., AtomG §§ 1ff.,
  S. 255ff., AbwaG §§ 1ff., S. 257, BenzBlG
  §§ 1ff., S. 258, BImmSchG §§ 1ff., S. 259ff.,
  BNatSchG §§ 1ff., S. 261f., BundStiftU
  §§ 11f., S. 263, BWaldG §§ 1ff., S. 263f.,
  EnergESG §§ 1ff., S. 265, EnergStG §§ 1ff.,
  S. 265f., FlugLSG §§ 1ff., S. 266f., LebMG
  §§ 1ff., S. 267f., BKOrgErl S. 268, StrVG
  §§ 1ff., S. 269f., TierSG §§ 1ff., S. 270f.,
  UmwBAG §§ 1f., S. 271, UmwHG §§ 1ff.,
  S. 272ff., UmwSvrstE §§ 1ff., S. 274,
  UmwSTG §§ 1f., S. 275, WaschmG §§ 1ff.,
  S. 275, WasserhaushG §§ 1ff., S. 276f., Nord-
  seeVSG S. 278f., OzonU S. 280ff., UdSSR-KI
  Art. 2ff., S. 283, UdSSR-UA Art. 1ff.,
  S. 284f., Polen-UA Art. 1ff., S. 286, EWG-
  Vertr Art. 130ff., S. 395
Umweltbundesamt UmwBAG §§ 1ff., S. 271
Umwelthaftung UmwHG §§ 1ff., S. 272ff.
Unfall RVO §§ 537ff., S. 235ff.
Unfallverhütung BetrVfG §§ 80, 87, S. 188,
  189f.
Unfallversicherung RVO § 537, S. 235
Uniformverbot VersammlG § 3, S. 160
Unterhalt
  Familie BGB §§ 1360ff., S. 52
  nichteheliches Kind und Mutter BGB
  § 1615a, c, S. 56
  Verwandtschaft BGB §§ 1601ff., S. 56
Unterhaltspflicht BGB § 1602, S. 56
Unternehmen des Bundes GG Art. 110, S. 39f.
Untersuchung der Jugendlichen JArbSchG
  §§ 32ff., S. 224f.
Untersuchungsausschuß GG Art. 44ff., S. 27f.
Unverletzlichkeit der Grenzen
  CSSRNormVtr Art. IV, S. 412
  GrundVtr Art. 3, S. 328, KSZEAkt 1.1,
  S. 413, PolenVtr Art. 1, S. 410, UdSSRVtr
  Art. 3, S. 409
Urlaub BetrVfG § 87, S. 189f., BUrlG §§ 1ff.,
  S. 218f.
  der Jugendlichen JArbSchG § 19, S. 122
Urlaubsdauer BUrlG § 3, S. 218
Urlaubserkrankung BUrlG § 9, S. 218

Verbraucherschutz BenzBlG § 2a, S. 258
Verein GG Art. 9, 18, S. 16, 18
  MenschRUN Art. 20, S. 92, WeimVerf Art.
  124, S. 293
Vereinigungsfreiheit GG Art. 9, 18, S. 16, 18,
  DDRVerf Art. 29, S. 239, WeimVerf Art.
  124, S. 293
Verfassungsschutz GG Art. 87, 100, S. 31f., 35f.
Verfassungswidrigkeit GG Art. 100, S. 35f.
Verfügungsbereitschaft WehrpflG § 5a, S. 165

Vergütung AZO § 15, S. 172f., BBiG §§ 10ff.,
  S. 268
Verhaftung GG Art. 104, S. 36
Verkehrsbeschränkungen BImmSchG § 40,
  S. 260
Verlöbnis BGB §§ 1297ff., S. 51
Vermögensbildung 5. VermBG §§ 1ff., S. 216f.
Vermögenswirksame Leistungen 5. VermBG
  §§ 2ff., S. 216f.
Vermummungsverbot § 17a, S. 161
Versammlung GG Art. 8, 17aff., S. 15, 17f.,
  EGKSVtr Art. 20, S. 383, EURATOMVtr
  Art. 107, S. 387, EWGVtr Art. 137ff., S. 396,
  MenschRUN Art. 20, S. 92, MenschRKonv
  Art. 11, S. 83, DDRVerf Art. 28, S. 320,
  VersammlG §§ 1ff., S. 159ff., WeimVerf Art.
  123, S. 293
Verschleppung StGB § 234a, S. 156
Versicherung Arbeitslosenversicherung
  GG Art. 120, S. 44
  Sozialversicherung GG Art. 120, S. 44
Versicherungsfreiheit SGB V Buch §§ 6ff., S. 247
Versicherungspflicht BetrVfG § 6, S. 182, RVO
  § 539, S. 235f., SGB § 2, S. 240, SGB V Buch
  § 5, S. 246f.
Versicherungszweige SGB § 1, S. 239f.
Verstaatlichung GG Art. 15, S. 17
Verteidigung GG Art. 80a, 87a, S. 30, 32,
  DeutschfranzVtr, S. 406, NATOVtr, S. 403f.
Verteidigungsfall GG Art. 12a, 53a, 80a, 87a,
  115a–l, S. 16, 24, 30, 32, 41ff.
Vertrag
  Ausbildungsvertrag BBiG § 3ff., S. 174f.
  Form BGB §§ 126ff., S. 50f., TVG §§ 1ff.,
  S. 252f.
  Tarifvertrag ArbgG §§ 2ff., S. 169, AZO § 7,
  S. 172, BetrVfG §§ 2f., 80, S. 181f., 188, TVG
  §§ 1ff., S. 252f.
Vertreter BGB § 107f., S. 49f., EheG § 3, S. 60
Vetretung der Arbeitnehmer im Aufsichtsrat
  MitbestG § 7ff., S. 229f., MontmG §§ 1ff.,
  S. 232f.
  des Kindes BGB § 1629, S. 57
Vertriebene GG Art. 119, S. 43f.
Verwaltung GG Art. 130f., S. 45ff.
  bundeseigene GG Art. 86ff., S. 31ff.
Verwandtschaft BGB §§ 1589, 1927, S. 56, 59f.,
  EheG §§ 4, 21, S. 60f.
Völkerrecht GG Art. 25, S. 19, WeimVerf Art.
  4, S. 289
Volksbefragung GG Art. 29, 118, S. 19f., 43
Volksbegehren GG Art. 29, S. 19f.
Volksentscheid GG Art. 29, S. 19f., WeimVerf
  Art. 73, S. 291
Volkskammer DDR-Beitritt, S. 350, DDRVerf
  Art. 48, S. 321
Volljährigkeit BGB § 2, S. 49
Vorbehaltsgut BGB § 1418, S. 55
Vormundschaft BGB §§ 1773ff., S. 58
Vorstand BetrVerfG § 5, S. 274, MitbestG § 33,
  S. 324, MontmG §§ 12f., S. 233

Waffen Abschließende Deutschlandregelung
  Art. 3, S. 371f., GG Art. 8, 26, S. 15, 19,
  KriegswafKG §§ 1ff., S. 77ff., VersammlG
  §§ 2, 13, 27, S. 159ff.

Stichwortverzeichnis

Wahl BWahlG §§ 1ff., S. 65ff., GWV, S. 349,
  GG Art. 20, 28, 38ff., 54, 63, 115h, S. 18f.,
  21f., 24, 25, 42, MenschRUN Art. 21, S. 92,
  DDRVerf Art. 22, S. 319, WeimVerf Art. 22,
  41, 125, S. 289f., 293
  der Abgeordneten EGAbgWahl Art. 1ff.,
  S. 401f.
  der Aufsichtsratsmitglieder der Arbeitnehmer
  MitbestG §§ 9ff., S. 230f.
  der Jugendvertretung BetrVerfG §§ 60ff.,
  S. 186f.
  der Richter, GG Art. 94ff., S. 34f.
  gesamtdeutsche GWV, S. 349
  zum Betriebsrat BetrVerfG §§ 7ff., S. 182f.
  zum Bundeskanzler GG Art. 63, S. 25
  zum Bundespräsident GG Art. 54, S. 24
  zum Bundestag GG Art. 38ff., S. 21, BWahlG
  §§ 1ff., S. 65ff.
  zum Reichstag WeimVerf Art. 22, S. 289
  zum Reichspräseidenten WeimVerf Art. 41,
  S. 290
  zur EG-Versammlung EGAbgWahl Art. 1ff.,
  S. 401f.
Wahlanfechtung BetrVfG § 19, S. 183
Wahlergebnis BWahlG §§ 37f., S. 67
Wahlhandlung BWahlG §§ 31ff., S. 66
Wahlmänner MitbestG §§ 9ff., S. 230f.
Wahlorgane BWahlG § 8, S. 65
Wahlrecht, vgl. Wahl
Wahlsystem BWahlG §§ 1ff., S. 65ff.
Wahltag BWahlG § 16, S. 66
Wahlvorschlagsrecht BWahlG § 18, S. 66
Wald BWaldG §§ 1ff., S. 263f.
Wartezeit, Urlaub BUrlG § 4, S. 218
Wasserhaushalt WasserhaushG §§ 1ff., S. 276f.
Wegeunfall RVO § 550, S. 236
Wehrdienst GG Art. 12a, S. 16f., WehrpflG
  § 1ff., S. 164f.
Wehrpflicht GG Art. 4, 17a, S. 15, 17f.,
  DDRVerf Art. 23, S. 319, WehrpflG §§ 1ff.,
  S. 164ff.
Wehrüberwachung WehrpflG § 24, S. 166
Wehrstrafgerichte GG Art. 96, S. 35
Weiterarbeit BBiG § 17, S. 177
Weiterversicherung RVO § 1233, S. 238
Wettbewerb EGKSVtr Art. 67, S. 384, BDSG
  § 12, S. 199

Wichtiger Grund Kündigung BetrVfG § 103,
  S. 193, KSchG § 15, S. 226f.
Widerstand GG Art. 20, S. 18
Wiedergutmachung Einigungsvertrag S. 369
  KrimKonf, S. 306f.
  PotsdKonf, S. 311ff., VersVetr Art. 231f.,
  S. 289
Willenserklärung Nichtigkeit BGB § 105, S. 49
Wirtschaft GG Art. 9, S. 17, EGKSVtr Art.
  46ff., S. 383ff., KSZEAkt 2.1f., S. 415f.,
  PotsdKonf 1.2f., S. 311, WeimVerf Art.
  151ff., S. 293f.
Wirtschaftlichkeitsgebot SGB V Buch § 12,
  S. 248
Wirtschaftsausschuß BetrVerfG §§ 106ff., S. 193
Wirtschasftspolitik AFG § 1, S. 168, EWGVtr
  Art. 102a ff., S. 393
Wissenschaft GG Art. 5, S. 15, KSZEAkt 2.2,
  S. 416f.
Wohnsitz BGB §§ 7, S. 49, GG Art. 11, 13, 17a,
  116f., S. 16ff., 43, MenschRKonv Art. 8,
  S. 82
Wohnung Unverletzlichkeit GG Art. 13, 17a,
  S. 17f.
Würde GG Art. 1, S. 14

Zensur GG Art. 5, 17a, S. 15, 17f.
Zerrüttungsprinzip BGB § 1565, S. 55
Zeugnis BBiG § 8, S. 175
Zeugnisverweigerungsrecht des Abgeordneten
  GG Art. 47, S. 23
Zivildienst ZDG §§ 1ff., S. 167
Zivilschutz WehrpflG § 13a, S. 165
Zivilschutzverband GG Art. 12a, S. 16f.
Zoll GG Art. 105, S. 37
Zollunion EWGVtr Art. 9, S. 390
Züchtigungsverbot JArbSchG § 31, S. 224
Zugewinn BGB §§ 1371, 1373, S. 53
Zugewinnausgleich
  bei Getrenntleben BGB § 1385, S. 54
  im Todesfall BGB § 1371, S. 53
Zugewinngemeinschaft BGB § 1363ff., S. 52ff.
Zwangsarbeit GG Art. 12, S. 16, MenschRKonv
  Art. 4, S. 80

**Für den
wirtschaftskundlichen
Unterricht**

**Grundwissen Wirtschaftsgesetze
Neubearbeitung von 1991**

Zusammengestellt von H.-M. Gruber und R. Blessing

Grundwissen Wirtschaftsgesetze enthält die wesentlichen Gesetzesauszüge, die im Rahmen des wirtschaftskundlichen Unterrichts aller Schularten gebraucht werden.

Grundwissen Wirtschaftsgesetze wurde auf den Stand der Gesetzgebung von 1991 gebracht. Neu aufgenommen wurden zum Beispiel das Produkthaftungsgesetz, das Poststrukturgesetz, das Gesetz zur Bekämpfung der Produktpiraterie und das DDR-Investitionsgesetz.

Grundwissen Wirtschaftsgesetze ist gegliedert in die Themenbereiche: Bürgerliches Recht – Handel, Gewerbe, Handwerk, Industrie – Kapitalgesellschaften, Genossenschaften – Wettbewerb – Notleidende Unternehmung – Schutz von Erfindungen und Produkten – Mensch und Arbeit – Güter-, Nachrichten-, Zahlungsverkehr – Steuern – Zivilprozeß – Bankwesen, Stabilität der Wirtschaft – DDR.

Flexibler Einband, Klettbuch 80094, DM 28,90

Preise freibleibend. Stand 1991

AKTUALITÄTENDIENST

Gesellschaft • Politik • Wirtschaft

<u>**Ergänzt**</u> das Lehr- und Schulbuch durch Aktualität
<u>**Erleichtert**</u> die Kurs- und Unterrichtsvorbereitung
- erspart zeitraubendes Suchen
- auf Kurse und Lehrpläne zugeschnitten
- direkt im Unterricht einsetzbar (Kopiervorlagen)

<u>**Enthält**</u> Schaubilder zu den Bereichen:
- Gesellschaft - Wirtschaft - Umwelt - Politik - Dritte Welt

Chronik - Glossar - Karikaturen

Aktuell extra: Deutschland und Naher/Mittlerer Osten

Neu in Ausgabe 1991/92
- **grundlegende Aktualisierung der Schaubilder,** zum Teil mit neuen inhaltlichen Bezügen
- **Neue Entwicklungsberichte, u.a.:**
  - Parteien im vereinigten Deutschland
  - Sicherheitspolitik in Europa - Rolle der EG
  - Fundamentalismus in den islamischen Staaten
  - Die Europäische Gemeinschaft - ein Wirtschaftsblock ohne Außenpolitik?
  - Hunger und Bürgerkriege in Afrika
  - Lateinamerika: Demokratisierung, Verschuldung, Drogen
  - Jugoslawien im Bürgerkrieg
- **Sonderteil Aktuell extra** - erweitert auf 32 Seiten
  - Deutschland - zwei Gesellschaften im Übergang
  - Konfliktregion Naher und Mittlerer Osten

Erscheint zum Schuljahresbeginn 1991
Aktualitätendienst 1991/92
Von J. Feick und H. Uhl - Klettbuch 80032, DM 18,80

Solange Vorrat reicht:
Aktualitätendienst 1990/91
Von J. Feick und H. Uhl, Klettbuch 80031, DM 16,80

Aktuell extra auch als **Sonderdruck** 1991/92 (5er Pack)
Von J. Feick und H. Uhl - Klett-Nr. 800321, DM 13,80

Preise freibleibend. Stand 1991

---

aktuelle Daten aus den neuen Bundesländern